SAINT ODILON

Abbé de Cluny.

SA VIE, SON TEMPS, SES OEUVRES

(962-1049)

Par l'Abbé P. JARDET
Chanoine honoraire d'Autun,
Aumônier des Religieuses de Saint-Joseph de Cluny.

LYON
IMPRIMERIE EMMANUEL VITTE
18, rue de la Quarantaine, 18.
—
1898

SAINT ODILON

LYON. — IMPRIMERIE EMMANUEL VITTE

Sancta ergo et salubris est cogitatio pro defunctis exorare, ut a peccatis solvantur.

« C'est une sainte et salutaire pensée de prier pour les morts, afin qu'ils soient délivrés de leurs péchés. »

(II Machab., cap. XII, v. 46)

SAINT ODILON

Abbé de Cluny.

SA VIE, SON TEMPS, SES OEUVRES

(962-1049)

PAR L'ABBÉ P. JARDET

Chanoine honoraire d'Autun,
Aumônier des Religieuses de Saint-Joseph de Cluny.

LYON
IMPRIMERIE EMMANUEL VITTE
18, rue de la Quarantaine, 18.
—
1898

INTRODUCTION

Plus de huit cents ans se sont écoulés depuis que saint Odilon de Cluny a quitté la terre ; mais il est des liens que la mort ne peut rompre et des souvenirs que les siècles ne peuvent effacer. Au moment où le diocèse d'Autun, sur l'invitation de son illustre cardinal, s'apprête à célébrer solennellement, dans l'antique cité monacale de Cluny, le neuvième centenaire de l'établissement de la Commémoraison de tous les fidèles trépassés [1], *il ne se peut que le grand et saint abbé à qui l'Eglise doit cette admirable et si bienfaisante institution reste plus longtemps enseveli dans l'oubli; car, en dehors de la famille monastique et de certaines églises particulières qui l'ont conservé dans leurs diptyques sacrés ou le célèbrent dans leurs offices liturgiques, qui de nos jours connaît le nom d'Odilon de Cluny ?*

Nous avons pensé, malgré le très vif sentiment de notre insuffisance, que le moment était venu de remettre en lumière et de faire revivre cette grande figure monastique, l'une des

---

[1] *Instruction pastorale sur la Prière pour les morts et le neuvième centenaire de l'établissement, par saint Odilon de Cluny, de la Commémoraison de tous les fidèles trépassés*, par Son Eminence le cardinal Perraud, Autun, Dejussieu, 1898.

plus pures gloires de nos annales religieuses, et de payer au saint abbé notre dette sacrée d'hommage et de gratitude. Ce que nous cherchons avant tout, c'est de ressusciter le culte de saint Odilon et de faire comprendre que si Dieu réclame nos hommages, il veut aussi que nous l'honorions en celui qu'il a couronné. Or, dirons-nous avec le savant et pieux abbé de Solesmes : « Le premier hommage que nous puissions rendre à Dieu dans ses saints, c'est de travailler à les connaître ; et l'un des grands malheurs du temps où nous vivons, c'est que nous ne connaissons plus assez les Saints. Le rationalisme protestant, déguisé sous le nom de Critique, a battu en brèche, durant près de deux siècles, la foi des fidèles de France, à l'endroit du culte des saints ; et un catholique sincère a souvent lieu d'être surpris autant que choqué de l'ignorance et des préjugés qui règnent à ce sujet chez des personnes zélées d'ailleurs pour les intérêts de la foi (1). » *Puisse la* Vie de saint Odilon *que nous osons présenter au public contribuer à faire disparaître ce préjugé et ranimer sur notre vieille terre de Bourgogne l'antique piété envers le saint qui a embaumé l'Eglise du parfum des plus belles fleurs de sa charité à l'égard des vivants et des morts ! Puisse sa mémoire susciter partout, mais principalement dans les cloîtres, de nombreux imitateurs qui, à l'exemple du saint abbé, soient des hommes de prière, de vertu et de sacrifice, des hommes qui soient la gloire de Dieu, l'honneur de l'Eglise et la bénédiction des peuples !*

« *Souvent, dit M. de Montalembert, en errant dans nos villes récrépies, ou dans nos campagnes dépeuplées de leurs anciens ornements, et d'où s'effacent chaque jour les monuments de la vie des aïeux, la vue d'un débris qui a échappé aux dévastateurs, d'une statue couchée dans l'herbe, d'une*

---

(1) L'Année liturgique, l'Avent, p. 302, Paris, Oudin, 1887, édition in-18.

porte cintrée, d'une rosace défoncée, vient éveiller l'imagination, la pensée en est frappée, non moins que les regards, on s'émeut, on se demande quel rôle ce fragment a pu jouer dans l'ensemble ; on se laisse entraîner involontairement à la réflexion, à l'étude : peu à peu l'édifice entier se relève aux yeux de l'âme, et, quand cette œuvre de reconstruction intérieure s'est accomplie, on voit l'abbaye, l'église, la cathédrale, se redresser dans toute sa noblesse, toute sa beauté ; on croit errer sous ses voûtes majestueuses, mêlé aux flots du peuple fidèle, au milieu des pompes symboliques et des ineffables harmonies du culte antique. » (1)

Nous voudrions pouvoir faire partager cette illusion, et, par le grand saint dont nous allons retracer la vie, relever par la pensée cette célèbre abbaye de Cluny qui devint le centre d'une grande réforme monastique et la plus belle école de sainteté, de science et d'honneur chrétien qui existât alors dans tout l'univers. Mais avant de parler plus au long de saint Odilon de Cluny, de ses œuvres et du rôle magnifique qu'il a rempli dans la première moitié du onzième siècle, il convient de tracer une esquisse rapide de l'état du monde chrétien à cette époque où son nom occupe une place si vénérée.

La longue et féconde carrière de saint Odilon de Cluny se place à la fin du dixième et dans la première moitié du onzième siècle, l'une des périodes les plus importantes de l'histoire de la société chrétienne.

Le siècle qui précéda le onzième fut une de ces sombres époques qui mettent en question la vie et l'avenir des sociétés. Baronius, le père des Annales ecclésiastiques, l'a durement

---

(1) *Histoire de sainte Elisabeth*, p. 8. Paris, Bray, 1891, édition, in-12.

qualifié : « Siècle de fer, *pour l'aspérité de ses mœurs et sa stérilité; siècle de* plomb *pour l'ignominie de ses désordres; siècle d'obscurité, pour la rareté de ses écrivains* (1). *Si nous en croyons la plupart des historiens, le dixième siècle est l'époque la plus triste, la plus obscure et la plus déplorable de l'histoire de l'ère chrétienne. Le monde civilisé retomba de nouveau dans les ténèbres que la puissante main de Charlemagne s'était efforcée de dissiper.*

Les espérances que le neuvième siècle avait fait naître furent bientôt anéanties par la faiblesse des princes carlovingiens emportés par le torrent contre lequel ils n'essayèrent pas même de lutter. Tandis que des débris de leur trône se formaient des royaumes et des principautés nouvelles, ces nouveaux peuples furent en proie à des désordres et à des convulsions effroyables. On voyait déjà paraître une sorte de droit du plus fort auquel plus rien n'était sacré : les petits et les faibles sont sans ressources et sans protection contre la tyrannie des seigneurs; les seigneurs, toujours en guerre les uns contre les autres, déchirent la terre pour se la partager; la monarchie française, remise au berceau pour la troisième fois, est sans prestige, sinon sans reproche; plus d'obéissance à l'autorité, plus de discipline ecclésiastique, les choses saintes sont foulées aux pieds; le sens moral est éteint. Partout, la liberté violée, la justice méconnue, l'Evangile déchiré et méconnu. Epuisée par des guerres et des divisions continuelles, la race de Charlemagne perdait à la fois les couronnes d'Allemagne et de France (2).

---

(1) « Sæculum quod suâ asperitate ac boni sterilitate *ferreum*, malique exundantis deformitate *plumbeum*, atque inopiâ scriptorum appellari consuevit *obscurum* » (*Annales ecclesiastici*, auctore Cæsare Baronio Sorano. Antverpiæ, ad an. 900).

(2) La race d'Hugues Capet monte sur le trône de France en 987, et déjà en 911, le trône était devenu électif en Allemagne, où les seigneurs avaient, d'une voix unanime, décerné le sceptre à Conrad de

Le dixième siècle ne fut donc pas seulement un siècle d'ignorance ; il fut encore un siècle de violences et de scandales. Cependant, la religion et les lettres, la vertu et la science rencontrèrent quelques hommes, trop rares, il est vrai, dont les écrits et la sainteté furent la sauvegarde providentielle des grands principes de la foi chrétienne et des saines traditions littéraires.

Le bien, Dieu merci, n'était pas mort non plus dans l'Eglise, à l'époque où Odilon fut appelé à gouverner la grande abbaye bourguignonne, déjà si florissante. Tandis que Cluny est occupé à restaurer partout le règne de Jésus-Christ et à éclairer la nuit de cette sombre époque, toute une vigoureuse végétation d'ordres religieux s'épanouit à travers l'Europe, qui prouve la puissante vitalité de l'Eglise : c'est saint Bernard de Menthon, issu d'une des plus illustres familles de Savoie, qui fixera sur l'un des sommets des Alpes l'héroïque solitude du Grand-Saint-Bernard ; c'est, au même moment, un autre seigneur, issu des ducs de Ravenne, saint Romuald, qui sera poussé au cloître par la pénitence, et bâtira de nombreux monastères ; c'est, dans une autre vallée des Apennins, saint Jean Gualbert, qui fera de Vallombreuse le centre d'une congrégation florissante. Plus tard, ce sera Bruno, le grand écolâtre de Reims, qui fera fleurir le majestueux désert de nos Alpes françaises. La même vie divine qui faisait éclore ces fleurs monastiques si embaumées couvrait d'une floraison de saints le sol le plus désolé du XIe siècle, et pour que le rayonnement de ces saints eût plus d'étendue et de puissance, Dieu les plaçait sur les trônes et au sommet de la féodalité. Jamais, peut-être, on ne vit un plus grand nombre de saints sous la pourpre des rois. L'Allemagne admire saint Henri II,

---

Franconie, après la mort de Louis IV, dernier rejeton de la race carlovingienne en Germanie.

lié d'amitié avec saint Odilon et le roi Robert de France, « noble tige, où l'éclat des fleurs de sainteté qui brillent en ses rameaux l'emporte sur la puissance dont elle parut douée, quand elle implanta dans le sol allemand les racines des fortes institutions qui lui donnèrent consistance pour de longs siècles (1) »... A saint Henri il faut associer sainte Cunégonde, son épouse, qui, elle aussi, parviendra par l'héroïsme de sa vie aux honneurs d'un culte public. Saint Vladimir, grand-duc de Russie, imite le glorieux et royal exemple de saint Etienne de Hongrie. La Pologne a pour roi Casimir 1er, qui porte sur le trône les vertus de Cluny. Un autre saint, saint Canut II, règne à la fois sur le Danemark et l'Angleterre. La Norwège a pour roi saint Olaf, célèbre par sa valeur autant que par sa piété, tandis qu'un autre Olaf, son beau-père, de concert avec son fils Amon, fait fleurir la foi chrétienne dans la Suède. Enfin le roi Robert le Pieux illustre le trône de France par sa vertu, et fait oublier dans une sainte vieillesse les égarements et les scandales de ses premières années. Et que d'autres saints, dans tous les rangs de la société, protestent par leurs exemples contre les entraînements de leur siècle ! « La croix, dit un historien, régnait donc véritablement sur le monde. Chez les nations chrétiennes de longue date, nul ne la repoussait ; dans les régions naguère infidèles encore, en Hongrie, en Russie, en Scandinavie, elle continuait à subjuguer et à transformer les cœurs. »

En résumé, agenouillés sur les dalles de leurs églises, les hommes apprenaient à élever leurs cœurs et leurs idées vers Dieu ; ils apprenaient à vivre dans son amour, et à cette source pure puisaient toutes les nobles aspirations, le dévouement et l'attachement à leurs devoirs, en un mot, tout ce qui constitue la garantie vraie et solide de la paix et du

---

(1) Dom GUÉRANGER, Année liturg.

bonheur des familles et des peuples. La communion de pensées et d'espérance dans une même foi réunissait ainsi tous les rangs sans les confondre. En travaillant pour le ciel, on accomplissait sur la terre des œuvres immortelles.

Dans cet exposé nécessairement sommaire de l'état de la chrétienté dans la première moitié du onzième siècle, nous n'avons montré qu'un coin, le plus beau du tableau, mais dans ce tableau il y a des ombres. Dieu nous garde d'oublier ou de voiler le côté sombre et vicieux de cette époque, pour n'en proclamer que les splendeurs et les vertus. Aux dixième et onzième siècles, quatre grandes plaies avaient porté leurs ravages au cœur même de l'Eglise : l'usurpation sacrilège des empereurs et des rois qui prétendaient donner aux évêques, avec l'investiture des domaines temporels, l'autorité qui enseigne et qui gouverne les âmes ; la dépravation des mœurs, l'ambition et la simonie envahissant le sanctuaire et souillant la tribu sainte elle-même, et enfin le schisme s'efforçant de s'installer sur la chaire infaillible de Pierre.

Et d'abord le mal ne venait pas de l'Eglise ; il avait sa cause première dans des abus sociaux dont la racine plongeait au plus intime de la nature corrompue. La liberté des élections avait complètement disparu ; l'élection elle-même n'existait plus, à vrai dire, que de nom. La plupart des princes qui avaient accaparé les élections épiscopales en firent un si criant abus qu'on est tenté de croire qu'ils avaient conspiré la ruine complète de l'Eglise. Des princes redevenus barbares et privés de tout sentiment religieux portaient sur les sièges épiscopaux les enfants de leurs concubines ou de leurs proches. D'autres les donnaient à leurs favoris, la plupart hommes pervers ou ignorants. Il y avait aussi des hommes qui achetaient l'épiscopat, et qui n'avaient rien de plus pressé, pour remplir leur bourse vide, que de vendre aux prêtres les abbayes, les prévôtés, les paroisses, et aux clercs le sacerdoce (1). De là les progrès chaque jour croissants de ce chancre appelé la simonie. Il ne faut pas demander ce qu'était, au point de vue moral, la vie de ces indignes ministres du Dieu trois fois saint. « Les misérables prêtres, dit M. de Montalembert, qui avaient commencé par payer fort cher, au prince ou à l'évêque, leur sacerdoce et leur bénéfice, étaient obligés, en outre, d'entretenir une femme et des enfants. Leur ardent désir devait être, par conséquent, d'abord de s'indemniser de leurs sacrifices pécuniaires, et, en second lieu, d'assurer le sort de leur famille, en transformant, autant que faire se pouvait, leur bénéfice en une propriété héréditaire, qu'ils s'efforçaient de faire passer à l'un de leurs enfants ou de leurs proches. Mais il fallait l'appui de l'autorité temporelle. De là l'empressement du clergé, énervé par son déshonneur même, à courir au-devant de l'investiture impériale, à y chercher la véritable source et la garantie unique de toute autorité spirituelle, et, en même temps, de l'anéantissement complet de la liberté et de la dignité ecclésiastique. (2) » L'Eglise, de maîtresse qu'elle avait été, était devenue servante. On ne recherchait plus, dans le choix des évêques, ni la sainteté, ni la science, ce qui avait été l'honneur de nos princes mérovingiens, celui de Charlemagne et de saint Henri II.

Qui ne voit que ces choix indignes et absolument mauvais favorisaient l'esprit de mondanité, la simonie, le luxe, le scandale et même les violences matérielles, d'où sortaient ensuite pour le peuple et pour les pauvres de cruelles souffrances, accumulées par la paralysie de l'industrie, du commerce et par les disettes de l'agriculture?

Mais le mal qui surpassait tous les autres, c'était l'oppression de la papauté, oppression longue, cruelle, impie

(1) Cf. MŒHLER, *Hist. de l'Eglise*, t. I.
(2) *Les Moines d'Occident*, t. VI, p. 361.

qui, durant plus d'un siècle, fit du Saint-Siège la proie de toutes les ambitions, et restera la preuve la plus invincible de la divinité de l'Eglise et de sa miraculeuse indéfectibilité.

Depuis l'année 962, époque où saint Odilon de Cluny voyait le jour, jusqu'à la mort du saint abbé, vingt-deux pontifes viendront, de son vivant, sur le trône de l'Eglise, et c'est à peine si la papauté, se relevant, put compter quelques années de splendeur. Si l'on excepte Sylvestre II, Grégoire VI, Benoît VIII et Clément II, tous les papes de la première moitié du onzième siècle, médiocres et faibles, se succédèrent au gré des comtes de Tusculum, faisant peu d'honneur au Saint-Siège, ou furent désormais livrés comme des victimes enchaînées à la tyrannie des empereurs allemands. Cependant, par une providence toute spéciale, aucun affaiblissement de la toute-puissance spirituelle des papes ne se manifesta durant cette époque d'abaissement moral. Si quelques-uns, imposés de force à l'Eglise par la tyrannie féodale victorieuse, ont faibli dans la conduite privée, leur infaillibilité en matière dogmatique n'a jamais rien eu à souffrir de leurs vices ou de leurs défauts personnels. Il ne faut pas confondre l'infaillibilité avec l'impeccabilité. Dieu a promis aux pontifes romains l'infaillibilité, il ne leur a jamais garanti l'impeccabilité. On aurait tort de s'indigner sur les scandales du moyen âge. Que prouvent-ils aux yeux de la foi? « L'Eglise, dit le R. P. Brucker, ne meurt point : elle en a pour infaillible garant la promesse de son divin fondateur. Elle ne peut non plus chanceler dans la doctrine : car elle est bâtie sur la pierre vivante, contre laquelle les puissances de l'enfer ne prévaudront pas. Elle ne cessera jamais d'être sainte, parce qu'elle est établie pour être le foyer de toute lumière, la source de toute force, le canal de toute grâce sanctifiante. Mais les hommes qui la composent, fidèles et prêtres, sont *sujets à la tentation et au péché, parce qu'ils naissent tous d'un père coupable. Pour apprendre l'humilité aux pasteurs et pour donner plus de mérite à la foi des ouailles, Dieu permet quelquefois que les passions mauvaises trouvent accès jusque dans le saint des saints. C'est pour l'Eglise du Christ l'épreuve de toutes la plus cruelle; mais aucune autre ne démontre mieux sa divinité. Les institutions purement humaines, quand les hommes viennent à leur manquer, croulent : l'Eglise reste debout, fidèle à sa mission, qui est de conduire les âmes à leurs destinées éternelles* (1). »

Tant de plaies demandaient un remède; une digue devait être opposée à ce débordement de tous les maux, qui menaçait d'engloutir dans une même ruine l'Eglise et la société tout entière. C'est de Cluny principalement que viendra le salut, c'est Cluny qui sera la digue posée par la main de Dieu. C'est de la congrégation de Cluny que Dieu tirera un ferme soutien et un secours décisif pour son Eglise. Cluny ! Que de souvenirs glorieux ce nom n'évoque-t-il pas à l'esprit ! Phare lumineux au sein d'une époque de ténèbres, forteresse avancée du siège de Rome à une heure où les princes tentent d'en faire l'assaut, séminaire de pontifes appelés à rendre à la chaire de Pierre l'éclat qu'elle a perdu depuis un siècle, Cluny sera le berceau et le foyer d'une réforme religieuse dont l'action ne rencontrera d'autres limites que celles de la chrétienté elle-même. Là, pendant tout le onzième siècle, autant il y a de religieux, autant il y a de fermes esprits dont l'austère méditation ne cesse de considérer l'état de l'Eglise, autant de nobles cœurs qui aspirent à guérir les maux dont gémit la société chrétienne. Une légende raconte que pendant une nuit un jeune moine, alors entièrement inconnu, s'était endormi dans le chœur de l'abbaye. Dans son

---

(1) *L'Alsace et l'Egl. au temps du Pape S. Léon IX.* T. I, p. 149, Strasbourg, Le Roux, 1889.

sommeil, il crut voir le ciel s'ouvrir et saint Paul en descendre, pour venir s'entretenir avec lui. L'apôtre lui montra un regard sévère ; et lui indiquant du doigt le sol de l'église tout jonché d'immondices : « *Quand donc, ajouta-t-il, auras-tu le courage de balayer le lieu saint ?* » *Effrayé, le moine s'éveilla, mais sans perdre le souvenir de ce songe mystérieux. Il en chercha l'explication, et se promit à lui-même que si jamais Dieu lui confiait une part de sa puissance, il emploierait toutes ses forces à purifier le saint lieu des souillures morales qui en déshonoraient la majesté. A quelques années de là, Hildebrand montait sur le trône de saint Pierre sous le nom de Grégoire VII, et allait entreprendre avec un courage indomptable la réforme des vices et la répression des abus. Or, l'un des précurseurs les plus actifs et les plus féconds du grand pape saint Grégoire VII dans l'œuvre si importante de la réforme de l'Eglise fut saint Odilon de Cluny. Odilon fut mêlé à tous les grands événements de son époque. Par le rôle social qu'il eut à remplir pendant tout le cours de sa longue vie, par le prestige qu'il exerça autour de lui, et surtout par son éminente sainteté, il contribua singulièrement à étendre le règne du Christ et à conquérir la liberté de l'Eglise et des âmes. Mais saint Odilon n'a pu exercer une influence considérable sur la société religieuse du* XIe *siècle sans que cette influence ait rejailli sur la société civile. Les deux sociétés se compénétraient d'une manière trop intime au sein de cette grande famille des peuples qui s'appelait la chrétienté pour qu'un mouvement exercé sur l'une n'ait pas eu son contre-coup dans l'autre. C'est ce mouvement social que nous étudierons parallèlement au mouvement religieux dans l'ouvrage que nous osons intituler :* Saint Odilon, abbé de Cluny ; sa vie, son temps, ses œuvres.

L'histoire de saint Odilon a tenté plusieurs fois la plume de savants illustres. Pour ne citer que des écrivains de mérite, en dehors du moine Jotsald, ami et contemporain du saint abbé, et de saint Pierre Damien, cardinal-évêque d'Ostie, on en trouve des traits épars dans Fabricius comme dans dom Ceillier, dans Mabillon comme dans Surius, dans Martène comme dans Barral, et surtout dans les Acta Sanctorum Bollandiana. *Après eux, d'autres auteurs ont repris en sous-œuvre le même sujet; en Allemagne, M. Hüfler; en France, M. Pignot, dans le tome Ier de son* Histoire de l'Ordre de Cluny, *et le R. P. Bernard, moine Olivetain, auxquels nous avons fait quelques emprunts. Enfin le R. P. Ringholz a publié une courte et substantielle* Vie de S. Odilon *qui a paru en articles séparés dans les* Studien und Mittheilungen aus dem benedictiner und cistercienser Orden, *avant d'être publiée en brochure. Après le consciencieux travail du R. P. Bénédictin où tout ce qui intéresse le saint et son Ordre est raconté avec la sobriété d'expressions, la largeur de vues et l'esprit critique qui sont aujourd'hui les maîtresses qualités de l'historien, il semble que la matière peut paraître épuisée. Mais cette esquisse biographique si approfondie qu'elle soit est incomplète, et il nous a semblé qu'à côté de la* Vie de saint Odilon *par le R. P. Ringholz, il y avait place pour une nouvelle vie, plus complète et plus large, où la physionomie vraie, lumineuse et vivante du saint et illustre abbé de Cluny ressortirait davantage dans le récit des principaux événements qui lui servent de cadre. Car, ainsi que nous l'avons dit plus haut, l'existence de saint Odilon touche à tous les grands événements de son temps. Nous n'avons pu qu'en recueillir les principaux. Que de faits admirables ont dû se perdre dans la nuit des temps ou par le malheur des révolutions! Nous savons du moins qu'Odilon fut, à son époque, comme le centre de toute une création nouvelle:*
« *Quand Dieu donne un apôtre et un saint à un peuple, le*

néant tressaille, les éléments s'ordonnent, des harmonies inattendues s'éveillent, et autour de ce nouvel astre, de nombreux satellites gravitent, brillants de ses reflets. »

La Vie *de saint Odilon est écrite d'après les sources et les travaux historiques publiés en Allemagne. Nous voudrions pouvoir dire qu'elle est « le miroir de la vérité et de la sincérité »* (1).

Mais avant d'entrer en matière, j'ai le devoir d'exprimer toute ma gratitude aux savants qui m'ont aidé de leurs lumières. Comment oublierais-je les précieuses communications que je dois à la gracieuse obligeance de Mgr Sambucetti, archevêque de Corinthe, au savant Bollandiste, le R. P. de Smedt, aux RR. PP. bénédictins de Silos et de Ligugé, au R. P. abbé du Mesnil-Saint-Loup, à M. l'abbé Jeunet, curé de Cheyres, et à M. l'abbé Reure, professeur à l'Institut catholique de Lyon? Comment enfin tairais-je les affectueux conseils du R. P. Ragey, dont le goût littéraire est aussi sûr et aussi délicat que l'amitié?

(1) « Viri probi in hoc disciplinarum genere scienter versati, animum adjiciant oportet ad scribendam historiam hoc proposito et hâc ratione, ut quid verum sincerumque sit appareat... » Bref de Léon XIII sur les *Etudes historiques* adressé aux cardinaux de Luca, Pitra et Hergenrœther.

LISTE

DES

Principaux Documents cités dans ce Livre.

Acta sanctorum Ordinis S. Benedicti, par MABILLON.
Acta sanctorum Bollandiana.
Annales Ordinis S. Benedicti, par MABILLON.
Annales ecclesiastici, par BARONIUS.
Annales de l'Académie de Mâcon.
Antiquitates Italicæ medii ævi, par MURATORI.
Architecture française, par LANCE.
Art de vérifier les dates.
Bibliotheca Cluniacensis, par D. MARRIER.
Bibliotheca latina mediæ et infimæ ætatis, par FABRICIUS.
Bibliotheca historica medii ævi, par POTHAST.
Beschreibung deutsche Vorreit, par HUFLER.
Bibliothèque de l'histoire de France, par MONOD.
Bibliothèque des auteurs ecclésiastiques, par DUPIN.
Boletin de la Real Academia de historia de Madrid.
Bullaire de l'Auvergne, par l'abbé CHAIX.
Bulletin de l'Œuvre de N.-D. de la S.-Espérance.
Cartulaire du prieuré de Paray-le-Monial, par Ulysse CHEVALIER.
Cartulaire de S.-Vincent de Mâcon, par RAGUT.
Cartulaire manuscrit de Cluny, Bibliothèque nationale; nouvelle acquisition latine, 1497.
Cluny, la ville et l'abbaye, par PENJON.
Cluny au XIe siècle, par CUCHERAT.
Consuetudines Cluniacenses, par UDALRIC.
Chronologia Abbatum sacræ Insulæ Lerinensis, par BARRAL.
Conciliorum amplissima Collectio, par MANSI.
Concilia Hispaniæ, apud GONZALEZ.
Catalogus Codicum hagiographicum, Bibliothèque nationale.
Cronica general de la Orden de San Benito, par YEPEZ.
Coutumes d'Auvergne, par CHABROL.
Dictionnaire des mystères, par DOUHET.
Die Abtei Murbach in Elsass, par GATRIO.

Die Cluniacenser in ihrer kirchlichen und allegemeingeschichtlichen Wirksamkeit bis zur mitte des elften Jahrhunderts, par Ernst SACKUR.
Deutsche Kaiserzeit, par GIESEBRECHT.
Der heilige Abt Odilo von Cluny in seinem Leben und Wirken, par le P. RINGHOLZ.
Disquisitiones monasticæ, par HŒFTEN.
Essai historique sur l'abbaye de Cava, par Paul GUILLAUME.
Espana sagrada, par Henrique FLOREZ.
Etudes sur la vie et le règne de Robert le Pieux, par PFISTER.
Forschungen zur deutschen Geschichte.
Gallia christiana.
Geschichte der deutschen Kaiserzeit, par GIESEBRECHT.
Geschichte des Gottesfriedens, par KLUCKHOHN.
Histoire de l'Eglise de Strasbourg, par GRANDIDIER.
Historia ecclesiastica, par Orderic VITAL, dans Migne.
Histoire des auteurs sacrés et ecclésiastiques, par D. CEILLIER.
Histoire de l'ordre de Cluny, par PIGNOT.
Histoire de l'abbaye de Lérins, par ALLIEZ.
Histoire de la maison d'Auvergne, par BALUZE.
Histoire de l'Eglise d'Auvergne, par le comte DE RÉSIE.
Histoire des conciles, par HÉFÉLÉ, traduite par DELARC.
Histoire des diocèses de Besançon et de S. Claude, par RICHARD.
Histoire de l'abbaye de S.-Martin, par BULLIOT.
Histoire littéraire de la France, par dom RIVET.
Histoire de S. Mayol, par OGERDIAS.
Histoire de la ville d'Orbe, par DE GINGINS LA SARRA.
Histoire de Gigny et de sa noble et royale abbaye, par GASPARD.
Histoire de la ville de Charlieu, par DESEVELINGES.
Histoire du Languedoc, par dom VAISSETTE, édition Privat.
Historia de la fundacion y antiguedades de S. Juan de la Pena, Saragosse, 1620.
Historia ecclesiastica de Espana, par D. Vicente DE LA FUENTE, Madrid, 1823.
Historia critica de Espana, par MASDEU.
Historia del Real Monasterio de Sahagun, par P. Joseph PÉREZ, Madrid, 1782.
Historiæ Patriæ monumenta.
Inventaire des Manuscrits de la Bibliothèque nationale (Fonds de Cluny), par DELISLE.
Itinerarium Burgundicum, par RUINART.
Iahrbücher des deutschen Reichs unter Heinrich II, par HIRSCH.

Iahrbücher des deutschen Reichs unter Konrad II, par Harry Breslau.
Iahrbürcher des deutschen Reichs unter Heinrich III, par Steindorff.
Kaiserurkunden, par Stumpf.
Kirchengeschichte von Spanien, par Gams.
Lehrbuch der Kirchengeschichte, par le D^r Mœller, 2e édit., Fribourg-en-Brisgau.
L'Alsace et l'Eglise au temps du pape S. Léon IX, par le P. Brucker.
Le Vénérable Guillaume, abbé de S.-Bénigne de Dijon, par Chevalier.
Les monastères bénédictins d'Italie, par Dantier.
La paix et la trêve de Dieu, par Sémichon.
L'an Mil, par Roy.
L'architecture romane dans l'ancien diocèse de Mâcon, par Jean Virey.
Manuscrit de la bibliothèque Vaticane, bibliothèque de la reine Christine de Suède, 711.
Monuments de l'histoire de Neuchâtel.
Monographie de Payerne et de ses trois premiers abbés, par l'abbé Jeunet.
Moines d'Occident, par Montalembert.
Monastères d'Auvergne, par Dominique Branche.
Mémoire de littérature historique, par Desmolets.
Martyrologe de l'Ordre bénédictin.
Monumenta Poloniæ, par Bielowski.
Monumenta Germaniæ SS., par Pertz.
Nouvelle biographie générale, par Hœfer.
Neues Archiv der Gesellschaft für ältere deutsche Geschichtskunde.
Ordo Cluniacensis, par Bernard de Cluny.
Patrologie latine, par Migne.
Pabst Gregorius VII und sein Zeitalter.
Poppo von Stablo, par le Dr Paul Ladewig, Berlin.
Poetæ medii ævi, par Leyser.
Recueil des historiens de France.
Recueil des chartes de l'abbaye de Cluny, par Bernard et Bruel.
Regula sancti Benedicti.
Rerum Italicum scriptores, par Muratori.
Regesta pontificum romanorum, par Jaffé.
Répertoire des sources historiques du moyen âge, par l'abbé Chevalier.

Revue du clergé français.
Revue catholique d'Alsace.
Rerum italicarum Scriptores, par Muratori.
Revue des questions historiques.
Sacrosancta concilia, par Labbe.
Scriptores Germani, par Pistorius.
Scriptores ecclesiastici, par Trithemius.
Scriptores rerum Brunswicarum, par Leibnitz.
Spicilegium sive Collectio veterum aliquot scriptorum, par d'Achery.
S. Petri Damiani Opera omnia.
S. Fulberti Epistolæ, dans Migne, *Patrol. lat.*, t. CXLI.
S. Gregorii Opera omnia.
Synchronistiche Geschichte der Kirche und Welt im Mittelalter, par le R. P. Damberger.
Studien und Mittheilungen aus dem Benedictiner und Cistercienser Orden.
Scriptores ecclesiastici, par Bellarmin-Labbe.
Scriptores ecclesiastici, par Cave.
Thesaurus novus Anecdotorum, par Martène et Durand.
Thesaurus Anecdotorum novissimus, par Pez.
Veterum Scriptorum amplissima collectio, par D. Martène.
Vetus disciplina monastica, par Hergott.
Vetera analecta, par Mabillon.
Vitæ Sanctorum, par Surius.
Vie de S. Hugues, abbé de Cluny, par D. L'Huilier.
Vie des Saints de la Suisse française, par Genoud.
Voyage littéraire de deux religieux bénédictins de la congrégation de Saint-Maur.

CHAPITRE PREMIER

NAISSANCE, ÉDUCATION ET VOCATION

A L'EXTRÉMITÉ de la basse Auvergne, sur les confins du département du Puy-de-Dôme et à trois kilomètres environ de la petite ville d'Ardes-sur-Couze, s'élève, à une altitude de plus de 900 mètres, un plateau nommé encore aujourd'hui « la butte de Mercœur » (1). Un antique château féodal en couronnait le sommet, protégeant de son ombre les rares habitations échelonnées à ses pieds. De la hauteur de la butte que la lumière enveloppe et qui baigne le soir dans la pourpre d'or du soleil couchant, un magnifique panorama se déroule sous nos yeux. Voici d'abord, au midi, le Fromental, poste avancé de Mercœur, bâti par les anciens barons de ce nom sur une butte basaltique

(1) Le mot Mercœur ne vient pas, comme l'ont prétendu les étymologistes latins, de *Mercure*, dieu païen adoré autrefois sur la pointe de la butte, mais du radical celtique *Mark*, *Merk*, signifiant pointe, borne. Les seigneurs prirent le nom du territoire où ils construisirent la forteresse. Voir sur cette étymologie l'ouvrage intitulé : *de l'Origine des cultes*, par Dulaure. Ce livre est à l'Index, et il le mérite à cause de son hostilité contre l'Eglise et de sa mauvaise foi. toutefois, le chapitre consacré à l'appellation toponomastique de *Mercœur* est exact. (Note de M. l'abbé Crégut.)

pour observer la rive gauche de la Couze ; plus loin, la vue est arrêtée par la crête du Saran qui élève vers le ciel sa masse imposante ; au nord, le Domareng et autres plateaux volcaniques aux contours arrondis en forme de croissant. On dirait, à voir ce sol tourmenté, que des flots de basalte se sont pétrifiés au milieu d'une tempête. Tout ce formidable appareil de rochers volcaniques donne à l'ensemble du site une physionomie d'étrange et pittoresque grandeur. Plus rapprochés de nous se détachent de distance en distance de gracieux villages pittoresquement assis à fleur de quelques rochers ou cachés comme des nids au fond de verdoyantes vallées.

Au bas de la butte, un grand fossé en forme de circonvallation, dont on a retrouvé naguère les déblais, en forme les extrémités. A l'est, un précipice au fond duquel roulent les eaux bruyantes de de la Couze qui arrose, à Ardes, le bassin où s'étagent les maisons de la modeste cité.

Le château fort de Mercœur, qui s'élevait jadis au sommet de la butte, dominait ce site grandiose et saisissant. De la redoutable forteresse il ne reste que des ruines informes : quelques pans de mur à hauteur d'appui jalonnent çà et là l'enceinte de la place, et un semblant de parapet émerge à moitié enseveli sous les décombres. Seule, à l'extrémité de l'esplanade, une encognure du donjon se tient encore debout. Une longue aiguille de maçonnerie déchiquetée par le temps et s'émiettant de plus en plus rappelle mieux encore que tout le reste la mémoire des anciens jours. On y reconnaît trois étages marqués par des voûtes écroulées dont les amorces sont encore visibles.

A la lumière de la science archéologique, qui a fait de si rapides progrès, il nous est facile de reconstituer le château fort du xe siècle et de le contempler dans toute la majesté de son ensemble. Ce qui frappe d'abord la vue, c'est l'énorme donjon. Quelle masse ! quelle élévation ! La silhouette générale est lourde et sans grâce, mais l'œil n'a pas le loisir de s'arrêter à ces détails, et c'est la seule synthèse de cette forteresse que nous devons saisir. Le plan en est simple, et la construction sévère : une tour carrée de pierre, ou donjon, divisée en trois étages et assise sur le vaste plateau de basalte ; un sous-sol en contre-bas, pratiqué dans l'épaisseur de la butte et où se trouve un puits, condition nécessaire d'une longue et efficace résistance ; un fossé formant un cercle à la base de cette éminence et l'isolant des autres constructions ; autour du château qui se dresse sur le rocher comme une haute citadelle s'étend une vaste enceinte enserrée de tous côtés par un second fossé précédé d'un rempart en terre surmonté de palissades en bois ou peut-être, plus sûrement, par un solide mur de défense qui se relève en poterne pour donner accès dans l'enceinte. Mais dans cette bâtisse naïve, l'enceinte n'est rien, le donjon est tout. C'est l'asile inviolable, c'est l'insaisissable repaire, c'est la dernière et suprême ressource.

Tel était, dans la seconde moitié du xe siècle, le château fort qu'habitait la noble famille de Mercœur (1)

---

(1) C'est une chose digne de remarque que la difficulté de déterminer le lieu d'origine de certaines grandes familles. Il n'en est pas de même pour la famille de Mercœur, quoique l'on ait hésité quelquefois entre Mercœur près Ardes et Mercœur près Lavoûte-Chilhac, situés autrefois tous deux en Auvergne et placés actuellement le premier dans le département du Puy-de-Dôme, le deuxième dans la Haute-Loire. C'est au premier que se rattachent les sires de Mercœur, et il est facile d'en donner des preuves nombreuses. La situation de ce château est bien déterminée dans le *Dictionnaire géographique* de l'abbé Expilly : « Mercœur en Auvergne, diocèse de Saint-Flour, intendance de Riom, élection de Brioude, à 1 lieue O. d'Ardes, 6 lieues

à l'époque où vit le jour l'enfant prédestiné dont nous entreprenons de raconter la vie.

Quel fut le premier habitant de cette antique demeure féodale ? l'histoire ne nous en a pas transmis le nom. Elle nous dit seulement que, sous le règne des premiers Francs, un rude et vaillant guerrier vint s'y fixer, et donna naissance à la glorieuse lignée des Mercœur. Nous trouvons un sire de Mercœur mentionné dans des chartes de 895, 906 et 911, sous le nom d'Itier, frère de Gulfad de Mercœur, prévôt du chapitre de Brioude en 937. Baluze les croit issus l'un et l'autre d'un Itier que l'empereur Charlemagne aurait établi, en l'année 778, comte bénéficiaire d'Auvergne (1).

O.-N.-O. de Brioude, 5 lieues O. d'Issoire, 8 lieues S.-S.-O. de Clermont. Le château de Mercœur était bâti sur une éminence, vis-à-vis d'un autre château nommé le Fromental, qui était une châtellenie du duché de Mercœur. L'un et l'autre furent démolis par l'ordre de Louis XIII. » CHABROL (*Coutumes d'Auvergne*, t. IV, p. 57 et 62), rapportant l'historique du duché de Mercœur à propos d'Ardes, son chef-lieu, fait connaître les sept mandements dont il se composait, savoir : 1º Ardes, Mercœur et Fromental ; 2º Chilhac, Saint-Cirgues et Etangs ; 3º Ruines et Corbières ; 4º Lastic et Cistrières ; 5º Tanavelle et Lagas ; 6º Saugues et Grèzes ; 7º le Malzieu et Verdezun. Cette division se retrouve identiquement dans l'acte de vente du duché de Mercœur au roi en 1770. Le Mercœur qui figure dans le premier mandement, et qui était autrefois lui-même un mandement, est suffisamment désigné par son entourage comme le Mercœur des bords de la Couze. Le récit de la prise de ce château par les Anglais détermine encore mieux la position : « Nouvelles vinrent à la comtesse Dauphine qui se tenait en une bonne ville et fort chastel à une petite lieue de là qu'on appelle Ardes, comment le chastel de Mercœur était conquis des Anglais. » On peut consulter également les cartes d'Auvergne de Du Bouchet (1645) et du P. du Frétat (1672), et le *Dictionnaire des communes* de A. JOANNE, au mot Ardes. (Cf. BRUEL, *Annales de la Société d'agriculture* du Puy, t. XXXII. Le Puy, 1877 ; 2e partie : Mémoires et Annexes. Note sur *le Tombeau d'Odilon Sire de Mercœur*, p. 147, note.)

(1) Cette conjecture est fondée sur le nom d'Itier affecté dans la maison des anciens seigneurs de Mercœur, sur leur haute noblesse et les grands biens qu'ils avaient en Auvergne. BALUZE, *Histoire généalogique de la maison d'Auvergne*, t. Ier, p. 27. Pari , 1708.

Toutefois, ce que nous savons de plus précis, c'est qu'au IXe siècle, la famille de Mercœur était ici représentée par le seigneur Hicter (1) ou Ithier de Mercœur, aïeul paternel d'Odilon. C'était, dit un biographe, un baron puissant qui comptait sous sa bannière vingt fiefs principaux, avec un grand nombre d'arrière-fiefs, et l'un des trois ou quatre grands feudataires du comté d'Auvergne. Riches des avantages de la fortune, les seigneurs de Mercœur n'étaient pas moins illustres par la naissance, car ils occupaient le premier rang dans la noblesse d'Auvergne (2). L'Etat dut à la noble famille

(1) Le nom d'Itier, conservé dans la famille qui possédait la terre de Mercœur, donne créance à cette assertion. De cet Itier serait descendu un autre Itier, qui en 911 fit une donation à l'église de Brioude, et de celui-ci un Béraud Ier, dit le Grand, père de saint Odilon (BRUEL, *opus cit.*; Cf. BALUZE, *Histoire généalogique de la maison d'Auvergne*, t. Ier, *passim*, Paris, 1708; JUSTEL, *Hist. de la maison d'Auvergne*, *passim*. Sur la lignée des Mercœur, voir la charte de fondation du monastère de la Voûte par Odilon et ses parents, dans MABILLON, *Acta SS. Ord. S. Bened.*, t. VI, p 556 et 557; Cf. *Cartulaire de Brioude*, carta 320, p. 32.

(2) D'après Baluze, les Mercœur descendaient des premiers comtes d'Auvergne et des ducs carlovingiens. Ils avaient d'immenses possessions non seulement en Auvergne, haute et basse, mais en Velay, Gévaudan, Vivarais, Valentinois, Viennois, Bourgogne et jusqu'en Italie, où le cartulaire de Saint-Laurent d'Oulx, en Piémont, mentionne leur suzeraineté Dans l'acte de fondation du prieuré de la Voûte, saint Odilon appelle son frère Bérald *illustrissimus dulcissimusque*, et sa sœur Aldegarde *nobilissima matrona*.

Une notice a paru récemment dans les *Actes de la Société d'archéologie et des beaux-arts de la province de Turin*, relativement à un membre de la célèbre famille de Mercœur qui finit ses jours dans l'abbaye de Saint-Laurent d'Oulx, où il fut enterré. Cette notice, intitulée : « Le tombeau d'Odilon de Mercœur au musée municipal de Turin, *il sarcofago d'Odilone di Mercœur nel museo civico di Torino* », est due à M. Pietro VAYRA et renferme quelques particularités nouvelles sur la famille de Mercœur. Ce tombeau renferme les cendres d'Odilon, sire de Mercœur en Auvergne, très puissant personnage et illustre guerrier. C'est ce qui résulte de l'inscription composée en vers hexamètres, et dont voici la traduction : « Odilon, sire de Mercœur, homme très puissant en Auvergne, grand dans la guerre, repose sous ette tombe. Après sa mort, ses fils, touchés par la piété filiale, firent

de Mercœur quelques-uns de ses plus vaillants guerriers, et l'Eglise quelques-uns de ses plus hauts dignitaires.

L'histoire garde malheureusement le silence sur la vie d'Ithier de Mercœur, à peu près ensevelie dans l'oubli ; tout ce qu'il nous a été possible d'en savoir, c'est qu'ayant reçu de ses ancêtres un trésor inappréciable des plus excellentes qualités, il transmit ce précieux héritage à Bérald, son fils, surnommé le Grand par ses contemporains. De celui-ci, les historiens sont également très sobres de détail : Jotsald, disciple et historien de S. Odilon, nous en a laissé ce portrait : « C'était, dit-il, un homme de la première noblesse
« d'Auvergne, vaillant guerrier, suzerain de nombreux
« domaines, sage et prudent d'ailleurs, et d'un conseil
« sûr et éprouvé. Ses mœurs étaient irréprochables, et
« sous ce rapport, il ne le cédait à aucun de ses contem-
« porains. On l'appelait communément Bérald le Grand
« ou l'aîné, car il était le chef de la famille qui portait

construire à leur père cette chapelle et donnèrent six cents sous pour le titulaire, qui, priant pour leur père, gardera toujours le monument. » D'après les caractères paléographiques, cette inscription peut être du milieu du xiie siècle. — Les noms des fils d'Odilon nous sont fournis par le cartulaire d'Oulx, dans lequel se trouve un acte par lequel Etienne, prévôt du Puy, plus tard évêque de Clermont, et Beraud, fils d'Odilon, venus à Oulx, achètent pour six cents sous une terre et une vigne et les donnent aux chanoines, « pro animâ patris sui Odilonis Mercoriensis qui in capellâ Sanctæ Mariæ Magdalenæ, quæ sita est in cimiterio præfatæ ecclesiæ, quiescit ». Comme on le voit, la donation fut faite lorsque Etienne n'était pas encore évêque de Clermont, par conséquent avant 1165. — L'Odilon dont il est ici question était donc l'arrière-petit-neveu du célèbre Odilon, abbé de Cluny, qui lui avait donné l'inspiration et certainement l'exemple de se retirer dans la vie monastique. — La célèbre abbaye de Saint-Laurent d'Oulx, située près du village du même nom (province de Lombardie, cercle de Turin, à quinze lieues ouest de cette ville, sur la Doire Ripaire), appartenait à l'ordre de Saint-Augustin ; il n'en reste que des vestiges et la tombe dont nous venons de parler et qui figure au musée municipal de Turin.

« son nom. Sa bonne foi était si remarquable que ce
« que les autres ont peine à garder, même après en
« avoir fait le serment, sa parole suffisait pour le rendre
« inviolable. On souhaiterait de voir beaucoup de sei-
« gneurs se conduire avec la sagesse qui paraissait en
« ses moindres actions. » (1)

Tel était Bérald de Mercœur. Dieu lui avait donné une compagne digne de lui : c'était Gerberge. Celle-ci était de race encore plus illustre que son époux, car, au témoignage de Baluze, elle tirait son origine des anciens rois carlovingiens : elle était fille du seigneur de Vienne, parente d'Hugues, roi d'Italie, et descendante du roi Lothaire. Sa vie n'était pas moins exemplaire que celle de son mari ni ses vertus moins exquises, car si Bérald joignait au prestige de la bravoure la loyauté et la foi du gentilhomme, Gerberge avait toutes les délicatesses de l'épouse unies à la vertu et aux tendresses de la mère. C'était, au témoignage de Jotsald, une femme d'une intelligence supérieure, d'une grande piété, d'un cœur doux et tendre et d'une rare distinction.

Bérald de Mercœur et Gerberge virent leur union bénie de Dieu. Dix enfants naquirent de cette union. Nommons, en première ligne, cet enfant de grâce qui fut S. Odilon (2), cinquième abbé de Cluny. Odilon

---

(1) Migne, *Patrol. lat.*, t. CXLII, colon. 898 ; *Acta SS.*, Januarii, t. I, p. 66.

(2) Qu'Odilon fût un Mercœur, nous en trouvons la preuve dans *Bibl. Clun.*, not. Andr. Querc., col. 69, et dans Mabillon, *Acta sanctor. Ordinis S. Bened.*, t. VI, p. 554 et suiv. Au témoignage de Jotsald, *Vita Odil.*, præf., Bérald, père d'Odilon, était « inter proceres Arvernorum nobilissimus » et Odilon lui-même : « ... nobilitatis stemmate procreatus ». — S. Pierre Damien, *Vita Odil.*, 1 : « Beatus igitur Odilo Arverniæ oriundus, ex equestri quidem ordine genus duxit. » (Migne, *Patrol. lat.*, t. CXLII, col. 898, et t. CXLIV, col. 926.)

Le mot « Odilon », dans les chartes et chroniques contemporaines

était le troisième enfant de la famille. L'aîné se nommait Etienne (1), « et il soutint hautement l'honneur de sa race »; le second s'appelait Ebbon (2). Les autres frères furent Bérald, plus tard prieur au Puy (3), Bertrand, Ithier (4) mort en bas âge, Guillaume, Eustorge, et un second Ithier. Deux sœurs de notre saint, dont les tendres beautés servaient de cadre au doux visage de leur mère, complétaient la famille. L'une, Blismodis, se consacra au Seigneur au monastère de Saint-Julien-

et postérieures, est écrit de diverses manières. On le trouve sous les noms suivants : Oedilo, Odelinus, Odillo, Odilus, Ogdilus, Oidelo, Oildo, Otelo, Oydelo, Oydelius, Udilo, Utilo, Uto, Vodilo. Mais l'usage d'écrire « Odilo » est beaucoup plus fréquent, et on le trouve dans les meilleures sources. — Le P. Pierre Lechner, O. S. B., donne dans son *Martyrologe de l'ordre bénédictin* l'abréviation « Olo », mais il ne peut en donner une preuve authentique.

En ce qui concerne la dérivation et la signification du mot « Odilo », M. le Dr Ernest Martin, professeur de littérature allemande à Strasbourg, en a donné l'explication suivante : « C'est, dit-il, un faible diminutif d'un autre mot, un mode et le plus souvent comme un dérivé d'un nom composé, en sorte que le dérivé commence à la première partie du mot avec le caractère O (N). C'est ainsi, par exemple, que Cuno fait Kuonràt; Heiño, Heinrich; Theudo, Theudorich, etc. C'est ainsi également que *Odilo* vient d'un nom dont la première partie était *and, uodal*. Uodal répond à adal en changeant la voyelle radicale. C'est le mot qui désigne « le genre », tandis que uodal désigne « la possession du genre », la « terre allodiale ». C'était la seconde partie du nom : mais il n'est pas sûr de dire que cette seconde partie eût été *hard, rich*, ou tout autre mot semblable. Le mot *rich*, en latin *rex*, roi, souverain, est probable; en sorte que « Odilo » serait synonyme de « Uodalrich », c'est-à-dire « le souverain dans le bien patrimonial ». Cette explication est absolument sûre dans sa première partie, elle est très vraisemblable dans la seconde. (Voir le P. Ringholz, O. S. B. : *Der heilige Abb. Odilo* von Cluny Ammerkungen zum ersten Capital, 1, note 2.)

(1) « Honorabilis senior. »

(2) « Vir bonæ simplicitatis. »

(3) *Gall. christ.*, II, col. 747. Il était déjà mort en l'année 1031 (Mabillon, *Annal.*, IV, p. 371.)

(4) Il était déjà mort en 990 ou 991. (Charte d'Odilon en faveur de Cluny, *Acta*, VI, 1, p. 535.)

des-Chazes (1) dont elle devint abbesse, et mourut presque centenaire en réputation de haute sainteté. L'autre, Aldegarde, resta dans le monde qu'elle ne cessa d'embaumer par le parfum de ses vertus. Bénis dans leur union, Bérald et Gerberge réalisaient à la lettre ce bonheur domestique dont parlent les saints livres : « Ton épouse sera comme une vigne féconde dans les murs de ta demeure et tes fils comme les jeunes pousses de l'olivier à l'entour de ta table. » (*Eccl.*) Huit fils et deux filles égayaient de leurs ébats l'intérieur un peu sombre du vieux château.

C'est dans ce cercle d'affections douces et partagées que s'écoulèrent les premières années d'Odilon, sur lesquelles nous aurons à revenir. Les leçons et les exemples de Bérald et de Gerberge furent pour leurs enfants comme autant de semences de foi et de vertus ; et si, comme dit le poète, « de grandes âmes en naissent d'autres qui leur ressemblent » (2), nous ne devons pas nous étonner de voir les saints se multiplier dans cette forte race des Mercœur. Chaque génération, en effet, y fournit à l'Eglise son tribut de prêtres, de religieux ou de religieuses et de dignitaires ecclésiastiques. Il nous est impossible d'énumérer tous les neveux et petits-neveux d'Odilon qui peuplèrent les églises et les monastères. Un de ses neveux, Etienne (3), fut évêque

---

(1) Saint-Julien-des-Chazes, situé sur la rive gauche de l'Allier, dans une gorge isolée, étroite et profonde que l'on croirait avoir été creusée par la main de Dieu pour servir de retraite aux âmes religieuses, est une abbaye de moniales bénédictines fondée en l'an 800 par l'épouse de Claude, seigneur de Chanteuges.

(2) « Fortes creantur fortibus et bonis. »

(3) Etienne, trente-sixième évêque du Puy, de 1031 à environ 1053. (*Gall. Christ.*, t. II, col. 698 et 699.) Ce neveu fut ordonné prêtre à la demande de S. Odilon, et c'est à lui que Jotsald dédia la Vie de notre saint. (*Acta*, VI, 1, p. 555 et 597.) Un autre Etienne, onzième prieur du Puy. (*Gall. Christ.*, II, col. 747 et 748.) C'est peut-être cet

du Puy, et c'est à lui qu'est dédiée la vie du saint par Jotsald. Un autre de ses parents lui succéda sur ce siège. Vers la même époque (1051), un Mercœur allait s'asseoir sur le siège épiscopal de Clermont. Dans la liste des prieurs et abbés de Sauxillanges, dans celle des prieurs du Puy, revient à tout instant le nom de

Etienne qui fut évêque de Clermont de l'année 1051 à 1052. Un frère de Bérald, Hildegar, qui fut le douzième prieur (*Gall. Christ.*, loc. cit.) ; Bérald, fils d'Ebbo ; Guillaume, fils de Guillaume, ainsi que Gérald, Rotbert, Bérald, Odilon, qui de 1027 à 1031 fut abbé du monastère de Brême-Novalèse (*Acta*, loc. cit., p. 614 ; *Monum. Germ. SS.*, t. VII, p. 124, append. chron. Noval., et *Annales*, IV, p. 336). Nous parlerons plus explicitement ailleurs de ce même Odilon. Guillaume, fils de sainte Aldegarde, treizième abbé du monastère de Saint-Chaffre, au diocèse du Puy. (*Gall. Christ.*, t. II, col. 765) ; enfin Hicter et Aldiger.

Nous avons encore à énumérer d'autres parents de notre saint : Etienne, neuvième abbé de Sauxillanges en Auvergne, vers l'an 1084 (CUCHERAT, *Cluny au XIe siècle*, 1re édition, p. 24 et 25) ; Pierre, troisième prieur du Puy, et qui en fut en 1053 le vingt-huitième évêque (*Gall. Christ.*, t. II, col. 699 et 748) ; Hugues, abbé et prieur de Sauxillanges vers 1060 (CUCHERAT, loc. cit., p. 25) ; Falcon de Jalingny (*Gall. Christ.*, t. IV, col. 968) ; Etienne, évêque de Clermont de 1151 environ à 1169 (*Gall. Christ.*, t. II, col. 270) ; Guillaume, abbé du monastère de Tournus, au diocèse de Chalon, actuellement diocèse d'Autun, vers 1056 ou 1060 (*Gall. Christ.*, t. IV, col. 968).

Citons encore trois personnages qui portent le nom d'Odilon : le premier était, à la mort de notre saint, chanoine de Clermont, doyen et plus tard prieur de Brioude (*Gall. Christ.*, t. II, col. 482 et 483 ; *Biblioth. Clun.*, not. Andr. Querc., col. 69, et *Acta*, I, p. 554 et suiv.) ; le second, neveu de celui-ci, devint évêque du Puy vers 1197 (*Gall. Christ.*, t. II, col. 707 et 708) ; le troisième fut, de l'an 1224 environ à 1250, doyen du couvent de Saint-Julien de Brioude, et mourut en 1273 évêque de Mende (*Gall. Christ.*, t. I, col. 93 ; II, col. 493 ; *ibid. Instrumenta*, col. 141 et suiv.). Son sceau se trouve dans les chartes citées. Il porte un lion en marge avec cette légende : O (dilonis) DE MERCORIO DECAN BRIVATEN. Le contre-seing indique l'armoirie de la famille portant quatre gueules avec l'inscription SIGILLUM SECRETUM. Mentionnons encore un oncle de notre saint connu sous le nom de Golfald, mais il était déjà mort en l'an 1025. (Voir la charte de fondation de la Voulte, déjà citée. Elle donne la liste complète des parents, frères, sœurs et neveux d'Odilon.) A l'époque de la rédaction de cette charte, en l'année 1025, la plupart des frères d'Odilon étaient déjà morts.

cette illustre famille ; le petit-neveu de notre saint, appelé Etienne, fut abbé de la Chaise-Dieu de 1107 à 1146, et il suivit si bien les exemples de son grand-oncle qu'il est honoré du titre de saint par tous les historiens de l'Auvergne. Une foule d'autres parents de saint Odilon s'honorèrent de porter son nom, rare et touchant exemple qui montre combien était vivant l'esprit de notre saint au sein de sa famille, quelle vénération et quel impérissable souvenir lui gardaient les siens.

Mais si, parmi les descendants de la lignée des Mercœur, il y en eut un grand nombre qui, sous des titres divers, mirent leur dévouement et leurs biens au service de Dieu et de son Eglise, l'histoire en cite plusieurs qui s'illustrèrent dans l'ordre politique. Les Mercœur donnèrent à leur pays un connétable d'Auvergne et de Champagne et un maréchal du Bourbonnais. Leurs descendants se lient aux comtes d'Auvergne, de Chalon, du Forez, de Poitiers, de Valentinois, aux vicomtes de Ventadour, de Polignac et aux seigneurs de Bourbon. La maison de Mercœur, du côté des hommes, s'éteignit l'an 1318 ou 1321, en la personne de noble comte Bérald de Mercœur, connétable de Champagne. Sa riche succession passa à la famille de Joigny, dont l'unique héritière, la jeune Alix, porta en dot ces immenses domaines à la maison dauphine d'Auvergne (1339) (1). La souche masculine des Mercœur disparue, la descendance de leur maison, parmi les femmes, continua de subsister en France presque jusqu'à nos jours sous le glorieux nom de Mercœur (2). Au commen-

---

(1) *Art de vérifier les dates*, p. 358, 362, 364, 470 ; Pignot, op. cit, t. I, p. 304 et suiv.

(2) Hœfer, *Nouvelle biographie générale*, édit. Firmin-Didot, Paris, 1861, t. XXXV, p. 38 et suiv.

cement du xvii siècle, nous voyons ce nom porté avec éclat par l'illustre Philippe-Emmanuel de Lorraine, duc de Mercœur, qui combattit les Turcs avec la foi des anciens croisés (1).

II

Odilon, nous l'avons dit, était le troisième enfant issu du pieux mariage de Bérald de Mercœur et de Gerberge, et il naquit en l'an 962, sous le pontificat de Jean XII et sous le règne de Lothaire, roi de France. Ses historiens ne font aucune mention de cette date, mais elle ressort de l'époque à laquelle eut lieu son bienheureux trépas. Il n'a pas plu au ciel de glorifier le berceau du nouveau-né par quelqu'une de ces visions merveilleuses qui d'ordinaire chez les saints accompagnent ou précèdent leur naissance ; mais Dieu qui le destinait à de si grandes choses, multiplia pour lui les dons de la nature et les richesses de la grâce. Bérald et Gerberge rivalisaient ensemble de dévouement pour ce fils de leur commune tendresse. Ses premières années s'écoulèrent, calmes et tranquilles, à l'ombre du toit paternel. Les historiens d'Odilon, si attentifs à nous dépeindre le réformateur de la discipline religieuse, le thaumaturge et le saint, n'ont jeté

(1) Saint François de Sales fut invité à prononcer son oraison funèbre dans l'église de Notre-Dame de Paris. (Cf. HAMON, *Vie de saint François de Sales*, t. I, p. 415-418.

Après avoir appartenu à la maison de Lorraine, la seigneurie de ce nom passa dans celle de Bourbon-Conti, fut vendue au roi Louis XV et forma l'apanage de Mgr le comte d'Artois, qui fut depuis le roi Charles X. Les armes de l'ancienne maison de Mercœur étaient *de gueules à trois fasces de vair*. (Cf. le comte de RÉSIE, *Histoire de l'Eglise d'Auvergne*, t. II, p. 290, note 1.)

que quelques traits épars sur son enfance ; mais, malgré le silence de Gerberge, qui, à l'exemple de l'auguste Vierge Marie, a gardé dans son cœur les premiers sourires, les premiers bégaiements, les premiers épanchements de la vie, qui n'étaient que pour elle, il nous est facile d'entrevoir quel fut le cachet de l'éducation donnée à cet enfant par une si noble dame. « Quand nous pouvons arriver auprès du berceau d'un saint, nous rencontrons fréquemment une femme magnanime. C'est donc en cherchant l'influence de la mère dans la famille pieuse qu'on peut arriver à trouver les secrets de l'éducation des âmes saintes (1). » Gerberge était une femme d'un rare mérite. La distinction de sa race, sa haute éducation et l'instruction solide qu'elle avait reçue elle-même dans sa famille issue de sang royal avant d'aller s'asseoir au foyer du seigneur de Mercœur, en avaient fait une institutrice admirable propre à façonner l'intelligence et le cœur d'un saint. Elevée elle-même sous une austère discipline, qui plus tard lui fera ouvrir les portes du cloître, elle formera Odilon à la même école. Elle l'élèvera, comme elle élevait ses autres enfants, dans la pratique des vertus et des sentiments qui font les hommes forts et les âmes viriles. Les grâces du baptême ne feront que développer dans le cœur du jeune Odilon les heureuses semences de la foi et de la piété qu'il a reçues sous le souffle d'une éducation très chrétienne au foyer paternel. La pieuse Gerberge n'avait pas manqué de graver dans le cœur de son enfant avec l'amour de Jésus un tendre amour pour la très sainte Vierge. Aussi bien, nous voyons Odilon, dès sa première enfance, faire éclater pour Marie cette confiance et cet amour

---

(1) Ch. d'Héricault, *les Mères des saints*, p. 1.

filial qui est le signe des âmes prédestinées ; un touchant prodige qui s'accomplit durant ses premières années en est une preuve irrécusable : « A la suite d'une maladie qui mit ses jours en danger, l'enfant, avant même de pouvoir fréquenter l'école, demeura comme frappé de paralysie ; il ne remuait qu'à grand'peine les pieds et les mains, et il ne pouvait marcher librement. Or, il arriva que ses parents changèrent de résidence, et se rendirent dans un des châteaux de leurs vastes domaines. Le petit infirme les accompagnait, confié à la garde des serviteurs et d'une nourrice. On fit halte dans un bourg où se trouvait une église consacrée à la très sainte Vierge. Par une permission de Dieu, l'enfant fut déposé, sur sa litière, près du seuil de l'église et laissé seul assez longtemps, pendant que les domestiques étaient allés quérir des provisions dans les maisons du voisinage. Le petit enfant se sentit alors saisi d'une inspiration divine. Il se prit à essayer s'il ne pourrait pas trouver quelque moyen d'ouvrir la porte et d'entrer dans l'église. Après avoir épuisé toutes ses forces, faisant alors un dernier effort sur lui-même, il se traîna comme il put, des pieds et des mains, jusqu'à la porte du sanctuaire ; de là, entrant dans l'église, il fut bientôt jusqu'à l'autel, et il se saisit de la nappe à l'aide de laquelle il essaya de se soulever. Ses pauvres membres noués se refusèrent d'abord à tout mouvement. L'enfant insista avec une obstination touchante ; il se cramponna à la nappe de l'autel, et, tout à coup, de cette nappe, comme autrefois du bord de la robe du Sauveur, il s'écoule en lui une vertu miraculeuse. Il se dresse tout debout, il est radicalement guéri. Vous l'eussiez vu alors bondir de joie autour de l'autel, en remerciant la douce Vierge, qui semblait lui sourire. Cependant les serviteurs reviennent enfin, ne retrouvant plus que la litière de l'enfant disparu. Pleins d'étonnement et d'angoisses, ils se mettent à sa recherche ; ils le découvrent dans l'église, près de l'autel, où il manifeste par des tressaillements la joie qui déborde de son cœur ; ils pressent entre leurs bras l'enfant miraculeusement guéri, et le conduisent à ses pieux parents, qui ne savent eux-mêmes comment remercier la Mère de Dieu d'une faveur si merveilleuse (1). »

Telle est la grâce attachée à cet enfant de Bérald et de Gerberge. Il fut lui-même l'objet de son premier miracle. Il l'obtint de Marie par une foi et une ferveur au-dessus de son âge.

La très sainte Vierge à laquelle Odilon encore tout enfant était redevable de sa guérison et qui venait de se montrer si particulièrement sa mère, continua de le prendre par la main, de diriger ses pas et d'accroître ses bienfaits. Aussi notre saint, aussi longtemps qu'il vivra, sentira son cœur enflammé d'amour pour sa Mère du ciel. Il saisira toutes les occasions favorables pour la glorifier et lui témoigner sa filiale reconnaissance. La dévotion à Marie sera un des traits caractéristiques de sa vie. On raconte que plus tard, à un âge plus avancé, le pieux enfant se rendit dans une église consacrée à Marie : était-ce celle qui fut témoin du miracle ? Etait-ce Notre-Dame du Puy si célèbre en Auvergne ? On ne sait. Et là, sans être vu de personne et sous le regard de Dieu seul, près de l'autel de la Mère de Dieu, il se passa au cou le lien du servage (2), et se donnant entièrement à la très sainte Vierge comme sa propriété propre, il fit cette très dévote prière :
« O très bénigne Vierge et Mère de notre Sauveur, de

---

(1) *Patrol. lat.*, t. CXLII, col. 915 ; t. CXLIV, col. 927 ; *Acta SS.*, Jan., t. I, pp. 70-71.
(2) « Collo mancipatus. » (IOTSALD.)

« ce jour et à tout jamais, prenez-moi à votre service ;
« à vous, ô très miséricordieuse médiatrice, de me se-
« courir dans toutes mes nécessités. Après Dieu, je vous
« mets au-dessus de tout dans mon cœur, et de mon
« plein gré, je me voue à être votre serviteur et esclave
« pour toujours. » (1)

La vie des saints ne nous offre rien de plus expressif ni de plus émouvant que cette consécration d'Odilon à Marie. Ainsi que le fait remarquer l'un de ses biographes, l'acte du saint enfant est certainement un des plus beaux joyaux du culte traditionnel rendu à Marie dans le cours des âges, comme il fut le point de départ de la haute sainteté à laquelle parvint le rejeton des Mercœur. Nul doute, en effet, que la sainte Mère de Dieu, souriant à son enfant, n'eût pour agréable le don qu'il lui fit de lui-même ; ce qu'il y a de certain, c'est qu'à partir de ce moment, Odilon ne cessa de lui appartenir et d'éprouver les effets de ses bontés maternelles.

Mais à cette époque de sa vie, Odilon avait-il eu déjà le bonheur de faire sa première communion ? Nous serions assez porté à le croire, car bien que d'après l'annaliste, il fit sa consécration étant encore dans l'enfance, nous savons que déjà au dixième siècle, si on ne donnait plus aussi fréquemment la communion aux enfants encore au berceau, selon les prescriptions de l'antiquité chrétienne, du moins, on la leur donnait de très bonne heure, et le plus souvent bien avant sept ans. Toutefois cette fête de l'enfance chrétienne qui, même aux yeux de notre siècle sceptique, a gardé toute sa majesté touchante, ne semble pas avoir été, en ces siècles un peu rudes, célébrée avec la même solennité

---

(1) JOTSALD, *Patrol. lat.*, t. CXLII, col. 915.

attendrie, avec le même éclat que de nos jours. L'enfant s'y disposait dans le sanctuaire de la famille ou à l'abri du cloître, et le père, la mère, les frères, les sœurs étaient les seuls témoins des joies et de la ferveur de ce bienheureux jour. Quoi qu'il en soit, Dieu qui, depuis son baptême, possédait le cœur d'Odilon, en était devenu plus que jamais le Maître adoré. L'enfant n'avait plus qu'à grandir sous la protection vigilante de son père et de sa mère, ayant pour protéger la blancheur de son âme le rempart le plus fort et l'amour le meilleur. Ainsi abreuvé de la sève de la grâce et sous cette double autorité faite de fermeté et de tendresse, le rejeton des Mercœur s'épanouissait sous le regard de Dieu, comme la rose plantée sur le bord des eaux (1).

Les premières années d'Odilon, nous l'avons déjà dit, se passèrent dans la vie de famille. L'isolement des possesseurs de fiefs les forçait de vivre avec leurs femmes et leurs enfants, presque leurs seuls égaux, du moins leur seule compagnie intime et permanente. Comment, dans de telles circonstances, la vie de famille n'aurait-elle pas jeté de profondes racines ? L'âme de ce foyer, on le devine sans peine, c'était l'intelligente et pieuse Gerberge. Odilon reçut, dans ce sanctuaire intérieur, une éducation conforme aux traditions de sa race, je veux dire sérieuse et austère, généreuse et virile, bien différente de cette éducation molle et vaine, qui ne donne à l'enfant que le but de jouir et de s'adorer et que l'amour maternel le plus chrétien ne sait pas toujours prévenir. Si donc plus tard, Odilon se fit remarquer par son immense charité pour les malheureux, si la bonté jointe à l'amabilité forma le trait sail-

---

(1) Eccli., xxxiv, 17.

lant de son caractère et de sa physionomie, si Dieu fixa pour jamais sur le front de son serviteur la plus belle des couronnes, la couronne et le privilège de la virginité, c'est à Gerberge qu'en revient d'abord tout l'honneur. Heureuses les femmes qui comprennent si bien leur mission au sein de la famille ! Heureux le fils à qui Dieu a donné une telle mère !

Cependant le seigneur de Mercœur et sa noble épouse, témoins de la piété et de la vertu chaque jour grandissantes du jeune Odilon et des grâces dont Dieu continuait à le favoriser, s'aperçurent bientôt que leur enfant était un élu de Dieu. Peut-être Gerberge avait-elle pressenti déjà de quelque manière la grandeur future de son fils : le cœur maternel est parfois si clairvoyant ! Quoi qu'il en soit, contrairement à certains parents de nos jours qui n'écoutant que les conseils d'une aveugle tendresse, s'opposent à la vocation de leurs enfants, ils ne voulurent pas le disputer au Seigneur ; ils le lui dédièrent, dit son biographe, comme un autre Isaac ou un autre Samuel. Il existait à cette époque à Brioude, sur les confins de la haute et de la basse Auvergne, une école renommée (1) que les chanoines de Saint-Julien, qui en avaient la direction, avaient rendue très florissante. L'école de Brioude rivalisait avec les monastères voisins et surtout avec l'abbaye d'Aurillac dans la culture des sciences et des

---

(1) Le monastère de Saint-Julien de Brioude était le collège le plus célèbre de toute la France. On n'y admettait seulement que les seigneurs nobles qui pouvaient démontrer la noblesse de leur naissance par plusieurs générations. Les chanoines s'appelaient à cause de cela « comtes de Brioude » (*Comites Brivatenses*). Leur nombre était considérable ; le supérieur, comme nous le voyons plus loin, avait le titre d'abbé. De ce nombre sortirent un grand nombre d'illustres personnages, parmi lesquels le pape Clément IV (1264-1268), Grégoire IX (1227-1241), et un très grand nombre d'évêques (*Gall. Christ.*, t. II, col. 467 et suiv.).

lettres; les grandes maisons se faisaient un honneur de lui envoyer leurs enfants et de l'enrichir de dotations princières. C'est donc entre les mains des chanoines de Saint-Julien de Brioude que Bérald de Mercœur et Gerberge remirent leur enfant bien-aimé. Les liens qui rattachaient la puissante maison de Mercœur (1) aux chanoines et à leur collégiale, le dévouement de leur amitié, la perspective d'une direction irréprochable et sans doute aussi le désir de faire avancer le jeune Odilon dans la science et la vertu décidèrent les seigneurs de Mercœur à l'un de ces sacrifices héroïques dont les siècles de foi nous ont laissé de nombreux exemples.

Mais qu'était-ce que cette communauté célèbre de chanoines de Saint-Julien à laquelle fut confié, par ses pieux parents, l'illustre rejeton des Mercœur ? Les documents nous manquent pour en préciser l'origine. Tout ce que nous pouvons affirmer, c'est que le chapitre de Brioude (2) a une origine obscure et reculée, et

(1) M. DE CHABROL mentionne ces liens dans ses *Coutumes d'Auvergne*. « Les sires de Mercœur, dit-il, ne pouvaient paraître à Brioude qu'en y faisant tout d'abord une entrée solennelle. Ils devaient se transporter cérémonialement à l'église de Saint-Julien et régaler tout le chapitre. En 1407, Bérald, seigneur de Mercœur, dauphin et comte de Clermont, reconnaît ce droit par une déclaration expresse. Louis de Bourbon, comte de Montpensier, dauphin d'Auvergne, baron de Mercœur, supplia le chapitre, par un acte du 6 octobre 1428, de lui permettre d'entrer dans la ville pour affaire pressante, quoique n'ayant pas fait son entrée *comme il devait*, et sans tirer à conséquence. »

(2) On ne sera pas étonné de nous voir combattre ici l'opinion généralement reçue sur l'origine du chapitre de Brioude. D'après BESLY et JUSTEL. (*Histoire des comtes de Poictou*), Guillaume Ier, comte de Poitou et duc de Guyenne, aurait institué à Saint-Julien de Brioude vingt-cinq chevaliers pour faire la guerre aux Normands, lesquels auraient été depuis convertis en chanoines, après avoir quitté la cuirasse et l'épée pour prendre le surplis et l'aumusse. C'est là un roman historique, inséré pour la première fois dans une pièce apocryphe du XIIIe siècle intitulée *Notitia Precum*, p. 250. Grégoire de Tours, qui

qu'il en est de cette institution comme de toutes celles qui remontent à une haute antiquité. On dirait un de ces arbres robustes et vigoureux qui, avant de s'élancer dans les airs, enfoncent leurs racines profondes dans le sol pour y chercher un appui contre les vents et les orages auxquels ils seront exposés. L'origine des chanoines de Brioude se lie intimement au tombeau d'un soldat romain martyrisé au commencement du IVe siècle, sous le règne du féroce Dioclétien. Julianus (Julien), tribun d'une légion romaine en garnison à Vienne, sa patrie, pour fuir la persécution qui s'attachait au nom chrétien, venait chercher un refuge sur les bords de l'Allier. Il avait trouvé un asile dans la maison d'une sainte veuve; mais la haine des persécuteurs l'avait bientôt surpris dans sa retraite, et sa tête, lavée dans une fontaine voisine, était portée par les licteurs dans la capitale de la Gaule Viennoise. Tandis que le proconsul faisait passer ce sanglant trophée sous les yeux de son compagnon d'armes Ferréol, lequel s'obstinait à refuser son encens aux dieux de Rome, deux vieillards, avertis par la voix d'un ange, allaient ensevelir, dans le bourg de Brivas (Brioude), le corps du soldat martyr (28 août 304) (1). Mais Dieu prit soin de révéler par des miracles nombreux le crédit de son serviteur; et pendant la série

raconte les miracles de S. Julien, n'indique pas la moindre trace de ces chevaliers. D'autre part, si ces chevaliers ont existé, pourquoi n'ont-ils pas résisté à l'invasion des Bourguignons et à celle du roi Thierry, qui pillèrent les églises et la ville, les uns au ve, les autres au vi^e siècle? Pourquoi surtout ces chevaliers, « soldés aux dépens du trésor de l'Eglise pour la protéger » contre l'oppression, les vexations et la rapacité du comte Beccon, du diacre apostat et du pâtre Ingenuus, ne l'ont-ils pas fait? Enfin l'histoire démontre l'existence des chanoines à Brioude longtemps avant la naissance de Guillaume le Pieux, comme nous venons de le voir. (Cf. CHASSAING, *Spicilegium Brivatense*, in-4°, Paris, Impr. Nation., 1886; *Miracles de S. Julien*, p. 104, Brioude, 1855.)

(1) *Acta SS.*, August, t. VI, p. 169-188.

des siècles qui se sont écoulés depuis le martyre de Julien, le tombeau du saint est devenu un des pèlerinages les plus fréquentés. Pendant l'ère gallo-romaine, il rivalisait de gloire avec celui du thaumaturge des Gaules, S. Martin. Le premier édifice qui abrita cette tombe glorieuse fut un oratoire bâti par une dame espagnole, en action de grâces pour la délivrance de son époux, prisonnier à Trèves du tyran Maxime (385). Ses modestes proportions s'élargirent bientôt, pour faire place à une grande basilique entourée d'un portique ou galeries, dans lesquelles se plaçaient les malades et les pèlerins. C'est elle qui reçut la visite du premier historien de notre patrie, saint Grégoire de Tours, lorsque, encore enfant, il venait à Brioude avec sa famille, pour obtenir les bienfaits de celui qu'il appelle son patron. Vers la fin du ve siècle, lorsque les Burgondes passèrent sur l'Auvergne comme un fléau dévastateur, pillant les vases de l'église de Brioude, emmenant les habitants captifs, le saint martyr leur envoie un noble fils du Velay, Illidius, pour les délivrer de leurs mains. Puis, la nuit se fait sur cette histoire locale pendant le viie et le viiie siècle.

Dans les siècles suivants, on vit grandir, à l'ombre de la basilique de S. Julien, ces fleurs de sainteté qui ont nom dans l'Eglise, S. Robert, fondateur de la Chaise-Dieu, l'admirable saint dont nous retraçons la vie, S. Pierre Chavanon, abbé de Pébrac, et la gardeuse d'oies, la Geneviève brivadoise, sainte Bonite. La réputation de sainteté de l'Église de Brioude s'étendait au loin, mais ses gloires ont bien subi quelques éclipses dans la série des âges, et plus d'une fois la famille de saint Julien a payé son tribut à la faiblesse humaine. Plusieurs bulles des pontifes romains durent intervenir, apportant des réformes aux règlements primitifs, transformant les chanoines réguliers de l'institution première en chanoines séculiers, augmentant ou diminuant les prébendes.

Mais, parmi ces innovations, la plus retentissante fut la transformation des humbles chanoines de la règle de saint Chrodegand (1) en chanoines nobles, n'admettant dans leurs rangs aucun élément roturier. Le chapitre de Brioude partageait seul, avec le chapitre de Saint-Jean de Lyon, le privilège, reconnu du reste par les deux pouvoirs, ecclésiastique et séculier, de ne recevoir dans son sein que des gentilshommes. Mais on était en pleine féodalité, et les services rendus par les grandes familles expliquaient ces privilèges que notre époque démocratique ne voudrait plus admettre.

Tel était le chapitre de Saint-Julien de Brioude avec sa noble collégiale, lorsque le jeune seigneur de Mercœur vint en franchir le seuil. Il fut confié, comme

(1) S. Chrodegand, évêque de Metz (742-766), fut l'auteur primitif ou du moins le régénérateur de la règle canonique d'Occident. Sa règle est tirée en grande partie de celle de S. Benoît. Dans un prologue tout pénétré d'humble charité, le saint témoigne que le mépris des canons et des conciles, la négligence des pasteurs et du clergé l'obligent à dresser quelques statuts pour ramener les chanoines *ad rectitudinem lineam*, à la perfection de l'état clérical. Il leur recommande en général d'être tous d'un seul cœur, assidus aux offices divins et aux lectures sacrées, prêts à obéir à leur évêque et au prévôt, unis entre eux par la charité, enflammés de zèle pour le bien, éloignés des procès, des scandales et de toute haine. A son tour, le pasteur est obligé de pourvoir avec la plus intelligente sollicitude aux besoins non seulement des corps, mais aussi des âmes. Après quoi, tous les détails de la règle commune sont prévus et déterminés dans trente-quatre chapitres, qui donnent une idée complète de la vie sacerdotale au viiie siècle. (Voir Labbe et Cossart, *Conc.*, t. VII.

Le titre de chanoine (*canonicus*) n'était pas dans l'origine celui d'une dignité ; il désignait les prêtres, les diacres et les clercs qui partageaient la demeure de l'évêque, puis « tous les bénéficiers qui avaient part aux revenus et aux distributions d'une église, et qui étaient ins. crits pour cela *in canone*, c'est-à-dire dans la matricule de l'église » (Thomassin, *Ancienne discipl. de l'Egl.*, 2e partie, liv. I, p. 79.)

Samuel, aux leçons de l'Eglise, afin qu'une discipline salutaire prît possession de son cœur encore tendre que le mal n'avait point effleuré. Dieu, l'Eglise et Marie, qui en est la reine, avaient ce cœur d'enfant, et ils étaient seuls à l'avoir. On pouvait alors appliquer à Odilon ce que dit de lui-même, Jésus, fils de Sirach : « J'étais bien jeune ; j'avais à peine atteint l'âge où les écarts deviennent possibles, et déjà je cherchais la sagesse ; je priais pour l'obtenir, agenouillé devant le sanctuaire. Dieu daigna m'écouter, et elle a fleuri en moi comme un raisin précoce. » (*Eccli.*, cap. 41, 18.) Quelle aimable et ravissante aurore que l'adolescence du fils de Béraid et de Gerberge ! Il était de ceux dont l'Esprit saint dit que « leur lumière a toujours été grandissant depuis les premiers rayons jusqu'à la splendeur du plein midi » (*Prov.*, IV, 18). Oui vraiment, dès l'aube de sa vie, sous les voûtes féodales de la vieille basilique de Brioude, comme autrefois sous le toit paternel, Odilon disposait dans son cœur les ascensions qui font monter l'âme fidèle vers le Seigneur Dieu des vertus (Ps. 43). « Il faisait ses délices, nous dit son biographe, de l'humilité, de l'innocence et de la pureté, et, autant que le permettait son âge encore tendre, il aimait à s'appliquer aux œuvres de miséricorde. Il surpassait tous ses compagnons d'âge par la maturité de ses paroles et de ses actes, de telle sorte que tous le regardaient non plus comme un enfant, mais comme un vieillard » (1). Les qualités aimables qui devaient plus tard lui gagner les cœurs, à Cluny et ailleurs, se montraient déjà dans sa

---

(1) « Delectabatur in ipsâ pueritiâ, humilitate, castitate, innocentiâ et puritate, et prout ætas admittebat, misericordiæ operibus insistebat superabat coætaneos sapientiâ et moribus, itâ ut jàm non puer sed senex maturitate, non tempore, ab omnibus putaretur. » (JOTSALD, *Vita Odil.* dans *Patrol. lat.*, t. CXLII, col. 89.)

personne, avec ce parfum spécial que leur donne la première fleur de la jeunesse. Attentif à ne rien perdre du temps, il préférait au monde et à ses plaisirs la solitude du sanctuaire, le repos sacré de ses tabernacles, et toute sa jeunesse s'écoulait entre une prière et un travail également assidus. Ses maîtres vénérés pouvaient déjà pressentir qu'un jeune homme si accompli, auquel Dieu avait inspiré un tel esprit de sagesse, ne tarderait pas à devenir une lumière dans l'Eglise. En effet, tout en s'exerçant à une solide piété et à l'exercice de la règle sous l'austère discipline de l'école de Brioude, Odilon ne négligeait pas de s'instruire dans les lettres divines et humaines. Il parcourut, avec quel succès, nous le verrons plus tard, le double cercle des connaissances connues sous le nom de *Trivium* et de *Quadrivium*, où se résumait le savoir du moyen âge. Il n'entre pas dans notre plan d'étudier à fond les connaissances et les méthodes du xe siècle. Qu'il nous suffise de dire que, parmi les sept arts, le premier, le *Trivium*, embrassait la grammaire, la dialectique et la rhétorique, et que le second, le *Quadrivium*, contenait l'arithmétique, la musique, la géométrie et l'astronomie. La grammaire consistait dans la lecture et l'explication des classiques latins, Cicéron, Boèce, Virgile, Horace, Ovide, Lucain et Stace. Tels furent sûrement, du moins nous le croyons, les auteurs favoris du jeune Odilon. On raconte que, dans sa jeunesse, il lisait volontiers les anciens classiques, mais qu'il en fut détourné par une vision qu'il eut en songe; toujours est-il que les poètes lui deviendront familiers au point que, plus tard, il sèmera plusieurs de ses écrits de leurs vers tant aimés.

Mais si le jeune seigneur de Mercœur se plaisait à remplir son esprit du goût et du culte des lettres classiques, il ne voulut pas consumer inutilement dans l'étude et la lecture des auteurs païens la fleur et la force de sa jeunesse ; il s'empressa d'ouvrir son cœur à la vraie science en faisant de la sainte Ecriture et des Pères l'objet de son étude préférée. Il but avec tant d'avidité à cette source de la sagesse ; il s'acquit une telle réputation de savoir et de sainteté que, tout jeune encore, il vit venir à lui les distinctions et les honneurs. Odilon dut moins à l'illustration de sa race qu'à ses éminentes qualités d'esprit et de cœur et à la parfaite régularité de sa vie la faveur d'être investi d'un grand nombre de dignités ecclésiastiques. Il n'avait pas encore atteint sa vingt-sixième année lorsqu'il devint chanoine de l'église collégiale de Saint-Julien de Brioude(1), dignitaire de l'église cathédrale du Puy (2), à laquelle se trouvait unie l'abbaye sécularisée de Saint-Pierre-la-Tour(3). Nous le retrouvons plus tard, vers l'an 988, abbé séculier de Saint-Evode (4), au diocèse du

(1) Odilon fut authentiquement promu à cette dignité vers l'an 990 ou 991 (*Acta*, VI, I, p. 555 ; JOTSALD, I, 1 ; *Sigebert de Gembloux* dans BOUQUET, x, p. 217.

(2) JOTSALD, I, 3.

(3) L'abbé Mayeul nomme Odilon dans sa charte d'élection « beati quidem Petri pridem clericum ». (D'ACHERY, *Spicilegium sive collectio veterum aliquot Scriptorum*, édit. nova, Parisiis, 1723, t. III, p. 379.) Dans cette charte, il veut parler probablement de Saint-Pierre-de-la-Tour, qui appartenait encore au chapitre de la cathédrale du Puy. (*Gallia Christ.*, t. II, col. 752.) Cette supposition paraît presque certaine, si l'on remarque qu'un frère d'Odilon, Bérald, qui était prévôt du Puy, fut enseveli dans cette abbaye. (*Gall. Christ.*, t. II, col. 751 ; *Annales*, IV, p. 371.)

(4) *Gall. Christ.*, t. II, col. 758.

Le *Gallia Christiana* (t. IV, col. 1105, et ibid., p. 1038) place encore Odilon parmi les prévôts de l'église cathédrale de Mâcon, mais c'est une erreur ; notre saint ne figure pas sur la liste complète des prévôts. S. Julien de Baleure, dont la *Gallia* invoque le témoignage, n'est ici, comme ailleurs, d'aucune autorité.

N. B. — Dans une charte de donation pour Cluny du 30 novembre 980, on mentionne un chanoine de Chalon du nom d'*Oidelo*.

Puy. A cette époque de sa vie, Odilon avait reçu, sans nul doute, la tonsure, ce noble emblème de la couronne d'épines de Jésus-Christ, du diadème des élus et de la perfection cléricale; mais avait-il été promu régulièrement, par les divers degrés de l'Eglise, à l'ordre lévitique? Nous savons certainement qu'il n'était pas encore honoré du sacerdoce, auquel il ne fut élevé que plus tard, comme nous le verrons plus loin. Quant aux degrés inférieurs, depuis l'ordre de lecteur jusqu'à celui d'acolyte, ils n'avaient pas d'âge fixe ; on les conférait même à des enfants, parce qu'ils n'engageaient pas l'avenir sans retour. Il n'en était pas de même du sous-diaconat. Dès le VIe siècle, le second concile de Tolède établissait une règle, pour la promotion des jeunes clercs élevés dans la demeure de l'Eglise : « Quand ils auront accompli leur dix-huitième année, si, par l'inspiration divine la grâce de la chasteté leur plaît, on les soumettra, comme désireux d'une vie plus étroite, au joug très léger du Seigneur. Après avoir subi les épreuves de leur profession, ils pourront, à partir de vingt ans, recevoir le ministère du sous-diaconat » (1). Mais cette règle souffrait des exceptions, et l'Eglise croyait entrer dans les desseins de Dieu, en conférant les ordres, avant l'âge légal, aux clercs chez qui la science et la vertu devançaient les années. Odilon était de ce nombre. Nous en voyons la preuve dans les dignités dont il fut honoré.

(Bern. et Bruel, *Recueil des chartes de l'abbaye de Cluny*, t. II, 1880, n° 1537; *Gall. Christ.*, Instrum., col. 226; *Annal.*, t. III, p. 661.) Ce personnage serait-il notre Odilon ? De plus amples renseignements nous manquent pour l'éclaircir.

(1) Héfélé, *Histoire des conciles*, t. III, p. 327, trad. Delarc. Paris, Leclerc, 1869, in-8°.

III

Cependant ni les dignités, ni les honneurs auxquels le seigneur de Mercœur, malgré sa grande jeunesse, avait été élevé, n'avaient pu le satisfaire, et d'autres préoccupations commençaient à se faire jour dans son âme. Odilon restait, par l'exemplaire régularité et par l'austérité de sa vie, le modèle des clercs, mais le monde ne lui convenait pas, et le milieu dans lequel il vivait ne répondait que très imparfaitement aux aspirations de son âme. A cette nature si élevée, si avide d'une perfection plus grande, la collégiale de Saint-Julien ne lui semblait qu'un lieu de transition entre le monde et le cloître. Il entendit de nouveau cette voix qui, plus d'une fois aux jours de son enfance l'avait fait tressaillir : « Je le conduirai dans la solitude, et je parlerai à son cœur » (*Osée*, II, 14). Un intime besoin d'immolation poussait le jeune chanoine à une vie de pauvreté absolue et de sainte austérité ; mais à qui s'ouvrir de ces élans secrets, de ces désirs si vifs et néanmoins si contenus de vie plus parfaite ? Odilon priait et répandait son âme devant Dieu, lorsque le Père des miséricordes lui envoya un conseiller et un guide bien capable de l'éclairer et de le diriger. Ce conseiller et ce guide était un humble moine de Cluny, connu dans l'histoire sous le nom de Guillaume de Saint-Bénigne, l'un des promoteurs les plus puissants de la réforme monastique au xe siècle. Ce fut au cours d'un voyage de Guillaume au monastère de Saint-Saturnin, près d'Avignon, que se fit cette rencontre.

Le prieur de ce monastère, impuissant à obtenir la régularité parmi les moines, vint à Cluny implorer l'appui et l'autorité du grand abbé Mayeul, pour y établir une réforme jugée trop nécessaire. Mission difficile et délicate entre toutes! Le saint abbé ne vit à Cluny qu'un seul homme capable de la remplir avec fruit : c'était ce même Guillaume, moine fort distingué, honoré de l'amitié et de la confiance de son vénéré Père. L'attente du saint abbé ne fut pas trompée. En quelques mois, Saint-Saturnin pouvait se flatter d'égaler l'abbaye mère de Cluny par sa régularité et sa ferveur monastiques. Ce fut donc en se rendant à Saint-Saturnin que Guillaume, le disciple chéri et le bras droit de Mayeul, fit la rencontre du pieux chanoine de la collégiale de Brioude (1). La vue de ce religieux distingué, né la même année qu'Odilon, qui avait dû déjà faire un long et dur apprentissage de la vie religieuse, décida notre jeune chanoine à s'ouvrir à lui, à lui faire connaître ses penchants et ses inclinations. Guillaume avait l'esprit trop éclairé pour ne pas reconnaître ses aspirations vers la perfection et sa vocation à l'état religieux ; aussi, sans hésiter un seul instant, il lui persuada de se vouer au service de Dieu sous une forme plus complète et de revêtir l'habit de Saint-Benoît. Odilon n'attendait que cette impulsion. Cette rencontre fut pour

---

(1) Raoul GLABER parle de cette rencontre dans sa *Vie de Guillaume, abbé* (chap. VIII), imprimée dans les *Acta*, VI, 1, p. 292, mais sans indication de temps. — L'abbé CHEVALIER : *le Vénérable abbé de Saint-Bénigne de Dijon* (1875, p. 48 et suiv.), et, après lui, la Revue intitulée *Studien und Mittheilungen aus dem Benedictiner Orden* (1882, 3e année, t. II, p. 368), admet que cette entrevue a eu lieu pendant le cours du voyage de Guillaume à Saint-Saturnin d'Avignon. Comme Guillaume resta un an et demi à Saint-Saturnin, puisque peu après son retour à Cluny il se fixa à Saint-Bénigne, ce qui eut lieu en novembre 989, on peut fixer son entrevue avec Odilon vraisemblablement dans l'année 987 ou 988.

l'un et l'autre le commencement d'une tendre et solide amitié que la mort seule fut capable de rompre et qu'aucun nuage ne devait obscurcir (1).

Une seconde entrevue entre les deux amis acheva de mûrir la détermination d'Odilon, mais c'est à Mayeul lui-même qu'était réservé l'honneur d'entraîner défitivement à Cluny celui qui devait être bientôt son disciple tant aimé. Le saint abbé s'était rendu au Puy pour y vénérer Notre-Dame, si célèbre dans cette contrée. Peut-être est-ce au retour de son voyage d'Auvergne que, poussé par une inspiration divine, il entra dans le cloître de Saint-Julien de Brioude. Odilon lui fut immédiatement présenté. Ils ne s'étaient jamais vus, mais leurs âmes se connurent. Du premier coup d'œil, saint Mayeul pénétra dans le fond du cœur du jeune chanoine et il se sentit incliné vers lui. Son air, son maintien, sa parole, tout en lui attirait irrésistiblement. A travers ses traits, il avait vu son âme. Sa beauté corporelle où se reflétait une âme plus belle encore, sa noblesse, mais surtout quelque chose de grand et de divin qu'il apercevait en lui, lui inspirèrent pour Odilon une vive affection, et bientôt le feu brûlant de la charité divine fondit ensemble les deux âmes du vieillard et du jeune homme. Ils eurent ensemble un long et familier colloque. Odilon découvrit à Mayeul ses inspirations secrètes ; Mayeul l'encouragea et lui indiqua le moyen d'en venir à la réalisation de son dessein.

Quel beau spectacle dut offrir cette rencontre entre

---

(1) JOTSALD, I, 14, dans *Patrol. lat.*, loc. cit. — Voir *les Plaintes* de JOTSALD (*Biblioth. Clun.*, col. 330) ; GLABER, *Vie de S. Guillaume, abbé* (chap. XVIII, dans *Acta*, I, p. 992).

Odilon lui-même parle avec une grande estime de Guillaume dans sa *Vie de S. Mayeul.* (Voir *Bibl. Clun.*, col. 286.)

ces deux hommes si bien faits pour s'entendre et si capables de s'aimer! Odilon, ce noble et jeune chanoine de vingt-six ans, s'inclinant comme un fils devant un vieillard de quatre-vingt-cinq ans pour lui demander ses paternels conseils, et ce même vieillard, le vénérable abbé Mayeul, pressant entre ses bras son futur disciple avec toute la tendresse d'un père !

Tandis que Mayeul reprenait le chemin de son monastère, Odilon, affermi dans ses admirables dispositions, ne songea plus qu'à achever ce qu'il avait si bien commencé (1). L'appel de Dieu était devenu manifeste pour lui. Le ciel lui avait fait entendre le mot décisif de sa vie, et ce cœur généreux était désormais tout entier au sacrifice qu'il allait bientôt consommer. Mais auparavant il voulut donner un grand exemple de cet absolu renoncement auquel il se sentait appelé. Il fit don au monastère de Cluny de plusieurs terres situées en Auvergne, au comté de Brioude, ainsi que de la terre de Saraciac; il lui donna encore une église bâtie en l'honneur du Sauveur du monde (2) et tout ce que son droit d'héritage lui conférait en ce lieu, particulièrement un manse qu'il avait autrefois affecté à la sépulture de son frère Hicter. Ne voulant rien laisser après lui sur cette terre, et vivre libre et dégagé pour mieux suivre Jésus-Christ, il racheta ce manse au prix de cent sous des chanoines de Saint-Julien, il en fit don à l'église de Cluny, non seulement en son nom, mais encore au nom de son père, de sa mère et de ses frères vivants et morts, et pour le salut de tous ses parents et fidèles trépassés :

---

(1) *Acta SS.* et *Vita S. Odilonis*, t. I, Januar., *Patrol. lat.*, t. CXLII, p. 899, col. 1.

(2) Cette charte est sans date, mais elle appartient à cette époque. (*Acta*, VI, 1, p. 555 et suiv.), Elle est signée de la mère d'Odilon, de quelques-uns de ses frères et d'autres personnages.

« Si quelqu'un, ajoute-t-il, ce qu'à Dieu ne plaise, se présentait dans la suite, moi-même en changeant de volonté, ou l'un de mes héritiers, ou toute autre personne opposée, et osait élever des prétentions contre cette charte, qu'il encoure la colère du Dieu tout-puissant et le ressentiment des saints, et qu'en outre il soit obligé de payer dix livres d'or et autant d'argent à celui dont il aura attaqué le droit. » (1) Ce n'était pas payer trop cher la reconnaissance que le jeune chanoine de Brioude devait au vénérable abbé Mayeul. Cette reconnaissance, il l'exprimera quarante ans plus tard avec une vive émotion en écrivant la vie du saint abbé de Cluny, qu'il se plaira à nommer son meilleur bienfaiteur et l'auteur de son salut (2). Puis, au moment de mourir, nous le verrons encore tressaillir à la pensée que, laissant à Souvigny sa dépouille mortelle, il sera inhumé près de la tombe de son bienheureux père.

Il ne restait plus à Odilon qu'à répondre sans retard à l'appel de Dieu et à songer à son départ. Il l'exécuta peu après avec un viril courage. Il abandonna, dit son biographe, le *castrum* de Brioude, comme S. Benoît abandonna à Rome le palais des Anicius ; il dit un dernier adieu à ses parents et à ses amis (3) ; il renonça aux brillantes espérances qui s'ouvraient à lui dans la cléricature. Nous avons vu qu'il était non seulement chanoine de Brioude, mais qu'il était encore investi de plusieurs autres dignités ecclésiastiques. Il se démit de toutes ces dignités et il se dépouilla de tous ces honneurs pour entrer au noviciat de Cluny (4), « la véritable

---

(1) *Patrol. lat.*, t. CXLII, col. 835.
(2) *Bibl. Clun.*, col. 282.
(3) *Acta SS.; Vita S. Odil., Patrol. lat.*, t. CXLII, p. 899, col. 1.
(4) Voir au chapitre suivant l'étymologie et la signification de ce nom.

Terre promise » afin d'y vivre dans la pauvreté et l'humilité de la vie monastique (991) (1). « O bon Jésus, s'écrie Jotsald, qu'il fut beau de voir cette brebis quitter sa toison mondaine, sortir une seconde fois des eaux du baptême et s'avancer avec les fruits d'une double charité, s'associant au troupeau immaculé du Christ » (2).

(1) Hugues DE FLAVIGNY, *Chroniq. Virdun.* (une très bonne source); *Monum. Germ. SS.*, t. VIII ; BOUQUET, *Recueil des hist. eccl.*, t. X, p. 206.

N. B. — Le *Gallia Christ.* (t. IV, col. 1128) dit qu'Odilon en 990 était déjà devenu abbé de Cluny, et il s'appuie sur le synode d'Anse, près de Lyon, célébré en 990, auquel assistait Odilon ; mais c'est à tort, car ce synode fut tenu environ quatre ans plus tard (HÉFÉLÉ, *Hist. des conciles*, t. IV, p. 612, édit. allem.

(2) *Acta SS.; Vita Odilon, Patrol. lat.*, t. CXLII, p. 899, col. 1.

CHAPITRE II

LES ORIGINES DE CLUNY

Il y a des lieux bénis par une prédestination que nul ne peut prévoir et dont Dieu seul s'est réservé les secrets. Cluny est un de ces lieux. Dans son étymologie est renfermée, comme le fruit dans la fleur, toute sa grandeur future. Raoul Glaber a cherché à s'expliquer ainsi le nom de Cluny : « L'institution monastique, dit-il, déjà presque épuisée, devant rassembler ses forces et porter des fruits par suite des germes nombreux existant dans le monastère, a choisi ce même monastère pour siège de la sagesse en lui donnant le surnom de Cluny, qui tire son nom du site légèrement montueux sur lequel il s'élève, au fond d'une vallée ; ou bien encore, ce qui semble lui convenir davantage, il a été ainsi appelé du verbe *cluere*, qui signifie prendre accroissement » (1). « Heureux Cluny, dit à son tour

---

(1) « Ad ultimum quoque predicta videlicet institutio jam pene defessa, auctore Deo, elegit sibi sapientie sedem, vires collectura ac fructificatura germine multiplici in monasterio scilicet cognomento Cluniaco. Quod etiam ex situ ejusdem loci adclino atque humili tale sortitum est nomen ; vel etiam quod aptius illi congruit, a cluendo dictum, quoniam cluere crescere dicimus. Insigne quippe incremen-

S. Pierre Damien, quand je te considère, puis-je m'empêcher de croire que ton nom a été donné comme un présage divin ? Ce nom se compose de *ex clunibus* et *acu*. La croupe et l'aiguillon expriment l'exercice du labourage, car on pique le bœuf à la croupe pour l'animer à traîner la charrue et à fendre les guérets. A Cluny on cultive le champ du cœur humain, pour lui faire produire la moisson dont s'emplit l'édifice des greniers célestes. A Cluny, l'aiguillon dont on excite le bœuf est celui dont il fut dit à Saul encore rebelle : « Il t'est dur de regimber contre l'aiguillon..... Et nous aussi qui, dans le champ de l'Eglise, labourons comme les bœufs du Seigneur, nous sentons l'aiguillon quand la méditation du dernier jugement vient nous inspirer une salutaire terreur... C'est donc à bon droit que ce lieu vénérable a reçu le nom qu'il porte. » (1) C'est avec ce lieu à jamais illustre qu'il nous faut faire maintenant connaissance.

A six lieues de Mâcon, au nord-ouest de cette ville et presque sur les confins de la Bourgogne méridionale, Cluny se cache au pied d'un groupe de montagnes qui forme l'extrémité de la chaîne septentrionale des Cévennes. Une double chaîne de collines s'abaissant en pente douce abrite de vastes prairies arrosées par la petite rivière de Grosne qui court du midi au nord, des monts Beaujolais à la Saône. Ces collines

tum diversorum donorum a sui principio in dies locus idem obtinuit. » (Raoul GLABER, édition Maurice Prou, p. 67).

(1) « Unde cum te, felix Cluniace, considero, hoc tibi nomen impositum non sine divini præsagii dispositione perpendo. Hoc quippe vocabulum ex clunibus et acu componitur, per quod videlicet arantium boum exercitium designatur. Bos enim in clunibus aculeo pungitur ut aratrum trahat, et arva proscindat. Illic enim humani cordis ager excolitur unde seges illa colligitur, quæ promptuarii cœlestis ædibus insarcinatur... » (S. Petr. DAMIAN. Opera, dans *Patr. lat.* t. CXLIV, t. I, col. 374. Cf. *Bibl. Clun.* col. 480.

aux cimes couronnées par des forêts séculaires, découpées souvent par d'étroits et frais vallons, sont pour la vue, et encore plus pour l'âme, un véritable enchantement. Groupées autour de la ville en amphithéâtre harmonieusement ordonné, elles offrent un aspect riant et gracieux. Rien n'égale la mollesse correcte, la précision onduleuse de leur dessin ; ces contours ne sont pas sèchement arrêtés avec une rigidité mathématique, mais semblent avoir été tracés par une main caressante. Plus on les contemple et plus on se sent comme pénétré par de tièdes vapeurs de grâce et de paix délicieuse. « Je n'ai vu Cluny, dit un spirituel écrivain, qu'au déclin suprême de l'automne, mais je doute qu'il m'eût séduit davantage même aux plus beaux jours... Une lumière tendre et voilée, pareille à l'éclat sans rayonnement d'un métal précieux en fusion, enveloppe ce paysage ; au printemps, ce doit être de l'or jaune ; à mon passage, c'était de l'argent le plus fin. » Il est peu de villes, en effet, qui soient plus intéressantes pour le touriste et l'archéologue que la petite ville de Cluny. Sa position pittoresque dans la jolie vallée de la Grosne, au milieu de prairies qui étalent leur tapis de verdure, en face de ces collines boisées dont les ondulations encadrent si délicieusement l'horizon, suffirait déjà pour attirer et charmer le voyageur. Mais ce sont surtout les ruines de la célèbre abbaye bénédictine qui procurent à la petite ville une juste popularité. C'est que l'histoire à Cluny est aussi noble que la nature est gracieuse. Quelle est l'origine de Cluny et en particulier de son monastère illustre, dont le nom, surtout depuis les entretiens de Guillaume et de l'abbé Mayeul, avait dû plus d'une fois retentir délicieusement aux oreilles d'Odilon ? Il nous importe de le savoir.

Il règne une assez grande obscurité sur les origines

de Cluny. Ce nom apparaît pour la première fois dans l'histoire au commencement du ixᵉ siècle. Donné en 862 par l'empereur Charlemagne à Léduard, (1) treizième évêque de Mâcon, pour le récompenser des services qu'il avait rendus à l'Eglise et à la monarchie, et augmenter la mense de l'église de Saint-Vincent, le modeste village de Cluny était resté depuis cette époque sous la dépendance des évêques successeurs de Léduard (2). Mais quelques années plus tard, en 825, l'un d'eux, Hildebald, seizième évêque de Mâcon, céda Cluny à Warin ou Guérin Iᵉʳ, comte de Mâcon (3) et de Châlon (4) et à sa femme Albane ou Avane, en échange de propriétés situées en Auvergne et dans le Nivernais (5). C'est à Aix-la-Chapelle que Louis le Débonnaire, la douzième année de son règne, confirmait cet échange. Guérin et Albane moururent sans enfants. Le frère d'Albane, Guillaume le Pieux, duc d'Aquitaine devint, par le testament de sa sœur (6), maître de la villa de Cluny avec toutes ses dépendances, « avec ses cabanes, ses maisons, ses constructions, ses vignes, ses champs, ses prés, ses bois, ses pâturages, ses eaux, ses cours d'eau, ses moulins, ses droits de sortie et de retour, tous les esclaves qui y demeurent et leur accroissement. »

---

(1) Léduard, évêque de Mâcon, avait été successivement archichancelier du roi Pépin et de l'empereur Charlemagne. Cf Ch. de la Rochette, *Histoire des évêques de Mâcon*. T. I, p. 216.

(2) L'acte original de cette donation est perdu ; mais il est supposé par Mabillon (*Annal. Benedict.*, t. II, p. 494), et cité dans une charte de la fin du xᵉ siècle (*Cartulaire de Saint-Vincent*), charte cviii, p. 42.

(3) *Tablettes historiques*, t. II, 257.

(4) *Necrologium Cluniacense*, manuscrit de la Bibliothèque nationale, fonds de Cluny.

(5) *Gallia Christ.*, t. IV, aux preuves, coll. 266 ; Cf. *Annal. bened.*, t. II, p. 494 ; *Cartulaire de Saint-Vincent*, p. 42 ; *Bibl. Clun.*, col. 13, nota.

(6) En 892 (*Gall. Christ.*, t. IV, col. 1119 ; et aux preuves, col. 272.)

Cluny formait un petit village avec une maison de maître et quelques autres constructions (1). On y voyait aussi deux églises, l'une placée sous le vocable de Saint-Pierre, et c'était la principale ; l'autre dédiée à la Vierge Marie ; à côté, une petite communauté de prêtres séculiers auxquels des donations pieuses avaient été faites pour desservir ces chapelles (2). Jusqu'en 910, c'est-à-dire pendant l'espace de quatre-vingt-trois ans, la terre de Cluny se transmit en vertu du droit d'héritage à l'illustre maison des comtes d'Auvergne. A cette époque Cluny était entre les mains de Guillaume le Pieux. Mais voici le moment où cet humble village va sortir de son obscurité pour briller plus tard dans le monde entier d'un incomparable éclat.

Parmi les seigneurs et les autres possesseurs du sol au moyen âge, un grand nombre d'entre eux, touchés par la foi, la piété et les hautes vertus des moines fidèles à la règle et à l'esprit de leur saint fondateur, eurent la pensée de s'associer à leurs mérites et à leurs prières par des donations territoriales. Tel fut Guillaume le Pieux, duc d'Aquitaine, personnage illustre par sa piété et dont le zèle et les vues étaient à la hauteur des besoins de son époque. Possesseur d'un vaste territoire dans le comté de Mâcon où se trouvait le village de Cluny, il voulut, lui aussi, comme c'était alors l'usage, fonder un nouveau monastère. Une maison de chasse et ses dépendances, près d'une ancienne voie romaine, sur l'emplacement d'un établissement romain, dont un pan de mur à grand appareil, à pierres rougeâtres, serait peut-être un dernier vestige ; d'un côté une gorge

---

(1) « Villam in pago Matiscensi, cujus vocabulum est Cluniacum, ipsam villam cum capella, casa dominicata, et reliquis mansis edificiis » (Gall. Christ., t. IV ; Cf. Ann. bened., t. II, p, 494).

(2) Mabillon, Annal., t. II, p. 494.

étroite et profonde où « des forêts séculaires couvraient les montagnes, rétrécissaient les horizons, dérobaient le ciel ; où les eaux des torrents débordés dans les prairies, formaient des lacs, des étangs, des marécages bordés de roseaux, où nulle autre route que des sentiers creusés par le pied des mules ne débouchait dans ce bassin d'eau courante et de feuillage, où quelques rares chaumières de chasseurs et de bûcherons fumaient de loin en loin sur la cime des arbres ; c'était, dit le chroniqueur, un lieu écarté de toute société humaine, si plein de solitude, de repos et de paix, qu'il semblait en quelque sorte l'image de la solitude céleste ». Tel était Cluny lorsque Guillaume le Pieux le donna, en 910, à Bernon, abbé de la Balme et de Gigny pour y créer un monastère (1). La sagesse prévoyante de son fondateur s'occupa d'en assurer l'avenir. Son premier soin fut donc de placer ce nouveau monastère dans des conditions de prospérité et de splendeur qui fussent en rapport avec la grandeur de ses projets et de ses espérances. Il avait à craindre la simonie qui exposait alors les dignités ecclésiastiques à l'intrusion de prêtres indignes ou à l'usurpation de seigneurs ambitieux. Il avait à craindre également la juridiction épiscopale dont les exigences auraient pu amoindrir le luxe de l'abbaye en lui enlevant ses hommes les plus distingués et en portant ainsi atteinte aux travaux et à la discipline. Il ne crut pouvoir mieux la préserver qu'en la plaçant sous la protection immédiate et sous la juridiction exclusive du Saint-Siège : c'était l'affranchir à la fois de l'autorité des évêques et du pouvoir temporel. Aussi bien, Guillaume le Pieux fit un testament solennel qui assurait à l'abbaye naissante la possession du vaste domaine

---

(1) *Bibl. Clun.*, col. 8, 10.

de Cluny (1). Dans ce testament ou cette charte de donation sont renfermés l'avenir et les destinées de ce célèbre monastère qui, deux siècles durant, sera le premier foyer de la vie religieuse et intellectuelle de l'univers. Tandis que le vieux duc allait lui-même à Rome faire ratifier au pape Jean X sa donation et payer à l'église des apôtres la redevance promise, Bernon, selon les prescriptions de la règle de Saint-Benoît, amenait à Cluny douze moines tirés de ses monastères de la Balme et de Gigny. Il présida lui-même à la construction du nouveau monastère, l'église fut rapidement bâtie, et à partir de ce moment Cluny commençait ses destinées auxquelles devaient l'élever si haut le génie et la sainteté de ses abbés. Grâce à sa position géographique, grâce aux vertus et à la remarquable intelligence de ses chefs éminents, la nouvelle abbaye devait s'accroître en peu de temps et servir en quelque sorte de centre monastique à la France et à une grande partie de l'Europe. Aussi, au milieu des bois défrichés, à l'ombre du monastère, s'éleva bientôt une petite ville dont les dimensions n'ont presque pas changé depuis le xie siècle. Nos ancêtres alors ne songeaient guère à se plaindre du *despotisme clérical* qu'ils ne connaissaient point, car « il faisait bon vivre sous la crosse. »

Bernon avait jeté les fondements d'une première église, et son successeur l'avait achevée. Le nombre des moines croissant toujours, S. Hugues fit commencer une immense basilique qui fut comme l'expression de la puissance monastique parvenue à son apogée. Quand on a franchi cette belle porte romane à double arceau, qui s'élevait à l'entrée principale de l'abbaye, et qui date elle-même du xie siècle, on se trouve dans l'axe de l'im-

(1) *Bibl. Clun.*, col. 10.

mense église abbatiale. La masse de cet édifice, soutenue par d'innombrables contreforts, sa toiture à triple étage, la hauteur des clochers causaient un étonnement, une admiration dont l'expression se rencontre souvent dans les vieilles chroniques. L'église de S. Hugues s'ouvrait entre les deux tours carrées dont on voit encore la base ; elle se composait de deux parties : d'un grand vestibule fermé à trois nefs ou *narthex*, construit seulement au commencement du xiiie siècle, et de l'église proprement dite. Elle avait cinq nefs, deux transepts qui lui donnaient la forme d'une croix archiépiscopale, et cinq clochers.

Qu'est devenue cette église avec son monastère ?

Ce n'est plus aujourd'hui le monastère construit par Bernon. L'abbaye avait eu beaucoup à souffrir pendant les guerres de religion ; outre le pillage de son église, de sa bibliothèque, plusieurs de ses bâtiments avaient été ruinés, d'autres menaçaient ruine. Les moines se proposèrent donc de reconstruire de fond en comble l'antique monastère. Vers 1750, dom Dathoze, avec l'agrément et probablement les subventions des deux derniers abbés, Frédéric-Jérôme et Dominique de la Rochefoucauld, entreprit cette reconstruction et la poursuivit jusqu'à sa mort (1765). Ses successeurs continuèrent son œuvre, et ils allaient démolir cette partie des bâtiments dite palais du pape Gélase, quand survint la Révolution.

Les bâtiments nouveaux se composent d'un cloître et d'un vaste corps de logis principal terminé par deux ailes assez étendues. L'ensemble de ces constructions, que domine à droite le grand clocher de l'église abbatiale, est véritablement imposant ; on admire la largeur des galeries, voûtées au premier étage comme au rez-de-chaussée, les rampes d'escaliers, les balcons et les vastes et harmonieuses proportions du cloître. Une école normale d'enseignement secondaire spécial et un collège annexe du même enseignement occupaient, depuis 1866, les bâtiments entièrement restaurés des anciens bénédictins, lorsqu'ils ont été supprimés en 1891, pour faire place à une école nationale de contre-maîtres, analogue aux écoles d'arts et métiers. Des bâtiments claustraux du XIe et du XIIe siècle, il ne subsiste rien aujourd'hui. L'église de S. Hugues a également disparu. Vendue en 1798 comme propriété nationale, elle a été démolie en 1811, et cette destruction a été un grand malheur pour Cluny et pour la France. Il ne reste plus aujourd'hui de la magnifique basilique que l'extrémité méridionale du grand transept, le beau clocher de l'*Eau bénite*, qui élève à 186 pieds au-dessus du dallage du cloître sa flèche pyramidale; tout auprès le petit clocher de l'horloge, la chapelle Bourbon, bâtie vers la fin du XVe siècle, et la base des tours qui s'élevaient à l'entrée du narthex, auxquels il faut ajouter quelques fragments de colonnes et quelques chapiteaux conservés au musée de la ville.

Ces ruines, ces pierres, ces vieux remparts couverts de lierre et de mousse, ces tours, ces antiques portes du XIe siècle, qui s'harmonisent si bien avec le calme paysage, et donnent à Cluny l'illusion d'une ville du moyen âge, ces clochers, ces lieux enfin où fut la première abbaye de l'Europe, qui pourrait les contempler sans émotion? Comment se défendre d'un profond sentiment de tristesse et, les yeux pleins de larmes, ne pas redire avec le poète :

> Objets inanimés, avez-vous donc une âme
> Qui s'attache à notre âme et la force d'aimer ? (1)

(1) De Lamartine.

On ne saurait imaginer, si l'on n'est pas chrétien, le charme ineffable que l'âme éprouve en parcourant les lieux où les saints ont vécu. On se sent, pour ainsi dire, moins loin de ces êtres sublimes. Il semble qu'ils aient laissé quelque chose d'eux-mêmes aux lieux qui les ont vus, comme ces fleurs qui communiquent leurs parfums à tout ce qui les touche. C'est peut-être une illusion ; mais on se surprend à penser qu'ils nous sourient du haut du ciel, pendant que nous visitons ces débris de leur habitation terrestre, et l'on attribue à leurs regards ces douces émotions dont on se sent l'âme remplie.

Au moment où les portes du monastère vont s'ouvrir devant Odilon, il nous a semblé nécessaire de faire connaître les origines de Cluny, ce qu'il était autrefois et ce qu'il est aujourd'hui ; car, comme on l'a si bien dit : « L'aspect des lieux est presque toujours le meilleur commentaire de la vie des saints. » On comprendra mieux la vie et les vertus de notre saint après avoir visité Cluny. C'est là que nous allons retrouver Odilon ; c'est dans ce lieu béni, « si plein de solitude, de repos et de paix », que nous allons voir se former en lui le saint moine, le grand abbé, l'illustre réformateur de la vie monastique.

CHAPITRE III

NOVICIAT ET PROFESSION

Lorsque le jeune seigneur de Mercœur entrait à Cluny, il n'avait guère plus de vingt-huit ans. A vingt-huit ans, un cœur généreux dont aucun souffle n'a terni la pureté, en qui l'amour surabonde avec la force, et que la grâce a touché, ne cherche qu'à correspondre à l'appel divin et à s'immoler tout entier. Odilon, sous le souffle providentiel d'une vocation évidente, était venu ensevelir sa brillante jeunesse dans l'obscurité du cloître, et il ne caressait d'autre ambition que de vivre désormais, comme nous l'avons dit, dans la pauvreté et l'humilité de la vie monastique. Quand il vint frapper à la porte du monastère de Cluny, il n'entrait pas en pays inconnu. Il y retrouvait le docte et saint Pontife qui ayant découvert dans son âme la semence des plus héroïques vertus, se proposait de la cultiver avec autant de vigilance que de tendresse ; à ses côtés, il retrouvait aussi le pieux Guillaume à qui il s'était ouvert le premier de ses désirs de perfection et qui allait encore lui servir d'introducteur dans cette vie nouvelle. Ici, tout concourait donc à former un de ces liens qui ne se brisent qu'avec la vie, pour se renouer au delà, plus fort, et à tout jamais.

D'après les auteurs les plus autorisés, c'était en l'année 991 qu'Odilon fit son entrée au noviciat de Cluny. A cette époque, l'abbaye bourguignonne n'était pas encore entièrement sortie de la pauvreté de ses commencements. Le nouvel aspirant, à son arrivée, trouva des bâtiments en bois et en briques qui ne différaient pas notablement de l'habitation des pauvres ; le cloître était des plus simples ; seule l'église, ornée de dons précieux, avait un air de grandeur, sans qu'on puisse cependant la comparer avec la basilique splendide élevée plus tard par le zèle et les soins de saint Hugues.

D'après les Coutumes clunisiennes, l'aspirant au noviciat devait passer au moins une nuit et quelquefois deux ou trois jours à l'hospice du monastère. En réponse à sa sollicitation d'être admis dans le monastère, on lui mettait devant les yeux les rigueurs de la discipline à laquelle il demandait à s'assujétir, puis on l'initiait au cérémonial prescrit pour se présenter devant le seigneur abbé et pour lui faire sa demande. Odilon se soumit avec une parfaite docilité à ces prescriptions obligées. Voici enfin qu'au jour fixé, il est introduit par le frère hospitalier dans la salle capitulaire où saint Mayeul présidait, entouré de tous ses moines. Prosterné devant lui, le jeune seigneur de Mercœur est interrogé sur l'objet de sa démarche :

— Que demandez-vous ? lui dit l'Abbé.

— Je demande, répond Odilon, la miséricorde de Dieu et la grâce de le servir parmi vous.

— Que Dieu, répond l'Abbé, vous accorde la société de ses fidèles serviteurs !

Relevé des pieds du saint Abbé, l'aspirant au noviciat

est introduit parmi les novices, confié à un religieux habile à conduire les âmes à la vie parfaite, dressé pendant quinze jours aux usages et aux exercices du monastère. Ce temps d'arrêt sur le seuil de la probation était une première épreuve qui avait pour but de s'assurer de la convenance du sujet à la vie claustrale.

Mais le jour s'approcha bientôt où le saint abbé Mayeul, pour satisfaire les désirs du jeune seigneur de Mercœur et lui créer un premier lien avec l'ordre, voulut lui donner l'habit monastique. Le rite, il n'y a pas de doute, est loin d'être aussi solennel que celui de la profession religieuse qui seule crée des obligations perpétuelles, mais, ainsi qu'on va le voir, il ne manque pas de grandeur.

A la veille de la vêture, Odilon vint de nouveau se prosterner devant l'Abbé. Celui-ci, pour obéir au précepte du saint patriarche Benoît, avertit notre futur novice de l'inflexibilité du joug qui va peser sur lui jusqu'au dernier jour de sa vie; il est prévenu que sa volonté aura à s'anéantir pour toujours, à s'effacer devant la règle monastique qui va s'emparer seule du postulant et le refaire, pour ainsi dire, de toutes pièces; que toute négligence, toute révolte contre cette même règle sera sévèrement punie et que son propre corps à lui-même ne comptera désormais pour rien. Il va de soi que celui qui aspire à la perfection doit fouler aux pieds le monde, dépouiller le vieil homme tout entier, n'être rien, en un mot, qu'une âme nue et nouvelle qui attend tout de la grâce de Dieu. Si l'on ne peut pas prendre ce redoutable engagement, dont une lecture fréquente de la règle doit rappeler les clauses au novice, on n'est pas fait pour la vie religieuse. « Je te demande donc, dit l'Abbé en terminant, je te demande donc de dire devant tous les frères ici réunis quelles pensées t'inspirent ces dures conditions ?

— Avec la grâce de Dieu, répondit Odilon, j'ai la confiance de pouvoir obéir jusqu'à la mort.

— Que le Seigneur daigne donc parfaire en toi ce que tu promets afin que tu puisses mériter la vie éternelle. »

Odilon, s'étant de nouveau prosterné, sortit ensuite avec le maître des novices qui l'introduisit dans l'église où, sans doute pour montrer qu'il la choisissait pour son cher et unique asile, il demeura assis.

Cependant les frères sortirent du chapitre et les cloches annoncèrent la messe conventuelle. Après les heures chantées au chœur, un des enfants élevés sous l'habit monastique entonna des litanies brèves qui se disaient ordinairement avant la messe ; on les faisait suivre de diverses oraisons, dont l'une était chantée pour certains princes envers lesquels Cluny avait des devoirs spéciaux de reconnaissance, une autre pour les évêques et les Abbés, une troisième pour la paix, une quatrième pour les familiers de l'abbaye, et souvent d'autres encore pour des besoins particuliers du monastère. Au moment où les litanies s'achevaient, Odilon fut conduit dans le chœur. Il prit place sur un siège disposé devant l'autel et en face du tabernacle. Là, l'Abbé Mayeul, au milieu du chant des psaumes et des prières liturgiques, s'avança vers le jeune novice, lui coupa les cheveux ou plutôt lui rasa la tête sur laquelle on ne réservait qu'un cercle de cheveux courts taillés en couronne ; ainsi était symbolisé le servage spirituel que le seigneur de Mercœur venait dévouer à Dieu. Le seigneur Abbé chanta ensuite une troisième oraison, puis embrassa le nouveau novice qui sortit du chœur, accompagné du frère maître, pour aller revêtir le *floccus* ou tunique monastique et le scapulaire noir des fils de saint Benoît. C'était l'habit qu'Odilon ne devait plus quitter.

A peine entré au noviciat, Odilon s'y montra dans dans toute la force du terme, l'homme de la règle. Nous dirons plus loin en quoi consiste la règle de saint Benoît que le monastère de Cluny suivait alors dans toute sa rigueur. Notre saint en devint en quelque sorte un exemple vivant. Il se plongea avec bonheur dans les eaux de ce fleuve qui, de saint Odon à Pierre le Vénérable, transforme Cluny en une terre où coulent le lait et le miel de la plus pure et de la plus forte doctrine monastique.

Dès qu'il eut été admis au noviciat, le jeune seigneur de Mercœur se montra fidèle aux moindres prescriptions de la vie monastique. Il s'étudia à faire oublier son rang, en surpassant tous les autres par son activité, et en recherchant avec avidité les emplois les plus modestes. Outre les exercices spirituels prescrits par la Règle et qu'il accomplissait avec sa ferveur habituelle, notre jeune novice se livrait avec une profonde et touchante humilité à tous les obscurs et pénibles travaux du noviciat. C'était au point que quiconque, dans la communauté tout entière, voulait vivre en vrai religieux, n'avait qu'à jeter les yeux sur lui pour y trouver un modèle de toutes les vertus. Jotsald nous le représente « allumant les lampes, balayant l'église et le cloître, et surveillant les dortoirs des enfants qu'on élevait au monastère. » (1) Odilon fut donc pendant son

---

(1) « Jam sumpto habitu videres nostram ovem inter alias primam opere, extremam ordine, æternæ viriditatis pascua requirere, lucernarum ministeria concinnare, infantum custodiendorum excubias observare, pavimenta verrere et quæque vilia officia humiliter peragere ». *Patrol. lat.*, t. CXLII, col. 900.

noviciat un religieux dans toute l'étendue du mot, par la pauvreté et le détachement de toutes choses, par la pureté de la vie, par l'obéissance parfaite, par le goût et la fidélité à l'office divin. On pouvait dire de lui en voyant l'harmonie de la vie surnaturelle et des dons de la nature, qu'il était né religieux. Son âme, transformée par la prière et par l'amour divin, sous l'impression de la grâce, devait subir l'empreinte du moine, tel que le veut saint Benoît. Transformé en un homme nouveau, il ne vivait plus que pour Jésus-Christ ; et en même temps qu'il réduisait son corps en servitude, son âme, dont rien ne retardait l'essor, jouissait d'une paix que la terre ne donne pas.

Cependant l'année du noviciat touchait à son terme. Le jour de la profession approchait : c'était l'heure qu'Odilon, depuis longtemps appelait de tous ses vœux : « Si le novice, dit saint Benoît, promet, après
« mûre délibération de garder la règle dans tous ses
« points et d'observer tout ce qui lui sera commandé,
« on l'agrégera alors à la communauté, étant averti
« qu'en vertu de la loi portée par la règle, il ne lui sera
« plus permis de quitter le monastère à partir de ce
« jour, ni de secouer le joug de cette règle, qu'après
« une si longue délibération, il était à même de refuser
« ou d'accepter. » (1)

L'histoire ne nous a pas conservé la date précise de cette profession ; nous savons seulement qu'elle eut lieu avant l'expiration du noviciat.

Saint Benoît avait fixé à une année entière la durée du noviciat, mais des cas particuliers pouvaient se présenter en vertu desquels une dérogation à cette règle était légitimement admise. C'est ainsi qu'à Cluny, par

---

(1) *Regula*, cap. LVIII.

exemple, le noviciat, nous le savons, était souvent très court, et il était bien loin de durer une année entière. Cette pratique obtint plus tard l'assentiment du Saint-Siège apostolique; c'est ce que prouve une décision du pape Innocent III adressée en 1212 à l'archevêque de Pise, dans laquelle le Pontife déclare que le novice qui, du consentement de son père abbé ferait profession avant l'expiration complète de l'année de probation serait tenu de s'acquitter de ses engagements, attendu que ce même novice, par le fait de l'émission de ses vœux, serait réellement incorporé à l'état religieux.

Aussi, lorsque le jour vint où le frère Odilon se présenta au chapitre avant la messe conventuelle, et présenta au seigneur Abbé la pétition requise pour être admis à la profession religieuse, saint Mayeul ne crut pas devoir prolonger plus longtemps l'épreuve du noviciat. Le novice fut aussitôt admis à la profession par le suffrage unanime du chapitre. Odilon avait alors près de vingt-neuf ans.

Deux cérémonies devaient donc s'accomplir en même temps pour que le novice fût admis définitivement et irrévocablement dans l'Ordre : la profession et la bénédiction, et peu importait que l'on commençât par l'une ou par l'autre. La profession consistait dans les deux rites principaux indiqués par le bienheureux père saint Benoît en sa règle, savoir : l'émission des trois vœux monastiques, dont ferait foi une charte signée par le profès, puis le chant du verset *Suscipe me, Domine* : c'était la formule de l'engagement pris par le novice tant envers l'Ordre qu'envers Dieu. Quant à la bénédiction, elle consistait dans les prières que l'Abbé avec toute la communauté chantait pour le novice, dans la bénédiction des habits, surtout de la coule bénédictine qu'on lui remettait alors. Cette cérémonie signifiait son admission dans l'Ordre.

Nous n'essaierons pas de faire une description complète de la belle cérémonie de profession religieuse telle qu'elle est empruntée aux anciens cérémonials bénédictins. Qu'il nous suffise de dire ici que la fonction liturgique est de nature à produire une grande impression sur une âme religieuse ; c'est un résumé des engagements que prend le novice au moment de se lier par des vœux perpétuels; elle rappelle les devoirs qu'il aura à remplir désormais et les promesses que Dieu lui fait en retour. C'est un drame vivant, un dialogue entre l'âme et Dieu pour aboutir à ce contrat où l'on stipule des plus grandes choses qui soient au monde, la liberté humaine et le droit à jouir des biens de la terre en échange de la promesse des biens éternels. La majesté de ces rites, le chant grave et solennel qui achève de leur donner toute leur expression, les paroles inspirées de la liturgie qui célèbrent en un langage si noble et si grand les beautés de la vie monastique, l'église, qui déploie ses pompes les plus magnifiques, les parfums de l'encens, les splendeurs des cierges, les chants des noces éternelles, la joie dont rayonnent les fronts, toutes les magnificences du culte, toutes celles de la prière, quels doux et purs enivrements pour le cœur du nouveau profès qui vient dire adieu à la terre pour prendre possession du ciel et vivre de la vie des anges ! Odilon pouvait-il recevoir une meilleure et plus touchante leçon au seuil de cette vie nouvelle ? Amené au chœur pour l'offertoire de la messe, il s'avance au pied de l'autel, et il lit à haute voix l'acte par lequel il se donne tout entier à Dieu; il pose cet acte, écrit et signé de sa main, sur l'autel. Alors, dépouillé lui-même et n'ayant plus rien à donner à Dieu, il chante par trois fois le verset et le psaume que S. Benoît a choisi pour le mettre, en cette circonstance solennelle, sur les lèvres de ses enfants : « Re-« cevez-moi, Seigneur, selon votre parole, et je vivrai ; « ne permettez pas que je sois confondu dans mon « attente. » (Ps. cxviii, v. 116.) Unie de cœur au nouveau frère et dans un saint enthousiasme, la communauté entière des moines répète trois fois cet intime élan, cette ardente aspiration de l'âme, et il la termine par le cri : « Gloire au Père au Fils et au Saint-Esprit. » Le Seigneur abbé, lui aussi, complète cette commune prière par des oraisons d'une grande beauté qui figurent encore aujourd'hui au Pontifical romain. Cependant, abîmé en Dieu dans un sentiment d'humilité profonde, de joies sans bornes et d'intime contemplation, l'élu, par un mouvement prompt et plein de dignité austère, a incliné la tête, croisé les bras sur sa poitrine comme pour en comprimer les élans, et s'est jeté la face contre terre, étendu et anéanti sur le sol. Le chant de gloire terminé, Odilon se relève rayonnant, dépose l'habit de novice et revêt celui de profès, solennellement bénit par l'Abbé. Cet habit est principalement la « coule bénédictine qui sera pour lui désormais l'insigne de sa profession comme de son rang dans la milice du Christ Roi ». Dès lors, tout est consommé. Odilon appartiendra désormais au cloître de Cluny, et il pourra chanter avec ses frères dans le sentiment d'une joie toute surnaturelle le cantique du Psalmiste : *Ecce quam bonum !...* Oh ! qu'il est bon et qu'il est doux à des frères d'habiter ensemble ! Placé désormais en présence de ses grandes obligations, Odilon, après l'accolade fraternelle, se prosterne successivement aux pieds de chacun de ses frères, afin qu'ils prient pour lui. Trois jours de silence absolu et de communion quotidienne suivent celui de sa profession, pendant lesquels le nouveau moine goûte et voit alors combien le Seigneur est doux, et combien il est bon de s'attacher à lui. Sa vie désormais ne lui appartiendra plus. Après ces heures de douce conversation avec le ciel, le jeune profès, rendu à la vie ordinaire du cloître, sera désormais tout entier au bonheur du lien qui l'enchaîne à Dieu et aux devoirs de la vie nouvelle qui s'ouvre devant lui.

CHAPITRE IV

ODILON ABBÉ DE CLUNY (994)

I

ODILON COADJUTEUR DE L'ABBÉ MAYEUL

Odilon, depuis sa profession religieuse, grandissait en perfection à l'ombre du cloître, ne songeant qu'à se renfermer dans le plus absolu silence et à se faire oublier de tous. Il commença de paraître entre les moines de Cluny, ses frères, comme un flambeau qui brûle, le premier par la sainteté, le dernier de tous par l'humilité de son cœur, répandant autour de lui une odeur de vie qui embaume et un parfum semblable à l'encens dans les jours d'été. C'était un saint qui se préparait, sans le savoir, sous la fortifiante direction d'un saint, à lui succéder un jour. Mais ses vertus cachées et ses progrès dans la perfection ne pouvaient rester longtemps ignorés; le temps allait bientôt venir où cette brillante lumière devait éclater aux yeux des hommes. Le nouveau profès s'était nourri, pendant son noviciat, des maximes et de la règle de saint Benoît; il s'était désaltéré aux pures sources de l'esprit du saint patriarche, et, grâce à sa fidélité à cette règle, il était devenu un religieux accompli et ce moine parfait tel que le veut S. Benoît.

« Dans la visée de S. Benoît, en effet, le moine, dit Mgr Pie, n'est pas autre chose que le chrétien parfait qui, s'étant voué à l'accomplissement des conseils évangéliques, s'engage à la stabilité dans la pratique d'une vie qui est essentiellement la vie de famille, et qui a pour objet le service de Dieu et la correction des mœurs. Le moyen efficace de la correction des mœurs, c'est la triple désappropriation des biens du dehors, des appétits même licites de la chair, et de l'usage de la propre volonté, d'où naît cette trilogie de pauvreté, de chasteté et d'obéissance qui est la base commune de l'état religieux. Le moine, comme l'indique son nom, est celui qui s'isole, *monachus*, si en se séparant du monde et en cherchant la solitude, il se donne et s'adjuge à une famille de frères en société desquels il vaquera au service divin, à la mortification et au travail, soit du corps, soit de l'esprit, sous la conduite d'un abbé qui sera à la fois son maître et son père : à ces conditions, qui constituent la vie cénobitique, il devient le moine de S. Benoît, il entre dans cette race très forte pour laquelle seule a été écrite la règle : *Ad cœnobitorum fortissimum genus*. Se sanctifier personnellement dans l'exercice de cette vie parfaite, et, par là, sans volonté préconçue d'être appliqué à tels ou tels ministères, devenir apte à toute chose bonne et utile, le jour où l'obéissance l'y appellerait pour le service de l'Eglise et des âmes; voilà le bénédictin dans toute la simplicité, mais aussi dans toute l'étendue et la largeur de sa vocation. D'où il résulte que le bénédictin n'a point un esprit propre : c'est l'homme de la perfection évangélique, vivant de la vie de l'Eglise et tenant toutes les avenues de son âme ouvertes aux vouloirs divins. Dégagé des souillures du siècle, il est ce vase sanctifié et consacré dont le Seigneur usera selon l'utilité, et qui est prêt à toute bonne œuvre : *Erit vas sanctificatum et utile Domino, ad omne opus bonum paratum* (II Tim., 24) (1).

Ainsi en était-il d'Odilon. Aussi Mayeul discerna-t-il bien vite en lui les qualités d'esprit et de cœur qui en faisaient un moine parfait ; il voulut en faire le confident de ses pensées, le collaborateur de ses œuvres. Déjà dès sa première entrevue avec Odilon sous le cloître de Brioude, Mayeul avait su apprécier le jeune seigneur de Mercœur ; le regard pénétrant du saint Abbé avait deviné sa haute intelligence et la candeur de son âme, mais c'est surtout pendant l'épreuve du noviciat qu'il avait admiré les éminentes qualités de son jeune novice : son heureux caractère, sa franche et solide piété, sa rare aptitude à tous les emplois du monastère. Tous les frères avaient les yeux sur lui, et, sans prévoir la mort trop prochaine de leur vénérable Abbé, ils voyaient avec bonheur qu'il n'était pas le seul capable de porter le fardeau de la dignité abbatiale. Ces sentiments ne tardèrent pas à se réaliser. Odilon de Mercœur n'avait pas même achevé son année de probation lorsque l'abbé Mayeul, convaincu d'être l'organe des desseins de Dieu, le choisit, malgré ses résistances, pour son coadjuteur, comme il l'avait été lui-même de son saint prédécesseur, le vénérable Aymard. Tout cela se passait en cette même année 991, un peu moins d'un an avant l'entrée d'Odilon au monastère de Cluny (2).

(1) Mgr Pie, *Œuvres*, t. IX. Panégyr. de dom Guéranger, p. 40-42.
(2) C'est dans cette même année que nous trouvons Odilon cité pour la première fois et authentiquement comme abbé : « Cluniacum

Odilon, nous venons de le dire, n'accepta que bien malgré lui, la charge de coadjuteur qui lui était imposée, et, ainsi que l'attestent des témoignages irrécusables, il ne se résigna à ce pesant fardeau que par obéissance à son saint Abbé (1). Pourtant il n'avait à s'occuper que des affaires dont voulait bien l'entretenir l'abbé Mayeul, et ici encore, le docile et infatigable auxiliaire était entièrement soumis à sa direction paternelle (2). Dieu, d'ailleurs, bénissait tous les jours l'étroite amitié de ces deux grandes âmes. Appelés à porter ensemble le fardeau de la supériorité, Odilon et Mayeul trouvaient dans leur union une consolation, une force extraordinaire, et bien loin que leur charité pour tous les frères fût refroidie par cette intime affection, la communauté dut en recueillir bientôt les heureux fruits. N'est-ce pas une suave apparition de la vie religieuse dans l'Eglise que cette amitié réciproque de l'Abbé et de son disciple, du père et du fils? Ames austères et tendres, cœurs purs et vaillants, qui redira vos confidences sacrées, vos entretiens intimes, vos échanges de hautes vues et de respectueuse et fraternelle intimité! Tous deux n'ont qu'un cœur et qu'une âme; l'un, déjà incliné vers la tombe, le front couronné du diadème abbatial; l'autre, gentilhomme paré de sa jeunesse, de sa beauté, de la candeur de son âme, tous deux unis dans les plus saintes passions qui puissent enflammer l'homme : l'amour de l'Eglise et l'amour des âmes!

Quelle était, en général, la situation respective du

---

ubi domnus Odilo Abbas præest. » (In *Acta*, V, p. 781, n° 51; Cf. *Annal.*, IV, p. 73.) C'est aussi dans les années 992 et 993 qu'Odilon est nommé dans les chartes abbé à côté de Mayeul. (*Acta*, VI, 1, p. 558, n°s 9 et 10.)

(1) *Acta*, VI, 1; p. 558, n° 10. « ... Clunilocus cui domnus et reverendissimus pater Odilo præest jussione sancti patris Maioli. »

(2) *Acta*, V, p. 781, n° 50.

coadjuteur et de l'Abbé? Une anecdote célèbre des chroniques de Cluny racontée par saint Pierre Damien nous renseigne suffisamment à ce sujet. « J'ai entendu raconter, dit-il, aux frères du vénérable monastère de Cluny, deux exemples de sainte humilité, dont l'un est bien propre à édifier les supérieurs et l'autre, ceux qui leur sont soumis. Aymar, recteur de cette église, se fit remplacer par Mayeul, afin de procurer à sa vieillesse avancée les douceurs du repos. Un jour que, devenu simple religieux, il était à l'infirmerie, il envoya demander par un serviteur un fromage au cellérier. Celui-ci, occupé à d'autres choses comme il arrive souvent, non seulement refusa, mais encore accabla le serviteur de dures paroles. Il se plaignit d'avoir affaire à un aussi grand nombre d'abbés et de ne pouvoir suffire aux importunités de tant de maîtres à la fois. Le vieillard ayant appris cette réponse, en éprouva un grand scandale. Comme il avait perdu complètement la lumière des yeux, la douleur s'attacha plus fortement à son cœur, car l'aveugle qui est privé de la vue des choses visibles, examine avec plus de subtilité dans sa pensée tout ce qu'il entend ; et ce que nous ne pouvons exhaler à l'extérieur s'enflamme au dedans de nous avec une ardeur plus cuisante. Le lendemain matin, il se fit conduire au chapitre par la main de son serviteur et s'attaqua à l'abbé en ces termes : Frère Mayeul, je ne t'ai pas élevé au-dessus de moi pour que tu me persécutes ; je ne t'ai pas choisi pour que tu me fasses sentir le pouvoir d'un maître sur l'esclave qu'il a acheté au marché, mais afin que tu aies à mon égard des sentiments de compassion, des sentiments de fils envers un père.

---

(1) *Opuscul.* XXXVIII, cap. VII, où, à la place du nom d'Aymard, on a mis celui de *Marcuardus* (*Acta*, V, p. 324 et 768.)

Après avoir continué quelque temps sur ce ton, il ajouta : « Es-tu mon moine, je te le demande ? — Je le suis, répondit Mayeul ; je confesse ne l'avoir jamais été plus entièrement qu'aujourd'hui. — Eh bien ! si tu es mon moine, dit Aymard, descends à l'instant de ton siège, et reprends la place que tu occupais autrefois. » A ces mots, Mayeul se leva soudain, et regagna l'humble stalle qui lui était désignée. Aymard revenu en dignité comme par un droit de *postliminium*, monte sur le siège abbatial, accuse le cellérier qui l'avait irrité, le fait prosterner devant lui, châtie avec sévérité le coupable et se retire, laissant toute l'assemblée saisie de ce coup d'autorité (1).

Il ressort de ce trait que le coadjuteur exerçait déjà les fonctions abbatiales, quoique sous la dépendance expresse du véritable Abbé.

Ce n'est pas Odilon qui eût cherché à se soustraire à cette dépendance vis-à-vis de saint Mayeul. Il se faisait, au contraire, un devoir et un bonheur d'être l'instrument docile de son vénéré père dans toutes les œuvres que lui inspirait sa grande charité, agissant toujours, sans se montrer jamais, portant à un haut degré ce tact, cette abnégation qui reporte sur son vénérable Abbé l'éclat du succès. Malgré la modestie dont s'enveloppait le jeune coadjuteur, tous les religieux du monastère redisaient son zèle, la rectitude de son esprit, la droiture de son cœur, sa haute et intelligente piété, l'aménité de son caractère, et chacun pressentait la dignité à laquelle il allait être bientôt élevé.

Un an ou deux ne s'étaient pas encore écoulés depuis qu'Odilon était devenu coadjuteur de l'abbé de Cluny. Tandis que le saint religieux se préparait dans le

---

(1) Petri Damian., *Epist.*, liv. II, cap. xiv.

recueillement et la prière à ses hautes destinées, une douloureuse nouvelle lui arriva du château de Mercœur : la mort venait de ravir à son affection son vénérable père (1). Quels furent les derniers moments de ce ferme chrétien ? Odilon put-il aller rendre les derniers devoirs à ce père tendrement aimé ou dut-il se contenter d'épancher dans son cœur une prière fervente pour celui qui n'était plus ? L'histoire garde à ce sujet un silence que nous devons respecter. Mais il n'est pas téméraire de penser que le père de notre saint laissa en mourant une des mémoires les plus honorables que puisse laisser un homme de bien. Les pauvres, croyons-nous, pleurèrent en lui un protecteur et un père ; la société perdit un homme d'honneur et de bon exemple, un ami dévoué de la justice, un brave à toute épreuve, un sage d'un jugement solide, d'un esprit clairvoyant, et non moins habile à bien parler qu'à bien penser.

Quant à la mère d'Odilon, sous le coup de son infortune, elle fut saisie plus que jamais d'un dégoût absolu de la terre, et elle n'aspira plus désormais qu'à la possession des biens divins. Tout entière au malheur qui l'avait frappée, elle se soumettait néanmoins au sacrifice demandé par Dieu, reproduisant le modèle de la veuve chrétienne que saint Paul a tracé de main divine dans ces paroles : « Que la veuve qui est vraiment veuve et désolée espère en Dieu, et qu'elle persévère jour et nuit dans les prières et les oraisons » (2). C'était une de ces veuves dont parle Bossuet qui, « vraiment veuves et désolées, s'ensevelissent elles-mêmes dans le tombeau de leur époux ». La mère de notre saint mé-

---

(1) Il est vraisemblable que Bérald mourut avant l'année 990 ou 991, car il n'est pas nommé dans les chartes de donation qu'Odilon fit en faveur de Cluny. (MABILLON, *Acta*, VI, 1, p. 555 et suiv.)

(2) *S. Paul à Timothée*, première épître, chap. v, v. 3.

ritait ces louanges décernées par Augustin à sa mère Monique : « C'était une veuve chaste, pleine de charité pour les pauvres, rendant hommages et services aux saints, participant chaque jour au sacrifice divin, passant soir et matin de longues heures à l'église, ne s'occupant jamais de nouvelles, ne tenant jamais de conversations inutiles, préoccupée entièrememt de ses communications avec Dieu par la prière. » (1) Telle était Gerberge, au témoignage de Jotsald, le biographe d'Odilon : « On vit clairement en son veuvage, dit-il,
« en quelles dispositions de continence et de chasteté,
« avec quelles intentions pures et saintes elle avait
« vécu dans le mariage. Elle abandonna sa demeure,
« ses enfants, ses terres opulentes, et comme une
« autre Paule, elle s'attacha tout entière à Jésus-
« Christ. » (2)

Immédiatement après avoir rendu les derniers devoirs à son époux, Gerberge, en effet, mit ordre aux affaires de sa maison et ne songea plus qu'à aller s'enfermer dans le cloître qui, du vivant même de son mari, n'avait pas cessé d'être l'objet de ses pensées et de ses désirs. Ses affaires réglées, rien ne retenait plus désormais la sainte veuve dans le monde. Il lui tardait de se donner à l'Epoux immortel de son âme et d'ouvrir au plus tôt par ses prières le ciel à celui dont elle avait été la joie et la couronne sur la terre. Elle visita une dernière fois le sanctuaire de Brioude, peut-être aussi l'église du Puy, l'une et l'autre pleines de souvenirs pour son cœur, fit ses adieux à ses enfants, à quelques rares amies, et ayant pris avec une escorte convenable à son rang le chemin de la Bourgogne, elle arriva à Autun,

---

(1) *Hist. de sainte Monique,* par l'abbé Bougaud.
(2) Migne, *Patrol. lat.,* t. CXLII, col. 898.

l'antique cité éduenne. C'est là qu'elle avait résolu de dire adieu au monde. Elle entra au monastère de Saint-Jean où elle prit l'habit religieux, toute joyeuse de se voir associée à la vie, aux vertus des saintes femmes qui peuplaient ce monastère. (1)

Le monastère de Saint-Jean d'Autun avait été fondé au commencement du septième siècle par la reine Brunehaut en même temps que deux autres monastères dédiés l'un à saint Martin et l'autre destiné à servir d'hôpital en l'honneur de saint Andoche. L'histoire raconte, en effet, que vers l'an 602, Brunehaut et son petit-fils Thierry, roi de Bourgogne, envoyèrent une ambassade au pape saint Grégoire le Grand, dont l'un des principaux buts était d'obtenir la confirmation solennelle des deux monastères et de l'hôpital que Brunehaut venait de fonder à Autun. En ces temps de violence et de perturbation sociale où le lendemain n'était assuré à aucune œuvre, la reine s'adressa au pape, afin qu'il plaçât sous la sauvegarde de son autorité apostolique l'inviolabilité des personnes et des propriétés, ainsi que la liberté électorale des trois nouvelles fondations monastiques dont elle venait de doter Autun. Ce fut pour saint Grégoire le Grand l'occasion de renouveler à la reine les marques particulières de son estime : « Vos sentiments religieux, dit-il, se peignent dans vos lettres, la piété respire dans celles que vous nous avez écrites. » C'est alors qu'à la demande des ambassadeurs Burgoald et Varmaricaire, le grand pontife ren-

(1) MIGNE, *Patrol. lat.*, t. CXLII, col. 898 : « Quæ quantæ continentiæ, quantæ castitatis, et cujus voluntatis fuerit sub marito, post mortem ejus omnibus fuit in aperto. Nam relicta patria, relictis propinquis et filiis, et magnis fundi possessionibus atque divitiis, tanquam alia Paula secuta est Christum, et apud monasterium sancti Joannis Augustiduno positum, sancti monialium suscepit locum, et religionis habitum ».

dit ce fameux diplôme où, pour la première fois, la subordination directe du pouvoir temporel au pouvoir spirituel est nettement formulée et reconnue (1) : « Si quelqu'un des rois, des évêques, des juges ou autres personnes séculières ayant connaissance de cette constitution, disait le pape, ose y contrevenir, qu'il soit privé de la dignité de sa puissance et de son honneur, qu'il sache qu'il s'est rendu coupable au tribunal de Dieu. Et s'il ne restitue ce qu'il aura méchamment enlevé, ou ne déplore par une digne pénitence ce qu'il aura fait d'illicite, qu'il soit éloigné du très saint corps et sang de notre Dieu et Sauveur, qu'il demeure assujetti dans le jugement éternel à la vengeance sans fin. » (2) Ces paroles très solennelles de saint Grégoire, dans un diplôme dont Mabillon a démontré la parfaite authenticité, ne sont-elles pas une condamnation formelle des théories gallicanes de 1682 ?

Telle est en particulier l'origine de cet antique monastère d'Autun, où Gerberge achèvera sa sainte vie. Là aussi, elle recevra plus d'une fois, cette supposition ne nous est pas interdite, la visite de son fils bien-aimé, et le plus grand bonheur que puisse lui offrir la terre, sera de parler dans des entretiens célestes à ce fils qu'elle vénérait comme un père. A Saint-Jean d'Autun (3), comme dans d'autres monastères, des filles

---

(1) Montalembert, *les Moines d'Occident*, t. II, p. 246. Voir la traduction de ce diplôme dans Bulliot : *Essai historique sur l'Abbaye de Saint-Martin d'Autun*, p. 34

(2) Greg. Magn , lib. XIII, epist. viii, dans *Patrol. lat.*, t. LXXVII, col. 1265.

(3) « L'abbaye de Saint-Jean-le-Grand éclate aujourd'hui dans Autun par sa grande régularité, par le nombre de ses religieuses et par la beauté des bâtiments, qui surpassent tous les monastères de filles que nous avons vus en province, hors ceux de Paris et de Saint-Pierre de Lyon. Elle était autrefois si célèbre et si régulière que la mère de S. Odilon, abbé de Cluny, qui était de grande maison, s'y

de la meilleure noblesse donnaient au monde l'exemple du détachement de la terre, de l'oubli d'elles-mêmes, et, par la sainteté de leur vie, étonnaient d'abord, mais conquéraient bientôt l'admiration de tous. Mais entre tant de belles âmes, nulle ne pouvait être comparée à cette vraie veuve par la pénitence austère, le caractère virilement trempé, la générosité, et, par-dessus tout, par la plus délicate et la plus ingénieuse charité. Gerberge s'avançait d'un pas sûr dans les voies de la plus haute perfection. Elle honorait le monastère qui l'avait accueillie, moins encore par l'illustration de sa race que par l'éclat de ses vertus. Elle avait conquis à un tel degré l'affection de ses compagnes que, longtemps après son trépas, les survivantes ne pouvaient rappeler sans une douloureuse émotion son exquise bonté, sa douceur, le charme de sa société et le souvenir de sa sainte mort : « Quelle y fut sa louable constance, « quelle vie douce et édifiante elle y mena, avec quelle « paix elle y mourut heureusement, je l'ai appris, con- « tinue le biographe, de la bouche de quelques religi- « gieuses qui l'ont connue ; et elles ne pouvaient, en « parlant de cette sainte âme, tarir leurs larmes » (1). L'histoire et la peinture ont retracé ce tableau des rivages d'Ostie, où sainte Monique mourante dit à son

---

retira et y acheva sa course dans les pratiques d'une sainte observance. L'église paraît ancienne aussi bien que celle de la paroisse de Saint-Jean, qui est tout proche, et qui, comme je crois, était autrefois l'église des religieux ou des clercs qui administraient les divers mystères aux religieuses. On voit dans celle-ci, derrière l'autel, un peu à côté, une petite armoire où l'on gardait autrefois le saint Sacrement... » (Dom Martène et dom Durand, *Voyage littéraire de deux religieux bénédictins de la congrégation de Saint-Maur*, première partie, p. 45.)

(1) Migne, *Patrol. lat.*, t. CXLII, col. 898; *Acta SS.*, Januarii, t. I, 66 : « Quam laudabile ibi duraverit propositum, quamque dulcis et utilis omnibus ibi deinceps ejus vita fuerit, et quam glorioso exitu vitam finierit, paucis quæ supererant cum gemitu narrare audivi. »

fils : « Vous êtes ma joie et ma consolation. » Il nous est doux de penser que la mère d'Odilon les répéta sur son lit de mort à son fils si tendrement aimé, et que son âme partit pour le ciel sous les bénédictions de celui qu'elle avait formé pour l'Eglise.

En quelle année mourut cette mère prédestinée de notre saint, l'histoire ne le dit pas ; mais ce que nous savons, c'est que nul coup ne pouvait faire saigner davantage le cœur si aimant d'Odilon. Le sacrifice était complet, et Dieu l'avait ainsi décidé pour achever de le perfectionner. La mort des siens ayant rompu ses dernières attaches, Odilon appartiendra désormais tout entier et plus que jamais à Dieu et à son Eglise.

Peu de temps avant leur mort, Bérald de Mercœur et Gerberge avaient eu la joie de voir leur fils bien-aimé associé intimement aux travaux du grand abbé Mayeul. Dès 993, en effet, le vénérable abbé s'apercevant que ses forces l'abandonnaient de plus en plus, et persuadé, d'ailleurs, que personne n'était plus capable et plus habile à gouverner son abbaye que le coadjuteur qu'il s'était donné, voulut, pour assurer l'avenir de Cluny, l'enchaîner au siège abbatial par un lien définitif (1). Comment se fit l'élection ? C'est ce que nous allons brièvement raconter.

(1) « Instante vero mortis articulo domnum Odilonem sibi successorem eligit, atque proprias oves Domino et sibi reliquit. » (JOTSALD.)

II

ODILON, ABBÉ DE CLUNY

Entre avril 993 et mai 994 (1), quelques mois seulement avant sa mort, Mayeul s'occupa très activement de préparer l'élection solennelle de son très digne coadjuteur. Odilon justifiait d'ailleurs pleinement les espérances qu'il avait fait concevoir. Par ses talents naturels et acquis, par cet ensemble de mérites solides et brillants, le pieux coadjuteur de Cluny était sans nul doute le représentant le plus complet et le plus considérable de son Ordre. Le moment était donc venu de l'élever à la première charge du monastère, et de le porter à la tête de tous ses frères. Vers la fin d'avril, le saint abbé Mayeul convoqua le chapitre de Cluny. Afin de rendre l'assemblée plus imposante, il y invita les plus grands dignitaires ecclésiastiques avec les plus hauts princes et seigneurs de la contrée. On vit accourir à Cluny le duc Henri de Bourgogne, protecteur du monastère ; Rodolphe, roi de Bourgogne ; Burchard, archevêque de Lyon ; Hugues, évêque de Genève ; Henri, archevêque de Lausanne ; Hugues, évêque de Mâcon (2) ; Teuton,

(1) C'est à cette époque qu'appartient la charte d'élection d'Odilon. Il est vrai qu'elle n'est pas datée. Mais le point de départ (*terme a quo*) date de la souscription du roi Rodolphe de Bourgogne, c'est-à-dire du mois d'avril 993 ; la fin (*terme ad quem*) est fixée par la souscription de S. Mayeul. — Voir le texte de cette charte dans d'Achery, *Spicilegium, sive Collectio veterum aliquot Scriptorum*, édit. nova, Paris, 1723, t. III, p. 379.

(2) Le *Gallia Christiana* (t. IV, col. 1056 et suiv.) doute qu'il y eût autrefois à Mâcon un évêque du nom de Hugues ; il le nomme *Milo*. Cette question peut être considérée comme résolue par la sous-

abbé de Saint-Maur-des-Fossés, ancien moine de Cluny (1); l'abbé Richfred; l'évêque Ermenfrid; les comtes Burchard de Corbeil, Lambert du Valentinois, Adalbert de Mâcon, et un grand nombre d'autres hôtes de distinction. Par-devant cette assemblée singulièrement imposante, et telle qu'on n'en vit jamais de semblable à une élection abbatiale, le vénérable Mayeul, dans toute la majesté de sa vieillesse, et entouré de cent soixante-dix-huit moines, proclama de son autorité propre Odilon abbé de Cluny (2). La charte de cette élection nous a été conservée, et nous ne résistons pas au désir de la transcrire textuellement. L'abbé de Cluny, après avoir rappelé à l'assemblée l'obligation où sont les supérieurs de pourvoir au salut de leurs inférieurs par l'exemple, la parole et la vigilance, ajoute :
« C'est pourquoi, moi, Mayeul, abbé indigne du mo-
« nastère de Saint-Pierre de Cluny, je veux faire
« connaître ma résolution aux générations présentes et
« futures. Epuisé par l'âge, affaibli par les travaux
« corporels, incapable de remplir comme il faut le
« ministère pastoral, averti par notre vénéré père
« Benoît d'élire canoniquement un autre abbé, de

cription de Hugues dans la charte, sans nul doute authentique, de l'élection d'Odilon. Ajoutons cependant que la *Notice chronologique sur l'église d'Autun* partage l'oinion du *Gallia Christiana*, car nous y lisons ce qui suit : « Trente-deuxième évêque de Mâcon, Milon, élevé sur le siège de Mâcon au plus tard en 981, assista aux conciles d'Anse et de Reims. Il mourut vers 996. » (*Notice chronologique sur l'église d'Autun et sur les églises qui lui ont été réunies par le concordat de 1801 et la bulle* « *Paternæ caritatis.* ») Voir *Statuts synodaux*, première partie, p. 373.

(1) Il avait été d'abord envoyé par Mayeul comme prieur de ce monastère. Il restaura le monastère négligé, en devint l'abbé, augmenta sa possession, et il se retira plus tard dans son monastère mère de Cluny, où il mourut le 13 septembre 1006 en odeur de sainteté. (*Gall. Christ.*, VII, col. 289.)

(2) Tous ceux-ci signèrent la charte civile de l'élection.

« concert avec tous les frères, mes enfants, et comme
« moi serviteurs du B. Pierre, nous élisons le clerc et
« le religieux frère Odilon, notre cher fils ; nous le
« proclamons abbé de notre monastère, de peur que,
« par suite de notre infirmité, l'ordre et la discipline ne
« s'affaiblissent dans cette sainte maison, où Dieu
« veuille qu'ils aillent toujours en s'améliorant.

« Et de peur qu'il n'ait recours à quelque artifice
« pour s'excuser (car si quelqu'un d'indigne ose par
« erreur aspirer à une pareille dignité, ou si quelqu'un
« de digne veut l'éviter, il faut réprimer également l'un
« et l'autre), nous avons eu recours à une assemblée
« d'évêques et d'abbés. Ce monastère de Cluny, fondé
« sous l'inspiration de Dieu, par le pieux duc Guillaume,
« dédié au prince des apôtres, honoré de nombreux
« privilèges de la part du Saint-Siège, confirmé par les
« ordonnances royales, gouverné à l'origine par nos
« seigneurs les abbés Bernon, Odon et Haymard,
« nous en confions l'administration au dit frère Odilon,
« avec toutes les abbayes, prieurés et celles dont
« l'acquisition a été faite de leur temps et au nôtre.
« Nous lui enjoignons, en vertu de la sainte obéissance,
« et sous le bon plaisir de Dieu, d'y faire régner, dans
« toute leur intégrité, la règle de saint Benoît et les
« statuts de nos pères. Et, à cet effet, d'une voix una-
« nime, nous le proclamons abbé.

« Cette élection, et le mode selon lequel elle a été
« accomplie, nous l'avons fait approuver par le primat
« comte, le duc Henri de Bourgogne, avoué de l'abbaye,
« et par Otton III, roi de Germanie. Nous avons
« confirmé nous-mêmes cette forme canonique d'élec-
« tion, et nous avons prié nos Pères et nos Frères d'y
« apposer leurs signatures. » Il termine par ces mots
touchants : « *Acta Cluniacense cœnobio feliciter. Amen.*

« Fait heureusement au monastère de Cluny. Ainsi
« soit-il (1). » Telle fut la charte d'élection d'Odilon,
qui le nommait abbé de Cluny, du vivant de saint
Mayeul.

Rodolphe, roi de Bourgogne, tous les archevêques,
évêques, abbés et comtes présents à la cérémonie, ainsi
que les cent soixante-dix-sept moines du monastère, y
apposèrent leur signature après celle de Mayeul.
A cette élection souscrivirent aussi l'archevêque
Léotaldus, l'évêque Walterius, les abbés Hugo, Wago,
Teobaldus, Warembertus, Wittelmus, le prieur Walterius et quatre autres personnages désignés sous les
noms de Gundulphus, David, Aguricus, Sendelenus.

Ce mode d'élection, tel que nous venons de l'exposer
et de le reproduire, s'était introduit à Cluny dès le
commencement du monastère, et Mayeul, qui s'en était
inspiré, n'avait fait que se conformer à un usage traditionnel suivi jusqu'ici par ses vénérables prédécesseurs (2). Ainsi, le bienheureux Bernon, premier abbé
du monastère, avait désigné saint Odon (3) pour
lui succéder ; ainsi saint Odon, le bienheureux Aymard (4) ; ainsi Aymard en avait usé à l'égard de
Mayeul (5). Cette coutume, qui semble une dérogation
à la règle bénédictine, se justifiait elle-même par une
impulsion spéciale de Dieu comme aussi par la nécessité

---

(1) D'Achery, *Spicilegium, sive Collectio veterum aliquot scriptorum*, edit. nova, Paris, 1723, t. III, p. 379.

(2) Odilon fut le premier qui ne désigna pas lui-même son successeur, laissant complètement à ses moines la liberté du choix après sa mort.

(3) *Biblioth. Clun.*, col. 10 ; Bernard et Bruel : *Recueil des chartes de Cluny*, t. I, n° 277.

(4) Mabillon, *Acta*, p. 317, n° 2 ; Bernard et Bruel, op. cit., n° 523 ; Cf. *Bibl. Clun.*, col. 1618.

(5) Bernard et Bruel, opus cit., t. I, n° 729, t. II, n° 883 ; Mabillon, *Acta*, v, p. 323, n° 17 ; Cf. *Bibl. Clun.*, col. 1619.

du temps, où la prudence commandait d'écarter les intrus et de prévenir les violences et les attentats qu'on avait malheureusement trop à redouter de la part des dignitaires de l'Eglise et des puissants du siècle (1). Il s'agissait aussi de conjurer les désordres que pouvaient faire craindre dans la suite la grande vieillesse de l'abbé et la perspective de sa mort prochaine, tant était encore mal assurée l'existence du jeune monastère, tant aussi était incertaine la situation politique de cette époque (2). Cette tradition ou transmission d'autorité a d'ailleurs quelque chose de patriarcal. On croirait voir Jacob bénissant Joseph, ou Moïse consacrant Josué, ou bien Elie investissant Elisée de son double esprit. La suprême dignité de l'Ordre bénédictin passe d'un saint à un autre saint ; le jeune homme est préféré aux vieillards blanchis par l'âge. Les rangs s'ouvrent, les fronts s'inclinent, c'est Odon, c'est Mayeul, c'est Odilon, c'est l'élu de Dieu !

Quoi qu'il en soit de cette coutume, qui d'ailleurs cessa de subsister après la mort de notre saint, nous pouvons bien nous demander ici pour quels motifs l'élection d'Odilon se fit en une forme si solennelle, et quelle pouvait être la raison d'une convocation si extraordinaire d'évêques, d'abbés et même de laïcs ; car, jamais, jusqu'à ce jour, élection si solennelle n'avait eu lieu à Cluny. L'élection d'Odilon, accomplie avec le concours de tant de seigneurs et de prélats convoqués dans le but de ratifier le choix de l'abbé Mayeul, trouve facilement son explication dans le cha-

---

(1) Cf. MABILLON, *Acta*, præfatio, p. XXII, sur l'élection de l'abbé et de l'évêque au xe siècle.

(2) La charte d'élection s'exprime elle-même en ces termes : « Ne insolentia nostræ infirmitatis Ordo deterrescat et repulsam in aliquo patiatur. »

pitre 64ᵉ de la règle de saint Benoît. « Dans l'élection de l'abbé, dit-il, on tiendra pour règle constante que celui-là doit être établi qui aura été élu d'un commun accord, selon la crainte de Dieu par toute la communauté, ou seulement par une partie de la communauté, quoique la moins nombreuse, dirigée par un jugement plus sain. On fera le choix pour cet office d'après le mérite de la vie et selon la doctrine et la sagesse de la personne, lors même que celui que l'on préférerait tiendrait le dernier rang dans la communauté. Si par malheur il arrivait que la communauté tout entière élût à l'unanimité une personne complice de ses dérèglements, lorsque ces désordres parviendront à la connaissance de l'Evêque au diocèse duquel appartient ce lieu, ou des abbés et des chrétiens du voisinage, qu'ils empêchent le complot des méchants de prévaloir, et qu'ils pourvoient eux-mêmes la maison de Dieu d'un dispensateur fidèle, assurés qu'ils en recevront une bonne récompense, s'ils le font par un motif pur et par le zèle de Dieu, de même qu'ils commettraient un péché s'ils s'y montraient négligents (1) ». C'était donc pour sauvegarder leur droit et en rendre tout abus impossible que les Clunistes avaient convoqué autour d'eux, pour assister à l'élection de leur abbé, les évêques, les abbés et les laïcs de distinction de la contrée. Mais dans cette convocation extraordinaire et si solennelle, une autre pensée les avait inspirés : la présence de tant et de si grands personnages ne manquerait pas, sans doute, de triompher de la répugnance d'Odilon, en lui imposant une sorte d'obligation morale de ne pas refuser les honneurs de la dignité abbatiale. Cette intention est d'ailleurs nettement formulée dans

(1) *Regula S. Bened*, cap. LXIV, *de Ordinando Abbate*.

l'acte d'élection du nouvel abbé dont nous avons cité le texte et exprimée dans les termes suivants : « *Et ne technam alicujus excusationis prœtendat* (1). » — De peur dit Mayeul dans cet acte, « qu'il n'ait recours à « quelque moyen pour s'excuser, nous avons convoqué « une assemblée d'évêques et d'abbés ». Et en effet, nous le savons par le témoignage de Jotsald, notre saint n'ayant pu résister à cette manifestation de la volonté divine, se soumit enfin à la volonté expresse de l'abbé et du chapitre de Cluny (2) : l'obéissance triomphait de l'humilité, mais avec ces répugnances intimes qui sont le cachet et le signe manifeste de la véritable sainteté.

L'année même de l'élection d'Odilon (994), S. Mayeul fut invité par le roi Hugues Capet à venir à Paris pour réformer l'abbaye de Saint-Denis où déjà le saint abbé avait séjourné (3). Il avait vu l'abbé de Cluny à l'œuvre à Saint-Maur-des-Fossés, et il en avait conçu la plus haute estime et la plus profonde vénération. Malgré les instances du roi, Mayeul, âgé de quatre-vingts ans, hésitait à entreprendre ce voyage. Il ne pouvait se décider à *venir en France*, disent les historiens du temps. Enfin, au mois d'avril de cette même année, par une de ces belles journées de printemps où le soleil semble ressusciter la nature et rajeunir les forces humaines, le saint abbé quitta la Bourgogne pour obéir aux ordres du souverain. Il voulut passer par Souvigny, mais là, au milieu de ses frères, il fut arrêté par la maladie. Cependant, malgré des signes visibles d'affaiblissement qui n'étaient pas sans inspirer des craintes sérieuses,

---

(1) D'Achery, ouvr. cité, T. III, p. 380.
(2) « Reluctans et ultra quàm credi possit invitus. »
(3) Odilon, *Vita Maioli* (Migne, *Patrol. lat.*, t. CXLII, col. 598). Que Mayeul eût déjà séjourné à S. Denis, cela est prouvé. *Id., ibid.*, col. 955.

Mayeul songeait à poursuivre son voyage vers Saint-Denis, lorsque la maladie prit un caractère de gravité telle qu'elle ne laissa bientôt plus aucun espoir. « Enfin plein de jours et de sainteté, il quitta cette vie à l'appel du Seigneur, à l'aube du 11 mai, le lendemain du jour auquel Notre-Seigneur Jésus-Christ, vainqueur de la mort, s'éleva lui-même à la droite de son Père, montrant à son fidèle Mayeul le chemin qui devait le conduire au ciel à sa suite (1). » (11 mai 994.)

Quels durent être les pressentiments de Mayeul en saluant du haut des dernières montagnes qui entourent la belle vallée de Cluny, le monastère béni, qui avait abrité sa vie religieuse ? Ce n'est pas sans une profonde douleur que le saint vieillard quittait cette abbaye de Cluny que son âge très avancé ne lui permettrait probablement plus de revoir, ces nombreux enfants que son départ plongeait dans la tristesse ; mais en partant il avait du moins la consolation de voir ses désirs satisfaits, et il pouvait chanter, bien qu'avec l'accent de la tristesse, son *Nunc dimittis*, puisqu'il laissait entre les mains d'Odilon, l'homme de sa droite ou plutôt un autre lui-même, le gouvernement de l'abbaye qui lui était si chère et à laquelle il avait donné le meilleur de son âme.

Cependant, Odilon, nous l'avons vu plus haut, ne s'était prêté que par obéissance à l'acceptation de la crosse abbatiale (2) ; d'autre part, les moines de Cluny

---

(1) ODILON, *Vita Maioli* (*Patrol. lat.*, t. CXLII, col. 958).
Le plus ancien nécrologe du monastère bénédictin d'Einsiedeln rapporte également au 11 mai la mort du saint abbé Mayeul (manuscrit n° 319, p. 8). L'inscription date du même temps.

(2) Mayeul avait forcé Odilon, par le commandement de l'obéissance, d'accepter l'élection. Il dit lui-même le premier dans la charte : « ... Vinculis obedientiæ adstringimus et Abbatem unanimiter omnes proclamamus. » (D'ACHERY, ouvr. cité, t. III, p. 379).

avaient encore trop présentes à la mémoire les résistances apportées par le nouvel abbé à son élévation, pour n'être pas sans crainte à la pensée que le nouvel élu, après la mort de Mayeul, se croyant dégagé de son obéissance, chercherait sans doute à se dérober au périlleux honneur de lui succéder. Pour calmer leurs inquiétudes, ils voulurent encore, peut de temps avant que Mayeul rendît le dernier soupir, lui demander entre quelles mains il souhaitait voir remettre la crosse de Cluny. A quoi le saint abbé mourant répondit : « Il ne dépend pas de moi, mes frères bien-aimés, de vous désigner un abbé, mais soyons assurés que l'ange du grand conseil ne vous laissera pas sans direction (1) ». Le vieillard avait raison : c'était à Dieu de prononcer, et déjà il avait disposé tout providentiellement pour un choix digne de lui. Cependant, les prévisions des moines n'étaient que trop justifiées. Lorsque le saint abbé Mayeul fut descendu dans la tombe, sa mort faillit tout remettre en question. Odilon se crut alors libéré de toute obligation, et il se démit de sa charge. Cluny se trouvait donc, pour la première fois, sans abbé à la tête de son monastère. Grande fut la douleur des moines qui ne purent changer sa résolution ni vaincre sa résistance. La Providence vint heureusement à leur aide en envoyant un appui providentiel et un médiateur dans la personne du roi de France, Hugues Capet. Ce prince, qui avait pour S. Mayeul une vénération toute filiale, avait tenu à assister lui-même à ses obsèques à Souvigny. De là, il avait voulu se rendre à Cluny pour visiter le monastère tout embaumé du parfum des

---

(1) *Vita S. Mayol.*, par un inconnu. (*Bibl. Clun.*, col. 1783.) — D'après la *Vie de S. Mayeul* par SYRUS, III, 19, Mayeul dit : « Jesum Christum summum pastorem nunc habebitis protectorem. » (MABILLON, *Acta*, V, p. 809 ; Cf. *Acta*, VI, 1, p. 560, n° 12.)

vertus qu'y avait pratiquées le saint abbé défunt, et assurer les moines de sa royale protection. La communauté pleurait encore le départ et la mort si récente de leur vénéré Père, et, ce qui ajoutait à leur douleur, c'était l'obstination d'Odilon à maintenir sa démission. Hugues Capet, cédant aux instances unanimes et aux prières des moines, provoqua une nouvelle élection, dans laquelle tous les suffrages se portèrent sur l'ancien coadjuteur. Vaincu par cette unanimité si touchante et par l'intervention du roi, Odilon fut de nouveau contraint d'accepter la dignité abbatiale (1). La volonté de Dieu s'était trop visiblement manifestée en sa faveur pour ne pas triompher de son opposition, et ce n'est pas sans un certain déchirement de cœur que le nouvel abbé dut se résigner à cette seconde élection. C'était sincèrement qu'il avait reculé devant le poids accablant de sa nouvelle destinée. Maintenant, il allait l'embrasser tout entière, résolu d'en subir toutes les conséquences et d'en accomplir tous les devoirs.

Le nouvel élu reçut aussitôt la bénédiction abbatiale des mains de Léotald, archevêque de Besançon, en présence de Walter, évêque d'Autun, de cinq abbés, de deux prieurs, et de quatre autres personnages de distinction, qui déjà, du vivant de S. Mayeul, avaient souscrit à la première élection (2). La cérémonie eut lieu

---

(1) *Adhemar de Chabanne* dans PERTZ : *Monum. Germ. SS* , t. IV, p. 129, et BOUQUET, *Recueil des historiens des Gaules et de la France*, t. X, p. 145 : « Invitus pro eo (Maiolo) electus tam ab ipso Ugone quàm a cuncta Congregatione, Odilo. » — Dans l'édition des *Monumenta, loc. cit.*, à la place de « Hugone », on trouve « Odone », mais cela est sûrement faux et contredit le texte tout entier. (Cf. *Acta*, I, p. 560, n° 12.)

(2) Il faut faire attention à la suite des signatures. Léotald, Walter et les autres ont signé successivement après les moines de Cluny, par conséquent plus tard que ceux-ci, Mabillon, à ce qu'il semble, n'a pas fait attention à cette circonstance. (Cf. *Acta*, p. 781.) La charte

le 20 mai 994, qui se trouvait être le dimanche de la Pentecôte (1). Odilon avait alors trente-deux ans. Dans ce même temps, vraisemblablement dans ces mêmes jours, le nouvel abbé dut recevoir l'onction du sacerdoce (2), avant de monter sur le siège où le portaient

d'élection d'Odilon a la même teneur que celle de S. Mayeul, également dans d'Achery, loc. cit., p. 374 et 375. — *Electio S. Maioli in abbatem Cluniacensem, vivente Aimardo itidem abbate* (Bern. et Bruel., t. II, n° 883) : « Anno ab Incarnatione Domini 994 sanctissimus Maiolus, rogatu Hugonis, Regis, Franciam petens, Silviniacum devenit. Ubi ultima ægritudine præventus, clementiss. Odilonem, Arvernico genere illustrem, sibi successorem et Cluniacensis ingentis cœnobii designavit abbatem. »

(1) *Chronolog. Clun.* dans *Biblioth. Clun.*, col. 1620, et *Chronic. Clun.*, loc. cit., col. 1637 ; Guillaume Godell, *Chron.* dans Bouquet, X, p. 620 ; Richard, *Histoire des diocèses de Besançon et de Saint-Claude* (Besançon, 1847), t. I, p. 206 et 207.

N. B. — La *Chronologie clun.* est une très bonne source, et contemporaine de S. Odilon. (Cf. Bern. et Bruel., 1, Préface, p. xvii et suiv.)

(2) Nous tirons cette conclusion de saint Pierre Damien : *Vita S. Odilonis*, cap. ii ; *Biblioth. Clun.*, col. 317. Il s'ensuit qu'Odilon fut prêtre en même temps qu'abbé. « Adraldus abbas Bremetensis Monasterii .. qui discipulus ejus extiterat, nobis aliquando retulit quia vir Dei dum in eo quo postmodum defunctus est languore decumberet, illi præcepit ut ex calcularis abaci supputatione colligeret, quæ posset esse summa missarium, quas celebravit per spatium quinquaginta sex annorum quibus Monasterium rexit. »

N. B. — Il ressort également de Jotsald, de Pierre Damien, de Hugues de Flavigny, de la *Biblioth. Cluniac.*, que l'année 994 doit être considérée comme l'époque de l'élection définitive de notre abbé. Plusieurs chroniqueurs contemporains et postérieurs ont bien considéré comme un seul acte les moments de l'élection d'Odilon pris séparément, et ils désignent différemment à cause de cela l'époque de son entrée dans le gouvernement du monastère, selon qu'ils considèrent le premier ou le second moment, et par là comme le commencement du gouvernement d'Odilon. Mais tous donnent à son gouvernement une durée de cinquante-six ans, selon Jotsald et S. Pierre Damien, quoique ce chiffre ne soit pas rigoureusement exact.

Le document intitulé : *Venerabilium abbatum Cluniacensium chronologia*, publié par la *Bibliotheca Cluniacensis*, occupe les trois premiers feuillets du *Cartulaire* A (n° 2 de la bibliothèque de la ville de Cluny) et le recto du quatrième. La première lettre de ce document,

tant de vœux. Les rites de la consécration sacerdotale sont trop connus pour trouver place ici. Qu'il nous suffise de dire que cette consécration allait ajouter des grâces plus efficaces encore à celles dont surabondait déjà l'âme de notre saint. « Tous reçoivent le caractère et la puissance de la prêtrise par les saints ordres, plusieurs en reçoivent la grâce, mais peu en reçoivent l'esprit, disait un vénérable prêtre. Pour Odilon, il avait déjà reçu l'esprit du sacerdoce longtemps avant d'avoir été revêtu de sa puissance et marqué de son

écrit sur deux colonnes, est un A majuscule orné, peint en rouge sur fond vert ; les lettres initiales de plusieurs des paragraphes suivants sont des majuscules peintes au minium. Cette chronologie, qui commence en 910 et qui s'étend dans le manuscrit jusqu'en 1215, nous semble dater de deux époques, du xie et du xiie siècle, quoique les auteurs du *Gallia christiana* avancent en un endroit (*Gallia christ.*, IV, col. 1126) qu'elle a été écrite du temps d'Odilon, comme le cartulaire, et ailleurs (*Gallia christ.*, IV, col. 1117, note *e*), qu'elle date du temps de l'abbé Ponce, c'est-à-dire de 1109 à 1122.

1º Du xie siècle date une première partie écrite d'une seule main, depuis 910 jusqu'en 1108, si l'on admet que les chiffres des années placés entre les événements importants ont été écrits à l'avance, comme il paraît par les additions d'événements accomplis en telle ou telle année. Cette première partie, au moins jusqu'en 1049, a été écrite du temps de l'abbé Hugues Ier (1049-1109), comme témoignent ces paroles sous l'année 1049 : « Nunc in presenti, ut decet, offitii sui ministerium adimplet (Hugo). »

2º Du xiie siècle date la suite de cette chronologie écrite de diverses mains, de 1109 à 1122, de 1122 à 1149, de 1150 à 1157, de 1158 à 1170, et enfin de 1170 à 1215, si l'on admet encore que les numéros des années ont été écrits d'avance, car il est visible que l'on a ajouté après coup la mention des faits de 1176, 1187 et 1199. L'inscription des événements au fur et à mesure qu'ils se produisaient, qui est attestée par les changements d'écriture, montre que ce document est un original. Cette chronologie se continue dans la *Bibliotheca Cluniacensis* jusqu'en 1614. Mais on ignore où D. Marrier en a pris la suite.

Voici l'ordre dans lequel se présentent les diverses parties du Cartulaire A :

1º Cartulaire de l'abbé Bernon (910-927), commençant au folio 7. Il est précédé d'une préface rédigée du temps de l'abbé Odilon, et se compose de 156 chartes. Deux ou trois ont été insérées ici par mé-

caractère. Que ne nous eût-il été donné d'être présent le jour où il eut le bonheur d'immoler pour la première fois à l'autel son Dieu devenu sa victime !

On sait aussi en quoi consistent les rites de la consécration des évêques. Ceux de la bénédiction des abbés sont presque de tout point les mêmes pour l'ensemble et les détails, à l'exception naturellement de l'onction de la tête et des mains, et de quelques particularités spéciales soit à l'évêque soit à l'abbé. Ainsi, l'une et l'autre fonction se développent au cours de la messe

garde et se rapportent à d'autres abbés. La table de ces chartes est placée tout à fait en tête du volume.

2º Cartulaire d'Odon (927-942), précédé d'une table (du folio 34 au folio 36) ; il commence au folio 37 pour se terminer au folio 75 recto, et débute également par une préface. On remarque dans le nº 179 de ce cartulaire une charte de l'abbé Odilon, qui y a été insérée par inattention du copiste.

3º Cartulaire d'Aimard (942-954), comprenant la table (fol. 76 à 81 et 83), les chartes (fol. 82 à 143), au nombre de 284. Deux chartes, le nº 37 et peut-être aussi le nº 42, se rapportent au temps de l'abbé Hugues, ce qui montre que ce cartulaire n'a été transcrit que dans la seconde moitié du xie siècle.

4º Enfin, cartulaire de Maïeul, précédé d'une table (fol. 144 à 161) et commençant au folio 162. Si l'on s'en rapportait soit à la table, soit aux chiffres placés en marge des actes, on donnerait à ce cartulaire 860 chartes ; mais il n'en a en réalité que 834. Sur ce nombre, on trouve deux chartes du temps de l'abbé Odilon (nºs 182 et 287) et deux autres de l'abbé Hugues (nºs 52 et 494), ce qui rapporte également ce cartulaire à la seconde moitié du xie siècle. Par contre, on doit y noter des actes antérieurs au gouvernement de l'abbé Mayeul, par exemple le nº 7, qui est du 3 septembre 909, et le nº 827, qui semble être de 936 à 954. — Il y aurait à faire la même observation pour les deux cartulaires précédents. (BERN. et BRUEL, *Recueil des Chartes de l'Abbaye de Cluny*, t. I, préface xx.

Le cartulaire A offre quelques lettres ornées : aux folios 1 et 37, deux lettres formées d'enroulements tracés en rouge et relevés de jaune, de vert ou de bleu ; quelques lettres d'un caractère plus ancien, dessinées à l'encre sur fond jaune et rehaussées de rouge, de vert et de bleu, aux folios 7 à 10, 83 à 94, et 164 à 173, c'est-à-dire dans les parties signalées ci-dessus comme les plus anciennes du manuscrit. (BERN. et BRUEL : *Recueil des chartes de l'abbaye de Cluny*, t. I, Préface, XVII-XXI.)

pontificale et aux mêmes moments. On peut ramener à quatre périodes principales les divers actes de ce beau drame liturgique : la présentation, l'ordination, l'investiture, l'intronisation.

Après le chant de tierce, l'abbé s'étant revêtu de l'amict, de l'aube, de l'étole et du pluvial, sans autre insigne encore que la croix pectorale, s'avance, accompagné de ses deux assistants en mosette, en chape et en mitre. Suivent une formule de présentation et la lecture du rescrit apostolique, portant confirmation de l'élection. Après quoi l'abbé prononce à genoux un serment dont la formule assez étendue, est identique, sauf deux ou trois passages, à celle de la consécration des évêques, aussi bien que la première partie de l'*Examen*, qui a eu lieu ensuite.

Ces préliminaires accomplis, et le *Confiteor* récité au bas de l'autel par tous les ministres sacrés, la messe commence. Durant les encensements, l'abbé a regagné sa chapelle, où il a pris les caliges, les sandales, la tunicelle, la dalmatique et la chasuble. L'abbé et l'évêque étant donc parvenus chacun de leur côté, au moment de la messe qui suit le répons graduel, l'abbé est ramené une seconde fois devant l'autel majeur. C'est ici que se place la cérémonie proprement dite de l'ordination. On peut y voir trois moments principaux : la prosternation, l'imposition des mains, les prières.

Pendant la prosternation de l'Abbé, le chœur chante les psaumes de la pénitence, et entonne une litanie brève, suivie des versets et de deux oraisons très anciennes, comme toutes les formules déprécatoires de cette fonction. L'imposition des mains se fait par l'évêque, au début d'une préface solennelle de ce grand style propre au pontifical : « Que celui-ci, chante le « pontife, soit pour tous l'exemplaire de la justice,

« pour gouverner fidèlement cette église ; qu'il soit
« toujours une sentinelle vigilante au milieu de ses
« frères ; qu'il soit homme de grand conseil, habile
« à corriger, puissant à diriger. » L'ordination se
termine par trois prières dont la dernière énumère
entre autres choses, avec une éloquente prolixité, les
vertus qui doivent distinguer le nouvel Abbé. Vient
enfin l'investiture; le pontife remet à l'élu qu'il vient de
bénir le livre de la sainte règle, avec « le soin de pour-
« voir comme un père aux besoins des brebis du Sei-
« gneur, et de veiller sur leurs âmes. » Enfin, il lui
passe au doigt l'anneau pastoral, « comme le sceau de
« la foi inviolable donnée pour toujours à l'Eglise,
« épouse du Dieu vivant, qu'il devrait désormais gar-
« der et protéger sans défaillance. »

Le dernier acte caractéristique de la fonction sacrée
est marqué par l'intronisation. A la fin de la messe,
après la bénédiction solennelle, l'Abbé ayant reçu tous
les insignes de sa nouvelle dignité, parcourt l'église au
son joyeux des cloches et au chant du *Te Deum*. Au
retour, il est installé dans son trône abbatial. C'est là
qu'il reçoit l'obédience de tous les moines, qui lui baisent
l'anneau et échangent avec lui l'*osculum pacis*, le baiser
de paix. Rien ne saurait rendre le sentiment qui dut se
peindre sur le visage du père ouvrant les bras à chacun
de ses enfants, hier encore ses frères, l'étreinte pleine
de tendresse de l'un, la révérence émue des autres,
pour tout dire, le parfum de surnaturelle charité qui
se dégageait de cette scène si touchante et si profondément pieuse.

Entre les mains d'Odilon de Mercœur était donc
définitivement remise la crosse abbatiale de Cluny.
Grande fut la joie occasionnée par cet événement important. Un moine inconnu, contemporain des faits que

nous venons de raconter, se fit l'écho de l'allégresse universelle dans un poème plein d'emphase sur l'abbé de Cluny (1). Après quelques strophes préliminaires, notre poète, plus ou moins bien inspiré, chante en ces termes le nouvel élu :

Nommer Odilon, c'est nommer le fils de très nobles ancêtres.
Lorsque l'éminent Abbé fut appelé à recevoir la couronne,
Dieu lui choisit un successeur digne de lui.
Nous sommes impuissant à rendre comme il convient
Sa prudence, ses vertus, ses qualités dans les choses de Dieu comme dans celles des hommes.
Jésus-Christ seul, l'auteur de ces dons, peut dignement les apprecier.
Odilon, issu d'une noble origine,
Dit à la terre un adieu prématuré, et, jeune encore, pour atteindre le ciel,
Il s'attacha intimement à Mayeul sur les traces du Christ.
Accueilli par le troupeau dont il sera bientôt le pasteur,
Il observe scrupuleusement tout ce que la règle lui prescrit ;
Sa vie édifiante le rend digne de la première place,
Aussi tous les frères le choisissent et le demandent pour père.
Sur un ordre formel d'un père tendrement aimé, il prend soin du troupeau.
En tout semblable à ce père, il s'élève encore plus haut par son mérite.
Gardant la prudence dans ses paroles, la modestie dans ses œuvres,
Il suit le droit chemin, sans fléchir le pas ni à droite ni à gauche !
En tout il observe habilement une juste mesure.
Les monarques recherchent ses conseils
Et les plus nobles princes s'inclinent devant lui.
Mais si ses actions portent toujours l'empreinte de sa sagesse,
Son corps seul est sur la terre, son âme est dans les cieux.
Pour tout dire en un mot, il ne le cède point en vertus
A notre vénéré père, l'illustre Mayeul, qui déjà brille de l'éclat des miracles :
Celui-ci était doux ; celui-là est plein d'une mansuétude toute céleste;
En voyant l'un, vous croyez jouir de la présence de l'autre.
Oh ! de quelle gloire et de quel éclat rayonne ce lieu béni
Qui a mérité de réunir dans son enceinte de si vénérés pères !
Comme deux brillants soleils, ils nous illuminent de leurs rayons :
L'un resplendit aux cieux, l'autre éblouit la terre !

(1) Mabillon a retrouvé ce poème dans un manuscrit du monastère de Cîteaux, sous ce titre : *Electio domni Odilonis.* (*Elogium Odil.* dans *Patrol. lat.*, t. CXLII, col. 840.)

Mais silence ; la sainte Ecriture a dit :
« Ne louez pas celui qui vit encore ! » (1)

La lumière était donc placée sur le chandelier et allait bientôt éclairer toute l'Eglise. Assurément si Odilon eût été laissé à lui-même, il eût trouvé son bonheur à s'ensevelir dans l'obscurité du cloître et à se faire oublier du monde, dont il avait fait si généreusement et si complètement le sacrifice, redisant avec l'Apôtre : « Pour moi, le monde est crucifié, et je suis crucifié au monde » ; *mihi mundus crucifixus est et ego mundo :* « ma vie est cachée en Dieu avec Notre-Seigneur Jésus-Christ » ; *vita mea abscondita est cum Christo in Deo;* mais Dieu, dans sa bonté et sa sagesse infinies en avait autrement disposé, malgré tous les efforts de notre saint pour se dérober au fardeau de la dignité abbatiale. Et ici serait-il téméraire de nous demander d'où pouvait venir l'invincible répugnance du jeune seigneur de Mercœur pour cette haute dignité ? Il nous serait facile de justifier cette répulsion par l'humilité profonde que nous lui connaissons et dont il donnera si souvent tant de touchants témoignages pendant sa vie ; mais la douceur de son caractère si peu fait pour commander et la faiblesse de son tempérament, croyons-nous, ne devaient pas être absolument étrangères à sa ferme détermination. Cependant, si nous nous en rapportons à son portrait si finement esquissé par son biographe, nous verrons combien il se trompait. Dans

---

(1) Ces vers sont imprimés dans MABILLON (*Acta*, VI, I, p. 559 et 560) et dans MIGNE (*Patrol. lat.*, t. CXLII, col. 840). Le manuscrit se trouve dans la bibliothèque de l'école de médecine de Montpellier, où il est indiqué sous le n° 68. (*Catalogue général des manuscrits des bibliothèques publiques des départements*, etc., Paris, Imprimerie nationale, 1849, p. 310 ; Cf. PERTZ, *Archiv.*, etc., t. VII, p. 197.)

l'équilibre merveilleux de ses facultés, dans l'harmonie de ses qualités et de ses travaux, dans l'ensemble doux et majestueux qui sera le reflet de sa personne, on ne tardera pas à découvrir en lui l'Abbé parfait et il méritera que le texte de nos saints livres lui soit appliqué : « Je me susciterai un prêtre fidèle qui agira selon mon cœur et selon mon âme..., et qui marchera devant mon Christ tous les jours de sa vie. » (I Reg. II, 35.)

CHAPITRE V

LA RÈGLE BÉNÉDICTINE ET LES COUTUMES DE CLUNY

I

LA RÈGLE BÉNÉDICTINE

La Règle que le bienheureux Bernon, fondateur et premier abbé de Cluny, et, après lui, saint Odilon et ses successeurs avaient adoptée était la règle de saint Benoît, suivie, du moins dans ses points fondamentaux, par tous ceux qui se vouaient à la vie religieuse. Tout le monde connaît cette règle admirable que Bossuet appelle « un précis du christianisme, un « docte et mystérieux abrégé de toute la doctrine de « l'Evangile, de toutes les institutions des saints Pères, « de tous les conseils de perfection » (1).

La vie monastique, première et unique forme de l'état religieux institué par Notre-Seigneur Jésus-Christ comme un des éléments essentiels à la vie de

---

(1) *Œuvres complètes*, t. XII, p. 165, *Panégyrique de S. Benoît*, édit. Vivès.

son Eglise, se développe d'abord au désert dès le
iiie siècle de l'ère chrétienne, alors que l'Eglise est
encore courbée sous la menace perpétuelle de la persécution. Mais lorsqu'une ère de liberté et de prospérité
s'ouvre pour le christianisme, la vie monastique germe
spontanément sur tous les points de l'empire romain,
particulièrement dans les déserts de l'Egypte, de la
Syrie et jusque dans nos contrées occidentales, où
s'élèvent de nombreux monastères peuplés de chrétiens
qui sont venus se réfugier dans la solitude et s'y exercer
aux pratiques de la vie parfaite.

Mais tous ces monastères, devenus de nouveaux
centres d'action et de sanctification, et d'où se répandent sur le monde le mouvement et la vie, ne forment
que des associations particulières isolées et variables.
La vie religieuse existe ; l'ordre monastique n'existe
pas encore. La plus grande variété règne au sein de
ces familles monastiques. Sans doute, le fonds commun
de leurs pratiques est le même ; la célébration de l'office divin, les travaux intellectuels et manuels se partagent la journée des moines ; un même esprit les
anime. Mais on aurait tort de vouloir chercher chez eux
une règle uniforme, une même loi qui les régisse. Sauf
quelques règles monastiques qui doivent au nom de
leurs auteurs une plus grande célébrité, presque chaque
monastère est gouverné par une règle particulière. Si
cette diversité se prête facilement aux inspirations personnelles que la grâce fait naître dans les âmes, elle
ne rattache pas étroitement entre eux tant de membres
épars pour en former un seul corps, plein à la fois de
vie et de mouvement, d'ordre et d'harmonie. Elle ne
tend pas à maintenir bien compact l'être moral appelé
la communauté monastique, la famille religieuse, où
se trouvent cependant toutes les conditions essentielles

d'une grande et ferme association, tous les éléments d'une indissoluble et féconde unité ; en un mot, elle ne crée pas ce lien puissant que nous verrons s'établir en Occident par la règle de saint Benoît, et qui permettra au monachisme d'étendre son action sur la société chrétienne tout entière. Benoît n'a pas encore fermé les yeux que sa règle commence déjà à se répandre et à supplanter les autres règles monastiques. Moins de deux siècles après la mort du saint patriarche, le monde monastique est rangé tout entier sous la discipline de celui qui peut, dès le viie siècle, être appelé à juste titre le législateur des moines d'Occident. Ainsi, à partir de cette époque, plus de distinction dans le monde monastique. Toute cette armée d'âmes généreuses, que Dieu en chaque siècle appelle à son service, obéit à la règle de saint Benoît : c'est son inspiration, son esprit, que l'on retrouve partout. Or ce n'est pas, dans le monachisme occidental, un changement de moindre importance que celui que nous venons d'indiquer.

Saint Benoît, tout en conservant les grandes traditions monastiques de ses ancêtres, donne cependant à sa règle un caractère si précis et si nouveau, qu'il est impossible de n'y pas reconnaître le fruit d'une inspiration personnelle et d'une longue expérience des choses de la vie. Cette règle, résultat du génie organisateur du saint patriarche, précise, claire et nette, parfaitement formulée et complètement codifiée, embrassant tous les détails de la vie religieuse, s'empare, comme on l'a dit, de la personne du moine tout entière ; elle le dirige dans toutes ses pensées, dans toutes ses actions, dans tous les moments de son existence. Ne laissant rien à l'arbitraire, elle repousse tout changement, toute altération et offre dans sa fixité une solide garantie de durée, de force et de puissance.

Ce qui distingue le moine bénédictin, c'est le vœu de *stabilité* imposé par le nouvel institut. « Aucune règle antérieure ne l'avait prescrit. Saint Benoît, par ce coup décisif, arrêta les fluctuations de la législation monastique ; la concorde des règles s'établit, aucune d'elles ne périt ni ne fut exclue ; toutes les traditions furent conservées autour d'un centre désormais immuable. » (1) Le monastère bénédictin devient le centre de la vie du moine : cette demeure est pour lui le toit de la famille.

Cet esprit de puissante et féconde organisation que renferme la règle de saint Benoît, ce sage et habile discernement qui sait prendre en considération les mœurs, le caractère, les dispositions naturelles des personnes, la rendait applicable à tous les temps et à tous les pays. Nulle législation monastique n'avait fait preuve d'une aussi grande connaissance des hommes et des choses, ne s'adaptait aussi bien à tout pour tout sanctifier, ne satisfaisait aussi bien, en les dirigeant et en les surnaturalisant toutes les exigences raisonnables. Assez austère pour contenir, pour corriger la nature rebelle et corrompue, la règle bénédictine se gardait bien de l'effaroucher, de l'étouffer ou de l'écraser. Elle offrait un heureux mélange de sévérité et de douceur, de mortifications et de ménagements. Les pénitences qu'elle imposait étaient modérées, et l'on pouvait généralement sans péril pour la santé du corps en supporter les salutaires rigueurs exigées par la santé de l'âme. Pour les vêtements, pour la nourriture, pour les heures des repas et des travaux, elle consultait les tempéraments, elle tenait compte du climat et des saisons, elle voulait qu'on donnât aux infirmes et aux malades les

---

(1) D. Pitra, *Histoire de S. Léger*, Introd., lxv.

soins les plus assidus, les attentions les plus délicates de la charité.

Si elle ne rebutait personne par une vie trop rude, par des prescriptions trop difficiles, elle ne fermait non plus les portes du monastère à aucune catégorie de personnes. Elle voulait que tous ceux qui se sentaient appelés au cloître pussent y entrer : les grands, les petits, les pauvres et les riches, les hommes libres et les esclaves, les forts et les faibles, les jeunes et les vieux. Elle admettait tout le monde, même les enfants, et les entourait sans cesse d'une vigilance et d'une sollicitude paternelle, tout en leur accordant le bienfait de l'éducation et de l'instruction littéraire. On voit donc qu'à tous les points de vue elle était inspirée par un sens éminemment pratique et offrait une ampleur qui lui donnait un caractère d'universalité.

Toutefois, afin qu'elle puisse remplir plus directement à certain temps, et dans certaines contrées la fin qu'elle se propose, il est nécessaire d'y apporter maintes restrictions et modifications, au moins dans ce qu'elle a d'accidentel. Ces modifications, il n'est pas rare de les rencontrer dans chaque congrégation bénédictine, ou même dans chaque monastère, bien qu'on ne se les soit pas toujours directement proposées.

Tel est, si je ne me trompe, le véritable esprit de cette règle qui réalise le problème le plus délicat que présentent les institutions humaines : l'immobilité d'un fond traditionnel et l'accession légitime des modifications qu'amènent les temps, les lieux et les générations nouvelles. C'est ce qu'il nous sera facile de démontrer abondamment dans les *Coutumes de Cluny* dont nous allons parler.

II

LES COUTUMES DE CLUNY

C'est la règle bénédictine qui avait été introduite au célèbre monastère de Cluny, comme on peut s'en convaincre par le texte même de la charte de fondation (1) de Guillaume d'Aquitaine, et comme le constate l'ordre formel des souverains Pontifes (2), c'est cette même règle qui constitue la base et le principe de la vie religieuse à Cluny, et si elle fut très scrupuleusement observée dans ses points essentiels, elle n'en reçut pas moins une forme rigoureusement précise, avec des modifications partielles, dans les *Coutumes de Cluny*, dont le principal but était de fondre les divers caractères en une société parfaitement unie (3). Mais une question se présente tout d'abord à notre esprit : comment prirent naissance les Coutumes dont il est ici question ? c'est le problème que nous allons essayer de résoudre.

Il nous faut, pour connaître avec certitude l'acte de naissance des *Coutumes de Cluny*, remonter deux siècles plus haut et raconter brièvement la vie d'un autre Benoît, qui prit le nom d'Aniane, et en qui l'Eglise et la France honorent, comme dans Benoît de Nursie, le héros de l'Ordre bénédictin.

---

(1) « Eo siquidem dono tenore, ut in Cluniaco honore sanctorum Apostolorum Petri et Pauli monasterium regulare construatur, ibique monachi juxta regulam B. Benedicti viventes congregentur... » (*Bibl. Clun.*, col. 2.)

(2) Bulle du pape Agapet II, ann. 949. (*Bibl. Clun.*, p. 273.)

(3) Pour l'excellence des *Coutumes de Cluny*, voir HERGOTT : *Vetus Disciplina monastica*, S. WILHELMI *Constitutiones hirsaugienses*, Prologus, p. 375-377.

Aniane est aujourd'hui un chef-lieu de canton du département de l'Hérault, situé dans une plaine fertile, presque au bord du fleuve, en face des monts Garrigues, secs, arides et rocheux, à l'abri des collines qui le protègent contre les vents de l'est, dans un climat chaud, sur une terre féconde qui donne à l'envi l'huile et le vin. Tout, en ce lieu, porte au recueillement, à la paix. Une église spacieuse et inondée de lumière, rappelle l'ancien monastère bénédictin d'autrefois. Or, ce monastère avait été fondé au VIIIe siècle par un grand moine, saint Benoît, appelé depuis saint Benoît d'Aniane. Il était fils du comte de Maguelone, et il s'appelait Wittiza, mais il prit le nom de Benoît, dont il devait renouveler la mission et la gloire. Depuis l'apparition dans les rochers de Subiaco et sur les cimes du mont Cassin, nulle figure monastique ne fut plus noble, plus élevée ni plus grande que celle de cet éminent religieux.

Le cadre de la vie de saint Benoît d'Aniane se résume en quelques traits. Né en Septimanie, en 751, le fils du comte de Maguelone fait son éducation à l'école du palais et à la cour sous le roi Pépin (1). Plus tard, il suit Charlemagne dans ses expéditions en Italie. Comblé d'honneurs et de richesses, il n'aspire qu'à faire à Dieu le sacrifice de ses titres et de ses biens. Un événement détermine sa vocation : l'armée des Francs était arrivée victorieuse à Pavie ; dans sa fougue belliqueuse, un autre fils du comte Maguelone, Amicus, veut traverser le Tessin ; entraîné par le fleuve, il va périr, quand Benoît s'y précipite en faisant le vœu, s'il sauve son frère, de renoncer au monde. De retour en Septimanie,

---

(1) *Saint Benoît d'Aniane*, etc., par l'abbé Paulinier ; extrait des *Mémoires de l'Académie des sciences et lettres de Montpellier*, chap. 1, p. 10 ; *Vie de S. Benoît*, par saint Ardon, trad. par l'abbé Cassan.

il prétexte un voyage à Aix-la-Chapelle pour voir Charlemagne, et se retire à l'abbaye de Saint-Seine, en Bourgogne, au fond d'une solitude profonde, inaccessible, dont les bêtes fauves elles-mêmes redoutaient l'accès (1). Le relâchement des moines lui révèle la nécessité d'une réforme. Mais comment rétablir l'unité et la régularité dans la confusion des coutumes, variant selon les personnes, les lieux et les mœurs? Il étudie, pendant près de dix ans, la vie et les constitutions des législateurs successifs, depuis les ermites de la Thébaïde jusqu'à saint Benoît et saint Colomban, et il compose ainsi le *Codex regularum*, synthèse et résumé de toutes les lois monastiques d'Orient et d'Occident (2). Il devait plus tard écrire un autre livre, la *Concordance des règles*, où il prouvera qu'on peut harmoniser les prescriptions cénobitiques, « comme on extrait un miel doré du suc de certaines fleurs disparates et déjà passées (3). »

Qu'on ne s'étonne pas que l'Ordre monastique à cette époque ait eu besoin de réforme; le malheur des temps en avait altéré la pureté primitive. C'est ainsi que, pour exploiter les couvents comme leurs domaines, les seigneurs ne craignaient pas de s'en faire élire abbés ou d'y mettre leurs créatures. D'autre part, la diversité des observances avait singulièrement contribué à l'affaiblissement de la discipline monastique. Quoique la plupart des monastères fissent profession de suivre la règle de saint Benoît, il y avait néanmoins beaucoup de

---

(1) *Vita S. Sequani*. Acta S. S. O. S. B., nos 7 et 8, t. I ; voir Guizot, *Hist. de la civilisation en France*, leçon XVII, t. II, p. 46.

(2) Ce code est divisé en trois parties : la première contient les règles pour les moines d'Orient ; la seconde, les règles pour les moines d'Occident. La troisième partie contient les règles faites pour des vierges. (Voir Migne, *Patrol. lat.*, t. CIII.)

(3) S. Bened. Anian. : *Concord. Regular.*, Præfat., Paris, 1638, et *Patrol. lat*, col. 167.

variétés dans plusieurs pratiques, introduites par les changements successifs des mœurs, et que le patriarche de la vie cénobitique n'avait pu prévoir. On prit donc le parti d'établir une discipline uniforme par des constitutions qui expliquassent la règle primitive et entrassent dans les moindres détails. Il appartenait à la persévérance, à la douceur non moins qu'à la sagesse et à la prudente habileté de Benoît d'Aniane d'opérer cette réforme. En 817, il obtient la convocation à Aix-la-Chapelle d'une grande assemblée de barons, d'archevêques et d'abbés, où tout l'Ordre bénédictin est représenté, sous sa présidence (1), et où l'on adopte comme statut général le règlement appliqué déjà en Aquitaine, et qu'un capitulaire érige en loi de l'empire (2). Ce statut, qui ne renfermait pas moins de quatre-vingts articles, était le complément et le commentaire de la règle bénédictine. La nouvelle législation fixait l'unité de la loi et prévenait l'abus des coutumes, en les précisant pour les rendre uniformes (3).

Benoît ayant fait triompher ses idées, ne pouvait refuser de les appliquer. En le nommant supérieur général de tout l'Ordre bénédictin, le souverain ne fait

---

(1) MABILLON, *Annal. Ord. Bened.*, lib. XXVIII, n° 63 ; D. BOUQUET, t. VI, p. 141.

(2) D. BOUQUET, *Recueil des historiens de France*, t. VI, p 177, 611. C'est le *Capitulare Aquisgranense de vita et conversatione Monachorum*, que S. Benoît d'Aniane, s'appuyant sur la règle de S. Benoît et se servant aussi de son expérience personnelle, présenta en l'année 817 à l'empereur Louis le Pieux, pour qu'il lui donnât son approbation. Il est imprimé dans HERGOTT, *Vetus discipl.*, p. 23 et suiv. ; dans les *Monum. Germ.*, LEG. I, p. 200 et suiv. Il est traduit et discuté dans P. J. NICOLAI : *Der heil. Benedict, Gründer von Aniane und Corneliműnster*, Cologne, 1865, p. 143 et suiv. ; Cf. HEFELE : *Hist. des Conciles*, trad Delarc, t. V, p. 218.

(3) Guizot a cru pouvoir lui reprocher un excès de détails, de pratiques, de servitudes dégradantes (*Hist. de la civilisation en France*, XXVIe leçon, t. II.

que consacrer sa situation prédominante (1). Sa réforme est, du reste, acceptée partout, dans quatre-vingt-trois monastères, de Lérins à Fulda, et du mont Cassin à Cluny.

Or, parmi les monastères réformés par saint Benoît d'Aniane, il en était un qui avait précisé plus spécialement certains points de la règle bénédictine : c'était le monastère de Saint-Savin, au diocèse de Poitiers (2).

La petite ville de ce nom, assise sur les bords de la Gartempe, dans un gracieux vallon, a été, suivant la tradition, le théâtre du martyre de saint Cyprien et de son frère saint Savin qui l'arrosèrent de leur sang. Ce coin du Poitou était donc depuis plusieurs siècles une terre sainte. Aussi bien, le plus grand monarque des temps chrétiens, Charlemagne, avait porté son attention et ses bienfaits sur Saint-Savin. De concert avec Badilon, riche seigneur de sa cour, il éleva tout près du *Castrum Cerasum* (camp ou forteresse des cerisiers) un monastère qu'il dota richement de ses propres biens, et il y fit transporter avec pompe les restes vénérés des saints martyrs. L'église qui subsiste encore avec sa flèche aérienne, avec ses superbes colonnes semblables à une avenue d'arbres gigantesques, avec sa voûte toute resplendissante de peintures hiératiques qui font encore l'admiration de l'artiste et de l'antiquaire, rappelle les générations de savants et de saints qui pendant mille ans ont fait retentir sous ses voûtes les chants de la prière. Mais, préoccupé par ses grandes entreprises et surtout par la répression des révoltes incessantes des peuples de la Saxe, Charlemagne n'eut pas le temps de continuer son œuvre. Elle fut reprise par son fils Louis le

---

(1) MABILLON, *Annales Ord. S. Ben.*, lib. XXVIII.
(2) *Acta*, IV, 1, p. 210, 215.

Pieux, qui acheva heureusement les constructions du monastère et y appela vingt moines bénédictins sous la conduite de Benoît d'Aniane (1). Or, tandis qu'à l'intérieur du cloître régnait la paix, si chère aux fils de saint Benoît qu'ils en ont fait leur devise, la vieille forteresse du monastère de Saint-Savin repoussait victorieusement les attaques des Normands. Mais il n'en fut pas de même du monastère de Glanfeuil en Anjou. Les moines qui l'habitaient, chassés en 860 par ces pirates de leur douce et tranquille retraite, vinrent se réfugier à Saint-Savin (2), apportant avec eux la règle primitive de saint Benoît qu'ils tenaient de saint Maur (3), le plus illustre disciple du saint patriarche et son fils le plus aimé.

A l'époque où nous sommes arrivé, vivait à la cour de Charles le Chauve un seigneur nommé Badilon. Il avait le titre de comte, et il appartenait à une illustre famille d'Aquitaine, dont le nom se trouve mêlé à plusieurs restaurations monastiques (4). Lui-même, quoique vivant dans le monde, se distinguait par sa piété et se plaisait à rechercher la société et la conversation des moines. Il se rapprochait d'eux encore davantage par la simplicité de sa vie, par la sévérité de ses mœurs que n'avaient pu altérer une haute position et de grandes richesses. Il en consacra une partie à rétablir l'abbaye

---

(1) L'abbé LEBRUN, *l'Abbaye et l'église de Saint-Savin*, passim.
(2) Raoul GLABER, *Hist.*, III, 5; *Acta*, V, p. 90 et 91.
(3) Voir *Saint Maur* et le *Sanctuaire de Glanfeuil en Anjou*, Angers, 1868.
(4) Vers 560, un Badilon est le premier abbé de Sessieu-en-Bugey, fondé par Aurélien, archidiacre d'Autun, depuis archevêque de Lyon. Les moines de Jumièges, retirés à l'île de Noirmoutier et chassés par les Normands en 836, voyagent en Aquitaine sous la protection d'un seigneur nommé Badilon. Deux Badilon se firent moines à Saint-Martin. (BULLIOT, *Essai historique sur l'abbaye de Saint-Martin d'Autun*, p. 102, note .)

de Saint-Martin d'Autun (1). Il releva les édifices consumés par le feu, entoura l'église d'un nouveau cloître, l'augmenta de bâtiments de desserte et la pourvut de tous les objets nécessaires au culte et à l'entretien des moines. Après avoir reconstruit le monastère, Badilon dut s'occuper de le repeupler. Vingt religieux conduits par Hugues de Poitiers, se rendant aux prières de Charles le Chauve et du comte du Palais, quittèrent en 870 le monastère de Poitiers, et vinrent peupler le monastère nouvellement restauré de Saint-Martin d'Autun (2). D'anciens rapports unissaient cette Église à celle d'Autun. C'était à Poitiers que saint Martin, patron de l'abbaye avait vraisemblablement reçu le baptême et avait été ordonné prêtre par son ami, saint Hilaire, évêque de cette ville. C'était de Poitiers que Fortunat, ami de Syagrius et de Brunehilde, leur adressait ces épîtres où se révèle entre eux une douce familiarité ; c'était de Poitiers enfin qu'était venu saint Léger, le plus illustre évêque et le second martyr d'Autun (3).

Les moines de Saint-Savin étaient pour l'abbaye de Saint-Martin une précieuse recrue. La plupart d'entre eux sortaient, nous l'avons dit, de l'abbaye de Glanfeuil (4), fondée par saint Maur et dépositaire dans

(1) La restitution des anciennes dotations faites par Brunehilde et son petit-fils, la replaça bientôt au rang des plus riches établissements de la Bourgogne et de la Gaule. Le 7 décembre de l'année 870, l'église de Saint-Martin reçut sa troisième consécration depuis que l'évêque de Tours y avait élevé un modeste autel. Ce jour était célébré tous les ans d'une manière particulière en souvenir de la restauration. (BULLIOT, *loc. cit.*)

(2-3) *Acta*, V, p. 70.

(4) Les religieux, dispersés en 860 par les invasions des Normands, propagèrent, au milieu des hasards de leur vie nomade, la règle apportée autrefois par l'illustre disciple de saint Benoît, et devinrent sur différents points de la Gaule les apôtres de la rénovation monastique.

toute sa pureté de la règle de saint Benoît. Formés à Saint-Savin à l'école de Benoît d'Aniane, alliant la pureté de leur observance aux traditions d'étude et de science conservées dans les écoles célèbres fondées par saint Hilaire et relevées par Fortunat, ils apportèrent avec eux à Saint-Martin d'Autun un foyer de vertus et d'instruction qui ne s'éteignit jamais complètement. C'est là que Bernon vint s'inspirer de la règle bénédictine pour l'emporter avec lui et la faire régner dans toute son intégrité au monastère de la Balme (1), dans le Jura français, dont il devint abbé, à Gigny (2), qu'il fonda, et enfin au monastère de Cluny (3), où sa mémoire fut vénérée et son souvenir impérissable. C'était donc à Cluny que devaient prendre fin les malheurs et recommencer les destinées de la règle bénédictine. Raoul Glaber retrace en ces termes ses vicissitudes : « Fondée au Mont-Cassin « par saint Benoît, elle fut introduite en France « par saint Maur, son disciple, au couvent de Glan-

(1) Raoul GLABER, *Historiar.* lib. III, cap. v, p. 67, édition Prou. — Ce monastère, situé près des sources de la Seille (diocèse de Besançon), avait été fondé par saint Colomban, et il était tombé dans un relâchement extraordinaire. Bernon rétablit l'abbaye dans un tel état de prospérité, que bientôt elle fut capable de porter la réforme ailleurs. (BULLIOT, *loc. cit.*, p. 140 ; PIGNOT, *Histoire de l'ordre de Cluny*, t. I, p. 41.) Bernon n'a donc pas été le fondateur de l'abbaye de Baume ; il n'en a été que le réformateur, d'après une charte contemporaine. (BALUZE, *Miscell.*, t. II ; MABILLON, *Act. SS.*, sæc. 5 ; PLANCHER, *Histoire de Bourg*, t. I ; GASPARD, *Hist. de Gigny*, p. 6, 624.) On fait remonter l'abbaye de Baume à saint Désiré, mort en 390, ou à saint Lauthein, mort en 547, ou à saint Colomban (615), ou enfin à Euticius, autrement dit saint Benoît d'Aniane, en 821. (GASPARD, *loc. cit.*)

(2) Le monastère de Gigny, situé au pied des montagnes du Jura dans un vallon agréable, a été construit vers 886 par Bernon avec le concours de Laïfin, un de ses cousins, sur une terre qui lui appartenait en propre. (GASPARD, *loc. cit.*, p. 6 et 7 ; *Supplément à l'Hist. de Gigny*, p. 3 ; PIGNOT, *loc. cit.*, p. 41.)

(3) MABILLON, *Acta*, V, p. 70, n° 9.

« feuil, en Anjou, dont les moines, chassés par l'in-
« vasion de l'ennemi, vinrent au monastère de Saint-
« Savin, de Poitiers..... et y pratiquèrent quelque
« temps la règle qui leur avait été enseignée. Bientôt
« la règle de la communauté fut adoptée par le mo-
« nastère de Saint-Martin d'Autun, et y resta quelque
« temps en vigueur. Elle changea d'asile pour la troi-
« sième fois et vint occuper dans la Bourgogne supé-
« rieure le couvent de la Balme. Enfin, fatiguée pour
« ainsi dire de ce long pèlerinage, Dieu voulut qu'elle
« choisît pour lieu de repos et pour siège de sa sagesse
« le monastère de Cluny, où le germe qu'elle avait
« apporté devait bientôt fructifier à l'infini (1) ».

Lorsque Bernon, abbé de la Balme, vint en 910, fonder Cluny, il introduisit dans son nouveau monastère, avec la règle de saint Benoît, les Coutumes con-

---

(1) Raoul GLABER, *Historiar.* lib. III, cap. v, p. 66 et 67 ; PIGNOT, *loc. cit.* Dom Ruinart, se faisant l'écho des traditions clunisiennes à son époque, les mentionne en ces termes : « L'Ordre de Cluny, qui a pris naissance au commencement du dixieme siecle, et qui est devenu depuis si celebre par les grands hommes qu'il a produits, a toujours crû qu'il tiroit la plûpart de ses observances par tradition de celles qui avoient été établies en France par saint Maur : c'est ce que nous assurent S. Odilon et le bienheureux Pierre le Venerable, deux des plus saints Abbés de cet Ordre. Glaber, qui vivoit en même temps que S. Odilon, rend aussi le même témoignage, mais il ajoute une chose qui est digne de grande consideration. C'est qu'après avoir parlé de la Mission de S. Maur, conformément à ce qui est raporté dans la Vie de ce Saint écrite par Fauste, il assure qu'il y avoit une Tradition dans l'Ordre sur ce sujet, qui n'étoit point tirée de cette Vie, par laquelle on savoit comment les pratiques établies par saint Maur à Glanfeüil étoient venuës jusques à Cluny. C'est ainsi que les Religieux de Cluny prouvoient que leur Ordre étoit dans le veritable esprit de S. Benoist, en remontant jusqu'à S. Maur, de qui ils croyoient avoir reçûes de mains en mains par une Tradition constante, *veridica relatio*, toutes les pratiques qui étoient en usage dans leurs monastères. » (*Apologie de la Mission de S. Maur, Apostre des Bénédictins en France.* Paris, 1702, in-8, p. 35-37.) Voir dom LAMEY, *Extrait du Monologium Cluniacense*, t. I, n° 7, p. 40.

nues sous le nom de *Coutumes de Cluny*. Mais comment et par qui ces coutumes furent-elles introduites à l'abbaye de la Balme ? Ouvrons la vie de saint Odon (1), nous y trouverons les détails intéressants qui vont suivre.

Né à Tours, en l'an 879, d'une noble famille franque originaire du Maine, Odon fut élevé d'abord par Foulques le Bon, comte d'Angers, et par Guillaume le Débonnaire, duc d'Aquitaine, fondateur de Cluny. Abbon, père d'Odon, était lié d'une étroite amitié avec ces deux seigneurs. C'était un homme d'une grande vertu. Il avait offert son fils à saint Martin ; mais en voyant les heureuses dispositions d'Odon pour la science, il s'était laissé gagner par un sentiment d'ambition, et, mettant la milice séculière au-dessus des calmes exercices de la vie ecclésiastique, il avait retiré son fils du monastère de Tours pour lui donner carrière dans le monde, sous la haute protection du duc d'Aquitaine. Odon passa donc quelques années de son adolescence à la cour, mais, dès son entrée dans le monde, il fut atteint d'une douloureuse et persévérante indisposition qui absorbait ses facultés intellectuelles, et qui ne cessa qu'à sa rentrée au monastère de Saint-Martin de Tours, où Foulques le Bon lui donna une cellule et une prébende de chanoine. Rendu à lui-même et voué de nouveau au service de saint Martin, Odon retrouva la santé et la paix de l'âme. Il se livra avec une grande application à l'étude des lettres. Les célèbres écoles fondées par Alcuin à Tours et ailleurs présentaient, à la fin du IXe siècle, fort peu de ressources ; aussi le jeune chanoine de Tours fut-il obligé d'aller à Paris prendre

---

(1) *Acta*, p. 158 et 159 ; *Biblioth. Clun.*, col. 14 et suiv. ; Migne, *Patrol. lat.*, t. CXXXIII, p. 43 ; Pignot, *Histoire de l'Ordre de Cluny*, T. I, p. 50 et 195.

des leçons de dialectique et de musique d'un moine alors fort habile et fort remarqué, Remi d'Auxerre (1). Quand il revint à Tours, il utilisa son temps en composant quelques ouvrages de piété; mais son zèle et son amour de la perfection ne trouvant pas assez à s'exercer dans cette vie facile et sans épreuve, Odon entreprit, en compagnie d'un autre chanoine nommé Adhegrin, le pèlerinage de Rome pour rechercher en Italie un monastère où ils pussent vivre en saints religieux. En passant par le comté de Bourgogne, Adhegrin, qui était parti le premier, visita le monastère de la Balme, et fut si frappé de la ferveur des religieux, qu'il résolut de s'y fixer. Il ne tarda pas à s'apercevoir que dans ce monastère, à côté de la règle de saint Benoît, avaient pris place des coutumes introduites par un certain Père connu sous le nom d'Euticius (2). Ces coutumes firent au nouveau venu un tel plaisir que, tout entier à la joie qu'il en ressentait, il se fit un bonheur d'en informer son ami, le chanoine de Tours. Odon imita son exemple. Il quitta Tours et sa basilique, berceau de sa jeunesse, et il vint, lui aussi, se présenter au monastère de la Balme, apportant avec lui cent volumes, belle et riche bibliothèque pour ce temps-là. Il fut admis immédiatement en qualité de novice, et il devint un modèle de régularité religieuse et de perfection monas-

(1) Il reste plusieurs ouvrages de Remi d'Auxerre : un *Commentaire des Epîtres de saint Paul;* un autre *Commentaire des petits Prophètes;* une *Exposition de l'Ordre de la Messe.*

(2) C'est ainsi que dom Jean, moine de Cluny, disciple de saint Odon et son historien, raconte l'entrée à Baume de saint Odon, signale l'origine des observances de Cluny : « Ipse enim pater Heuticius institutor fuit harum consuetudinum quæ hactenus in nostris monasteriis habentur. » (*Bibl. Clun.*, col. 23 D et 24 AB.) Cette origine est confirmée par André Duchesne en ces termes : « Hic est, inquit de Euticio loquens (Johannes Parisiensis), institutor Consuetudinum Monachorum, maxime Cluniacensium. » (*Bibl. Clun.*, nota, col. 22 E.)

tique. Mais quel était ce mystérieux personnage appelé Euticius. Le personnage connu sous le nom d'Euticius, dont parle Adhegrin à propos des coutumes suivies au monastère de la Balme, n'était autre que le saint abbé Benoît d'Aniane (1). Odon succéda au Bienheureux Bernon sur le siège abbatial de Cluny, et s'inspirant de l'exemple de son vénéré Père, il fit fleurir la règle de saint Benoît et les Coutumes dont nous venons de parler.

C'est donc à Cluny que les Coutumes reçurent leur forme définitive. Instruits par leur expérience personnelle, les saints abbés Odon, Aymard, Mayeul et Odilon complétèrent ces observances particulières, et les amenèrent à leur dernière perfection (2). Jusqu'à ce moment, elles avaient été transmises de vive voix sans avoir jamais été fixées par écrit. C'est sous le gouver-

---

(1) MABILLON, *Acta SS.*, *Ordin. S. Bened.*, V ; HERGOTT, *Vetus discipl. monast.*, p. 14.

Quoi qu'on en ait dit, nous persistons à croire avec le docte bénédictin Mabillon et le P. Hergott que saint Benoît d'Aniane et saint Eutice ne sont qu'un seul et même saint sous deux noms différents. (Voir SIRMOND, *Conc. ant. Galliæ*, t. II ; MABILLON, *Annal. Ord. S. Ben. d.*, T. XXVIII, n° 63 ; *Gestes de Louis le Débonnaire*, dans BOUQUET, *Recueil des historiens de France*, t. VI, p. 141 ; BALUZE, *Capitulaires*, t. I. — Voir Diplômes de 832 et 836 ; BOUQUET, VI, 177, 611 ; NICOLAÏ, *Der heilig. Benedict. etc.*)

Pour la négative, voir Dom LAMEY, *Extrait du Monologium Cluniacense*, t. I, n° 7, p. 36 ; Bernard PROST, *Essai historique sur les origines de l'abbaye de Baume-les-Moines*, Lons-le Saunier, 1872, in-8.

(2) « Consuetudines istæ auctorem primum habuerunt post Bernonem, beatum Odonem, qui summus in Galliis Monastici Ordinis reparator fuit. Ejus namque auspiciis primum cœpit Cluniacensis Cœnobii fama toto orbe celebrari. Illam postea gloriam singulari sua sanctitate et religionis fervore promoverunt Aymardus, Maiolus, Odilo, Petrus Venerabilis et alii, quos Ecclesia universa debito cultu veneratur. » (HERGOTT, *Vetus disciplina monastica*, *Ordo Cluniacensis*, *Monitum*, p. 133, Parisiis, 1726, in-4°.) On voit par là que les coutumes de Cluny étaient plus anciennes que celles des deux écrivains. Il est même à croire qu'elles étaient observées à Cluny, du moins pour la plupart, dès l'origine du monastère (*Histoire littéraire de la France*, t. VIII, p. 304).

nement de l'abbé Odilon que parut le premier exemplaire, et il fut envoyé au monastère de Farfa au pays des Sabins. C'est aussi sous l'abbé Odilon que les *Coutumes de Cluny* reçurent leur physionomie actuelle, mais elles ne furent rédigées définitivement que sous son successeur immédiat. Saint Hugues, en effet, vers l'an 1067 (1), chargea l'un de ses plus pieux et plus savants disciples, nommé Bernard, de rédiger les Coutumes de son monastère (2). Plus tard, en 1085, sur les instances de Guillaume, abbé d'Hirschau, au diocèse de Spire, Udalric de Cluny, autre disciple de saint Hugues, rédigea à nouveau pour le saint abbé les Coutumes que Bernard avait codifiées à Cluny (3), et c'est ainsi que fut fixé ce code parfait de la vie monastique, « ce bel ouvrage si bien fait pour assurer la vie éternelle à ceux qui en observeront les prescriptions avec zèle et amour (4).

On comprendra que nous ne puissions entrer ici dans tout le détail des *Coutumes de Cluny*, ce qui exigerait une monographie spéciale (5).

---

(1) D. L'Huillier, *Vie de S. Hugues*, p. 350; Cucherat, *Cluny au XIe siècle*, p. 3:.

(2) Le texte qui a été imprimé au xviie siècle des *Coutumes de Cluny*, écrites par le moine Bernard sous le titre d'*Ordo Cluniacensis*, offre des additions certaines et bien postérieures à S. Hugues, puisqu'il y est parlé d'une modification introduite par l'abbé Etienne, onzième abbé de Cluny, de 1163 à 1173 (part. II, cap. xxii, p. 327 de l'édition de Hergott; p. 204 de l'édition antérieure des bénédictins de Cluny, et d'une réforme du vingt-neuvième abbé de Cluny, dom Henri, élu en 1308. (*Bibl. Clun.*, 1670 B, et dom Lamey, *sur la Vénérable Antiquité et l'origine bénédictine des Observances monastiques de Cluny*, p. 3.)

S. Hugues lui-même y apporta quelques changements. (Voir Hergott, *Vetus Discipl. monast.*, p. 189, 351.)

(3) *Kirchengeschichtliche Studien*, t. III, 3e édit., *Ulrich von Cluny*, p 69; Münster, Schœningh, 1896; Mabillon, *Annal.*, V, p. 220; *Monum. Germ., SS.*, t. XII, p. 267, note 43.

(4) Dom River, *Histoire littéraire de la France*, t. VII, p. 596.

(5) Pour s'orienter, on peut se servir très utilement de Frédéric

Qu'il nous soit permis de montrer seulement la part que prit Odilon à la rédaction définitive de ces Coutumes.

Odilon introduisit à Cluny et dans les monastères qui lui étaient soumis la fête des Trépassés (1), que nous ne faisons que mentionner ici, mais dont nous expliquerons ailleurs, dans un chapitre spécial, l'origine et l'introduction dans l'Eglise. Il précisa le rite sous lequel, chaque année, on devait célébrer les fêtes (2), et en particulier la fête de la Dédicace (3). En outre, inspiré par ce sentiment d'une charité compatissante et toute fraternelle, et aussi par la pensée de maintenir l'édification mutuelle entre les frères, il décréta que si un moine avait commis une faute secrète, il devait l'expier en secret, sans être obligé de l'avouer publiquement au chapitre (4). Enfin il décida que l'on cesserait de marcher nu-pieds comme on le faisait auparavant dans les processions qui avaient lieu ordinairement le mercredi et le vendredi de chaque semaine dans la saison d'hiver, depuis la Toussaint jusqu'au commencement du Carême (5).

Les *Coutumes de Cluny* furent observées avec la plus

HURTER, *Histoire du pape Innocent III et de ses contemporains*, t. IV, « Clunisiens », p. 203 ; P. GYOT, *Hist. de l'ordre de Cluny*, t. II, *Coutumes monastiques de Cluny*, p. 373 et suiv. ; KERKER, *Wilhelm der Selige. Abt von Hirschau*, p. 218 et suiv.

(1) *Discipl. de Farfa*, dans HERGOTT, p. 84 ; *Ordo Clun.*, par BERNARD, dans HERGOTT, p. 353 ; *Consuet. antiq.*, par UDALRICH, dans D'ACHERY, *Spicil.*, t. I, p. 664.

(2) *Discipl. Farfa*, dans HERGOTT, p. 84.

(3) *Discipl. Farfa*, id., p. 39 ; Cf. p. 83.

(4) MARTÈNE et DURAND, *Thesaurus novus anecdot.*, t. IV, p. 1585, Paris, 1717 (*Dialogus inter Cluniacensem Monachum et Cisterciensem de diversis utriusque Ordinis observantiis*).

(5) BERNARD, *Ordo Clun.*, dans HERGOTT, p. 353.

Dans le dialogue d'un cluniste et d'un cistercien, œuvre piquante d'un disciple de S. Bernard, transfuge de l'Ordre de Cluny, la dis-

scrupuleuse exactitude, et si, dans tel ou tel cas, on se crut obligé d'y déroger, cette dérogation parut aux religieux fervents si extraordinaire, qu'ils en conservèrent dans leur mémoire un ineffaçable souvenir, et qu'ils se firent un devoir de la consigner par écrit dans les Chroniques du monastère. Telle fut, par exemple, la visite que fit aux moines de Cluny, Adalberga, Abbesse du monastère des religieuses de saint Maur, à Verdun. Hémon, évêque de cette ville, avec le concours d'un fils spirituel de saint Odilon, l'abbé Richard de Saint-Vannes, avait rétabli le monastère de Saint-Maur dont nous venons de parler. Il en avait confié la haute direction à l'Abbesse de Saint-Vannes, et il y avait installé Adalberga comme première abbesse. Cette vénérable religieuse qui, vraisemblablement à cause de son grand

---

cussion s'engage entre les deux moines rivaux sur le sujet des *Coutumes de Cluny* :

LE CLUNISTE

« Quare dixisti qui nesciuntur (c'est-à-dire les auteurs des *Coutumes de Cluny*), cum S. Odilo et S. Mayolus nostram consuetudinem ordinaverint ? »

LE CISTERCIEN

« Ubi hoc legitur ? in libro Consuetudinis non invenitur, nisi quod unam solam Consuetudinem non incongruam S. Odilo constituit ; hanc scilicet, quod monachus fœdo et flagitioso crimine lapsus occulte puniatur si aliquo modo occultari possit. Ego qui in ordine illo fui, a senioribus quærens, audivi quod Cluniacenses mutuaverunt eum a quodam monasterio mediocri, quod posteà subditum est illis, quis tamen fuerit auctor monachi certant, et adhuc sub judice lis est. »

Le cistercien, dans ce court passage, commet deux erreurs : d'abord saint Odilon a encore introduit d'autres usages, comme nous l'avons vu, et, en second lieu, on connaissait très bien à Cluny les auteurs des *Coutumes*, puisqu'ils sont nommés dans la biographie d'Odilon.

Ce dialogue, qui a eu lieu entre 1153 et 1174, n'est pas une source authentique pour la vie claustrale dans la première moitié du xie siècle.

Le Dr Paul Ladewig, dans *Poppo de Stablon*, représente la vie régulière dans la première moitié du xie siècle d'après cet écrit polé-

âge, avait reçu le surnom d'*Ava*, voulant connaître parfaitement la règle bénédictine, afin de pouvoir appliquer à sa communauté l'expérience qu'elle en aurait faite par elle-même, se mit en marche pour visiter dans ce but un certain nombre de monastères. Ce fut dans le cours de l'un de ses voyages qu'elle vint visiter Cluny. Elle y arriva en l'an 1027 ; mais auparavant elle s'était fait un devoir de prévenir de son arrivée. Le saint abbé Odilon l'accueillit avec les témoignages d'une profonde vénération et l'expression de la joie la plus sincère ; et ici, il faut entendre le chroniqueur Hugues de Flavigny. « Bien que ce soit une coutume dans « l'Eglise, dit-il, coutume qui a force de loi, de ne

---

mique, qui n'inspire aucune confiance, mais il a soin de dire auparavant : « Nous ne devons pas craindre l'excès de critique dans l'examen de cet écrit. Dans cinquante ans, on peut à peine constater un changement, et cinquante ans plus tard nous pouvons voir également la même ressemblance dans la vie régulière... » — Qu'il nous soit permis, à l'encontre de ce qui vient d'être dit, de faire les remarques suivantes :

1. On ne peut pas faire usage de l'ouvrage polémique déjà controuvé : *Dialogue entre un clunisien et un cistercien*, comme preuve de la vie régulière dans la première moitié du xie siècle, car cet écrit n'a pas été composé cinquante ans, comme le croit le Dr Ladewig, mais cent ans et plus après la première moitié du xie siècle. Ce dialogue eût-il été composé après les troubles causés à Cluny par l'abbé Ponce de Melgueil, la vie régulière y aurait été troublée pour quelque temps, mais appliquer ces troubles à l'époque que nous étudions serait un anachronisme.

2. Les matériaux pour un travail de ce genre ne manquent pas. Il suffit de citer les diverses revisions des *Coutumes*, puis les biographies écrites des abbés de Cluny. Les lettres de Pierre le Vénérable sont aussi de vraies sources pour les *Coutumes* antérieures.

En outre, le Dr Ladewig se sert pour son ouvrage du pamphlet d'Adalbéron, évêque de Laon (Bouquet, t. X, p. 65 et suiv.), bien qu'il dise « que personne ne voudra soutenir que de telles descriptions correspondent à la réalité des faits ».

De plus, on trouve encore dans la première partie : *Cluny et les clunisiens*, un grand nombre de fausses affirmations, mais que nous devons pardonner à un homme qui n'a pas la moindre notion de la vie bénédictine. (Cf. Ringholz, ouvr. cité, p. VIII. Anmerk).

« laisser aucune femme franchir la porte d'un mona-
« stère quelconque, Adalberga, sans doute à cause de
« sa grande piété et de l'étroite amitié qui liait l'abbé
« Richard de Saint-Vannes et saint Odilon, fut autori-
« sée à entrer dans l'intérieur du monastère ; mais une
« autre grâce lui fut encore accordée : elle obtint la
« faveur d'assister personnellement au chapitre et de
« prendre part à la procession qui se faisait chaque
« dimanche, et dans laquelle on la vit s'avancer grave-
« ment au milieu des religieux. On a conservé, ajoute
« le chroniqueur, jusqu'à ce jour le souvenir de cet
« important événement, qui est encore vivant au sein
« du monastère (1). »

Nous allons voir maintenant les *Coutumes de Cluny*
s'épanouir au dehors du grand monastère bourguignon
où elles se sont développées, et s'étendre progressivement sur une foule de monastères ramenés par elles à
leur ferveur primitive et pour lesquels elles deviendront
un lien puissant de centralisation. Mais sur quel plan,
dans quelle mesure et par qui fut créée cette grande
famille clunisienne à la formation de laquelle deux
siècles ont mis la main, c'est ce qui nous reste à
exposer.

---

(1) MABILLON, *Acta*, VI, 1. p. 483 ; *Monum. Germ. SS.*, t. VIII,
p. 391 ; MABILLON, *Annales*, t. IV, p. 328.

« Hæc patris sui formam imitari cupiens, velut apis prudentissima,
ex aliis, etiam virorum, monasteriis laudabilibus ritus ac mores exprimere studuit. Quapropter Cluniacum profecta, tanto in honore ab
Odilone habita est, ut, licet muliebri sexui monasterii aditus omnino
interdictus esset ; ei tamen pro sua religione et patris Richardi cum
Odilone individua caritate, non modo claustra monasterii ingredi
concessum sit, verum etiam capitulo associata, dominico die in processione cum fratribus interesse : » Quod sanctæ Liobæ abbatissæ
itidem olim in Fuldensi monasterio a sancto Bonifacio permissum
fuerat. »

CHAPITRE VI

LA CONGRÉGATION CLUNISIENNE

Nous ne croyons pas sortir du cadre que nous nous sommes tracé en écrivant la vie de notre saint, si nous disons ce que fut sous son gouvernement cette congrégation de Cluny qui, à l'époque où nous sommes arrivé, commençait déjà à fixer sur elle les regards de la chrétienté tout entière; car si la congrégation de Cluny a été définitivement constituée sous saint Hugues le Grand, c'est à saint Odilon que revient la gloire de l'avoir fondée et développée.

Mais que faut-il entendre sous le nom de Congrégation ou d'Ordre de Cluny? Dans son sens le plus large, et d'après son acception première, en latin, ce nom d'*Ordre* désigne tous les monastères qui suivent une commune observance, *ordo vivendi*. Mais le mot congrégation est plus restreint : il désigne une réunion de monastères appartenant au même ordre et soumis à la même règle, reliés entre eux par des relations déterminées, ayant pour but l'union et le maintien de la discipline dans chacun de ces monastères, et par conséquent la conservation de l'Ordre monastique tout entier (1). Telle est la Congrégation de Cluny, dans laquelle tous les monastères sont gouvernés par un seul Abbé qui exerce sur eux quelque juridiction, soit par lui-même, soit par un représentant qui les gouverne au nom de l'Abbé général. La Congrégation comprend donc seulement les monastères sur lesquels Cluny exerçait une juridiction immédiate, mais non ceux qui, tout en recevant, à des époques différentes, l'observance de Cluny, n'ont jamais été acceptés par la grande abbaye comme membres de l'Ordre clunisien (2). L'idée d'une vaste association religieuse entendue dans le sens que nous venons de dire, qui pût mieux résister que les monastères isolés et aux interventions laïques et au relâchement dans la discipline régulière, appartient donc à Cluny. Aussi bien la Congrégation de Cluny a-t-elle été le point de départ d'une nouvelle phase dans l'histoire de l'Ordre bénédictin, et, comme on l'a si bien dit, c'était presque une révolution survenue dans l'Ordre monastique. « La pensée du grand patriarche des moines d'Occident, dit M. Dalgairns, était que chaque monastère formât une petite république, sous la direction exclusive de son abbé. Les abbayes, d'après la

(1) P. Ringholz, *Der heil. Abt Odilo von Cluny in seinem Leben und Wirken*, p. 38.

Il y a des congrégations, comme celle des couvents bénédictins suisses, où chaque maison a son Abbé, mais où l'un des Abbés, en tant que *præses*, a la surveillance générale. Il y a des Congrégations où il n'y a d'Abbé que dans la Maison Mère. Celle de Cluny était dans ce cas (Ringholz, *loc. cit.*; *Revue catholique d'Alsace*, mars 1886, p. 157.)

(2) Tels sont les monatères de Saint-Denys, de Marmoutiers, de Fleury, de Saint-Paul à Rome; tels sont encore, outre les monastères français, les monastères italiens, allemands, espagnols et flamands, qui vinrent chercher à Cluny une observance plus parfaite; les bulles pontificales relatives à la juridiction de Cluny ne mentionnent jamais les monastères de cette catégorie. (Voir Dom L'Huillier, *Vie de S. Hugues*, p 478.)

règle n'étaient point liées les unes aux autres... Chaque monastère formait une communauté indépendante. Ce système grossier et imparfait était la ruine des institutions monastiques » (1). Si saint Benoît n'a formulé aucune règle relative à l'association religieuse telle que nous l'entendons, il serait néanmoins facile d'en rencontrer quelque trace dans la vie et la règle du saint patriarche. Le pape saint Grégoire raconte dans la vie du grand fondateur de l'Ordre bénédictin, que saint Benoît fut contraint de quitter sa chère retraite de Subiaco pour prendre la direction de douze monastères de la province, composés chacun de douze moines et d'un prieur ou prévôt (2), essayant en vain d'y rétablir la discipline (3); mais il y avait dans la condition faite à ces monastères quelque chose de trop personnel à saint Benoît pour voir dans ce fait une con-

---

(1) Dalgairns, *Vie de S. Etienne Harding*, p. 262.

(2) Dialog. III; Cf. Hœftenus, p. 86. Hœftenus cite une bulle donnée par Alexandre IV en faveur du monastère de Subiaco, dans laquelle ce pape dit en parlant de saint Benoît : « Ce saint a voulu réunir en ce lieu, comme sous le bercail unique de Notre-Seigneur, diverses familles de pieux moines dispersés auparavant en plusieurs monastères, afin d'en faire une seule congrégation selon son cœur, et de les affermir dans leur vocation, en établissant entre eux les liens fraternels de l'observance régulière et du culte divin dans la maison de Dieu. » En effet, saint Benoît se chargea du gouvernement de ces moines avec le dessein longuement médité dans son esprit, d'unifier le code monastique, de fonder en Occident un seul ordre religieux, pour fermer ainsi la porte à l'arbitraire capricieux des supérieurs aussi bien qu'à la licence des subordonnés. Arnold Wion énumère ces douze premiers monastères sous les noms suivants : 1º S. Marina in Primerana, aujourd'hui S. Laurentius; 2º Vita æterna; 3º S. Michael archangelus; 4º Archangelus; 5º S. Angelus; 6º S. Angelus de Threni; 7º S. Johannes Baptista; 8º S. Clemens Papa; 9º S. Blasius, aujourd'hui S. Romanus; 10º S. Donatus; 11º SS. Cosma et Damianus, aujourd'hui S. Scholastica; 12º S. Hieronymus. (Cf. Dom Louis Tosti : *Son action religieuse et sociale*, p. 66; Ringolz, ouvr. cité p. 38.

(3) Dialog. IV.

grégation proprement dite. Il est également vrai que saint Benoît, dans le soixante-quatrième chapitre de sa règle, accorde aux Abbés, dans le cas où un monastère du voisinage ferait un mauvais choix, d'intervenir pour le bien de ce monastère : « Si, par malheur, dit-il, il arrivait que la communauté tout entière, élût à l'unanimité une personne complice de ses dérèglements, lorsque ces désordres parviendront à la connaissance de l'évêque du diocèse auquel appartient ce lieu, ou des Abbés et des chrétiens du voisinage, qu'ils empêchent le complot des méchants de prévaloir, et qu'ils pourvoient eux-mêmes la maison de Dieu d'un dispensateur fidèle, assurés qu'ils en recevront une bonne récompense, s'ils le font par un motif pur et par le zèle de Dieu, de même qu'ils commettraient un péché s'ils s'y montraient négligents (1) ». Toutefois cette disposition, qu'on veuille bien le remarquer, ne peut être prise qu'en cas de nécessité et reste absolument étrangère à toute association.

Durant les premiers siècles de l'existence de l'Ordre monastique après saint Benoît, les monastères, dit excellemment Thomassin (2), étaient réunis entre eux par un lien de fraternité fondé sur l'unité de doctrine et de sentiments, non par des liens de juridiction. Lorsque dans la suite des temps un grand nombre de monastères se furent relâchés dans l'observance de la discipline primitive, les meilleurs sentirent la nécessité d'une association entre les différents monastères, dans le but d'arriver à une réforme. Saint Benoît d'Aniane, nous l'avons vu plus haut, fut le premier qui, en France, mit ce projet à

---

(1) *Regula S. Benedicti*, cap. LXIV, *de Ordinando Abbate*.
(2) *Vetus et nova Ecclesiæ Disciplina*, t. I, part. 1, lib. III, cap LXVIII, n° 7 ; Dom L'HUILLIER, ouv. cit., p. 479.

exécution (1), essayant de réunir toutes les abbayes de l'empire carlovingien en une seule Congrégation, sans autres liens que le génie du fondateur et la bonne volonté des membres associés (2). Cet essai n'eut pas de suite. Un siècle ne s'était pas encore écoulé qu'il y eut en France, en Allemagne et en Italie, une foule de monastères encore une fois déchus de leur ancienne splendeur. Ils ressentirent fatalement le contre-coup des guerres civiles et des invasions normandes qui désolèrent pendant soixante ans la France carlovingienne. « Les moines, raconte Mabillon, furent tués ou chassés. Ceux-ci emportant les reliques des saints et quelques minces bagages, s'en allaient où les hasards de la guerre les poussaient ; puis, reprenant leur course, ils se fixaient à quelque endroit plus sûr, s'ils pouvaient le trouver, sinon, ils traînaient péniblement leur vie çà et là. Dès qu'il leur était permis de respirer un peu, ils se construisaient des abris, selon les ressources et les circonstances ; mais la nécessité les obligeait de se préoccuper moins de la vie régulière que de leur existence matérielle... Ainsi arriva-t-il qu'au commencement du dixième siècle, il ne subsistait qu'un petit nombre de communautés religieuses, et, dans ce petit nombre même, la régularité faisait défaut. » (3).

Qu'on veuille bien se rappeler ici le triste tableau que retrace des monastères le concile de Trosly, tenu en juin 909 : « En ce qui concerne l'état ou plutôt la chute des monastères, disent les Pères du concile, nous ne savons en quelque sorte, ni qu'y faire, ni qu'en dire. En punition de nos péchés, le jugement a commencé par la maison de Dieu. De tant de monastères élevés

---

(1) Voir chap. v.
(2) *Concord. Regul.*, p. 21-24.
(3) Mabillon, *Annales Ord. S. Bened.*, T.I V, 16.

par la piété de nos aïeux, les uns ont été brûlés par les païens, les autres ont été dépouillés de leurs biens et presque détruits. D'ailleurs, s'il y reste quelques vestiges des anciens édifices, on n'y trouve plus une seule trace de la discipline religieuse. La règle y est inconnue. L'indigence des maisons, le libertinage des personnes qui y demeurent, le relâchement des moines et surtout l'abus de leur donner des laïques pour supérieurs et pour abbés, sont la source de ces désordres. La pauvreté oblige les religieux à sortir de leur cloître pour vaquer malgré eux aux affaires du siècle, et le mot du prophète n'a que trop d'application parmi nous : *Les pierres du sanctuaire ont été dispersées au coin de toutes les rues* (1).

C'est dans ces tristes circonstances qu'en l'année 910 un seigneur puissant, Guillaume le Pieux, duc d'Aquitaine, se sentit inspiré de bâtir à Cluny, sur la rivière de la Grosne, aux confins du royaume de Bourgogne, un nouveau monastère, où Dieu serait servi en droiture et perfection. A quelques lieues de là, au pied du Jura, le saint abbé Bernon, issu des comtes de Bourgogne, menait une vie angélique dans un couvent de Gigny ; on l'en tira, avec douze de ses moines, pour importer à Cluny cet esprit puissant qui devait en faire le centre d'une vaste réforme. Baume était donc comme l'anneau qui rattachait le monachisme renaissant à l'œuvre de Benoît d'Aniane. La discipline qu'on y observait était basée sur les statuts d'Aix-la-Chapelle (2), et c'était un de ses moines qui allait leur donner une extension et

---

(1) Labbe, *Sacrosancta* Concilia IX, 521, Cf. Damberger, *Synchronistische Geschichte der Kirche und Welt im Mittelalter*, IV, 542; Héfélé, *Histoire des conciles*, VI, 146, traduct. Delarc. Jager, *Hist. de l'Egl. Cath. en France*, t. V, p. 414; Darras, *Hist. gén. de l'Egl.*, XIX, 344.

(2) Voir chap. v.

une actualité qu'ils n'avaient point eues du vivant de leur auteur. Par l'abbaye de Saint-Savin où il avait fait profession, Bernon se rattachait à saint Benoît d'Aniane, et, devenu abbé de Baume, il n'eut comme lui d'autre but que de réunir les monastères bénédictins dans une même pensée et la pratique d'une même règle ; mais, disciple de l'ancienne tradition, il n'eut jamais l'intention de fonder une congrégation au sens où nous l'entendons ici. Bien que l'on puisse conclure par le testament de Bernon en 926 (1) et la bulle du pape Jean XI en 932 (2), que déjà à cette époque on avait eu en vue de fonder une congrégation, ce projet ne fut pas réalisé, quoi qu'en disent nos adversaires. Et en effet, lorsque le comte Ebbo de Bourges eut fondé le monastère de Déols appelé aussi Bourgdieu, il le céda à l'abbé Bernon, à la condition que les moines de ce monastère resteraient sous la direction de l'abbé de Cluny, sa vie durant, et qu'après sa mort ils auraient, conformément à la sainte règle, liberté entière d'élire son successeur. Or, n'était-il pas évident que Bernon se serait abstenu de prendre possession de Déols, s'il eût voulu établir une Congrégation proprement dite (3) ? D'autre part, si le fondateur de Cluny donna par testament à Odon, son disciple préféré, le monastère de Déols aux mêmes conditions qui lui avaient été faites à lui même par le comte de Bourges, si solennel que fût cet acte, il faut bien remarquer que la cession de ce monastère ne se fit qu'avec le consentement du fondateur qui prit

---

(1) *Biblioth. Cluniac.*, col. 10 et suiv. ; Mabillon, *Acta*, V, p. 86 et suiv. ; Cf. *Annal.*, III, p. 387 et suiv.

(2) Jaffé, *Regesta Pontific. Romanor*, n° 2744.

(3) Mabillon, *Acta*, V, p. 83 et suiv. ; la charte de fondation dans *Gall. Christ.*, II, instrum., col. 43 ; Cf. Adémar, *Hist.*, lib. III, 21. dans *Monumenta Germaniæ SS.*, t. IV, p. 124.

l'habit à Cluny (1). Le testament au contraire est entièrement favorable à notre thèse. En vertu de ce testament, en effet, le bienheureux Bernon qui réunissait sous sa crosse abbatiale les deux abbayes de Baume et de Gigny, léguait à sa mort à son disciple et proche parent Wido la possession de ces deux monastères avec celle de saint Lautein sur le territoire d'Autun et un autre monastère dont le nom est inconnu (2), en même temps qu'il faisait à Odon son successeur, la cession de Massay et de Déols. Mais comment s'expliquer ce partage si l'on admet l'établissement ou l'existence d'une Congrégation sous la direction de Cluny ? Ajoutons qu'au dehors on avait si peu considéré l'abbaye bourguignonne comme Chef d'Ordre ou de Congrégation que Bernon, dans ce même testament, obligeait précisément Cluny à payer chaque année au monastère de Gigny douze sous à titre de rente, en compensation des biens qui lui avaient été cédés (3). D'ailleurs, le bienheureux Bernon n'en restait pas moins fidèle aux visées de saint Benoît d'Aniane et à la tradition de l'esprit monastique, car dans la crainte de voir se relâcher les liens qui rattachaient entre eux les différents monastères qui lui étaient soumis, il conjure les moines de s'entr'aider les uns les autres. Après sa mort, les moines de Baume et de Gigny refusèrent de suivre l'observance naissante de la nouvelle abbaye.

(1) Richard de Cluny dans MURATORI, *Antiquit. ital. med. ævi*, t. IV, col. 1024.
(2) *Monasterium Œthicense*; Cf. *Annal.*, III, p. 387.
(3) Les raisons qui avaient porté Bernon à assigner au monastère de Cluny les biens qui lui appartenaient étaient les suivantes :
1º Bernon avait choisi ce lieu pour sa sépulture ; 2º Cluny n'était pas encore achevé ; 3º il était plus pauvre en possessions et les moines y étaient plus nombreux qu'a Gigny (*Testament* de Bernon). — Que Cluny fût tributaire du monastère de Gigny, c'est ce que démontre Sigebert de Gembloux dans *Monum. Germ. SS.*, t. VI, p. 345.

L'agrégation de Bernon était dissoute, mais sa manière subsista, et son œuvre fut reprise, nous verrons dans quel sens, par les grands abbés qui, pendant près de deux cents ans se succédèrent sur le siège abbatial de Cluny.

Un an ou deux avant la fondation du célèbre monastère, un ancien page de Guillaume d'Aquitaine, alors chanoine de Saint-Martin de Tours, Odon, était venu, comme nous l'avons déjà raconté ailleurs (1), demander à Baume l'habit de saint Benoît, et, bientôt après, il avait été placé à la tête de l'école claustrale. Mais, même au sein du monastère de Baume, des esprits inquiets s'étaient rencontrés, qui ne voyaient pas sans effroi le retour aux saines traditions de l'Ordre et l'abandon de la vie aisée et commode introduite par les malheurs du neuvième siècle. Plutôt que de transiger avec le relâchement, Odon prit le parti de passer à Cluny (2). Déjà, à la mort de Bernon (927), un certain nombre d'abbayes, Meinsac en Auvergne, Sauxillanges, Massay en Berry, Souvigny se trouvèrent dans la communauté la plus étroite avec Cluny. L'œuvre commencée fut continuée par saint Odon et ses successeurs, mais tous les monastères réformés par eux et soumis à la direction de Cluny, jusqu'au saint abbé Odilon, se rendirent indépendants, sans toutefois cesser de conserver les Coutumes de Cluny. C'est ainsi que le pape Léon VII, par un privilège du 9 janvier 938, rendit au monastère de Fleury (Saint-Benoît-sur-Loire), qui avait été réformé par Odon (3) sa complète indé-

---

(1) Voir chapitre v.
(2) Ern. Sackur, *Die Cluniacenser in ihrer Kirchlichen und allgemeingeschichtlichen Wirksamkeit bis zur Mitte des elften Jahrhunderts*, t. I, Halle, Niemeyer, 1892.
(3) Rocher, *Histoire de l'abbaye royale de Saint-Benoît-sur-Loire*, p. 123.

pendance (1), et il en fut de même sous le gouvernement de saint Mayeul. Cluny, en effet, dit dom L'Huillier, fondait des prieurés à l'antique manière, selon la remarque de Thomassin. C'était une abbaye qui grandissait en s'entourant de maisons qui étaient ses dépendances et sans songer à créer une Congrégation (2). On nous permettra de rapporter à ce sujet une parole des moines du mont Cassin. Vers la fin du xe siècle, des bénédictins allemands et français écrivirent au monastère principal du mont Cassin pour savoir quelles coutumes y étaient observées ; on se préoccupait surtout de savoir quels étaient la tonsure et le costume clunisien. Après plusieurs mois de silence, les religieux se décidèrent à répondre et à porter sur le vêtement de Cluny cette sentence peu favorable: « Relativement à ce que vous nous avez écrit sur la tonsure et l'habit des clunisiens, nous n'en sommes point satisfaits, et ils ne sauraient être du goût de quiconque voudrait vivre en régulier, car ils sont contre la règle (3). » Ce qu'il faut conclure de cette décision, d'après le P. Marquart Hergott (4), c'est qu'au dixième siècle les Coutumes de Cluny n'avaient encore été acceptées ni en Italie (5) ni en Allemagne, ni même dans la plupart des monastères français. A cette époque, il ne saurait donc être question d'une Congrégation proprement dite, telle que nous l'avons définie plus haut. Les prédécesseurs de saint Odilon se préoccu-

(1) Jaffé, *Regesta*, etc., n° 2760.
(2) C'est ce que dit expressément Mabillon, *Acta*, V, præfat., n° 52.
(3) Mabillon, *Vetera Analecta*, nov. edit., p. 154 ; *Acta*, t. VIII, p. xxx ; xxxiv.
(4) *Vetus discipl.*, p. 133 et suiv.
(5) Saint Odon avait cherché à réformer le monastère bénédictin de Saint-Paul de Rome vers l'année 936. Mais environ dix ans plus tard, le pape Agapet II y appela des moines de Gorze dans le diocèse de Metz. (Jaffé, *Regesta*, etc., n° 2801.)

paient surtout de la pensée de réunir entre eux les monastères, afin de les prémunir contre les dangers de l'isolement. Aussi firent-ils tous leurs efforts pour relier entre elles les abbayes indépendantes les unes des autres par des liens spirituels et des affiliations de prière. L'état de la société n'était pas encore assez affermi pour qu'il leur fût possible de confondre un grand nombre d'abbayes, comme cela eut lieu plus tard, sous notre saint, en une seule Congrégation, sous l'autorité directe d'un chef unique. Mais au commencement du onzième siècle la discipline clunisienne se propage rapidement et s'étend sur presque tous les monastères. C'est par là que Cluny est devenu en quelque sorte le chef-lieu et comme la grande métropole du monde monastique. Cluny a eu l'incomparable gloire d'avoir vu à sa tête une véritable dynastie de grands hommes et de saints, dont le passage a marqué dans l'histoire. Pendant près de deux siècles la sève vigoureuse qui circule dans ses rameaux se renouvelle sans cesse, tant les racines que cet arbre majestueux pousse dans le sol sont fortes et profondes. Pourquoi Cluny joue-t-il un rôle si considérable dans la renaissance religieuse des dixième et onzième siècle ? C'est qu'il existe dans la grande abbaye bourguignonne un esprit commun qui se transmet de l'un à l'autre de ces illustres et saints abbés, et qui fait l'unité même de Cluny dans sa magnifique expansion. Mais il y a aussi le caractère distinctif de chacun d'eux correspondant aux différentes phases de développement de la Congrégation clunisienne. Un esprit de religion profonde, de haute discrétion, de dévouement tout spécial au Saint-Siège : tel est le patrimoine de Cluny, qui est l'âme de ce vaste corps monastique ; tel est le caractère commun de ses grands abbés, les Odon, les Aymard, les Mayeul, les Odilon, les Hugues. Mais ce caractère ressort en chacun d'eux avec cette nuance particulière, cette modification individuelle qui semble se rapporter à chacune des phases du développement de la célèbre Congrégation de Cluny.

Saint Odon (927-942) a la glorieuse destinée d'être le *réformateur* des ordres religieux dégénérés (1). Pour mener à bonne fin une œuvre si difficile, Odon n'épargna ni voyages ni labeurs. Doué de rares qualités intellectuelles, riche d'une science puisée dès le jeune âge dans des lectures nombreuses et suivies, mais plus encore d'une rare énergie de volonté, il avait deviné le mal de son siècle et en avait trouvé le remède. Le mal, il le voyait ancré tant au sein du clergé que dans la société civile, et il l'attaqua de front. Ame ascétique, joignant à la finesse d'esprit qui fait connaître les hommes, la douceur de caractère qui sait les gouverner, Odon réagit avec énergie contre les vices et les idées de son siècle, et sa réputation se répandit bientôt dans toutes les contrées de l'Europe. Aussi, dès les premières années de son gouvernement, le pape Jean XI autorisa Cluny, vu le dépérissement général de la discipline, à recevoir tout moine de n'importe quel autre monastère, qui voudrait échapper à la contagion et pratiquer la vie parfaite. Le grand abbé fut bientôt connu des rois, ami des évêques, cher aux étrangers. Allant de lieu en lieu pour réformer les monastères et les soumettre à une rude discipline, il répandit en bien des endroits l'esprit de saint Benoît. A Fleury-sur-Loire, à Saint-Austremoine de Clermont, à Saint-Sauveur de Sarlat, à Saint-Pierre-le-Vif de Sens, à Saint-Julien de Tours. Dans toutes les communautés, sa conduite fut la même : « Il y séjournait quelque

---

(1) SACKUR, ouvr. cit., t. I.

temps avec un certain nombre de ses disciples afin d'y installer leurs usages ; il s'appuyait sur le concours des anciens religieux les mieux intentionnés ; il commentait ou faisait commenter chaque matin au chapitre la règle bénédictine ; il expliquait, avec une précision minutieuse, les textes et les usages qui devaient en assurer l'application ; il ne négligeait pas de tirer parti des souvenirs particuliers à chacune de ces maisons, retraçait leur glorieux passé, la vie de leurs fondateurs ou des saints qui avaient jeté quelque éclat sur elles. Chaque année, une ou plusieurs fois, surtout au moment de la fête de leur patron, il venait y passer quelques jours et stimuler leur ferveur (1). » Saint Odon descendit aussi en Italie, introduisit les réformes dans beaucoup de monastères lombards et romains (2). Le pape Léon VII suivait avec intérêt l'action de l'abbé de Cluny ; en 938, il lui assure la libre élection de ses successeurs et le maintien de l'observance établie ; dans un autre document, il exprime sa joie au sujet du mouvement de réforme. Bientôt les abbayes de Saint-Paul, de Saint-Laurent-hors-les-murs, de Saint-André, de Sainte-Agnès, sont réformées par Odon. Albéric transforme son palais du Scaurus en un monastère placé sous le patronage de la sainte Vierge ; Subiaco, Saint-Eli de Nepi doivent également à l'abbé de Cluny le retour aux traditions du passé (3). L'action ainsi exercée par saint Odon sur tout l'institut monastique, aura une portée immense dans les siècles suivants, et c'est ce qui atteste la grandeur et la hardiesse de son génie. Mais si Odon

(1) Pignot, *Hist. de l'ordre de Cluny*, t. I, 172.
(2) Giesebrecht, *Geschichte der deutschen Kaiserzeit*, t. I, p. 677 et suiv., 5e édit.
(3) Ern. Sackur, ouvr. cit., t. I.

se prodigue en courses fécondes pour la réforme des monastères et le bien de toute l'Eglise, il n'aime pas moins passionnément la vie claustrale. Le silence, l'abnégation de soi-même, la pratique constante de l'humilité, lui semblent être les bases nécessaires de toute vie religieuse. La psalmodie, qu'il considère comme un des devoirs essentiels du moines, lui paraît réclamer, de la part des cénobites, des lectures assidues de nature à nourrir leur esprit et à les initier à l'intelligence des Livres Saints. L'abstinence est rétablie, mais la règle doit être interprétée d'après les statuts d'Aix-la-Chapelle et les usages de saint Benoît d'Aniane. En somme, ce que veut l'éminent réformateur, c'est une modification régulière et légitime d'une règle écrite plus de trois siècles auparavant, dans un milieu et sous l'empire de circonstances tout autres que celles qu'offre le dixième siècle (1). En saint Odon se dessine le caractère éminemment et purement bénédictin de Cluny.

Saint Aymard (946-948), homme de condition modeste, mais, dit le chroniqueur, « le fils de l'innocence et de la simplicité », est le digne successeur d'Odon, moins célèbre sans doute, mais gardien non moins exact de l'observance régulière. Excellent intendant pour augmenter beaucoup les terres du monastère et en administrer avec sagesse les revenus, il assura l'avenir matériel de son abbaye, que les rois et les princes entourent à l'envi de leur protection. Il l'enrichit de nouvelles dépendances : Saint-Léon et Saint-Martin de Mâcon, Sauxillanges (2). Un autre moine qui grandissait à ses côtés, et que lui-même, au moment où il abdiquait la direction du monastère,

(1) Sackur, *Die Cluniacenser*, etc.
(2) Sackur, ouvr. cité.

s'était choisi comme coadjuteur, allait donner un nouvel et plus vigoureux essor au monastère de Saint-Pierre de Cluny : c'était Mayeul.

Saint Mayeul (948-994), c'est le thaumaturge. Sa sainteté est relevée par l'éclat des dons surnaturels qui attirent sur Cluny tous les regards. Issu d'une noble famille de Provence, il a sucé avec le lait de sa mère ces traditions de noblesse, de fierté, d'indépendance qui, principalement à cette époque, sont le privilège des vieilles races. Sa jeunesse s'était nourrie d'études fortes et variées. Fixé jeune encore à Mâcon où il était devenu archidiacre, il était venu frapper à la porte de Cluny pour y solliciter la faveur d'être compté au nombre des frères. Son expérience des affaires appela immédiatement sur lui l'attention de son abbé, dont il devait continuer les travaux. Avec lui la politique d'Odon fut reprise de nouveau, l'abbé de Cluny fut sans cesse sur les grands chemins avec quelques-uns de ses disciples pour rétablir la discipline dans les monastères corrompus. Mayeul fut en relation avec tous les souverains de son époque, avec les rois de Bourgogne et les empereurs de la maison de Saxe (1). Il devint l'ami d'Hugues Capet, restaura Marmoutiers (2) après que le roi de France eut renoncé à son titre d'abbé laïque; il fut ensuite sollicité de venir réformer, aux portes de Paris, Saint-Maur des Fossés. Le comte Bouchard alla le trouver au nom du roi, et, sur ses instances, Mayeul ne sut pas refuser. Ils partirent ensemble, et quand ils furent arrivés près du monastère dans un village situé sur la Marne, le comte manda auprès de lui les reli-

---

(1) ODILON, *Vie de S. Mayeul*, MIGNE, *Patrol. lat.*, t. CXLII, col. 956.

(2) SALMON, *Notice sur l'abbaye de Marmoutier* (Mémoires de la Société archéologique de Touraine, t. II, 1859, p. 253).

gieux; là il leur signifia que ceux-là seuls qui jureraient obéissance à Mayeul auraient la faculté de retourner dans l'abbaye. Grâce à cette pieuse ruse, les turbulents furent écartés et l'abbé put se mettre à l'œuvre sans craindre trop de résistance (1). La réforme fut acceptée et Teuton, préposé au monastère par les rois Hugues et Robert, se chargea de l'appliquer. Lorsque Teuton se fut retiré, les souverains mirent à sa place Thibaud, déjà abbé de Cormery; ils le choisirent « parce qu'il était cluniste et disciple de saint Mayeul » (2). Voilà donc, au centre même de la *Francia*, une maison dévouée à Cluny et qui fera tous ses efforts pour propager la doctrine. Grâce à saint Mayeul et à ses relations intimes avec les cours d'Italie et de Bourgogne, la réforme put se propager bien au delà des limites de la France, et l'on vit s'accroître considérablement la renommée de la Congrégation clunisienne. Les fondations de Payerne dans le Jura et d'Altorf en Alsace marquèrent les débuts de ce développement. Bientôt Mayeul passa en Italie où nous le voyons tour à tour dans l'entourage du Pape et de l'Empereur qui lui accordent à l'envi leur protection. S'il ne paraît pas jouer un rôle prépondérant dans les affaires politiques, on s'aperçoit cependant qu'Othon le Grand subit son influence et que l'impératrice Adélaïde, guidée par ses conseils, lui prête un concours actif dans l'œuvre si importante de la réforme. Dès son premier passage à Pavie, il fonde l'abbaye de Sainte-Marie près de cette ville, puis il part pour Rome où il rend à l'abbaye de Saint-Paul la paix dont elle avait été privée depuis la mort d'Odon. Il reparaît dans la Lombardie, réforme

---

(1) *Vita Burchardi* (*Recueil des historiens de France*, t X, p. 352).
2) *Id., Ibid.*, X, 356 A.

Saint-Sauveur près de Pavie, Saint-Apollinaire de Classe près de Ravenne, œuvre de régénération qu'il achèvera sous Othon II, par la réforme de Saint-Jean de Parme et de Saint-Pierre du Ciel d'Oro à Pavie, faisant ainsi de la résidence impériale un centre puissant de l'action clunisienne. Lors de son retour en France, il est saisi par des Sarrasins à la descente du Grand-Saint-Bernard, et cet événement amène la prise du Garde-Frainet, retraite des Maures en Provence, par le comte Guillaume d'Arles. Celui-ci s'empare de Lérins, et bientôt des moines de Cluny envoyés par Mayeul y restaurent l'antique abbaye, et reçoivent celle de Saint-Marcel-de-Sauzet dans le comté de Valence (1). Devenu l'ami et le confident de l'empereur Othon le Grand, Mayeul exerce une salutaire influence sur la réformation des principaux monastères de l'Allemagne. Il jouit de la même faveur auprès de l'impératrice Adélaïde et de son fils l'empereur Othon II. On dit que les puissants d'alors crurent pouvoir lui offrir la tiare pontificale (2). Mayeul repoussa leur proposition, disant humblement qu'il manquait des qualités nécessaires à cette sublime dignité. Un de ses successeurs, Pierre le Vénérable, écrivit plus tard : « Depuis soixante-deux ans qu'il est mort, il a tellement brillé par cette grâce des miracles, qu'après la sainte Mère de Dieu, il n'a point d'égal dans les œuvres de ce genre parmi tous les saints de notre Europe. »

Saint Odilon (994-1049), c'est le moine aumônier, c'est l'homme de toutes les miséricordes, celui qui représente le mieux Cluny dans son mouvement d'expansion et de transformation définitive, comme nous

---

(1) SACKUR, ouvr. cité, T. I.
(2) Voir plus bas, chap. XXVI, *Vie de saint Mayeul.*

espérons le démontrer en retraçant la vie du saint Abbé.

Saint Hugues est par excellence le pasteur, l'abbé bénédictin, l'homme de discrétion et de sagesse consommée. Sous son gouvernement, Cluny pénétra dans des contrées jusqu'alors fermées à son influence, pourtant déjà immense ; et ce grand corps monastique sera organisé, réglé et mis en mouvement par une main non moins vigilante que ferme et prudente ; car il s'agissait moins d'étendre et d'agrandir ce vaste corps que de le discipliner et de le maintenir dans l'observation de la règle et le respect du pouvoir abbatial. C'est à cette tâche difficile que saint Hugues appliquera sa haute intelligence. Cluny sous saint Hugues est arrivé à l'apogée de sa grandeur, et la prospérité de la Congrégation sera inouïe ; elle comptera plus de deux mille prieurés, étendant ses rameaux depuis les côtes de la Grande-Bretagne jusqu'aux faubourgs de Constantinople, jusqu'aux pieds du Thabor. Rien ne peint mieux la grandeur et l'éclat de Cluny à cette époque que cette parole du pape Urbain II : « La congrégation de Cluny, plus pénétrée qu'aucune autre de la grâce divine, brille sur la terre comme un autre soleil ; c'est à elle que convient de nos jours cette parole du Seigneur, vous êtes la lumière du monde (1). » Hugues le Grand verra monter sur la chaire de saint Pierre deux de ses moines, qui s'appelleront Grégoire VII et Urbain II. Ce sera la récompense suprême de la fidélité de Cluny à la sainte Église romaine.

Mais à qui revient de droit une partie de la gloire de cette grande époque, sinon à saint Odilon qui eut la joie de la préparer ? Oui, c'est lui, c'est notre saint qui jeta

---

(1) *Bibl., Clun.*, col. 250, C.

les fondements de cette illustre Congrégation clunisienne à laquelle saint Hugues donna son dernier couronnement. Il y a une différence entre le Cluny de planches et de briques de saint Odilon, et le Cluny de marbre de saint Hugues, avec son incomparable basilique. Saint Odilon marquera la transition de l'un à l'autre sans briser l'unité de développement de la célèbre abbaye. Il est à égale distance des débuts de Cluny et de son apogée ; il nous permet de l'embrasser sous son double aspect ; il nous fait assister à sa transformation, ou, comme on dit aujourd'hui, à son évolution, qui résulte non pas du caprice des hommes, mais d'une vertu latente et de la force des choses. Saint Odilon se montrera à nos yeux tout à la fois homme de tradition et homme d'initiative. L'exposé succinct des monastères réformés par lui, les charitables institutions auxquelles il a attaché son nom, feront mieux ressortir l'harmonie de ces deux qualités et son influence civilisatrice.

CHAPITRE VII

CRISE DU MONASTÈRE

(994)

ODILON, en montant sur le trône abbatial de Cluny, avait à recueillir une difficile succession de gloire et de sainteté. Se trouvera-t-il en mesure de le faire avec honneur ? A cette époque il n'avait que trente-deux ans. Si jeune encore comprendra-t-il les graves devoirs de sa charge et aura-t-il l'autorité nécessaire pour en faire respecter tous les droits ? Si des inquiétudes de ce genre se produisirent, le nouvel Abbé ne tarda pas à leur donner, malgré sa jeunesse, une prompte et victorieuse réponse. Quoique le fond de son heureuse et riche nature fût la douceur et la bonté, cette douceur, chez lui, n'excluait pas l'énergie ; ni cette bonté, la force et la virilité, et c'est par des actes de force et de virilité qu'Odilon dut signaler les débuts de son administration. A peine avait-il reçu la bénédiction abbatiale, qu'il lui fallut entrer en lutte ouverte avec les princes et les seigneurs des différents lieux où Cluny avait des possessions. En ce moment, la France désolée par une peste terrible, traversait une période nouvelle de troubles et de violences. Il semblait que les mauvais instincts de cette noblesse militaire dont nous avons signalé ailleurs les honteux exploits se réveillaient, et qu'un assaut plus formidable était livré à la société. Cette fois, ce n'étaient plus des vols et des pillages passagers, c'était un assaut livré à la propriété elle-même à la faveur du désarroi dans lequel l'épidémie avait jeté la société (1). Tandis qu'Odilon dirigeait ses moines dans les voies de la régularité monastique et de la perfection religieuse, qu'il s'étudiait avec une vigilante sollicitude à les exciter par la parole et l'exemple à la pratique des plus hautes vertus, et que Dieu bénissait ses pieux et généreux efforts en les récompensant par des fruits abondants (2), de violentes attaques venues du dehors furent dirigées presque coup sur coup contre l'existence même de l'important monastère bourguignon. On commença d'abord par ses possessions dont on voulut s'emparer, puis on vint s'attaquer à ses libertés proprement dites, en sorte qu'on finit par croire à un plan mûrement délibéré de sourdes hostilités ayant pour but l'anéantissement complet du jeune monastère. Mais Odilon était de race chevaleresque et dans ses veines coulait encore le vieux sang des Mercœur : le nouvel Abbé qui tenait dans ses mains le sort de Cluny (3), par son courage et sa rare habileté, sut résister à l'assaut terrible livré à son monastère, et se montrer à la hauteur d'une situation si difficile.

---

(1) SACKUR, *Die Cluniacenser in ihrer kirchlichen und allgemein, geschichtlichen Wirksamkeit bis zur Mitte des elften Jahrhunderts* t. I, 36.

(2) SIGEBERT DE GEMBLOUX, *Chron.* : « Miro religionis fervore rexit et provexit. » (*Monum. Germ. SS.*, VI, p. 217 ; D. BOUQUET, *Recueil des historiens des Gaules et de la France*, t. X., p. 217.)

(3) JOTSALD, *Præf.*

Le fondateur de Cluny, le duc Guillaume d'Aquitaine, après avoir érigé le nouveau monastère (11 sept. 910) (1), l'avait soustrait à l'influence de sa famille, à l'autorité royale comme à toute autorité civile, et il l'avait placé uniquement sous la protection du Saint-Siège apostolique. Nulle personne au monde, soit prince séculier, soit comte, soit évêque, soit le pape lui-même, ne pouvait revendiquer le moindre droit sur ses possessions. Il conjure les saints apôtres Pierre et Paul et leurs successeurs sur le siège de Rome, de vouloir bien prendre Cluny sous leur protection et d'exclure de l'Eglise et du bonheur éternel les voleurs, les agresseurs, les vendeurs et les acquéreurs des biens du monastère. Il termine en appelant la colère de Dieu sur les coupables, et il supplie Dieu de les frapper des plus sévères châtiments. C'est ainsi que le duc Guillaume d'Aquitaine avait clairement et distinctement exprimé sa ferme volonté de soustraire le monastère fondé par lui à la juridiction de l'évêque du diocèse et à toute autre puissance civile ou religieuse; il n'exceptait seulement que la souveraine autorité de Rome ; l'avenir prouvera combien le duc avait été bien inspiré.

C'est dans le même sens que les papes, respectant les intentions du fondateur, ne cessèrent d'augmenter, d'accroître et de multiplier les privilèges et les possessions du monastère de Cluny. Déjà même avant le gouvernement d'Odilon, nous voyons les souverains pontifes délivrer des bulles accordant à Cluny des faveurs toutes particulières : tels sont les papes Jean X, en

---

(1) Date de la charte de sa fondation. (Extrait du testament de Guillaume.) (BERNARD et BRUEL, *Recueil des chartes de Cluny*; t, I, n° 112, p. 124; *Bibl. Clun.*, col. 1 et suiv.; BOUQUET, *opus cit.*, t. IX, p. 709 ; MABILLON, *Acta*, p. 78.)

928(1); Jean XI (2) en 931 et 932; Léon VII en 937 et 938 (3); Agapet II (4) en 949, et Jean XIII (5) vers 965 ou 968; ce qui prouve le grand intérêt qu'ils prenaient à l'abbaye naissante, et, d'autre part, l'importance qu'ils attachaient à l'exemption monastique.

Les princes séculiers favorisèrent aussi Cluny de leurs libéralités, soit par des privilèges, soit par d'importantes donations. Parmi les princes qui se signalèrent par leurs largesses et ouvrirent leurs trésors en faveur de Cluny, citons les empereurs Othon Ier (6), Othon II (7), Othon III (8) d'Allemagne; les rois de Bourgogne Rodolphe II en 927 (9), Conrad en 943 (10),

---

(1) JAFFÉ, *Reg. Pont.*, n° 2741; BERNARD et BRUEL, *opus cit.*, t. I, n° 371.
(2) JAFFÉ, *opus cit.*, n°s 2744 et 2747; BERN. et BRUEL, *id.*, t. I, n°s 391 et 401.
(3) JAFFÉ, *id.*, n°s 2764, 2754, 2755, 2759; BERN. et BRUEL, *id.*, t. I, n°s 478, 479, 480, 483.
(4) JAFFÉ, *id.*, n° 2798; BERN. et BRUEL, *id.*, t. I, n° 736.
(5) JAFFÉ, *id.*, n° 2880; BERN. et BRUEL, *id.*, t. II, n° 1247.
(6) En 965, 12 mai pour Payerne (STUMPF, *Chartes impériales*, n° 361). — L'an 967, le 16 juillet, il sanctionna la donation de la chapelle de Sainte-Marie à Pavie, en envoyant un certain Gaidulphe à l'abbé Mayeul de Cluny pour y construire un monastère bénédictin qui fut appelé plus tard le monastère de S. Mayeul (STUMPF, *opus cit.*, n°s 428 et 426). — En 969, 8 juillet, charte pour Cluny et le monastère de S. Savin (BERN. et BRUEL, *opus cit.*, t. II, n° 1262; Cf. STUMPF, n° 470). — L'an 962-973, charte de donation en faveur de Cluny (BERN. et BRUEL, *id.*, t. II, n° 1143).
(7) L'an 973, 25 juillet, charte en faveur de Payerne (HIDBER, *Schweizerisches Urkundenregister*, n° 1105; STUMPF, n° 599). — L'an 983, 15 juin, *Urkund für Pæterlingen* (HIDBER, n° 1126; STUMPF, n° 854).
(8) L'an 986, 25 octobre, *Urkund für Pæterling* (HIDBER, n° 1139; STUMPF, n° 838). — Quant aux chartes des Ottons en faveur de Cluny et ses monastères, voir MABILLON, *Acta*, V, p. 769.
(9) BERN. et BRUEL, I, n° 28; BOUQUET, IX, p. 696: BERN. et BRUEL, II, n° 1052; BOUQUET, IX, p. 700.
(10) BERN. et BRUEL, I, n° 622. Il s'agit ici de l'abbaye de Saint-Amand, confirmée par Conrad aux moines de Cluny. Le diplôme n'indique pas la situation de l'abbaye de S. Amand, mais cette

958 et 963 ; les rois de France : Rodolphe en 932 (1), Louis IV d'Outre-Mer en 939 (2), 946 et 950 et Lothaire en 955 (3). Ainsi le pouvoir terrestre travaillait, de concert avec l'Eglise, à faire fleurir dans le monde la royauté de Dieu.

Une foule d'évêques et de comtes tinrent à honneur de suivre l'exemple des empereurs, des rois et des plus nobles seigneurs, car sans parler des nombreux dons qu'ils offrirent à la jeune abbaye, ils la dotèrent de riches domaines. Qu'il nous suffise de citer seulement ici les évêques Maimbod (4), et Adon (5), et le comte Albéric de Mâcon (6).

A l'époque où Odilon prit en main le gouvernement de son abbaye, Cluny était déjà en possession de trente-sept celles (7) ou monastères et d'environ quatorze cent soixante chartes (8) dont les deux tiers concernaient des donations et des privilèges. Tant de possessions ne pouvaient manquer d'exciter l'envie des sei-

---

situation ressort du nom du comte Boson, à la prière duquel eut lieu cette confirmation. Boson était comte de Provence ; c'est donc de Saint-Amand, près de Saint-Paul-Trois-Châteaux, c'est-à-dire *in pago Tricastino*, qu'il s'agit, et non de Nantua, *in pago Lugdunensis* comme on le croit généralement. Voir au reste, sous le n° 1067, un diplôme de Lothaire pour le même objet, daté du 23 novembre 959, qui indique la situation de l'abbaye. (BERN. et BRUEL, t. II, p. 146, note 2.)

(1) BOUQUET, t. IX, p. 576.
(2) BERN. et BRUEL, I, n°s 499, 688, 763.
(3) BERN. et BRUEL, t. II, n° 980.
(4) Dans l'année 947-948 (BERN. et BRUEL, I, n°s 707, 842 ; t. II, n° 1000).
(5) Dans l'année 962-963 (*id.*, t. II, n° 1109).
(6) Dans l'année 966 (BERN. et BRUEL, t. II, n° 1198).
(7) Chaque grand monastère avait alors de ces dépendances (*Acta V*, præf. n° 53).
(8) BERN. et BRUEL, t. I, préface, p. XIV et suiv. ; *Mabillonii Itinerarium Burgundicum anni 1882*, dans les *Ouvrages posthumes* de D. Jean MABILLON et de D. THIERRY-RUINART, t. II, Paris, 1724, p. 121.

gneurs laïques et ecclésiastiques. Déjà même après la mort de Bernon, premier abbé de Cluny, en l'année 926, l'abbé Guy, son parent, qu'il avait lui-même désigné dans son testament pour lui succéder dans l'abbaye de Ligny, sous prétexte d'un défaut de forme dans les titres, avait cherché à s'emparer des biens que Bernon lui-même avait destinés à Cluny. Bernon avait bien senti qu'en reprenant à Gigny le village d'Alafracte, le quart des salines de Lons-le-Saunier, et d'autres biens qu'il lui avait donnés antérieurement, il faisait un acte rétroactif; il revenait sur sa première donation; il enfreignait la bulle du pape Formose portant défense aux donateurs eux-mêmes de rien distraire des biens déjà cédés. Aussi bien n'avait-il pu faire valoir que des motifs de convenance plutôt que d'invoquer des raisons de droit, pour justifier cette distraction. Or, ces motifs ne furent pas accueillis favorablement par les moines de Gigny, encore moins par l'abbé Guy, qui cependant avait donné son adhésion au testament de Bernon. Ils reprirent ces biens comme par violence, à l'abbaye de Cluny arguant de ce que le testateur avait fait une disposition illégale. Il fallut que saint Odon, second abbé de Cluny, recourût pour recouvrer ces mêmes biens à la puissante intervention de Rome où il trouva un appui favorable. Dans le courant de l'année 928, le pape Jean X adressa une bulle à Raoul, roi de France, à Wido, archevêque de Lyon, aux évêques Stateus de Chalon et Bernon de Mâcon, et au comte Hugues (1) et Gislebert (2), pour recommander Cluny à leur particulière

(1) Probablement Hugues le Noir, comte héréditaire de Bourgogne, mort en 951.
(2) Probablement Gilbert, fils de Manassès de Vergy, gendre du duc Richard le Justicier, comte d'Autun, Chalon, Beaune et Avallon, mort en 956.

bienveillance et il leur enjoignait de venir au secours de ce monastère pour lui faire restituer les biens dont Gui de Gigny s'était audacieusement emparé (1).

Cette bulle décida Guy et ses moines à ratifier les dispositions du testament de Bernon. En effet, par un acte daté du 21 janvier de la sixième année du règne de Raoul, laquelle correspond à l'an 928, ils réunirent au monastère de Cluny les biens distraits de l'abbaye de Gigny. On voit seulement que les salines de Lons-le-Saunier n'y sont pas mentionnées (2), et qu'il n'y est question que du village d'Alafracte avec ses dépendances, de l'alleu donné à Gigny par Samson, et de la moitié du pré provenant de Nonnus Saimon. Cette ratification fut faite à la charge du cens ou de la rente de cire, en valeur de douze deniers portée au testament. En outre, elle fut faite sous la condition expresse que les moines de Cluny ne pourraient pas aliéner ces biens et qu'ils en jouiraient par eux-mêmes, à moins qu'ils ne vinssent à rentrer dans la vie séculière ou canoniale. Cette charte est précieuse aussi en ce sens qu'elle nous fait connaître le nombre et les noms des moines qui composaient l'abbaye de Gigny dans son commencement, et qu'elle nous apprend qu'il ne s'y trouvait, à cette époque, d'autre dignité que celle de l'Abbé. Elle est écrite et souscrite par le prêtre Rotgaire et signée par l'abbé Guy et par les moines Gualan, Wuineran,

---

(1) Mabillon, *Acta SS.*, sæc. 5 ; *Bullar. Clun.*, p. 2. « Cæterum vobis, ô fili Rodulfe, et fidelibus tuis, qui monasterio Cluniensi prodesse valeant attentius, et abbatem et congregationem vestræ dilectioni commendamus, utque locus ille sanctæ nostræ sedi commissus est, sese pro amore apostolorum, mundi videlicet judicum, atque paterna dilectione bene gaudeat elegisse. » Cf. Gaspard, *Hist. de Gigny*, p. 22 ; Jaffé, n° 2741.

(2) Il est à remarquer aussi que la bulle de Jean X n'est pas adressée à l'archevêque de Besançon, dans le diocèse duquel se trouvait Lons-le-Saunier.

Julien, Sannon, Raginelme, Déodat, Grunendrad, Ardria et Witbald.

Dix ans ne s'étaient pas encore écoulés lorsque survint le premier exemple d'usurpation qui fut commis sur les biens de Cluny. L'an 940 ou 941, Ingelbert, frère de Sobo, archevêque de Vienne, avait donné à l'abbaye bourguignonne des immeubles considérables (1). Mais voici qu'un puissant seigneur nommé Charles, proche parent de Conrad, roi de Bourgogne, s'empara audacieusement de ces possessions, et, sachant très bien qu'il en était contre tout droit l'injuste détenteur, il finit par les abandonner, non toutefois sans regret, à leur légitime possesseur. Touché de repentir, il ratifia même la donation d'Ingelbert, et il soumit l'affaire au roi Conrad qui, en l'année 943, se prononça en faveur de Cluny, le légitime possesseur (2).

Cette première usurpation à l'égard de Cluny et de ses possessions, devait être malheureusement suivie de beaucoup d'autres. Vers 965, l'année même de la naissance d'Odilon ou quelques années plus tard, Amblard, archevêque de Lyon, avait jeté ses prétentions sur le monastère de Sauxillanges qui appartenait à Cluny. Il n'est pas hors de propos de signaler ici rapidement l'origine de ce monastère. Au commencement du dixième siècle, vers 915, Guillaume Ier, duc d'Aquitaine, donna pour le remède de son âme, de celles de son père Bernard, de sa mère Ermengarde, d'Eudes, son seigneur, de ses frères, de sa sœur Adelinde et de son fils, à une église qu'il avait commencé de faire bâtir en l'honneur de la sainte Trinité et de la Vierge Marie sur sa terre de Sauxillange près d'Issoire, toutes

---

(1) BERNARD et BRUEL, *opus cit.*, t. I, n° 523.
(2) BERNARD et BRUEL, *id.*, t. I, n° 622 ; BOUQUET, *opus cit.*, t. IX, p. 696.

les propriétés qu'il possédait en ce lieu. Des obstacles inconnus retardèrent cette fondation qui ne fut achevée qu'après la mort de Guillaume et de son neveu Guillaume II. En 927, Acfred II (1), fils d'Adelinde, qui avait succédé à ce dernier, augmenta les biens de Sauxillanges, pour le repos de l'âme de son père Alfred, de sa mère Adelinde, de ses oncles Guillaume le Pieux et Guérin, de ses frères Bernard et Guillaume. L'histoire nous a conservé le texte de la charte de cette fondation datée du 11 octobre 928. Nous y lisons ce qui suit : « Que tous ceux qui gouvernent
« la sainte Eglise de Dieu, dit ce prince, présents et
« futurs, ainsi que tous les personnages célèbres de
« la terre sachent que moi, Acfred, très humble ser-
« viteur des serviteurs de Dieu, considérant le sort de
« la fragilité humaine, et afin que le Dieu de miséri-
« corde me pardonne quelque chose de l'atrocité de
« mes crimes, je restitue à mon Créateur, roi des rois
« et seigneur des seigneurs une petite partie de la terre
« que sa clémence a daigné dispenser à mes parents et
« à moi, tout indigne que je suis afin qu'un monastère
« y soit bâti en son honneur et qu'il soit gouverné sous
« le couvert de sa majesté, afin que ni comte, ni abbé,
« ni aucun de notre parenté ou des autres mortels ne
« devienne le maître de cette même terre; qu'elle ne
« soit soumise à aucun des saints, pas même aux esprits
« angéliques, mais au seul Seigneur qui vit et règne
« dans la Trinité parfaite... » Acfred fait ensuite savoir que, cédant à un sentiment de piété et de reconnaissance, il établit dans sa terre de Sauxillanges, en l'hon-

---

(1) Acfred, fils d'Acfred, comte de Carcassonne et d'Adelinde, sœur de Guillaume le Pieux, succéda vers 926 à Guillaume II, son frère, dans le comté d'Auvergne et dans le duché d'Aquitaine. Il mourut sans enfants, vers 928, et eut pour successeur Ebles, comte de Poitiers.

neur des douze apôtres, douze moines qui devront nuit et jour adresser à Dieu de continuelles prières (1). Il leur assure la possession d'un grand nombre de biens situés, aux comtés de Brioude et de Tallende, dans les vicairies d'Usson et d'Ambron. Il exprime l'intention formelle qu'aucun de ses héritiers ne porte atteinte à ses dispositions, et il menace des plus graves châtiments ceux qui les violeraient. Il soumit ce nouveau monastère à Cluny et à son abbé. Sauxillanges, devenu plus tard un noble monastère, selon l'expression de Pierre le Vénérable, ne cessa de dépendre de l'abbaye bourguignone. Il était une des quatre filles de Cluny, c'est-à-dire avec Souvigny, Riz et Ambierle, un des quatre grands prieurés qui, par leurs richesses et leur influence, rappelèrent le plus fidèlement les traits de l'abbaye mère. Il n'y a donc rien d'étonnant, si l'on considère les mœurs de l'époque, qu'Amblard ait jeté sur les possessions de Sauxillanges un œil de convoitise, et ait commis des actes d'audacieuse usurpation.

---

(1) « Ut qui me de limo terræ potenter creavit, spiraculum vitæ clementer dedit et misericorditer cum pereunte mundo restauravit, et sui cognitionem mihi dedit et ad hanc ætatem me peccatorem pervenire fecit, et de suis bonis quantum sibi placuit mihi concessit, cognoscat et de ipsa terra quam mihi largiri dignatus est, quantulamcumque partem sibi reddidisse, et in honore duodecim apostolorum qui, præcepto Patris obedientes, filium ejus Dominum nostrum Jesum Christum corde crediderunt et ore professi sunt, monachos duodecius inibi esse constituo, qui diebus ac noctibus Creatori omnium Domino indefessas laudes persolvant, et pro statu Ecclesiæ humiliter ac devote eum exorent, seu pro peccatis nostris vel omnium christianorum, multimodis precibus misericordiam ipsius expostulent. » (MABILLON, *Annal. Bened.*, t. III, p. 353, 390; CHAIX DE LAVARÈNE, *Monumenta Pontificia Arverniæ decurrentibus IX°, X°, XI°, XII° sæculis*, p. 405-409; BALUZE, *Histoire de la maison d'Auvergne*, t. I, p. 11, t. II, p. 12 et 21; Cartulaire de Sauxillanges, inséré dans les *Mémoires de l'Académie des sciences, belles-lettres et arts de Clermont-Ferrand*, nouvelle série, t. III, 34ᵉ vol. de la collection des *Annales* 1861.

L'abbé Mayeul se vit obligé de recourir à Rome ; et ici encore nous avons la joie de constater que la papauté continue de prendre la défense du monastère de Cluny et de s'appuyer sur lui pour régénérer la vie religieuse. Jean XIII, élu par l'influence d'Othon le Grand, était alors assis sur la chaire de saint Pierre. Sur les plaintes de l'abbé de Cluny, ce pontife pénétré de l'esprit de sagesse que réclamaient en ce temps les besoins de l'Eglise, adressa une bulle aux archevêques et évêques d'Arles, Lyon, Vienne, Clermont, Valence, Besançon, Mâcon, Chalon, Le Puy, Avignon, Genève, Lausanne, Lure et Viviers.

Dans cette bulle, il leur recommande le monastère de Cluny auquel préside heureusement et en toute sagesse « son très cher fils, le seigneur Mayeul ». Il les invite à excommunier les envahisseurs de ses propriétés. Il engage en particulier Etienne II, évêque de Clermont (1), à s'employer de tout son pouvoir pour amener Amblard à restituer au monastère de Sauxillanges les biens qu'il lui a si injustement enlevés (2), afin qu'il puisse échapper aux liens d'une terrible excommunication et aux épouvantables châtiments de la damnation éternelle. Il fait surtout un appel chaleureux à la bonté paternelle d'Adon (3), évêque de Mâcon : « Voisin

---

(1) « Te autem frater et coepiscope Stephane, in Domino alloquor pro insita bonitate tibi, ut compellas Amblardum, fidelem tuum, Celsinianensi cœnobio propriam terram, quam hactenus eidem subtraxit monasterio (restituera)... » (CHAIX DE LAVARÈNE, *Monumenta Pontificia Arverniæ*, p. 17.)

(2) JAFFÉ, n° 2880 ; BERN. et BRUEL., t. II, n° 1247.

(3) « Res quoque exigit ut tibi aliqua dicamus, frater carissime et amande Domine Ado episcope, quem licet non viderimus, ex nomine novimus in omni spirituali bonitate. Efflagitamus itaque benignissimam tuæ paternitatis dulcedinem, ut, quo vicinior esse videris præfati monasterii Scholæ, et tua protectione pro tuo passe celerior fratrum necessitatibus occurrat, qui te ex abundanti caritate diligunt

le plus proche du monastère d'Ecole (1), sa protection doit être plus prompte que toute autre à se faire sentir aux frères qui le chérissent du reste de toute l'abondance de leur charité. Aussi bien, ajoute-t-il, montrez-vous toujours le protecteur de Cluny, comme vous vous montrez le fils plein d'affection du bienheureux Pierre. »

Plus tard encore, Cluny eut à subir d'iniques vexations, principalement dans ses possessions situées sur le territoire de Vienne, et ces vexations furent si fréquentes que l'abbé Mayeul, laissé à lui-même fut, à sa grande douleur, impuissant à se défendre. C'est pour cela qu'il fut amené à conclure avec Burchard, archevêque de Lyon, un traité aux termes duquel le prélat promettait, moyennant la cession de quelques terres, de défendre, sa vie durant, le monastère de Cluny avec tous les biens qu'il possédait sur le territoire de Vienne (2).

Le saint abbé Mayeul venait de descendre dans la tombe, mais les ennemis de Cluny n'avait pas désarmé ; les ravisseurs de ses possessions n'en furent, au contraire, que plus acharnés, s'il est possible, à s'abattre sur la proie que convoitait leur cupidité, et Odilon dut à son tour se protéger contre les agressions ayant pour objet de dépouiller brutalement de ses biens le monastère bourguignon. La douceur ne pouvant suffire à sauvegarder l'exemption clunisienne, le saint Abbé

---

et ulnis totius amoris perfectissime ambiunt et amplecti desiderant. Quocirca Cluniensis monasterii semper esto protector, sicut beati Petri es fidelis amator. » (Chaix de Lavarène, *Monumenta Pontificia*, 16-19.)

(1) Ecole est de la commune de Brout-Vernet, canton d'Escurolles. *Bullarium Cluniacense*, 5 ; *Patrol. lat.*, t. CXXXV, col. 990-991.

(2) Bernard et Bruel, t. II, n° 1508. Ils placent cette charte dans les années 979 jusqu'à 994.

n'hésita pas à recourir à des moyens plus énergiques.

L'an 994, Burchard, archevêque de Lyon, Teubald, archevêque de Vienne, Walter, évêque d'Autun, Lambert, évêque de Chalon, Leutbald, évêque de Macon, Wigo, évêque de Valence, Erbold, évêque d'Uzès, Eberhard, évêque de Maurienne, Humbert, évêque de Grenoble, Anselme, évêque d'Aoste, et Amiso, archevêque de Tarentaise, se réunirent à Anse (1), dans l'église de Saint-Romain (2) près de Lyon, avec divers

(1) Anse, *Antium*, *Asa Paulini* (MORERI, BAUDRAND. Celui-ci, dans son *Dict. géogr.*, dit que le camp s'appelait *Antium* et la ville *Asa Paulini*. *Asa* est synonyme d'*Ara*. Témoin ce fragment d'une ancienne loi (AULUGELLE, *noct. attic.*, liv. 3) : « Pelex asam Junonis ne tagito; si taget Junoni crinibus demissis arum fœminam caidito. » Ville très ancienne, dans l'arrondissement de Villefranche, située au confluent de l'Azergues, non loin des bords de la Saône, sur la route de Paris à Lyon par la Bourgogne, possède un terrain riche et fertile ; de là ce dicton : « D'Anse à Villefranche, la plus belle lieue de France. » La ville d'Anse, célèbre dans l'histoire ecclésiastique du moyen âge, occupe, d'après les géographes, la place d'une ancienne Mansion romaine élevée par les anciens maîtres du monde. (Voir l'Itinéraire d'Antonin.) Il est probable qu'elle fut fondée par Jules César. On peut affirmer qu'Asa Paulini, cette ancienne cité romaine, fut le point central entre Vienne et Mâcon. Auguste, d'après quelques historiens, et surtout la chronique locale bien établie, y eut un palais. Asa Paulini, comme on le voit dans l'itinéraire d'Antonin, était une station romaine (*Vet. roman.*, édit. Wesseling, p. 319 ; Henri GREPPO, *Rev. Lyon*, 83e livraison). Lorsque César entreprit la conquête des Gaules, il fit construire un camp de fortification auquel il donna le nom d'*Antium* (Comment. de César, lib. V). On y trouve encore, lorsqu'on travaille les terres de cette contrée, quantité d'armes de tous genres dont se servaient les Romains. Le président de Bellièvre, qui compare cette ville à l'anse d'un vase : « Nam quemadmodum ansis seu manubriis tenentur vasa », dit aussi : « Ansa opidum, in quo adhuc visuntur reliquia murorum aperte testantium locum fuisse apud antiquos insignem » (manuscrit qui porte le nom de *Lugdunum priscum*. Ce manuscrit se trouve à la bibliothèque de Montpellier ; l'Académie de Lyon en a une copie léguée par M. Artaud). Cf. Yves SERRAND, *Hist. d'Anse*, passim.

(2) Au nord de la petite et très ancienne ville d'Anse existait, dès avant le ve siècle, un monastère dont il reste encore quelques vestiges ;

Abbés et autres religieux pour traiter ensemble du progrès de la foi et de l'affermissement de l'Eglise. A ce synode se trouvait aussi présent « le vénérable Odilon, abbé de Cluny, que nous chérissons et que Dieu nous a donné », accompagné de Vivien, son prieur et d'un grand nombre de frères. Il était venu pour se plaindre à la vénérable assemblée des vexations inqualifiables et hors de toute mesure dont son monastère avait à souffrir, et implorer humblement son puissant secours. Le synode accueillit favorablement sa demande à cause de l'hommage et du culte qu'il témoignait à saint Pierre, le patron et le protecteur de Cluny, ou comme témoignage de sa vénération pour le saint abbé Mayeul tout récemment descendu dans la tombe, et il confirma solennellement les privilèges et les possessions de Cluny. Il prit expressément sous sa protection spéciale

c'était le prieuré d'Anse, situé au pied du riche coteau de Bassieux, dans une admirable position, et qui eut pour fondateur S. Romain, qui créa la célèbre abbaye de Condat. Anse, malgré ses doubles remparts, eut beaucoup à souffrir des Sarrasins, qui ruinèrent l'église et le monastère. Mais au VIIIe siècle l'église de Saint-Romain fut magnifiquement relevée de ses ruines par Leidrade, archevêque de Lyon, ami de Charlemagne et son bibliothécaire. À la fin du IXe siècle, elle passa dans le domaine de l'archevêché de Lyon, et devint le lieu de prédilection choisi par les hauts dignitaires de l'Eglise pour y présider leurs conciles ; elle fut dès lors qualifiée de « antiquum diocesi nostræ oppidum ». (DE LA MURE, *Hist. ecclésiastique du diocèse de Lyon*, Lyon, 1671.) On pourra se faire une idée de sa magnificence lorsqu'on saura que dans les Xe, XIe, XIIe et XIIIe siècles huit conciles y furent tenus. Deux en 994 et 1025, auxquels assista S. Odilon ; le troisième en 1070, où présida Hugues de Die ; le quatrième en 1076 ; le cinquième, en 1100, fut présidé par S. Anselme, archevêque de Cantorbéry ; le sixième en 1107 ; le septième en 1112, où les archevêques de Lyon prirent le titre de *primats* des Gaules ; le huitième présidé par Henri de Villards en 1299. On y publia vingt canons. L'antique église d'Anse, particulièrement chérie du pieux Leydrade, et dont la célébrité historique a été si grande, n'existe plus. On ne connaît plus l'emplacement qu'elle occupa autrefois que par une simple croix sur laquelle on lit cette inscription : « Ici fut jadis l'antique église de Saint-Romain. » (Cf. SERRAND, *Hist. d'Anse*, p. 47.)

vingt-trois possessions ou monastères relevant de Cluny et situés pour la plupart sur les territoires de Mâcon, Lyon et Chalon, avec tout ce qui se trouvait sous leur dépendance, y compris les biens que le monastère bourguignon pourrait acquérir à l'avenir sur n'importe quel territoire. Nul homme, quel qu'il soit, magistrat, comte ou souverain, n'avait le droit de bâtir dans le voisinage du territoire de Cluny et de ses possessions, ni monastère, ni château fort. De plus, il était interdit à quiconque, prince, chevalier, et même aux habitants d'alentour d'emporter à Cluny ni bœuf, ni vache, ni porc, ni cheval ou toute autre chose, sous une forme ou sous une autre, parce qu'il ne convient pas que les saints habitants du cloître soient incommodés par des voisins malveillants ou arrogants. Dans le neuvième et dernier canon, le seul de ce synode qui existe encore, on souhaite à ceux qui observeront ces prescriptions la paix de Dieu et la bénédiction de Jésus-Christ. Quant aux transgresseurs, on les menace des châtiments éternels, tant qu'ils ne seront pas rentrés en eux-mêmes, qu'ils n'auront pas fait pénitence et qu'ils n'auront pas été absous par l'Abbé et les frères de Cluny (1).

Par la mesure dont nous venons de parler, le synode laissait très clairement à entendre qu'à cette époque la plupart des biens du monastère avaient été usurpés par la violence ; qu'en outre, de puissants seigneurs avaient construit leurs châteaux sur le territoire appartenant à

---

(1) Mansi, *Conciliorum amplissima Collectio*, Florence, 1759, t. XIX, p. 99 et suiv. Pour l'époque de ce synode, voir *Supplementa Mansi*, t. I, p. 1197. Les Actes du concile d'Anse ont été imprimés pour la première fois dans Martène et Durand, *Thesaurus novus anecdotorum*. t. IV, col. 73 et suiv. Dans ce concile, Odilon signa aussi une charte de Teubald, archevêque de Vienne, et immédiatement après les évêques. La dernière signature porte le nom de Gondulphe, poète (*Id.*, loc. cit., col. 78. Cf. *Gall. Christiana*, t. XVI, col. 16 et suiv.).

Cluny, et que des voleurs de toute condition n'avaient pas craint d'enlever le bétail et jusqu'aux voitures du monastère. Odilon avait réclamé et obtenu, comme on vient de le voir, la protection puissante du synode d'Anse. Il avait pu obtenir par lui une paix relative qui lui permit d'entreprendre dès cette même année la réforme des monastères. C'est sur ce terrain de la réforme monastique et dans l'accomplissement de la glorieuse mission que Dieu lui avait confiée que nous allons suivre maintenant notre saint abbé.

CHAPITRE VIII

COMMENCEMENT DE RÉFORME

(994-995)

O DILON avait donné du premier coup, au concile d'Anse, la mesure de sa prudence et de sa fermeté. Cette première victoire remportée sur les ennemis de son monastère, assailli et inquiété sur tous les points à la fois par des déprédations et des hostilités presque journalières, autorisa à tout espérer de lui. La paix, quoique bien incomplète, que lui valut le concile, lui permit d'appliquer tout d'abord l'intelligente activité de son zèle à raviver la régularité monastique, qui depuis longtemps, hélas! s'était partout refroidie. Or, parmi les monastères qui furent confiés à notre saint pour en recevoir la réforme, il en est qui, n'ayant aucun rapport de dépendance avec Cluny, la réforme opérée, conservèrent leur entière indépendance ou furent soumis à d'autres abbés. De ce nombre il faut placer au premier rang la célèbre abbaye de Saint-Denis (1).

(1) PIGNOT, *Histoire de l'ordre de Cluny*, t. I, p. 311.

A l'endroit où s'élèvent maintenant un des plus splendides édifices religieux du moyen âge et une ville florissante, régnait la solitude, le silence, et peut-être la désolation. Les campagnes des Gaules présentaient partout le même aspect : nos ancêtres n'y étaient pas encore initiés aux principes de la civilisation. Les Romains n'avaient fondé la conquête qu'à leur profit, le christianisme seul devait faire triompher ces grandes vérités morales et religieuses sans lesquelles il n'y a pas de vraie civilisation. Saint Denis le premier fit retentir sur les rives de la Seine la parole évangélique, couronnant par le martyr son laborieux apostolat. Il souffrit le dernier supplice pour Jésus-Christ en compagnie du prêtre Rustique et du diacre Eleuthère, sur une légère éminence, qui dès lors changea son nom en celui de Montmartre ou de *Mont des Martyrs* (*Mons Martyrum*). A Rome, durant les persécutions qui firent couler des flots de sang chrétien, de pieuses femmes, au péril de leur vie, s'empressaient de recueillir jusque sous la hache des bourreaux, le sang des martyrs. A Paris, il se trouva également dans la communauté chrétienne une femme courageuse digne des Anastasie, des Basilisse, des Lucine, des Praxède, des Pudentienne et des Plautille : Catulle, tel est son nom, releva les corps mutilés des héros du Christ encore « teints de la pourpre royale du martyr », suivant une belle expression de nos livres liturgiques, et les ensevelit secrètement dans son domaine. Une tombe modeste recouvrit d'abord ces restes précieux; bientôt les fidèles y accoururent en grand nombre et une église spacieuse répondit à l'affluence extraordinaire des pèlerins, attirés par les miracles qui s'y opéraient chaque jour. Au ve siècle, sainte Geneviève réussit à faire reconstruire ce temple, dont saint Grégoire de Tours vante la magnificence. Près du tombeau de saint Denis quelques moines, dès l'origine, célébraient l'office, et jetaient ainsi les fondements d'un établissement ecclésiastique d'où devaient sortir dans la suite tant de saints et illustres personnages.

La réputation des deux premiers monuments élevés à l'honneur de saint Denis fut éclipsée par la magnificence de la basilique construite vers l'an 630 par le roi Dagobert Ier. « Ce prince la décora de marbres précieux, de tapis magnifiques, de portes en bronze, de vases d'or rehaussés de pierreries. Saint Eloi cisela de ses mains le tombeau des martyrs et la grande croix d'or érigée à l'entrée du chœur. Il fallait à ce temple une consécration digne de lui : une antique tradition assurait que Jésus-Christ lui-même en était venu célébrer la dédicace, entouré d'un merveilleux cortège de martyrs et de confesseurs. On montre encore, dans une des chapelles de l'église, l'endroit par où le divin pontife entra dans la basilique de Dagobert (1). »

Avec la basilique, Dagobert avait édifié aussi, pour les religieux attachés à la garde du saint tombeau, un monastère attenant au saint édifice digne de ce somptueux monument et de sa propre magnificence. Afin de consommer dignement son œuvre, ce même roi appela des célèbres monastères de Saint-Martin, de Tours et d'Agaune-en-Valais, une colonie de leurs religieux qui vinrent en 636 inaugurer dans l'abbaye la régularité claustrale, la psalmonie perpétuelle et la règle de saint Benoît. Le nombre des domaines et l'énormité des revenus dont le roi Dagobert dota le monastère de Saint-Denis seraient incroyables, s'ils n'étaient attestés

---

(1) DE GUILHERMY, *Monographie de l'église royale de Saint-Denis*, p. 7 ; Cf. *Gesta Dagoberti*, c. xx, dans *Recueil des historiens de France*, t. II, p. 585.

par plusieurs chartes authentiques. Les rois, successeurs de ce prince, confirmèrent ces donations en y ajoutant de nouvelles propriétés, et l'étendue des possessions du monastère eût dépassé toute limite, sans les envahissements continuels des seigneurs et des prélats voisins de ces propriétés. La discipline monastique eut à souffrir de cet état de choses, et il fallut en venir à une réforme. Cette première réforme de l'abbaye eut lieu sous le règne de Clovis II et sous l'administration de l'abbé Aygulphe. On vit alors pendant cette période se succéder dans le monastère un grand nombre d'illustres abbés. Pourrions-nous ici ne pas rappeler avec éloge le nom de Fulrad, le plus célèbre d'entre eux, qui joua un rôle si important au huitième siècle? Il s'occupa de l'embellissement des édifices de l'abbaye et de la reconstruction de la basilique. Favori de deux rois de France et de six souverains pontifes, il possédait des domaines considérables qu'il légua à son abbaye, égalant par sa munificence les largesses de Dagobert. Le neuvième siècle est une ère brillante pour l'abbaye de Saint-Denis. Les travaux du *Scriptorium* ne cessèrent point d'y fleurir, tandis que l'éclat passager des lettres, ravivé sous le règne de Charlemagne, pâlissait partout en Europe. L'abbé Walton, prélat savant, ouvre cette période ; il eut à lutter pour les droits de son monastère et défendit ses possessions en Valteline contre les empiétements d'un ambitieux évêque de Côme. Il eut pour successeur le savant abbé Hilduin qui cumula sous Louis le Débonnaire, le gouvernement des abbayes de Saint-Médard de Soissons, de Saint-Germain des Prés et de Saint-Denis. Hilduin accomplit la seconde réforme du monastère conformément au vœu du roi et du concile de Paris tenu en 829. Il clôt la liste des

Abbés nommés par élection. L'avènement de Louis Ier, réputé issu du comte Roricon et de Rotrude, fille de Charlemagne, ouvre en 842 la période des abbés commendataires parmi lesquels on compte trois rois de France. Tous les abbés qui se succèdent dans cette période sont remarquables par leur rang, leur science, leur valeur guerrière ou leurs talents administratifs. C'est aussi le temps des incursions des hommes du nord et de leurs déprédations dans Paris et dans l'abbaye. Déjà Hilduin s'en était ému, et s'était hâté d'aller confier à l'abbaye de Ferrières les reliques et le trésor de son abbaye. Sous Charles le Chauve, les dévastateurs reparaissent semant partout la terreur. La basilique et l'abbaye demeurent à leur merci, et, trois semaines durant, ces pirates les mettent au pillage. Ouverte en 842, la série abbés commendataires se ferme cent dix-huit ans plus tard sous l'administration de Hugues Capet, comte de Paris et duc de France. Pendant cette période, le monastère de saint Denis avait été entièrement sécularisé et ses biens dilapidés ; le zèle religieux s'était endormi ou complètement éteint. Une troisième réforme était nécessaire : c'est Odilon qui sera chargé de l'accomplir.

Le mouvement inauguré par saint Odon pour la réforme monastique ne s'était pas ralenti, et il avait trouvé de l'écho chez tous les princes chrétiens. Ils tenaient à honneur de voir les établissements monastiques auxquels ils portaient spécialement intérêt dirigés par l'abbé de Cluny. Nous avons vu déjà que le roi Hugues Capet avait appelé saint Mayeul pour réformer l'abbaye de Saint-Denis(1) dont il fut le dernier abbé

---

(1) « (Hugo Maiolum) ad se venire rogavit ex intentione ut monasterium Sancti Dionysii ejus consilio et adjutorio melius quam tunc

commendataire. Mayeul se mit en route pour obéir aux ordres du souverain, mais il fut surpris par la mort à Souvigny. Hugues tint à assister lui-même à ses obsèques(1), et, plus tard encore nous le retrouverons auprès de son tombeau (2). Chose étrange ! le prince qui avait convoqué le concile de Saint-Basle et qui s'était élevé avec tant de force contre les prétentions de la papauté, se montra favorable à une réforme à la suite de laquelle le Saint-Siège devint plus puissant que jamais. Ne vit-il pas quelles conséquences elle devait amener à sa suite? La chose est peu probable : Hugues se souvint seulement qu'il devait sa couronne à l'Eglise, et il couvrit également de sa protection le clergé séculier et le clergé régulier. Quoi qu'il en soit, le roi Hugues pria Odilon de vouloir s'occuper de Saint-Denis et d'y ressusciter avec le zèle religieux, la régularité monastique (3). Cette mission était trop honorable pour notre saint, et elle s'accommodait trop bien à ses plus intimes désirs pour la refuser. Odilon entreprit la réforme en l'an 994, l'année même de son élection au siège abbatial de Cluny.

Sainte Adélaïde favorisa de tout son pouvoir la nouvelle réforme du monastère à laquelle le roi contribua singulièrement en suivant les conseils du saint abbé. Ce fut par son avis que le prince abolit certaines cou-

---

erat ordinari posset. » (Odilon, *Vita Maioli* ; Migne, *Patrol. lat.*, t. CXLII, col. 958.)

(1) Odilon, *Vita Maioli, ibid.*, col. 958.

(2) *Miracula Maioli* (*Recueil des historiens de France*, tome X, 363 A.

(3) « Beati Dionysii cœnobium quod jàm pristinam monasticam corruperat regulam, rex Hugo regulari honestate sicut in Ecclesiis Domini rectum erat, honestiùs restauravit per manum venerabilis Odilonis abbatis, et alia sanctorum nonnulla monasteria in decorum pristinæ disciplinæ revocavit. » (*Bibl. Clun.*, col. 334.)

tumes qui étaient autant de vexations sur les vassaux de l'abbaye. Et afin que les religieux pussent jouir de toute la tranquilité que les rois, ses prédécesseurs, fondateurs et bienfaiteurs de l'abbaye, avaient désiré leur procurer par leurs libéralités, il défendit que ni évêque, ni comte, ni gentilhomme n'entrât de force dans l'enclos du monastère, ni que personne y prît son logement ou exigeât des provisions de bouche ; en un mot, y causât le moindre dommage. « Le silence et le repos des religieux etaient fort interrompus par le grand abord des séculiers ; de plus, la maison avait peine à soutenir les dépenses excessives qu'il fallait faire pour les bien recevoir. Ce n'est pas que saint Odilon voulût abroger l'hospitalité dans Saint-Denys, ni interdire absolument l'entrée du monastère aux étrangers qui y seraient venus pour s'édifier. Il était trop instruit de la régle de saint Benoît et trop plein de l'esprit de ce saint législateur pour ne pas se conformer à ce qu'il prescrit touchant les hôtes qu'il veut qu'on reçoive comme Jésus-Christ même, c'est-à-dire avec toute l'honnêteté, la charité et la bienséance convenables à la sainteté de la profession monastique. Mais depuis que l'hospitalité pratiquée d'abord gratuitement dans les abbayes et dans les maisons épiscopales, eut dégénéré en une espèce de servitude qu'on appelait *Droit de giste*, qui comprenait le logement et la dépense de bouche et de fourrage, cette servitude était devenue si onéreuse aux évêques et aux abbés, que, quelque riches qu'ils fussent, ils ne pouvaient plus subvenir aux nécessités des pauvres, après s'être épuisés à bien recevoir les riches. Ce fut donc apparemment ce qui porta saint Odilon à demander, comme faisaient d'autres abbés, l'exemption de cette charge pour l'abbaye de Saint-Denys, au temporel de laquelle il devait pourvoir, afin de mieux assurer le spirituel. » (1)

Odilon demeura trois ans à la tête du monastère de Saint-Denys, donnant à ses religieux l'exemple de toutes les vertus. Il avait remplacé les coutumes particulières par les *Coutumes de Cluny*, et c'est ainsi qu'il débutera toujours chaque fois qu'il entreprendra la réforme d'un monastère. Mais il savait qu'une direction ferme et douce a plus d'efficacité que les meilleurs règlements, et que les exemples sont plus persuasifs que les exhortations. Aussi sous le gouvernement de notre saint abbé, le monastère de Saint-Denys s'éleva-t-il à un tel degré de prospérité qu'en l'année 998 Odilon put faire asseoir à sa place sur la chaire abbatiale le moine Vivien qui était auparavant prieur de Cluny. C'était ce même prieur qui avait accompagné Odilon au concile d'Anse et que le saint abbé avait distingué entre tous ses moines, par sa science et sa régularité. Vivien est loué de sa grande prudence et de son habileté dans le maniement du temporel de son monastère. Il persuada au roi Robert d'abolir l'usage où nos rois étaient depuis longtemps, de tenir leur cour plénière à Saint-Denys aux quatre principales fêtes de l'année : Noël, Epiphanie, Pâques et Pentecôte ; son intention était d'ôter à ses religieux une occasion presque immanquable de dissipation, et, en second lieu, de soulager son abbaye, en la mettant à couvert des frais de cette réception (2).

Odilon n'abandonna pas le monastère de Saint-Denys où il avait fait passer l'esprit de Cluny et d'où l'éclat de la régularité monastique devait bientôt rayonner sur

(1) Dom Michel Félibien, *Histoire de l'abbaye royale de Saint Denys* en France, p. 116, Paris, 1706.
(2) Dom Félibien, ouv. cité, p. 117.

tout le royaume de France. Ce monastère lui était devenu très cher et à cause de la ferveur des religieux et parce qu'il lui avait laissé pour Abbé Vivien, l'un de ses enfants de Cluny les plus aimés. Le saint l'y suivra de l'esprit et du cœur. Nul doute qu'Odilon lui écrivit des lettres pleines de charmes que le temps ne nous a malheureusement pas conservées et où le saint abbé faisait passer toute son âme de père et d'ami. Ce qu'il y a de certain, c'est que Saint-Denis reçut fréquemment sa visite. Que de fois le serviteur de Dieu vint en ce monastère transformé par ses soins et, par ses paroles éloquentes, nourrir ses enfants de la parole de Dieu, et leur distribuer les eaux du salut ! C'est à Saint-Denis enfin qu'Odilon accomplit un jour l'un de ses plus grands miracles. Mais il nous faut entendre son biographe lui-même : « Le carême, dit-il, était passé
« ainsi que les jours consacrés à célébrer l'institution
« de la divine Eucharistie et les mystères de la passion
« du Sauveur ; tout le monde se réjouissait de passer
« dans une sainte allégresse la joyeuse fête de Pâques.
« Or notre Père et les religieux manquaient de poisson
« pour célébrer une si grande fête. Le moine qui était
« alors chargé de pourvoir aux besoins matériels de la
« communauté était un vieillard nommé Yves, homme
« fort aimable d'ailleurs, qui, tout appliqué à recon-
« naître et à honorer le mérite de notre Père, se trou-
« vait grandement affligé ne n'avoir pas de poisson à
« lui offrir ; car malgré toutes ses démarches et toute la
« peine qu'il s'était donnée, il n'avait pu réussir à s'en
« procurer. La divine Providence l'avait ainsi voulu afin
« que, par un bienfait de Dieu, un nouvel hôte des eaux
« fût envoyé à notre bienheureux, intérieurement re-
« nouvelé de jour en jour, suivant la parole de l'Apôtre.
« Dès le crépuscule du grand jour, après que les reli-

« gieux eurent chanté solennellement l'office des ma-
« tines, Yves, plein de confiance en Dieu et au mérite
« du saint Abbé, quitte l'église et va trouver les servi-
« teurs. Il appelle ceux qui connaissent la pêche et
« leur recommande d'aller prendre du poisson, leur
« disant : Odilon est venu, voici le jour de Pâques, et
« les frères sont fatigués par le chant. Il leur donne
« l'ordre de jeter leurs filets dans la Seine. Allez, leur
« dit-il, appuyez-vous sur le mérite d'Odilon, et invo-
« quez le nom du Christ ; votre espérance ne sera point
« trompée. Les serviteurs courent en toute hâte, jet-
« tent leurs filets, et ils ramènent soudain un poisson
« d'une grosseur extraordinaire, tel qu'on n'en avait
« jamais vu dans la Seine. Les pêcheurs reviennent au
« monastère, chargés de leur miraculeuse capture, et
« ils présentent au saint Abbé le poisson nouveau dont
« le fleuve n'avait jamais contenu de semblable, et que
« la main bienfaisante de Jésus-Christ avait envoyé
« pour son serviteur. Notre père, ajoute Jotsald, fut
« tellement émerveillé de ce prodige inattendu, qu'il
« fit venir les enfants du monastère eux-mêmes pour
« voir un poisson d'une grosseur si merveilleuse, et il
« excita de plus en plus les religieux à remercier le
« Seigneur d'un tel bienfait (1). » Ce prodige, s'il n'eût
été fait en faveur de notre saint, serait à peine digne de
remarque dans une vie qui en compte tant d'autres
aussi merveilleux. Odilon fut un de ces thaumaturges
que Dieu se plaît à créer pour les temps difficiles, semant les miracles sur son passage avec une profusion
qui les faisait presque paraître naturels. Comment
s'étonner après cela de l'autorité qui s'attachait à sa
personne et de la sympathie qu'elle inspirait ? Nous en

(1) JOTSALD, cap. II, VIII.

avons un touchant témoignage dans le fait suivant que nous allons raconter.

A quelque distance de Saint-Denis se trouvait un petit monastère consacré à saint Martin et appelé Saint-Denys de l'Estrée. Là se retiraient quelquefois les religieux que les infirmités ou de grandes fatigues ne permettaient plus de rester à l'abbaye Mère. Un jour, l'homme de Dieu arrivant à Paris très fatigué, alla se reposer à Saint-Denis de l'Estrée. « A
« cette nouvelle, dit Jotsald, les procureurs du monas-
« tère principal lui envoyèrent tout ce qui était néces-
« saire, mais ils ne purent lui expédier que quelques
« petits poissons, faute de pouvoir en trouver de
« plus gros. Or, tandis que notre saint croyait pou-
« voir jouir d'un repos complet dans cette tranquille
« solitude, un grand nombre de visites, comme toujours,
« lui arrivèrent, entre autres deux Abbés, si je ne me
« trompe, accompagnés de plusieurs religieux. Odilon
« les accueillit avec joie, conversa longtemps avec eux,
« et les invita à s'asseoir à sa table. Il demanda aux
« cuisiniers ce qu'ils avaient à servir à ses hôtes. —
« Plusieurs mets, dirent-ils, mais le poisson est abso-
« lument insuffisant pour un si grand nombre. — Ne
« vous inquiétez point, mes enfants, répliqua l'homme
« de Dieu, mais confiez-vous à Celui qui avec cinq
« pains et deux poissons, a pu rassasier cinq mille
« hommes. Préparez-nous donc, à nos hôtes et à nous
« un copieux repas. — Les serviteurs exécutèrent cet
« ordre le mieux qu'il leur fut possible. Bientôt on se
« rendit à table; chaque convive occupa la place qui
« lui avait été préparée. Mais, ô prodige ! la vérité en
« est attestée par tous ceux qui furent présents. A
« mesure que les cuisiniers apportaient les poissons et
« qu'on les distribuait aux religieux, ils se multipliaient

« tellement, ainsi que les autres mets, entre les mains
« des convives et des serviteurs, que tous furent servis
« avec abondance et qu'il en resta encore une grande
« quantité pour les gens de service. — Mes enfants,
« leur dit l'homme de Dieu, quand le repas fut ter-
« miné, vous aviez peu promis et vous avez donné beau-
« coup. Vous avez craint de nous laisser mourir de
« faim; et vous nous avez procuré une réfection sura-
« bondante. Ayez soin de réserver pour vous quelque
« chose d'un si riche festin. — Nous avons encore des
« mets pour nous et pour beaucoup d'autres, répondi-
« rent les serviteurs dans leur allégresse. Désormais,
« nos cœurs seront disposés à croire tout ce que
« votre sainteté voudra nous persuader. Voici, qu'à
« l'encontre de notre espérance pusillanime, votre
« promesse vient de s'accomplir. — Non, répon-
« dit humblement saint Odilon, ce n'est pas à ma foi,
« mais à votre obéissance et au mérite de nos hôtes
« qu'est due cette merveille. Plaçons toujours notre
« espérance en Celui pour lequel sont possibles les
« choses impossibles aux hommes (1). »

Après Saint-Denis, le monastère qui dut le plus à Odilon et celui qui reçut sa visite presque en même temps, fut le monastère de Souvigny en Bourbonnais. On nous saura gré, sans doute, d'en retracer ici brièvement l'origine.

D'après un manuscrit de la bibliothèque de Cluny (2), le Bourbonnais aurait été autrefois habité par les Boïens, *Boii* et la ville de Souvigny, bâtie par eux, serait regardée comme le *Gergovia Boïorum* dont parlent les Commentaires de César. On ne connaît plus ensuite cette ville que sous le nom de *Souvigny*,

(1) JOTSALD, cap. II, VIII
(2) *Mémoires pour servir à l'histoire du prieuré de Souvigny.*

Sylviniacum, ainsi appelée des vastes forêts qui l'entouraient, de même que le Bourbonnais a reçu son nom du château de Bourbon, des seigneurs du pays qui en étaient les maîtres. Nous ne nous arrêterons pas à discuter les preuves citées par l'auteur du séjour des Boïens dans cette riche partie de la Gaule. Nous arrivons immédiatement à une autre étymologie tirée du nom du territoire de Souvigny, désigné par *umbra vallis*. Un auteur, Nicolaï (1), raconte que vers le commencement du cinquième siècle, une colonie de Vénètes, fuyant l'invasion du terrible Attila, vint se fixer sur les bords de la Quesne, et demanda l'hospitalité aux habitants du pays, auxquels ces étrangers prêtèrent leurs bras pour fortifier leur ville *umbra vallis*. Après un séjour de trente à quarante ans au milieu d'eux, les Vénètes retournèrent dans leur patrie, et trouvant leur ville brûlée, ils la rebâtirent sur des îles voisines du continent, à l'extrémité de la mer Adriatique et lui donnèrent le nom de *Venise*. Ces peuples conservèrent toujours des relations avec les habitants du pays qui les avaient accueillis ; et ceux-ci en mémoire de leurs anciens hôtes nommèrent leur ville *Sous-Venise*, *Sub Venetis* ou *Salus Venetorun*, dont on aurait fait depuis *Souvigny*, qui d'ailleurs se gouverna longtemps comme les Vénitiens, « ayant des barons pour gouvernement et un baron sur iceux ».

Quoi qu'il en soit de ces diverses étymologies plus ou moins invraisemblables, il est certain que l'histoire réelle de Souvigny ne remonte pas au delà de l'an 913, époque à laquelle Charles le Simple donna ce pays à Adhémar, sire de Bourbon, comme une récompense des services rendus et une garantie de fidélité à l'ave-

(1) **Statistique du Bourbonnais** faite par ordre de Charles IX.

nir. Mais Adhémar, à son tour, inspiré par un sentiment de foi vive et de forte piété si fréquent à cette époque, donna, par une charte datée du mois de mars de l'an 920, à la naissante abbaye de Cluny, sous le gouvernement de l'abbé Bernon, toutes les possessions qu'il avait reçues du roi Charles : Souvigny, son église dédiée à la Vierge et aux apôtres saint Pierre et saint Paul, les maisons qui en dépendaient, les prairies des vallées, les vignes des coteaux, et jusqu'aux bruyères de ses landes et aux forêts de ses montagnes. La fondation de Souvigny n'est donc postérieure que de six ans à celle de la grande abbaye dont elle est la fille aînée. Un prieuré fut bâti sur les bords verdoyants de la Quesne, et les moines qui vinrent l'habiter furent le premier essaim semé par Cluny. L'histoire de Souvigny se relie donc très intimement à celle de la grande abbaye bourguignonne. Dix années durant, Bernon groupa ces deux abbayes sous sa crosse abbatiale. Les successeurs de Bernon, saint Odon et le bienheureux Aymard, poursuivirent les constructions du monastère de Souvigny, continuant de le gouverner par des doyens placés sous leurs ordres. L'histoire a conservé le nom de l'un d'eux, Raymond, qui pendant vingt ans remplit ces fonctions sous la longue administration de saint Mayeul. On se souvient que c'est à Souvigny que le grand abbé rendit le dernier soupir. C'est là, dans la vaste église du monastère, que pendant près de huit cents ans, reposa sa dépouille mortelle. Son tombeau y fut glorifié par d'innombrables miracles. Une année s'était à peine écoulée depuis la mort du saint abbé que déjà on se rendait de toutes parts en pèlerinage au lieu béni où reposaient ses précieux restes. A cette époque, le roi de France, Hugues Capet, était gravement malade dans son palais de la Cité.

Odilon, qui se trouvait alors à Saint-Denis, tout occupé à la réforme du célèbre monastère, lui rendait de fréquentes visites. Il lui persuada de faire un pèlerinage au tombeau de saint Mayeul pour implorer sa guérison. Hugues y consentit, et il se mit en route au mois de juillet 995, accompagné de son fils Robert, déjà associé à son trône, du fidèle Bouchard, comte de Paris et de son fils, de l'abbé de Cluny et de plusieurs autres seigneurs. C'était pour la seconde fois que Hugues se rendait à Souvigny. Il y fut rejoint par les sires de Bourbon, les deux Archambaud, père et fils, avec lesquels il resserra les liens d'une étroite amitié. Le roi fut reçu à l'entrée de l'église par tous les religieux du prieuré ayant à leur tête le doyen Raymond, qui lui présenta l'eau bénite, le livre des Évangiles à baiser et l'encens. Le roi, se tenant à son côté, au milieu des moines, s'avança vers l'autel de la basilique et, selon l'usage, y déposa son offrande. Alors le doyen entonna le verset *Domine salvum fac servum tuum*, puis récita l'oraison *pro rege et pace* : « Nous vous prions, Sei-
« gneur, Dieu tout-puissant et éternel, d'avoir pitié de
« votre serviteur, de le diriger selon votre clémence
« dans la voie du salut, afin que, par votre grâce, il ne
« désire que les choses qui vous plaisent, et qu'il les
« accomplisse avec toute vertu. Accordez aussi la paix
« dans nos temps, par notre seigneur Jésus-Christ. »
Hugues alla ensuite s'agenouiller sur la modeste dalle qui recouvrait le corps de son saint ami. « Il n'était pas revêtu du manteau des rois francs ; il portait, dit l'historien de saint Mayeul, l'humble cape de saint Martin, manteau d'étoffe grossière qui passait pour la relique la plus précieuse de l'oratoire de nos rois(1). Le pieux

(1) Ogerdias, *Hist. de S. Mayol*, p. 290-295.

monarque passa quelque temps à Souvigny, pratiquant à la lettre la règle bénédictine, qu'il appelait l'asile le plus assuré des peuples et des rois, vivant à la table des moines, et assistant à tous les offices du jour et de la nuit. Il fut témoin de la guérison d'un aveugle au tombeau de saint Mayeul. On amena devant lui, en présence du comte Bouchard, de l'évêque Renaud et de l'abbé Odilon, le pauvre aveugle qui venait de recouvrer miraculeusement la vue. Il l'examina avec attention, toucha de ses mains les yeux rendus à la lumière, « et comme il était d'un caractère doux et compatis-« sant, dit le chroniqueur, il ne put s'empêcher de verser des larmes d'attendrissement ».

Le Seigneur ne jugea pas à propos d'accorder une guérison complète aux prières du royal pèlerin. Cependant sa foi et son humilité lui obtinrent de la bonté de Dieu un adoucissement à ses longues souffrances. En reconnaissance il délivra une charte solennelle, dans laquelle il accorde à Odilon et aux moines de Souvigny le droit de frapper « Mailles » avec le nom et le portrait du pieux Mayeul, et celui de faire circuler ces monnaies sur tout le territoire du comte Archimbald, à côté des mailles du roi. Cette charte est trop importante pour Souvigny et trop honorable pour notre saint abbé, pour ne pas trouver ici sa place : « Si nous accordons, y est-il
« dit, aux lieux saints le secours et le privilège de no-
« tre autorité, c'est que nous espérons que la récom-
« pense de la patrie céleste nous sera plus sûrement
« réservée, que notre vie sera plus tranquille, et que
« nous obtiendrons plus promptement la guérison des
« infirmités de notre corps. C'est pourquoi sachent tous
« les fidèles de la sainte Eglise et tous les nôtres, qui
« étant venu dans la ville de Souvigny, et étant entré
« dans l'église de Saint-Pierre où repose le corps du

« glorieux confesseur du Christ, et notre ancien ami
« bien-aimé l'abbé Mayol, afin de prier devant son
« sépulcre et ses reliques, et d'obtenir la guérison de
« notre maladie, les moines ont supplié Notre Sérénité
« d'honorer la terre de Saint-Pierre d'une royale lar-
« gesse, en mémoire du confesseur déjà nommé et en
« reconnaissance du soulagement par nous obtenu ; Ar-
« chambaud comte, et Archambaud son fils, nos parents
« très chers, Bouchard comte, et nos autres comtes
« fidèles nous adressant la même prière, nous avons
« accueilli ces demandes dans notre cœur, et, en vertu
« de notre autorité royale, notre fils Robert, roi,
« l'approuvant et y consentant, nous concédons à Odi-
« lon, vénérable abbé, et à ses successeurs, le droit de
« battre pour le compte de l'église de Souvigny, des
« mailles de bon aloi, portant le nom et l'image du
« dit confesseur Mayol, et ces mailles de saint Mayol
« auront cours en tout temps, et conserveront perpé-
« tuellement leur valeur sur la terre du comte Archam-
« baud, concurremment avec nos mailles royales. Et
« pour que ce titre de notre largesse obtienne, au nom
« de Dieu, son plein et entier effet, nous l'avons con-
« firmé de notre main. » Suivent les monogrammes
du roi Hugues et du roi Robert son fils. L'acte écrit
au monastère de Souvigny, est daté du mois de juillet
de la huitième année du règne de Hugues Capet qui
correspond à l'année 995 (1).

A mesure que la foule des pèlerins s'augmentait près
du tombeau de saint Mayeul, la vieille église devenait
insuffisante. Il fallut songer à en construire une plus
vaste. Elle fut bâtie avec les libéralités du peuple chrétien et surtout avec les largesses du comte Archimbald

(1) OGERDIAS, *opus. cit*, p. 293-294.

de Bourbon. Les religieux élevèrent eux-mêmes les constructions, d'abord sous la direction de l'un d'eux, le moine Malguin, mais principalement sous les ordres d'Odilon à qui était réservée la direction générale de l'œuvre. L'église était romane, et elle se composait du chœur et de deux nefs latérales terminées par des chapelles qui existent encore. La présence d'Hugues Capet ne fut pas la seule visite royale que reçut Souvigny. Au commencement du onzième siècle nous verrons le roi Robert, peu de temps avant sa mort, visiter également le célèbre monastère. Odilon, lui aussi aimait à se rendre fréquemment à Souvigny auprès du tombeau de son saint prédécesseur. Peut-être avait-il le pressentiment qu'il y trouverait un jour le lieu de son repos(1). Mais le saint abbé n'était qu'au début de sa glorieuse mission ; il n'était pas destiné encore à jouir du repos. De nouveaux prieurés ou monastères l'attendaient pour une réforme devenue depuis trop longtemps nécessaire. Il quitta Souvigny, non sans toutefois se promettre de revoir son cher monastère, et reprit le chemin de Cluny.

---

(1) BALUZE, *Miscell.*, t. VI, 641 ; BOUQUET, *Recueil des historien, de France*, t. VIII, p 641 ; BERNARD et BRUEL, *opus cit.*, t. I, n° 217 ; lib. I, *Miracul. S. Maioli*, cap. III ; lib. II, cap. III. L'autel érigé sur le tombeau de S. Mayeul fut consacré par Beggo II, évêque de Clermont (de 980-1010), en présence d'un très grand concours de peuple. (Lib. I, cap. IX, *Bibl. Clun.*, col. 1790, 1801, 1792 ; MABILLON, *Annal.*, IV, p. 87 ; BOUQUET, *opus cit.*, X, 565 ; OGERDIAS, p. 290 et suiv., 300 et suiv., 389 et suiv. ; PIGNOT, I, p. 311, 419 ; Helgald dans BOUQUET, X, p. 114.)
Le Maille (de métal) est une très petite monnaie.

CHAPITRE IX

LA RÉFORME MONASTIQUE *(suite.)*

(995)

En même temps qu'Odilon s'occupait à réformer l'abbaye de Saint-Denis, dès la seconde année de son gouvernement, un saint évêque montait sur le trône épiscopal d'Autun : c'était Valtere. Nous ne savons rien de son origine, mais l'histoire relève avec complaisance les mérites de sa prudente et ferme administration. Pasteur des peuples, il embrassait dans sa sollicitude les choses du ciel et celles de la terre : d'une part le soin des églises, la splendeur du culte, la science et la sainteté du clergé, la discipline et la ferveur des monastères ; d'autre part, et par les titres les plus légitimes, la défense des faibles, l'alimentation des pauvres, l'ordre et la beauté de la cité, rien n'échappe à ce vigilant prélat. Son premier soin, dès que les circonstances le lui permirent, fut de rétablir la régularité et la discipline religieuse dans les monastères. A cette époque il existait dans le voisinage un antique prieuré qui relevait de l'évêché d'Autun : c'était le prieuré de

Mesvres (1). Cette modeste bourgade, aujourd'hui chef-lieu de canton de l'arrondissement d'Autun, est située au pied de la montagne de Certenue, sur la rive droite du Mesvrin qui coule de l'est à l'ouest. Le village est assis au point où l'étroite vallée s'évase en forme de petit bassin pour recevoir les ruisseaux qui descendent des sommets voisins, à peu de distance de l'embouchure du Mesvrin qui va bientôt se perdre dans l'Arroux.

Le nom de Mesvres a subi des transformations assez nombreuses ; il appartient à la langue primitive de la Gaule et il remonte à une haute antiquité. Le prieuré, dont les restes importants subsistent encore aujourd'hui, était situé sur les bords de la rivière du Mesvrin ; il avait été construit primitivement et à une époque très reculée, bien qu'on n'ait jamais pu en préciser la date certaine, sur les ruines d'un vieux temple païen. « L'ignorance absolue où l'on est sur l'époque de sa fondation, dit M. de Charmasse, est une preuve de sa haute antiquité. Au XVIIe siècle, on croyait que le prieuré avait été fondé par les barons d'Uchon, dont la sépulture se voyait dans l'église. Mais cette tradition ne reposait que sur la présence de leurs tombeaux, sans autre preuve, ni témoignage certain. Peut-être même n'y eut-il point de fondation dans le sens précis du mot. L'existence d'un temple prédestinait ce lieu à devenir un sanctuaire chrétien, et, à la place du dieu déchu, le christianisme put s'installer en vainqueur et en héritier, sans qu'il fût besoin pour cela d'une mise en possession spéciale ou plus régulière (2). » La première mention qui soit faite du prieuré de Saint-Martin de

(1) PIGNOT, ouvr. cit., t. I, p. 315.
(2) A. DE CHARMASSE, *Notice sur le prieuré de Mesvres*, dans les *Mémoires de la Société éduenne*.

Mesvres ou de Certenue, *monasterium sancti Martini de Magavero sive Circiniaco* remonte seulement à l'année 843. Elle se rencontre dans un diplôme par lequel Charles le Chauve confirma l'autorité de l'Église d'Autun sur cet établissement (1). Cet acte n'était que la reproduction plus détaillée d'un autre diplôme accordé en 815 à la même Église par Louis le Débonnaire qui confirma ses possessions en général, sans aucune désignation particulière (2). Le prieuré de Mesvres était donc bien antérieur au diplôme de 843, et il n'est pas téméraire d'affirmer qu'il remonte à l'origine même de l'antique Église d'Autun. Il était habité et desservi par un petit collège de clercs vivant sous la règle de saint Augustin ou de saint Chrodegand, de Metz. Raino est le premier prieur dont le nom soit parvenu jusqu'à nous. D'après la chronique de Hugue de Flavigny, il vivait sous l'épiscopat de Rotmond qui donna aux moines de Cluny l'église de Blanzy pour y établir un prieuré, sous le règne du roi Raoul. Or, Rotmond ayant été sacré en 935, une année même avant la mort de Raoul survenue en 936, la coïncidence de ces deux faits nous donne avec précision la date de l'existence du premier prieur du monastère de Mesvres. Comme nous l'apprend encore le même chroniqueur, Rotmond lui confia le gouvernement de Flavigny qui avait été uni à son siège par un diplôme de Charles le Chauve de 877 (3).

Raino eut pour successeur Milon, dont nous ignorons également l'origine. Il vivait en 955 et, comme son pré-

(1) *Cartulaire de l'Eglise d'Autun*, 1re partie, chap. xxviii.
(2) *Id.*, charte xx.
(3) « Fulcherius abbas Flaviniacensis obiit quarto kalendas maii anno DCCCLV, et successit ei Milo Magabrensis. » (*Chron. Hugonis Flaviniac.*) Cf. DE CHARMASSE, ouvr. cité; *Notice chronologique sur l'Eglise d'Autun*, 370.

décesseur, il fut préposé au gouvernement de l'abbaye de Flavigny. Cette époque fut assurément une des plus agitées de notre histoire civile et religieuse. Les évêques du dixième siècle ne voyaient guère dans la possession des monastères unis à leur mense qu'une source de revenus, et nous doutons que l'union du prieuré de Mesvres au siège d'Autun ait été pour celui-là l'occasion d'une parfaite régularité. S'il avait pu être autrefois très florissant, il était depuis longtemps déchu de sa ferveur primitive, et le moment était venu pour lui de sortir de sa condition misérable et de son obscurité, et de revenir à sa ferveur première. Odilon fut l'instrument choisi de Dieu pour opérer cette surnaturelle transformation. Il reçut des mains de Valtere, ce prélat si zélé dont nous avons parlé plus haut, l'antique prieuré de Mesvres, qui fut réuni à l'abbaye de Cluny en l'an 995. Mesvres fut donc une des premières conquêtes de la réforme clunisienne. Le prélat, dans l'acte de cession de son prieuré à notre saint, mit la réserve expresse que les abbés de Cluny auraient soin, dans le gouvernement de ce monastère, de s'inspirer des conseils de l'évêque d'Autun et de ceux de son chapitre (1). L'histoire nous a conservé la charte de Valtere qui expose l'occasion et les motifs de la donation épiscopale. Nous la transcrirons intégralement d'après Mabillon, qui, lui-même, l'a reproduite d'après un vieil exemplaire.

« A tous les chrétiens vivant selon la règle de la foi
« catholique, nous faisons savoir que moi, Valtere, par
« la grâce de Dieu, évêque d'Autun, plein de sollicitude
« pour l'Église qui m'a été confiée, et songeant, autant

---

(1) MABILLON, *Acta*, VI, 1, 570 ; (*Gall. christ.*, IV, col. 377, 442 et suiv. ; Cf. MABILLON, *Annal.*, IV, 333.

« que la divine majesté le permettra à mes faibles
« forces, à recueillir ce qui est dispersé, ce qui est ras-
« semblé, j'ai cru nécessaire de prendre conseil de dom
« Odilon, abbé du monastère de Cluny, et de dom
« Vivien, ainsi que des autres frères de ce monastère,
« au sujet de notre couvent de Mesvres qui a été
« construit sous nos prédécesseurs en l'honneur de saint
« Martin ; déchu de sa régularité et presque dénué
« maintenant de toute utilité, nous voulons y réta-
« blir l'ancienne et exacte discipline. Je n'ai rien trouvé
« de plus salutaire que de recourir à l'abbé de Cluny
« et aux vénérables Pères qu'il dirige si bien dans les
« voies de la régularité, pour mettre ce couvent sous
« leur dépendance. De leur côté, prenant en considé-
« ration nos prières, ils ont consenti à rétablir ce mo-
« nastère dans la mesure de ce que permettaient les
« circonstances, et à y établir des frères chargés d'y
« faire le service divin. Au reste, que tous présents et
« à venir sachent bien que j'ai agi dans cette intention,
« que l'affection qui nous a toujours uni au monastère
« de Cluny et qui avait été déjà si bien cimentée sous
« l'abbé Mayeul, de vénérée mémoire, demeure ainsi
« ferme et inébranlable dans toute la suite des temps.
« C'est pourquoi je remets le monastère de Mesvres à
« notre frère l'abbé Odilon et à ses successeurs et au
« couvent de Cluny, afin qu'ils l'administrent à per-
« pétuité et le réforment avec le conseil de nos clercs
« ainsi que tous les autres fils de l'Église d'Autun, de
« telle sorte que l'union de notre Église et de l'abbaye
« de Cluny soit dans toute la suite des temps, comme
« je l'ai dit, resserrée par le lien de la charité, et que de
« tout temps aussi on y prie pour les clercs vivants ou
« défunts de notre église. Également que l'on y conserve
« notre mémoire. Toutefois ce n'est point pour détruire

« ce lieu que j'agis ainsi, et je n'enlève point ce mo-
« nastère à la juridiction de mes successeurs et de la
« sainte Eglise d'Autun ; au contraire, j'ai décidé que
« l'abbé de Cluny, ses successeurs et ses religieux
« ordonneraient régulièrement, tiendraient et possé-
« deraient le monastère de Mesvres d'après l'avis des
« évêques nos successeurs et des chanoines. Nous
« prions et conjurons nos successeurs les évêques et
« chanoines de corroborer et de confirmer par leur
« autorité pontificale cet acte de notre épiscopat, et de
« partager nos sentiments à cet égard ; qu'ils gouver-
« nent et dirigent ce lieu selon la volonté du Dieu tout-
« puissant et conformément aux dispositions du présent
« acte ; qu'ils en soient toujours les protecteurs et in-
« vincibles défenseurs contre tout mauvais dessein. Nous
« décidons et voulons absolument que nul de nos suc-
« cesseurs, et nulle personne constituée en dignité n'ose
« y ordonner un abbé ou un prieur sans la permission
« et la volonté du dit abbé de Cluny et de ses succes-
« seurs. Egalement que l'Abbé et les religieux de Cluny
« et leurs successeurs ordonnent et administrent ce
« monastère, conformément à l'avis de nos successeurs
« les évêques et chanoines, comme fidèles et dévots
« serviteurs de Jésus-Christ. Nous avons décidé que cet
« acte serait soumis à la confirmation de la cour de Rome
« et de l'autorité royale. Valtere, pécheur, évêque. »

Dans un autographe de cette charte, avec Valtere, pécheur évêque, comme il est dit ici, nous voyons souscrire l'abbé Humbald, l'abbé Hémery, Aute, grand chantre, et Anscher, archidiacre (1).

Valtere, qui déjà avait employé son long épiscopat à

---

(1) MABILLON, *S. Odilonis Elogium historicum.* MIGNE, *Patrol. lat.*, t. CXLII, col. 855, v.

se rendre utile à l'Eglise, ne se contenta pas de renouveler à Odilon la donation du monastère de Mesvres, il se fit un devoir de raffermir l'union que Cluny avait déjà contractée du temps de saint Mayeul avec l'Eglise d'Autun, et il voulut même, pour lui donner une garantie d'intimité et de stabilité, qu'elle fut solennellement confirmée par le pape Jean XVI et par le roi de France (1). C'est précisément à l'époque de cette union entre l'Église d'Autun et la grande Congrégation de Cluny, que fut construite la belle tour carrée du prieuré de Mesvres, qui, après une durée de huit siècles, s'écroula de vétusté le 25 décembre 1836. Cette tour imposante s'élevait à la hauteur de trois étages, percée d'une seule ouverture au premier, sur chaque face, de deux au second et de trois au troisième, séparées par des meneaux surmontés de colonnes et de quatre chapiteaux en marbre blanc provenant du temple païen dont nous avons parlé. Elle était moins une décoration pour le prieuré qu'un lieu de sûreté pour les moines et les habitants qui s'y réfugiaient en cas de péril, et de plus elle donnait à la vallée et à tout le paysage environnant un caractère singulier de noblesse dont on n'a jamais perdu le souvenir (2). Ces remarquables constructions ne furent pas le seul bénéfice que le prieuré recueillit de son union avec Cluny. Il eut sa part dans les faveurs spirituelles des papes, dans la protection des princes, et dans le respect universel qui s'attachait à tous les membres de l'illustre Congrégation.

Que devint le prieuré de Mesvres depuis que sous le

---

(1) Mabillon, *Acta*, VI, 1, p. 570 et suiv.; *Itinerarium. Burg.*, A. 1682, dans les ouvrages posthumes, etc., t. II, p. 23.

(2) De Charmasse, *opus cit.*

gouvernement de notre saint, il fut annexé à l'abbaye mère de Cluny? Les documents nous manquent, pour suivre la trame de son histoire. Tout ce que nous en savons, d'après un manuscrit inédit de la bibliothèque de Cluny, c'est que dans la seconde moitié du quatorzième siècle, un prieur de cet humble monastère, Pierre de Beaufort, fut élevé au souverain pontificat sous le nom de Grégoire XI, et eut la gloire de ramener la papauté d'Avignon à Rome après un exil de soixante-huit ans (1309-1377) (1). Ce fait, qui est demeuré inconnu à tous les écrivains ecclésiastiques, jette sur l'obscur prieuré qui nous occupe un éclat incomparable.

Mais si Odilon s'employa de toute son âme à réformer les abbayes et prieurés qui lui étaient confiés et à les élever à un haut degré de prospérité matérielle et morale, comme il le fit pour l'abbaye de Saint-Denis, il ne négligea pas néanmoins les nombreux monastères qui, dès le commencement de son gouvernement abbatial, composaient déjà le domaine de Cluny. De ce nombre était la vieille abbaye de Charlieu, dont il importe de retracer ici les origines.

L'histoire de Charlieu et de son abbaye ne remonte d'une manière bien certaine que jusqu'à la seconde moitié du neuvième siècle. Charles le Chauve, qui régnait alors sur la France, était tout occupé à faire rentrer sous son autorité les diverses parties de son royaume, qui de toutes parts s'en détachaient. Vains efforts! un génie plus grand que lui-même n'eût pu suffire à la tâche, et l'homme même qui avait toute sa confiance devait bientôt régner en souverain sur plu-

(1) Voir *Annales du prieuré de Mesvres*, par A. DE CHARMASSE, dans les *Mémoires de la Société éduenne*, 1875, t. IV, p. 27-30.
(*Semaine religieuse d'Autun*, numéro du 22 juillet 1893.)

sieurs provinces. Cet homme était Boson. Issu d'une famille obscure, mais qui s'était promptement élevée, Boson, fils de Bavin, duc d'Ardenne, et d'une sœur de la reine de Lorraine, s'était attaché à la fortune de Charles le Chauve. Il lui avait fait épouser en secondes noces sa sœur Richilde. Lui-même fut assez heureux pour obtenir la main d'une princesse royale, Ermengarde, fille de l'empereur Louis II. La Provence venait d'être érigée en royaume pour Charles, fils de Lothaire et duc de Lorraine, l'un des descendants de Charlemagne. Ce royaume comprenait, avec la contrée qui porte aujourd'hui ce même nom, le Dauphiné, le Lyonnais, et, suivant toute apparence, la partie de la Bourgogne la plus rapprochée du Lyonnais, le Mâconnais, dans lequel fut fondée l'abbaye de Charlieu. Charles mourut en 863 ; ses deux fils, Louis et Lothaire, se partagèrent son royaume. Charles le Chauve voulut le conquérir, mais il ne put s'emparer que de Vienne, de Lyon et des pays voisins. Il en donna le gouvernement au duc Boson, son beau-frère. Les guerres que se firent tant de compétiteurs jetèrent la contrée dans l'anarchie, et, pour en sortir, vingt-trois évèques assemblés à Mantaille, dans le Viennois, nommaient, en 879, Boson roi de Provence (1), comme le plus capable de porter la couronne et de rétablir l'ordre (2).

Tel était au ixe siècle, l'état des affaires publiques en France et spécialement dans la contrée où fut fondée l'abbaye de Charlieu. C'était le temps où commençait la féodalité. La guerre et l'anarchie avaient

---

(1) Opinion de Charier, admise par la Mure, combattue par Mabillon. V. *Gallia christiana*, t. XVI, col. 298.

(2) J.-B. Deseverlinges, *Histoire de la ville de Charlieu*, introd., p. 3.

ruiné le pays, et il ne restait plus qu'un petit nombre de pauvres habitations abritées par les murs de quelques châteaux forts construits dans la plaine ou sur les cimes les plus élevées des coteaux. La vallée de Charlieu, alimentée par les eaux du Sornin, entourée et entrecoupée de bois touffus, devint, dit-on, une forêt marécageuse; on l'appelait la *Vallée noire*; toutefois un modeste hameau y laissait encore quelques traces de vie, puisqu'il existait en ce lieu, à cette époque, une église ou chapelle dédiée à saint Martin (1). C'est près de cette chapelle que vers l'an 872 Ratbert 1er, dix-septième évêque de Valence, et son frère Edouard, fondèrent sur leurs propres terres, dans le diocèse et le comté de Mâcon, un monastère de l'Ordre bénédictin qu'ils placèrent sous le patronage de saint Etienne et de saint Fortunat, apôtre de Valence (2). Gansmar en fut le premier abbé. Comme le site était dépourvu de tout agrément naturel, Ratbert, peut-être par ironie, appela la nouvelle maison *Cherlieu* ou Charlieu : « quem etiam locum, quod fuerit minus gratum, *Carilocum* (3) vocari voluit. » Etymologie bizarre, dit M. Vincent Durand, que l'on aurait peine à accepter, si elle n'était fournie par un acte où Ratbert intervient en personne. Ratbert plaça le monastère naissant sous la protection immédiate du Saint-Siège. Le pape Léon VIII, à la date du 4 des ides de juillet (12 juillet 873), approuva le nouveau monastère. Le fondateur, pour lui donner plus de stabilité, en obtint de nouveau la confirmation au concile de *Pontigonum*, Pontion (Marne), en juin

---

(1) BERNARD et BRUEL, *Chartes de l'abbaye de Cluny*, n° 31.

(2) Une charte de Cluny, n° 730, de l'an 950, y ajoute saint Félix et saint Achillée, compagnons de saint Fortunat.

(3) Il existait en France trois monastères appelés *Carilocus* ou *Carus locus* (l'un au diocèse de Besançon, l'autre au diocèse de Senlis, et le troisième au diocèse de Montpellier).

876. C'était une mesure de prudence nécessaire dans ce temps de désordre, où le droit était méconnu, où le plus fort opprimait le plus faible, où la religion seule conservait encore quelque autorité. A cette date, Edouard avait cessé de vivre. Le concile accorda à Ratbert le patronage de Charlieu pendant sa vie et défendit qu'après sa mort personne de sa famille ou aucun autre s'immisçât dans le gouvernement de l'abbaye (1).

On a prétendu, dit M. Vincent Durand, que le roi Boson possédait à Charlieu un château et que, peu après la fondation de l'abbaye, il s'était emparé de tout ou partie de son temporel. Malade et touché de repentir, il l'aurait ensuite restitué. La première de ces assertions est une pure hypothèse; la seconde, ainsi que l'a établi M. de Terrebasse, n'a d'autre fondement qu'une charte inexactement transcrite et faussement interprétée par Paradin. Boson, sans doute, comme beaucoup d'autres grands seigneurs contemporains, tint en précaire des biens ecclésiastiques, mais, à l'égard de l'abbaye de Charlieu, il n'apparaît dans l'histoire que comme un bienfaiteur insigne. Le 11 décembre 879, quelques mois après son élévation au trône, à la prière du comte Swald et en vue du repos de l'âme de son beau-frère, l'empereur Charles le Chauve, de son propre salut et de celui de sa femme, il ajouta au patrimoine du monastère une petite abbaye, *abbatiolam*, dédiée à saint Martin : celle de Régny (Loire). L'acte est daté de Charlieu même. Il lui donna aussi l'église de Saint-Nizier de l'Estra, commune de Quincié (Rhône). En mémoire de ces libéralités, l'effigie de Boson fut placée plus tard sur le

---

(1) Vincent Durand, *Abrégé de l'histoire de Charlieu*, p. 3.

porche de l'église de Saint-Fortunat et peinte dans le réfectoire du couvent. Toutefois il ne paraît pas qu'à la mort il eût conservé aucune autorité sur Charlieu. En effet, dès l'année 880, attaqué par les rois Louis III et Carloman, il avait perdu le comté de Mâcon, donné par ceux-ci à Bernard Plante-Velue. Ratbert, craignant pour Charlieu les conséquences de ce changement de domination, fit confirmer par Carloman les libéralités de Boson. C'est le dernier acte connu du fondateur (1).

Nous avons parlé plus haut d'une chapelle dédiée à saint Martin. Cette chapelle avait été donnée à l'abbaye par Lambert, évêque de Mâcon, et ce don fut ratifié en 887, par l'évêque Gérold. La même année, le concile de Saint-Marcellin en Châlonnais, composé des archevêques de Lyon et de Vienne et de dix autres évêques, à la demande d'Ingelar, second abbé de Charlieu, sanctionna de son autorité les propriétés du monastère, et maintint aux religieux le droit d'élire librement leur abbé. Mais l'avidité des séculiers était plus forte que les décrets des synodes et les préceptes des princes. En 926, un autre concile, tenu à Charlieu même dut ordonner la restitution au monastère des églises de Saint-Martin de Cublize, Saint-Pierre de Thizy, Saint-Sulpice de Montagny, et sept autres tombées entre des mains laïques (2).

C'est vers cette époque que Charlieu cessa d'être un monastère autonome. Saint Odon, dans un de ses voyages en Italie en obtint la réunion à Cluny. C'est ce qui résulte d'une bulle confirmative de Jean XI, du 25 juin 932 (3). Louis IV d'Outre-mer,

---

(1) Vincent Durand, *opus cit.*, p. 4.
(2) Desevelinges, *opus cit.*, p. 11 ; Severt, *Chronol. Archiep. Lugdun.*, t. I, p. 194.
(3) *Bullar. Cluniac.*, p. 2 ; *Chartes de Cluny*, nos 401, note, et 730.

dans une charte datée du 1ᵉʳ juillet 946, donna à cette réunion la garantie de son autorité royale (1) et les nombreuses chartes de privilèges accordées à l'abbaye de Cluny par les papes et les rois, au cours du même siècle et dans les siècles suivants consacrèrent l'annexion (2). Cette intervention répétée de l'une et de l'autre puissance, ecclésiastique et séculière, était rendue nécessaire par les entreprises toujours renaissantes des seigneurs contre les propriétés monastiques. Vers l'an 950, un certain Sobbo, qui détenait injustement l'abbaye de Charlieu, mû « par la crainte au jugement inévitable de la colère divine », la restitua à Aymard, abbé de Cluny (3). Malgré cette restitution si légitime, Charlieu eut encore à compter avec la rapacité des seigneurs qui lui firent subir une dure oppression et de graves dommages. Odilon venait à peine de prendre en main le gouvernement de Cluny. Son premier soin fut, comme nous l'avons dit plus haut, de protéger et de défendre ses possessions contre les brutales vexations et les déprédations des séculiers. Au concile d'Anse, dont nous avons parlé, notre saint abbé obtint un décret par lequel il était interdit à tout chef militaire, à tout seigneur séculier, fût-il revêtu de la dignité de comte, d'élever des fortifications dans les lieux dépendant de Cluny, comme aussi d'enlever ou d'introduire aucun butin, soit bétail, soit de toute autre nature dans le château et bourgs de Cluny et de Charlieu (4). Ce décret prouve que déjà un centre important de population

---

(1) *Biblioth. Clun.*, col. 227 ; *Chartes de Cluny*, n° 690.
(2) Bulles d'Agapet II, de Grégoire V, de Benoît VIII, etc. V. Vincent Durand, *opus cit.*, p. 5, note 6.
(3) *Chartes de Cluny*, n° 730.
(4) *Chartes de Cluny*, n° 2255.

s'était groupé autour de ce dernier monastère, et laisse supposer qu'il était protégé par des ouvrages de défense, puisqu'on pouvait y mettre et, sans doute, qu'on y avait mis plus d'une fois en sûreté le produit d'une expédition à main armée. Le malheur des temps, les ravages des Normands, puis des Hongrois en Bourgogne et en Lyonnais aux IXe et Xe siècles, durent faire sentir la nécessité (1) d'une enceinte fortifiée dont l'existence est d'ailleurs attestée par une charte des années 1038 à 1044 rapportée par Severt. Les monastères ne se lassaient pas de demander et d'obtenir des lettres de concession, de sauvegarde et de garantie des rois, des conciles et des papes. Ainsi, à la prière d'Othon, le pape Grégoire V, en 996 ou environ, confirma à son cher « fils Odilon », abbé de Cluny, tous les monastères de sa dépendance, notamment Charlieu qui déjà lui était assuré à tant de titres. Cependant ces chartes de protection si recherchées, étaient loin de présenter des garanties inviolables, et le monastère de Charlieu, encore une fois, ne put échapper à la rapacité de ses voisins. Un chevalier nommé Girard se mit à « lever des redevances, non seulement sur les réserves et les provisions de bouche du monastère, mais encore sur les terres environnantes et les maisons de campagne des religieux ». Ce n'est que sur les remontrances et à la prière d'Odolric, archevêque de Lyon, qu'il renonça sur l'autel de Saint-Etienne et en présence du prélat, à toutes ses exactions (2). Girard, dans sa déclaration écrite, se dessaisit « en faveur des moines de Cluny » et de « Robert, prieur de Charlieu ». Cette abbaye, au temps de notre saint abbé, était donc déjà

---

(1) Voir JEANNEZ, *les Fortifications de l'abbaye et de la ville fermée de Charlieu*, dans le *Bulletin de la Diana*, t. II, p. 446.
(2) SEVERT, *opus cit.*, t. I, p. 206 ; *Chartes de Cluny*, n° 2960.

réduite en prieuré, et n'était qu'une dépendance plus étroite du chef-lieu de l'ordre. Cependant Dieu bénissait le dévouement infatigable d'Odilon, et la prospérité du monastère croissait sous la puissante impulsion venue de Cluny. Dans la première moitié du xie siècle, Odilon fit subir au monastère, dont Ratbert (1) était alors prieur, une complète restauration ; il en fit reconstruire en entier les bâtiments (2). On retrouve encore aujourd'hui le réfectoire, sauf le mur du fond, avec les peintures remises à jour, la chaire, placée à l'un des angles de ce même réfectoire, et dont la face, si remarquable par ses sculptures, a été incrustée dans le tympan de la porte de la chapelle des religieuses ursulines. L'église, vaste et bel édifice de style roman secondaire, de cinquante mètres de longueur, surmonté de cinq clochers, mais encore privé du magnifique porche si heureusement restauré que devait lui donner le siècle suivant, fut solennellement consacrée en 1094, sous le vocable traditionnel de Saint-Fortunat (3), par les archevêques de Lyon et de Bourges, et l'évêque de Mâcon, en présence du légat du Saint Siège, de l'archevêque de Tolède, de l'évêque de Saint-Jacques et d'autres prélats. Une haute tour ronde qui s'élevait, il y a quelques années, à l'angle des bâtiments claustraux, un vieux cloître dont on aperçoit des arcades dans le mur oriental d'un autre plus récent, qui subsiste encore aujourd'hui, tels étaient les bâtiments qui existaient du temps de notre saint abbé. Il est donc facile de se rendre compte des dispostions du

---

(1) *Biblioth. Clun.*, p. 2, col. 1 (932, 25 juin) ; BERNARD et BRUEL, *opus cit.*, t. I, no 401.

(2) *Bibl. Clun.*, notæ, col. 73 et suiv.; JOTSALD, *Vita S. Odilonis* : « Quid... ex toto etiam, suo tempore, Constructus Carus Locus ? » *Acta SS., Januar.*, t. I, p. 69; *Bibl. Clun.*, col. 1820.

(3) DESEVELINGES, *Hist. de Charlieu*, p. 21.

monastère : au midi, un grand édifice en forme de carré long ; au rez-de-chaussée, le réfectoire et les cuisines ; au-dessus, les cellules ; à l'angle occidental, une tour ronde d'une grande élévation ; au nord, l'église, séparée des autres bâtiments par un cloître, dit le grand cloître (1), remplacé plus tard par un autre plus récent ; à l'est, un autre cloître plus petit, appelé cloître des infirmes, et à la suite le cimetière (2), au milieu duquel se dressait une construction en forme de pyramide, où l'on montait par de nombreux degrés, et disposée à son sommet pour recevoir une lampe qu'on allumait chaque nuit en l'honneur des fidèles ensevelis en ce lieu : pieux et touchant symbole qui rappelait le devoir souvent trop oublié de prier pour les morts.

Ce symbole, nous le retrouvons encore plus expressif dans une admirable vision rapportée par Pierre le Vénérable. On sait qu'il y avait alors dans les monastères des enfants voués par leurs parents à la vie religieuse dès leurs premières années (3). Ils étaient élevés dans la discipline monastique et instruits dans la science ecclésiastique jusqu'à ce qu'ils fussent en âge de faire

---

(1) *Bibl. Clun.*, col. 327.

(2) Le xie siècle et la première moitié du xiie furent, comme on le sait, l'époque la plus brillante pour l'ordre de Cluny. Le nombre des moines de Charlieu s'éleva un certain temps jusqu'à trente-deux, sans compter ceux vivant dans les prieurés secondaires. Régny, Thisy, Saint-Nizier de l'Estra, et maisons moins importantes qui en relevaient. (DESVELINGES, *opus cit.*, p. 27 et 63.) Le prieur était assisté dans le gouvernement de la maison par six officiers claustraux : 1° le doyen, 2° le chantre, 3° le sacristain, 4° le chambrier, 5° le cellerier, 6° l'aumônier. On trouve aussi mention d'un ancien office de *pitancier* (voir *Pouillé du diocèse de Mâcon*, 1513, dans le *Cart. de Saint-Vincent*, p. CCLXIX.

(3) Saint Benoît veut qu'on accepte des enfants d'un âge peu avancé, *minore ætate* (*Sancti Benedicti Opere omnia*), édit. Migne, col. 839.

des vœux. On les appelait *oblats* (1) parce qu'ils étaient offerts par leurs parents à l'autel du Seigneur pour le servir dans le cloître. C'est un de ces oblats qui eut, au monastère de Charlieu, la vision si pieusement racontée par Pierre le Vénérable.

« La veille de Noël, dit-il, dans la nuit où l'on chante : *Qua sanctificamini hodie*, un enfant était couché dans le dortoir des frères avant matines. Je ne sais ce qu'il méditait, mais il ne pouvait dormir. Quand la nuit fut un peu avancée, il vit un Frère d'une sainte vie nommé Achard, qui avait été prieur de ce même monastère, et était décédé depuis quelques années. C'était l'oncle paternel de l'enfant. Il le vit monter gravement les degrés du dortoir, s'approcher de lui et s'asseoir sur l'escabeau placé devant le lit. Avec Achard se trouvait le vénérable prieur Guillaume, également décédé, et qui, à Rome, m'avait apparu à moi-même dans le sommeil, comme je l'ai rapporté ailleurs (2). Ni l'un ni l'autre, pendant leur vie, n'avaient été vus de l'enfant, mais, à leur conversation, il les reconnut aussi parfaitement que s'il les eût contemplés de ses propres yeux. Ils restèrent pendant quelque temps, s'entretenant ensemble, en présence de l'enfant, qui les écoutait, jusqu'à ce que Guillaume s'éloignant, le frère Achard resta seul assis devant lui. Tourné du côté de l'enfant, il l'exhorta à se lever et à l'accompagner au cimetière pour y voir des choses merveilleuses. L'enfant, tremblant de crainte, répond à son oncle qu'il est sous la garde d'un surveillant, et qu'il craindrait, si quelqu'un le voyait sortir contre la règle, qu'on ne lui infligeât sévèrement le

---

(1) Voir plus loin, chap. XXVII.
(2) *De Miraculis*, lib. II, cap. xxv dans *Bibl. Clun.*, col. 1323-1326.

fouet. Achard lui réplique qu'il ne doit rien craindre, qu'il se confie à son oncle, qu'il ne lui arrivera aucun mal, qu'il le conduira et le ramènera sain et sauf. Rassuré par cette parole, l'enfant se lève, se revêt de l'habit monastique, et marche à la suite du religieux. Ils traversent ensemble le grand cloître, puis le cloître des infirmes et ils arrivent à la porte du cimetière. La porte s'ouvre et ils entrent dans le lieu sacré. L'enfant en aperçoit tout le tour garni de sièges innombrables, et sur ces sièges sont assis des hommes vêtus de l'habit monastique. Achard prend place à son tour. Avant d'entrer, il avait averti le jeune oblat qu'une plainte devait être portée contre lui devant l'assemblée, qu'il allait être obligé de quitter son siège pour aller promptement répondre au jugement de celui qui l'appelait, et qu'il fallait qu'il l'occupât pendant son absence. Le moine était à peine assis sur le siège qui lui avait été préparé, que soudain une clameur retentit, et un des assistants porta plainte contre lui, l'accusant de s'être présenté tardivement à l'assemblée de son monastère. Il se lève aussitôt et s'avance au milieu de ses frères pour faire satisfaction suivant la règle monastique. En même temps, l'enfant, selon l'avertissement qu'il en avait reçu, vint prendre sa place. Il y avait, au milieu du cimetière, une sorte de pyramide, avec une lampe au sommet qu'on allumait toutes les nuits en l'honneur des morts, et qui, par son éclat, illuminait le lieu sacré. Cette pyramide se terminait par une plate-forme assez large pour contenir deux ou trois hommes assis. Là était le siège d'un grand et redoutable juge devant lequel l'oblat vit son oncle prosterné. Quel fut l'interrogatoire et quelle fut la réponse? Malgré toute son attention, il ne put comprendre, mais il pouvait tout voir, parce qu'une grande clarté, au-dessus du pouvoir des hommes, s'étendait sur toute cette partie du cimetière. Après un court espace de temps, Achard revint à sa place que l'enfant quitta pour s'asseoir à ses pieds. Bientôt toute l'assemblée se leva et se dirigea non vers la porte d'entrée, mais vers une porte qui conduisait au dehors. Devant cette porte était un grand feu allumé; un grand nombre de ceux qui sortaient passaient par ce feu; ils y demeuraient les uns plus, les autres moins. Après un si émouvant spectacle, l'enfant resta seul avec son oncle, celui-ci le ramena par le chemin qu'ils avaient suivi auparavant; il monta avec lui dans le dortoir des frères, l'accompagna jusqu'à son lit et disparut. » Pierre le Vénérable ajoute en terminant : « Comme j'ai cru digne de foi cette vision, que j'avais apprise d'abord des autres, et ensuite de l'enfant lui-même trop ingénu pour tromper, j'ai voulu l'écrire pour l'instruction des lecteurs et dans la crainte qu'on ne vînt à l'oublier » (1).

Le couvent de Saint-Fortunat de Charlieu fut supprimé à la fin du xviiie siècle, en 1790. Ainsi s'éteignit, après neuf cents ans d'existence, le vieux monastère de Ratbert et d'Edouard, dont les destinées avaient été liées si intimement à celles de Cluny. Le 9 septembre 1792, dans un jour d'égarement populaire, les trésors historiques que tant de siècles avaient accumulés dans les archives furent livrés aux flammes (2), les bâtiments seuls restèrent encore debout, mais la magnifique église, le plus beau joyau de l'antique petite ville de Charlieu, devait

(1) « Hanc visionem quia auditam prius ab aliis, et postea ab ipso puero fallere nesciente, fide dignam judicavi ad legentium utilitatem vel cautelam, sicut et præcedentia, ne mente exciderens, scribere volui. » *S. Petri Venerabilis de Miraculis*, lib. ii, cap. xxvii dans *Biblioth. Clun.*, col. 1327.

(2) Desevelinges, *opus cit.*, p. 71.

bientôt, à son tour, tomber sous le marteau démolisseur.

III. A l'époque où Odilon travaillait avec le zèle d'un apôtre et l'esprit d'un saint à faire refleurir la vie monastique dans les monastères de la dépendance de Cluny, et en particulier à Saint-Fortunat de Charlieu, il fut appelé dans le royaume de Bourgogne, sur les confins du Jura, pour introduire la réforme dans un antique monastère isolé et tombant en ruines. Ce monastère était l'abbaye de Nantua. La petite ville héritière de son nom, est assise sur les rives d'un lac charmant, qui ressemble à une étoile tombée au milieu des montagnes, entre lesquelles il étend sa nappe étincelante, comme pour procurer à cette noble et sauvage nature le plaisir de se mirer et de voir elle-même sa splendeur. Nantua avec ses monts de Chamoise (Ibicus) aux verts sapins, de Don (Dunicus) et de Heins (Heencus), ses monts d'Ainsi, Nantua, « la coquette », est un des sites les plus ravissants que l'on puisse découvrir lorsqu'on arrive par la nouvelle ligne partant de la gare de la Cluse, pour suivre le pied de la montagne de Chamoise, sur le bord du lac ; c'est un coin délicieux qui n'a rien à envier à ses rivaux de la Suisse et des Alpes.

Le lieu où est aujourd'hui située la ville de Nantua était autrefois un désert couvert d'épaisses forêts de sapins, et fréquenté seulement par ceux qu'attiraient les plaisirs de la chasse dans cet endroit sauvage. Avant le VIe siècle, de pauvres pêcheurs avaient établi leurs habitations à l'extrémité septentrionale du lac. Leurs maisons se groupant peu à peu formèrent un petit bourg, et ses nouveaux habitants, convertis à la foi chrétienne par les disciples de saint Irénée, élevèrent au milieu d'eux une modeste chapelle sous le patronage de l'apôtre saint André. Jusqu'ici Nantua n'était qu'un pauvre village, mais en l'an 534, les Francs s'étant emparés de ce pays, un de leurs chefs, probablement le roi Childéric, en fit une petite ville (1).

On sait que l'origine de l'abbaye de Nantua, située au centre des montagnes du haut Bugey, remonte aux temps mérovingiens; on cite même deux abbés que l'on place hypothétiquement entre 670 et 650 ; mais, il faut en convenir, le nom de son fondateur et l'époque de sa fondation sont encore inconnus. On a voulu faire honneur de cette fondation à saint Amand, évêque de Maëstricht : « Vers l'an 670 de l'ère chrétienne, dit M. Gache, dans une étude très curieuse sur l'église de Nantua, il parut à la cour du vicieux Childéric II, roi des Francs, un saint évêque implorant cession d'une gorge de montagnes qui n'avait pas plus de maître particulier que de nom, rude alors, sauvage, déserte, aujourd'hui pittoresquement accidentée, faisant suivre sa petite nappe d'eau de celle de la prairie encore plus petite, et ne voyant du ciel que ce qu'en laisse voir le front si peu distant des rochers qui la longent au nord comme au midi, puis l'étreignent, l'emprisonnent à demi et la surmontent à l'orient. La demande de l'évêque fut accueillie avec la plus grande bienveillance, et le roi Childéric, fils de Clovis II et frère de Thierry, accorda à saint Amand le lieu appelé Nantuacum, qui était aussi appelé Helmon, du nom du pays environnant. Le saint commença avec un zèle intelligent à y bâtir un monastère, non dans l'intention de se faire remarquer, mais pour travailler au salut des âmes (2).

(1) *Le Messager du Dimanche*, 28 juin 1890, p. 415-416.
(2) GACHE, *opus cit.*
La légende de saint Amand, évêque d'Utrecht, composée par un

La légende de saint Amand fondateur de l'abbaye de Nantua, a été vivement controversée et discutée par des auteurs et des écrivains de mérite (1). Les Bollandistes ont fait justice de cette légende extraite du bréviaire de Nantua. D'après eux, la légende de saint Amand n'est que l'œuvre d'un moine ignorant ou faussaire, et leur opinion a prévalu jusqu'ici parmi les écrivains modernes. La Révolution, si empressée de rompre avec un passé qui la gênait, a fait disparaître tous les documents rappelant au souvenir de la postérité nos gloires nationales et religieuses. L'abbaye de Nantua n'apparaît d'une manière certaine qu'au viiie siècle dans un diplôme de Pépin le Bref, daté du 10 août 758, et conférant aux religieux une immunité de juridiction. Tout ce que nous savons de certain sur ce monastère, c'est qu'il recevait des comtes de Genève, seulement pour subvenir aux frais du luminaire et de la psalmodie, les revenus de plusieurs villages ou bourgs et ceux de cinq églises. En outre, Nantua était compté parmi les monastères les plus illustres, et il avait sous sa dépendance immédiate onze prieurés énumérés dans le catalogue des abbayes, prieurés, décanats, médiatement

---

religieux contemporain du saint abbé, est imprimée aux preuves de l'*Histoire de Bresse et Bugey*, par Samuel GUICHENON.

(1) Par MM. DEBOMBOURG (*Analyse historique des archives communales du Bugey*); C. GUIGUE (*Topographie historique de l'Ain*); J.-B. ROUYER; Mgr DÉPERY, etc., qui tous s'appuient, pour repousser cette légende et la traiter d'*interpolation* — œuvre d'un moine ignorant ou faussaire —, sur l'opinion des bollandistes (*Vie de S. Amand*), sur le récit de Boudemont, disciple de saint Amand, et adoptent la conclusion de l'auteur de la *Gallia christiana*, qui tranche la question en disant que le fondateur de l'abbaye de Nantua « est tout à fait inconnu » et que ce que l'on dit de saint Amand, évêque de Maëstricht, comme étant le fondateur du monastère, « est une pure invention ». M. Jacques Maissiat soutient l'opinion contraire dans une brochure intitulée : *la Légende de saint Amand et la ville d'Oʒindinse* (Izernore).

ou immédiatement soumis à Cluny (1). Mais ce fut là un des résultats de la réforme opérée par Odilon ; il faut remonter plus haut et avant notre saint pour se rendre compte de l'état de ce monastère. En 817, on voit figurer dans les actes d'Aix-la-Chapelle le monastère de Nantua au nombre de ceux qui ne devaient au souverain que des subsides en argent, sans aucun service militaire. Quelques années plus tard, en 829, Agobard, archevêque de Lyon, se rendit à Nantua afin d'apaiser les troubles intérieurs qui agitaient les moines. La vieille abbaye resta sous la domination immédiate des empereurs jusqu'en 852, époque à laquelle l'empereur Lothaire la céda aux archevêques de Lyon. Cette cession fut confirmée par Louis le Bègue (879), par Charles le Gros (885), par Louis, roi de Provence (892), et par le pape Sergius III en 910 (2). Vers la fin de la vie de l'abbé Aldavanus II qui mourut en 950, c'est-à-dire quatre ans avant l'avènement de Lothaire II au trône de France, une seconde invasion de barbares hongrois et sarrasins vint jeter la terreur dans la Bresse et le Bugey, qui furent saccagés de toutes parts. Les religieux du monastère et les habitants du pays s'enfuirent vers les lieux inaccessibles ou furent massacrés par ces barbares. La contrée, couverte de ruines, resta longtemps déserte, et l'abbaye, abandonnée par les religieux, se repeupla peu à peu. Pendant longtemps elle dut travailler à se relever de ses ruines, et plus tard elle eut à lutter, elle aussi, contre les séculiers, qui avaient porté sur ses biens une main brutale et spoliatrice. La lutte était difficile et périlleuse. La tyrannie des seigneurs ne trouvait devant elle que des

---

(1) *Le Messager du Dimanche.*
(2) GUIGUE, *opus cit.*

adversaires aussi faibles qu'impuissants. Perdue au milieu des montagnes, l'abbaye de Nantua était mourante lorsqu'elle fut confiée par le comte Gislebert de Bourgogne à Odilon (1), qui s'empressa d'y rétablir la discipline religieuse. Les moines qui l'occupaient étaient au nombre de vingt-cinq ; chaque semaine ils devaient célébrer trois messes avec chant, faire trois fois l'aumône à tous les étrangers qui se présentaient et fournir treize prébendes à treize pauvres le jour de la fête de sainte Marie Madeleine et de l'apôtre saint Pierre. Notre saint vint souvent visiter ce monastère ; il y avait là du bien à faire, des âmes à consoler, à encourager, à fortifier, à diriger, à gagner plus complètement à Dieu. A côté de l'édifice spirituel à édifier, il y avait aussi et surtout à relever l'édifice matériel en grande partie enseveli sous les décombres. Lorsque l'ordre et la paix furent rétablis, c'est-à-dire vers le commencement du XIe siècle, Odilon s'occupa de tirer de ses ruines le monastère déchu. Il en entreprit la reconstruction et celle de l'église, qui ne furent définitivement achevées que sous son successeur. Le serviteur de Dieu aimait d'une particulière affection l'abbaye de Nantua, désormais placée sous sa crosse abbatiale, et, bien qu'elle fût située « dans une région inhabitable », il ne craignait pas de franchir la longue distance qui la séparait de Cluny pour venir, ainsi que nous l'avons dit, au prix de bien des fatigues, à travers d'épaisses forêts et de hautes montagnes, apporter à ses bien-aimés frères les joies de sa présence et leur faire respirer le parfum de sa sainteté. Le monastère de Nantua, devenu membre de l'abbaye de Cluny et parti-

---

(1) JOTSALD, chap. II, nos 16, 17, dans *Patrol. lat.*, t. CXLII. — D'après dom L'Huilier, elle aurait été réformée sous saint Mayeul (*Vie de S. Hugues*, p. 484). *Bibl. Clun.*, col. 1706.

cipant comme tous les autres à ses privilèges auxquels il attachait un si grand prix, jouissait sous son nouvel abbé d'une parfaite sécurité. C'est dans cette contrée que Dieu fit éclater à différentes reprises la sainteté de son serviteur par plusieurs miracles. Voici, en effet, ce que raconte Jotsald : « Un jour, Odilon allait du monastère de Nantua à celui de Saint-Victor de Genève. On traversait un cours d'eau assez profond (le Doubs ou le Rhône) quand le muletier qui portait la literie et les livres du saint abbé se laissa entraîner hors des endroits guéables et tomba dans un gouffre. Il échappa à la mort et essaya de rattraper les objets qui s'en allaient à la dérive. Or, les livres et le lit du saint furent trouvés à ce point intacts qu'on n'y voyait aucune marque laissée par l'eau ; les linges, au contraire, étaient mouillés, comme pour mieux faire sentir les soins délicats de la Providence en cette occasion. L'homme de Dieu bénit le Seigneur, et dit à ses religieux :
« O mes frères bien-aimés, voyez-vous l'admirable
« bonté de Dieu à notre égard ? Il a conservé intact ce
« que l'action de l'eau aurait perdu ; il a laissé mouiller
« ce qui pouvait l'être sans dommage » (1). C'est ainsi qu'Odilon ne rapportait rien à lui-même, attribuant tout à Dieu, qui agissait en lui et par lui. Sa grandeur d'âme, ajoute son biographe, lui faisait mépriser les choses d'ici-bas, et il ne désirait point la gloire pour récompense de ses actions (2). Bien d'autres merveilles vinrent publier les mérites du saint, malgré les efforts que son humilité faisait pour les cacher. Au monastère

---

(1) « Tunc vir benignissimus Deum collaudans, fratribus sic cœpit loqui : O fratres dilecti, cernitis circa nos miram Dei nostri pietatem? Certe quæ recuperare non possemus, si aquis intingerentur, ea conservavit illæsa, quæ vero absque damni discrimine poterant intingi, ipsa passus est madida fieri. » (JOTSALD, II, 16.)

(2) JOTSALD, chap. II, n° 16.

de Nantua où il se trouvait alors, on lui présenta un enfant nommé Gérard sujet à des attaques d'épilepsie telles qu'il perdait la parole, la mémoire, l'usage de ses membres et ressemblait à un mort. Odilon, touché d'une telle infortune, invita les frères à prier pour le pauvre affligé. Il monta lui-même à l'autel pour offrir le saint sacrifice, commanda au malade d'y assister, lui donna la sainte communion, et, suivant sa coutume, lui fit boire de l'eau bénite dans le calice de saint Mayeul. Le mal disparut sans retour et l'enfant fut rendu à une santé parfaite.

Nous avons dit qu'Odilon aimait le monastère de Nantua et qu'il le visitait fréquemment. Nous l'y retrouvons l'avant-dernière année de sa vie, et Jotsald nous raconte un prodige dont il fut lui-même témoin et que nous voulons mentionner. Au moment où notre saint se disposait à rentrer à Cluny, alors qu'il se trouvait encore dans le voisinage de sa chère abbaye, on vint lui dire qu'un jeune chevalier nommé Mainer était tombé en démence. On raconte qu'il courait comme un sauvage à travers les champs, sans même respecter les premières règles de la décence. On ajoute qu'il poussait des cris inarticulés et que toute sa démarche était celle d'un fou et non celle d'un être raisonnable. L'homme de Dieu touché d'un si grand malheur et plein de compassion pour l'infortuné jeune homme, demande à tous les moines de bien vouloir unir leurs prières aux siennes afin que ce malheureux ne meure pas dans cet état d'aliénation mentale. Lui-même se rend au pied des autels, y fait de longues oraisons, récite les psaumes et implore, dans les litanies, la protection des saints. Il se lève ensuite, s'approche du malade, l'asperge d'eau bénite et le force même d'en boire, puis il le congédie. Peu de temps après le départ de notre saint, l'insensé de la veille revenu à la raison visitait l'abbaye de Cluny, et, plein de reconnaissance pour Odilon qui l'avait si miraculeusement guéri, il lui offrit des poissons de son beau lac, et s'en retourna dans son pays. L'année suivante, notre jeune chevalier en témoignage de sa gratitude, voulut visiter encore une fois son bienfaiteur, mais n'ayant pu rencontrer à Cluny le saint abbé, il arriva à Souvigny le jour même où Odilon venait de rendre le dernier soupir. Il assista à la cérémonie des funérailles, et, ajoute Jotsald, n'ayant pu remercier encore une fois le saint abbé pendant sa vie, il se contenta de lui rendre ses actions de grâces après sa mort (1).

Nous n'essaierons pas de retracer le rôle qu'a joué l'abbaye de Nantua durant les onze siècles de son existence, surtout pendant et après le gouvernement d'Odilon qui l'a rendue si prospère et si florissante, l'influence qu'elle a exercée dans les contrées de la Bourgogne, en particulier dans le haut Bugey, et la part qu'elle a prise au développement de l'esprit religieux et de la civilisation. Qu'il nous suffise de dire que parmi les abbés ou prieurs, on compte un patriarche, au moins quatre cardinaux, huit ou dix archevêques ou évêques, et plusieurs savants et illustres personnages que les princes attirèrent à leur cour, et qui prirent une part honorable aux travaux de plusieurs conciles (2).

---

(1) Jotsald, II, 21.
(2) *Le Messager du Dimanche*, 22 novembre 1890, p. 750.
L'abbaye de Nantua, comme tant d'autres abbayes plus illustres, n'a pas été épargnée par la Révolution française, et il n'en existe plus aucune trace. En 1788, le monastère, qui n'avait pas le nombre voulu de religieux, fut supprimé par un bref; il fut sécularisé, et dès lors cessa d'exister comme prieuré; puis la Révolution vint achever bientôt la ruine matérielle de l'antique abbaye, dont il ne reste que l'église, monument remarquable au double point de vue archéologique et

De pareils témoignages rendus par Dieu lui-même à la sainteté et au zèle apostolique d'Odilon ne pouvaient que profiter à la grande œuvre de la réforme monastique. Le saint abbé continua de la promouvoir dans toutes les contrées occidentales. Au retour de chacun de ses voyages, Odilon était heureux de rentrer dans sa chère solitude de Cluny, mais cette sollitude qu'il avait rêvée en se faisant moine, il ne devait en jouir que bien rarement. Il en souffrait, mais il ne pouvait s'en plaindre, car c'est Dieu lui-même qui lui demandait ce sacrifice. A peine, en effet, était-il rentré de l'un de ses voyages de Nantua, qu'un événement imprévu l'appela sur la terre d'Alsace : c'est là que nous allons suivre la trace de ses pas.

artistique. (Voir *le Messager du Dimanche*, 21 mars 1891, p. 189 et suiv.)

CHAPITRE X

ODILON EN ALSACE — Ier VOYAGE EN ITALIE

(995-996)

Des relations anciennes existaient déjà entre Cluny et les monastères situés sur les terres de l'Empire. Dans le synode d'Anse, près de Lyon, tenu en 994, où Odilon avait demandé aide et protection contre les spoliateurs des biens de Cluny, la célèbre abbaye bourguignone fut confirmée dans la possession des propriétés qu'en Alsace elle tenait de la libéralité des Othons (1) et dont le nom est à peine parvenu jusqu'à nous. Ce que nous pouvons du moins affirmer, c'est que Cluny à la fin du xe siècle, possédait dans ce riche pays des domaines importants, et il était du devoir d'Odilon de les visiter. Cependant les propriétés clunisiennes de l'Alsace n'étaient pas ce qui pouvaient inquiéter notre saint Abbé. Une autre cause plus sérieuse devait décider le saint à entreprendre le voyage d'Alsace. Une abbaye illustre entre toutes,

---

(1) P. Ringholz, opus cit., p. 24.

la célèbre abbaye de Murbach (1), attirait particulièrement son attention. Un moine de Cluny, le moine Werner (Warnerius) qu'Odilon lui avait envoyé (2) d'abord comme prieur, et qui était ensuite devenu abbé venait de mourir. Il y avait là pour notre saint, des âmes à consoler, à fortifier, à diriger, peut-être une plus exacte observance à rétablir, mais toujours une œuvre clunisienne à consolider : telle fut l'occasion et le but du voyage d'Odilon à Murbach. Nous parlerons plus tard des relations qui existaient entre Odilon et le disciple tant aimé dont il pleurait la perte, entre Cluny et Murbach. Mais auparavant nous devons rappeler brièvement, d'après des sources authentiques, quels furent l'origine et le sort de la grande abbaye alsacienne, avant que notre saint abbé vînt en prendre possession.

L'origine de l'abbaye de Murbach remonte à saint Pirmin (3), un des apôtres de l'Allemagne. La main de la Providence le conduisit vers l'an 726 dans la direction de la vallée de Guebwiller; il était suivi de quelques moines qu'un récit plus ou moins authentique porte au nombre de douze. Pirmin était l'évêque régionaire qui, après bien des travaux apostoliques, avait

(1) Murbach (*Vivarius Peregrinorum, qui antea appellatus est* Muorbach, Maurebaccus, *qui nunc vocatur Vivarius Peregrinorum*, Morbach), village du Haut-Rhin, arrondissement de Colmar, canton de Guebwiller, situé au fond d'un vallon arrosé par le ruisseau du même nom, et qui débouche à Bühl, dans la vallée de Guebwiller. (Voir *l'Alsace ancienne et moderne*, ou *Dictionnaire topographique, historique et statistique du Haut et du Bas-Rhin*, par Baquol, 3ᵉ édit., refondue par Ristelhuber, Strasbourg, Salomon, libr. édit., art. *Murbach*, p. 295.

Gatrio, *Die Abtei Murbach in Elsass.*, t. I, p. 13.

(2) P. Ringholz, *opus cit.*, p. 57; Cf. Mabillon, *Acta*, V, p. 786, et *Annal.*, IV, p. 86; *Revue catholique d'Alsace*, mars 1886, p. 158.

(3) Voir, dans l'*Histoire des saints d'Alsace*, la Vie de S. Pirmin, p. 502.

fondé, dans une île du lac de Constance, l'abbaye de Reichenau qu'il avait vu grandir rapidement. Charles Martel, duc des Francs, lui prêtait le secours de ses aumônes et l'autorité de son nom tout-puissant; les seigneurs d'Alemannie et en particulier le duc Théobald en prirent ombrage, et le vénérable Abbé, suspect de sympathie pour la France, fut contraint de s'éloigner. Il confia le gouvernement de son monastère à Heddon, abbé de Münster, et revint en Alsace. Quand l'exilé prit le chemin de cette hospitalière contrée, sa réputation l'avait précédé. Alors, le prestige de certains serviteurs de Dieu était étonnant : Dieu leur donnait l'empire des âmes. Le comte Eberhard, le père du duc d'Alsace, s'estima heureux de recevoir dans ses domaines l'exilé de Reichenau et de lui offrir un asile sous son toit (1). Eberhard était un petit-fils du duc Athalric et un neveu de sainte Odile, l'ange de la noble famille dont les destinées devaient être si glorieuses. Sainte Odile avait fait de son père et de ses frères des serviteurs si dévoués du Seigneur, qu'eux et leurs enfants et leurs petits enfants prodiguaient leurs biens à fonder des monastères. Quelque aversion qu'on puisse avoir pour certain sentimentalisme moderne, on ne saurait méconnaître la loi providentielle qui, dans les âges barbares surtout, a donné souvent aux brutalités de l'homme, un contrepoids salutaire dans les vertus de la femme chrétienne. Si la sauvage énergie des

---

(1) GATRIO, *Die Abtei Murbach in Elsass.*, t. I, p. 3 ; T. BRUCKER, *l'Alsace et l'Eglise au temps du pape S. Léon IX*, t. I, p. 7.

Malgré les travaux de l'érudition allemande, on en est réduit à des conjectures sur la nationalité de saint Pirmin. Un de ses biographes lui donne le nom de chorévêque de Meltis, qui serait la ville de Meaux selon les uns, selon d'autres la ville de Metz, ou Meltesheim, dans la Bavière rhénane, ou encore Meltz, dans le canton de Saint-Gall.

passions violentes occupe trop de place dans la vie d'Athalric, l'énergie de sa foi et de sa pénitence, grâce à l'humble et douce vierge de Hoenbourg, guérirent ce cœur ulcéré et transformèrent Athalric en un fervent serviteur de Dieu.

Eberhard imita la vie de son aïeul : « Il fut plus altier qu'un lion, au dire d'un auteur contemporain, et plus féroce que l'ours des Vosges » ; une de ses chartes que nous citerons plus loin, nous apprendra comment il passa ses derniers jours.

Quels étaient les compagnons de saint Pirmin ? A leur arrivée dans la vallée de Guebwiller, trouvèrent-ils d'autres moines qui avaient déjà essayé d'y fonder un refuge ? D'anciennes traditions de l'abbaye de Murbach, consignées sur des parchemins épars, et recueillies en 1705 par des bénédictins de Saint-Maur (1), parlent de moines irlandais ou écossais établis en Alsace vers la fin du VIIe siècle ou au commment du VIIIe siècle. Cependant trois chartes célèbres, relatives à la fondation de l'abbaye de Murbach, ne semblent pas faire mention d'une colonie distincte de celle qui accompagnait saint Pirmin. Quoi qu'il en soit de ce point obscur de l'histoire de Murbach, l'origine irlandaise ou écossaise de ses premiers moines paraît certaine. Elle est affirmée par la tradition ; elle est indiquée par le nom de *pèlerins* ou de *missionnaires* (2)

---

(1) GRANDIDIER, *Histoire d'Alsace*, t. II, p. LXXI.

(2) *Peregrini*. C'est le nom que portent les religieux dans les trois chartes de fondation, celle de Thierry IV, celle de Widegern, évêque de Strasbourg, et celle du comte Eberhard. Nulle part, on le sait, il n'y eut plus de moines qu'en Irlande et en Ecosse, au temps où la verte Erin était l'*île des saints*. D'Irlande, les moines passèrent en Ecosse avec Columba. Déjà de son vivant, des colonies de moines, parties de son monastère d'Iona, allaient chercher à travers l'immense Océan un rocher désert qui leur donnerait asile. Columba mourut, son œuvre demeura. Pendant deux siècles, on vit surgir en Irlande

et par la forme des plus anciens manuscrits jadis conservés à la bibliothèque de l'abbaye.

Pirmin et ses compagnons se fixèrent d'abord à Bergholz-Zell (1), près d'un petit sanctuaire qui leur servit de chapelle provisoire. Quand la munificence du comte Eberhard leur eut permis d'achever la grande abbaye, ils conservèrent la chapelle primitive avec ce respect jaloux qu'on met dans une famille à garder le berceau d'un premier-né. Au cours du temps, il fallut cependant la remplacer et, le 25 avril 1006, fut posée la première pierre d'un édifice moins modeste. Une inscription authentique, gravée sur l'un des piliers, atteste encore que « le pieux pape Léon consacra cette église en l'honneur de l'illustre abbé saint Benoît et qu'à chacun des trois autels, également dédiés par lui, il donna cent quarante jours d'indulgence » (2). Cependant, les nouveaux moines ne tardèrent pas à aller chercher une solitude plus complète. On montre, non loin de la colline qui porte l'église de Bühl, l'antique *vivarius peregrinorum*, *l'étang des pèlerins* ou des *missionnaires*. C'est là que Pirmin s'arrêta avec les

et en Ecosse des légions apostoliques sans cesse renaissantes ; une puissance mystérieuse les poussait vers le continent. (Voir MONTALEMBERT, *les Moines d'Occident*, t. III.) — Ce que fut Columba pour l'Irlande et l'Ecosse, Colomban, son compatriote, le fut pour le continent. Luxeuil fut un vaste foyer cénobitique qui rayonna sur la Gaule, sur une partie de l'Italie, sur la Suisse et jusque sur la lointaine Germanie. (MONTALEMBERT, *op. cit.*, t. II.) — L'Alsace compte dix établissements des religieux d'outre-mer. (Voir GRIMM, *Deutsche Mythologie-Einleitung*.)

(1) Voir la *Notitia Murbacensis* dans GRANDIDIER, *Hist. d'Alsace*, tit. 435 ; les *Anecdota alsatica*, de MABILLON (Bibl. nationale, manuscrit 11902, p. 120) ; P. BRUCKER, *op. cit.*, t. II, p. 262, note 3.

(2) L'église consacrée par Léon IX, après avoir subi divers changements dans la suite des siècles, a été démolie, il y a quelques années, et une nouvelle église a été construite sur son emplacement; nous avons remarqué à l'entrée les quatre piliers maîtres de l'ancienne, avec leurs inscriptions. (Voir BRUCKER, t. II, p. 263.)

compagnons de son exil. Quelques cellules servirent de refuge temporaire ; c'étaient, si les traditions des moines d'Irlande et d'Ecosse ont été suivies, des claies d'osier ou de roseau soutenues par des pieux allongés : pauvres huttes qui abritaient de grandes destinées.

Saint Pirmin abandonna les bords de l'*étang des Pèlerins* pour aller chercher au fond de la vallée voisine sur le ruisseau de Murbach, une plus complète solitude, dans une terre que lui avait cédée Eberhard d'Egisheim (1), et que la charte de Thierry IV appelle *un vaste désert* « in eremo vasta quæ Wosagus appellatur ». Cette donation avait été bientôt confirmée par une charte du roi Thierry IV, signée Gondreville, le 12 juillet 726 ou 727. Le site n'était pas alors ce délicieux vallon qu'on ne se lasse ni d'admirer ni d'aimer : de sombres forêts se hérissaient sur les crêtes d'où elles descendaient inégales et en désordre ; ces massifs de bois ne s'arrêtaient que pour faire place à des halliers de ronces et d'épines presque impénétrables. Sur des débris de rochers et sur des arbres renversés par le temps et la tempête, se précipitait le *Murbach* : son bruit mystérieux et presque sinistre était la seule voix de la solitude. Le lieu, dit un historien, était plein d'horreur (2). Nous ne dirons pas comment les forêts reculèrent, comment les halliers furent rasés, ce qu'il fallut de sainte ardeur et d'âpre persévérance au travail. Le comte Eberhard prêta la main aux moines. Il fit construire un mona-

---

(1) La charte de donation est datée du monastère de Remiremont, de l'an 728. — Voir, dans l'*Histoire des saints d'Alsace*, la Vie de saint Simper, abbé de Murbach et évêque d'Augsbourg, p. 428.

(2) Mabillon, *Annal. Bened.* : « Locus est, si quis alius, horridus ac solitarius. »

stère régulier. Dès 727, selon Grandidier, Widegern, évêque de Strasbourg, put en consacrer l'église (1). Elle avait été dédiée au prince des apôtres par saint Pirmin, mais elle prit ensuite le titre de Saint-Léger qui en devint le patron principal (2). Le nom de saint Pirmin fut comme un appel de Dieu dans la contrée : ceux que la grâce avait touchés accoururent de loin. Plus d'une fois se présenta un guerrier dont la framée avait été vaillante : il demandait une cellule et le calme après la tempête. L'homme qui avait formé Reichnau en trois années sut en moins de temps encore vivifier Murbach (3). C'était l'époque où la règle de saint Benoît pénétrait dans les monastères de fondation irlandaise. Pirmin s'était familiarisé avec cette règle dans son voyage à Rome ; il l'avait introduite partout où son action s'était exercée. Un acte précieux de l'évêque Widegern (4), qui confère de très grands privilèges à notre abbaye, nomme à la fois la règle de saint Benoît et celle de saint Colomban. La première dominait; Colomban avait communiqué la vie, Benoît apportait la stabilité. Les progrès de l'œuvre de Pirmin remplirent de joie le comte Eberhard dont la vieillesse précoce, assombrie par une infirmité cruelle et par un grand deuil, avait été consolée par la religion. Privé de la lumière dans la force de l'âge, il eut en outre le chagrin de perdre son

---

(1) Le catalogue des évêques de Strasbourg place cette consécration en 733.

(2) Charte de Thierry IV, *Als. diplom.*, t. I, p. 7-8.

(3) Pirmin mit à la tête de son abbaye l'abbé Romain, et il s'en alla ensuite ranimer sur les deux rives du Rhin les monastères de Schuttern, de Gengenbach, de Schwarzach, de Marmoutiers, de Neuviller, de Vissembourg ; il fonda encore les abbayes de Hornbach, d'Alteich, de Monsée, d'Osterhofen, de Pfaffenmunster, de Pfeffers. Son nom sera un des plus grands de la Germanie religieuse.

(4) *Als. diplom.*, t. I, p. 10-13.

fils unique. Le regard de son corps était fermé à la lumière du jour, le regard de son âme s'ouvrit de plus en plus à la lumière surnaturelle. Il résolut de faire une nouvelle donation, l'une des plus riches qu'offrent les annales monastiques. Voici les termes pieux et touchants de la charte qui conféra à l'abbaye de Murbach de vastes possessions dans la haute et la basse Alsace : (1)

« Le Rédempteur des hommes, qui veut que tous
« soient sauvés et arrivent à la connaissance de la
« vérité, m'a visité par un effet de sa miséricorde, non
« en vue de mes mérites : il m'a retiré une lumière qui
« trompe et ne dure pas, pour mieux me conduire,
« quoique indigne, à la vraie lumière qu'il est lui-
« même ; sa providence, malgré tous mes vœux, m'a
« privé aussi d'un héritier légitime, né de mon sang.
« Dans ces circonstances, j'ai considéré le lourd poids
« de mes péchés, et je me suis souvenu en même temps
« de cette bonté divine qui a bien voulu dire : « Faites
« l'aumône, et tout sera pur pour vous ». Une si grande
« miséricorde du Seigneur m'a rempli de confiance, et
« j'ai cru ne pouvoir me donner de plus digne héri-
« tier que l'Eglise et ceux qui combattent pour la
« gloire de Dieu ou qui, par amour pour lui, sont deve-
« nus volontairement pauvres. »

C'est bien là le langage d'un neveu de sainte Odile. Dieu bénit la générosité d'Eberhard, et Murbach consola ses derniers jours. Le noble comte, en effet, voyant fleurir dans cette maison de Dieu la discipline monastique, y revêtit lui-même l'habit religieux et, après une vie passée dans l'exercice de toutes les vertus, y termina ses jours non sans réputation de sainteté. Sa

(1) *Als. diplom.*, t. I, p. 14.

tombe restaurée se voit encore dans le chœur de l'ancienne église abbatiale (1).

La fondation de saint Pirmin prit un développement considérable. Plusieurs documents de la seconde moitié du VIIIe siècle parlent de la grande foule des moines de Murbach (2). Le peuple vénérait ces moines, et les princes les tenaient en haute estime : les chartes de donation de plus de trois siècles le constateront à l'envi. Un acte de 789 désigne l'abbé de Murbach comme la « digne sentinelle du Christ », et sa communauté comme « une congrégation sainte » (3). Au sein de cette communauté, dit le P. Damberger, se formèrent des hommes qui furent de vrais flambeaux de science et de vertu. Baldebert, le troisième abbé de Murbach, devint évêque de Bâle ; Charlemagne voulant doter les églises de son vaste empire d'évêques éminents, fit aussi appel à cet illustre monastère, et celui-ci donna successivement à Augsbourg deux évêques qui furent deux saints : le moine Thoste et l'abbé Simpert (4). L'abbaye de Murbach était fondée depuis une centaine d'années quand elle reçut (5) la visite de deux

---

(1) Sur sa tombe, on lut plus tard ces deux vers :
   Pro tibi donatis, Leodegari, junge beatis.
   Perpetuo vives cœlis supra omnia dives.
        (Dom Pitra, *Hist. de S. Léger*, p. 405.)

   Pour tous mes dons à ta mémoire,
   Veuille, ô Léodegar, m'unir aux bienheureux.
   Riche de la céleste gloire,
   Tu vivras sans fin dans les cieux.

La tombe d'Eberhard existe encore dans l'église de Murbach, mais elle a été renouvelée au XIVe siècle.

(2) « Turba plurima monachorum adunata. » (*Als. diplom.*, t. I, p. 45.)

(3) *Als. diplom.*, t. I, p. 54.

(4) Damberger, *Synchron. Gesch.*, t. II, p. 484.

(5) E. Dümmler, *Zur Lebensgeschichte Alchvins* (*Neues Archiv*, XVIII, p. 53 et suiv.); Gatrio, *Die Abtei Murbach*, I, 134-140.
Cette visite eut lieu en 763, d'après Gatrio. Dümmler pense qu'on

moines voyageurs qui, de monastère en monastère, venaient de la grande île bretonne pour se rendre au tombeau des saints apôtres. L'un était Aelbert, futur évêque d'York, l'autre, peut-être le plus savant homme de son temps, se nommait Alcuin. La grande abbaye alsacienne était alors dans tout l'éclat de sa rayonnante jeunesse : à sa tête brillait l'abbé Héribert que bientôt le roi Pépin allait envoyer comme son ambassadeur auprès du Saint-Siège ; et parmi les moines, on comptait Amico qui devait à son tour régir le monastère avec tant de vertus, qu'il mérita le titre de bienheureux. Alcuin avait séjourné quelque temps à l'ombre de Murbach ; il avait été témoin de la vie édifiante des religieux. Il écrivit aux moines de Murbach, exprimant le désir d'être un des leurs, et les conjurant de le considérer dans leurs prières (1) comme un frère bien-aimé :
« Frères très saints, dit-il, autrefois, accompagnant
« mes maîtres, je fus le témoin de la sainteté de votre
« vie et j'en fus si édifié que je désirai devenir comme
« l'un des vôtres. Permettez-moi donc, frères très chers,
« de prier votre pieuse bonté de me regarder dans vos
« saintes oraisons comme l'un des vôtres, afin que, par
« votre intercession, j'obtienne du Sauveur Jésus, le
« pardon de mes péchés, de Lui qui est le salut et la
« béatitude de tous ceux qui espèrent en Lui, Lui que
« vous honorez si bien par la régularité de votre vie,
« Lui que vous aimez de telle sorte, qu'il a en vous une
« digne demeure. Que pourrait-il, en effet, manquer à
« une réunion dont il est le centre, selon sa parole de

---

ne peut fixer autrement cette date qu'en rappelant que ce voyage eut lieu avant l'élection d'Helbert sur le siège d'York en 766 ou 767.

Cf. A. M. E. INGOLD, *Alcuin en Alsace* (*Journal de Colmar*, 23 août 1896).

(1) GRANDIDIER, *Histoire d'Alsace*, pièces justif., t. I, LIV. — « Ut eum habeant in sanctis orationibus fratrem quasi unum ex illis. »

« l'Evangile ? (1) « Là où deux ou trois sont réunis en
« mon nom, je suis au milieu d'eux. »

« Gardez toujours la paix dans la sainte charité ;
« gardez aussi l'obéissance sans murmurer, l'humilité
« sans dissimulation, vertu qui rend les moines
« agréables à l'Esprit Saint. Elevez vos élèves et vos
« jeunes gens avec diligence, dans la chasteté et la
« sainteté et la discipline ecclésiastique, afin de vous
« préparer de dignes successeurs dont les prières
« agiront efficacement auprès de Dieu pour vous.

« Que le Seigneur, qui vous a réunis dans ce saint
« bercail, augmente votre nombre et qu'un jour, à
« son jugement, il vous place tous à sa droite, vous
« faisant entendre cette aimable sentence qu'il adresse
« à ses saints : « Venez, les bénis de mon Père.. » (2).

On nous pardonnera de nous arrêter trop longtemps sur l'origine de Murbach et la ferveur de ses premiers moines. Il y a tant de charme à contempler le berceau des établissements monastiques ! L'influence de tels exemples dut être considérable sur les habitants de la contrée. La population s'accrut peu à peu dans le voisinage de l'abbaye de Saint-Léger, comme elle s'accrut presque partout autour de ces maisons de Dieu (*Gotteshüser*), non seulement en Alsace, mais en France, en Allemagne, en Suisse, en Belgique, en Irlande, en Angleterre et ailleurs. D'autre part, la prospérité croissante de l'abbaye pouvait devenir un danger ; l'incendie et la dévastation vinrent y pourvoir d'époque en époque. Le monastère fut incendié au temps de saint Simpert. Une incursion hongroise, qui avait promené les ravages et la destruction à travers l'Allema-

---

(1) S. Mathieu, xxviii, 21.
(2) Migne, *Patrol. lat.*, Œuvres d'Alcuin, t. C, col. 217.

gne, atteignit Murbach en 929 (1). Le couvent fut saccagé; sept religieux furent mis à mort. Une tradition d'ailleurs contestée, assigne comme lieu de leur supplice un endroit écarté dans la montagne ; on le désigne sous le nom de *Mordfeld*. Il fallut à l'abbaye près de vingt années pour se relever complètement de ses ruines. A la gloire de son fondateur, à l'auréole des saints qui l'avaient gouvernée, elle venait d'ajouter la palme du martyre. Les restes des sept moines furent religieusement conservés; on leur donna place au sanctuaire où ils se trouvent encore aujourd'hui après toutes les vicissitudes du monastère (2). Célestin de Béroldingen éleva ou restaura en 1705 leur mausolée, dont les pieuses inscriptions paraissent être contemporaines de celles qu'on lisait autrefois sur le tombeau du noble comte Eberhard.

Tel était Murbach lorsque Odilon recueillit comme un précieux héritage l'œuvre de saint Pirmin. Il fallait relever l'abbaye des ruines amoncelées par les Hongrois ; ce fut la mission que Dieu donna à cet apôtre

---

(1) Lunig, *Arch. imp. Germ.*, t. XIX, p. 941 ; Grandidier, *Hist. d'Alsace*, pièces justif., t. II, LXXI ; Gatrio, *op. cit.*, t. I, p. 164.

(2) Célestin de Beroldingen éleva ou restaura en 1705 leur mausolée, dont les pieuses inscriptions paraissent être contemporaines de celles qu'on lisait autrefois sur le tombeau du comte Eberhard. Le couvercle du sarcophage porte l'inscription suivante :

« Nostrorum fratrum jacet hic funus tumulatum.
« Vim rosei finis pertulit iste cinis
« Hinc bene migrabant quos Hunni mortificabant
« Hos, Deus, in cœlis lætificare velis. »

L'inscription de la partie antérieure a été quelquefois inexactement reproduite :

« Claudit multorum præsens lapis ossa virorum
« In templo veteri jam pridem digna teneri.
« Horum placatus, si sunt, tege, Christe, reatus,
« Nos vice dando pari per eorum vota juvari. »

(Gatrio, *opus cit.*, t. I, p. 162.)

de la rénovation monastique. Le saint abbé entreprit cette œuvre de restauration avec le concours d'une princesse d'Allemagne, avec laquelle nous ferons plus ample connaissance, sainte Adélaïde. La mère des rois, c'est ainsi qu'on l'appelait, pendant tout un demi-siècle, en Italie comme en Allemagne, en Bourgogne comme en France, combla de bienfaits d'innombrables monastères. La part que prit la sainte impératrice à la restauration de Murbach fut considérable. C'est elle qui pendant le temps de sa régence, sous la minorité d'Othon III, amena les Clunisiens à Murbach. Les documents, il est vrai, nous font défaut pour éclairer cette question si importante, mais l'enchaînement des événements justifie suffisamment notre assertion (1). Les ravages des Hongrois (2), les troubles politiques avaient pu, en privant le monastère de Murbach des ressources nécessaires, affaiblir la régularité des religieux. Adélaïde s'intéressa vivement au sort de l'abbaye alsacienne et par son entremise Murbach fut investi de grandes propriétés. Elle fit don en particulier du bourg et de la paroisse d'Ammershweyer; des peines pécuniaires et corporelles furent établies contre quiconque attenterait à la sûreté des nouveaux ressortissants du monastère, ou se permettrait de ravager leurs biens. La bienfaisante impératrice, qui avait si singulièrement favorisé la réforme de Cluny, s'adressa, comme nous le savons, aux Clunisiens pour faire sortir de ses ruines le vieux monastère alsacien. Dans l'une de ses courses nombreuses à travers la Bourgogne transjurane ou peut-être même à Cluny, où elle vint plus

(1) GATRIO, *opus cit.*, t. I, p. 172-174.
(2) *Als. dipl.*, I, 129. Dipl. confirmatif d'Othon, II, 27 april. 977, apud SCHŒPFLIN.

d'une fois se recommander aux prières et recevoir les conseils d'Odilon qu'elle aimait par-dessus tout, elle intéressa notre saint abbé en faveur de Murbach et lui demanda un de ses religieux pour faire revivre l'abbaye alsacienne tombée dans un état de délabrement qui faisait craindre sa ruine prochaine. A cette époque, à côté des monastères réunis à la grande abbaye bourguignonne, il en existait d'autres qui lui étaient simplement agrégés, c'est-à-dire réclamant un de ses moines pour introduire dans ces monastères étrangers les règles et les Coutumes de Cluny, et Cluny s'empressait de leur envoyer un religieux de son choix qui s'était fait remarquer par ses aptitudes particulières et son talent d'organisation, à moins pourtant que l'abbé ne voulût se charger lui-même du nouveau monastère (1). Tel fut le cas de l'abbaye de Murbach. La demande de sainte Adélaïde répondait trop bien aux propres désirs et au zèle d'Odilon pour que le saint abbé ne se rendît point immédiatement à la proposition qui lui était faite. Il envoya à Murbach, en qualité de prieur, le moine Werner (2), le chargeant de relever le monastère tombé en ruines, et d'y former une communauté nombreuse, régulière, fervente. Werner partit pour l'Alsace, emportant avec lui la règle de Saint-Benoît et les Coutumes de Cluny. Ces Coutumes, il avait tout ce qu'il fallait pour les mettre en vigueur dans le monastère qu'il était appelé à gouverner. L'histoire nous le représente comme un homme de grande piété, versé dans les belles-lettres (3), comme le prouve la Vie de

---

(1) GATRIO, *opus cit.*, t. I, p. 174; RINGHOLZ, *opus cit.*, p. 38.

(2) GATRIO, *opus cit.*, t. I, p. 175; MABILLON, *Annal.*, ad ann. 994, t. IV, 79; Cf. *Revue catholique d'Alsace*, nouv. série, 1886, n° 3, p. 155; RINGHOLZ, *opus cit.*

(3) GATRIO, *opus cit.*, t. I, p. 175; RINGHOLZ,

saint Mayeul, écrite d'après son désir par son confrère clunisien, le moine Syrus, très attaché à la discipline monastique, habile et prudent administrateur. Le pieux prieur arrivait à Murbach dans des conditions exceptionnellement difficiles. Avant de faire accepter les Coutumes de Cluny, il fallait d'abord se faire accepter soi-même. Werner était un étranger. Il ne connaissait ni la langue ni les mœurs des moines et des gens de toute sorte qui allaient lui être soumis. Dans ces conditions, il paraissait difficile qu'il pût agir efficacement sur les consciences et se gagner les cœurs. Le nouveau prieur, avec l'aide de Dieu qui se plut à récompenser son obéissance et à bénir ses efforts, triompha des difficultés de la situation. Les abbés Landeloh, Beringer, Helmarich (1), avaient déjà fait leur possible pour faire sortir Murbach des ruines amoncelées par les Hongrois (2). Mais ce fut le pieux Werner qui eut le mérite de relever l'abbaye de ses désastres. Que n'avons-nous sous les yeux les lettres dans lesquelles Odilon lui prodiguait ses conseils et qui formeraient une des pages les plus lumineuses de l'histoire de sa vie! Ces conseils reçus par Werner, comme venant de Dieu lui-même et suivis avec une persévérante fidélité, firent du monastère de Murbach un des plus florissants et des plus édifiants de l'Alsace. Werner en devint Abbé (3). Nous en avons pour garants les annales de Murbach publiées par l'archiviste de Lucerne, Dr Théodore de Liebenau (4). Werner

---

(1) GATRIO, *opus cit.*, t. I, p. 174; Cf. *Revue catholique d'Alsace*, id., ibid., p. 158.

(2) GATRIO, *opus cit.*, t. I, p. 175; *Revue cath. d'Alsace*, id., p. 159; RINGHOLZ, *opus cit.*, p. 57; Cf. MABILLON, *Acta*, V, p. 786; *Annal.*, t. IV, p. 86.

(3) GATRIO, *opus cit.*, t. I, p. 175.

(4) Murbacher-Annalen : *Separatabdruck aus dem Anzeiger für*

que Mabillon appelle Warnerius, y est appelé « Werinharius abbas Morbacensis ». Ce ne sont là que les débuts de l'action de notre saint sur les moines alsaciens. Il avait vu passer de Cluny à Murbach l'un de ses enfants les plus chers, l'un de ses disciples les plus intelligents.

Odilon l'y avait suivi de l'esprit et du cœur, et il eut bientôt la douleur d'apprendre sa mort. C'est vers 995 que Werner de Cluny mourut, comme abbé de Murbach (1). Nous avons vu comment il avait fait régner au sein de son abbaye la ferveur et la régularité monastiques. Odilon, ne voulant pas abandonner une œuvre si laborieusement commencée et où l'un de ses disciples les plus aimés laissait après lui un si doux parfum de toutes les vertus, dès le commentement de l'année 995 partit pour l'Alsace et remplaça Werner sur le siège abbatial (2). Pour les moines de Murbach, Odilon n'était pas seulement un abbé ordinaire, il était un ami, un frère, un père, un saint. La joie de tous était grande de pouvoir faire connaissance avec cet homme extraordinaire dont ils avaient entendu raconter tant de merveilles. Le saint se répandit en remerciements. Il ne savait comment témoigner sa reconnaissance aux moines de l'accueil qui lui était fait. Entièrement appliqué aux devoirs de sa charge, il ne cessa d'édifier ses nouveaux frères par ses bons exemples et par ses discours en public et en particulier. Car à Murbach comme dans tous les

---

schweizerische Geschichte. Ces annales sont des notes que les bénédictins de Saint-Maur ont tirées en 1705, à Murbach même, de différents anciens manuscrits. — Cf. *Revue cath. d'Alsace*, id.

(1) Gatrio, *opus cit.*, I, 175 ; Cf. *Revue cath. d'Alsace* ; Ringholz, *opus cit.*

(2) Gatrio, *opus cit.*, 175 ; Ringholz, *opus cit.*, Cf. *Revue cath. d'Alsace*.

autres monastères, Odilon se considérait comme appartenant à la communauté et à chaque moine en particulier. Il se livrait sans réserve. On a voulu contester à Murbach la gloire d'avoir eu pour abbé le saint dont nous écrivons la vie. Mais, en même temps que Werner, les annales nomment Odilon parmi les anciens abbés de Murbach, et, ce qu'il y a de remarquable, il se trouve inscrit immédiatement après les fondateurs : « Sancus Pirminus episcopus et abbas (1). Eberhardus dux de Suevia, monasterii Morbacensis constructor et fundator. Odolon, abbas. » C'est que saint Odilon, en effet, fut plus qu'un simple abbé de Murbach. Il amena le monastère à un très haut degré de prospérité ; il en fit une abbaye modèle et renommée pour son savoir pendant tout le xie siècle (2). Si l'abbaye avait jeté un éclat littéraire assez vif à son origine, nous pouvons dire que l'école et les lettres ne furent pas dédaignées sous le gouvernement d'Odilon. A dix et onze siècles de distance, les grands érudits de la famille bénédictine viendront l'un après l'autre fouiller avec un pieux respect les volumes sortis de la main de leurs frères des viiie, ixe, x^e et xie siècles ; Murbach verra successivement dom Ruinard, dom Martène, dom Durand et Gerbert, le savant abbé

---

(1) GATRIO, *opus cit.*, I, p. 175 ; Cf. *Revue cath. d'Alsace*, id. p. 159.

(2) Ce n'était pas une chose inouïe que l'abbé de Cluny s'occupât lui-même du relèvement ou de la réforme des monastères étrangers et en prît le titre d'abbé, surtout quand ces monastères étaient des maisons célèbres. Nous avons vu dans la série des abbés de Saint-Denys figurer, en 994, saint Odilon comme réformateur. Et Hélyot (t. V, p. 121) dit à propos de l'abbaye de Lérins : « Il y a de l'apparence qu'elle eut besoin de réforme, lorsque saint Odilon, abbé de Cluny, qui réforma tant de monastères, en fut abbé en 997. Le P. Ringholz (*opus cit.*, p. 50), affirme de son côté que saint Odilon fut abbé de Lérins de 1022 à 1028.

Cf. GATRIO, *opus cit.*, t. I, p. 176.

de Saint-Blaise. Leur émule du xixe siècle, l'illustre cardinal Pitra, suivra à son tour les manuscrits de Murbach partout où la tempête révolutionnaire les aura jetés. A côté du manuscrit de Velleius Paterculus, précieusement conservé, à côté d'Alcuin, qui recommande l'école aux frères de Saint-Léger, de saint Simper qui, dans ses instructions religieuses, insiste sur l'enseignement; à côté de ce moine qui écrit alors les Annales des Francs *(Annales Breves Francorum*, de 707 à 787) (1), nous voyons, dès le commencement du xie siècle, un autre religieux de Murbach, Frulandus, écrire sur les ordres de l'abbé Eberhard, une *Vie de saint Léger*, et célébrer en termes pompeux l'admirable situation de Murbach et la grande fertilité de la vallée (2). Les religieux, en effet, firent si bien, à force de labeurs et de patience, que bientôt cette contrée sauvage et déserte se trouva transformée en un fertile et riant jardin que Frulandus dans un légitime enthousiasme put appeler « la vallée des fleurs *(florigera vallis)* presque rivale du Paradis », parler de ses collines très fécondes et de ses coteaux que la vigne recouvre (3). Aujourd'hui de verdoyantes forêts de sapins recouvrent les crêtes du vallon si poétiquement chanté par Frulandus. Par une belle journée d'automne, nous avons suivi nous-même les replis sinueux du vallon de Murbach ombragé par ces épaisses forêts; à mesure que nous avancions, nous éprouvions les impressions d'un site enchanteur; une douce et indéfinissable mélancolie était entrée dans notre âme. Arrivé à l'endroit où la pente s'élève, où le vallon est sur le point de se fermer, nous nous sommes arrêté devant une ancienne porte

---

(1) Grandidier, *Hist. d'Alsace*, pièces justif., t. I, p. xlv.
(2) D. Pitra, *Hist. de S.-Léger*, p. 566; *Annal. Murbach*.
(3) Dom Pitra, *Hist. de S.-Léger*, p. 566.

en ruine probablement construite par Odilon; nous avons contemplé avec émotion les tours élevées par lui, et le sanctuaire où il avait si souvent chanté l'office de saint Léger, comme savent chanter les saints; nous avons prié dans ce sanctuaire témoin des prières et des larmes du saint abbé; nous avons rêvé au coin du cimetière du village établi sur les débris de la magnifique église clunisienne. C'était vers l'heure du soir où l'âme s'épanche si facilement; tout était tranquille et comme recueilli; les vieilles tours montaient dans le silence; nos regards plongeaient dans les profondeurs du ravin et notre pensée dans les souvenirs du passé.

Combien de temps Odilon, successeur de Werner de Cluny, porta-t-il le titre d'abbé de Murbach? Il est difficile de le déterminer. Le saint apparaît en Alsace en 1003 (1). Le 21 octobre de cette année, il est à Saint-Hippolyte, entre Strasbourg et Colmar, où, sur sa demande, l'empereur Henri II confirma Payerne dans la possession de ses biens alsaciens (2). Odilon était-il venu exprès de Cluny pour le règlement de cette affaire, ou plutôt, comme l'histoire nous apprend qu'il était entouré d'un grand nombre de moines, ne pourrait-on pas supposer que les moines du couvent de Saint-Hippolyte, dépendant de celui de Saint-Denis, lui devaient également de la reconnaissance, et que, d'un autre côté, il tenait encore les rênes du gouvernement de Murbach? Ce qu'il y a de certain, c'est qu'en 1012, Odilon avait cessé d'être abbé de Murbach, puisque c'est Degenhard (3) qui, en cette année même, portait la crosse abbatiale.

---

(1) P. RINGHOLZ, *opus cit.*, p. 44 et XXII.
(2) *Jahrbücher des Deutschen Reichs unter Heinrich II*, t. I, p. 271 et suiv.; HIDBER, n° 1198; STUMPF, n° 1367.
(3) GATRIO, *opus cit.*, t. I, p. 179.

La première année de son séjour en Alsace, c'est-à-dire vers 995, Odilon profita du loisir momentané que lui laissait le gouvernement de la célèbre abbaye alsacienne pour faire son premier voyage en Italie. Il se contenta, pour cette fois, de visiter les monastères du nord de la Péninsule, parmi lesquels se trouvait l'abbaye de Cluse, en Piémont. Il n'est peut-être pas inutile de redire ici par quel lien ce monastère se rattache à la famille clunisienne. Un bisaïeul de Pierre le Vénérable, Hugues Descousut, qui par sa valeur et son influence tenait un rang distingué dans la noblesse d'Auvergne, s'était signalé, sur la fin de sa vie, par ses bonnes œuvres et ses fondations pieuses (1). Sa jeunesse n'avait pas été, paraît-il, exempte d'égarements. Une faute inconnue, que le Pape seul pouvait absoudre, l'obligea de prendre le chemin de Rome, dans l'année 966. Il dut promettre qu'en expiation de son péché, il bâtirait, de ses deniers, un monastère. Au retour, il fit halte, lui et sa femme, qui l'accompagnait, chez un vieil ami, à Suze, au pied du mont Cenis. Comme il lui racontait l'objet de son pèlerinage et l'engagement qu'il avait contracté : « N'allez pas plus loin, lui dit son hôte ; voyez cette montagne (2), à douze milles d'ici ; on y invoque saint Michel, qui souvent l'a honorée des marques insignes de sa présence et de sa protection : vous ne trouverez pas de lieu plus propice pour l'exécution de votre dessein. » La nuit suivante, les deux époux, déjà fort ébranlés par les instances de leur ami, eurent ensemble la même vision. L'Archange leur apparaît : il les presse, il leur ordonne de choisir l'endroit

---

(1) *Ann. Bened.*, t. III, p. 580, 581.

(2) Cette montagne était appelée par les habitants du voisinage la Montagne de feu (*Ann. Bened.*, t. III, p. 712.

Cf. DEMIMUID, *Pierre le Vénérable*, p. 3-4, 2ᵉ édit., 1895.

désigné par leur hôte, pour y élever un monastère et se préparer par là une demeure dans le ciel. Le parti du comte Hugues fut pris aussitôt; il alla trouver le marquis de Suze et de Turin, et lui offrit tout ce qu'il avait amené avec lui, son or, son argent, ses équipages, en échange de la sainte montagne. On y construisit d'abord, au milieu des rochers, d'humbles cellules, dont les habitants furent mis sous la conduite d'un pieux abbé de Lézat, Advert, chassé par ses moines, dont il ne pouvait souffrir le relâchement. Quelque temps après, Hugues revint, avec de nouvelles sommes d'argent, qu'il employa, moitié à se rendre propriétaire de la terre de Cluse, voisine de la montagne, où le couvent se trouvait à l'étroit, moitié à faire les constructions nécessaires et à doter les moines. L'abbaye de Saint-Michel de Cluse prit une rapide extension, et, à l'époque où Odilon était venu la visiter, elle était en pleine voie de prospérité. Notre saint y rencontra par hasard un jeune seigneur bénéventin, que le prince de Salerne avait envoyé en mission auprès du roi de Germanie. Né à Salerne en 931, de la noble famille des Pappa Carbone, qui elle-même se prétendait issue de souche royale, le jeune Lombard-Bénéventin avait reçu au baptême le nom d'Alfère. L'instruction solide, particulièrement dans la science du droit, qu'il acquit dans cette ville où plus tard devait fleurir l'une des plus célèbres écoles du moyen âge, son esprit et ses bonnes mœurs le firent admettre, tout jeune encore, dans l'intimité des princes Jean II et Guaimar III, qui l'employèrent souvent à la conduite d'affaires importantes. C'est ainsi que Guaimar III l'envoya un jour comme ambassadeur en France, et lui confia, comme nous

(1) Paul GUILLAUME, *Essai historique sur l'abbaye de Cova*, p. 15, note 2.

l'avons dit, une importante mission auprès du roi de Germanie. Quel était le but de la mission qu'Alfère avait reçue du prince de Salerne? C'est ce que la chronique n'explique pas. Selon toute vraisemblance, il allait, au nom de Guaimar, réclamer le secours de l'Empereur contre les Sarrasins, car on sait que, vers ce temps, Othon III repassa encore une fois les Alpes et chassa les infidèles de l'Italie avant de revenir mourir à Vérone, empoisonné, dit-on, par la veuve de Crescentius. Arrivé à quelque distance de Suze d'où il comptait se rendre en France, Alfère s'arrêta au mont Epicare, dans le monastère de Saint-Michel de Cluse. Les desseins cachés de la Providence avaient sans doute conduit le jeune seigneur bénéventin dans cette pieuse retraite, placée au milieu des montagnes, pour offrir aux voyageurs les secours d'une charitable hospitalité. A peine y était-il arrivé, qu'il tomba dangereusement malade. Après avoir vu la mort de si près, Alfère, éclairé par cette lumière intérieure qui se révèle à l'heure d'un grand péril, fit à Dieu la promesse d'embrasser la vie monastique s'il parvenait à recouvrer la santé. Il révéla à notre saint abbé, en qui il avait toute confiance, le vœu qu'il avait fait. Dans la première ardeur de sa conversion, il désira recevoir l'habit religieux des mains d'Odilon, mais notre saint résista, et, pour éprouver une vocation encore si récente, il crut devoir emmener Alfère à Cluny où il lui donna l'habit en 995 (1). Le jeune novice fit de rapides progrès dans la vie spirituelle; il fut pour les frères un modèle de régularité et de ferveur, et sa vive piété, jointe au parfum d'édification qui embaumait toute la communauté, le rendit très cher à son

---

(1) Ringholz, *opus cit.*, p. 52.

vénérable abbé. Mais Alfère ne devait pas rester toujours à Cluny : nous le retrouverons plus tard à Salerne où le prince Guaimar, pénétré de respect pour sa personne et plein de vénération pour ses vertus, l'avait attiré, et d'où la divine Providence l'arrachera encore une fois pour l'appeler à de plus hautes destinées.

CHAPITRE XI

2ᵉ VOYAGE EN ITALIE — ODILON ET LE PAPE GRÉGOIRE V

3ᵉ VOYAGE EN ITALIE

998-999

Le premier voyage que fit Odilon en Italie devait être bientôt suivi d'un second qui fut pour Cluny une source de précieuses faveurs, car cette fois, ce n'était plus seulement un simple monastère qu'il allait visiter, mais c'est Rome, le centre de la vie chrétienne et religieuse qui attirait le saint abbé. Il n'y avait pas de chrétien alors qui consentît à mourir sans avoir posé ses lèvres sur le seuil des bienheureux apôtres Pierre et Paul. Le pauvre lui-même venait à pied visiter leurs lointaines reliques, et recevoir au moins une fois la bénédiction du vicaire de Jésus-Christ. Odilon avait bien des raisons, dont quelques-unes toutes particulières, de faire cette première visite *ad limina*. Il aimait passionnément l'Eglise et son chef auguste qui avait salué avec enthousiasme la réforme de Cluny ; il voulait aussi faire consacrer solennellement par le pape les possessions clunisiennes convoitées naguère par la cupidité des seigneurs dont la jalousie allait encore s'accroître à l'occasion de nouveaux privilèges pontificaux. Enfin l'abbaye de Cluny avait été placée sous la dépendance spéciale de Saint-Pierre de Rome (1) : ne fallait-il pas que le jeune Abbé allât, lui aussi, déposer son hommage au tombeau des saints apôtres ? Il y avait alors assis sur la chaire de saint Pierre un pape digne de l'occuper : c'était Bruno, chapelain et parent d'Othon III, qui prit le nom de Grégoire V (3 mai 996). A cette époque, l'empereur d'Allemagne, le jeune Othon III, inaugurait son règne par une expédition en Italie (2) où le portaient les besoins de l'Eglise. En février 996, il traversa les Alpes couvertes de neige et arriva à Pavie où il célébra les fêtes de Pâques et reçut les serments des seigneurs et évêques lombards. C'est là ou plutôt à Ravenne qu'une ambassade de quelques nobles romains vint trouver le prince pour lui annoncer la mort de Jean XVI et venir traiter évidemment avec lui de l'élection d'un nouveau pontife au siège de Rome. L'ombre d'Othon le Grand se projetait encore sur l'Italie. L'enfant de quinze ans, héritier de sa gloire, ne parut pas s'effrayer de sa tâche, et trouva naturel, avec ses dociles conseillers, de donner à Rome et à l'Eglise, un pape allemand et de sa famille. Mais il nous faut entendre ici un auteur contemporain : « Aussitôt après la mort de Jean XVI, dit-il, les princes romains et tout l'ordre sénatorial députèrent à Ravenne une ambassade chargée d'en informer Othon III. Dans la lettre collective adressée au prince, les Romains lui témoignaient le vif désir qu'ils avaient de le recevoir dans leurs murs et l'assuraient de leur fidélité. Ils

---

(1) *Bibl. Clun.*, Charte de Guill. d'Aquit.
(2) J. ZELLER, *Hist. d'Allemagne. Fondation de l'empire germanique*, p. 426.

manifestaient la douleur qu'ils éprouvaient de la mort du seigneur apostolique, et le priaient de leur transmettre ses intentions relativement au choix d'un successeur. Or, parmi les clercs de la chapelle royale se trouvait un petit-fils d'Othon le Grand, nommé Bruno (1). Fort instruit dans les lettres humaines (il parlait trois langues, le latin, l'allemand et le roman ou gaulois vulgaire), sa naissance lui assurait une grande considération; son caractère était noble et généreux; on n'aurait pu lui reprocher que sa jeunesse, car il n'avait que vingt-quatre ans. Othon, son cousin, avait pour lui une vive affection, il le désigna aux envoyés comme le candidat de son choix; l'élection se fit suivant le désir royal, et Bruno fut proclamé pape. L'archevêque de Mayence, Willégise, et Hildebald, évêque de Worms, le conduisirent à Rome, où il fut accueilli en triomphe. Les évêques d'Ostie et d'Albano lui conférèrent la consécration épiscopale et il prit possession du siège apostolique sous le nom de Grégoire V. Quelques jours après, Othon III fit lui-même son entrée solennelle, et il fut couronné par le nouveau pontife dans la basilique de Saint-Pierre au milieu des acclamations de joie de la noblesse et du peuple. » (2) C'était le moment où Crescentius qui depuis tant d'années persécutait les vicaires de Jésus-Christ, faisait peser son joug odieux sur la ville éternelle. Grégoire n'eut pas un sort différent de ses prédécesseurs. Surpris par le tyran, il fut contraint de s'enfuir de Rome à Pavie dans un complet dénuement (997). Au commencement de l'année suivante, le Pontife alla

---

(1) Il était fils d'Othon II, duc de Franconie et marquis de la Marche de Vérone, lequel était issu de Luitgarde, fille de l'empereur Othon le Grand.

(2) *Vita S. Adalbert.*, *Patrol. lat.*, t. CXXXVII, col. 880.

rejoindre l'empereur à Ravenne (1). Sur ces entrefaites, Odilon se mit en route pour l'Italie, traversa les Alpes au Grand-Saint-Bernard, et arriva à Ravenne le 6 février 998. C'est là qu'il eut un premier bonheur, le plus grand qu'un chrétien puisse éprouver ici-bas, celui de voir et de vénérer un Pape digne de sa sublime mission, sachant allier le respect des principes, l'austérité des mœurs, la fermeté du caractère à une modération et à une mansuétude qu'on n'aurait pas attendues dans un âge où l'expérience n'avait encore pu le mûrir. Grégoire V, nous l'avons dit, et notre saint le savait, avait applaudi de toutes ses forces à la réforme de Cluny. Il était fermement résolu à tout purifier, à tout améliorer autour de lui. Il n'en fallait pas davantage pour inspirer à Odilon une affection toute filiale et une entière confiance. Notre saint abbé avait d'ailleurs le plus grave intérêt à entrer promptement en relation personnelle avec le Pontife. Le cœur plein de cette confiance que le pape avait su lui inspirer, il lui demanda la confirmation des privilèges accordés à Cluny par les précédents pontifes romains. Aussitôt le Pape dressa une bulle qui ratifiait pour toujours, avec leurs annexions, toutes les possessions de la Bourgogne et de l'Alsace que les Othons avaient données à Cluny. Il en fut de même des monastères de Payerne et de Romainmoutier, situés dans la Suisse actuelle et dont nous aurons bientôt à parler, ainsi que de tout ce qui pouvait leur appartenir, de telle sorte que ni duc, ni évêque ou prince quelconque, ni aucune autre personne quelle que soit sa condition, n'ose toucher aux biens ou aux revenus du monastère. L'indépendance de Cluny fut encore une fois de plus

---

(1) Stumpf, n° 1139; Hidber, n° 1176; Pertz, *Monum. Germ. SS.*, t. XI, p. 531; Cf. Stumpf, n° 1146.

reconnue et affirmée par le souverain Pontife dans les termes suivants: « Nous voulons aussi, avec la pensée que
« notre parole apostolique sera ratifiée par le jugement
« de Dieu, et cette volonté nous la confirmons par la
« menace de l'excommunication, nous voulons que ni
« évêque ni prêtre ne se hasarde d'accomplir dans
« l'église du même monastère aucune fonction ecclé-
« siastique ni aucune ordination de prêtre ou de diacre,
« ou d'y célébrer les saints mystères, à moins qu'il n'y
« ait été préalablement invité par l'Abbé de Cluny.
« Quant aux moines de ce monastère, qu'ils soient libres
« de recevoir les ordres là où ils voudront, selon le bon
« plaisir de leur Abbé, qui sera libre également d'ap-
« peler pour leur ordination tel évêque qu'il aura
« choisi. » Grégoire V, à la fin de cette bulle, renouvelle la confirmation à perpétuité des biens du monastère de Cluny. Il menace de peines éternelles les envahisseurs de l'abbaye, et il promet à ceux qui respecteront et défendront ce privilège la bénédiction de Dieu et la vie éternelle (1).

Dans l'espace de temps compris entre le 6 février 998 et le même mois de février 999, Grégoire V publia encore une autre bulle (2) toujours en faveur du grand monastère bourguignon. Le Pape, dans cette nouvelle bulle, ratifie la situation de Cluny telle qu'elle est exposée dans la charte de fondation du monastère, et il confirme solennellement Odilon dans sa charge abbatiale. Aux termes de cette même bulle, le monastère,

---

(1) Jaffé, *Regesta Pontificum Romanorum*, n° 2980. — Voir aussi Migne, *Patrol. lat.*, t. CXXXVII, col. 932 et suiv., sans date.
Cette bulle est vraisemblablement de février 998, parce qu'à cette époque Grégoire V, Othon III et Odilon se trouvaient réunis.
Cf. Ringholz, *opus cit.*
(2) Chaix de Lavarène, *Monumenta Pontificia Arverniæ*, p. 18-21; Clermont-Ferrand, chez Ferd. Thibaut, 1880.

avec ses possessions présentes et futures, doit être affranchi de la domination de tout roi, évêque, comte et autres princes, en sorte que personne après la mort d'Odilon ne puisse lui donner un successeur contre la volonté des moines, mais les religieux seront libres, sans qu'ils aient besoin de consulter préalablement un prince quelconque, de se choisir, conformément à la règle de Saint-Benoît, tel abbé qu'ils voudront. Les dîmes qui autrefois appartenaient aux églises clunisiennes et dont quelques évêques se sont récemment emparés, devront, d'après la bulle papale, leur revenir intégralement. Les églises, quelles qu'elles soient, existantes ou en construction, resteront en possession des dîmes qui leur sont dues, et que l'on se garde bien de rien en dérober. Pour ce qui est des vignobles et autres terres cultivées appartenant au monastère, la dîme en sera affectée à l'hôtellerie. Après une nouvelle et plus explicite ratification des biens des monastères de Romainmoutier et de Payerne, le Pape par une nouvelle bulle confirme le monastère de Cluny dans ses autres possessions, dont plusieurs se trouvaient dans le diocèse de Clermont : « Grégoire, évêque, serviteur des servi-
« teurs de Dieu, à Odilon, notre fils bien-aimé, Abbé
« du monastère de Cluny consacré en l'honneur des
« saints apôtres Pierre et Paul, et situé au comté de
« Mâcon ; et par vous, à tous les abbés vos succes-
« seurs qui seront régulièrement élus, à perpétuité.
« Parce que vous nous avez demandé de fortifier
« le susdit monastère du poids de notre autorité apos-
« tolique et de confirmer tous les biens qui lui appar-
« tiennent, nous décrétons que tous les lieux et mona-
« stères appartenant au monastère de Cluny, vous les
« possédiez tranquillement et en toute sécurité, vous
« et tous vos successeurs à perpétuité. Savoir : le mo-

« nastère de Cluny lui-même, fondé jadis par le
« puissant duc Guillaume, avec toutes ses dépen-
« dances proches et éloignées... Au comté d'Au-
« vergne (1), le monastère de Souvigny, où repose votre
« prédécesseur saint Mayeul (2), et toutes les dépen-
« dances de ce monastère, la celle de la Ferté (3) et ses
« dépendances ; la celle appelée Escurolles (4) ; égale-
« ment l'église construite en l'honneur de saint Sulpice
« dans la villa appelée Langy (5); la celle de Bost (6),
« construite en l'honneur de saint Pierre ; le monastère
« de Ris (7), consacré en l'honneur de la sainte Mère
« de Dieu, avec le petit village de Lussat (8) et ses dé-
« pendances ; l'église de Maringues, appelée Mons (9),
« avec les terres données à ce monastère par la très
« noble Eustorge ; la celle appelée Mons, située tout à
« côté, dans le même comté, et construite en l'honneur
« de la sainte Mère de Dieu ; le monastère de Sauxil-
« langes avec les celles, églises, métairies et terres qui
« lui appartiennent, savoir : Chargnat (10), Bournon-

(1) « In Comitatu quoque Arvernensi. » L'Auvergne, à cette époque,
se divisait en plusieurs comtés : les comtés d'Auvergne, Clermont,
Tallende, Turluron, Brioude.

(2) Mayeul se rendait à Paris, quand la mort le surprit à Souvigny,
à l'âge de plus de quatre-vingts ans.

(3) La Ferté-Hauterive, commune du canton de Neuilly-le-Réal.

(4) Escurolles, aujourd'hui chef-lieu de canton, arrondissement de
Gannat.

(5) Saint-Sulpice-de-Langy, commune du canton de Varennes-sur-Allier.

(6) Bost, commune du canton de Cusset.

(7) Ris, prieuré situé près de Châteldon, sur les confins de l'Auvergne et du Bourbonnais. Selon Prohet, il aurait été fondé en 952
par Amblard de Thiers, archevêque de Lyon. D'autres prétendent
que saint Odilon en fut le fondateur. Ce prieuré a été considérable :
il a eu jusqu'à vingt moines.

(8) Lussat, aujourd'hui paroisse du canton de Pont-du-Château.

(9) Mons, — et non Notre-Dame-de-Mons qui est dans le canton
d'Ambert — aujourd'hui paroisse du canton de Randan.

(10) Chargnat, aujourd'hui paroisse du canton de Sauxillanges.

« cles (1), Bonnac (2), Gignat (3), Saint-Hilaire (4); la
« celle où repose saint Flour (5), que le clerc Eustorge
« a donnée à Sauxillanges; les possessions du terri-
« toire de Brioude; la celle de Reilhac (6) et ses dé-
« pendances; l'église de Saraciacum, construite tout
« auprès en l'honneur du divin Sauveur. » Le Pape
prit donc solennellement pour la troisième fois sous sa
haute protection les possessions de Cluny, moyennant
la redevance usuelle déjà existante auparavant de cinq
sous d'or, que le monastère était obligé de payer à
saint Pierre tous les cinq ans.

La bulle se termine comme à l'ordinaire par des
menaces et des promesses de bénédiction divine (7).

(1) Bournoncles. Hildegarde donna l'église de Bournoncles au monastère de Sauxillanges, sous l'abbatiat de Mayeul (*Cartul. de Sauxillanges*, charte 28). Parmi ceux pour lesquels elle fait cette donation figurent Robert et son fils Etienne, évêque d'Auvergne (appendice n° v). L'église de Bournoncles fut un prieuré; aujourd'hui c'est une paroisse du canton de Ruynes, arrondissement de Saint-Flour.

(2) Bonnac. Etienne II, évêque d'Auvergne, donna cette église, en 944, au monastère de Sauxillanges, que gouvernait Aimar, abbé de Cluny. Pierre de Bonnac donna à Odilon ses biens de Bonnac. C'est aujourd'hui une paroisse du canton de Massiac, arrondissement de Saint-Flour.

(3) Gignat, canton de Saint-Germain-Lembron, arrondissement d'Issoire.

(4) Saint-Hilaire. Arbert donna cette église à Sauxillanges sous saint Mayeul. Elle fut longtemps prieuré; aujourd'hui c'est un domaine au sud de Monton.

(5) Saint-Flour. Ce monastère, fondé à Indiciat par Eustorge et Amblard de Brezons, son neveu, fut donné à l'abbaye de Cluny (1004).

(6) Reilhac, ancien prieuré compris dans l'archidiaconé d'Aurillac, aujourd'hui paroisse du canton et de l'arrondissement d'Aurillac.

(7) *Bullar. Cluniac.*, 10; *Patrol. lat.*, t. CXXXVII, col. 932-935; JAFFÉ, *opus cit.*, n° 3136; HIDBER, n° 1173; *Schweiz. Geschichtsforscher*, t. III, p. 27 et suiv., 1820.

La preuve que cette bulle appartient à Grégoire V et date de l'époque qui s'étend du 6 février 998 jusqu'à février 999, se trouve dans STEINDORFF, *Jahrbücher des deutschen Reichs unter Heinrich III*, t. I, p. 491 et suiv.

Tant d'actes émanés du siège apostolique montrent bien en quelle estime la cour de Rome tenait alors le monastère de Cluny, et quelle extension avait prise déjà à cette époque l'action de la grande abbaye. Mais cela ne suffisait pas; il fallait encore d'autres garanties, et c'est le pouvoir civil qui, plein de sollicitude pour la réforme sortie de Cluny, se chargera de les offrir. Rodolphe III, lui aussi, confirmera par deux diplômes de l'an 998 les anciens décrets royaux déjà rendus antérieurement, ainsi que les biens et les donations faites en faveur de Cluny, principalement dans les comtés de Lyon, Vienne, Valence et dans la Provence (1). Déjà le 9 février, pendant son séjour à Ravenne, Odilon avait obtenu d'Othon III une charte impériale confirmant la possession du monastère de Payerne dont nous aurons bientôt à nous occuper.

Si de tels témoignages venus à la fois de la papauté et du pouvoir civil, étaient honorables et glorieux pour le monastère de Cluny, il est juste de remarquer qu'ils imposaient à notre saint abbé des devoirs souvent très lourds et des obligations parfois très difficiles. Mais Odilon par sa haute intelligence, sa rare aptitude des affaires et son éminente sainteté, était bien capable de suffire à tout. Ces témoignages de confiance d'ailleurs, ne devaient pas être les seuls que notre saint dût recevoir du Souverain Pontife et de l'empereur d'Allemagne. Cependant le moment allait bientôt venir où Grégoire V, chassé de Rome par Crescentius, allait remonter sur son trône. Le tyran, excommunié par un concile, avait ourdi une conspiration désespérée, de concert avec Jean Philagaste, moine calabrais, devenu évêque de Plaisance. Celui-ci devait être élu pape pour le spiri-

---

(1) Mabillon, *Acta*, VI, 1, p. 561, n° 18; *Annal.*, t. IV, p. 125.

tuel, tandis que son complice restait le maître de Rome pour le temporel sous la protection de l'empire grec. Othon qui avait dû quitter un moment l'Italie pour voler à la défense de ses états menacés, se hâta de revenir à Rome « pour nettoyer cette sentine ». L'antipape (1) fut arrêté, et, dans la crainte que l'empereur laissât son crime impuni, on lui coupa la langue et le nez, et on lui arracha les yeux selon l'usage des Grecs. Le château Saint-Ange, où Crescentius s'était réfugié, fut emporté d'assaut, et le tyran eut la tête tranchée. Quelques jours après, le pape Grégoire V rentrait dans Rome, aux applaudissements du clergé et des fidèles; Odilon, qui était resté à ses côtés à Ravenne, l'accompagnait dans la ville éternelle (2), et il pouvait enfin goûter un second bonheur, celui de s'agenouiller au tombeau des saints apôtres, à ce tombeau qui gouverne le monde. Quels furent les sentiments de joie dont son âme fut remplie au spectacle de la ville universelle enfin pacifiée, l'histoire ne nous en dit rien : « Ceux qui viennent à Rome une première fois en y apportant l'onction du christianisme et la grâce de la jeunesse, savent l'émotion qu'elle produit; les autres la comprendraient difficilement, et j'aime la sobriété de ces vieux historiens qui s'arrêtent là où finit le pouvoir de la parole (3). »

Au moment où Grégoire V remontait sur le trône

(1) Audisio, *Hist. civile et religieuse des papes de S. Léon III à Boniface VIII*, p. 147.
L'antipape avait pris le nom de Jean XVI, et ce nom lui fut laissé afin que, selon la remarque de Papebroch, ses bulles ne pussent se confondre avec celles du véritable Jean XVI, qui viendra plus tard et portera le nom de Jean XVII. On ne fait donc pas entrer un antipape dans la série des pontifes légitimes, mais le nom d'un Jean XVI y reste vacant.
(2) Stumpf, n° 1139; Hidber, n° 1176; Pertz, *Monumenta Germ. SS.*, t. XI, p. 531; Cf. Stumpf, n° 1146.
(3) Lacordaire, *Vie de S. Dominique*.

pontifical, effaçant à Rome les dernières traces de l'intrusion, un changement de règne venait d'avoir lieu en France. Hugues Capet était mort le 21 octobre 996, laissant la couronne à son fils, Robert le Pieux, qui, depuis l'an 987 était associé au trône. Il n'y eut donc pas d'élection nouvelle, et la transition d'un règne à l'autre se fit sans secousses ni désordres. Tranquille du côté de Cluny, Odilon était encore à Rome, lorsqu'il eut la joie d'y rencontrer Guillaume de Saint-Bénigne. Pour notre saint abbé, il était bien doux de retrouver, à un pareil moment, en un tel lieu, l'ami des anciens jours, de lui ouvrir son cœur, de l'entretenir des progrès de la réforme monastique, de l'entendre parler avec ce charme dont il avait le secret, de la fondation de ses chers monastères, de sa pauvre église de Saint-Benigne, de la perfection des moines, du règne de Jésus-Christ, entretiens vraiment célestes, et tels que les monastères d'alors n'avaient pas coutume d'en entendre. Quel motif avait donc décidé l'abbé de Saint-Bénigne à entreprendre, au prix de tant de fatigues, un si long voyage? Guillaume, par une permission de Dieu, avait heureusement retrouvé le tombeau de saint Bénigne, caché dans la crypte de ce nom (après avoir, pendant un demi-siècle, échappé à toutes les recherches). La basilique, construite par Grégoire de Langres sur le tombeau du premier apôtre de la Bourgogne, et rebâtie sous Charles le Chauve, par l'évêque Isaac, était en si mauvais état, qu'il fallut songer à la reconstruire entièrement. Grande fut la joie du vénérable Guillaume lorsqu'il apprit que l'abbé de Cluny, son saint ami, entrait dans ses vues (1). L'abbé de Saint-

---

(1) D'après M. l'abbé Chevallier (*le Vénérable Guillaume*, p. 75), Odilon aurait envoyé à l'abbé Guillaume « une grande quantité de

Bénigne, fort de l'appui des seigneurs bourguignons et de notre saint abbé, allait donc être bientôt en mesure de commencer le nouvel édifice. Mais quelle forme donner à ce nouveau sanctuaire? Où puiser l'inspiration d'un idéal parfait? Dans sa perplexité, Guillaume se sentit mystérieusement poussé vers Rome. C'est le besoin des âmes que Dieu appelle à d'éclatants travaux dans l'Eglise de venir s'incliner sous la bénédiction du vicaire de Jésus-Christ. C'était tout à la fois le double attrait de l'art et de la piété qui amenait au tombeau des saints apôtres l'émule de notre saint dans la réforme monastique au xie siècle (1).

Combien de temps Odilon, en compagnie de l'abbé de Saint-Bénigne, resta-t-il à Rome? Nous n'avons aucune donnée précise à ce sujet; mais ce que nous pouvons hardiment affirmer, c'est que le Pape, pendant le séjour de notre saint dans la ville éternelle, lui prodigua les témoignages de la plus douce bienveillance, et il mit le comble à ses faveurs en daignant se rendre avec lui dans l'antique et célèbre abbaye de Farfa, située à vingt milles au nord de Rome, dans les montagnes de la Sabine. S'il faut s'en rapporter à l'ancien manuscrit composé sur l'origine du monastère de Farfa, la fondation première doit en être attribuée à un saint personnage, nommé Laurent, qui vint de la Syrie s'établir dans la Sabine vers l'année 420. Après avoir rempli d'abord dans cette province les fonctions épiscopales, il les résigna volontairement pour aller vivre dans la solitude, au fond d'une vallée dite *Acu-*

---

chapiteaux sculptés, de fûts de colonnes et de larges plaques de marbre poli, derniers débris de la splendide abbaye de Saint-Marcel de Chalon. » Malgré toutes nos recherches, nous n'avons pu découvrir aucun document relatif à ce fait.

(1) L'abbé CHEVALLIER, *le Vénérable Guillaume*, p. 73 et suiv.

tiana. Aidé de ses deux disciples Isaac et Jean, il y bâtit au pied du mont Mutella un monastère qui fut achevé en 430 et placé sous la vocation de la Vierge Marie. Pris et saccagé par les Lombards au milieu du sixième siècle, ce monastère fut relevé de ses ruines par un prêtre appelé Thomas, originaire de la Maurienne, et qui, à la suite d'un pèlerinage aux Lieux Saints, s'arrêta dans la Sabine, où, avec l'assistance de Faroald, duc de Spolète, et du pape Jean VI, il acheva, en 678, la reconstruction de Sainte-Marie de Farfa. La nouvelle communauté ne tarda point à obtenir de nombreuses donations ainsi que d'importants privilèges, et parmi ses bienfaiteurs il faut placer au premier rang les ducs de Spolète et les rois lombards. Quand la puissance du dernier de ces princes eut succombé, en 774, sous la redoutable épée de Charlemagne, le roi des Franks se plut à confirmer, par un diplôme tout favorable, la possession des biens et privilèges de l'abbaye. Outre ce document, la Chronique de Farfa cite un *placitum* ou jugement rendu par Charlemagne pendant un autre voyage qu'il fit au delà des Alpes, en 781, jugement qui ordonnait la restitution du monastère de Saint-Ange à Ragambald, abbé de Farfa. Suivant l'exemple de son père Charlemagne, Louis le Débonnaire étendit encore les immunités du monastère, et fit restituer sous l'abbé Jean les biens qu'on lui avait enlevés par violence. Plus tard, Charles le Chauve et Charles le Gros confirmèrent tous les privilèges que l'abbaye avait reçus de leurs prédécesseurs (1).

Pendant le cours des deux siècles suivants, le monastère de Farfa se ressentit des vicissitudes et des troubles qu'il avait subis, et dont un opuscule de l'abbé Hugues

---

(1) DANTIER, *les Monastères d'Italie*, t. II, p. 487 et suiv.

retrace le curieux tableau, surtout en rapportant les débats alors soutenus avec la puissante famille des Crescentius. Nul doute qu'à l'époque où nous sommes arrivé la riche abbaye de Farfa, qui avait rempli un rôle important dans les siècles passés, avait besoin, comme tant d'autres, d'une réforme radicale, et c'est précisément cette réforme que lui apportait le saint Abbé de Cluny. En ce moment, celui qui gouvernait l'abbaye était justement cet Hugues dont nous venons de prononcer le nom. Il l'avait obtenue au commencement de l'année 997, mais, ainsi qu'il l'avoue lui-même, par simonie et d'une manière injuste, c'est-à-dire à prix d'argent. Malgré cette intrusion, qu'il ne tarda pas à regretter amèrement, Hugues chercha tous les moyens de réformer ce monastère. Les meilleurs religieux n'avaient pas une vie très édifiante; entre autres reproches, on avait à leur faire celui de manger de la viande au réfectoire et de porter un habillement séculier. Hugues voulut introduire dans son monastère une discipline plus régulière, et c'est dans ce but qu'il fit venir des religieux de Subiaco, puis du mont Cassin, et enfin du monastère de Classe de Ravenne. Lui-même donna l'exemple d'une grande abnégation, et, malgré tous ses efforts, il ne put obtenir le résultat qu'il se proposait. C'est alors qu'en 998 Odilon et son ami, l'abbé Guillaume de Dijon, vinrent à Farfa. Ils furent très édifiés du zèle que l'abbé Hugues avait déployé pour la réforme de son monastère, et ils se montrèrent particulièrement heureux de l'encourager dans son œuvre, lui prodiguant leurs paternels avertissements et l'aidant de leurs sages conseils. Emu et touché de leur grande charité, Hugues voulut remettre son abbaye entre les mains de ses deux visiteurs, leur demandant de lui imposer une sévère pénitence pour la faute qu'il avait commise. La pénitence à laquelle il fut soumis fut non d'abandonner son abbaye, sacrilègement acquise à prix d'argent, mais d'y introduire la réforme selon les Coutumes de Cluny.

En présence du souverain Pontife, de l'Abbé Odilon et de Guillaume, quelques évêques engagèrent aussi Hugues et ses moines groupés autour de lui à adopter les Coutumes de Cluny, autant du moins que pouvait le comporter le climat du pays, et de les observer toujours avec une grande fidélité. Docile à ces conseils, Hugues publia une Constitution qui fut approuvée par les deux vénérables abbés réunis en assemblée avec le pape Grégoire V. Cette constitution fut ratifiée plus tard par Sylvestre II, qui se crut obligé d'imposer à l'Abbé de Farfa une pénitence canonique pour le punir d'avoir acquis son abbaye contrairement à tout droit et par simonie. Cependant pour mettre en pratique la Constitution de l'Abbé Hugues, il fallait en faire l'expérience dans quelque monastère connaissant et pratiquant les Coutumes de Cluny. Aussi bien un religieux nommé Jean, formé à l'école de saint Romuald et vivant dans un monastère dédié à la très sainte Vierge, en Apulie, sous la direction d'un Abbé de même nom, fut envoyé, avec un autre religieux qu'on lui adjoignit comme compagnon de voyage, par delà les Alpes, à Cluny et dans plusieurs autres monastères qui avaient adopté la règle de la grande abbaye bourguignonne. Là, Jean écrivit les Coutumes de Cluny dans deux livres intitulés : *Livre du droit chemin*. L'Abbé Hugues, et après lui Guido, son neveu et son successeur, s'empressèrent d'adopter ces coutumes plus ou moins modifiées et de les faire mettre en pratique par les moines de l'abbaye de Farfa. C'est de là que nous est venu l'ouvrage connu sous le nom de *Discipline de*

Farfa ou *Ordo de Farfa* (1). Ce recueil parut dans sa dernière forme existante vraisemblablement entre les années 1039 et 1048, et c'est à un religieux du nom de Guido qu'en revient la paternité. Ce Guido est-il le même que l'Abbé Guido dont nous avons parlé et qui fut le neveu et le successeur de l'Abbé Hugues sur le siège abbatial de Farfa, ou un autre moine de même nom ? C'est ce que nous ne pouvons clairement préciser. Quoi qu'il en soit, dès le commencement de l'année 1014, nous retrouvons l'Abbé Hugues, qui cinq ans auparavant avait donné sa démission, à la tête de son monastère, le gouvernant selon la réforme de Farfa qu'il avait acceptée. Déposé en 1027, Guido remonta encore une fois sur le siège abbatial, mais, en l'année 1036, Hugues reprit pour la troisième fois le gouvernement du monastère, et il le conserva jusqu'à sa mort, survenue en 1039.

Hugues avait travaillé énergiquement à élever son monastère à un haut degré de prospérité au double point de vue spirituel et temporel ; il avait pleuré amèrement sa faute passée ; avec la grâce de Dieu et l'intercession de la bienheureuse Vierge Marie, qu'il honorait d'un culte particulier et pour laquelle il avait un amour tout filial, il put réformer son abbaye

---

(1) La discipline de Farfa est imprimée dans HERGOTT, *Vetus Disciplina Monastica*, p. 36 et suiv. — Migne l'a aussi imprimée dans la *Patrol. lat.*, t. CL. — L'époque de la composition de la *Discipline de Farfa*, dans sa forme actuelle, résulte de l'œuvre elle-même. Dans le dernier chapitre, en effet, on parle de l'empereur Conrad et d'Hugues comme étant déjà morts, tandis que dans le prologue qui précède le premier livre, Odilon est mentionné comme étant encore vivant. A supposer que le dernier chapitre ait été composé plus tard, rien n'empêcherait de fixer cette composition à une époque antérieure, peut-être dans l'année 1009.

Cf. MABILLON, *Annal.*, IV, p. 207 et suiv. ; *Histoire littéraire de la France*, t. VIII, p. 394 ; voir aussi plus haut, chap. v, *la Règle bénédictine et les coutumes de Cluny*.

selon les Coutumes de Cluny, et il acquit par là à un degré très élevé l'affection et le sincère attachement de ses religieux. Inutile d'ajouter que la réforme de Farfa fut durable, car jusqu'en 1099, Odon, qui venait d'être élu Abbé du monastère, dut prêter serment à la sage Constitution de l'Abbé Hugues. Odilon avait été d'un précieux secours pour ramener la ferveur à Farfa, car nous savons qu'il y consacra une bonne partie de sa vie (1). Le saint exhortait les moines à observer les plus minutieuses prescriptions de la Règle et des Coutumes de Cluny, les assurant que le mépris des petites choses les conduirait à leur ruine et au mépris de tout bien. Si la vigilance à maintenir la Règle et les Coutumes se refroidit peu à peu par le mépris des infractions légères, elle périt entièrement. L'Ecriture elle-même nous l'atteste : Celui qui méprise les petites choses tombera peu à peu (2). Odilon ne se contentait pas de donner aux moines les avis et les enseignements en rapport avec leur sainte vocation, ce fut sans doute par l'influence et à la prière de notre saint que l'Abbé Hugues obtint en 998 de l'empereur Othon III un diplôme en faveur de

---

(1) La destruction de Farfa et la diminution de Farfa dans Pertz, *Monum. Germ. SS.*, t. XI, p. 539 et suiv., 541 et suiv. ; Mabillon, *Annal.*, t. IV, p. 119 et suiv. ; Muratori, *Script. II* B, col. 492, 547 et suiv., 549, note 26, 630.

Annal. Farf. : *Monum. Germ.*, loc. cit., p. 589 ; Cf. *Jahrbücher des deutschen Reichs unter Heinrich III*, I, p. 130; *Jahrb. D. D. R. unter Conrad II*, t. II, p. 166 et suiv. ; Gfrœrer, *Gregor. VII*, t. V, p. 653.

(2) Odilon secourut aussi Farfa sous le rapport matériel ; c'est ainsi, par exemple, qu'il envoya des calices sur lesquels était gravé le vers suivant :

Vodilo nomen habens hæc vasa patraverat Abbas.

L'empereur Henri II envoya également des calices sur lesquels se trouvait gravé ce vers :

Henrici Regis et munere contulit aris.

(*Discipl. Farfa*, II, cap. xlix.)

l'antique abbaye de Farfa. Fiers de la protection des empereurs d'Allemagne qui leur avaient concédé les immunités les plus larges, les religieux restèrent soumis à l'autorité impériale jusqu'en 1125 ; mais à cette date, privés de l'appui dont ils s'étaient si souvent prévalus, ils furent obligés de se soumettre à l'autorité immédiate du Saint-Siège. Depuis cette époque, que de changements se sont produits au monastère de Farfa, comme dans la plupart des autres communautés bénédictines ! Bien qu'elle n'ait pu échapper aux tempêtes qui ont assailli les Ordres monastiques, la vieille abbaye de Farfa n'en mérite pas moins la visite de l'antiquaire, de l'historien et de l'érudit : « L'aspect imposant du monastère, ses grands jardins coupés d'allées droites et plantés de cèdres et d'autres arbres séculaires, ses longs cloîtres déserts, qui ne paraissent plus animés que par les personnages des fresques qui en décorent les murailles, tout cela vous inspire des impressions assez semblables à celles qu'on éprouve à la vue des grandeurs solitaires de nos anciennes demeures royales. L'église, divisée en cinq nefs, dont la principale est soutenue par de belles colonnes de granit oriental, est d'une extrême magnificence (1)... »

Tel était le monastère de Farfa lorsque Odilon vint avec le pape Grégoire V accompagné du vénérable Guillaume y apporter la réforme de Cluny. Si heureux cependant que fussent ces grands hommes de travailler ensemble à la gloire de Dieu et au salut des âmes, ils avaient hâte de se séparer. Tandis que le pape retournait à Rome, notre saint abbé et son vénérable ami reprirent ensemble le chemin de la Bourgogne.

(1) DANTIER, *opus cit.*, t. II, p. 491.

Guillaume continua son voyage par Besançon et Dôle jusqu'à Dijon, et Odilon prit la route de la Suisse pour se rendre au monastère de Payerne. Nous avons peine à croire, en effet, qu'il alla cette fois jusqu'à Cluny, car dans les premiers mois de l'année suivante, il se mettait de nouveau en route pour l'Italie, traversait encore une fois les Alpes au Grand-Saint-Bernard et arrivait à Rome en avril 999 (1). Quel était le motif de ce troisième voyage qui ramenait si précipitamment Odilon en Italie ? L'histoire ne le dit pas, mais nous pouvons vraisemblablement présumer que l'un des buts qu'il se proposait, et peut-être le principal, devait être la réforme du monastère de Saint-Mayeul de Pavie. C'est à Saint-Mayeul, en effet, qu'il descendit pendant ce troisième voyage (2). Ce monastère est étroitement lié au souvenir du prédécesseur immédiat de notre saint Abbé et peut-être nous saura-t-on gré d'en rappeler ici l'acte de naissance. Près de Pavie, l'impératrice Adélaïde avait fondé un monastère auquel elle donna le nom de Saint-Sauveur, en mémoire de ce que Dieu l'avait délivrée des mains de ses ennemis. Hildebald en fut le premier abbé par le choix de la fondatrice, mais saint Mayeul fut chargé par elle d'organiser la communauté et d'y faire observer la règle de Cluny (3); de là vient que le monastère apparaît quelquefois dans les documents sous le nom de Saint-Mayolus (4). L'hisrien Syrus affirme que l'établissement de ce monastère coûta beaucoup de peines à Mayeul. La dernière année de sa vie, et pendant son séjour à Erstein, la

---

(1) Ringholz, *opus cit.*, p. 43, 68.
(2) Ringholz, *Id.*, *ibid.*
(3) Odilo, *Vita S. Adelhei*, chap. ix ; Nalgod, *Vita Maioli* ; Bolland., 11 mai.
(4) Jotsald, *Vita Odilonis*, apud Bolland., 1er janv.

pieuse impératrice ajouta à la dotation de Saint-Sauveur trente-six terres, églises ou monastères, entre autres le domaine d'Olona, le monastère de Saint-Anastase et celui de Notre-Dame-de-Pomposa, l'un des plus riches de l'Italie (1). La plupart de ces églises ou monastères étaient délabrés ou dépourvus des ornements nécessaires; Mayeul les releva, les dota de vases d'or et d'argent et d'ornements précieux, consacra à l'art religieux toutes les richesses que l'industrie et le commerce mettaient à sa disposition sur le marché de Pavie. Le saint abbé trouva des bienfaiteurs jusque dans les principaux officiers de la cour impériale. Hildebrand, maître de l'hôtel des monnaies, l'aida à doter ces divers monastères; Olbert, grand maître du palais d'Othon, se fit leur avoué; Gaidulfe, fils du juge Pierre, lui donna une chapelle dédiée à sainte Marie, avec des terres, des eaux, des moulins, des viviers, pour y placer des religieux. Afin de rendre plus facile l'accès de cette église, qui était située en pleine campagne, à quelque distance de la ville, Mayeul détourna les eaux qui affluaient de divers côtés, dessécha les marécages, fit construire des jetées de bois et de pierres; il lui annexa un prieuré qui devint célèbre dans la contrée sous le nom de Cellule de Saint-Mayeul, et cher à Cluny comme un de ses plus glorieux souvenirs. L'historien de sa vie nous dit que le pieux abbé aimait à venir se reposer loin du bruit dans cette solitude amie de la tristesse (*locum mœroris amicum*) (2). Ce prieuré n'était pas moins cher à Odilon, et l'on comprend que l'homme de Dieu devait avoir bien des motifs de le visiter. D'abord la nécessité de rendre ce monastère

(1) Muratori, *Antiquit. Ital.*, 11, 17; Margorinus, *Bull. Cassin.*, 11, 44.
(2) Pignot, *opus cit.*, t. I, p. 258; Ogerdias, *Vie de S. Mayeul.*

aussi prospère que possible par des améliorations matérielles, le souci d'amener par ses paroles et par ses exemples les moines à une plus grande perfection, et peut-être aussi le désir d'y rencontrer la sainte impératrice Adélaïde, à laquelle Cluny devait déjà tant de reconnaissance, tout cela l'avait déterminé à se rendre à Pavie sans doute plus tôt qu'il ne pensait. La vieille ville lombarde, placée entre Rome, l'Allemagne, les deux Bourgognes et la Provence, occupait à peu près le centre des contrées dans lesquelles rayonnait l'action de l'abbaye bourguignonne. Cité impériale, située sur la route de Germanie à Rome, elle était souvent habitée par les empereurs. On y voyait s'arrêter une foule d'évêques, de moines germains, français, anglais, qui se rendaient dans la Ville éternelle. Après Rome, elle était assurément la reine de l'Italie. A côté du sombre palais des rois lombards, dont l'architecture formidable trahissait la terreur des séditions et était comme le symbole d'une domination si souvent contestée, s'élevait la basilique chrétienne qui passait pour être dépositaire des restes vénérés de Boèce et de saint Augustin. Son université, fondée par Charlemagne, avait conservé au milieu des révolutions assez de vie et de réputation pour que Benoît de Cluse ait pu, dans le siècle suivant, l'appeler la source de la science, *fons sapientiæ* (1).

C'était plus qu'il n'en fallait pour amener Odilon à s'intéresser tout particulièrement à Saint-Mayeul de Pavie. Il agrandit ce prieuré, l'embellit et obtint de l'empereur Othon III, pendant sa présence à Rome le 30 avril 999, une nouvelle confirmation. Ce monastère avait alors pour prieur un saint religieux nommé Pierre

(1) OZANAM, *la Civilisation au cinquième siècle*, t. II, p. 366.

qui mourut vers l'an 1025 ; Odilon l'aimait tendrement, et, très souvent, il le prit avec lui pour l'accompagner dans ses voyages (1).

A son départ de Rome, où il avait été encore une fois comblé des bontés du pape Grégoire V, et après le synode auquel il avait assisté et qui condamnait le mariage de Robert, roi de France, avec Berthe de Bourgogne, sa parente, Odilon voulut revoir le monastère de Saint-Mayeul de Pavie, qu'il avait si heureusement embelli et ramené à la ferveur religieuse. Mais il n'était pas destiné à jouir du fruit de son travail. Dieu avait tellement béni l'œuvre de son serviteur que de tous côtés on appelait le saint abbé pour de nouvelles réformes. La Suisse en particulier possédait plusieurs monastères clunisiens qu'il n'avait point encore visités. Ces monastères d'ailleurs, se trouvaient dans les environs du lac de Genève et presque sur la route qui atteignait le Grand-Saint-Bernard. Le moment était venu pour lui de s'en occcuper. Odilon quitta l'Italie et prit le chemin de la Suisse.

(1) STUMPF, n°s 428, 1179 ; Cf. KÖPKE et DUMMLER : *Kaiser Otto der Gross*, Leipzig, 1876, p. 422, annot. 4 ; MABILLON, *Acta*, V, p. 769 ; JOTSALD, I, 13 ; *Acta*, VI, 1, p. 573 ; *Bibl. Clun.*, col. 409. — Le monastère comptait douze moines avec le prieur (*id.*, col. 1744).

CHAPITRE XII

ODILON ET LES MONASTÈRES DE LA SUISSE

(998)

Entre Lausanne et le lac de Neuchâtel, à quelque distance de la ville d'Orbe (1), l'ancienne capitale de la petite Bourgogne, apparaît une vallée solitaire, entourée d'une ceinture de montagnes couvertes de pins au feuillage toujours vert, et arrosée par une petite rivière, le Nozon, qui coule avec calme, tantôt se confondant avec la verdure qui l'entoure, tantôt contrastant avec elle par le reflet brillant de ses ondes. Au fond de cette fraîche vallée, dont l'étroit horizon fait oublier le monde et inspire de sérieuses pensées qui s'harmonisent si bien avec la sombre verdure des sapins, se cache un modeste village de quatre cents habitants avec son église à moitié en ruine : c'est Romainmotier, l'ancien pays des Urbigènes, dans le canton de Vaud actuel. Cette contrée faisait autre-

---

(1) Orbe, anciennement *Urba*, entre Lausanne et le lac de Neufchâtel, sur une ancienne voie romaine qui traversait le grand Saint-Bernard et se dirigeait sur Besançon et Langres.

fois partie du diocèse d'Avenches. Couverte d'épaisses forêts, elle était encore habitée par un peuple superstitieux, lorsque saint Romain, au ive siècle, vint, avec son frère saint Lupicin, y fonder un monastère (1) : « Ils y établirent, dit le chroniqueur, un grand nombre de moines et y acquirent de vastes domaines (2). » Pauvre à son berceau, ce monastère s'enrichit peu à peu soit par le travail persévérant des moines, soit par les largesses de quelques bienfaiteurs. Gouverné d'abord par saint Romain, il ne manqua pas d'une certaine célébrité qui se maintint longtemps, grâce à plusieurs saints abbés qui en eurent successivement la direction. Le monastère de Romainmotier (3) joue

(1) Saint Romain ayant, à trente-cinq ans, quitté la bruyante cité de *Lugdunum*, avait déjà fondé trois autres monastères : le monastère de *Condat*, ou *Condadiscone*, au pied du mont Jura ; le monastère de la *Balme*, ou *Baume*, à deux lieues de Condat, qui était un monastère de femmes dirigé par Jole, sœur du saint fondateur ; et le monastère de *Lauconne*, situé également à deux lieues de Condat, sur les limites de l'ancien diocèse de Besançon, là où se trouve aujourd'hui le village de *Saint-Lupicin* (arrondissement de Saint-Claude), nom qui rappelle celui du frère de Romain. Le monastère de Romainmotier est appelé tantôt le troisième et tantôt le quatrième, selon que l'on omet ou que l'on compte celui de la Balme, qui n'était destiné qu'aux femmes. L'établissement de ce monastère par saint Romain est accepté par la généralité des historiens, quelle que soit d'ailleurs la généralité des opinions qu'ils professent. (V. Genoud, *les Saints de la Suisse française*, t. I, p. 65)

(2) Voici comment s'exprime l'auteur d'une chronique en vers rimés composée au xiie siècle :

Quartum quoque cœnobium sancti leguntur fundasse :
Romani monasterium infra pagum Lausannense,
Et monachos in numero magno ibi ordinasse
Magnumque patrimonium illis ibi acquisivisse.

(*Libellus metricus.*)

(3) L'étymologie de Romainmotier (*Romani monasterium*) n'est pas seulement fondée sur le mot du cartulaire, mais encore sur un grand nombre de chartes. (Voir *Cartul. de Romainmotier*; Kraus, *Hist. de l'Egl.*, t. II, p. 80 ; Montalembert, *les Moines d'Occident*, t. II, p. 547, 556 et suiv. Cf. *Mémoires et Documents de la Société d'histoire de la Suisse romande*, t. III, 1re livr., p. 9.)

un rôle trop important à l'époque qui nous occupe pour ne pas nous permettre de retracer brièvement les diverses phases de son existence à travers les siècles.

Vers 527, nous y voyons un supérieur nommé Florien écrire plusieurs lettres à Nicet, évêque de Trèves, pour le féliciter de son élévation à l'épiscopat et se recommander à ses prières (1). Vers 610, le couvent fut presque entièrement détruit par une invasion germanique. Ce ne fut que dans la première moitié du septième siècle, vers 646, qu'un prince franc à la longue chevelure, le roi Flodovœus ou Clodovœus, le restaura et en fut regardé comme le second fondateur. C'est le pape Grégoire qui rappelle cette origine à Odilon, en l'an 1002 (2). Il y introduisit une colonie de Luxeuil, et c'est là que fut observée pour la première fois la règle de saint Colomban, comme elle fut introduite plus tard à Saint-Gall et au monastère de Dissentis, dans le canton des Grisons. Mais son excessive sévérité la fit bientôt abandonner, et, durant un siècle, le silence de l'histoire enveloppa les destinées du monastère de Romainmotier. Mais voici qu'à la fin de novembre de l'an 753, le pape Etienne II se mit en route pour la Gaule dans le but d'implorer l'assistance de Pépin, le nouveau roi des Francs, contre Astolphe, roi des Lombards, qui venait de s'emparer audacieusement de Ravenne et de plusieurs autres possessions du Saint-Siège. C'était le premier pape qui posait le

---

(1) D. Bouquet, *Recueil des historiens des Gaules,* tome IV, p. 66-67.

(2) Il dit simplement le roi Flodovœus ou Clodovœus. Or Clovis ne régna jamais sur la Bourgogne; il ne peut donc être ici question que de Clovis II, fils de Dagobert, roi de Neustrie et de Bourgogne de 630 à 655. (*Mémoires et documents de la Société d'histoire de la Suisse romande,* t. III, première livraison, p. 7.)

pied sur la terre des Gaules. Après avoir franchi le mont Joux, actuellement Saint-Bernard, le pontife s'arrêta au monastère d'Agaune (1), où les ambassadeurs francs envoyés par Pépin lui rendirent de magnifiques honneurs. Et comme le monastère de Romainmotier se trouvait placé sur sa route, dans une gorge du versant méridional du Jura, Etienne II s'y rendit accompagné d'une somptueuse escorte, et y séjourna pendant quelques jours avant de continuer son voyage sur Paris. Il y consacra l'église sous le vocable des Apôtres-Saint-Pierre-et-saint-Paul, affranchit la commune du joug de tout roi, prince et évêque, et, jouant peut-être sur le nom qu'elle portait, il ordonna que l'abbaye s'appellera désormais le monastère romain (*romanum monasterium*) comme pour indiquer qu'elle était placée spécialement et immédiatement sous la protection du Saint-Siège. Cela donnait sans doute quelque prestige au monastère romain, mais dans ces temps de violences et de troubles continuels, et tandis que les vagues agitées des peuples barbares soulevées par un orage mystérieux, se précipitaient sur l'Europe, la protection de Rome elle-même était insuffisante. Aussi le monastère romain, dit le cartulaire, fut désolé par de méchants hommes et de fâcheux voisins (2). Il subsista dans cet état de désolation et d'impuissance jusqu'à la dynastie de la petite Bourgogne. Dès lors commença pour Romainmotier une existence toute nouvelle. Vers le 10 juin de l'année 888, Rodolphe Ier, roi de la Bourgogne transjurane, en fit

---

(1) Saint-Maurice en Valais.

(2) « Qui locus a malis hominibus et ab importunis vicinis destitutus, exstitit donec Adeleydis comitissa... in priorem statum restituendum sancto Odoni sub... privilegio romanæ sedis in perpetuum contradidit. » (*Cartul.*)

cession à sa sœur Adélaïde, femme de Richard, comte d'Autun et marquis de Bourgogne, avec autorisation pour celle-ci de transférer ce don à qui elle jugera digne de cette faveur (1). La jeune princesse transmit bientôt ce royal présent à Odon, deuxième abbé de Cluny (2).

(1) Voir cet acte dans Mabillon, *Annal.*, t. III, in Appendice, n° 32, p. 640.

(2) Cette donation est trop précieuse et trop honorable pour la grande abbaye bourguignonne pour ne pas la reproduire ici. Adélaïde s'exprime en ces termes : « Les dispensations de la Providence « divine conseillent aux riches de faire de leurs biens passagers un « usage qui mérite des récompenses permanentes ; ce dont la parole « divine montre la possibilité en disant que « les richesses de l'homme « sont la rédemption de son âme » : *divitiæ viri redemptio anima « ejus*. Moi donc, comtesse Adélaïde, pesant toutes ces choses, et « désirant pourvoir à mon salut, je trouve nécessaire de donner au « profit de mon âme quelque peu de mes biens. Or rien ne me semble « plus propre à atteindre le but que de faire mes amis des pauvres « du Seigneur, selon son précepte, et de soutenir à mes frais une « congrégation monastique, afin que cette bonne œuvre soit de durée « et non passagère, dans cette foi et cette espérance qu'encore que je « ne puisse fouler tout aux pieds, j'obtiendrai cependant la récom- « pense des justes en soutenant les contempteurs du monde que je « crois justes.

« Que tous ceux donc qui vivent dans l'unité de la foi sachent que je « transmets à Odon le monastère romain au pays de Vuauld bâti jadis « à l'honneur des princes des apôtres et que j'avais reçu en don du roi « Rodolphe, mon frère. Je le remets à Cluny avec toutes ses possessions, « afin que les moines s'efforcent de le rétablir en son premier état.

« Ce monastère sera soumis immédiatement au siège apostolique « comme Cluny, mais ils n'auront tous deux qu'un seul abbé, et, « après sa mort, son successeur ne sera nommé que du consentement « commun, en respectant la Constitution de Saint-Benoît ; en sorte « que, si la moindre part de l'une ou l'autre congrégation voulait, mieux « inspirée, faire un choix préférable, les autres y donnassent les mains.

« L'abbé pourra transférer les frères d'une maison dans une autre, « suivant les ressources de chaque localité.

« Et pour resserrer cette union, il y aura entre eux tous commu- « nauté de service divin, d'aumônes et de bonnes œuvres, en sorte « que nous ayons part à l'efficace de tout office célébré à Cluny « pour Guillaume d'Auvergne, de bonne mémoire, ou autre, et qu'ils « soient en échange associés à l'efficace de tout ce qui se fera pour « nous à Romainmotier. »

Adélaïde fait cette donation non seulement pour son âme et celle

C'est le 14 juin 929 que fut signé l'acte de donation en vertu duquel Romainmotier passait sous la dépendance de la grande abbaye de Cluny (1), avec le titre de *prieuré*. Cet acte renfermait en germe l'avenir de Romainmotier. Le roi Conrad de Bourgogne, fils de Rodolphe II, et sa femme Mathilde, de bienheureuse mémoire, confirmèrent cette donation, et, de concert avec saint Mayeul, rendirent au vieux monastère une existence séculière honorable et la régularité monastique. Mais le talent administrateur d'Odilon devait élever Romainmotier à un très haut degré de prospérité matérielle et son éminente sainteté diriger les moines dans les voies de la perfection monastique.

de ses parents, mais encore pour tous les bienfaiteurs du couvent, pour la stabilité de la religion, et enfin pour tous les catholiques vivants et morts.

Enfin, elle ajoute : « Les moines de Romainmotier conserveront « le mode de vie récemment apporté de Cluny, sans rien changer à « la nourriture, au vêtement, à l'abstinence, au chant sacré, à l'hos- « pitalité, et sans retrancher quoi que ce soit à la charité fraternelle, « non plus qu'à la soumission et à l'obéissance monastique. »

Enfin, cette congrégation ne devra être soumise à aucun pouvoir temporel, pas même à la grandeur royale : *nec fastibus regiæ magnitudinis*. Et au nom du Seigneur, des saints et du jour redoutable du jugement, Adélaïde défend solennellement qu'aucun prince séculier ou ecclésiastique, soit comte, soit évêque, soit même souverain pontife, ose porter la main sur les possessions des serviteurs de Dieu pour s'en approprier quoi que ce soit, pour les donner en bénéfice, ou pour établir un prélat sur eux contre leur volonté.

Le testament se termine par des menaces d'excommunication et des malédictions terribles * contre ses infracteurs, voulant aussi qu'une peine de cent livres d'or soit prononcée contre eux par les tribunaux civils**.

(1) Dans l'ancien diocèse de Lausanne, la congrégation de Cluny comptait huit monastères relevant d'elle immédiatement et ayant eux-mêmes sous leur dépendance des maisons moins considérables. C'étaient : Romainmotier, Payerne, Bevaix, Ruggisbert, Villars-les-Moines, Rougemont, Corcelles et Saint-Pierre.

* Voir des formules, exactement semblables, d'excommunication et de malédiction, dans MULLER, *Nouv. trad.*, VI, 1, p. 251, et la charte du prieuré de Payerne dans le *Conservateur suisse*.
** *Cartul. de Romainmotier.*

Jusqu'à notre saint abbé, en effet, ce monastère n'avait rien d'important. Les chartes de donation en sa faveur existent déjà, il est vrai, avec l'année 966; cependant elles sont encore peu nombreuses. Mais sous le gouvernement du grand Abbé, surtout depuis environ l'an 1005, le monastère de saint Romain voit augmenter peu à peu ses possessions et ses privilèges : d'année en année les chartes se remplissent de donations importantes qui excitent l'étonnement et l'admiration. Qu'il nous suffise de citer deux chartes du roi Rodolphe III de Bourgogne, le dernier de sa race. Dans l'une, il rend à Dieu et à saint Pierre du monastère romain, et ce pour la guérison de son âme, le village de Ferreyres (*villa Ferieris*), avec tout son territoire et plusieurs manoirs (1) situés les uns et les autres dans le canton de Vaud. La même année, autres donations ou redditions (2) consistant en chapelles, églises, manoirs ou domaines (3). Nombreuses étaient les possessions de Romainmotier, soit dans l'évêché de Lausanne, soit dans l'évêché de Genève, soit dans la haute Bourgogne, et ces possessions allaient s'accroissant chaque jour, de telle sorte que le monastère devint un fief qui au loin et jusqu'en Alsace et en Bourgogne, commandait à toute une armée de vassaux et de clients. Cinq prieurés de l'ordre de Cluny, placés sous son autorité immédiate, se groupaient autour de lui comme pour lui faire

---

(1) L'acte est daté : 13 Kalendas aprilis de l'an 1011, la dix-neuvième année du roi Rodolphe.

(2) *Charte du roi Rodolphe à Romainmotier* : « Res ad Romanum monasterium pertinentes... reddimus. »

(3) Rodolphe III avait, en 1011, donné à Romainmotier cinq mex (ou manoirs) à Orbe. Ce fut le noyau de possessions plus étendues. — Voir d'autres donations dans les *Mémoires et documents de la Société d'histoire de la Suisse romande*, t. III, première livraison, p. 94, 105 et 106, 116, 148.

une sorte de couronne monastique (1). Aux jours de sa plus grande prospérité, le pouvoir de Romainmotier s'étendait sur trente villages et plus de cinquante fiefs épars sur les deux flancs du Jura, ainsi que dans la plaine et sur la rive du Léman ; il nommait enfin à vingt cures et aux cinq prieurés que nous venons d'énumérer. A qui Romainmotier était-il redevable d'une si grande prospérité ? A l'extrême énergie et à la sage et prudente administration de notre saint abbé. C'est le témoignage qu'en rendent eux-mêmes les religieux du célèbre monastère. « Le bienheureux Odilon, lisons-
« nous dans un ancien cartulaire, remarquable par sa
« vertu et sa piété, s'employa avec ardeur à servir les
« intérêts de ce lieu, en traitant soit avec le siège de
« Rome pour conserver son antique privilège, soit avec
« les princes séculiers en ce qui regarde les donations
« et la restitution de ses possessions » (2). C'est à la prière du vénérable Abbé que Romainmotier obtint des bulles du pape Jean XXII vers l'an 1025, et de Clément II vers 1047. Nous avons déjà vu qu'en l'an 1011 Rodolphe III, roi de Bourgogne, et Conrad II en l'an 1308 pourvurent aussi le vieux monastère de lettres de protection (3). Celui-ci fit plus encore, il l'honora de

(1) C'étaient ceux de Vallorbes et Brussin, dans la patrie de Vaud ; de Corcelles et de Bevez, au comté de Neuchâtel, et du Laydamp Waultier, en Bourgogne (*id.*, p. 207-10). Il possédait aussi de nombreuses églises Trois de ces églises, mentionnées dans la bulle d'Innocent II de 1139, avaient été données à Romainmotier par le dernier des rodolphiens (*id.*).

(2) Voir le préambule d'un ancien cartulaire de Romainmotier dans *l'Historien de la Suisse*, t. III, Berne, 1820, p. 14.
Voir aussi Dubois, *Histoire des origines du christianisme en Suisse.*

(3) Dr J.-R. Rahn, *Grandson und zwei Cluniacenserbauten in der Westschweiz*, Zurich, 1870, dans les *Mittheilungen der antiquar. Gesellschaft in Zürich*, t. XVII, 2e édit.

V. Mulinen, *Helvetia Sacra*, Berne, 1858, t. I, p. 141 et suiv. ;
Dr E.-T. Gelpke, *Kirchengeschichte der Schweiz*, t. II, p. 154 et

sa visite en l'année 1038. Odilon se rendait fréquemment à Romainmotier dont il était l'abbé; en son absence, la communauté était gouvernée par un prieur nommé par lui et distingué par sa science et sa vertu. L'homme de Dieu savait qu'une direction ferme et douce a plus d'efficacité que les meilleurs règlements, et que les exemples sont plus persuasifs que les exhortations. Il fit donc venir de son monastère des religieux fervents capables d'entraîner les autres à observer régulièrement les coutumes de Cluny. Il avait à cœur surtout de rétablir à Romainmotier la vie monastique dans toute sa pureté, car c'est de cet antique monastère que l'éclat de la vie régulière devait rayonner sur tous les monastères de la Suisse. Aussi s'appliquait-il à faire régner parmi les moines l'esprit de leur vocation. C'est le champ que le saint abbé ne cessera de cultiver, qu'il soit à Cluny, à Romainmotier ou ailleurs; c'est de ce côté que se portera sa sollicitude et son zèle le plus actif; c'est ce qu'il considérera comme la partie la plus délicate et la plus importante de sa mission.

Le couvent devait contenir au moins vingt-quatre moines. Chaque jour on y chantait la messe et l'on y faisait l'aumône à tous les pauvres qui se présentaient. Romainmotier, dit Gelpke, fut le Cluny de la Suisse. Comme sous le souffle de puissances supérieures, il sortit bientôt de ce terrain, quelque temps négligé, de nouveaux germes, des épis et de riches moissons. Sous la haute et paternelle direction de notre saint abbé, Romainmotier devint très florissant et il eut assurément de beaux jours à travers son existence dix fois séculaire. Le cloître et l'église actuellement existante

suiv.; BERNARD et BRUEL, *opus cit.*, t. I, n° 379; JAFFÉ, *opus cit.*, n° 3096; JOTSALD, *loc. cit.*; HIDBER, n°s 821, 1000. — Hidber (n° 1278) est étonnant quand il s'agit des chartes de donations.

furent entièrement reconstruits par Odilon. Grâce à lui, le xı⁰ siècle fut peut-être l'âge d'or du vieux monastère ; mais si Romainmotier eut des jours de joie et de bonheur, il vit aussi s'élever sur lui des jours de tristesse et d'amertume. Le prieuré était cerné de toutes parts par les terres de la puissante famille de Granson, comtes héréditaires du pays ; or le comte Lambert étant tombé dans la disgrâce de Rodolphe III de Bourgogne, sa dignité comtale fut donné à l'évêque de Lausanne et Romainmotier fut enrichi de ses dépouilles. On comprend qu'à partir de ce moment l'horizon du monastère si cher à notre saint fut obscurci de sombres nuages. L'orage éclata bientôt. Nous ne suivrons pas Romainmotier dans ses grandes luttes avec les Granson, les Salins, les sires de Joux, l'évêque de Lausanne; la visite du pape saint Léon IX, vers le milieu du xı⁰ siècle, lui apporta une grande joie et un rayon d'espérance, et le monastère eut encore une longue période de prospérité. Mais à l'époque de la conquête du pays de Vaud par les Bernois en 1536, la dernière heure du prieuré avait sonné. Le bailli bernois, Adrien de Boubenbergue, fit abattre les autels, briser les statues et brûler les images. Ni l'organisation remarquable, ni les chartes impériales, ni les souvenirs de liberté de cet antique monastère ne purent lui faire trouver grâce. Le dernier prieur, Théodore de Rida, Valaisan d'origine, mourut de chagrin (3 janvier 1537). Quelques années plus tard, le couvent fut démoli ; seule la vieille église est encore debout. Plus de mille ans ont passé sur ce monument sans le détruire. La religion catholique est depuis plus de trois cents ans exilée des lieux sanctifiés par saint Romain et saint Lupicin, visités et consacrés par la présence de saint Odilon, des papes Etienne II et saint Léon IX. Le temple de Romainmotier, dit un des meilleurs écrivains protestants de la Suisse, s'en va où est allé le couvent. Saluons en passant ces débris d'un âge qui a fondé le nôtre ; les premières libertés de la patrie vaudoise sont sorties de ces lieux.

« Adieu donc, terre arrosée par le travail et la prière ! Adieu, voûtes qui si souvent redites le nom du Dieu de paix ! Adieu, vallon caché, silencieuse retraite ! Les murs ont perdu leur gloire ; ils étaient l'œuvre de l'homme ; la nature a conservé la sienne ; la main de Dieu seule est toujours jeune et toujours féconde ».

En même temps que Romainmotier, un autre monastère de date plus récente, situé également dans le canton de Vaud et à quelques lieues seulement du premier, attirait aussi l'attention et provoquait les sollicitudes du grand Abbé de Cluny : nous voulons parler du monastère de Payerne dont l'origine remonte, comme nous allons le voir, à une haute antiquité.

Vers le milieu du vi^e siècle, le siège épiscopal de Lausanne était occupé par saint Maire, né à Autun et issu de noble race. Sa famille jouissait dans la contrée d'une influence considérable et possédait de riches domaines. Le saint pontife bâtit, ou plutôt agrandit considérablement, sur l'une de ses terres, dans une plaine fertile arrosée par la Broye, la petite ville de Payerne, située à deux lieues des ruines d'Aventicum. C'est par lui que l'antique siège épiscopal d'Avenches fut transféré à Lausanne, qui sera désormais, pendant mille ans, la demeure officielle de ses évêques. Le pontificat de saint Maire fut un point de départ pour le progrès intellectuel, pour la civilisation morale et surtout pour la diffusion de la foi chrétienne dans cette contrée. Payerne peut donc regarder cet évêque comme son bienfaiteur, puisqu'il l'a fondé ou du moins rebâti sur son propre domaine. Il y éleva une église en l'honneur de Marie Mère de Dieu, et il en célébra la dédicace le 24 juin 687, la quatorzième année de son épiscopat. Une conséquence de cette construction fut l'établissement d'un clergé destiné à desservir l'église bâtie par le saint prélat (1). Dès cette époque et pendant près de quatre cents ans, Payerne fut enseveli dans l'oubli, jusqu'à ce qu'un monastère important vînt remplacer la petite celle de saint Maire et tirer cette ville de son obscurité. Il fant remonter jusqu'à la seconde moitié du onzième siècle, pour en connaître la fondation.

En 962, l'année même de la naissance d'Odilon, la reine Berthe, fille de Burkard, duc de Souabe, et épouse de Rodolphe II, roi de la Bourgogne, résolut, de fonder une abbaye à Payerne. Ce fut à Lausanne qu'elle fit dresser l'acte solennel où ses intentions se trouvent consignées. Berthe y déclare à tous ceux qui vivent dans l'unité de la foi que, du consentement du roi Conrad et du duc Rodolphe, ses fils, elle consacre à l'œuvre salutaire de cette fondation le bourg même de Payerne, avec tout ce qui en dépend en serfs, champs, prés, forêts, cours d'eau, moulins, terres cultivées et en friche, l'église de Chiètres avec ses dépendances, l'église de Pully et la chapelle de Prévassin avec tout ce qui lui appartient. Elle donne ces biens à Dieu, à sainte Marie et aux saints protecteurs de la future abbaye, premièrement pour l'amour de Dieu, ensuite pour les âmes du feu roi Rodolphe, son mari, de son fils, l'évêque Burkard, de ceux à qui elle doit de la reconnaissance, du roi Othon, son gendre, de sa fille, la reine Adélaïde, de ses fils, le roi Conrad et le

---

(1) *Revue de la Suisse catholique*, livraison du 25 juillet 1893, p. 393; *Mémorial de Fribourg*, première année, p. 52.

duc Rodolphe ; enfin pour elle-même et pour le salut spirituel et corporel de tous ceux qui se proposent de protéger et de doter ce temple qui va être élevé à la gloire de Dieu. Elle a encore pour but la stabilité et la conservation de la religion catholique : « Je fais ma
« donation, ajoute-t-elle, aux fins et conditions qu'on
« y bâtira un couvent en l'honneur de la sainte Vierge
« et des saints déjà nommés, qu'il s'y formera une
« congrégation de religieux, vivant sous la règle du
« bienheureux Benoît, lesquels posséderont et admi-
« nistreront à perpétuité les biens qui y sont attachés,
« et devront, dans cette maison de prière, chercher et
« attendre la vie céleste en toute ferveur de désir. »
Berthe veut que ces religieux prient soigneusement tant pour elle-même que pour tous ceux qui viennent d'être désignés. Ces religieux seront sous la puissance et domination de Mayeul, abbé de Cluny, et, après la mort de celui-ci, ils auront le droit incontestable de se choisir un abbé. Les mêmes conventuels devront payer tous les cinq ans, à Rome, dix sols pour le luminaire de l'église des Apôtres, afin qu'ils obtiennent la protection de ces saints et que le pontife romain soit le défenseur de leurs droits et franchises. La reine fondatrice statue de plus que, dans le monastère de Payerne, on exercera chaque jour, avec zèle et aussi copieusement qu'il sera possible, des œuvres de miséricorde envers les pauvres, les étrangers et les voyageurs. Puis elle ajoute : « Il nous a plu de statuer
« que les moines de ce monastère ne seront soumis
« ni à notre domination, ni à celle de notre famille,
« ni à aucune puissance royale ou aucune autre auto-
« rité terrestre quelconque. Au nom de Dieu, au nom
« de tous ses saints, et par le redoutable jour du juge-
« ment, j'adjure tout prince séculier, tout comte, tout

« évêque et même le pontife de Rome qu'ils aient à se
« garder d'envahir les possessions de ces serviteurs de
« Dieu, de les distraire, diminuer, changer, aliéner ou
« engager à personne, de n'imposer aux religieux au-
« cun supérieur qu'ils n'auraient pas agréé. Et pour
« qu'un tel crime soit encore plus impraticable à tout
« téméraire et méchant, je vous conjure, ô vous, Pierre
« et Paul, et toi, Pontife des pontifes, que, par l'auto-
« rité apostolique et canonique reçue du Seigneur,
« vous déclariez privés de tout commerce avec la sainte
« Eglise et déchus de la vie éternelle les ravisseurs de
« ces biens et les envahisseurs qui les démembreraient,
« et que vous soyez les défenseurs et les protecteurs
« dudit lieu de Payerne, des serviteurs de Dieu qui y
« habiteront et de toutes leurs possessions. »

Avec les expressions les plus énergiques, elle prononce contre tous ceux qui tenteraient de contrevenir à ses dispositions les malédictions les plus redoutables que lui fournissent le texte et l'histoire de l'Ancien et du Nouveau Testament. Elle fixe enfin une amende de cent livres d'or, à laquelle devra être irrémissiblement condamné quiconque aura porté quelque préjudice au monastère (1).

Le roi Conrad confirma l'acte de fondation comme sa mère, Rodolphe et Adélaïde l'en avaient prié. Il fit plus : conjointement avec la reine et son frère, il donna à Dieu, à l'église Sainte-Marie, aux religieux de Payerne ou à Mayol leur Abbé, un alleu de la famille

---

(1) *Diplôme de la reine Berthe* du 1er avril, vingt-quatrième année du règne de Conrad, roi de Bourgogne.

Dom Bouquet, *Recueil des historiens de France*, t. IX, p. 667 ; Gall. Christ., t. XV, pr. col. 130 (962, 1er avril); Bernard et Bruel, *opus cit.*, t. II, n° 1126.

Pour la charte de fondation et de cession de la reine Berthe, voir Hidbert, *opus cit.*, n° 1062.

royale, le petit monastère de Baulme avec deux forêts qui en dépendaient, la dîme des vignes à Buchillon et à Champagny, diverses autres propriétés, et enfin les droits de monnaie et de marché.

La fondation du monastère de Payerne fut une œuvre entreprise en famille, mais dont l'initiative, comme on sait, appartenait à la reine Berthe. L'histoire a conservé un glorieux souvenir de la « royale filandière ». La légende aussi s'en est emparée : elle a entouré la reine de tout un tissu de fils brillants qui la couronnent d'une auréole charmante, il est vrai, mais qui, peut-être, dépasse les limites que la critique doit assigner à l'œuvre de Berthe (1). Cette princesse mourut, paraît-il, peu après sa donation, et elle fut ensevelie à Payerne même (2). Mais Adélaïde continua l'œuvre de sa mère. En commun avec son frère Conrad le Pacifique, roi de Bourgogne, elle fit construire le monastère et en compléta la dotation de ses propres biens. Bientôt les possessions de Payerne s'étendirent au-delà des limites de la transjurane. La dynastie des Othon, comme celle des rois Rodolphiens, resta dévouée aux intérêts de la fondation de Berthe (3). Par l'intervention d'Adélaïde, Othon II confirma au monastère les biens que celui-ci possédait dans les Etats germaniques et les déclara exempts de toute autorité qui ne serait pas celle de l'abbé de Cluny ou de

---

(1) Dans leurs articles publiés dans l'*Indicateur des antiquités suisses*, MM. Th. de Liebnau et Georges de Hiss ont démontré avec quelle générosité les générations postérieures ont attribué à la bonne reine la fondation de plus d'un couvent. (*Indicateur d'antiquités suisses*, 1885, p. 148 ; *id.*, 1888, p. 25, 39, 42 et suiv.)

(2) Ern. SACKUR, *Die Cluniacenser in ihrer Kirchlichen und allgemeingeschichtlichen Wirksamkeit bis zur Mitte des elften Jahrhunderts*, t. I, Halle, 1892, p. 218, note 2.

(3) SACKUR, *opus cit.*, p. 219.

Payerne (1). De semblables actes de confirmation furent donnés par Othon III d'abord à la requête des impératrices Adélaïde et Théophanie, et une seconde fois à la demande de l'abbé Odilon (2). Notre saint fut le second abbé de Payerne ; comme à Romainmotier, il était représenté par un prieur qui avait toute sa confiance, et il y introduisit la réforme de Cluny. Odilon séjournait souvent à Payerne ; c'était sa ville de prédilection, et il y signala sa présence par le miracle suivant : « Un jour, dit Jotsald, qu'il se trouvait dans ce
« monastère, on lui présenta un jeune moine du nom
« de Rodolphe tellement défiguré par un mal de gorge
« — ce qui est encore actuellement très fréquent dans cette contrée — « qu'il avait presque perdu l'usage de
« la voix, et que son cou était devenu une monstruo-
« sité. Touché de compassion à la vue d'un mal si
« horrible, l'homme de Dieu appelle à lui le religieux
« malade, met la main sur la tumeur, y trace le signe
« de croix, prononce quelques pieuses paroles, et con-
« gédie le pauvre frère. Dès ce moment son état s'amé-
« liore, la tumeur diminue et disparaît bientôt. En
« un instant le religieux est rendu à une parfaite
« santé » (3).

Une autre fois, le saint abbé ayant passé les premiers jours du temps de l'Avent dans son cher monastère de

---

(1) Dipl. Othon II, 8 cal. aug. 974 et 8 cal. nov. 986 apud *Schœpflin, Als. diplom.*, I, 124 et 133.

(2) Dipl. Oth. III, 8 cal. nov. 986, et 8 cal. febr. 997, apud Schœpflin, *id.*, p. 89 et 140. — Ces possessions d'Alsace s'accrurent de la terre de Bohlsbach, dans l'Ortenau, détachée du domaine de la couronne germanique.

(3) Migne, *Patrol. lat.*, t. XLIII, n° 15. — Ce jeune moine était un chantre, et sa voix était entièrement éteinte par une « struma » (Jotsald, II, 15). Le biographe qualifie du nom de *struma* « illa satis horrenda infirmitas, quæ in illis regionibus multis accidere solet in gutture ».

Payerne, accompagné de quelques moines, se mit en route pour Cluny, « le séjour de la vertu et de la piété », afin d'y célébrer solennellement la grande fête de Noël. Tout d'abord nos voyageurs franchirent sans difficulté les montagnes situées sur leur passage, jusqu'à leur arrivée à Lons-le-Saunier, petite ville célèbre par ses salines. Là ils rencontrèrent le seigneur Pierre, prieur du monastère de Saint-Mayeul de Pavie, récemment arrivé d'Italie pour rendre ses hommages à son vénérable père, tout joyeux de sa présence. Pierre s'adjoignit à lui, et le lendemain, de très bonne heure, la caravane se mit en route pour arriver le même jour au prieuré de Saint-Marcel qui relevait de Cluny. On était à la veille du mercredi des Quatre-Temps, jour où l'Eglise célébrait la fête de l'Annonciation. C'est là, dans ce monastère, que notre saint abbé désirait entendre l'oracle céleste adressé par l'ange à la bienheureuse Vierge, et en célébrer la mémoire. Or voici que tout à coup le ciel se couvre de nuages ; un violent orage éclate, et une pluie torrentielle accompagnée d'un vent impétueux s'oppose à la marche de nos pieux voyageurs. De pareils obstacles ne peuvent arrêter l'homme de Dieu ; il exhorte ses compagnons à continuer courageusement leur route. Celui qui avait remporté sur la volupté un triomphe éclatant se montrait également invincible au milieu des fatigues, parce que son esprit était libre de toute crainte. Après une marche laborieuse pendant une grande partie du jour, nos voyageurs arrivent sur les rives d'un fleuve que les pluies avaient fait déborder de tous côtés et qu'on se trouvait dans l'impossibilité de franchir. Tenter de se frayer un passage semblait être périlleux, voire même impossible. On cherche un gué où l'on puisse passer ; vains efforts ! Odilon cependant est plein de confiance en Dieu ; il appelle un de ses serviteurs nommé Arbald, et lui montrant le fleuve : « Je crois, dit-il, que l'on peut traverser en cet endroit ; entrez donc avec confiance au nom de Dieu, et montrez par votre expérience si nous pouvons passer. » Arbald entre sans hésiter, parvient à l'autre rive, et s'écrie que tous peuvent le suivre. « Non, répond l'homme de Dieu, il vous faut revenir auprès de nous. » L'humble serviteur obéit, traverse une seconde fois l'abîme et reçoit l'ordre de conduire la caravane au nom du Seigneur. Tous les voyageurs, précédés du pieux Arbald, s'engagent à sa suite dans le vaste gouffre, n'ayant subi le contact de l'eau qu'à la hauteur du genou. Quant au serviteur de Dieu, de l'aveu de ceux qui l'accompagnaient, il est miraculeusement préservé, l'eau n'ayant pas même atteint les courroies de ses chaussures. Surpris par la profonde obscurité de la nuit et les vêtements entièrement mouillés, Odilon et ses compagnons de voyage arrivent au lieu si ardemment désiré consacré en l'honneur de l'illustre martyr saint Marcel. Ils entrent à l'église pour rendre grâces à Dieu, et, leur prière terminée, ils se rendent au monastère où les uns se sèchent aux flammes d'un grand feu tandis que les autres vont changer de vêtements. A la pensée de leurs fatigues, ajoute le biographe, notre bon père sent son cœur s'enflammer, et il les console par ces paroles empreintes de la plus touchante et de la plus paternelle affection :

« O mes frères, leur dit-il, vous qui avez autrefois
« montré tant de force au milieu d'innombrables dan-
« gers, ne laissez pas le découragement s'emparer de
« vos cœurs. C'est vers le ciel, oui, c'est vers ce bien-
« heureux séjour que nous marchons à travers tant de
« peines et de difficultés. Prenez confiance, vous aimerez

« un jour à vous souvenir de ces fatigues (1). Croyez-
« moi, la bienheureuse Mère de Dieu, pour l'honneur
« de qui vous êtes venus (2), vous récompensera fidè-
« lement de tant de souffrances. » Réconfortés par ces
paroles si douces et si encourageantes de leur bienheureux père, les moines, après avoir pris quelque nourriture, allèrent se livrer à un repos dont ils sentaient un
si pressant besoin. Le lendemain matin, mercredi des
Cendres, après avoir célébré les offices de l'Eglise, le
saint fit asseoir ses religieux à sa table, excita leurs
cœurs à la joie et partit à l'instant pour Cluny (3).

Odilon, nous l'avons vu, avait pour Payerne une
particulière affection. Le monastère était consacré à la
bienheureuse Vierge Marie, pour laquelle notre saint
abbé avait depuis sa plus tendre enfance une filiale
vénération : en fallait-il davantage pour qu'il l'aimât
plus que tout autre lieu ? Aussi bien, toujours il revenait
avec un nouveau plaisir dans cette modeste cité de la
Broye, et toujours il y était accueilli comme un bienfaiteur et un père tendrement aimé. Que de fois on le
vit au milieu de ses religieux leur traçant leurs devoirs
et leur expliquant les règles de la perfection monastique avec le zèle d'un apôtre et la ferveur d'un saint !
Il s'y rencontra avec sainte Adélaïde, lorsque celle-ci
visita pour la dernière fois la Transjurane ; il y assista
au couronnement de Conrad II, empereur d'Allemagne.

(1) Naturellement ce n'est pas en vers qu'Odilon parla à ses moines, mais Jotsald a traduit les paroles du saint abbé à sa manière, les parsemant volontiers de quelques vers empruntés aux poètes clas- siques. Dans ces vers, il s'est surtout inspiré de Virgile (Énéide, I, 204) et d'Horace (Od., 1, 7).

(2) L'évangile des Quatre-Temps de l'Avent était déjà alors, comme aujourd'hui, l'évangile de saint Luc (I, 26-38) ; il raconte comment l'archange Gabriel annonce à la bienheureuse Vierge Marie l'incar- nation de Jésus-Christ.

(3) Jotsald, II, 7.

Puis, lorsque plus tard le monastère de Payerne encourut la disgrâce de l'empereur Henri III, ce fut notre saint qui envoya Hugues de Semur, prieur de Cluny, pour apaiser le ressentiment de ce monarque; avec quel succès Hugues s'acquitta de cette mission, nous le verrons plus tard (1). Il concourut largement au développement du monastère en faisant terminer les bâtisses commencées sous son saint prédécesseur. Peut-être eut-il aussi à commencer la construction de l'église, mais ce qu'il y a de certain, c'est que c'est Odilon qui a préparé le nouvel édifice. Il n'est pas nécessaire d'avoir une connaissance bien approfondie de l'architecture du moyen âge pour s'apercevoir qu'une petite partie de l'église de Payerne peut appartenir à l'époque de notre saint abbé (2). Qu'elle ait des racines communes avec l'église sœur de Romainmotier, rien ne nous semble plus naturel. Leur style subit l'influence des écoles de Bourgogne et du Midi de la France, et les habitudes de l'Ordre de Cluny ont amené

(1) Rahn, *opus cit.*; Mulinen, *opus cit.*, p. 136 et suiv.; Gelpke, *loc. cit.*, p. 201 et suiv.; Bernard et Bruel, *opus cit.*, t. II, n° 1126; Bouquet, *opus cit.*, t. IX, p. 667; *Gall. Christ.*, XV, instrum., col. 130; Stumpf, n°s 1139, 1367, 1852, 1941; Jotsald, 1, cap. xiii; *Jahrbücher des deutschen Reichs unter Conrad II*, t. II, p. 69 et suiv.; Pertz, *Monum. Germ. SS.*, t. IV, p. 641; *Biblioth. Clun.*, col. 357. — Voir aussi la bulle de Grégoire V.

Le nombre des moines à Payerne n'était pas exactement déterminé; d'après un règlement postérieur, depuis 1326 il devait y avoir ordinairement trente moines dans le monastère.

(2) Qu'on la compare avec l'église sœur de Romainmotier; cette dernière, on peut l'établir documents en main, n'a été terminée que vers la fin du xie siècle, et cependant on sera frappé de voir combien elle paraît plus archaïque, plus primitive que celle de Payerne. — Voir *Grandson und zwei Cluniacenserbauten in der Westschweiz* dans les *Mittheilungen* de la Société des antiquaires à Zurich, t. XVII, fasc. 2, p. 45 (29); *Geschichte der bildenden Künste in der Schweiz*, p. 236. On trouve dans ce dernier ouvrage un relevé des dimensions des églises romanes de la Suisse.

des dispositions architecturales qui se retrouvent dans toutes les églises des monastères relevant de la grande abbaye bourguignonne (1).

L'année même où Odilon était occupé à la reconstruction de Payerne, il eut la joie d'y voir le roi Rodolphe qui, d'après une charte datée de l'an 1005, était venu consulter le saint pour la fondation projetée d'un monastère. Le prince y avait convoqué Henri, évêque de Lausanne. Cette assemblée décida qu'un monastère serait édifié à Bevaix, dans le pays de Vaud, entre le Jura et le lac de Neufchâtel, dans l'ancien évêché de Lausanne, sur les confins du lac d'Yverdon, sous le vocable de Saint-Pierre. Le fondateur plaça cette maison sous la direction d'Odilon et de ses successeurs. Il demanda à l'Eglise romaine d'anathématiser quiconque s'opposerait à l'exécution de son projet. Son désir était d'instituer ce prieuré pour le repos de son âme et pour le salut de son père et de sa mère, de son épouse et de ses enfants, de tous ses parents, de feu le roi Conrad, du roi actuel Rodol-

(1) Nous n'avons que peu de documents sur l'histoire de l'église et du monastère de Payerne pendant les siècles qui suivirent sa construction. Il y avait déjà déclin au xiv⁰ siècle, ainsi que le prouve le rapport sur une visite faite aux prieurés de l'ordre de Cluny de la province d'Allemagne-Lorraine, de l'an 1355 : « Ecclesia tota, domus et ædificia minantur ruinam. » (Document communiqué par M. Th. Dufour, directeur de la bibliothèque de Genève, à la réunion des sociétés d'histoire à Payerne, le 13 septembre 1892.) — Au milieu du xv⁰ siècle, le couvent n'est plus qu'une commende de la maison de Savoie. (V. MARTIGNIER et DE CROUZAZ, *Dictionnaire du canton de Vaud*, p. 731.) Lors de la conquête bernoise, suivie de la Réforme, le monastère fut transformé en château et l'église en grenier. (V. VULLIEMIN, *Der Kanton Waadt.*) Actuellement, les anciens bâtiments du couvent ont disparu ; une cour remplace le cloître. Il ne reste de ces grandioses constructions qu'une porte en plein cintre et deux groupes de fenêtres dont les colonnettes sculptées perpétuent le souvenir des architectes romans et le douloureux souvenir de l'antique monastère.

phe III et de l'évêque Henri de Lausanne, « consécrateur de ce lieu » (1).

Nous n'avons pas de documents sur l'histoire de ce prieuré dont nous ne connaissons que l'origine et qui semble avoir été enseveli dans son obscurité. Il n'en est pas de même du prieuré de Saint-Victor de Genève fondé par Odilon à la demande de ce même Rodolphe. Le nom de saint Victor, comme celui de saint Ours, son compagnon d'armes, était célèbre au ve siècle dans l'Helvétie. Tous les deux avaient fait partie de la légion thébéenne qui, sous les ordres du primicier Maurice, refusa de brûler l'encens aux pieds des idoles, préférant la mort à une apostasie honteuse. Enflammé de fureur par la résistance des soldats de la légion mauricienne qu'il venait de massacrer en masse sur les champs d'Agaune et de Vérolliez dans cette fameuse journée du 22 septembre 302, Maximien résolut d'en exterminer le reste, soit par ses lieutenants, soit par luimême. En conséquence, il donna l'ordre à ses suppôts de poursuivre partout ceux qui pouvaient être absents au moment du carnage, de les contraindre à sacrifier,

---

(1) « Ego igitur in Dei nomine Rodulphus, audiens quotidie per sacrarum Scripturarum auctoritatem male agentibus minari penas et juste operantibus promitti sidereas mansiones, desiderans aliquod invenire confugium ubi possim declinare insidias meorum peccaminum, nullum tam salubre potui reperire consilium, quam si edificarem juxta possibilitatem meam aliquod monasterium, monastice religioni aptum, ubi quotidie Deo et sanctis ejus congruum exhiberetur servitium. Ad hoc tamen agendum et perficiendum, ad paterniacense monasterium venerabilis Odilonis Abbatis coenobii Cluniacensis fratrumque ibi degentium ivi, expetiturus auxilium. Quorum consilio confortatus... convocavi domnum Ainricum Lausannensis ecclesiæ presulem ad dedicandum ipsum monasterium. » (MATILE, *Monuments de l'histoire de Neuchâtel*, t. I, p. 1 ; Cf. ZEERLEDER, *Urkunden für die Geschichte der Stadt Bern.*, t. I, n° 11 ; MABILLON, *Acta*, VI, 1, p. 571 ; *Annal.*, IV, p. 125 ; *Art de vérifier les dates*, t. III, p. 431.)

et, sur leur refus, de les anéantir, eux et tous les soldats chrétiens rebelles à ses ordres sacrilèges. Il ne fut que trop scrupuleusement obéi. Le massacre de la légion Agaunienne achevé, tandis que Maximien se dirigeait lui-même vers l'Italie, ses émissaires le devancèrent partout où il y avait des soldats chrétiens à poursuivre. Les premiers qu'ils saisirent, à peu de distance de Tarnade, furent les officiers Ours et Victor qui, selon saint Eucher, étaient regardés comme appartenant à la légion sainte. Ils furent décapités huit jours après le massacre des Thébéens, sur le pont de l'Aar, en Helvétie, par ordre d'Hirtacus, gouverneur de Soleure, et jetés dans la rivière, afin d'être soustraits à la vénération des fidèles (1). Mais des chrétiens du pays retirèrent des eaux leurs dépouilles sacrées et les ensevelirent secrètement. On perdit leurs traces dans le désordre des invasions des barbares, mais plus tard, saint Euchonius, évêque de Maurienne, découvrit de la façon suivante le corps de saint Victor. Une nuit, il eut en songe une révélation céleste qui l'avertit de se lever aussitôt et de se rendre à Genève dans l'église de Saint-Victor, où il trouverait le corps du saint martyr. Il se hâta d'obéir à cet ordre d'en haut. Arrivé à Genève, il prit avec lui les saints évêques Rusticus et Patricius, et alla prier avec eux dans l'église. Après qu'ils eurent prié et jeûné trois jours, une lumière céleste apparut à l'endroit où reposaient les restes du glorieux martyr. Alors, les trois prélats ayant soulevé la pierre en silence, en priant et en pleurant, trouvèrent le saint gisant dans une châsse d'argent. Son visage, rose et frais comme s'il eût été vivant, resplendissait d'un éclat

---

(1) Ruinart, *Acta sincera prim. martyr.*; S. Eucher, *Epistola ad Salvium.*

divin (1). C'est la princesse Sœdeleuba, sœur de sainte Clotilde, qui avait demandé et obtenu le transfert à Genève du corps de saint Victor. Elle voulut que l'église où devait être déposée cette précieuse relique fût digne de la gloire du saint martyr. L'humilité du cloître où elle prit le voile (2) n'a rien laissé transpirer de sa vie, sinon que, d'après les conseils de Domitien (3), évêque de Genève, elle fit de sa demeure princière un sanctuaire qui plus tard devint la basilique de Saint-Victor. Le temple devait être splendide, si l'on en juge par le récit d'un auteur anonyme déjà très ancien (4) qui nomme cette église un monument « merveilleuse-« ment décoré, et enrichi de toutes sortes d'ornements « et brillant d'une libéralité princière. » L'histoire nous dit, en effet, que Warnachaire, maire du palais de Thierry Ier, laissa en mourant ses biens aux pauvres, et que le roi en appliqua la plus grande partie à l'église de Saint-Victor (5).

A l'époque où les Sarrasins fondirent sur Genève, cette église fut complètement saccagée, mais la châsse d'argent qui contenait les reliques du saint martyr avait été heureusement enfouie dans la terre, où elle resta comme oubliée jusqu'au moment où Hugues II,

---

(1) AIMOIN, *Chron. Casinense* : de gestis Francorum, lib. III, p. 144, édit. 1603 ; FRÉDÉGAIRE, *Chronique*, p. 173, édit. 1823.

(2) *Etudes religieuses*, t. LXVII, p. 622.

(3) Domitien ou Domatien était, d'après Besson (*Regeste Genevois*), un des conseillers de Gondégésile, roi de Bourgogne.

(4) Cette relation anonyme a été publiée par Surius, qui déclare la tenir du vénérable D. Pierre de Leyden, prieur de la Chartreuse de Cologne.

(5) *Journal de Genève*, 1789, p. 58. — Le prince Théodoric, roi de Bourgogne, neveu du pieux roi Gontran, assista à cette miraculeuse invention du corps de l'illustre martyr et fit de grandes largesses à son église. La puissance de Dieu se manifesta depuis au tombeau de saint Victor par de nombreux et éclatants miracles. (AIMOIN, *opus cit.*; FRÉDÉGAIRE, *opus cit.*)

guidé par une sainte inspiration, les releva et les replaça dans le tombeau du grand autel, en présence de l'impératrice sainte Adélaïde, fille de Rodolphe II, roi de Bourgogne, de la reine Egildrude et d'une foule de barons, venus, selon l'expression d'un vieux chroniqueur, pour visiter « le palais du très victorieux martyr Victor » (1).

La pieuse impératrice, dans son dernier voyage à travers la Transjurane, après avoir terminé ce qui appartenait au but principal de sa présence à Genève, recommanda à l'évêque d'établir à Saint-Victor une communauté de bénédictins (2). On croit généralement qu'elle contribua par ses largesses à la fondation du monastère dont elle avait conseillé l'établissement. La dotation ne parut cependant pas suffire à une abbaye indépendante, et la future communauté fut soumise à l'abbé Odilon, à la demande de sainte Adélaïde et avec le consentement du roi Rodolphe, de Burkard, archevêque de Lyon, et des autres grands du royaume. C'est à cette occasion que l'exaltation du corps de saint Victor fut célébrée à Genève avec la solennité dont nous avons parlé. Ces faits se passaient en l'an 1019 (3). Odilon, qui se trouva ainsi le supérieur de la nouvelle communauté, releva le prieuré de Saint-Victor ou plutôt fit reconstruire entièrement le monastère, mais il laissa intacte l'antique basilique (4). En passant sous la direc-

---

(1) Besson, Pr., n° 2.

(2) « Dictante imperatrice Adelaida. » (V. Mabillon, Annal. Bened., t. IV, 116, 125, 694.)

(3) Ringholz, opus cit., p, 46. — D'autres disent que ces faits doivent être placés entre les années 1000 et 1001. L'acte de fondation rapporté par Mabillon dans les Annales de l'Ordre de Saint-Benoît est sans date, mais il fut passé sous le règne de Rodolphe, dernier roi de Bourgogne, par conséquent au commencement du xie siècle.

(4) Mülinen, opus cit., p. 132 et suiv. ; Gelpke, opus cit., p. 69 et

tion des Clunisiens, l'église de Saint-Victor ne cessa pas d'être paroissiale, et elle fut toujours regardée comme la plus ancienne de la ville. A ce titre, le prieur du monastère tenait dans les processions la première place après l'évêque.

Les moines de Saint-Victor furent toujours patronnés par les évêques de Genève, qui les honoraient d'une affection spéciale, tant ils étaient pénétrés de respect et d'attachement pour l'illustre congrégation de Cluny. Les comtes de Genevois prirent aussi les moines de Saint-Victor sous leur puissante protection et interdirent à leurs vassaux toute vexation contre les hommes du monastère, sous les peines les plus sévères (1).

suiv.; JOTSALD, I, 13. — L'époque exacte de cette donation résulte de HIDBER, n° 1347, et de S. ODILON, *Vita S. Adalheid.*, cap. XVII; PERTZ, *Monum. Germ. SS.*, IV, p. 643 ; MABILLON, *Annal.*, IV, p. 125, et *Acta*, VI, 1, p. 571 et suiv. — La charte de donation est inscrite dans *Gall. Christ.*; t. XVI, col. 390, instrum., col. 144 et suiv.

(1) On a beaucoup exagéré la richesse de cette maison religieuse. Le pasteur Archinard, dans son ouvrage intitulé : *des Édifices religieux*, porte leurs revenus à des sommes colossales. C'était sans doute pour dire que les religieux de cet ordre, gorgés d'or et d'argent, menaient joyeuse vie, et que « les révérends pères connaissaient avant les rois les bons morceaux ». Cette plaisanterie de mauvais goût fait allusion à l'envoi de quelques livres de truites à la maison mère de Cluny pour la célébration de la fête de Noël. On sait que l'abstinence était prescrite aux moines depuis la Toussaint jusqu'à l'Epiphanie. Pourquoi leur faire un crime de ce don, qui n'était, au fond, qu'un témoignage de la soumission du prieuré de Saint-Victor à Cluny? Nous préférons le jugement porté sur cette question par M. le professeur Galiffe : « Nos historiens, dit-il, ont singulièrement exagéré l'importance matérielle de ce petit prieuré, qui n'eut jamais plus de neuf* religieux, et que les fondateurs avaient d'emblée soumis à Cluny à cause de l'insuffisance de ses revenus**. » Peu s'en faut que dans leur zèle nos historiens ne lui aient accordé la pleine et entière souveraineté de tous les villages, assez nombreux du reste, où il possédait quelque petit droit utile. Ses possessions les plus considérables consistaient dans une portion de cette partie de la rive droite du Rhône que nous nommons la Champagne (*Campania*); cela

* Le prieuré avait dix religieux avec un prieur. (*Bibl. Clun.*, col. 1727.)
** En 1534, les revenus du prieuré dépassaient 2.000 ducats.

L'histoire parle peu du prieuré de Saint-Victor de Genève. Comme la plupart des autres communautés, il jouissait du droit d'asile. La vie des moines se partageait entre le travail et la prière. Elle n'avait rien d'éclatant aux yeux du monde. Ils passèrent donc presque inaperçus jusqu'au triomphe de la Réforme (1).

---

correspondait aux communes de Cartigny, d'Avally et de Chancy, où, après diverses concessions successives, les comtes de Genève s'étaient réservé les bans et droits de justice*.

(1) Le fameux Bonivard fut le dernier prieur de Saint-Victor. — La ville de Genève, ayant pris possession du prieuré, laissa les bâtiments se délabrer, et, en 1531, on commença à en démolir la partie la plus élevée. Le clocher de l'église, qui tombait en ruine, fut abattu, et, en 1534, la démolition fut complète. Les moines trouvèrent un asile à l'hôpital Bolomier, où ils desservirent une petite chapelle jusqu'au triomphe de la Réforme. Ceux qui restèrent fidèles à leurs vœux prirent le chemin de l'exil et se retirèrent à Contamine.

(V. *Histoire de l'Eglise de Genève*, par M. le chan. FLEURY, t. I, p. 234-242.)

* *Genève historique*, p. 207, et *Supplément*, p. 85 et 86.

CHAPITRE XIII

LA FÊTE DU 2 NOVEMBRE OU LA COMMÉMORATION
DES MORTS

Odilon avait eu la joie toute surnaturelle, après avoir heureusement accompli la réforme à Farfa, d'introduire les coutumes de Cluny dans les différents monastères de la Suisse fondés ou agrandis par lui avec le concours de sainte Adélaïde et des empereurs d'Allemagne. En ranimant le zèle religieux pour la réforme de la discipline dans les monastères, le saint Abbé avait singulièrement contribué à l'extension de sa congrégation, et par là même il avait aussi puissamment excité la réforme dans la vie ecclésiastique du clergé séculier. C'était assez pour lui assurer un titre glorieux à la reconnaissance de l'Eglise. Mais le saint Abbé ne s'en tint pas là. Il prit une initiative qui l'entour d'une auréole spéciale parmi les plus grands moines bénédictins du moyen âge, et rend sa mémoire impérissable dans l'Eglise et dans le monde. Il institua à Cluny et dans tous les monastères dépendants la Commémoration des morts, le 2 novembre, au lendemain de la Toussaint.

Il importe tout d'abord de le faire remarquer, ce n'est pas la prière pour les morts que dut instituer Odilon. La prière pour les morts est aussi ancienne que le monde (1). Les livres saints, toute la tradition et jusqu'à notre cœur nous répètent à l'envi que nos prières peuvent apporter un soulagement réel aux âmes qui souffrent. Les Juifs croyaient qu'il était pieux et salutaire de prier pour les morts (2), et nous trouvons cet usage clairement indiqué dans plusieurs endroits de l'Ancien Testament. Le second livre des Machabées spécialement nous en offre un beau témoignage et un touchant exemple. Judas Machabée, après une sanglante bataille, envoya douze mille drachmes d'argent à Jérusalem, afin que l'on offrît des sacrifices pour le soulagement de ceux qui avaient été tués dans le combat, et la sainte Ecriture ajoute : « C'est donc une sainte et salutaire pensée de prier pour les morts, afin qu'ils soient affranchis des peines dues à leurs péchés » (3). La foi de l'Eglise n'est pas moins explicite ; l'Eglise a formulé par la voix du concile de Trente le dogme de la prière pour les morts (4), et, comme une mère tendre et compatissante, non seulement elle pleure et permet les larmes (5) ; non seulement elle espère et donne l'espérance (6), mais elle prie et donne la prière pour les âmes du Purgatoire. C'est un ordre, puisqu'elle est la

---

(1) Voir la magistrale *Instruction pastorale de S. Em. le cardinal évêque d'Autun* sur *la Prière pour les morts et le neuvième Centenaire* de l'établissement par saint Odilon, de Cluny, de la Commémoraison de tous les fidèles trépassés, p. 5 et suiv., Autun, Dejussieu, 1898.

(2) On ne privait de ce secours religieux que ceux qui s'étaient ôté la vie. (Josèphe, *Guerre des Juifs*.)

(3) II Machab., xii, 43-46.

(4) Conc. Trid. Sess., xxv.

(5) Eccli., xxii, 10 ; xxxviii, 16 ; Marc., xiv, 33 ; Joan., xi, 34-36

(6) I Thess., iv, 13 ; Joan., vi, 39 ; xi, 25 ; Cantic., ii, 10, 11 ; Apoc. vii, 17 ; xxi, 4 ; Luc, xii, 37 ; Matth., xxv, 21.

maîtresse des vivants; c'est une tendre supplication, puisqu'elle est la mère des morts qui sait ce qu'ils souffrent, et elle termine chacun de ses offices par ce cri de douleur et d'espérance : « Seigneur, donnez-leur le repos éternel » (1). Mais voici la grande voix de la tradition qui se fait entendre et arrive à nous à travers les siècles, uniforme, constante, inébranlable : « Suivant la tradition des ancêtres, dit Tertullien, nous faisons des sacrifices pour les morts à leur jour anniversaire » (2). Saint Ambroise célèbre la messe pour les empereurs Valentinien et Théodose (3) et, au moment de la dire aussi pour son frère Satyre englouti dans les flots, il fit à Dieu cette touchante prière : « Je me
« tourne vers vous, Seigneur, et je vous recommande
« cette âme innocente. Pour elle, je vous offre l'hostie;
« soyez-lui propice; recevez mon offrande et mon
« sacrifice de la main d'un frère et d'un prêtre (4) ».
Le grand docteur nous apprend que les uns s'acquittaient de ce pieux office le troisième et le trentième jour, et d'autres le septième et le quarantième (5). Saint Augustin a écrit tout un livre (6) en faveur du culte des morts, et il revient souvent sur la pieuse pratique d'offrir pour eux le saint sacrifice de l'autel. Qui n'a lu, dans l'admirable livre des *Confessions* du saint docteur, l'admirable récit de la mort de sa mère ? Monique, mourant au port d'Ostie, loin de l'Afrique où elle était née, et dont la terre gardait le corps de son époux, Monique disait à ses deux fils, mais surtout à Augustin : « Laissez mon corps n'im-

---

(1) Messe des morts, *Introit*.
(2) *De Corona milit.* cap. 3; *de Monogamia*.
(3) *De Obitu Valentin.; de Obitu Theodos.*
(4) *De Excessu Satyri*, lib. I, n° 80.
(5) *De Obitu Theod.*
(6) *De Cura pro mortuis.*

« porte où ; n'en prenez nul souci. Ce que je vous
« demande seulement, c'est que, partout où vous serez,
« vous portiez mon souvenir à l'autel du Seigneur. (1) »
Et, plus tard, Augustin, évêque, repassant dans la
mémoire de son grand cœur la vie si manifestement
sainte de cette mère, ayant, pour juger toutes choses,
la triple lumière de l'âge, du génie et de la sainteté,
Augustin parlait à Dieu de Monique et écrivait :
« Vivifiée en Jésus-Christ, elle a vécu jusqu'à sa mort
de manière à glorifier votre nom par sa foi et par ses
mœurs ; je n'oserai pourtant pas dire que, depuis que
vous l'eûtes régénérée par le baptême, il ne soit sorti
de sa bouche aucune parole contraire à vos préceptes...
Et malheur à la vie humaine la plus honorable, si, en
l'examinant, vous laissez derrière vous la miséricorde.
C'est pourquoi, ô ma gloire, ô ma vie, ô mon Dieu,
mettant de côté ses bonnes œuvres dont je vous rends
grâces avec joie, je vous prie à cette heure pour les
péchés de ma mère. Exaucez-moi au nom de ce médecin qui, pour guérir toutes nos blessures, a été suspendu à la croix, et qui, assis maintenant à votre
droite, ne cesse pas d'intercéder pour nous. Remettez-
lui sa dette ; n'entrez pas avec elle en jugement, et que
votre miséricorde triomphe de votre justice... Inspirez,
ô mon Dieu, à tous mes frères, vos serviteurs, qui liront
ce que j'écris, de se souvenir à l'autel de Monique,
votre servante, et qu'elle trouve non seulement dans
mes prières, mais dans toutes celles des autres, l'accomplissement de sa dernière volonté » (2).

L'oblation du saint sacrifice pour les défunts est
certainement de tradition apostolique. Non seulement

---

(1) S. Aug., *Confess.*, lib. IX, cap. 2, n° 1.
(2) *Confess.*, lib. IX, cap. xiii.

on offrait en général le saint sacrifice pour ceux qui n'étaient plus, mais il y avait déjà dès les ve et vi^e siècles des messes particulières composées pour eux (1). Telle est la messe privilégiée *in die obitus seu depositionis*, c'est-à-dire pour le jour du décès ou de la sépulture (2). L'Église tient à ce que le saint sacrifice soit célébré avant de déposer le corps, afin de procurer au plus tôt à l'âme du défunt le soulagement ou la délivrance. Les troisième, septième et trentième jour après le décès sont regardés par l'Eglise, depuis les temps les plus anciens, comme spécialement propres à la mémoire des morts (3). « Ce n'est pas, disait Amalaire, au neuvième siècle, qu'on ne pas puisse prier pour les défunts les autres jours, ni que ces jours-là l'office et la messe soient plus efficaces, mais c'est à cause de certaines raisons mystiques (4) ». Nous laisserons aux liturgistes le soin d'exposer les raisons mystiques pour les troisième et septième jour ; mais l'Eglise n'aurait-elle pas voulu exprimer par la messe du trentième jour, selon la pensée d'Alcuin, que ses prières enlèvent aux âmes du purgatoire toute souillure pour les conduire au ciel ? Quoi qu'il en soit, cette pieuse pratique nous vient des Juifs qui pleurèrent pendant trente jours la mort de

---

(1) Nous trouvons dans les Sacramentaires de saint Gélase et de saint Grégoire, ainsi que dans les anciennes liturgies gallicane et mozarabique, des messes des morts « pour un prêtre, pour un abbé, pour un nouveau baptisé, pour les laïcs », etc., etc.

(2) Par *die obitus*, il faut entendre l'espace de temps qui sépare la mort de la sépulture ; c'est pourquoi la messe a pour titre : *de Die obitus seu depositionis* ; ces deux mots ont ainsi la même signification liturgique, puisque l'Eglise confond, pour le privilège, le jour du décès avec celui de la sépulture et les jours intermédiaires. Cette messe est la plus privilégiée.

(3) « Diei obitus succedunt dies tertia, septima et trigesima, qui institutione antiquissimâ in defunctorum memoriam ab ecclesiâ præ cæteris solemnes habiti sunt. » (CAVALIERI.)

(4) *De Ordine Antiphon.*, c. LXV.

Moïse et d'Aaron (1) ; elle est un reste aussi de l'usage autrefois existant, et conservé encore aujourd'hui en certains pays, de faire célébrer des messes pour les défunts pendant trente jours consécutifs en donnant plus de solennité au trentième et dernier. Cet usage des trente messes consécutives remonte à saint Grégoire le Grand. Nous voyons, en effet, dans ses *Dialogues* (2), qu'il recommanda fortement à l'abbé Pretiosus de célébrer le saint sacrifice pendant trente jours consécutifs pour l'âme de Justus, un de ses moines décédés ; les trente jours écoulés, Copiosus, un autre moine, vit Justus qui lui apparut et lui annonça sa délivrance. Convaincu de l'excellence de cette pratique à laquelle les prières du saint pape avaient peut-être obtenu de singulières faveurs, le monastère de Cluny la mit au nombre de ses plus chères coutumes ; on y appelait les trente messes pour un défunt : *messes de saint Grégoire* (3).

(1) Deuter., XXXIV, 8.
(2) L. IV, c. LV.
(3) La Sacrée Congrégation les interdit dans un décret inséré en tête du missel. Mais elle n'a pas voulu condamner les trentains de messes établis par saint Grégoire le Grand. Nous en avons pour garants les décisions du 15 mars 1884, du 24 août 1888 et du 14 janvier 1889.
La décision de 1884 rappelle l'origine et l'antiquité des *trentains*, ou des trente messes que, en un grand nombre de pays, on demande très souvent pour les défunts. Nous avons vu qu'il faut remonter à un trait de l'histoire de saint Grégoire le Grand, qui fit célébrer trente messes consécutives pour l'âme d'un religieux de son monastère, et au trentième jour, le défunt apparut à un de ses frères et lui annonça sa délivrance des flammes du purgatoire. (*Dialogor.*, lib. IV, cap. LV.) De là, dit Benoît XIV, « missarum usus quæ, a S. Gregorio nuncupantur ». D'après le même pape, cette coutume est *pieuse*, et les fidèles l'ont pratiquée en tout temps : « Fideles omni sæculo eamdem consuetudinem pariter receperunt. » (*De Sacrif. miss.*, lib. III, cap. XXIII.)
Que cette coutume soit louable et pieuse, c'est ce dont il n'est point permis de douter après les décisions des congrégations

L'ordre de Saint-Benoît a toujours eu à un haut degré

romaines, et après la décision de 1884 en particulier. Le Consulteur de la Sacrée Congrégation disait que la proposition qui taxerait de superstition la coutume des trente messes de saint Grégoire mériterait d'être censurée comme *temeraria, pio, probato et per Ecclesiam frequentato mori injuriosa*. Il est facile de se rendre compte de l'efficacité particulière attachée à cette pratique. Si saint Grégoire a délivré par ce moyen une âme du purgatoire, les fidèles en ont conclu que cette pratique est agréable à Dieu, et apte à obtenir de Dieu la même grâce en d'autres cas ; les docteurs l'ont recommandée, le Saint-Siège l'a approuvée. C'est ainsi que, bien certainement, il faut conclure que les mérites et l'intercession de saint Grégoire sont, sinon pour tout, au moins pour beaucoup, dans l'efficacité des trente messes grégoriennes : « Sanctus, tunc monachus, suis precibus efficacissimis impetravit his triginta missis vim satisfactoriam. » Faut-il supposer de plus une indulgence plénière ? Des auteurs l'ont cru ; le Consulteur fait remarquer que c'est une simple supposition, « quia tunc temporis plenaria indulgentia concedi non solebat, nec ulla adest hujus concessionis memoria ». Mais c'est là, ajoute-t-il, une question de mots, « cum omnes conveniant per Tricenarium animam a purgatorio liberari ». La Sacrée Congrégation a répondu en ce sens.
— Les décisions indiquent en outre à quelles conditions est liée l'efficacité des messes grégoriennes : il faut et il suffit que ces messes soient dites pendant trente jours consécutifs, sans aucune interruption autre que celle qui peut résulter de la rencontre des trois derniers jours de la semaine sainte. Il n'est point nécessaire que la messe soit une messe de *Requiem*, ni qu'elle soit célébrée par le même prêtre, ni au même autel. Mais il ne faut pas compter sur une efficacité spéciale quand trente messes sont dites en dehors des conditions instituées par saint Grégoire, par exemple quand on les dit pour des vivants. Terminons par un passage du Consulteur qui, nous semble-t-il, fait bien comprendre l'efficacité des messes grégoriennes. Il se demande quelle différence il y a entre le trentain grégorien et trente messes dites le même jour pour un défunt, et il répond que ces dernières secourent plus tôt le défunt, mais ne le délivrent pas du purgatoire, à supposer qu'il ait besoin de suffrages plus abondants que ceux qui résultent de l'application de trente messes ordinaires ; au contraire, le trentain grégorien « tardius agit, tamen ad ejus exitum animam liberat ». (Cf. *Dialogor.*, lib. IV, cap. LV, inter *Opera Omnia S. Gregorii Magni*, édit. Bened., Parisiis, 1705, t. II, col. 464 et suiv. ; *Nouvelle Revue théologique*, t. XVI, p. 351 ; t. XXI, p. 121 et suiv.)

L'usage des *trentains grégoriens*, très répandu à Rome, est presque oublié en France. Cependant partout on retrouve des traces de cette dévotion. En Bourgogne, dans toutes les plus vieilles églises, on

la religion des morts (1). Les nécrologes des principaux monastères témoignent, sous la forme la plus touchante, de l'union des cœurs et de la communauté de prières qui rapprochaient les uns des autres les chrétiens de race et de pays différents. Chaque fois qu'un moine mourait dans quelque monastère, il en était fait part aux églises et couvents associés, afin d'obtenir des prières à l'intention du défunt. Ces lettres, transcrites en tête d'une longue bande de parchemin qui s'enroulait sur un cylindre, portaient le nom de *rouleau des morts* (2).

découvre les restes d'un autel dédié à saint Grégoire et aux âmes du purgatoire ; plusieurs tableaux qui surmontaient ces autels existent encore dans des collections particulières ou dans nos musées. Ce devaient être des autels *ad instar*. C'est que, en effet, les souverains pontifes ont fréquemment communiqué à des autels les grâces et faveurs dont jouit l'autel de saint Grégoire dans l'église de son nom, au mont Cœlius. (Voir *Nouvelle Revue théologique*, t. XXI, p. 125.) — En Bretagne, l'usage des *trentains* est général. Les communautés religieuses ont presque toutes dans leurs constitutions l'obligation de faire dire un trentain de messes grégoriennes pour chaque membre défunt, et plusieurs suivent encore cet usage, les carmélites, les dominicaines, etc. Le missel dominicain d'une très ancienne édition a des oraisons spéciales pour les messes grégoriennes. Enfin on lit dans les mémoires d'un missionnaire catholique sous le règne d'Elisabeth (le P. Gérard, jésuite), publiés par le R. P. Forbes en 1871, chap. III p. 47, qu'un prêtre conseilla à une pieuse veuve de faire dire pour son époux défunt *la messe pendant trente jours conformément au vieil usage des catholiques anglais*. — Saint Vincent Ferrier fit dire un *trentain* pour sa sœur et la vit délivrée par ces messes. (Extrait de l'*Echo du purgatoire*, mai 1890.)

(1) Gandulphe, évêque de Rochester, ancien moine de l'abbaye du Bec, et que saint Anselme appelait *sa seconde âme* (Epist., lib. I, 14), célébrait — ce qui était alors permis — presque tous les jours deux messes. La seconde était toujours pour les défunts. (Cf. P. Ragey, *Histoire de saint Anselme*, t. I, p. 250.)

(2) Voir l'article intitulé : *Des Monuments paléographiques concernant l'usage de prier pour les morts*, par M. L. Delisle, dans *Bibliothèque de l'école des Chartes*, 2ᵉ série, t. III, mai-juin 1847, 5ᵉ livr., p. 369 et suiv.

Mabillon(1), et après lui, D. Tassin et D. Toustain (2) distinguent deux espèces de rouleaux des morts (3) : les uns *perpétuels* et les autres *annuels*. A ces deux espèces nous en ajouterons une troisième que nous désignerons sous le nom de rouleaux *individuels*.

Les rouleaux perpétuels étaient destinés à recevoir les noms des frères ou des bienfaiteurs de l'abbaye. Ces rouleaux, formés de membranes, ou feuilles de parchemin, qu'on cousait les unes au bout des autres, se prêtaient toujours à de nouvelles additions, et pouvaient ainsi servir pendant un laps de temps indéfini (4). Ce n'était pas une sèche nomenclature comme celle des nécrologes. A la suite de chaque nom se trouvaient mentionnées les bonnes œuvres qui devaient le recommander à la postérité. C'était sans doute ces rouleaux que dans certaines abbayes on lisait au chapitre (5). L'on doit aussi faire rentrer dans la même catégorie ce *très long rouleau*, dont parle Orderic Vital, sur lequel, au monastère de Saint-Evroul, on écrivait le nom des religieux, et ceux de leurs pères, mères, frères et sœurs. Il restait sur l'autel pendant toute l'année. Le jour de l'anniversaire général, il était déroulé dans toute sa longueur ; le prêtre recommandait en ces termes ceux qui y figuraient: *Seigneur, daigne admettre dans le sein de tes élus les âmes de tes serviteurs et servantes dont les noms se voient écrits sur cet autel* (6).

(1) *De Re diplom.*, l. I, c. IX, n° 1. — *Analecta*, éd. in-fol., p. 160.
(2) *Nouveau Traité de diplom.*, t. I, p. 433.
(3) En latin *Rotulus, Rotula, Rollus, Rolla, Liber rotularis, Volumen*.
(4) C'est pour cela qu'on les a appelés perpétuels. Mabillon en connaissait deux à l'abbaye de Chelles. (*De Re diplom., loc. cit.*)
(5) Ludwig, *Reliq. Mess.*, t. I, p. 281.
(6) « Animas famulorum famularumque tuarum quorum nomina ante sanctum altare tuum scripta adesse videntur, electorum tuorum jungere digneris consortio... Volumen mortuorum super altare disso-

Les rouleaux annuels étaient ceux que les églises associées s'envoyaient annuellement pour s'annoncer les noms de leurs morts. La collection des lettres de saint Boniface fournit la preuve que cet usage était déjà en vigueur au VIIIe siècle. Ce pontife demande à l'abbé Adherius des prières pour les âmes des frères endormis dont le porteur de la lettre montrera les noms (1). Ailleurs il envoie les noms des derniers défunts, et recommande d'en transmettre la liste aux autres monastères (2). A la même époque, nous voyons l'abbé Dodon prier l'évêque de Mayence de lui communiquer par un *bref* les noms de ses amis (3).

lutum palam expanditur. » (L. III, ap. Duch., *Script. Norm.*, p. 487.) — Plusieurs des anciens rituels recueillis par D. Martène (*de Ritibus*, t. I, col. 406, éd. d'Anvers) présentent des formules analogues. L'on sait que les diptyques se plaçaient sur l'autel, et les rouleaux, aussi bien que les obituaires, n'en sont qu'une transformation. Il semble que dans beaucoup de cas il n'y avait entre les rouleaux perpétuels et les nécrologes d'autre différence que celle qui existait entre les volumes (*volumina*) des anciens et leurs livres (*codices*, ou *libri quadrati*). Tous deux se lisaient au chapitre, tous deux se plaçaient sur l'autel. Mabillon assigne pour caractère spécifique aux rouleaux les éloges qu'on y consignait. Mais ce caractère leur est commun avec bien des obituaires. (Cf. *Gall. chr. nova*, t. II, Instr., col. 363, et t. VII, col. 664.)

Le caractère qui distingue les rouleaux perpétuels des deux autres espèces, c'est que ceux-là étaient destinés à rester dans le couvent même, tandis que ceux-ci étaient faits pour circuler au dehors.

(1) Epist. XXIV.
(2) Epist. CVIII.
(3) Epist. LXXX. — Le nom de *bref* est à remarquer ; c'est le terme propre qui a servi pendant tout le moyen âge à désigner ces lettres d'avis. (V. du Cange, V° *Brevia mortuorum*.) La promesse d'une inscription sur ces brefs et sur la règle (nécrologe) était une formule consacrée des lettres de communion que cette abbaye donnait à ses associés. Un concile les nomme *lettres courantes* (Conc. apud Saponarias, an 859, cap. XIII, cité par du Cange, V° *Breviaria*) ; d'anciens documents, *bréviaires* (Cf. D. Martène, *de Ritibus*, t. IV, col. 793). Il faudrait bien se garder de confondre ces bréviaires avec les livres liturgiques connus maintenant sous ce nom, et qui ne paraissent pas remonter au delà du XIVe siècle. (*Acta SS. Julii*, t. I, p. 10 et 11.) Les

Les rouleaux individuels s'envoyaient, comme nous l'avons dit, à la mort de chaque frère, pour obtenir à son intention les prières de ses associés. Tantôt on faisait une copie du bref pour chaque communauté à laquelle on en voulait donner connaissance, tantôt le même exemplaire était successivement apporté dans les différentes abbayes.

Tels étaient les rouleaux des morts. En général, la formule en était très simple : « Un tel, enfant de notre congrégation est mort » (1). « Nous avons perdu un tel, chantre de notre congrégation. Nous conjurons tous les fidèles engagés dans la vie religieuse d'intervenir pour lui auprès de Dieu. — Tel jour, dans tel monastère, est mort un tel, prêtre et sacristain dans la même église. Au nom de la charité chrétienne, nous réclamons vos prières pour son âme. Nous prierons pour les vôtres » (2). Mais cette simplicité n'était plus de mise s'il s'agissait de la perte de quelque homme célèbre, de quelque illustre personnage. Dans cette occasion, le rouleau déployait orgueilleusement toutes ses pompes, et s'adressait non plus seulement aux églises associées entre elles ou voisines (3), mais à « l'universalité des fidèles ». Le plus savant moine du couvent se mettait à l'œuvre. Faisant un appel à toutes

---

éditeurs modernes donnent ordinairement à ces lettres le nom d'*encycliques*. Quoi qu'il en soit, l'usage de s'envoyer périodiquement des rouleaux n'a point été général. Les coutumes de Saint-Bénigne de Dijon n'admettent les rôles annuels qu'autant que l'éloignement des lieux n'aurait pas permis de notifier séparément la mort de chaque frère. (D. Martène, *de Ritibus*, t. IV, col. 794 ; Cf. *Gall. christ.*; t. VIII, Instr., col. 429.)

(1) Martène, *opus cit.*, t. IV, col. 794.

(2) *Liber usuum Cisterc.*, cap. xcviii. — V. d'autres formules *apud Hæftenum*, t. VIII, *Disquis. monast.*, tr. I.

(3) « Mittatur etiam epistola ad vicina quæque monasteria. » (*Dunstani Concordia*, cap. xii, en tête du *Monast. anglic.*)

les ressources de son imagination et de sa mémoire, il entassait dans son encyclique toutes les figures bibliques, soit pour proclamer le néant des choses d'ici-bas, soit pour maudire la faute du premier homme. A un brillant exorde succédait le tableau des vertus du défunt. Inutile de dire que, semblable aux panégyristes de tous les temps, l'écrivain, dans le feu de l'enthousiasme, n'épargnait aucune louange à son héros. Mais, à quelque degré de perfection qu'il fût parvenu, il était toujours resté homme, et, comme tel, sujet aux faiblesses de l'humanité. Cette réflexion servait de transition pour réclamer en sa faveur les prières des fidèles. Car telle était la conclusion obligée de toutes ces lettres. Cette encyclique, nous l'avons dit, se transcrivait en tête d'une longue bande de parchemin qui s'enroulait sur un cylindre. Puis elle était confiée à un courrier ou « porte-rouleau » (1), qui s'en allait d'église en église, de monastère en monastère, portant suspendu à son cou (2) le funèbre message. Partout on l'accueillait avec bienveillance. A son approche, les religieux s'empressaient autour de lui. D'où venait-il ? Qui était-il ? Quel nouveau malheur venait-il annoncer ? Pourquoi promenait-il ainsi ses pas errants (3) ? Telles étaient les questions auxquelles il lui fallait répondre. La curiosité satisfaite, le messager déroulait la lugubre missive. Dès que l'abbé ou le prieur en avait achevé la lecture, la cloche sonnait pour appeler les religieux

---

(1) *Rotuliger, rotulifer, rolliger, breviger, tomifer, rotularius*, tous ces mots sont dans DU CANGE ; Cf. MARTÈNE, *Hist. de Marmoutiers*, t. I, n° 45.

(2)   *Inde cutis colli teritur præ pondere rolli*
        Rolligeri collum nequit ultra tollere rollum.
        (*Rotulus de S. Brunone*, tit. n° 178.)

(3) *Ex Rotulo Gauzberti*, ap. D. MARTÈNE, *Hist. de Marmout.*, loc. cit.

à l'église, où l'on priait pour le mort (1). Les communautés auxquelles l'encyclique était présentée se faisaient un devoir d'y répondre (2), et consignaient sur le rouleau un titre (*titulus*) plus ou moins long, pour accuser réception de l'encyclique, pour promettre des prières et pour en demander à l'intention des membres et des bienfaiteurs qu'elles avaient elles-mêmes perdus. C'est à l'un de ces messages funèbres que le monastère de Cluny répondit par le titre suivant :

« A nos vénérables frères dont la charité nous com-
« ble de joie, Dieu veuille accorder les dons sacrés du
« salut.

(1) V. *Gall. Chr. nova*, t. IV, Instr., col. 237 ; t. VII, Instr., col. 278 ; t. VIII, Instr., col. 360. — *Hist. de l'abbaye de Saint-Germain des Prés*, p. 107.
Cf. MONTALEMBERT, *les Moines d'Occident*, t. VI, p. 124. — Le porte-rouleau n'était pas oublié. D'après les statuts (note A) du couvent (*Hist. de l'Église de Meaux*, t. II, p. 200 ; *Hist. de l'abbaye de Saint-Germain des Prés*, pièces justificatives, p. CLXX ; *Monast. angl.*, t. VI, part. II, p. XCI) et quelquefois les recommandations de l'encyclique (ap. *Marcam Hispan.*, col. 1024 ; MABILLON, *Annales*, t. V, p. 689 ; *Gall. Chr. nova*, t. III, Instr., col. 17), on lui servait à boire et à manger. On lui fournissait même un peu d'argent. A Bourgueil, on lui donnait un denier ; à Saint-Germain des Prés, l'abbé et l'aumônier lui remettaient chacun deux deniers, et le chantre devait veiller à tous ses besoins. (*Hist. de l'abbaye de Saint-Germain des Prés*, pièces justificatives, pp. CLXX, CLXXI.)
(2) Dans les premiers temps, cette réponse n'indiquait que le nom de l'église, les prières qu'elle avait accordées au défunt et la liste des frères pour lesquels on réclamait des prières en retour. Sur quelques rouleaux, on ajoutait la date de l'arrivée du courrier. C'était, à son retour, un moyen de contrôler sa fidélité. Plus tard, au nom de l'abbaye furent ajoutées quelques phrases de condoléances. Un certain poète s'avisa de les mettre en vers. L'essai fit fortune. Tous les beaux esprits du temps rivalisèrent d'empressement. Ce fut à qui inscrirait sur ces albums funèbres la pièce la plus piquante, la mieux tournée, et quelquefois seulement la plus bizarre. Si l'abbaye comptait parmi ses membres plusieurs poètes, chacun d'eux donnait son morceau. Parfois même, l'écolier à peine initié aux règles de la versification avait l'honneur d'inscrire sur le rouleau son modeste distique. Dans ce cas, on lui ménageait l'indulgence du lecteur, en avertissant que c'était l'œuvre d'un enfant. (Cf. DELISLE, ouvr. cité, p. 375.)

« C'est là l'objet de nos prières, ce sont les souhaits
« que vous adresse le troupeau de Cluny,
« Maintenant sous la houlette de Hugues, naguère
« sous celle d'Odilon le bon pasteur.
« Lecture faite de la missive écrite par la plume de
« Kanigonens,
« Nous avons aussitôt répandu devant le Seigneur nos
« prières et nos supplications,
« Le suppliant de délivrer des peines du purgatoire
« vos frères affranchis de la prison du corps,
« Et d'accorder dans le ciel l'éternel repos
« A tous ceux dont votre fidèle amitié nous a annoncé
« le départ de ce monde.
« Nous vous demandons pour les nôtres le même
« retour de charité. Cette encyclique porte inscrits
« leurs noms :
« Bérard, Etienne, Francon et Jehan
« Bladinus aussi nommé Berald, Durand, de Bréding,
« Robert. Joignez-y tous ceux dont Dieu sait les noms,
« lui qui a créé toutes choses » (1).

(1) *Fratribus almificis sint munera sancta salutis :*
Nisibus et votis, hoc grex obtat Cluniensis,
Quem regit Hugo modo, dudum pius Odilo pastor,
Lectis litterulis quas scripsit Kanigonensis
Penna, preces Domino mox fudit supplice voto,
Liberet a penis eductos carcere carnis,
Omnibus et requiem concedat in æthere jugem,
Quos functos notuit vivorum cura fidelis.
Sed petimus nostris, ut idem post fiat ab illis :
Nominibus scriptis quos promit cartula talis :
Berardi, Stephani, Franconis necne Iohanni,
Bladini seu Beraldi, necnon Duranni, Bracdingi, Rotberti et aliorum quorum scit Deus nomina qui creavit omnia. (L. DELISLE, *Rouleaux des morts du IXe au XVe siècle*, p. 85, n° 63 ; voir encore p. 157, 165, 372, 396, 425, 478, 479 ; Cf. *Hist. de Saint-Etienne de Dijon*, pr., p. 259.)

La composition des encycliques et des titres permet de saisir l'état de la poésie latine aux dixième, onzième et douzième siècles. On peut

C'est ainsi que les moines bénédictins ont toujours compris et pratiqué la religion des morts. Outre que la prière pour les défunts ressort du dogme chrétien, qu'elle est profondément enracinée dans la tradition de toute l'Eglise — et le moine en tout et partout ne cherche qu'à être l'homme de la tradition — il y a pour les monastères cette raison particulière que leurs fondateurs les ont bâtis et dotés afin de pourvoir au salut de leurs âmes, et de s'assurer des suffrages après leur mort. Cette clause se retrouve dans toutes les fondations monastiques. Prier pour les morts est donc une des raisons d'être des monastères et abbayes. Il s'ensuit que les offices pour les défunts y ont été célébrés de tout temps avec une spéciale solennité. Sur ce point,

y relever les noms de plusieurs versificateurs qu'aucun bibliographe n'a encore enregistrés, y constater la prospérité de différentes écoles épiscopales au onzième et au douzième siècle, et enfin y suivre pas à pas le déclin des études dans les anciens monastères au treizième et au quatorzième siècle.

Les rouleaux qui sont parvenus jusqu'à nous sont en très petit nombre. Près de cent sont arrivés à notre connaissance, dont les trois plus importants sont ceux de Guifred, comte de Cerdagne (1050), de Mathilde, fille de Guillaume le Conquérant (1113), et du bienheureux Vital, premier abbé de Savigny ; M. L. Delisle en a publié le texte complet. (V. *Rouleaux des morts*, p. 49, 177, 281.) — Employés dès le milieu du neuvième siècle, les rouleaux étaient devenus, à la fin du onzième, d'un usage excessivement fréquent. Leur multiplicité excita même la verve d'un des plus ingénieux poètes de cette époque : « Que le courrier, dit Baudri de Bourgueil, ne vienne pas si souvent. Trop souvent répétées, ses paroles sont trop redoutables. Restez en vie, prélats, à la mort desquels il se promène. Le vorace vautour, le noir corbeau, le courrier empressé, la chouette au cri lugubre, annoncent la mort et donnent l'idée du cadavre. C'est ainsi que toujours le rouleau nous apprend un nouveau trépas. Qu'il se tienne donc loin de nos couvents, où il apporte toujours la mort, toujours la tristesse. S'il vient si souvent, nous ne lui donnerons plus son denier. »

. . . .

Ergo sit a nostris penitus conventibus exsul,
Qui semper mortem, qui nuntiat anxietatem.
Nam si sæpe venit, nummi mercede carebit.
(Duch., *Script. Fr.*, t. IV, p. 253.)

comme sur tous les autres, Cluny apportait ce grand esprit de religion qui est éminemment son caractère historique (1).

La pensée qui, même en dehors de toute raison mystique, faisait prier pour les morts à certains intervalles naturels du temps inspira l'usage de l'anniversaire ; on voulut procurer aux défunts, s'ils étaient encore dans le purgatoire, un dernier et efficace secours : « Nous célébrons enfin le jour anniversaire, dit Forcini, dans la crainte que les âmes n'aient encore des peines à souffrir dans les flammes expiatrices, et qu'elles n'aient besoin de notre secours pour en sortir, car il vaut mieux faire des prières qui peut-être leur seront inutiles, que d'y manquer par oubli et par intelligence, si elles en ont besoin » (2). C'était d'ailleurs un bonheur et une consolation pour chaque famille de compter au moins chaque année un jour marqué par le trépas, qui reviendrait pendant quelque temps raviver le souvenir des morts, et provoquer la prière en renouvelant ses regrets. Mais cela ne suffisait pas à la piété chrétienne, car combien encore laisseraient passer ce jour du souvenir et de la prière dans des préoccupations où se perd la mémoire des morts ? Il fallait un solennel anniver-

---

(1) A Cluny et dans d'autres abbayes, pendant un mois, on considérait le défunt comme présent au réfectoire, et sa portion, servie tous les jours à sa place, était donnée au pauvre pour le bien de son âme. Cette coutume s'est conservée à la Trappe.

(2) La pratique des anniversaires, dit Mgr Bouvier, était plus généralement répandue que celle des autres messes du décès, et des troisième, septième et trentième jours : « Mos erat hujusmodi die depositionis, die tertiâ, septimâ, trigesimâ et præsertim anniversariâ celebrandi. » — Comme on le voit, cet anniversaire solennel, qui revient annuellement pour chaque défunt en particulier, existait déjà depuis longtemps avant saint Odilon. (V. MABILLON, *Præfat. in III Sæcul. Benedict.*, § VI, *Observationes ecclesiasticæ*, n° 101 ; Cf. *Studien und Mittheilungen aus dem Benedictiner-Orden II*, année 1881, t. II, p. 237 et suiv.)

saire où l'Eglise appellerait la chrétienté entière au secours des fidèles trépassés. Il était réservé à saint Odilon de consacrer par un acte personnel le lendemain de la Toussaint à la mémoire des défunts. Dire que c'est là une conception de génie, ce n'est pas dire assez. Ce que le Saint-Esprit dicte aux âmes saintes dépasse la portée des plus vastes intelligences. Après la vision du ciel, ouvrir aux chrétiens la vision du Purgatoire; après avoir levé les mains vers l'Eglise triomphante, les tendre pleines des satisfactions de Jésus-Christ à l'Eglise souffrante, quel rapprochemement, quelle inspiration! Quelle magnifique synthèse des miséricordes divines, de la communion des saints et de la foi dans la vie future! Et c'est notre saint abbé qui en a eu la révélation; c'est par lui que toute l'Eglise en a bénéficié dans tout le cours des siècles. On peut le dire en toute assurance, rien n'a plus contribué dans le passé à donner de l'éclat à la piété envers les morts que l'institution de la fête du 2 novembre, rien ne contribue plus présentement à renouveler la ferveur de cette piété que la célébration annuelle de cette fête, rien ne contribuera davantage non plus dans l'avenir à en assurer le maintien et les fruits. Il y a donc dans cette institution un fait d'une importance considérable qu'il est de notre devoir de mettre en lumière en recherchant avec soin 1° comment la fête du 2 novembre a été préparée et ébauchée; 2° quelles sont les circonstances fortuites qui y ont donné lieu; 3° quelle part revient à saint Odilon dans l'institution de cette fête; 4° enfin quelle est la date probable de cette institution et comment elle s'est étendue peu à peu dans l'Eglise universelle (1).

(1) Cf. Ringholz, *Der heilige Abt Odilo von Cluny in seinem Leben und Wirken*, p. 62-65, Brünn, 1885.

La commémoraison générale des fidèles trépassés, comme nous l'avons vu plus haut, n'existait pas dans sa forme actuelle avant notre saint abbé et les premières années du onzième siècle. « Mais elle existait néanmoins comme en germe, dit dom Plaine, à qui nous empruntons ces paroles ; elle avait été préparée et ébauchée longtemps à l'avance, comme il est arrivé tant d'autres fois dans l'Eglise pour les institutions qui doivent s'y perpétuer et porter pendant de longs siècles d'abondants fruits de salut. On en trouve une première et excellente ébauche dans l'institution même de l'office des morts, qui doit remonter au VIIe ou au VIIIe siècle. En instituant, en effet, un office en faveur des morts, et un office analogue à celui des saints sous plus d'un rapport (1), l'Eglise mettait à certains égards les défunts qui attendent dans le lieu de l'expiation temporaire le jour de leur délivrance sur pied d'égalité avec leurs frères plus fortunés qui jouissent déjà du bonheur parfait, celui de la vision de Dieu » (2). Dès le IXe siècle, un prêtre de Metz, Amalaire, l'un des princes de la liturgie, avait déjà exprimé, vers l'an 820, l'idée de la convenance d'un tel anniversaire, et l'on avait trouvé dans les écrits de cet auteur un texte obscur où l'on entrevoit un rapprochement entre la fête des saints et la mémoire des morts. On sait que dans l'Antiphonaire qu'il avait dressé pour l'Eglise de Metz, l'office des morts venait immédiatement après celui du commun des saints (3). A la même date ou à peu près, saint Eigil, abbé de Fulda, en Allemagne, fit un second pas en avant. Il

---

(1) L'office des morts offre à matines neuf antiennes et neuf psaumes, neuf leçons et neuf répons, comme les offices des saints doubles ou semi-doubles.

(2) *De Ordine Antiphonarii*, c. LXV.

(3) Dom PLAINE, *la Fête des morts du 2 novembre*, dans la *Revue du clergé de France*, 1er novembre 1896.

établit que le 17 décembre (*in natali sancti Ignatii martyris*), qui était l'anniversaire de la mort de saint Sturme, premier abbé et fondateur de Fulda, il y aurait « solennité des messes, psalmodie et autres prières » pour tous les frères décédés du monastère (1). La *Règle monastique* (*Regula monachorum*) qu'on attribue à tort à saint Isidore de Séville, mais qui est ancienne cependant, ordonne d'offrir le saint sacrifice pour tous les défunts en général (*pro spiritibus mortuorum*) le lundi de la Pentecôte (*altero die post Pentecostem*) (2). Mabillon avait vu également un calendrier qu'il croyait du xe siècle, et sur lequel était signalée au 26 janvier une prescription analogue à la précédente (3). Ces commémoraisons et les autres de même genre qui nous sont inconnues, étaient de véritables ébauches de celle du 2 novembre, bien que restreintes et locales. Mais qu'est-ce que cela prouve ? Toutes les institutions générales, toutes les grandes découvertes ont eu de vagues anticipations dans le passé, et c'est pourquoi elles sont l'objet d'interminables controverses. La voix des siècles en attribue la paternité non pas à celui qui les a confusément pressenties, mais à celui qui les a nettement formulées et réalisées. Tel est le cas de notre saint abbé pour la solennité des morts. La distance entre la fête du 2 novembre et les autres commémoraisons était cependant considérable, et l'honneur de l'avoir franchie, cette distance, en donnant un magnifique exemple de piété, revient de droit à Odilon de Cluny et à ses saints religieux. Lui-même l'appelle, avec

---

(1) « Eigilis sancivit anniversarium diem Styrmes primi abbatis, et omnium fratrum nostrorum de hâc luce defunctorum in missarum celebratione, psalmodiis et oratione sancta celebrandam. » (*Vita S. Eigilis*, n° 25, *patrol. lat.*, t. CV, p. 400.

(2) *Regula S. Isidori*, XXIV, 2.

(3) *Acta SS. Ord. S. Bened.*, t. VIII, p. 584, n° 111.

une sorte de naïveté, notre invention, *inventio nostra* (1).

Quelle fut l'occasion, ou, pour mieux dire, à la suite de quelles circonstances cet anniversaire solennel et spécial fut-il institué dans l'Eglise pour tous les fidèles défunts ? Nous avons une double relation contemporaine des faits qui amenèrent saint Odilon à porter le décret relatif à la commémoraison des morts. L'une d'elles, celle de Raoul Glaber (2), est antérieure à la mort de saint Odilon et n'a trait qu'indirectement à l'institution de la fête du 2 novembre ; mais les faits sont substantiellement les mêmes que ceux dont nous devons la connaissance à Jotsald, le premier biographe de notre saint. Celui-ci, comme Glaber, avait été disciple du saint abbé et rédigeait lui-même sa relation en 1052 ou 1053 (3). C'est dire assez combien ces deux relations ont droit en elles-mêmes d'inspirer confiance. Celle de Jotsald, reproduite plus tard par un grand nombre de chroniqueurs, est revêtue de la grave autorité de saint Pierre Damien, cardinal et évêque d'Ostie, qui la reproduisit en partie littéralement très peu de temps après sa première rédaction, alors que ce saint docteur composa une seconde Vie de saint Odilon à la prière de celui qui lui avait succédé sur le siège abbatial de

---

(1) Jotsald, *opus cit.*

(2) La relation de Raoul Glaber se trouve dans les premières pages de son livre cinquième, édition Pertz. (*Patrol. lat.*, t. CLXII, p. 692 ; voir aussi *Raoul Glaber*, par Maurice Prou, p. 124, n° 13.)

(3) La chose ressort clairement : 1° De ce que son écrit est dédié à Etienne de Thiern ou de Mercœur, propre neveu de saint Odilon et évêque du Puy, dont la mort arriva en 1053 ; 2° de ce que Jotsald mentionne le voyage de saint Hugues en Hongrie, et affirme qu'il y assistait avec un de ses garants, l'évêque Richard. (*Vita S. Odilon.*, livre II, n° 12 ; *Patrol. lat.*, t. CXLII, p. 924.) Car ce voyage appartient aux derniers mois de l'année 1051. (*Annales Ord. S. Bened.*, t. IV, p. 526, n° 5.)

Cluny (1). D'après Jotsald, que nous citons textuellement, notre saint abbé aurait été provoqué à s'occuper plus spécialement des âmes du Purgatoire par une vision ou plutôt par une communication surnaturelle qui eut lieu dans les circonstances suivantes : « Un
« religieux français, originaire du village de Rote
« (Rodez), revenant de Jérusalem, fut assailli par une
« tempête, et, après avoir couru bien des dangers, jeté
« par la furie des vagues dans une île voisine de la
« Sicile du côté de Thessalonique, où vivait un pieux
« ermite. Notre pèlerin y passa quelques jours, atten-
« dant le retour du calme sur les flots, et s'entretint
« longtemps avec le pieux ermite, se communiquant
« l'un à l'autre les nouvelles que chacun avait apprises.
« L'ermite demanda au religieux quelle était sa patrie :
« celui-ci répondit qu'il était originaire d'Aquitaine.
« Interrogé ensuite s'il connaissait le monastère de
« Cluny et l'abbé Odilon : « Parfaitement, répondit le
« pèlerin, mais pourquoi cette question ? » — « Ecoutez,
« reprit l'ermite : Ici, tout près, j'ai souvent vu des
« flammes effroyables sortir des abîmes de la terre, et
« élevant au milieu de leurs tourbillons une multitude
« d'âmes qui expient les restes de leurs péchés dans
« des supplices intolérables (2). Des milliers de démons

(1) C'est une nouvelle preuve qu'elle paraissait alors antérieurement digne de faire autorité. — Pour la relation de saint Pierre Damien, voir *Patrol. lat.*, t. CXLIV, p. 936.

(2) On rencontre quelquefois de semblables récits dans le moyen âge, par exemple dans saint Grégoire le Grand. (*Dialogorum*, lib. IV, cap. xxx; voir aussi *S. Gregorii Opera omnia*, edit. Bened., t. II, Paris, 1705, col. 417; BELLARMIN, *Disputationes de Controversiis Christ. fidei*, etc., t. I; *de Purgatorio*, lib. l, cap. vi; plus tard, Ozanam, dans son traité : *des Sources poétiques de la divine Comédie*, Œuvres complètes de A.-F. Ozanam, 2ᵉ édit., t. V, p. 351 et suiv., et le Dʳ A. KAUFMANN, *Cæsarius von Heisterbach*, 2ᵉ édit., p. 144 et suiv.)

Cf. *Chronicon Cavense* pour l'année 994, dans PERTZ, *Archiv.*, etc., t. IX, p. 128.

« sont chargés de leur infliger ces tortures indicibles;
« chaque jour ils en augmentent les horreurs et leur
« préparent sans cesse de nouveaux tourments.
« Bien des fois encore je les ai entendus pousser
« des hurlements et des vociférations horribles, et se
« plaindre de ce que plusieurs de ces âmes leur
« étaient ravies par les prières et les aumônes des
« fidèles ligués contre eux. Mais ils se plaignaient sur-
« tout des moines de Cluny et de leur abbé, parce que
« c'était là l'ennemi qui leur faisait essuyer les pertes
« les plus lamentables. C'est pourquoi, si vous retour-
« nez heureusement vers les vôtres, je vous en conjure,
« par le nom terrible du Seigneur, racontez fidèlement
« tout ceci à ces saints religieux, et suppliez-les de ma
« part de multiplier leurs sacrifices et leurs prières,
« dans le but principalement d'arracher au démon
« encore un plus grand nombre de victimes ; ainsi sera
« confondu cet ennemi du genre humain à l'occasion
« des âmes qui chaque jour lui sont ravies ; ainsi au
« ciel les élus seront dans la joie. » — A son retour
« en France, le pèlerin se rendit à l'abbaye de Cluny
« et s'acquitta près d'Odilon du message dont il
« était chargé. — « Aussitôt, ajoute Jotsald (1), notre
« vénérable Père Odilon ordonna pour tous les mona-
« stères que, comme au premier jour de novembre on
« célèbre la fête de tous les saints, de même on ferait
« le lendemain la commémoraison de tous les fidèles
« défunts ; que ces messes seraient célébrées dans ce
« but et en public et en particulier, que les prières
« seraient multipliées, et des aumônes plus abondantes
« distribuées aux pauvres, afin que notre ennemi eût à
« gémir de plus en plus de ses pertes, et que le chré-

---

(1) Jotsald, II, 13.

« tien souffrant pût se féliciter dans l'espérance de la
« miséricorde » (1).

Comme il est facile de s'en convaincre, rien ne manque à ce décret. On peut affirmer que la solennité du 2 novembre est sortie parfaite, du premier coup, du vaste esprit et du grand cœur d'Odilon. Il n'y a qu'une voix à cet égard parmi les hagiographes et les historiens ecclésiastiques (2). L'Eglise romaine le reconnaît

---

(1) *Patrol. lat.*, t. CXLII, p. 926. — Les deux relations de Jotsald et de saint Pierre Damien sont identiques pour le fond. Elles aboutissent l'une et l'autre à affirmer que saint Odilon et ses religieux furent avertis surnaturellement de l'efficacité de leurs prières, de leurs aumônes et de leurs messes pour la délivrance des âmes du purgatoire. Ils furent invités à y persévérer avec constance et à redoubler de ferveur. — Si Raoul Glaber ne fait aucune mention de cette institution elle-même, il n'en affirme pas moins, comme Jotsald et saint Pierre Damien, que les prières de saint Odilon et des moines clunisiens délivraient beaucoup d'âmes des souffrances du purgatoire. (R. Glaber, édit. Prou, p. 125, n° 13.) — « Sans doute, dit dom F. Plaine, auquel nous empruntons ces paroles, la mise en scène diffère notablement dans l'une et l'autre relations. Ni les lieux qui sont le théâtre des faits dont il s'agit ne sont les mêmes, ni les personnes qui jouent un rôle n'ont droit d'être tous identifiés. Mais, somme toute, nul critique judicieux ne saurait s'effaroucher de pareilles divergences, et il manquerait au devoir de l'impartialité s'il en venait pour cela seul à révoquer en doute l'authenticité même des deux seuls faits importants qui se dégagent de ces relations, où par ailleurs l'imagination joue un grand rôle, savoir l'efficacité surnaturelle des prières de saint Odilon et de ses religieux pour la délivrance des âmes du purgatoire, et la révélation qui leur fut faite au nom du ciel de cette efficacité. » (*Revue du clergé français*, 1ᵉʳ nov. 1896, p. 439.)

Le décret d'Odilon est imprimé dans la *Bibl. Clun.*, col. 338 et suiv.; *Acta SS. Ord. Bened.*, t. VI, 1, p. 585; Migne, t. CXLII, col. 1037 et suiv. Il est contenu en abrégé, suffisamment pourtant, dans la *Discipl. Farfa;* Bernard et Udalric (*loc. cit.*) décrivent la manière de célébrer la fête telle qu'elle est contenue dans le décret; ils ajoutent qu'aux vêpres et à la messe il n'est fait mention que de la seule oraison : *Fidelium Deus.*

(2) Nous mentionnons ici les écrivains qui, outre R. Glaber, Jotsald et saint Pierre Damien, ont raconté, le plus souvent sans en dire l'occasion, l'établissement de la Commémoraison des morts : Hergott, *Vetus Discipl.*, *Disciplin. Farfa*, cap. XLIV; Bernard, *Ordo*

elle-même officiellement dans l'éloge qu'elle décerne annuellement à notre saint abbé en ces termes :
« A Souvigny, trépas de saint Odilon, abbé de Cluny,
« qui le premier fit célébrer dans tous les monastères
« de sa dépendance, le lendemain de la fête de tous les
« saints, la commémoraison générale de tous les fidèles
« défunts, lequel rite fut ensuite approuvé et reçu par
« l'Eglise universelle » (1). Qui donc ne se sentirait

Clun., II, cap. xxxii ; Udalric, Consuetud. Clun., I, cap. xlii ; Bouquet, Recueil des historiens des Gaules, etc. ; Chronicon des Bruders Andreas von Anchin, (Belgique), t. X, p. 290 ; Sigebert de Gembloux, dans Bouquet, loc. cit., p. 217 ; Gaufred de Saint-Martial, dans Bouquet, loc. cit., p. 268 ; Chron. Turon., dans Bouquet, loc. cit., p. 282 ; Histoire du monastère de Saint-Laurent de Liège, dans Martène et Durand : Veterum Scriptor. Amplissima Collect., t. IV, p. 1044 ; Chronicon Strozz, dans Bouquet, loc. cit., p. 272 ; Chronicon Anonymi, dans Bouquet, loc. cit., p. 292 ; Chronicon Chronicorum, dans le Biblioth. Clun., col. 342, qui dit explicitement d'Odilon, dans sa relation sur la commémoraison des morts : « Primum invenit et instituit. » Burchard, dans Acta Sanctor. Ord. Bened., t. VI, 1, p. 584 et suiv.

D'autres seront encore cités plus loin.

(1) « Apud Silviniacum, S. Odilonis, abbatis Cluniacensis, qui primus Commemorationem omnium fidelium defunctorum, prima die post festum omnium Sanctorum in suis monasteriis fieri præcepit, quem ritum postea universalis Ecclesia recipiens comprobavit. » Martyrologe romain, 1er janvier.)

Toutefois, l'accord cesse lorsqu'on en vient à demander si ce sont les religieux de la même abbaye de Cluny qui ont concouru efficacement à cette institution à la fois *consensu et rogatu*, comme portent les anciens documents. (*Disciplina Farfensis*, l. I, cap. xxxviii ; *Patrol. lat.*, t. CL, p. 1241 ; ouvrage écrit du vivant de saint Odilon, *ibid.*, p. 1194.) — Un pareil doute a bien lieu de surprendre, car l'abbaye de Marmoutiers avait conservé son indépendance, après avoir été réformée par saint Mayeul. Elle ne relevait donc en rien de l'autorité de saint Odilon, et on ne comprend pas pourquoi celui-ci en serait venu à promulguer un décret du genre de celui dont il s'agit, pour complaire à des religieux que ce décret n'atteignait même pas. Et cependant l'affirmative a été soutenue par un liturgiste qui fait autorité, dom Martène, dans son grand ouvrage *de Antiquis Ecclesia ritibus*, lib. IV, c. xxxiv, n° 29, et dans son *Histoire de Marmoutiers*, t. I, p. 310. Cet auteur, en embrassant cette opinion, ne s'est pas suffisamment mis en garde contre le texte interpolé des

heureux de pouvoir se rattacher par un lien de fraternelle charité à une institution qui a pour but spécial d'entretenir dans les âmes la mémoire des morts et d'en faire sortir pour leurs souffrances un perpétuel secours ? Quoi de plus touchant, en effet, que cette association des fidèles de ce monde aux survivants de l'autre vie dans un commun soulagement ! Car la dévotion envers les morts n'est pas seulement l'expression d'un dogme et la manifestation d'une croyance, c'est un charme de la vie, une consolation du cœur, et, de tous les retranchements que le protestantisme a fait subir à l'intégrité de la doctrine et du culte catholique, le plus étonnant et le plus inconcevable est sans contredit celui qui, en supprimant la prière et le sacrifice pour les fidèles trépassés, brise ce commerce sacré qui nous unit encore après leur mort à ceux que nous avons aimés pendant la vie. Qu'y a-t-il, en effet, de plus suave au cœur que ce culte pieux qui nous rattache à la mémoire et aux souffrances des morts ? Croire à l'efficacité de la prière et des bonnes œuvres pour le soulagement de ceux que l'on a perdus ; croire, quand on les pleure, que ces larmes versées sur eux peuvent encore leur

---

chroniques de Raoul Glaber, qui vient d'être reproduit par M. Maurice Prou. Le manuscrit 6190, au lieu de *Cluniense*, porte *Majoris monasterii* ; mais ce nom en a remplacé un autre qui a été gratté. Cet autre ne peut être que « Cluniense », que l'on trouve dans le *Codex regius*, n° 6190. (Voir R. Glaber, édit. Prou, p. 125, note 3 ; R. P. Odilo Ringholz, *opus cit.*, *Ammerkungen zum vierten Capitel*, p. xxxv ; Bouquet, *opus cit.*, t. X, p. 59, note A ; D. Plaine, *opus cit.*, p. 441.) La chose acquiert encore un nouveau degré d'évidence lorsqu'on confronte ce texte allégué de Raoul Glaber avec ceux de Jotsald et de saint Pierre Damien, qui, eux, ne mentionnent absolument que Cluny et ne donnent nullement à supposer que Marmoutiers ait joué aucun rôle dans la circonstance. On doit regarder comme acquis à l'histoire que ce sont les moines de Cluny, non ceux de Marmoutiers, qui ont concouru efficacement à l'institution de la fête des trépassés.

être secourables ; croire enfin que même dans ce monde invisible qu'ils habitent, notre amour peut encore les visiter par des bienfaits : quelle douce, quelle aimable croyance ! et dans cette croyance, quelle consolation pour ceux qui ont vu la mort entrer sous leur toit, et frapper tout près de leur cœur ! Ce charme si doux que nous trouvons dans notre commerce fraternel avec les morts, combien il devient plus doux encore lorsque nous venons à nous persuader que Dieu, sans doute, ne laisse pas ces chers défunts ignorants tout à fait du bien que nous leur faisons. L'Eglise, il est vrai, ne nous oblige pas à croire que nos frères trépassés savent, en effet, dans le Purgatoire, ce que nous faisons pour eux sur la terre, mais elle ne le défend pas non plus ; elle l'insinue, et semble nous le persuader par l'ensemble de son culte et de ses cérémonies ; et des hommes graves et honorés dans l'Eglise ne craignent pas de l'affirmer. Quoi qu'il en soit, du reste, si les morts n'ont pas la connaissance présente et distincte des prières et des bonnes œuvres que nous faisons pour eux, il est certain qu'ils en ressentent les effets salutaires. Aussi l'invitation à adopter une solennité qui répond si bien aux plus intimes et généreuses préoccupations de l'âme fut écoutée et accueillie avec empressement ; mais avant de savoir comment la fête du 2 novembre s'est étendue peu à peu dans l'Eglise universelle, il nous reste à rechercher quelle est la date probable de son institution.

Saint Odilon, nous l'avons vu plus haut, a joué sans conteste le rôle principal dans la première institution de la fête du 2 novembre ; c'est lui qui en a rendu la célébration obligatoire pour tous les monastères de sa dépendance, mais les documents relatifs à cette fête n'en déterminent point la date, et nous laissent dans l'indécision. Sigebert de Gembloux, il est vrai, s'est avisé de la fixer, sans dire pour quel motif, à l'année 998 (1). Il est vrai encore que Tritheim l'a placée deux

(1) *Sigiberti chronicon*, anno 998, édition Pertz, reproduite dans *Patrol. lat.*, t. CLX, p. 198. Cette époque est aussi admise par le frère Andreas d'Anchin. (Ringholz, ouv. cité, p. xxvi, n° 5.)
Sigebert de Gembloux (1030-1112) est le premier qui ait publié cette date. Il s'exprime ainsi : « Agapitus Romanæ Ecclesiæ 141us præsidet. Hoc autem tempore quidam religiosus », etc., et il raconte, en l'empruntant à Jotsald, l'histoire de l'ermite et du pèlerin. Mais il est reconnu qu'Agapet, qu'il a donné comme successeur de Sylvestre II, est un personnage fabuleux. C'est dans le temps de ce pape supposé que Sigebert place la légende qu'il a recueillie. On reconnaît ici le chroniqueur belge, qui s'est fait le défenseur de l'empereur Henri IV contre le pape saint Grégoire VII, et qui s'est signalé dans sa chronique par beaucoup d'inexactitudes. Que personne n'ait osé tirer cette conclusion que l'établissement du jour des morts coïncide avec la légende en question, cela est évident. De Sigebert, la prétendue année de la fête des morts passa dans les autres écrits du moyen âge, sans rendre cette date plus croyable ; c'est ainsi que dans la chronique d'André, moine d'Aquitaine, le fait est daté de l'an III du roi Robert.
L'affirmation du R. P. Ringholz (*opus cit.*), que Notker a introduit cette fête dans son église, repose également sur un fondement peu solide, car la grande Chronique belge de Pistorius (*Script. rer. Germ.*, III, 92), sur laquelle s'appuie Ringholz, ne date que du xve siècle et n'est pas une source qui puisse être invoquée ici. Plus prudent est Priden (*Sancta Legia* I, Leodii, 1696, 156), qui, ayant rapporté, d'après Sigebert, à la date de 998 la Commémoraison des morts, continue ainsi : « Ex quo sane conficio, non ultimam in hoc instituto suscipiendo gloriam Notgeri fuisse, quam illi nostrates omnes adscribunt; quandoquidem vix annos novem solidor post Odilonis decretum vixerit. » Qu'on remarque le cercle vicieux. De la nouvelle que l'introduction de la Commémoraison des morts a eu lieu en 998, Prisen conclut que Notker a adopté la fête ; plus tard, d'autres arrivent qui cherchent à appuyer ce même fait par l'affirmation de Sigebert. Dans les sources que nous regardons comme très sûres, telles qu'Anselme (*Gesta Episcopor. Leod.*), on ne trouve rien qui ait rapport à l'assertion émise par Ringholz. Pignot (*Hist. de l'ordre de Cluny*) parle d'Anselme et de Nother, mais se range à l'opinion de Mabillon, dont il copie les annales, et par conséquent à l'opinion de Sigebert, adoptée par Mabillon.
Cf. Dr Sackur, *Die Cluniacenser in ihrer Kirchlichen und Allgemeingeschichtlichen Wirksamkeit*, tome II, Dritter Excurs., p. 475 et 476.

années plus tard, en l'an 1000 (1). Mabillon, d'autre part, et plus d'un auteur après lui ont cru trouver dans un décret du chapitre de Cluny le texte même du décret de saint Odilon (2). En voici la teneur :

« Il a été décrété par le très bienheureux père et
« seigneur Odilon, du consentement et à la prière de
« tous les frères de Cluny, que de même que, dans
« toutes les églises de l'univers, on célèbre le premier
« novembre la fête de tous les saints, ainsi on célé-
« brera, dans notre congrégation, la solennelle commé-
« moration de tous les fidèles défunts qui ont vécu sur
« la terre depuis la création du monde, de la manière
« suivante : le premier novembre, après le chapitre, le
« doyen et les celleriers feront des distributions de pain
« et de vin, comme au jeudi saint, à tous les pauvres
« qui se présenteront. Tout ce qui restera du dîner
« des frères sera intégralement recueilli par le Père
« aumônier, sauf cependant le pain et le vin qu'il réser-
« vera pour le repas du soir. Le soir de la Toussaint,
« après les vêpres de cette fête, on sonnera toutes les
« cloches et on récitera l'office des morts. Le lende-
« main, après Matines, la messe sera célébrée pour les
« défunts comme aux jours de solennité, au son de
« toutes les cloches, et deux frères chanteront le trait.
« Tous les frères offriront en particulier ou célébre-
« ront en public la messe pour le repos de tous les
« fidèles défunts, et l'on donnera un repas à douze
« pauvres. Nous voulons, demandons et ordonnons que
« le présent décret soit observé à perpétuité, qu'il soit
« observé dans ce monastère (de Cluny) aussi bien que
« dans tous les autres monastères qui en dépendent,

(1) *Chronicon Hirsaugiense*, anno 1000.
(2) *Acta SS. ord. Bened.*, t. VIII, p. 585, n° 113.

« et si quelqu'un prend exemple sur notre pratique,
« qu'il soit comblé de toutes les bénédictions » (1).

A la fin du décret sont indiqués les psaumes qui devront être ajoutés à l'office des morts pour le repos de l'âme des moines défunts et d'Henri II, empereur d'Allemagne, à cause de la bienveillance qu'il a toujours témoignée aux frères (2). « En outre, ajoute le décret, « après avoir décidé que l'on ferait une fois par
« an la commémoraison de tous les chrétiens, nous
« jugeons convenable que l'on ajoute quelque chose
« de plus pour le repos des âmes de nos frères qui ont
« vécu sous la règle de Saint-Benoît, et en outre que
« l'on fasse une mention spéciale de notre bien-aimé
« empereur Henri, car c'est une dette de reconnais-
« sance qu'il nous a fait contracter par ses bienfaits.
« Ainsi, à la Vigile des morts, après le psaume *Ad*
« *Dominum cum tribularer*, que l'on récite après les
« leçons, on récitera le psaume : *Domine, quid multi-*
« *plicati sunt ;* aux Matines, après *De profundis*,
« *usquequo Domine*. A Vêpres, après le psaume :
« *Lauda anima mea Dominum, Nisi quia Dominus ;*
« après *Domine, refugium, Dominus regit me*. A la
« Litanie, *Judica me, Deus, et discerne*. Que l'on fasse
« donc, d'après les dispositions précédentes, la commé-
« moraison des morts, tant dans ce monastère que
« dans tous les lieux qui en dépendent. »

---

(1) MABILLON, *opus cit.*, *Eloge historique*, § 9, n° 113 ; Cf. *Acta SS. Ord. S. Bened.*, sæc. 6, p. 666.

(2) *Placitum S. Odilonis Abbatis, de defunctis* (*Bibl. Clun.*, col. 338) ; voir aussi RINGHOLZ, *opus cit.*, appendice III, p. XXXIII.

Le R. P. Ringholz, après avoir cité le décret, ajoute : « Pour conclure, nous remarquons encore que le successeur d'Odilon, l'abbé Hugues, depuis l'introduction de la fête du 2 novembre par son saint fondateur, a pris occasion de célébrer, le dimanche après la Trinité, la mémoire de tous ceux qui étaient ensevelis à Cluny. » Le décret relatif à cette coutume se trouve dans *Bibl. Clun.*, col. 464.

On ne saurait trouver dans le document que nous venons de citer le texte même du décret de saint Odilon, car le décret serait postérieur à l'année 1024 et à la mort de l'empereur saint Henri dont il est fait mention explicite dans le document mis en avant par Mabillon (1). On se trouve donc en face non du décret même de saint Odilon, mais d'une ordonnance postérieure du chapitre de Cluny datée de l'année 1030 ou 1031 (2) et destinée à la confirmer, et à déterminer dans le détail de quelle manière on doit l'entendre et l'appliquer. Mais ici il nous sera permis de nous demander quelle peut être la date probable du décret de saint Odilon relatif à la fête du 2 novembre. Nous emprunterons la réponse à cette question à un savant bénédictin contemporain qui formule son opinion dans les termes suivants :

(1) *Opus cit.*
(2) Cette époque résulte de la détermination de prier pour le repos de l'âme de l'empereur Henri II, mais particulièrement de la chronologie composée par un moine clunisien contemporain, et insérée dans *Biblioth. Clun.*, col. 1620. Cf. *Auctarium Cremifanense*, dans *Monumenta Germ. SS.*, t. IX, p. 553. D'où il résulte que le monastère de Kremsmunster n'a eu connaissance de la Commémoraison des trépassés pour le moins que vers l'année 1030.
Ringholz (ouvr. cité) explique aussi la conclusion du décret *Ergo qualiter* par une addition. Mais, après avoir pris connaissance de la chronologie des abbés de Cluny (*Biblioth. Cluniac.*, 1030), il pensa que le décret, un peu vague, a subi une autre forme ou a été composé plus tard. Dans la source contemporaine citée plus haut, la Commémoraison aurait été introduite entre 1030 et 1031 ; mais cette source n'est pas sûre. — La chronologie des abbés de Cluny nous est conservée dans le *Cod. Paris.*, I, 10938 (*Sæc.*, xiii); dans le *Cartul. A* de Cluny, *Cod. Paris.*, I, fonds nouvellement acquis 1297, et dans le *Cod. Paris.*, I, 17717. La notice complète manque dans les deux premiers Cod. Dans le dernier, elle a été placée à la place qu'elle occupe par une main du xve siècle. Il suit de là qu'il faut renoncer à désigner une année précise ; car la seule source vraiment ancienne, composée entre 1073 et 1088, celle de saint Bertin, cap. xxxiv (Mabillon, *Acta SS.*, III, 1), n'a aucune valeur.
Cf. Dr Sackur, *Die Cluniacenser*, etc., *opus cit.*, t. II, *Dritter Excursus*, p. 476.

« Les annales de l'abbaye de Farfa, dit-il, qui paraît avoir été la première à faire sienne l'institution de saint Odilon, nous autorisent au moins indirectement à placer la date en question dans les toutes premières années du xie siècle. Voici comment : cette abbaye eut à sa tête, de 998 à 1009 et de 1014 à 1039, un abbé du nom de Hugues, qui montra dès le début de son administration un grand zèle pour la réforme de son monastère, bien que son élection eût été simoniaque à certains égards. A peine élu, en effet, il se transporta d'abord à Subiaco, puis au mont Cassin, pour y chercher un ensemble « de coutumes », et un « ordre de vie régulière », qu'il put s'approprier pour en faire la règle de son propre monastère. Mais comme il ne trouva ni à Subiaco ni au mont Cassin ce qu'il désirait, il s'adressa à saint Odilon, et, avec le consentement d'un pape, qui ne peut être que Grégoire V, il introduisit autoritativement à Farfa les us et coutumes de Cluny : ce que Sylvestre II, successeur de Grégoire V, se plut à confirmer de son autorité suprême.

« Il est vrai que la mort de cet Hugues de Farfa n'arriva qu'en 1039. Mais il résigna son titre abbatial une première fois en 1009 pour le reprendre en 1014, et une seconde fois en 1026 pour remonter sur son siège en 1036. Or, il y a tout lieu de penser que le décret particulier que cet Hugues de Farfa porta pour donner force de loi dans son monastère à l'ordonnance de saint Odilon est antérieur à l'année 1009 et à son abdication. On le déduit de ce que tout l'honneur de cette promulgation appartient exclusivement à l'abbé. Son neveu et successeur, Guy de Farfa, celui qui fit aussi l'intérim de 1009 à 1014, n'y eut pas la moindre part d'après son propre témoignage. De la sorte, les annales particulières de Farfa nous permettent d'affirmer avec grande probabilité que le décret de saint Odilon, qui étendit à tous les monastères de la dépendance de Cluny la fête du 2 novembre et l'y rendit obligatoire, doit être circonscrit entre les années 1000 à 1008, et ne saurait être raisonnablement reculé au delà de l'année 1009 » (1). La date du décret du 2 novembre, comme on le voit, a fait l'objet de nombreuses controverses de la part des historiens. L'opinion la plus commune, sanctionnée par de très hautes autorités, en particulier par l'autorité de Dom Mabillon, la place à l'année 998. Cette date a reçu une nouvelle consécration, dans la célébration solennelle du *Neuvième Centenaire* de l'admirable institution de saint Odilon, devenue universelle, comme la charité catholique, dont elle est une des manifestations les plus touchantes (2).

Il nous reste à déterminer à quelle époque et de quelle manière la fête du 2 novembre s'est étendue progressivement à l'Eglise universelle. Mais ici il importe avant tout de se prémunir contre une erreur, qui a été acceptée de confiance par plusieurs écrivains ordinairement mieux inspirés. On s'est imaginé, en effet, que le décret de saint Odilon, qui n'atteignait que Cluny et les monastères de sa dépendance, avait été officiellement sanctionné par la cour romaine sous le pape Jean XIX ou Léon IX (3) au XIe siècle, et de la

---

(1) Dom F. PLAINE, *opus cit.*, p. 443.
(2) Son Emin. le Cardinal Perraud, *Instruction pastorale sur la Prière pour les Morts*.
(3) D'après le Dr Sackur, c'est le pape Léon IX qui aurait introduit la nouvelle fête dans l'Eglise, et il appuie son assertion sur la Vie de saint Bertin. (Voir *Die Cluniacenser in ihrer Kirchlichen und allgemeingeschichtlichen Wirksamkeit bis zur Mitte des elften Jahrhunderts*, t. II, p. 231 ; Cf. *Vita S. Bertulfi*, cap. 34 ; *Acta SS.*, XV, 2, 637.) Mais cette source n'est pas sûre. (Voir SACKUR, ouvr. cité, dritter Excurs., p. 476.)

sorte étendu dès lors à toute l'Eglise (1). Un récent historien de l'Eglise, s'appuyant sur un texte de l'auteur du *Romanorum pontificum vita*, nous assure que dès l'an 1000, à la suite du jubilé séculaire, Sylvestre II confirma par un décret solennel et étendit à tout l'univers cette touchante fête de la commémoraison des morts (2). La bulle par laquelle il la promulgua était remarquable, nous dit un autre historien (3) par l'élévation des pensées et la noblesse des sentiments. Il eût été digne en effet du grand cœur de Gerbert d'établir cette solennité, la plus touchante du christianisme, puisqu'elle évoque en nous, avec le souvenir de ceux que la mort nous a ravis, l'espérance de les retrouver un jour et de renouer par delà la tombe des liens brisés par le trépas. Toutefois, nous ne croyons pas devoir nous ranger à cette assertion. Les plus belles institutions, celles qui cadrent le mieux dans les sentiments d'une époque, ne se généralisent pas aussi vite. Si l'on en juge par les documents contemporains, la vérité semble être que l'institution qui fait tant d'honneur à saint Odilon ne s'est étendue que progressivement, pénétrant peu à peu dans les églises et les monastères comme Farfa et Hirsauge (4), que des liens particuliers de fraternité rattachaient à Cluny. C'est de la sorte qu'elle devint peu à peu générale, et que l'Eglise universelle l'approuva en l'adoptant, comme

---

(1) Trithème, *Chronicon Hirsaugiense*, anno 1000; Mabillon, *Acta SS. ord. S. Bened.*, t. VIII, p. 586, n. xi.

(2) Darras, *Hist. gén. de l'Egl.*, t. XX, p. 369-370.

(3) Oldoini, *Romanor. pontif. vitæ*, t. I, p. 757. — Cette pièce ne figure pas dans le *Bullaire* publié en 1692.

(4) Elle fut introduite à Hirsauge par saint Guillaume, qui en fut abbé de 1086 à 1091. Voir *Patrol. lat.*, t. CL, p. 1146, ou *Constitutiones Hirsaugiæ*, lib. II, c. lxxix.

dit le martyrologe (1). Mais on n'a jamais produit dans sa teneur littérale aucun décret de concile, aucune bulle papale, qui s'y rapporte de près ou de loin. Saint Pierre Damien, qui écrivait à Rome même vers 1060 la vie de saint Odilon, et connaissait mieux que personne les décrets et les constitutions des papes ses contemporains, se contenta de signaler l'institution de notre saint abbé, sans donner à entendre qu'elle eût de son temps franchi les Alpes, et eût reçu quelque part en Italie un accueil favorable. Ce silence, assez significatif, ce nous semble, nous porte à conclure sans hésitation que la constitution attribuée aux papes Jean XIX, Léon IX et Sylvestre II est purement imaginaire. Ce qui confirme notre assertion, c'est que l'exemple donné par Farfa n'avait pas tout d'abord trouvé beaucoup d'imitateurs. Ce qui donne un nouveau poids à cette conclusion, c'est qu'on nous a conservé un ancien sacramentaire qu'on croit avoir été donné par le même saint Pierre Damien à l'un de ses plus fameux disciples, saint Dominique l'Encuirassé, et dans lequel fait entièrement défaut la fête du 2 novembre (2). Cependant, il ne faut rien exagérer. Si l'Italie montre alors plus de réserve que d'empressement (3), il n'en fut pas de même en France et ailleurs. Ce n'est pas seulement à Cluny ou au sein de la congrégation et parmi ses différentes branches, en Lorraine, en Bourgogne, en Espagne, en Angleterre et en Allemagne, que la nouvelle fête fut bientôt accueillie. Les abbés et les évêques de la France entière résolurent de l'accepter ; nous l'apprenons de la chronique Sigebert de Gembloux

---

(1) « Universalis Ecclesia recipiens nunc ritum comprobavit. »
(2) Ce sacramentaire a été publié au siècle dernier dans les *Annales Camaldulenses*. Voir aussi *Patrol. lat.*, t. CLI, p. 284 et suiv.
(3) *Disciplin. Farf.*, loc. cit., p. 1242.

qui, après avoir rapporté la constitution d'Odilon, ajoute ces mots significatifs : « Ce rite passa dans beaucoup d'églises, et fit solenniser la mémoire des fidèles défunts » (1). En Normandie, par exemple, dès 1060 et antérieurement, la fête du 2 novembre avait comme à Cluny le même éclat dans son genre que celle de tous les saints (2). « Lanfranc, qui fut archevêque de Cantorbéry, de 1070 à 1089, après avoir été moine du Bec et abbé de Saint-Etienne de Caen transporta cet usage en Angleterre, et en fit l'objet d'un de ses statuts les plus explicites (3). Il est vrai que les deux liturgistes les plus renommés de la première moitié du xiie siècle, Honorius d'Autun et Rupert de Deutz, ne font aucune mention de la fête des morts, ce qui prouve que, de leur vivant, elle n'était pas encore générale. Mais les choses avaient changé à la fin du même siècle, et si nous nous en rapportons à l'autorité de Jean Beleth (4), Sicard de Crémone et Durand de Mende (5), il nous est bien permis d'affirmer qu'à cette dernière date elle s'étendait de fait à toute l'Eglise occidentale. Anselme, chanoine de Liège, dans ses Vies des évêques

---

(1) Sigebert de Gembloux dans BOUQUET, *opus cital*.

(2) « In crastino omnium sanctorum fiat festiva celebratio omnium mortuorum », dit Jean d'Avranches dans son *Liber de ecclesiasticis officiis*. Patrol. lat., t. CXLVII, p. 60.

(3) *Decreta pro ordine Benedicti* (Patrol. lat., t. CL, p. 477).

(4) *De divinis officiis*, c. CLIX-CLXI ; Patrol. lat., t. CCII, p. 156 et suiv.

(5) « Sane hoc officium sanctorum continuatur commemoratione defunctorum, et sunt tres dies continui tribus mysteriis deputati. Vigilia enim dies est afflictionis ; solemnitas, dies exultationis, hodie dies orationis. In ipso, pro his, qui in purgatorio detinentur, oremus, modo mitiorem pœnam, modo plenam absolutionem impetrantes. Commemoratio omnium fidelium defunctorum instituta est ab Ecclesia fieri tali die ut generalibus beneficiis adjuventur, qui spiritualia habere jam non valent. Sicut enim Petrus Damianus ait, S. Odilo eam instituit pro suis monasteriis, quæ fuit postmodum a tota Ecclesia approbata. » (*Patrol. lat.*, t. CCXIII, p. 424.)

de ce siège, nous dit que la fête des morts fut introduite dans le diocèse par l'évêque Notker (972-1008), qui était un ancien moine, et par Notker III, doyen de Saint-Galles (1). De son côté, le moine Burchard (2) rapporte qu'en Allemagne il n'y avait plus aucune église où toutes les cloches ne se fissent entendre au jour de la Commémoraison des morts, où des prières et de riches aumônes ne fussent faites pour les morts, mais ce qui paraît excessif, c'est ce que rapporte la *Chronique de Tours* (3) : le lundi de chaque semaine, dit-elle, devra être célébrée dans toutes les églises la mémoire de tous les fidèles défunts, et ce récit trouve sa confirmation dans cette prescription ecclésiastique que, dans les églises cathédrales et collégiales, le premier jour du mois, on devra célébrer une messe pour les défunts en général, et aussi dans cette autre ordonnance que le lundi de chaque semaine, c'est-à-dire le jour même où la messe principale est célébrée pour les défunts, on pourra introduire dans la messe du jour une commémoraison pour ces mêmes défunts, à l'exception des quarante jours de carême, du temps pascal, et s'il se rencontre une fête double ou semi-double (4).

Odilon, relativement à cette nouvelle fête de la Commémoraison des morts, aura-t-il sollicité et obtenu

---

(1) *Gesta Episcoporum Leodiensium*, cap. LIII, dans SISTORIUS, *Script. Germ.*, III, édit. de Ratisbone, 1726, t. III, p. 91 et suiv.

(2) In Acta VI, 1, p. 584 et suiv. Les Constitutions de l'abbé Wernher II d'Einsiedeln (1173-1192) portent : « Commemoratio animarum. » (*Cod.* M 16, n° 349, Bibl. Einsiedeln.) Ces Constitutions sont imprimées chez Hartmann (*Annales Heremi*, Freib. i. Brisg., 1612, p. 229) et dans les *Studien und Mittheilungen*, 1858, 2ᵉ livraison. — Voir RINGHOLZ, ouvr. cité, p.

(3) *Chron. Turon.*, apud Bouquet, t. X, p. 282.

(4) Voir P.-J. SCHUCH, O. S. B. *Handbuch der pastoral Theologie*, 6ᵉ édit., p. 538 et suiv. — Quant au rite relatif à la Commémoraison dans les différents lieux, voir D. MARTÈNE, *de antiquis Ecclesiæ ritibus*, 2ᵉ édit., t. III, col. 601 et suiv., et t. IV, col. 584 et suiv.

l'approbation du Saint-Siège apostolique? Nous ne connaissons aucune bulle pontificale concernant cette approbation, mais ce que nous pouvons hautement affirmer, c'est que l'institution de la fête des morts est le grand événement du xe siècle. Le saint abbé de Cluny, par l'institution de cette fête de la charité compatissante, s'est acquis une gloire immortelle : toutes les fleurs qui, au jour de la Commémoraison des morts, ornent les tombeaux, se tressent pour former une splendide couronne autour du nom de saint Odilon » (1).

(1) *Pastoral-Blatt*, de l'évêché de Munster, 1884, n° 8, p. 96. Voir P. Dr Theodor STABELL, *Lebensbilder der Heiligen*, t. II, p. 618.

CHAPITRE XIV

ODILON ET SAINTE ADELAIDE. — VIE DE LA SAINTE IMPÉRATRICE

Au déclin du ixe siècle, en 888, un seigneur franc, nommé Rodolphe, recevait dans l'abbaye de Saint-Maurice la couronne et l'onction royales des mains de l'archevêque de Besançon, assisté des évêques de Sion, de Lausanne et de Genève. Son royaume s'appela la Petite-Bourgogne ou Bourgogne Transjurane ; il comprenait les cantons actuels de Genève, du Valais, de Vaud, de Neuchâtel et quelques portions de ceux de Fribourg, de Berne et de Soleure. Orbe, dans le pays de Vaud fut choisi comme chef-lieu de ce nouvel Etat. Rodolphe Ier, mort en 912, eut pour successeur son fils Rodolphe II qui épousa Berthe, fille de Burcard, duc de Souabe, reine dont le nom est encore en vénération dans les vallées du Jura et jusqu'aux plaines de la Lombardie. De cette union naquit une fille, Adélaïde(1), dont les relations

---

(1) ODILO : *Vita seu Epitaphium Adalheidæ*, dans MIGNE, *Patrol. lat.*, t. CXLII, col. 967 ; *Bibl. Clun.*, col. 353 ; MABILLON, *Annales*,

avec Odilon furent trop intimes pour ne pas trouver place dans la vie de notre saint abbé. Déjà son saint prédécesseur, l'abbé Mayeul, grâce à Heldrich, qui avait quitté la cour d'Allemagne pour embrasser la vie monastique à Cluny avant d'aller s'asseoir sur le siège abbatial d'Auxerre, était connu d'Othon Ier et de son épouse Adélaïde. Ce fut à Heldrich que s'adressèrent Othon et Adélaïde pour décider l'abbé de Cluny à se rendre auprès d'eux. Mayeul quitta sa solitude qui lui était singulièrement chère pour se rendre à Pavie où l'empereur Othon tenait sa cour. C'était en 966. Il reçut à la cour de Pavie l'accueil le plus empressé et le plus respectueux. Il devint bientôt le confident intime d'Othon, qui l'aimait de tout son cœur. Tous ceux qui avaient une grâce à demander à l'empereur s'adressaient à l'abbé de Cluny, qui n'usa de son influence auprès du prince que pour servir les autres, et pourvoir aux intérêts de la religion. Le grand abbé gagna à la vie monastique quelques-uns des hommes puissants qui entouraient l'empereur. Il intercédait pour le soulagement des opprimés et des pauvres. L'empereur voulut lui conférer la réforme de plusieurs monastères d'Italie et d'Allemagne, et suivre docilement ses conseils. Quant à l'impératrice Adélaïde, elle avait donné, elle aussi, à l'abbé de Cluny toute sa confiance. Elle était même pénétrée d'une telle vénération pour saint Mayeul qu'elle s'était mise à son service comme la dernière des ser-

---

t. III, lib. XLV, passim ; Burgener, *Helvetia Sacra*, t. I, 13 ; Murer, *Helvetia Sancta*, 235 ; *Propre des diocèses de Lausanne et de Bâle*; Genoud, *les Saints de la Suisse française*, t. II, 1; *Vie des saints de Franche-Comté*, t. IV, p. 172; *Mémoires et documents de la Société d'histoire de la Suisse romande*, t. III, p. 295 ; P. Cahier, *les Caractéristiques des saints*, t. I, passim. — Dans les *Acta Sanctorum*, sainte Adélaïde a été mentionnée *inter prætermissos* au 10 février (t. II, febr., p. 377) ; sa vie sera donnée au 16 décembre.

vantes (1). N'est-ce pas Mayeul, en effet, qui avait interposé sa médiation entre le fils et la mère et avait osé rappeler Othon II au devoir de la piété filiale ? N'est-ce pas à lui qu'avaient été remis les monastères fondés par Adélaïde et soutenus par ses largesses ?

A la mort du saint abbé, la pieuse impératrice reporta sa confiance sur Odilon, son digne successeur, qu'elle aima, lui aussi, d'une particulière affection. Notre saint atteste lui-même qu'il fut en relation avec la sainte princesse et en obtint pour son monastère un grand nombre de présents (2). Aussi bien, dans le dernier voyage que fit Adélaïde dans la petite Bourgogne, Odilon ne cessera d'être à ses côtés et il recevra de l'auguste impératrice mille témoignages de son entier dévouement. Voici, d'ailleurs, d'après notre saint, quelle fut l'occasion de ce voyage. La mollesse du roi Conrad avait laissé tomber la Transjurane dans un état de confusion et presque d'anarchie (3). Rodolphe III, son fils et son successeur, était un prince trop faible pour contenir dans le devoir une noblesse qui aspirait à l'indépendance. Ses vassaux, qui en étaient venus à ne suivre d'autre loi que leur bon plaisir, ne cherchaient pas à le précipiter du trône ; ils voulaient, à l'ombre d'une royauté purement nominale, exercer un infâme

(1) Syrus, *Vita Mayoli*, dans Mabillon, *Acta*, V, p. 799 et 800 ; Cf. Kopke et Dummler, *Kaiser Otto der Grosse*, p. 486.

(2) C'est principalement dans leur dernière rencontre, en septembre ou octobre 999, que sainte Adélaïde témoigna à notre abbé le plus grand dévouement. Cette année résulte d'Odilon, *Vita Adalheidis*, cap. xiii : « Iam iamque ultimo ætatis suæ anno », etc. Le mois résulte du moment où l'on apprit la nouvelle de la mort de l'évêque Franco. Il mourut en Italie le 28 août 999. La nouvelle pouvait arriver en trois semaines dans la Bourgogne et parvint à Saint-Maurice, où se trouvait alors l'impératrice. Cf. Damberger, t. V, p. 533.

(3) *Patrol. lat.*, t. CXLII, S. Odilon, *Epitaph. Adalheid*, col. 973, *Bibl. Clun.*, col. 356.

brigandage, piller les églises et opprimer les faibles. Impuissant pour prévenir l'injustice, Rodolphe tâchait de la réparer; il restitua à l'église de Lausanne divers biens dont elle avait été arbitrairement dépouillée. Un jour, il fit acte d'autorité en tentant d'enlever à un seigneur l'héritage paternel. Ce fut le signal de l'insurrection et de la division des seigneurs en deux partis ennemis. Les révoltés ne craignirent pas d'attaquer l'armée de Rodolphe, bien supérieure en nombre; le roi fut vaincu, obligé de fuir et réduit à négocier. Les prétentions des vassaux, divisés entre eux, menaçaient le royaume d'une anarchie complète.

Instruite de ces tristes événements, Adélaïde se sentit pressée par la charité; elle résolut de secourir son pays natal et le roi son neveu, mais comme médiatrice et par la voie de la persuasion. Dans l'été de l'année 999, elle partit pour la Transjurane et commença par solliciter du ciel l'heureux succès de ses démarches, en visitant les principales églises de ce pays avec une piété exemplaire. Lorsqu'elle arriva à Payerne, elle y trouva l'abbé de Cluny qui, nous l'avons vu, visitait souvent ce monastère où se concentrait son affection. Quelle fut la joie de la sainte impératrice, quels sentiments se pressèrent dans son âme en contemplant les traits d'Odilon, l'une des lumières de son siècle? L'histoire ne le dit pas. Mais cet extérieur grave et imposant, ce visage pâle et exténué qui révélait le moine laborieux et mortifié, le supérieur constamment occupé d'un grand nombre de monastères où il faisait observer les règles de la discipline monastique, régner la piété et fleurir les études, tout cela ne devait-il pas impressionner vivement le cœur de la sainte princesse? Aussi bien Odilon mérita-t-il la confiance entière d'Adélaïde, et nous le voyons, à partir de ce moment, parcourir avec elle une partie de la Transjurane. Adélaïde pria dans l'église de Payerne, consacrée depuis peu (1), visita le tombeau de sa mère et pourvut avec une libéralité royale aux besoins temporels des religieux. La fatigue ne lui permettant pas de distribuer elle-même ses aumônes, comme elle avait coutume de le faire, un des religieux du monastère fut chargé de cette fonction. Le nombre des pauvres accourus du voisinage fut si grand qu'il parut excéder le nombre des pièces de monnaie destinées à les soulager, et le distributeur crut que l'argent avait été miraculeusement multiplié dans la cassette de la princesse, comme autrefois les pains dans le désert. Après avoir quitté Payerne, l'impératrice accompagnée de l'Abbé Odilon, qui ne la quittera plus désormais, jusqu'à son départ pour l'Alsace, se dirigea par les hauteurs qui, au midi, dominent le bassin de la Broye. Elle arriva sur les bords du Léman et s'arrêta à Saint-Maurice (2), dans le Valais, où elle se trouva au mois de septembre.

Parmi les cantons de la Suisse actuelle, le Valais est non seulement un des plus fertiles et des plus pittoresques, mais le plus riche en souvenirs historiques. Le Valais (3), tire son nom de *vallis*, vallée ou val ; c'est en effet la vallée par excellence, la plus longue et la plus considérable de toutes celles des Alpes. Bornée au levant par le Tessin et les Alpes Lépontiennes, qui le séparent de l'Italie, au couchant par la Savoie, au nord par les Alpes Bernoises, et au midi par la vallée d'Aoste et les Alpes Pennines, le Valais

(1) L'église de Payerne fut consacrée en 998. Un diplôme atteste la présence du roi Rodolphe et de l'évêque de Genève à Payerne en cette année. (V. Mabillon, *Ann. Bened.*, IV, 125 et 694.)

(2) *Patrol. lat.*, t. CXLII, S. Odilon, *Epitaph. Adelheid*, col. 977, et suiv.

(3) En latin, *Vallesia* ou *Valinsa*.

est cerné de tous côtés par des montagnes hautes et couvertes de neiges éternelles. La double chaîne de hauteurs qui l'enserre et lui sert de remparts, allant toujours en se rapprochant du côté du Léman, finit par former une gorge si étroite que la chaussée et le fleuve s'y disputent une issue. C'est là que se trouve la véritable porte du Valais. Un pont hardi, d'une seule arche de pierre, que la tradition dit être une œuvre des Romains, est jeté sur le Rhône en cet endroit et repose ses deux fortes culées aux assises de deux montagnes géantes. Du pont, la vue s'étend sur un panorama splendide, riant et austère à la fois : on dirait un rideau de théâtre s'ouvrant sur deux scènes immenses et féeriques. A droite, à près de dix mille pieds au-dessus du niveau de la mer, s'élance, élégante et blanche pyramide, la dent du Midi ; de l'autre côté du fleuve, sa sœur jumelle, la dent de Morcles, se dresse comme la flèche d'une gigantesque cathédrale, dominant le massif important des Diablerets. Aux premiers rayons de l'aube, ces deux reines des Alpes Valaisanes, brillent déjà de mille feux, quand le reste de la vallée repose encore enseveli sous les voiles de la brume. Au fond de la gorge, sur la rive gauche du fleuve, on aperçoit, adossées à la base d'un cirque de rochers perpendiculaires et noirâtres, un groupe de maisons blanches dans les arbres verts, dominées par le clocher d'une antique abbaye : c'est l'abbaye de Saint-Maurice qui « s'élève à l'entrée
« du principal passage des Alpes, dans un des plus
« beaux paysages du monde, là où le Rhône, après
« avoir fourni la première étape de sa course, s'échappe
« des gorges du Valais pour aller précipiter ses eaux
« bourbeuses dans le limpide azur du Léman » (1).

---

(1) MONTALEMBERT, *les Moines d'Occident.*

L'impératrice visita la célèbre abbaye de ce lieu, entra avec Odilon dans l'antique église, s'avança sous les voûtes éclairées d'un jour incertain et soutenues par des piliers massifs. Elle pria les saints martyrs de la légion thébaine d'être ses intercesseurs auprès de Dieu, se livra à toute la ferveur de la prière (1), et répandit d'abondantes larmes ; son visage, où se reflétait l'ardente piété qui embrasait son âme, semblait transfiguré. Si les transgressions de la loi divine la pénétraient de douleur, elles lui inspiraient en même temps une tendre compassion pour tous ceux qui en étaient les auteurs ou les victimes ; les progrès du bien qu'elle apercevait dans ce temps, lui étaient un sujet de consolation ; mais les maux présents, et surtout ceux qu'elle prévoyait dans l'avenir, inondaient son âme d'amertume. Elle priait dans un coin de l'église d'où elle se disposait à sortir, lorsqu'un courrier, arrivant d'Italie, lui apprit que Francon, évêque de Worms, était mort (2) à Rome, où il avait suivi Othon III. Ce prélat, par ses vertus, s'était montré digne de l'estime et de l'affection dont la sainte impératrice et l'empereur l'avaient honoré. Elle appela un ecclésiastique de sa suite et lui recommanda de prier pour cet évêque, enlevé par une mort prématurée. Tout ce que l'empereur avait à craindre du climat de l'Italie, de la trahison, de l'antipathie des Romains, se présenta à son esprit alarmé ; elle parut très émue et comme hors d'elle-même, des paroles prophétiques tombaient

---

(1) Sainte Adélaïde et saint Odilon observent ici une coutume déjà chère à l'Eglise : l'adoration rendue à l'Eucharistie. Il est donc faux, comme le fait observer l'auteur de la *Perpétuité de la foi* contre le ministre Claude, que cette coutume ne s'est introduite qu'après Bérenger (*Acta SS. Januar.*).

(2) *Patrol. lat.*, Odilo, etc., col. 978. L'évêque Francon mourut à Rome le 29 août 999. (*Necrol. Fuldense.*)

de ses lèvres : « Que ferai-je, dit-elle, que dirai-je
« pour Othon, mon seigneur et mon petit-fils? Bien
« des hommes, je crois, périront en Italie... avec lui.
« Oui, je crains que ce royal Othon n'y périsse lui-
« même et que l'infortunée Adélaïde ne reste sans
« consolation humaine. Seigneur, roi des siècles, ne
« permettez pas que je vive assez pour être témoin
« d'un si grand malheur. » Ces paroles prononcées,
elle se prosterna, embrassa le pavé, pria encore quelques instants, et se retira. L'abbaye de Saint-Maurice
reçut son affrande et les pauvres de la contrée furent
soulagés par ses aumônes.

En s'éloignant de Saint-Maurice, l'impératrice suivit
avec notre saint Abbé, le rivage méridional du lac
Léman et se fit conduire à Genève. Hugues, qui occupait alors le siège épiscopal de cette ville, était petit-
neveu de la princesse. Il s'était trouvé à Rome l'année
précédente et y avait vu l'empereur au mont Aventin.
Avec ses voisins, les évêques de Sion et de Belley, et
probablement aussi l'abbé Odilon, il avait en même
temps assisté à un concile convoqué à Rome par le pape
Grégoire V. Là, on avait ordonné le rétablissement de
l'évêché de Mersebourg, illégalement supprimé sous le
règne d'Othon II. Le concile avait aussi prescrit à
Robert, roi de France, de se séparer de Berthe, que les
lois de l'Eglise ne permettaient pas de regarder comme
sa femme légitime. Berthe était nièce d'Adélaïde. Ainsi
l'évêque pouvait, par ses récits, intéresser l'impératrice.
A Genève, Adélaïde visita les églises, et, comme nous
l'avons vu, celle de Saint-Victor, située dans un faubourg de la ville, lui inspira un intérêt si particulier qu'à
sa demande l'évêque y établit une communauté de
bénédictins qui fut soumise à l'Abbé de Cluny, et Odilon, qui s'en trouva le supérieur, fit bâtir le monas-

tère (1). Adélaïde passa sur la rive droite du Rhône, traversa le comté équestre, et arriva à Lausanne, où elle fut reçue avec les honneurs convenables par ses neveux, c'est-à-dire par le roi Rodolphe et par les évêques dont l'un était Burcard II, archevêque de Lyon et frère du roi. Partout elle trouvait l'accueil dû à son rang et au noble motif de son voyage. Elle s'empressa d'invoquer avec sa piété accoutumée le secours de la sainte Vierge Marie dans la cathédrale de Lausanne, dédiée en l'honneur de la Mère du Sauveur. Cette église fut l'objet de sa munificence, et, puisque ce fut vers ce temps que Henri, évêque de Lausanne, commença la reconstruction du saint édifice, on peut conjecturer qu'il reçut, pour cette œuvre, des secours de la bienfaisante impératrice. Enfin, Adélaïde, accompagnée du roi, son neveu et de l'Abbé de Cluny, arrive à Orbe. L'étranger venant de France, et suivant la route très fréquentée de Pontarlier à Lausanne, découvrait naguère, sur un des derniers gradins du versant oriental du mont Jura, les hautes tours et les épaisses murailles d'une vieille forteresse féodale couronnant un riant coteau tapissé de vignes et de vergers. Ces ruines, dégradées par le temps et noircies par le feu de la guerre, ont été, il n'y a pas longtemps, démolies et rasées jusqu'au sol, à l'exception d'une seule tour élancée dont la forme gothique contraste avec les habitations modernes de la ville actuelle. Orbe, chef-lieu du cercle et du district de même nom, au canton de Vaud, compte environ deux mille habitants, et se partage en ville haute et ville basse. La ville haute est assise sur une colline élevée au-dessus d'une plaine marécageuse, et entourée de trois côtés par la rivière

---

(1) MABILLON, *Ann. Bened.*, IV, 116, 125, 694.

qui roule dans un lit profond ses eaux bruyantes. Le haut de cette colline, en forme de presqu'île rocailleuse, forme un plateau incliné vers le soleil levant. C'est là, sur ce rocher, que s'élève le palais où le roi Rodolphe reçut l'impératrice, édifice noirci par les siècles et plein de souvenirs des temps anciens. Les princes mérovingiens y avaient séjourné quelquefois, et quatre siècles s'étaient écoulés depuis que l'infortunée Brunehaut en avait été tirée pour être conduite au supplice. Cependant Adélaïde revoyait les lieux témoins de sa première enfance, le charmant vallon où la rivière serpente, les ondulations des coteaux, le flanc du Jorat, embelli par Chavornay, où la cour se plaisait à séjourner. Arrivée au soir de la vie, l'impératrice remontait par la pensée à ses tendres années, printemps de la carrière humaine, âge d'innocence et de bonheur ; elle pouvait jeter un regard tranquille sur la gloire du monde qui ne l'avait point séduite ; illusion prête à disparaître pour elle, comme sous ses yeux les flots de l'Orbe se précipitaient en bruyantes cascades et s'enfuyaient sans retour. Or les seigneurs de la Transjurane, qui se réunissaient à Orbe, furent introduits dans les antiques salles du palais, où la simplicité se mêlait à une sorte de magnificence royale. Quoique l'on ne connaisse pas ceux qui furent convoqués par le roi pour entendre les conseils pacifiques de sa tante, dans le nombre des vassaux de Rodolphe qui vivaient alors et qui purent se trouver à Orbe, il en est plusieurs dont l'illustration n'est pas ignorée. Tels furent Bérold, souche de la maison royale de Savoie ; Renaud, comte de Genevois, Humbert de Salins ; Lambert de Grandson, qui encourut la disgrâce du roi ; le comte Rodolphe, fondateur du prieuré de Bevaix ; Othon (Guillaume), fils de ce roi Adalbert, pour lequel Bérenger II, son père, avait autrefois tenté d'obtenir la main d'Adélaïde. Le saint abbé de Cluny était arrivé à Orbe avec l'impératrice. Adélaïde avait entrepris ce long voyage, que son âge avancé rendait pénible et dangereux, pour apaiser la fureur des discordes civiles dans un pays qui lui était cher. Comme un ange de paix, elle conféra avec le roi et les vassaux des moyens de rétablir la tranquillité, l'ordre et l'union. Par des paroles empreintes de la plus tendre charité, elle engagea la plupart des seigneurs à terminer leurs différents et à accepter des conditions de paix. Quelques-uns, hommes insensibles et violents, résistèrent à ses sollicitations pacifiques; loin de les inquiéter, elle se borna à recommander à Dieu les intérêts de la paix (1). « Les vertus d'Adélaïde, dit un grand hisorien, valurent à Rodolphe III ce qu'il n'avait pu obtenir par la force des armes, une paix avantageuse (2). Du moins, l'impératrice calma l'effervescence des esprits et fit cesser les hostilités.

A Orbe aussi, Adélaïde n'égargna rien pour soulager la misère des malheureux qui, de tous côtés, venaient implorer les bienfaits de sa charité. Elle envoya des présents aux églises et aux monastères situés dans le voisinage, ou avec lesquels elle avait des relations plus particulières. Les plus favorisés furent les Bénédictins de Cluny, et ceux de Fleury, Souvigny où le bienheureux Mayeul avait terminé sa sainte carrière, le monastère de Saint-Martin de Tours, dont l'église avait été incendiée depuis peu. L'impératrice, que la renommée avait instruite de l'édifiante régularité qui régnait parmi les religieux de Tours, donna une somme considérable pour rebâtir l'église; elle ajouta une par-

---

(1) Odilo, chap. xiii et xvii.
(2) Muller, *Hist. des Suisses*, l. I, chap. xii.

tie d'un riche manteau impérial qu'Othon II avait porté dans les jours solennels, ornement destiné à la décoration de l'autel. En remettant ce don à l'abbé Odilon, elle lui dit : « Faites agréer à Saint-Martin ces faibles
« offrandes que lui présente Adélaïde, servante des
« serviteurs de Dieu, d'elle-même pécheresse, impéra-
« trice par la faveur divine. Qu'il reçoive cette portion
« du manteau de mon fils Othon, et qu'il daigne adres-
« ser pour lui une prière puissante à celui qu'il a lui-
« même habillé de la moitié de son manteau dans la
« personne d'un pauvre. » Cependant l'air se refroidissait peu à peu sous les rayons affaiblis du soleil d'automne, et les arbres, en commençant à se dépouiller de leurs feuilles décolorées, avertissaient la princesse des approches de l'hiver. Après avoir séjourné dans le palais de ses pères, elle fixa le jour de son départ pour l'Alsace, prit congé du roi, et fit ses adieux à ceux dont se composait la cour de Rodolphe. Elle était sur le point de partir, lorsque ses regards rencontrèrent ceux de l'abbé Odilon; ils sentirent l'un et l'autre leurs yeux se remplir de larmes. Mais il faut entendre notre saint nous raconter lui-même cette suprême entrevue : « Parmi la foule, dit-il, qui se pressait au-
« tour de la bienheureuse impératrice, se trouvait un
« moine indigne sans doute du titre d'abbé qu'on lui
« décernait, et pour lequel cependant Adélaïde dai-
« gnait avoir quelque estime. Ils se regardèrent l'un
« l'autre et versèrent des larmes. Puis l'impératrice
« prenant le bord de la robe du moine, étoffe vile et
« grossière, la baisa pieusement, la porta à ses yeux et
« à ses lèvres, et elle dit à demi-voix : « Mon fils,
« souvenez-vous de moi près du Seigneur. Sachez
« qu'ici-bas je ne reverrai plus votre visage. Quand
« j'aurai quitté ce monde, je recommande mon âme

« aux prières de vos religieux. » Elle prit alors congé du saint, et continua son voyage en Germanie. Reprenant le chemin par où elle était venue, elle arriva au monastère de Seltz (1), où, par l'inspiration de Dieu, elle avait choisi sa sépulture (2) auprès de son impérial époux. Elle y mourut dans la nuit du 16 décembre de cette même année 999, en chantant les louanges de Dieu.

Cette dernière entrevue de saint Odilon et de sainte Adélaïde, remarque un historien, est d'une beauté sublime et rappelle ce qu'il y a de plus touchant dans les épopées bibliques. Cette humilité du saint et de la sainte, ce long regard, ces larmes mutuelles, ce ton de voix si doux, tout y est pénétrant d'émotion. La vieille impératrice appelle « mon fils » le jeune abbé de Cluny, et elle se recommande à lui comme à son frère dans le Seigneur.

Odilon, qui avait le culte du souvenir, fut fidèle à cette sainte mémoire. A peine le corps de l'impératrice eut-il reçu les honneurs de la sépulture dans l'abbaye

---

(1) Petite ville sur le Rhin, au nord de Lauterbourg, en face de Rostadt, dans la basse Alsace, à neuf ou dix lieues de Strasbourg. Othon Ier avait donné à Adélaïde, sur les rives du Rhin, un terrain de deux lieues carrées (*Dipl.* 16 cal. déc. 968, apud Schœpflin, *Als. diplom.*, I, 122), partagé en deux par le fleuve et renfermant quinze bourgs ou villages, parmi lesquels Seltz et Kesselbach, en Alsace. Ce territoire fut désigné dans les actes du moyen âge par la dénomination de *propriété d'Adélaïde*, *Proprium Adelaidæ*. L'impératrice affecta la plus grande partie de ce district à la dotation du monastère qu'elle fonda à Seltz. Le premier abbé fut Ezzeman, qu'Adélaïde avait choisi pour le directeur de sa conscience. (Gerbert, *Epist.* 21.) L'église fut consacrée le 18 novembre 996 par Wilderade, évêque de Strasbourg, en présence d'Othon III, de son aïeule et de plusieurs évêques.

Cf. Odilo, *Vita Adelheidæ*, *Patrol. lat.*, t. CXLII, col. 963-983, 978-981 ; *Bibl. Clun.*, col. 353-370.

(2) Dr Hermann Huffer, *Das Leben der Kaiserin Adalheid*, Berlin, 1886, p. 5, 16 et suiv.

de Seltz, que le saint abbé s'empressa d'élever à Adélaïde, un monument plus précieux, plus durable que le marbre et le porphyre. Inspiré par son cœur, il écrivit la vie de la pieuse impératrice, en exprimant le regret de n'avoir pas eu l'éloquence que saint Jérôme, son modèle, fait admirer dans ses éloges historiques des Paule, des Fabiola et des Marcelle. La vie, ou plutôt le panégyrique d'Adélaïde est un monument impérissable de reconnaissance et de tendresse filiale élevé par un fils à sa mère pour lui témoigner son affection et reconnaître ses bienfaits. « Dieu, dit-il, qui dispose
« toutes choses, et dispense souverainement l'honneur
« et la gloire, voulut de notre temps, et tandis que le
« premier des Othon portait heureusement le sceptre
« de la république romaine, placer dans une femme un
« modèle de vénération et de splendeur. Car ce fut
« alors que vécut l'impératrice Adélaïde, de sainte et
« très célèbre mémoire, pour être, après Dieu, la cause
« et l'excitation du bien qui se fit en notre âge, et des
« vertus qui y brillèrent. Dans mon empressement à
« recommander, par nos écrits, cette grande reine à la
« mémoire de la postérité, je crains qu'on me reproche justement d'être indigne, malgré mes efforts, de
« raconter, en mon humble et pauvre style, tant de
« noblesse et de vertu. Que ceux pourtant qui me
« feront ce reproche, que je mérite si bien, soit à cause
« de mon langage inculte, soit à cause de la nouveauté
« de l'entreprise, soit enfin à cause de la simplicité
« native de ma parole, sachent aussi que ce n'est point
« certes un vain désir de gloire humaine, mais une
« vive impulsion de l'affection la plus vraie et la plus
« sincère qui m'a engagé d'écrire(1). »

---

(1) Odilo, *Vita Adalheidæ*, ouvr. cité, col. 970, cap. I.

Le contenu de la *Vie de sainte Adélaïde*, distribué en vingt-six chapitres, se divise en trois sections.

La première section (1), raconte l'histoire de cette femme prodigieuse. Odilon s'excuse d'abord d'écrire sur une si noble et si sainte femme : « Méprise, « lecteur, tu en as le droit, la rusticité de mon esprit ; « mais fais attention du moins à la noblesse d'âme et « de corps de celle que j'ai commencé à louer ; car si « tu veux attendre qu'il vienne un homme assez éloquent « et assez savant pour raconter dignement la vie d'une « telle femme, il faut que Cicéron, le rhéteur, sorte des « enfers, ou que le prêtre Jérôme descende du ciel. « Ah ! si le saint et incomparable Jérôme, également « versé dans la science divine et humaine, eût été « contemporain d'Adélaïde, lui qui, dans ses ouvrages « et dans ses lettres, a illustré à jamais Paula et « Eustochia, Marcilla et Mélania, Fabiola et Blédilla, « Lœta et Démétriada, il n'aurait pas manqué aussi de « consacrer de longues pages à mon impératrice. Mais « puisque nous n'avons plus de Jérôme ou d'homme « assez éminent dans les arts libéraux, pour décrire « dignement les actions ou la vie de cette noble femme, « essayons-le, dans notre ignorance, avec l'aide de « Dieu et selon notre pouvoir (2) ».

Le saint abbé parle ensuite, très brièvement, de l'origine d'Adélaïde, de son premier mariage avec Lothaire d'Italie, dont il relate la mort, puis il commence le tableau des afflictions de la jeune veuve, et il raconte comment elle reconnaît les desseins de Dieu, et comment aussi elle s'y est conformée, patiente et soumise à sa sainte volonté. Puis nous apprenons par le

---

(1) Chap. i-viii.
(2) *Id., ibid.*

récit de sa captivité les honteux et abominables traitements que lui firent subir Béranger et Villa, sa femme; sa délivrance et son mariage avec Othon le Grand. Odilon dépeint ensuite à l'aide des paroles de la sainte Ecriture, sa magnanimité et sa sagesse. Il raconte comment des hommes pervers lui ont aliéné son fils Othon II, son départ pour la Bourgogne auprès de son frère, le roi Conrad, et enfin à Pavie, sa réconciliation avec son fils, obtenue par la médiation de l'Abbé Mayeul (1).

Issue d'une race royale et religieuse, Adélaïde, très jeune encore, fut destinée par Dieu à un royal mariage. Un jour, on vit arriver au château de Colombier, où résidait la reine, Hugues, roi d'Italie, avec son fils Lothaire. Là, dans une chapelle conservée encore aujourd'hui, un double mariage fut conclu : le mariage de Berthe avec Hugues et celui d'Adélaïde avec Lothaire. C'était le 12 décembre de l'année 938 (2), quinze mois et quinze jours après le décès de Rodolphe II. Lothaire était alors âgé de seize à dix-sept ans, et il était depuis sept ans associé à la royauté. L'alliance de Berthe avec Hugues ne fut pas heureuse. Les intrigues de ce prince, son libertinage, ses cruautés envers ses sujets, provoquèrent une révolution qui le détrôna et abrégea sa vie ; il mourut en 947. Si grand que fut le changement survenu dans la fortune du fils de Hugues, Adélaïde ne se crut pas dégagée des promesses faites dans le vieux manoir de Colombier. L'an 947, étant

---

(1) Migne, *Patrol. lat.*, t. CXLII ; Odilo, *Vita Adalheid.*, col. 969; *Biblioth. Clun.*, col. 353.

(2) Ces deux actes (*libelli datis*), conçus presque dans les mêmes termes, étaient conservés dans les archives des bénédictins de Saint-Sauveur, près de Pavie, comme l'assure Sigonius (*Hist. de reg. Ital.*, l. VI). Ce fut là que Mabillon les vit (*Iter Ital.*, I, 222). Ils sont reproduits dans le Bullaire de Montcassin, II, 41. V. Luitpr., l. IV, ch. v.

alors dans sa seizième année (1), son mariage avec le roi Lothaire fut célébré à Pavie avec une extrême magnificence. La reine Berthe, qui avait repassé les Alpes, s'occupait du bonheur des Transjurains et veillait de loin sur les destinées de sa fille (2). Hélas ! le bonheur pour celle-ci devait être de courte durée, et elle put bientôt se convaincre de l'instabilité des grandeurs humaines. Un conspirateur, Bérenger II, fils d'un roi détrôné, essaya tout à coup de reconquérir en Italie les Etats perdus par son père. Lothaire accourut à Milan avec son épouse, conjurant ses sujets de lui rester fidèles. On lui répond par des acclamations enthousiastes, et il retourne à Pavie, lorsque subitement atteint de frénésie à Turin, où il se trouve, il expire entre les bras de son épouse Adélaïde (22 novembre 950) (3).

Chose remarquable ! « Presque toutes les grandes saintes, dit Mgr Bougaud, ont survécu à leurs maris : sainte Monique, sainte Paule, sainte Elisabeth de Hongrie, sainte Hedwige, sainte Chantal, la bienheureuse Marie de l'Incarnation et une foule d'autres. Elles entrent dans l'état du mariage, mais elles ne font que le traverser. Elles en goûtent un instant les joies pour apprendre au monde à les goûter saintement, puis bientôt Dieu brise et déracine tout autour d'elles, comme s'il était jaloux d'avoir pour lui de tels cœurs et peut-être aussi pour donner à ces grandes âmes, avec les douleurs qu'elles sont dignes de porter, la facilité de

---

(1) ODILO, *opus cit.*; *Bibl. Clun.*, col. 354.

(2) Dès la première année de son mariage, Adélaïde devint mère d'une fille qui reçut le nom d'Emma. Nous la retrouvons sur le trône de France comme épouse du roi Lothaire.

(3) MURATORI, *Rer. ital. Script.*, t. IV ; *Chron. Virdun.*, ann. 950 ; *Leo Ost. Chron. Mon. Casin.*, l. I, ch. LXI.

monter à ces sublimes vertus dont on a si rarement la liberté dans l'état du mariage. Il semblerait même que, plus elles sont heureuses, plus elles sont prédestinées à être veuves de bonne heure. Sainte Elisabeth, par exemple, n'avait que vingt ans, sainte Hedwige vingt-trois, sainte Chantal vingt-neuf, lorsque Dieu les arracha à la félicité si pure de leur vie conjugale (1). »

Dieu seul connaît les larmes que répandit cette jeune veuve de dix-neuf ans, privée à la fois de son trône et des consolations d'un époux. « Une opiniâtre persécu-
« tion vint l'assaillir ; cette persécution, qui a coutume
« de purifier les élus, comme la fournaise purifie l'or.
« Le malheur lui arriva donc, remarque Odilon, moins
« parce qu'elle le mérita, que par un bienfait véri-
« table de la Providence. A vrai dire, Dieu lui envoya
« des afflictions extérieures et corporelles, de peur que
« sa jeunesse ne fût brûlée au dedans par les feux de la
« chair et de la volupté ; et le Seigneur la brisa de tant
« de coups, pour qu'elle ne fût point, comme dit
« saint Paul, « une veuve vivante, mais morte au milieu
« des délices (2). » Dieu voulut, dans son amour pater-
« nel, lui faire subir assez de périls pour qu'elle ne
« fût pas indigne d'appartenir à cette filiation divine
« dont parle l'Écriture : « Le Seigneur châtie tous les
« enfants qu'il accueille. » Lorsque Lothaire, son mari,
« fut mort, le royaume d'Italie passa à un certain Bé-
« renger dont la femme se nommait Villa. Par leurs
« ordres, malgré son innocence, Adélaïde fut impi-
« toyablement arrêtée, on lui rasa les cheveux, on la
« rendit victime des tourments les plus divers, des plus
« ignobles voies de fait. N'ayant d'autre compagne

---

(1) Bougaud, *Hist. de sainte Monique*, p. 100.
(2) *Bibl. Clun.*, col. 354.

« qu'une seule servante, elle fut plongée dans un cachot
« affreux (1) » du château de Garde, sur les bords du
lac de ce nom. Des gardes, sous le commandement
d'un comte, veillaient autour de la prison. Au pied
du château, les flots du lac, soulevés par les vents, mugissaient comme les tempêtes de l'Océan ; c'était le
seul bruit qui se fît entendre à travers les épaisses murailles qui séparaient la princesse de la société humaine.
Dans son cachot comme naguère dans l'oratoire de son
palais, Adélaïde passait ses journées en prières avec
son humble et dévouée compagne. Leur voix, que les
hommes n'entendaient plus, était puissante auprès de
Dieu. Après quatre mois de captivité, l'auguste reine
put enfin entrevoir des jours meilleurs, jusqu'à ce que
vint le moment où elle fut miraculeusement délivrée de
ses chaînes. « Dans la nuit même qu'elle fut tirée de pri-
« son, elle tomba dans un marais (2) où elle demeura
« patiemment plusieurs jours et plusieurs nuits, invo-
« quant le secours de Dieu. Elle était en ce grave péril
« quand tout à coup arriva près d'elle un pêcheur dans
« sa barque chargée de poissons qu'on appelle estur-
« geons. Le pêcheur, apercevant Adélaïde et sa ser-
« vante, leur demanda qui elles étaient et ce qu'elles
« faisaient là. Elles lui firent une réponse suggérée par
« la nécessité pressante : Ne voyez-vous pas que nous
« sommes de pauvres voyageuses dépourvues de tout
« secours humain, et, ce qui est plus cruel, en péril
« d'être assassinées ou près de mourir de faim dans cette
« solitude ? Donnez-nous, si vous le pouvez, quelque

---

(1) Migne, *Patrol. lat.*; Odilo, *opus cit.*, col. 971 ; *Bibl. Clun.*, col. 355.

(2) « Incidit in quamdam paludem. » (Odilo, *opus cit.*, chap. iii. La végétation qui, au dixième siècle, parait les bords du Mincio ne différait pas de celle que Virgile y avait vue. (*Eglog.*, VII.)

« His viridis tenera prætexit in arundine ripas. »

« chose à manger, ou ne nous refusez pas du moins
« vos consolations et votre appui (1). Le pêcheur fut
« ému de pitié en entendant ces deux femmes, de
« même qu'autrefois le Christ fut touché à l'aspect de
« la multitude affamée qui l'avait suivi au désert. Il
« leur dit : Je n'ai rien à manger, si ce n'est du pois-
« son et de l'eau. Il portait avec lui du feu, selon l'ha-
« bitude des pêcheurs ; il alluma du feu, prépara le
« poisson. La reine mangea ; sa compagne et le pêcheur
« la servaient. Pendant ce temps-là survint un clerc
« qui avait été le compagnon de sa captivité et de sa
« fuite : il lui annonça l'arrivée de soldats armés qui la
« recueillirent avec joie, et la conduisirent dans un
« château inexpugnable (2). » C'était le château fort de
Canossa (3) situé sur un contrefort des Apennins, au
sommet d'un rocher isolé et à pic. Ses tours et ses remparts se trouvaient donc à l'abri de toutes les machines
de guerre et de tous les assauts. C'est là que furent ame-
nées, saines et sauves, la pieuse reine et sa compagne.
Cependant toute l'Europe s'entretenait avec indignation de la barbarie dont Adélaïde était victime et de la
cruauté de son persécuteur. Les feudataires italiens
surtout se repentaient d'avoir si aveuglément accueilli
l'ancien marquis d'Ivrée. Ils s'adressèrent à Othon le
Grand pour en obtenir leur délivrance. Deux mois après,
l'empereur d'Allemagne à la tête d'une armée formidable entrait à Pavie où Ludolphe, son fils, recevait la
couronne royale. Le même jour, le prêtre Martin, ce
même clerc dont nous avons parlé, témoin de ces heu-

---

(1) Odilo, *opus cit.*
(2) Odilo, *opus cit.*, chap. III et IV, dans Migne, col. 972 ; *Bibl. Clun.*, col. 355.
(3) Odilo, chap. IV. — Tout se passa si secrètement que Bérenger perdit entièrement la trace d'Adélaïde. (Donizo.)

reux revirements auxquels il avait pris une si grande part, sortait de Pavie avec une magnifique escorte. Il était chargé d'aller à Canossa retrouver Adélaïde pour la demander en mariage au nom d'Othon le Grand, veuf depuis quatre ans de la reine Edith. Les noces furent célébrées à Pavie durant les fêtes de Noël avec un éclat et une splendeur sans égale (1).

Une phase nouvelle commençait ainsi dans la vie jusqu'ici déjà bien agitée d'Adélaïde. Elevée par l'ordre divin au faîte des honneurs impériaux, et parvenue au comble de la gloire humaine, Adélaïde n'avait quitté que pour un moment l'école de l'épreuve. Lorsqu'au printemps de l'année suivante, à Magdebourg, la cour assistait à la procession du dimanche des Rameaux, Othon Ier commençait déjà à languir. A sa sérénité habituelle avait succédé une sombre mélancolie, qui donnait à sa famille les plus vives inquiétudes. Fatigué par tant de courses et tant de luttes, Othon Ier marchait à pas rapides vers le tombeau, lorsque, enfin, le 7 mai 973, il s'éteignit au couvent de Memleben (2). Adélaïde, veuve pour la seconde fois, sentit très vivement le coup qui la frappait, mais elle le supporta avec un courage tout chrétien. Othon II était dans sa dix-neuvième année lorsque, déjà élu, associé au trône et couronné, il se trouva, par le fait de la mort de son père, à la tête de l'empire et de deux vastes royaumes. Sa grande jeunesse et son inexpérience obligèrent Adélaïde à jouer un rôle important dans l'administration de ce vaste empire. Comme le jeune empereur avait confiance en l'expérience de sa mère et suivait ses conseils, celle-ci se trouvait par le fait à la tête du gou-

(1) Odilo, chap. iv ; Roswita, *Carmen de gestis Ottonis I*.
(2) Witich, l. III ; Ditmar, l. II. — Adélaïde eut d'Othon plusieurs enfants ; Henri et Brunon, morts en bas âge, Othon II et Mathilde.

vernement (1) et faisait admirer une habileté consacrée à la prospérité publique (2). Mais Othon II préférait quelquefois aux précieuses leçons de l'expérience, la dangereuse adulation. Des flatteurs représentèrent adroitement l'impératrice mère comme avide du pouvoir ; on prétendit encore qu'elle épuisait par ses libéralités les ressources de l'Etat (3). Par ces perfides insinuations, on parvint à mettre la division entre l'empereur et Adélaïde, au point qu'Othon, irrité, éloigna sa mère des affaires et menaça de l'expulser du royaume. « Je ne pourrai, dit Odilon, raconter tout ce que l'au-
« guste servante de Dieu eut alors à souffrir, sans
« paraître manquer de respect à une dynastie si
« glorieuse. Il vaut mieux ne pas insister sur une faute
« qui fut d'ailleurs promptement réparée. La princesse
« s'humilia sous la main de Dieu. Quoique son cœur
« maternel ne cessât pas de chérir le fils qui y faisait
« une si profonde blessure, elle résolut de s'éloigner
« des artisans de discorde et de céder à l'orage qu'elle
« se sentait impuissante à apaiser » (4). L'illustre veuve digraciée, après un court séjour en Italie, résolut de revoir le royaume de ses pères. Elle repassa les Alpes et se rendit auprès de son frère Conrad, qui régnait alors sur la Bourgogne Transjurane. Elle fut reçue avec de très grands honneurs par Conrad et par la très noble reine Mathilde. « L'Allemagne, ajoute saint Odilon,
« pleura son départ, mais toute la Bourgogne se réjouit

---

(1) « Augusta cum filio feliciter diu gubernavit monarchiam. » (Odilo, chap. vi ; *Bibl. Clun.*, col. 356.)

(2) « Nemo ante illam ita auxit rempublicam, cervicosam Germaniam, » etc. (Odilo, ch. iv, *Bibl. Clun.*, col.   .)
« Ipsius Augustæ meritis et industria solidatus fuerat romani imperii principatus. » (*Id.*, chap. vi.)

(3) Odilo, chap. vi ; Syrus, *Vita S. Mayoli.*

(4) *Id., ibid.*

« de son arrivée. Lyon, la ville illustre, qui fut autre-
« fois la mère et la nourrice de la philosophie, Lyon
« fut dans l'allégresse, ainsi que Vienne, noble demeure
« des rois » (1). Adélaïde se trouvait alors trop rapprochée de Cluny pour n'avoir pas la facilité de voir l'abbé
Mayeul. Mieux que tout autre, le grand abbé pouvait
consoler cette victime de l'intrigue et concevoir des
projets inspirés par une charité toute surnaturelle.

Cependant le césar Othon ne tarda point à se repentir
de sa conduite, et il prit des mesures pour arriver à
une réconciliation. Plus les égarements de ce prince se
multipliaient, plus un rapprochement devenait nécessaire entre le fils et la mère. Une occasion favorable
se présenta. En 980, Mayeul se rendit auprès de l'empereur, et lui reprocha en termes sévères sa conduite
envers Adélaïde ; Othon, subjugué par l'ascendant de
la religion et la fermeté du saint abbé, sentit se dissiper
ses préventions haineuses ; il dépêcha un courrier au
roi Conrad et à l'abbé de Cluny ; il leur annonçait que,
désirant recouvrer l'affection de sa mère, il les conjurait
d'être à cet effet ses médiateurs auprès d'elle et de la
conduire sans délai à Pavie, où il était depuis le mois
d'octobre 980. Adélaïde fit le voyage avec le roi son
frère et l'abbé Mayeul. A la première entrevue, Adélaïde et Othon se jetèrent aux pieds l'un de l'autre, fon-
dant en larmes : le fils se repentait, la mère pardonnait ;
la réconciliation était accomplie. Depuis le jour de cette
scène touchante, rien ne vint troubler l'harmonie si
heureusement rétablie entre l'empereur et sa mère (2) ;
celle-ci reprit sa place dans les conseils de son fils, et
n'usa de son crédit qu'avec modération ; la vie d'Othon

---

(1) MIGNE, *Patrol. lat.*, t. CXLII, col. 973 ; *Bibl. Clun.*, col.
(2) *Id.*, col. 973, n° 7.

offrit désormais un caractère plus noble et plus religieux.

A la fin de cette première section, Odilon rapporte la mort d'Othon II, le commencement du gouvernement d'Othon III, l'aversion contre Adélaïde de l'impératrice Théophanie, sa belle-fille, la mort de Théophanie, l'activité d'Adélaïde pour le gouvernement de l'empire et la bonne conduite d'Othon III. Suit alors une revue rapide des souffrances de la sainte impératrice, sa patience et sa conduite résignée dans le malheur.

Quelques années après, une immense douleur, la plus grande qui puisse atteindre le cœur d'une mère, était réservée à la pieuse impératrice. Son fils, dans un voyage à Rome, tombait gravement malade et expirait le 7 décembre 983 (1), loin de celle qui l'avait tant aimé. Il ne laissait comme héritier de sa couronne qu'un enfant en bas âge, Othon III (2). Celui-ci succéda à son père sous la double régence d'Adélaïde et de Théophanie, la mère du jeune roi. Mais la divergence de vues que l'on remarquait dans ces deux princesses pouvait aller d'autant plus loin que vraisemblablement les bornes de l'autorité de chacune d'elles n'étaient pas nettement déterminées. Aussi bien, l'esprit d'opposition que Théophanie, la jeune impératrice, manifestait à l'égard de sa belle-mère, dégénéra-t-il en discorde ouverte ; ce fut pour Adélaïde une source de souffrances qui lui rendit impossible un plus long séjour à la cour de Germanie. « Si je vis encore un an, disait « Théophanie, je veux qu'il ne reste pas à ma rivale un « pouce de terrain où elle puisse exercer sa domina- « tion. » La sainte impératrice céda à la sourde per-

---

(1) Ditmar, l. III.
(2) Odilo, chap. vi ; *Bibl. Clun.*, col. 356.

sécution dirigée contre elle : elle s'éloigna du palais, mais ce ne fut que momentanément, car moins de quatre semaines après Théophanie était tout à coup emportée après une courte maladie (16 juin 991) (1). Une fois encore, Adélaïde reprit les rênes de l'empire. Tour à tour écartée du pouvoir, puis invitée à remonter sur le trône, elle fit une bien longue expérience de l'instabilité de la gloire humaine. Elle se livra avec un soin infatigable à l'administration de l'Etat; tout cependant se faisait au nom d'Othon, dont on admirait l'intelligence précoce, la parfaite éducation. Dans ses rapports avec son aïeule, le jeune empereur ne fit rien qui fût indigne d'elle ou de lui-même. Affaiblie par l'âge, Adélaïde ne demandait pas mieux que d'être déchargée de toute fonction publique. Elle avait cherché à préserver des révolutions l'Allemagne et l'Italie, à protéger l'enfance de son petit-fils, à conserver à celui-ci tout l'héritage de ses pères : son but était atteint, car Othon commençait à régner par lui-même; ce fut la fin de la vie politique d'Adélaïde. L'impératrice put dès lors s'occuper avec plus de liberté de son salut, donner aussi plus de temps aux œuvres saintes qu'elle avait entreprises. La pieuse princesse se retira donc peu à peu du bruit et des préoccupations de la cour, et se livra tout entière aux œuvres de charité et de pénitence.

La seconde section (2) s'occupe d'énumérer quelques-unes de ses nombreuses bonnes œuvres.

Odilon raconte ici la fondation du monastère de Sainte-Marie de Payerne (3) et de celui de Saint-Sau-

---

(1) *Patrol. lat.*, opus cit., col. 974 ; *Bibl. Clun.* col. 356.
(2) Chap. IX-XII.
(3) Sur Payerne, voir le P. Odilo Ringholz, ouvr. cité, chap. III, annot. 30.

veur près de Pavie (1). Hildebald en fut le premier abbé par le choix de la fondatrice. L'abbé Mayeul fut chargé par elle d'organiser la communauté et d'y faire observer la règle de Cluny. Il parle ensuite de sa charité à l'égard des monastères de Sachsen, et de Quedlinbourg où sa fille Mathilde était abbesse, de la fondation de la ville de Selz, sur le Rhin, dans la basse Alsace, à neuf ou dix lieues de Strasbourg et du monastère de Saint-Pierre qu'elle fit construire à ses frais, et qu'elle enrichit de vases sacrés en or et de riches ornements. Adélaïde aimait à soulager les pauvres et les nécessiteux ; elle était simple, humble et généreuse, et elle avait des règles bien précises dans la distribution des aumônes.

La troisième section (2) relate son dernier voyage en l'année 999.

Ici nous apprenons le but de ce voyage : son séjour à Payerne, le miracle qu'y fit Adélaïde en distribuant des aumônes, sa dévotion envers saint Maurice, sa consternation et ses sombres pressentiments à la nouvelle de la mort de Franco, évêque de Worms. Plus loin Odilon raconte son séjour à Genève au monastère de Saint-Victor ; à Lausanne, sa réception par le roi et les évêques de la Bourgogne, son séjour à Orbe, les présents qu'elle fit aux monastères et aux églises, particulièrement au Mont-Cassin, à Saint-Mayeul de Pavie, à Cluny et au monastère de Saint-Martin de Tours. Odilon y raconte encore les adieux que lui fit Adélaïde et comment elle s'en retourna à Selz. Enfin il décrit sa préparation à sa fin prochaine suivie de la réception des derniers sacrements, sa bienheureuse mort surve-

---

(1) Sur Saint-Sauveur de Pavie, voir DUMMLER, *Otto I*, p. 485.
(2) Chap. XIII-XXIII.

nue le 16 ou 17 décembre 999, et il fait mention de ses vertus et de ses miracles.

Odilon adresse son ouvrage à André, abbé du monastère de Saint-Sauveur, près de Pavie, et à tous les frères qui vivent sous sa discipline. Il n'en donne point d'autre motif, sinon que leur monastère reconnaissait sainte Adélaïde pour leur fondatrice. Le saint abbé n'y prend que la qualité de frère, et le plus méprisable de tous les pauvres de Cluny : « *Frater Odilo, Cluniensium pauperum cunctorum peripsema* (1). » L'auteur garantit expressément lui-même la vérité et l'authenticité de son livre tout entier : « Ce que nous racontons d'Adélaïde, dit-il, ce n'est pas par ouï-dire que nous l'avons appris ; mais nous l'avons vu et expérimenté personnellement. Nous avons entendu de sa bouche de nombreuses paroles de salut ; nous en avons reçu de copieux présents (2). » Odilon a écrit son livre avec beaucoup d'ordre, avec un vrai talent d'écrivain aussi judicieux que bien instruit de ce qu'il raconte, gardant la mesure dans les détails, sans donner dans une ennuyeuse prolixité. Son style est clair, concis, agréable, mais il ne peut s'empêcher de suivre le goût du temps, car il abuse des consonances et des vers intercalés dans le texte (3). Quoi qu'il en soit, il s'en dégage un parfum de piété que seul l'esprit et le cœur d'un saint sont capables de répandre. Odilon a écrit cet ouvrage immédiatement après la mort de la sainte impératrice ; témoin la chaleur pénétrante avec laquelle il expose les bienfaits qu'il en a reçus et l'impression

---

(1) Le mot grec περίψημα est tiré de I Cor., IV, 13.

(2) « Hæc enim quæ de ea dicimus, non modo auditu, sed et visu et experimento cognovimus. Multa ab ea salutis verba audivimus, plurima dona suscepimus. » (Odilo, *Vita Adalheidæ*, c. 5.)

(3) *Acta SS.*, Vie de S. Od. par les Bollandistes, II, ses écrits.

toute vivante qu'il en ressent. Il dit lui-même qu'il s'est hâté de commencer ce travail. Nous ne croyons donc pas nous tromper si nous assignons l'an mil comme date de sa composition. La vie de sainte Adélaïde a trouvé une prompte et large diffusion. Elle est encore contenue dans onze manuscrits, et elle a été souvent imprimée (1).

(1) L'épitaphe de sainte Adélaïde est imprimée : 1° Dans *Antiquæ Lectiones*, par Henri Canisius, V, 2, p. 395-419, Ingolstadt, 1604 ; 2° *Annales Heremi*, par Christophe Hartmann, appendice, Fribourg-en-Brisgau, 1612 ; 3° *Bibl. Clun.*, col. 353-570 ; 4° Migne, *Patrol. lat.*, t. CXLII, col. 967-982 ; 5° Surius, *Vitæ Sanctorum*, 16 décembre ; 6° Leibnitz, *Script. Brunswic.*, I, p. 262-273 ; 7° la dernière et la meilleure impression se trouve dans les *Monum. Germ. SS.*, t. IV, p. 636-645. — Odilon, dans sa lettre-préface, garantit l'authenticité de son livre (voir plus haut, p. 339, note 2). Cette authenticité a été confirmée par Richard de Poitiers (*Recueil des historiens de France*, IX, 24), par le clerc Garinus, dans Mabillon (*Acta*, V, p. 890), et par l'annaliste saxon (*Monum. Germ. SS.*, p. 637).

Le théologien calviniste Basnage, dans sa nouvelle édition qu'il fit paraître des *Antiquæ Lectiones* de Canisius, refuse sans aucune espèce de fondement à saint Odilon l'épitaphe de sainte Adélaïde ; Cf. *Hist. littéraire*, VII, p. 419 ; Dom Ceillier, XX, 258.

Outre l'épitaphe de sainte Adélaïde, il existe encore un *Liber miraculorum S. Adalheidis*, qui a été imprimé à la suite de la première. Mais ce livre n'a pas été composé par Odilon, bien qu'il ait été regardé généralement comme l'œuvre de notre saint. En effet, saint Odilon, à la fin du vingt-deuxième chapitre de la *Vie de sainte Adélaïde*, exprime l'intention de n'écrire aucun livre sur les miracles : « Quæ (scilicet miraculorum prodigia), si describerentur ex ordine, proprio indigerent volumine ; non enim possunt nostro explicari eloquio. » C'est pour cela qu'il n'ajoute qu'un très court aperçu des miracles (cap. 23).

CHAPITRE XV

LE PAPE SYLVESTRE II. — 4ᵉ VOYAGE EN ITALIE

(999-1004)

La réforme de Cluny introduite déjà dans un certain nombre de monastères par le zèle et sous la ferme impulsion de saint Odilon est une preuve décisive que la vie religieuse commençait à renaître, et l'institution de la Commémoraison des morts, qui devait rendre immortel le nom de notre saint abbé, on avait singulièrement favorisé le développement. C'était pourtant, s'il faut en croire certains écrivains, l'époque d'une sombre agitation dans les rangs inférieurs de la société chrétienne. D'après ces écrivains, parmi lesquels se placent de graves historiens (1), l'an mil s'ouvrait; il devait, selon l'opinion vulgaire, marquer le terme annoncé par l'Apocalypse au règne terrestre du Christ. Des fléaux de toutes sortes, des signes

(1) Baronius, *Annales Ecclesiastici*, ad ann. 1001, nᵒˢ 1 et suite; D. Rivet, *Histoire littéraire de la France*, t. VI, préface, p. xi; Jager, *Histoire de l'Eglise gallicane*, édit. in-8, t. VI, 50 ; M. de Caumont, *Abécédaire d'archéologie*, p. 42 ; M. Ampère, *Histoire littéraire de la France*, t. III, p. 273 et suiv.

dans le ciel, présageaient du reste l'accomplissement des prophéties ; et la singulière coïncidence, cette année-là, du Vendredi-Saint avec l'Annonciation de la sainte Vierge (25 mars), semblait fixer à ce jour fatal, et figurer par une confusion mystérieuse, le point où se refermerait le cercle des siècles chrétiens. Les peuples gémissaient affolés de terreur ; on en avait vu désertant leurs demeures, s'acheminer, serfs et nobles confondus, au chant lugubre des psaumes, vers une croix de carrefour pour y abriter ensemble leur dernier soupir.

Peut-être faut-il nous demander rapidement ce qu'il faut penser de cette panique universelle, si l'opinion des terreurs superstitieuses de l'an 1000 a quelque fondement solide dans les témoignages des auteurs contemporains, en particulier dans celui de saint Odilon, ou si elle n'aurait pas pour bases au contraire, des conjectures trompeuses et des hypothèses sans réalité. Pour répandre quelque lumière sur cette question, il importe de remonter aux sources, c'est-à-dire aux écrivains et aux documents de l'époque elle-même. Quel est le langage, quels sont les sentiments des écrivains contemporains relativement à ces prétendues terreurs de l'an 1000 ?

A la fin du xe siècle, l'abattement n'était pas général, parce que la croyance à la fin prochaine du monde ne l'était pas elle-même. Les sources historiques ne nous laissent aucun doute sur ce point. Qu'on interroge les annales de l'Italie et de l'Allemagne, qu'on parcoure les chroniques de la France et de l'Angleterre, on ne trouvera nulle part la mention des terreurs superstitieuses de l'an 1000. De 950 à l'an 1050 environ, il n'y a pas un chroniqueur, pas un annaliste qui fasse une simple allusion à une terreur universelle produite par la venue du jugement général. Les annalistes continuent à raconter pêle-mêle les querelles des évêques et des moines, les batailles des grands, les disettes, les famines, les phénomènes célestes qui effraient ceux qui ne les comprennent pas, et quand ils arrivent à l'année qui devait être l'année fatale, l'année suprême, ils sont aussi calmes et aussi froids qu'en présence de celles qui l'ont précédée et de celles qui l'ont suivies. Pas un mot de crainte au début, pas un soupir de soulagement à la fin. Pour nous en tenir aux chroniqueurs français, ils mentionnent avec la même indifférence le passage du xe au xie siècle sans aucune trace d'étonnement ni aucun effroi. C'est en vain que l'on chercherait dans Aimoin de Fleury (1010)(1), dans Odoran de Sens (1020)(2), dans Adhémar de Chabannes (1030)(3) et dans les autres chroniqueurs de la même date, la moindre allusion aux terreurs superstitieuses qui nous occupent. Les biographies de saint Mayeul, abbé de Cluny (993)(4) et de l'impératrice Adélaïde (999)(5), écrites par saint Odilon gardent le même silence. Il faut en dire autant du silence gardé par le biographe du pieux roi Robert(6), roi de France, dont le règne avait coincidé avec la redoutable date.

Il nous est donc bien permis de conclure que la conflagration universelle qui aurait embrasé le monde en l'an mille n'a aucun fondement solide dans les

---

(1) *Annales Franc.*, apud Du Chesne, Bouquet, Pertz, Migne, *de Miraculis S. Benedicti*, lib. II, n° 16.
(2) *Chronica S. Petri Senon.*, *ibid.*
(3) *Chronica Ademari*, apud Pertz, t. IV, p. 106 ; Migne, etc.
(4) Mabillon, *Acta SS.*, sæc. vi, pars 1ª, p. 44.
(5) *Bibl. Clun.*, p. 354.
(6) Helgaudus, *Vita Roberti Regis*, apud du Chesne, Bouquet et Pertz.
Cf. *Revue des questions historiques*, t. XIII, p. 163 ; *les Prétendues terreurs de l'an mille*, par dom Plaine.

auteurs et les documents contemporains, et ne repose sur aucun document digne d'être pris en considération (1). Si, entre les années 960 et 970, quelques illuminés ont enseigné que le monde allait finir, leur hérésie, en somme, ne présentait aucun danger. Hâtons-nous d'ajouter que l'Eglise, en la personne de ses chefs, n'a jamais partagé cette explosion de craintes. Nous avons vu plusieurs d'entre les plus illustres abbés bénédictins s'appliquer, dans des traités spéciaux, à réfuter

(1) La légende une fois inventée a été adoptée par Robertson dans son célèbre tableau des progrès de la société en Europe (en 1769, au commencement de son histoire de Charles-Quint); puis elle a été consacrée par le génie de Michelet; mais elle est entièrement contraire à la vérité. Cette légende se trouve pour la première fois dans J. LEVASSEUR, *Annales de l'église de Noyon*, p. 131 (1633); puis dans SAUVAL, *Antiquités de Paris*, I, 295. Elle est ensuite introduite dans l'édition de Trithème de 1690. — Voir à ce sujet l'article de M. Rosières, *la légende de l'an mille* (*Revue politique et littéraire*, 1878, p. 919); dom François PLAINE, *les Prétendues terreurs de l'an mille* (*Revue des questions historiques*, 1er janvier 1873); EICKEN, dans les *Forschungen zur deutschen Geschichte*, 1883, p. 303; ROY, *l'An mille*.

On allègue, il est vrai, le *Dies iræ*, cette prose terrible et touchante que l'Eglise entonne aux heures où elle porte le deuil de ses enfants. Il y a quelques années, en 1836 ou 1837, on a trouvé dans la bibliothèque de Montpellier, sur les feuillets d'un manuscrit provenant de l'abbaye de Saint-Benoît-d'Aniane, une prose qui contient les idées du *Dies iræ*. Mais à supposer que ce chant appartienne bien au xe siècle, que prouverait-il ? Ce que prouve le *Dies iræ* : que le christianisme a cru à la fin du monde et à un jugement dernier, comme il y croit encore. Il ne démontrerait pas qu'en l'an 999 « la masse entière des hommes se trouvait dans la situation d'âme d'un condamné qui a reçu sa sentence ». (DE SISMONDI, *de la Chute de l'empire romain*, t. III, 397.) Le chrétien ne doit-il pas s'attendre toujours à la destruction totale de toute chose, et néanmoins bâtir, labourer, peiner comme si le monde était éternel ? « Car nul ne peut savoir quand viendra le fils de l'homme. » (Thessaloniciens, IV, 2.) Au reste, le *Dies iræ*, loin d'être l'œuvre d'un homme isolé, est, en réalité, une œuvre préparée de loin, en quelque sorte l'œuvre de plusieurs hommes et de plusieurs époques, et dont le germe et les types principaux existaient depuis longtemps avant son apparition définitive dans les liturgies particulières de quelque monastère ou de quelque diocèse.

ces folles visions et à calmer ces alarmes. Ainsi que le fait judicieusement remarquer un historien : « L'Église a trop de conscience de la perpétuité de son œuvre pour se laisser prendre à des terreurs chimériques. Tandis que les esprits s'agitent, elle continue son patient labeur et fait rayonner sur le monde les bienfaits de la civilisation ».

A cette époque, le trône pontifical était occupé par un homme trop dévoué à l'Ordre bénédictin, et qui avait eu avec saint Odilon des relations trop intimes, pour ne pas trouver place dans cette histoire. Cet homme, dont nous voulons reconstituer à grands traits l'imposante figure, fut dans la science Gerbert, et, dans l'Église Sylvestre II. Il naquit près d'Aurillac, dans le comté d'Auvergne, à une époque indéterminée, mais peu antérieure, sans doute, au milieu du xe siècle. Les historiens nous montrent Gerbert guidant, sur le penchant du coteau au pied duquel s'étage Belliac, le troupeau de son père, pauvre serf affranchi par le testament de saint Géraud, et sa fortuite rencontre avec les moines du couvent qui, frappés de sa précoce intelligence, l'admirent à leurs doctes leçons. Ce fut sans doute dans ses modestes occupations de berger que vint le surprendre la nouvelle de son admission parmi les moines de Saint-Géraud d'Aurillac, disciples de saint Odon de Cluny. La charité lui ouvrit les portes de cet asile de science et de vertu, et l'écolâtre Raymond de Vaure le compta parmi ses plus brillants élèves. Plus tard on verra le pauvre enfant de Belliac, devenu le premier écolâtre de son siècle, rappeler avec bonheur à Raymond, son premier maître, que c'est à lui qu'il est redevable de ses connaissances, et faire rejaillir ainsi sur son berceau l'éclat de sa renommée. Dès lors, Gerbert avait trouvé sa voie, la poursuite de la science à travers les différents degrés de l'initiation scolastique. Mais combien le domaine de l'étude, dans ces temps malheureux était peu étendu et mal cultivé ! La grammaire, la dialectique, la rhétorique, comme on les enseignait alors, c'est-à-dire réduites à leurs squelettes, à de froides et sèches nomenclatures, voilà tout l'aliment offert à l'activité dévorante du jeune religieux. On comprend que le jeune disciple de Raymond de Vaure cherchât à franchir les limites étroites où se renfermait le savoir de son maître. Rien autour de lui ne pouvant satisfaire ses aspirations généreuses, la Providence y pourvut. Un jour de l'an 967, un seigneur étranger arriva en pèlerinage au tombeau de saint Géraud, fondateur de l'abbaye d'Aurillac : c'était Borel, comte d'Urgel et de Barcelone. La marche d'Espagne, où Borel commandait, ne connaissait guère à l'intérieur que les luttes d'une émulation pieuse et les pacifiques conquêtes de la science. Les mathématiques surtout et la physique y étaient dans une grande prospérité. Le jeune moine accepta avec transport la mission d'aller étudier au delà des monts ces sciences oubliées sur le sol de la patrie, et que peut-être il se flattait de faire refleurir dans l'école d'Aurillac. A peine en possession des notions encyclopédiques qu'il était réservé à son intelligence de féconder, le jeune étudiant de l'école épiscopale de Vick, au comté de Barcelone, se vit transporté sur le théâtre le plus propre à mettre en lumière ses découvertes nouvelles. Nous le trouvons, en effet, en 970, à Rome, où il avait suivi Hatton, évêque de Vick, et le comte Borel, occupé à donner dans les écoles romaines des leçons de mathématiques, d'astronomie et de musique. Mais dans cette même année Lothaire II, roi des Franks, ayant envoyé en ambassade auprès de l'empereur Othon II, l'archidiacre de

Reims, Garamnus, Gerbert sollicita et obtint la permission de s'attacher à lui, et c'est ainsi que se trouva amené à Reims le maître qui devait relever l'école illustrée au temps de Charlemagne par Hincmar, puis, à la fin du même siècle, par Remy d'Auxerre, dans laquelle avait enseigné aussi l'érudit et prudent Flodoard. L'école de Reims, déchue de sa splendeur passée, fut bientôt restaurée sous la direction de l'éminent écolâtre et avec l'aide puissante de l'archevêque Adalbéron. Autour de la chaire de Gerbert, d'où tombait un enseignement si substantiel pour le temps, se pressait une foule d'auditeurs de tous pays et de toutes conditions ; Robert, fils de Hugues Capet, y prenait place à côté de jeunes clercs pleins d'avenir (1), appelés à diriger à leur tour les écoles monastiques et épiscopales, et à donner aux études la puissante impulsion qui ne s'est plus ralentie depuis le XIe siècle dans les royaumes chrétiens. Mais la faveur impériale, excitée par les succès éclatants de Gerbert, ne tarda pas à l'arracher de son professorat pour le placer à la tête de l'abbaye de Bobbio, fondée par saint Colomban, au commencement du VIIe siècle, et devenue l'une des plus riches de l'Italie. Une abbaye florissante à gouverner, dans un site enchanteur, au pied des Apennins et sur les rives fertiles de la Trébie ; avec sa pieuse colonie de moines à maintenir dans la vertu, son école, déjà renommée, à illustrer encore ; sa magnifique bibliothèque, enfin, à explorer, et si justement fière de ses cent volumes de classiques, dérobés aux dévastations des barbares ; telle était la tâche vaste, mais séduisante, à laquelle souriait sans doute le nou-

---

(1) Parmi ces clercs se trouvaient des prêtres romains comme Théophylacte, Laurent Malfitain, Brazuit, Jean Gratien, qui furent les maîtres de Grégoire VII.

vel abbé en s'acheminant vers Bobbio. La réalité le surprit d'autant plus amèrement que ses illusions avaient été plus brillantes. Les anciennes possessions de Bobbio avaient été usurpées par les seigneurs ou aliénées par ses propres abbés, si bien qu'il ne restait à Gerbert qu'un bâton pastoral et une main pour bénir (1). Impuissant à rétablir la discipline parmi ses moines réfractaires à toute réforme, Gerbert rentra dans sa patrie, et c'est à Reims, dans sa chaire si imprudemment quittée, au milieu de ses élèves toujours sympathiques, qu'il se décida à chercher l'oubli de tant de cruelles déceptions. Mais, adieu le calme des jours passés ! Le tourbillon des affaires publiques, après l'avoir saisi, ne doit plus lâcher cette proie, et c'est désormais dans les régions de la haute politique, atmosphère malsaine et funeste à plus d'un noble cœur, que va s'agiter cette existence orageuse. Nous ne suivrons pas l'écolâtre de Reims dans sa participation à la lutte dynastique entre le carlovingien Lothaire et Hugues Capet, qui régnait alors en France. Qu'il nous suffise de dire qu'après son élection illégitime au siège métropolitain de Reims bientôt suivie de sa déposition, son élévation, en 998, sur le trône archiépiscopal de Ravenne, vint lui apporter le repos si laborieusement acheté, et consacrer la nouvelle direction de ses pensées, dégagées désormais des vues et des ambitions mondaines. Il était à peine depuis un an élevé à cette haute dignité que le moment arriva pour Gerbert de s'asseoir cette fois sur le plus haut sommet où « la science des choses divines et humaines », où le professeur, le politique et le dignitaire de l'Eglise

---

(1) « Nec in monasterio, nec extra, quidquid nobis relictum est præter virgam pastoralem et apostolicam benedictionem. »

puisse exercer son action, et trouver sa récompense, sur le trône de saint Pierre. Le jeune pape Grégoire V venait de mourir à vingt-sept ans, après un pontificat éphémère et glorieux, et au milieu de travaux entrepris pour une réforme générale de l'Église. Frappé au début, il ne laissait de l'œuvre rêvée qu'une magnifique ébauche, assez nettement dessinée pour effrayer les partisans du désordre et ameuter leurs colères ; trop peu avancée pour les braver. Une fois de plus, l'influence de la maison de Saxe servit heureusement les vues providentielles; et l'archevêque de Ravenne, présenté par Othon III au choix du peuple et du clergé de Rome, fut investi d'une succession périlleuse, que bien peu auraient pu supporter sans faiblir. Préconisé le 2 avril 999, il prit le nom de Sylvestre II (1). Une allusion délicate, et comme un programme de conduite pour l'avenir se révèlent dans ce rapprochement avec saint Sylvestre, le pontife ami de Constantin.

A peine assis sur le trône pontifical, le nouveau pape accorda toute sa confiance et son amitié à Odilon de Cluny. Notre saint abbé, de son côté, s'empressa d'y répondre, et, pour la quatrième fois, il prit le chemin de Rome, afin de rendre ses hommages au successeur de saint Pierre et lui donner en même temps des témoignages de son plus affectueux dévouement. C'était le moment où Odilon s'employait ardemment à la réforme monastique, et réunissait ses efforts à ceux de quelques moines isolés, mais fervents qui

(1) Hock, *Histoire du pape Sylvestre II et de son siècle*, traduction d'Axinger, Paris, Débécourt, 1842, in-8 ; Lausser, *Gerbert, étude sur le Xe siècle*, Aurillac, Bonnet-Pichut, 1866, in-8; Olleris, *Œuvres de Gerbert*, précédées de sa biographie, Paris, Dumoulin, 1887, in-4°; Quéant, *Gerbert, ou Sylvestre II et le siècle de fer*, Paris, Albanel, 1868, in-12 ; Edouard de Barthélemy, *Gerbert, étude sur sa vie et ses ouvrages*, Paris, Lecoffre, 1868, in-12.

luttaient en Italie, contre la corruption et les dérèglements d'un trop grand nombre de monastères. Alors Cluny n'était pas seulement un monastère quelconque ; c'était, on s'en souvient, une puissante institution mise tout entière au service de l'Eglise et de son chef vénéré. On conçoit quelle puissance cette organisation, en quelque sorte monarchique, pouvait donner à tout l'Ordre sur le monde chrétien. On sait les progrès de réforme déjà opérés en France par le zèle ardent d'Odilon ; l'influence considérable de notre saint abbé, sa sainteté, permettaient d'opérer les mêmes résultats en Italie. Aussi bien Odilon se rendit tout d'abord avec le pape au monastère de Saint-Apollinaire-de-Classe, près de Ravenne (1), où se trouvait déjà le jeune empereur Othon III. C'est là qu'il fit la rencontre d'un jeune seigneur nommé Romuald. Celui-ci était né à Ravenne d'une noble famille, et après avoir flotté quelque temps entre les attraits d'une vie de plaisirs et les premières inspirations d'une piété fervente, il était venu se réfugier dans la vie religieuse (2). Déjà tourmenté de Dieu, qui le destinait à être un modèle et une lumière dans la vie parfaite, il se sentit attiré vers le saint abbé de Cluny, et lui découvrit les impressions ardentes de Jésus-Christ sur son cœur. Trop de ressemblances le rapprochaient d'Odilon pour ne pas les confondre l'un et l'autre dans une étroite et solide amitié. Romuald est, comme notre saint, l'un des fils les plus illustres du grand patriarche Benoît ; même compatissante et aimable charité ; mêmes désirs de perfection et de sainteté. Le monastère de Saint-Apollinaire-de-Classe avait grand besoin d'une réforme, tant était

(1) STUMPF, n° 1254 ; *Jahrbücher des Deutschen Reichs Otto III*, p. 123.
(2) Cf. ROHRBACHER, *Hist. de l'Egl. cath.*, t. VII, p. 133-134.

scandaleux le dérèglement des moines ; toutefois le triste état où il se trouvait n'a rien qui doive nous étonner : les grandes écoles ouvertes par les Ordres religieux, spécialement par l'Ordre bénédictin, et qui avaient répandu la lumière en France et en Allemagne, étaient en décadence par toute l'Italie, où les monastères avaient été dépouillés ; les sujets y manquaient et la discipline avait entièrement disparu. Odilon réussit-il à réformer le monastère de Classe et à y faire refleurir la discipline religieuse ? L'histoire garde à ce sujet un silence trop significatif pour qu'on puisse avoir l'illusion d'une espérance. D'autre part, nous savons que Romuald, forcé par le dérèglement des moines à quitter son monastère, s'en alla sous un autre ciel satisfaire ses désirs de perfection. Durant plusieurs années, il parcourut l'Italie, la Catalogne, la Hongrie. Il arriva enfin, vers l'an 1012, non loin de Florence, dans un site montagneux, d'une saisissante majesté. Un jour qu'il reposait sur la cime d'un rocher très escarpé, dans son sommeil, il vit une échelle qui, d'une extrémité touchait la terre et de l'autre le ciel, et sur les échelons des moines vêtus de blanc, qui montaient. Il résolut aussitôt d'établir un monastère en ce lieu ; le propriétaire du terrain, le comte Maldulo, s'associant à ses pensées, lui donna l'emplacement dont il avait besoin, « campo di Maldulo »; les Camaldules en ont tiré leur nom, et cet Ordre fut pour l'Italie ce que Cluny était pour la France : un foyer de ferveur religieuse. Odilon, en voyant pour la première fois Romuald à Saint-Apollinaire-de-Classe, avait-il entrevu dans l'humble et fervent religieux le père d'une longue postérité ? Avait-il pu prévoir que du vieux tronc bénédictin sortirait en ligne collatérale un si glorieux rameau toujours adhérent et auquel l'Esprit-Saint donnerait vie et fécondité pour de longs siècles ? Nul ne le sait et l'histoire ne le dit pas. Quoi qu'il en soit le saint abbé prit congé de Romuald devenu son ami et son émule dans les voies de la perfection, du pape Sylvestre II, qui lui avait voué une affection sincère, et dont il venait d'en recevoir encore un si touchant témoignage, de l'empereur Othon III, enfin, qu'il ne devait plus revoir ici-bas, et, traversant les Alpes par le Grand-Saint-Bernard, il rentra en France (1).

Odilon ne se contenta pas de témoigner au chef de l'Eglise la vénération qui lui est due et de lui prêter son appui pour la réforme monastique, il sut encore pratiquer envers le pape une rigoureuse obéissance, si pénible qu'elle pût être, et donner ainsi au monde un éclatant exemple de vertu. En daignant se rendre avec notre saint abbé au monastère de Classe, le pape Sylvestre II témoignait de son zèle pour les progrès de la réforme et de son estime pour Odilon et la congrégation de Cluny. En même temps qu'il accroissait les possessions et les privilèges du monastère de Vézelay (2), dans le diocèse d'Autun (3), l'illustre pontife, dans une bulle remarquable adressée au couvent de Seven, dans le Tyrol, rendait encore à l'Ordre de Saint-Benoît, auquel il était redevable du bienfait de son éducation, un hommage éloquent, et signalait les nombreux services que la famille bénédictine avait rendus à la science et à la religion (4). Néanmoins son affection pour les monastères n'allait pas jusqu'à permettre aux abbés qui les dirigeaient

---

(1) RINGHOLZ, *opus cit.*, p. 68.
(2) Ex libr. I, *Historiæ Viẓeliac.*, t. III, *Spicilegii;* LABBE, t. X, col. 779.
(3) Vézelay, dans le département de l'Yonne, appartient aujourd'hui au diocèse de Sens.
(4) MANSI, t. XIX, p. 243 ; MABILLON, *Annal.*, t. IV, p. 90.

d'outre-passer leurs droits. Il n'était pas rare à cette époque de voir des évêques se démettre de leur dignité, prendre l'habit monastique, et devenir quelquefois entre les titulaires des diocèses et des abbayes une cause de dissension et de conflit. C'est ce qui eut lieu pour l'abbaye de Cluny. Une ordination se présenta, et Letbald de Brancion, ancien évêque de Mâcon, qui avait pris l'habit religieux à Cluny, muni du consentement de ses collègues et de l'abbé Odilon, n'avait point hésité à conférer les saints ordres. Quelques-uns des prêtres ordonnés, paraît-il, contestèrent la légitimité et la validité de l'ordination faite par un évêque devenu religieux, et ils refusèrent de reconnaître comme valide l'ordination qui leur avait été conférée. L'événement prit des proportions auxquelles le pieux Abbé ne s'était pas attendu. Quelques évêques allèrent jusqu'à menacer de déposition les prêtres ainsi ordonnés, s'ils ne renonçaient volontairement aux ordres qu'ils avaient reçus. En présence de ce conflit qui pouvait avoir de si graves conséquences, Odilon prit le parti de s'éclairer. Il voulut consulter le Souverain Pontife, et il lui envoya par l'entremise du moine Gerbald une lettre dont nous ne saurions trop regretter la perte. Le pape Sylvestre II adressa sur ce sujet à l'abbé Odilon une réponse très énergique dans laquelle il se montre l'intrépide défenseur des droits de l'épiscopat. Dans cette épître, le pape enseigne formellement que tout évêque faisant profession religieuse dans un monastère perd, par cela même, son droit de juridiction, et il lui interdit toute fonction épiscopale, les réservant exclusivement à l'ordinaire. Sa lettre commence ainsi : « Au très cher fils et très illustre abbé Odilon et à toute la congrégation qui lui est confiée. Nous Nous recommandons continuellement à vos prières, et Nous vous prions de daigner accueillir notre demande, car, dans quelque position que Nous puissions être placé, vos intérêts ne Nous trouveront jamais en défaut » (1). Le pape, décidant ensuite avec les cardinaux la question proposée, reconnaissait que l'évêque qui avait renoncé aux honneurs et aux fonctions épiscopales ne pouvait plus les exercer dans le cloître ; mais, dans le cas présent, ayant agi de bonne foi d'après le conseil de ses collègues et de son abbé, la droiture de ses intentions validait son acte, et les prêtres ordonnés par lui devaient être laissés en paix et regardés comme régulièrement pourvus du caractère sacré. Quant à ceux, ajoutait le pape, qui par une orgueilleuse présomption, n'ont pas voulu persister dans l'ordre qui leur a été conféré, ils seront suspens des ordres qu'ils ont déjà reçus. Il était du reste interdit à l'évêque-moine de risquer à l'avenir une pareille ordination (2). Odilon avait trop le sentiment du respect et de l'obéissance pour ne pas

---

(1) « Vestris nos sanctissimis omni tempore committimus orationibus, et ut accipere dignemini, fidelibus exoramus petitionibus; quia in quocunque noster valuerit status, nullo modo vester defectum sentiet profectus. »

(2) Mabillon, *Annal. Bened.*, t. IV, p. 134; Cf. Jaffé n° 3010; Patrol. lat., t. CXXXIX, col. 283 et suiv. Telle a été aussi la décision d'Innocent III (Cf. Libit., Decret. t. IX, cap. 4). Autre fut le jugement de Benoît VIII, qui permit à un évêque devenu moine à Saint-Bénigne de Dijon, de conférer les saints Ordres sur l'ordre de son abbé. Mabillon a clairement traité cette question dans *Annal.*, IV, p. 134 et suiv. Cf. Gfrörer, loc. cit., V, p. 398 et suiv. — Pierre le Vénérable a également contredit cette décision (Epist., ad Innocent II, lib. IV). La demande d'Odilon et la décision du pape se trouvent dans les Actes du 2ᵉ synode de Limoges, session du 19 novembre 1031 ; Cf. Labbe, *Sacrosancta Concilia*, t. IX; Bibl. Clun., col. 338; Mabillon, *Annal.*, IV, 371; Acta VI, p. 582, n° 105; Chron. Masciac. dans *Bouquet*, X, p. 321 ; Gall. Christ., t. II, col. 258; Ringholz, *opus cit.*, p. 69.

Cf. Pignot, *Hist. de l'ordre de Cluny*, t. I, p. 369.

se conformer à cette décision du chef de l'Eglise, bien qu'il eût été préférable pour le repos de son monastère de laisser conférer les saints ordres par l'un de ses propres moines plutôt que d'inviter d'autres évêques à remplir cette importante fonction. Ce n'est pas la seule fois que le saint abbé dut mettre à l'épreuve son obéissance à l'égard du souverain Pontife. Etienne III, évêque de Clermont, au cours d'un voyage accompli en 1013, avait trouvé la mort dans un abominable guet-apens. Le meurtrier n'ayant trouvé de refuge nulle part, s'enfuit à Cluny où le charitable abbé l'accueillit avec bonté et l'admit au monastère. Il y prit l'habit religieux; il apprit à lire et à chanter comme un clerc expérimenté. Les dispositions du fugitif furent telles qu'Odilon crut réellement pouvoir lui permettre de recevoir les Ordres. Il ne voulut cependant rien faire sans en référer au Pape. Le Pontife défendit d'élever le meurtrier à la cléricature; il lui interdit aussi d'apporter à l'autel aucune offrande et ne lui permit de recevoir la sainte communion qu'à l'heure de la mort, où par miséricorde on pourrait la lui donner en viatique (1).

Sur ces entrefaites, un événement de la plus grande importance était venu réjouir le cœur de l'abbé de Cluny. Gagné par les douces paroles de deux saints évêques, Piligrin de Passau et Adalbert de Prague, un barbare, Waïk, duc de Hongrie, recevait le baptême, avec sa femme, ses enfants et la plus grande partie de la nation, et, devenu sous le nom d'Etienne chef des Magyars (2), il déploya en faveur du christianisme tout le zèle d'un néophyte. Ce pieux prince favorisa la

(1) Voir la note 2.
(2) Cartuitius in *Vita S. Stephani regis*, cap. vii, apud Surium, t. IV, die 10ᵃ Augusti.

création d'un clergé indigène pour mieux assurer les progrès de l'Evangile. Il appela des missionnaires, construisit partout des églises et des monastères, et il fut un rempart pour Rome et pour l'empire contre le schisme et le paganisme. Vers l'an 1000, le duc Etienne envoya au pape une ambassade à la tête de laquelle se trouvait l'évêque Anastase ; le but de cette députation était de faire hommage de ses Etats au Saint-Siège, de solliciter l'admission de son peuple dans la grande famille chrétienne et l'érection du siège de Gran en église métropolitaine de Hongrie (1). Aux premiers rayons du soleil, les députés hongrois firent leur entrée solennelle à Rome, et Anastase exposa au pape le but de leur mission ; il lui fit connaître les saintes œuvres accomplies à la gloire du Christ par le duc Etienne, et le vif désir qu'avait ce prince de recevoir du Souverain Pontife la couronne royale. Sylvestre II, reconnaissant la volonté du ciel, « et fidèle exécuteur des promesses du Christ, livre, pour être remise au descendant d'Attila, cette couronne fabriquée avec tant de sollicitude et qu'il avait enrichie de tous les dons du ciel et de la terre, gage mystérieux qu'il avait préparé à son insu, prix du marché jadis conclu entre Jésus-Christ et son fléau pour le rachat de Rome et des ossements des apôtres » (2). La race des Huns voyait ainsi, après six siècles écoulés, un successeur de saint Léon dompter encore ce fils d'Attila. Mais cette fois la soumission est un triomphe ;

---

(1) Les Hongrois ou Madgyars, après avoir été pendant plus d'un demi-siècle la terreur des pays germains et francs, avaient embrassé le christianisme en grand nombre avec leur duc Geisa, troisième descendant d'Arpad, mais c'est le règne de son fils Etienne qui ouvre l'ère de la transformation définitive.

(2) Amédée Thierry, *Histoire d'Attila*, t. II, p. 403 ; Bolland, *Acta SS.*, 2 sept.

le royal néophyte reçoit avec le titre de légat apostolique, comme sanction de son autorité, une couronne d'or, surmontée de l'image du Christ, et portant sur son orbe celles des douze apôtres (1). Sylvestre II y ajouta une croix processionnelle en or massif, et il autorisa le roi de Hongrie à la faire toujours porter devant lui comme insigne de son apostolat. Dans la lettre que ce pontife lui adressa le 27 mars de l'an 1000, il exprime en termes fort nets les droits que le Saint-Siège entendait se réserver pour l'avenir :

« Recevant sous la tutelle de la sainte Eglise
« romaine le royaume que votre munificence vient
« d'offrir à saint Pierre avec votre personne et toute la
« nation hongroise présente et future, Nous le rendons
« et le conférons à votre sagesse pour être tenu, régi,
« gouverné et possédé par vous et par vos légitimes
« héritiers ou successeurs. Tous ces héritiers ou
« successeurs, une fois légitimement élus par les
« grands du royaume, seront tenus de Nous rendre
« obéissance et respect, par eux-mêmes ou par
« députés, à Nous ou à Nos successeurs — de se
« montrer soumis à l'Eglise romaine, laquelle ne traite
« pas ses sujets en esclaves, mais les considère tous
« comme des fils — enfin de persévérer constamment
« dans la foi catholique et la religion du Christ
« notre Seigneur et Sauveur, et de la promouvoir. »
Ne pourrait-on pas voir dans cette lettre une sorte de préface à la magistrale encyclique de l'immortel pape Léon XIII sur la *Constitution chrétienne des Etats* ? Le nouveau roi de Hongrie l'accepta avec reconnais-

---

(1) Ceux qui ont vu la sainte couronne, dit M. Amédée Thierry, s'accordent à dire que c'était un ouvrage d'une rare perfection, fabriqué d'or très fin, incrusté de perles et de pierreries, etc. (*Histoire d'Attila*, p. 406 et suiv.)

sance et se fit couronner le 15 août suivant, au jour de l'Assomption de Notre-Dame, qu'il déclara grande souveraine des Hongrois.

A cette époque la Hongrie eut-elle, comme d'autres contrées, la joie de recevoir, elle aussi, quelque colonie de Cluny ? Nous aimons à le croire, bien qu'aucun document ne nous soit parvenu à ce sujet. Ce qu'il y a de certain, c'est qu'Odilon, qui était avec le pape Sylvestre II la personnification vivante de son siècle, fut aussi honoré de l'amitié du roi de Hongrie, Etienne, qui venait, nous l'avons vu, de se convertir au christianisme. Et, en effet, dès le commencement du xie siècle, c'est-à-dire vers l'an 1001, le nouveau roi entrait en relations avec l'abbé de Cluny ; sans cesse des messagers étaient en route entre Cluny et les rives du Danube (1). Saint Etienne de Hongrie ne vit pas personnellement Odilon, il est vrai, mais par l'entremise de ses ambassadeurs, il lui témoignait sa vénération ; il lui envoyait des lettres et de riches présents. Odilon se faisait un devoir et un bonheur de répondre aux lettres du roi Etienne ; mais de cette correspondance qui serait pour nous si particulièrement intéressante, il ne reste malheureusement qu'une seule lettre reproduite d'après un manuscrit de la Bibliothèque nationale (2). Dans cette épître, le saint abbé écrit

---

(1) *De Fulberti Carnotensis episcopi vita*, p. 53, n° 2.

(2) Cette lettre, imprimée pour la première fois dans Ringholz, *opus cit.*, p. xxxv, se trouve dans le manuscrit sous le n° 9376 (antérieurement n° 1654). Cf. Pertz, *Archiv.*, etc., t. VIII (1843), p. 306, folio 60 de la Bibliothèque nationale ; Cf. *Neues Archiv.*, etc., 1881, p. 479.

La lettre initiale Od. se réfère à Odilon ; c'est à Cluny que s'applique la remarque qu'un certain comte Guillaume en était le fondateur ; c'est encore de Cluny qu'il s'agit dans la mention des reliques du pape saint Marcel et dans la remarque qu'un très grand nombre de personnages considérables étaient entrés dans ce monastère. Guil-

qu'il a appris sur Etienne beaucoup de bien. Il le remercie de son ambassade et des présents qu'il a reçus du roi; il lui souhaite le salut éternel et toutes sortes de prospérités temporelles, et lui promet de prier pour lui. Cette lettre est trop précieuse pour ne pas la citer textuellement.

« A mon seigneur et au pacifique serviteur de Dieu,
« à Etienne et au plus humble des rois, le frère
« Odilon,
« Quel grand amour pour le culte de notre divine
« religion déborde de votre âme, c'est ce que proclame
« le monde presque tout entier, mais c'est principale-
« ment le témoignage bien connu qu'en rendent tous
« ceux qui reviennent du sépulcre du Sauveur. Nous
« l'avons nous-même très vivement senti lorsque nous
« avons été jugé digne de recevoir vos messagers char-
« gés de vos présents royaux; aussi bien nous rendons
« au Seigneur tout-puissant des louanges et des actions
« de grâce de votre éminente piété, et afin qu'il com-
« plète en vous la grâce qu'il a commencée, qu'il
« prolonge longtemps votre vie pour la protection de
« ses fidèles, et qu'ainsi il vous accorde le bonheur de
« régner dans la céleste patrie, nous lui adressons
« d'instantes et continuelles prières qui nous concernent
« aussi, nous et tous nos besoins : nous en avons parlé
« assez longuement dans nos premières lettres que
« nous vous avons envoyées par notre frère M..., et
« ainsi qu'il nous semble à nous et à nos référendaires,
« nous avons rendu plus assurée votre autorité royale.

laume est ici nommé *comes*, et non pas *dux*. (Cf. Mabillon, *Acta*, V, p. 77.) Que la lettre ait été adressée à Etienne, roi de Hongrie, c'est ce que prouve la lettre initiale S et ce que dit Odilon au sujet des pèlerins qui revenaient de visiter le saint sépulcre. On sait que le pieux roi invitait les pèlerins à passer par ses Etats, protégeait leurs marches et leur fournissait les vivres nécessaires. (Cf. Jotsald, I, 7.)

« Quant aux corps des saints dont vous nous avez prié
« de vous envoyer quelques reliques, que Votre
« Majesté soit bien assurée, aussi longtemps qu'elle
« vivra, que nous sommes disposés à obéir aux ordres
« de personne avec plus de plaisir qu'aux vôtres, s'il
« est au pouvoir de notre humilité de les accomplir.
« Mais, ainsi que vous pouvez l'apprendre de gens
« bien informés, notre monastère ayant été fondé dans
« les temps modernes par la pauvreté du comte Guil-
« laume, les corps des saints se trouvent dans des
« monastères plus anciens, et nous n'avons pu obtenir
« que le corps du pape saint Marcel dont notre abbaye
« a mérité d'être en possession, grâce au zèle et aux
« recherches de ce même comte Guillaume. Toutefois,
« comme il a été placé par le soin diligent et le zèle
« pieux de nos ancêtres dans un tombeau très solide-
« ment fixé par de nombreux coins et de tous côtés
« enveloppé de soie, nous n'avons pas osé y porter la
« main. Mais ayant découvert dans un lieu très caché
« des reliques extraites du propre corps de saint
« Marcel, nous les envoyons d'un cœur joyeux à Votre
« Majesté. Il y a eu d'autres hommes et en grand
« nombre, très puissants et de la plus haute noblesse
« qui, méprisant les pompes de ce siècle et foulant aux
« pieds les flots fangeux du monde, enflammés du
« désir de la vie éternelle, se sont réfugiés au port de
« notre monastère. Que de nombreux gages de sain-
« teté ils nous ont apportés ! Nous avons pu vous en
« envoyer quelques-uns, et nous prions Votre Majesté
« de les accueillir avec bienveillance. Pour ce qui est
« de la quantité des reliques, il ne faudrait pas s'en
« scandaliser, les membres des saints et même les vête-
« ments à leur usage, nous le savons par une foule
« d'exemples, souvent brillent plus par l'éclat des

« miracles et par leur puissance, que dans les lieux où
« reposent leurs propres corps. Nous lisons dans la vie
« du pape saint Grégoire que quelques-uns lui ayant
« demandé des reliques des saints, ils reçurent à la place
« des reliques le voile qui les recouvrait (1). Et comme
« ils hésitaient à croire et qu'ils refusaient avec une
« sorte de moquerie, le pape susdit coupa le voile et
« immédiatement, à ce qu'on dit, le sang coula.

« Nous recommandons à votre bienveillance et à
« votre clémence nos moines porteurs de cette lettre ;
« qu'en toutes choses ils soient assistés de votre secours
« et de vos conseils, c'est ce que nous demandons par
« nos humbles prières, autant que notre petitesse peut
« les offrir au Seigneur créateur de toutes choses.
« Nous souhaitons continuellement à vous et aux vô-
« tres toutes sortes de choses agréables et salutaires.
« Adieu. »

Moins d'une année après et tandis qu'Odilon entretenait avec son royal ami ce commerce épistolaire où se révèle toute sa foi et tout son cœur, une douloureuse nouvelle lui arrivait à Cluny : Othon III, qui, tout récemment encore, au monastère de Classe, venait de donner au saint abbé un si touchant témoignage de son estime, venait de s'éteindre à peine âgé de vingt-deux ans. Le jeune empereur, oubliant de plus en plus la politique et les devoirs pressants que la tâche de la royauté germanique lui imposaient, s'était dépensé pour l'Italie, sa patrie d'adoption, et il eut la douleur d'y voir ses efforts payés d'une étrange ingratitude. En ce moment, c'est-à-dire en 1002, l'Italie était en flammes, et des princes arboraient aussi en Allemagne

---

(1) Saint Odilon écrit *prandei* au lieu de *brandei* (*Brandeum*, voile des reliques).

le drapeau de l'insurrection. Nature délicate, l'empereur fut brisé par ces orages, et Sylvestre II vit la tombe recouvrir, dans toute la fleur de la jeunesse, son ami fidèle et son dernier soutien (1). Ce coup retentit douloureusement dans le cœur du pontife qui lui-même mourut l'année suivante, le 12 mai 1003 après avoir occupé un peu plus de quatre ans le siège apostolique. Son pontificat fut court, mais fécond. Sylvestre II, en effet, avait médité et exécuté de grandes choses. Il avait ouvert au monde une ère de civilisation ; l'Eglise lui doit des institutions magnifiques, une sorte de renaissance morale. Il jette à la chrétienté émue le cri de la guerre sainte, et il ne se désiste que devant la glaciale immobilité de l'Europe, mais sa parole tombée au fond des cœurs y demeure vivante ; un siècle plus tard, un autre pape, français (2) aussi et tout clunisien, en réveillera l'écho et proclamera la croisade, sur le sol même de l'Auvergne, berceau de Sylvestre II.

Odilon pleurait encore l'illustre pontife si dévoué à la Congrégation de Cluny et à son chef vénéré, lorsqu'un événement bien inattendu vint encore aggraver sa douleur : des troubles graves venaient d'éclater dans plusieurs monastères de France. Le saint abbé de Cluny ne pouvait rester étranger aux cruelles épreuves qui frappaient les grands abbés de cette époque. L'un d'eux, Abbon, abbé de Fleury, venait de payer de sa vie son zèle pour obtenir le retour à la règle et à la discipline monastiques. Né dans le voisinage d'Orléans (3), il fut de bonne heure et encore dans toutes les grâces du

---

(1) Kraus, *Hist. de l'Egl.*, t. II, p. 174; *Petri Damiani in Romuald*, apud Surium, 19 juin.

(2) Le pape Urbain II (1088-1099). Cf. *Vie de S. Odilon*, chap. xxxii.

(3) Mabillon, *Annal. Bened.*, t. III, p. 538; *Acta SS. ord. S. Bened.*; Aimoin, *Vita S. Abbon.*, sæc. VI, p. 1, p. 38 et suiv.

jeune âge offert par ses pieux et nobles parents à l'abbaye de Fleury-sur-Loire, en qualité d'oblat. La chaire abbatiale du monastère de Fleury était alors occupée par Vuilfade, que les contemporains qualifient d'homme sage et ferme. Sous sa haute et paternelle direction, le jeune Abbon, comme Samuel à l'ombre du sanctuaire, grandissait en âge et en sagesse sous l'habit monastique. Son esprit, pur et innocent comme son cœur, s'ouvrait à la grâce sous l'œil de Dieu qui devait en faire bientôt un vase d'élection. Mûr avant l'âge et quoique bien jeune encore, ses talents et sa vaste érudition le firent placer par l'abbé Richard, ancien prieur de Pressy-sous-Dondin, à la tête de l'école du monastère (1), une des plus glorieuses métropoles intellectuelles du moyen âge. Abbon dominait tous les savants et les lettrés issus de cette école. Peu d'hommes d'ailleurs avaient reçu de la Providence de plus riches présents. Son intelligence pénérante, son zèle pour l'étude, son imagination enflammée par les beautés de la nature à un âge où tout est illusion et ivresse, tout contribuait à faire du jeune professeur un de ces personnages qui dominent et passionnent leurs contemporains et laissent après eux un radieux sillon. Après avoir quitté un moment la douce solitude du cloître pour aller diriger l'école du monastère anglais de Ramsey (2), Abbon revint en France se remetttre avec joie sous le joug de la règle de Saint-Benoît. C'est là qu'après la mort du très excellent Oylbod, il fut porté, par le suffrage de ses frères, sur le siège abbatial (3). L'abbé de Fleury n'était point un inconnu pour Odilon. Entre ces deux âmes si dignes l'une de l'autre,

(1) *Id., ibid.;* AIMOIN, *opus cit.*
(2) AIMOIN, *opus cit.;* MABILLON, *Acta*, p. 39 et suiv.
(3) AIMOIN, *opus cit.*

il s'était formé une de ces fortes et tendres liaisons dont on retrouve tant d'exemples dans la vie des saints. L'Écriture sainte faisait leurs délices à l'un et à l'autre. La réputation de l'abbé de Fleury en cette matière était si répandue que les personnages les plus éminents de son siècle le consultaient sur les questions les plus insolites. Un jour qu'Odilon, accompagné de quelques moines de Cluny, se trouvait avec Abbon, un de ceux-ci pria l'abbé de Fleury de lui donner des éclaircissements sur les difficultés que présentent les *Canons des Évangiles*. Les circonstances ne le lui permirent point alors; il le fit plus tard en écrivant à notre saint abbé une lettre qui est un véritable traité sur la matière. A ce sujet, Ammonius d'Alexandrie avait composé, au IIIe siècle, une concorde évangélique formée de dix canons ou tables, pour montrer les rapports ou les différences qui existent entre les textes des quatre évangélistes. Eusèbe, évêque de Césarée au IVe siècle, retoucha et modifia les *canons* d'Ammonius; sans déplacer les textes des Évangiles, il indiqua par des chiffres ce qu'ils avaient de commun et de particulier. Abbon, à qui toutes les questions étaient familières, expliqua à l'abbé de Cluny, dans la lettre qu'il lui écrivit, l'usage qu'on doit faire des *canons évangéliques* d'Eusèbe pour trouver aisément le rapport ou la différence existant entre les évangélistes. Un exemple ajouté à la démonstration expliquait le mécanisme de ces tables (1).

L'abbé de Fleury gouvernait en paix son monastère, lorsqu'en 1004 il fut appelé à la Réole en Gascogne pour y introduire la réforme. Les habitants de la

---

(1) MIGNE, *Patrol. lat.*, t. CXXXIX, col. 404; col. 424-429. Cf. PARDIAC, *Histoire de S. Abbon*, p. 407.

Gascogne avaient une haine profonde pour tous les autres habitants du royaume. Une lugubre tragédie devait montrer bientôt combien cette haine était demeurée vivace (1). Le monastère qui relevait de Fleury (2) était tombé dans un tel relâchement qu'il n'existait plus à la Réole ni frein religieux, ni trace même de bonne conduite. La visite d'Abbon était donc en même temps l'exercice d'un droit et l'accomplissement d'un devoir. La gravité du mal auquel il fallait porter remède accéléra son départ. Il se mit en route pour la Réole dans les premiers jours de l'année 1004. Mais rappelé trop tôt à Fleury par les devoirs de sa charge, Abbon n'avait pu, en quelques jours, ramener le moutier de la Réole à une discipline radicale et durable. Aussi bien il laissa, au milieu de ses religieux gascons, des moines de la *Francia*, espérant que peu à peu ils ramèneraient ces premiers dans le chemin du devoir par leur exemple et leurs exhortations. Mais, aussitôt qu'Abbon eut repris la route de Fleury, de graves dissentiments éclatèrent entre ces hommes de races différentes, et les Francs, craignant d'être assassinés,

---

(1) Déjà il régnait une animosité très grande entre ceux qui demeuraient dans la *Francia* et ceux qui séjournaient dans le pays de Guillaume le Grand ; car les uns et les autres avaient leurs coutumes et leurs usages particuliers. Mais ici il y avait plus : entre les Gascons et le reste des Français existait une rivalité de races. Les Gascons n'avaient pas oublié la guerre terrible que leur avaient faite les compagnons de Pépin et de Charlemagne ; ils rappellent encore ces luttes héroïques dans leurs actes du xe siècle. (Cf. Pfister, *Etudes sur le règne de Robert le Pieux*, p. 288.)

(2) En 977, Guillaume Sanche, duc de Gascogne, avait soumis au monastère de Fleury-sur-Loire le prieuré de la Réole, appelé autrefois Squirs. Richard, abbé de Fleury, était accouru au midi de la Garonne pour prendre possession de cette annexe et pour exhorter les moines à rester fidèles à la règle bénédictine. Mais, après le départ du pieux abbé, de nouveaux désordres s'introduisirent dans le monastère. Il fallait une nouvelle réforme. (*Id., ibid.*)

désertèrent leur poste. De nouveaux religieux y furent envoyés, mais ils n'eurent pas plus de succès que les précédents. Dans ces circonstances, Abbon se décida à accomplir un second voyage en Gascogne, où l'appelaient les obligations de sa charge et les inspirations de sa charité. Arrivé à Poitiers, une affaire sérieuse le retint dans cette ville. Pépin, ce pieux roi d'Aquitaine à qui l'on doit la fondation de Saint-Jean d'Angély, avait bâti en 828, sous les murs de Poitiers, un second monastère bénédictin. Cette nouvelle communauté fut dédiée à saint Cyprien, un des martyrs du Poitou au Ve siècle (1). Odilon l'avait reçue de Guillaume d'Aquitaine, et dès l'an 1004 elle appartenait à Cluny ; mais, à cause de son importance, son supérieur avait conservé le titre abbatial. C'est un privilège qu'il partageait avec les chefs de dix autres abbayes (2). En cette même année, le monastère de Saint-Cyprien de Poitiers avait pour abbé Gislebert ou Gaubert, parent d'Abbon. Attaqué dans son honneur par une horrible calomnie, Gislebert retient Abbon auprès de lui, et le prie de s'intéresser à sa cause. Abbon n'avait pas en main le pouvoir nécessaire pour châtier les coupables ; mais il était lié avec Odilon d'une étroite amitié, et notre saint, en sa qualité d'abbé de Cluny, était administrateur tout-puissant du monastère de Saint-Cyprien. Odilon était une des gloires de l'Aquitaine, le restaurateur de

---

(1) Saint Cyprien et saint Savin, son frère, tous les deux martyrs, sont honorés dans le Poitou le 11 juillet.

(2) Ces abbayes sont celles de Vézelay, Saint-Gilles, Saint-Jean-d'Angély, Maillezais, Saint-Pierre de Moissac, Saint-Martial de Limoges, Saint-Germain d'Auxerre, Figeac, Saint-Austremoine de Mauzac et Saint-Bertin de Lille. Ces abbayes avaient à leur tour, sous leur obédience immédiate, une légion de prieurés disséminés au loin, sur notre sol et à l'étranger. (Cf. PARDIAC, *Histoire de saint Abbon*, p. 505.)

la discipline monastique à Saint-Jean d'Angély et ailleurs, en un mot « l'archange des moines ». L'ami des amis du Christ écrit donc avec confiance à l' « immortel père Odilon », qu'il salue en Notre-Seigneur. Sa lettre, arrivée jusqu'à nous (1), se distingue par la pureté de la diction, par la grâce de la pensée et par l'énergie de l'invective contre les calomniateurs. L'auteur conclut en priant l'abbé de Cluny de réprimer le mal. Ses instances ne restèrent pas sans effet. Le saint, écrivant à un autre saint pour une cause aussi juste, ne pouvait manquer d'être écouté. Gilbert réhabilité, Abbon continua sa route, et il arriva enfin à la Réole, le 9 novembre. Le monastère de la Réole est situé sur le sommet d'une montagne. Trois collines l'environnent au nord, à l'est et à l'ouest ; la Garonne coule à ses pieds, dans une vallée profonde. Abbon, ami de la science et de la belle nature se plaisait à visiter ces lieux. Il célébra dans l'église du monastère la messe solennelle avec une grande dévotion. Le surlendemain, jour de la fête de saint Brice, un moine gascon, nommé Azenan, homme dissimulé et haineux, dont les méchantes inspirations et les paroles perfides avaient déjà occasionné une première rixe survenue entre les serviteurs des religieux, réveilla par vengeance les querelles mal assoupies (2). Mais l'exaspération des Gascons contre les Francs est telle que tout devient objet de dispute. On se querelle à cause de la nourriture des chevaux ; on se bat parce qu'Abbon reproche à un moine de ne pas observer la règle, en prenant ses repas hors du monastère. Abbon sort et veut en vain calmer le tumulte. Un des Gascons se précipite aussitôt

---

(1) MIGNE, *Patrol. latine*, t. CXXXIX, col. 438 et 439.
(2) AIMOIN, *Vita S. Abbon.*, *Acta SS. ord. S. Bened.*, sæc. VI, p. 54.

à sa rencontre et lui perce la poitrine d'un coup de lance. Le sang coule à grands flots. Il appelle à lui ses religieux et ses serviteurs, qui le soutiennent dans leurs bras : « Mon Dieu, s'écrie-t-il, ayez pitié de mon âme, et protégez toujours le monastère que vous aviez confié à ma garde. » La mort de ce saint religieux n'apaise pas ces forcenés : l'un d'eux a la barbarie de venir massacrer le serviteur qui tient sur ses genoux la tête défaillante de son maître, et qui l'arrose de ses larmes(1).

Il serait difficile de dépeindre la consternation qu'un tel événement répandit dans le monastère et les écoles de Fleury. On apprit la fatale nouvelle le jour même de la fête de la Tumulation de saint Benoît, au mois de décembre. Odilon, le plus intime et le plus tendre ami du saint, était venu pour prendre part à la solennité; il put mêler ses larmes à celles de tous ses frères et de tous ses enfants désolés. Il les assista de ses conseils et de son appui. Mais sa sollicitude pastorale ne se borna pas aux soins que réclamait le monastère de Fleury. Il alla lui-même à Rome (2) pour remédier à l'oppression qui pesait sur d'autres monastères; il s'employa auprès de Léodegar, archevêque de Vienne, en faveur d'Ysarn, abbé de Saint-Victor de Marseille, afin que, dans le dernier synode de Vienne en 1036, il lui cédât à perpétuité le monastère de Saint-Ferréol (3). Et c'est ainsi qu'en toute circonstance, par ses travaux pour la réforme et l'extension de l'ordre bénédictin, Odilon méritait de plus en plus le beau titre dont l'honorait Fulbert de Chartres qui l'avait surnommé « l'archange des moines ».

(1) *Id., ibid.*, c. 16-20 ; Cf. *Vita S. Abbon.*, dans BOUQUET, t. X, p. 340.
(2) *Adalberonis Carm.*, V, 130, dans BOUQUET, t. X, p. 40 et 41.
(3) MARTÈNE et DURAND, *Vetera Sacra et Monumentorum Collectio*, t. I, col. 402 et suiv.

CHAPITRE XVI

ODILON ET HENRI II, EMPEREUR D'ALLEMAGNE
5ᵉ VOYAGE EN ITALIE

(1004-1007)

Au printemps de l'année 1004, quelques mois seulement avant la lugubre tragédie de la Réole, Odilon se disposait à revoir ses monastères, qui se réjouissaient déjà de sa visite et se préparaient à recevoir les grâces qui y étaient attachées ; peut-être même se trouvait-il déjà dans sa chère abbaye de Murbach, en Alsace, lorsqu'une circonstance des plus graves l'obligea à se diriger du côté des Alpes et à prendre pour la cinquième fois le chemin de l'Italie. Mais, pour se rendre compte du motif qui détermina le saint abbé à entreprendre ce voyage, il est nécessaire de reprendre d'un peu plus haut le fil des événements.

La transmission, trois fois renouvelée déjà, de la couronne allemande dans la dynastie fondée par Henri l'Oiseleur, semblait la rendre héréditaire dans la famille saxonne. Mais aucune loi n'était intervenue pour le proclamer : l'extinction de la ligne directe avec Othon III, mort dans la fleur de sa jeunesse et sans enfant, autorisait l'Eglise et la féodalité allemande à exercer le droit d'élection qui n'était pas tombé en désuétude. C'est dans ces circonstances qu'un prince de la famille, Henri, duc de Bavière, se posa comme héritier et fut élu avec la mission de relever l'œuvre de Charlemagne et de saint Léon III. Henri II venait de ceindre la couronne depuis quelques mois lorsqu'il se rendit en Alsace, l'un des plus beaux fleurons de son royaume. Strasbourg était alors occupé à la construction de son incomparable cathédrale. Le nouvel empereur voulut contribuer d'une manière vraiment princière aux immenses frais qu'entraînèrent les premiers travaux. C'est à cette époque qu'il vint visiter le monastère de San Bilt (1) ou Saint-Hippolyte, entre Strasbourg et Colmar. Saint-Hippolyte est une jolie petite ville du Haut-Rhin située près de Ribeauvillé, au pied d'une montagne couronnée par les ruines imposantes du château de Haut-Kœnisbourg (2), dans une contrée riche en vignobles et non loin du chemin de fer de Strasbourg à Bâle. Une bulle du pape Etienne III, du 26 février 757, donna à Fulrade, abbé de Saint-Denys, la permission de bâtir des monastères dans les terres qui lui appartenaient en propre, soit qu'il les eût achetées, soit qu'elles fussent sa part de l'héritage paternel. Fort de cette autorisation, Fulrade fonda

---

(1) Ce lieu a été désigné successivement par les noms suivants : *Audaldovillare* (768), *Audaldo*, gén. gaulois; *Audoldivillare* (854), *Audoldi*, gén. latin; *Sanctus Hippolytus* (1003), *San Pult* (1340); *Sant-Pülte* (1382); *San Bildt* (1504); *Sant-Bilt* (1576).

(2) Cet ancien château, rendez-vous de chasse des ducs de Lorraine, construit par le duc Léopold, est aujourd'hui transformé en un collège dirigé par les frères de Marie. Ce collège a été supprimé depuis l'expulsion des religieux par le Kulturkampf.

un monastère dans un endroit nommé Audaldovillar, et le dédia à saint Hippolyte. Il y déposa le corps de ce saint martyr qu'il avait apporté de Rome et qu'il avait obtenu en 764 du pape Paul Ier, avec plusieurs autres reliques (1). De là le nom de Saint-Hippolyte donné plus tard à ce lieu béni (2). Pendant le court séjour que fit Henri II au monastère de Saint-

(1) Les reliques de saint Hippolyte ne restèrent pas longtemps dans l'endroit auquel elles donnèrent ce nom. Il paraît, par une charte de Charles le Chauve de 862, qu'elles avaient été transférées avec celles de Saint-Cucufax dans l'abbaye de Saint-Denis (Voir GRANDIDIER, *Histoire de Strasbourg*). D'après cet auteur, saint Hippolyte, dont le corps fut transféré à Audaldovillare, serait différent de celui qu'on dit avoir été écartelé à Rome, mais il ne le spécifie pas autrement; c'est que le saint en question est voilé par la légende, sans parler du génie hellénique, qui jouait un grand rôle dans l'ordre des saisons à titre de cocher céleste, et dont le culte fut remplacé par celui de saint Hippolyte. (Voir *Symbolisme et légende de S. Hippolyte*, par M. DE RING, Gand, 1854.) Le saint Hippolyte le plus authentique est l'évêque de Portus, qui vécut au commencement du IIIe siècle sous l'évêque de Rome Zéphyrin et sous Alexandre Sévère, et qui composa une *Réfutation des hérésies*. (V. *Hippolytus und seine Zeit*, par BUNSEN, 2 vol. in-8, Leipzig, 1852.)

(2) L'empereur Lothaire II donna aux ducs de Lorraine l'avocatie de la ville de Saint-Hippolyte. Saint-Hippolyte fut cédé à la France par le traité de Westphalie; il fut restitué à la Lorraine par le traité de Paris de 1718 et restitué à l'Alsace en 1790.

Saint-Hippolyte porte d'azur à un saint Hippolyte de carnation ayant la tête environnée d'une gloire d'or, les mains croisées sur son corps nu et les pieds attachés à une corde de sable tirée par un cheval contourné d'argent, sur lequel est monté un bourreau de carnation vêtu de gueules, tenant de sa main dextre un fouet de sable et un petit écusson d'or posé en pointe et chargé d'une bande d'azur, surchargée de trois croisettes d'or, le petit écusson sommé d'une couronne de marquis de même.

Cf. *l'Alsace ancienne et moderne, ou Dictionnaire topographique, historique et statistique du Haut et du Bas-Rhin*, par BAQUOL, 3e édit., revue par P. RISTELHUBER, Strasbourg, chez Salmon, 1865.

Voir aussi l'*Histoire des saints d'Alsace*, par l'abbé HUNCKLER, Strasbourg, Levrault, 1837; HÉLIOT, *Histoire des ordres religieux*; FÉLIBIEN, *Histoire de l'abbaye royale de Saint-Denis*; DOUBLET, *Antiquités de l'abbaye de Saint-Denis*; LECOINTE, *Ann. ecclésiastiques*, t. V; LAGUILLE, *Histoire d'Alsace*; GRANDIDIER, ouvr. cité.

Hippolyte, il eut la joie d'y recevoir la visite d'Odilon. C'était le 30 octobre de l'an 1003 (1). Le saint abbé qui se trouvait alors, selon toute apparence, à l'abbaye de Murbach, placée dans le voisinage, s'était empressé de venir, accompagné d'un grand nombre de ses religieux, offrir ses hommages au nouveau souverain et lui demander en même temps sa haute protection pour les monastères de la dépendance de Cluny compris dans ses États. Le prince accueillit l'abbé de Cluny avec toutes les marques de vénération et de la plus exquise bienveillance, et il reporta sur lui toute l'estime et la confiance que lui avaient témoignées ses prédécesseurs. Payerne avait à cette époque plusieurs possessions en Alsace; Henri se fit un devoir et un bonheur de confirmer à ce monastère toutes ses possessions ; mais il ne s'en tint pas là : il donna à Odilon un témoignage autrement significatif de la tendre affection qu'il lui avait vouée : il voulut décider le saint à se joindre à sa cour et à l'accompagner en Italie. Voici dans quelle circonstance : la mort d'Othon III avait ruiné encore une fois à Rome et pour longtemps l'influence germanique. Jean Crescentius, le fils de ce Crescentius le Jeune qu'Othon Ier avait fait décapiter, ressaisit le pouvoir et tint dans une étroite sujétion les successeurs immédiats de Sylvestre II (2). L'Italie, qui voulait à tout prix se soustraire à la domination allemande, s'agita plus fortement que jamais en vue de recouvrer son indépendance nationale. La pitié ne saisit pas le cœur des Italiens à la vue du cercueil renfermant les

---

(1) Ernst SACKUR, *Die Cluniacenser in ihrer Kirchlichen und Allgemeingeschichtlichen Wirksamkeit bis zur Mitte des elften Jahrhunderts*, t. II, 6.

(2) Jean XVII (1003), Jean XVIII (1003-1009), Sergius II (1009-1012).

restes du jeune empereur de vingt-deux ans qui avait aimé leur civilisation et qui, dans son mépris pour la barbarie et la grossièreté teutonnes, avait voulu transporter à Rome le centre de son empire. Le cadavre d'Othon III fut insulté, et vingt-quatre jours après sa mort, le dimanche 15 février, dans l'église Saint-Michel de Pavie, Ardouin, marquis d'Ivrée, qui s'était déjà signalé par une vive lutte contre les évêques allemands, prit sur sa tête la couronne de fer du royaume d'Italie (1). Il semblait que l'œuvre accomplie par Othon Ier allait être anéantie. Mais le trône improvisé du nouveau roi n'était guère solide. Milan et les autres cités de la Lombardie refusaient de reconnaître son pouvoir, et Ardouin, au lieu de se gagner les sympathies par un gouvernement sage et modéré, acheva par ses violences de s'aliéner les esprits. Ses électeurs, par députés et par lettres, s'adressèrent au roi Henri, le priant de venir les délivrer. Henri II ne pouvait plus hésiter. Dans les premiers mois de l'an 1004, après s'être défait de ses concurrents, il franchit les Alpes et, un moment après, il entrait en Lombardie. Odilon l'y avait précédé de quelques jours (2). Il arriva bientôt sur les bords du Tessin, petite rivière qui se jette dans le Pô. En ce moment, des pluies torrentielles avaient rendu la traversée impossible. Le saint abbé y poussa son cheval et traversa cette rivière sans difficulté. Mais il faut entendre ici son biographe nous raconter ce prodige :

« A l'époque, dit-il, où un noble du nom d'Ardouin
« s'était emparé du gouvernement de l'Italie, et où

---

(1) *Regum et imperatorum Catalogus ex Cod. Ambros.*, dans *Monumenta Germaniæ historica*, Scrip. III, 217 ; Arnulf, *Gesta archiep. Med.*, I, 14 (*ibid.*, Script. VIII, 10).

(2) Dr Sackur, t. II, p. 7 ; Jotsald, V. *Odil.*, II, cap. vi.

« l'illustre Henri, du consentement de tous les princes
« de cette contrée, aspirait à y régner seul, notre Père
« Odilon, passant par l'Italie, arriva près de la rivière
« qui baigne les murs de Pavie, du côté du midi, et
« que l'on nomme Tessin. Il désirait la franchir sans
« retard, mais il n'y avait point de barque; il ne put
« passer un fleuve si profond. Plein de confiance en
« Dieu auquel il était attaché de toute son âme, il
« appelle un de ses serviteurs nommé Wolveno, et lui
« ordonne au nom du Seigneur de marcher sur le
« fleuve sans hésiter. Ce serviteur obéit sur-le-champ;
« le maître le suit, et, sans le secours d'aucune barque,
« sans aucun accident, notre Père, conduit par Jésus-
« Christ, parvient avec tout son cortège jusqu'à l'autre
« rive. C'est alors que fut accomplie la prophétie
« d'Habacuc : « Vous avez ouvert un chemin dans la
« mer à vos coursiers, ainsi que dans la boue des eaux
« profondes. » Quoi de plus merveilleux, reprend
« Jotsald, quoi de plus digne d'éloges! Autrefois le
« peuple d'Israël passa la mer à pied sec; maintenant
« notre bienheureux Père Odilon trace un chemin sur
« les eaux. Ces deux merveilles sont l'ouvrage du
« Seigneur et nous devons l'en glorifier. Des témoins
« de ce miracle eurent alors la coupable curiosité de
« vouloir essayer, eux aussi, cette périlleuse navigation;
« mais à peine les pieds de leurs montures avaient-ils
« touché la rive qu'ils faillirent être submergés, et ils
« furent obligés de reculer aussitôt. Frappé d'un si
« grand miracle, un autre spectateur eut une meilleure
« inspiration; il se jeta aux pieds de l'homme de Dieu,
« le conjurant de daigner recevoir l'hospitalité dans sa
« maison. Odilon y consentit volontiers, car le jour
« commençait à baisser. Il suivit donc son hôte avec
« les siens, prit quelque nourriture et se retira pour

« dormir. Vers le milieu de la nuit, comme le bien-
« heureux sommeillait déjà, le vent qui soufflait à
« travers les fentes de la maison éteignit la lumière.
« Un serviteur nommé Déodat, qui couchait près
« d'Odilon, s'étant éveillé avec frayeur, vit avec peine
« les ténèbres répandues là où il avait laissé de la
« lumière. Il s'élança de son lit et se mit à prier le
« Seigneur avec la foi la plus vive : « Dieu tout-
« puissant, dit-il, vous la lumière du monde, excusez
« votre indigne serviteur, et au nom d'Odilon, chassez
« les ténèbres de cette demeure. » A l'instant, une
« lumière descendue du ciel brille dans toute la mai-
« son comme le soleil à son plein midi. Telle est,
« frères bien-aimés, la puissance du Créateur qui vou-
« lut ainsi glorifier Odilon, afin que la puissance de ses
« mérites se répandît dans l'univers entier » (1).

Dès le lendemain matin, Odilon quitta la maison où il avait trouvé une si cordiale hospitalité, et se rendit au monastère de Saint-Pierre au ciel d'or (2), près de Pavie, sur la route de Verceil. Ce lieu très noble, dit Jotsald, était pour l'homme de Dieu un séjour de prédilection (3). Il visitait fréquemment ce monastère encore tout embaumé du souvenir de son saint prédécesseur. Cependant Henri II ne tarda pas à venir rejoindre l'abbé de Cluny. Il fit son entrée solennelle à Pavie le samedi et le dimanche, 14 mai, il fut couronné roi d'Italie des mains de l'archevêque dans la cathédrale de Saint-Michel (4). Mais dans la

---

(1) JOTSALD, cap. II, n. 16.
(2) Dr SACKUR, ouvr. cité, t. II, p. 7 ; Cf. JOHANNES, *Vita Sanctissimi Patris Odonis Abbatis Cluniacensis*, dans *Bibl. Clun.*, col. 15 ; *Acta*, V, p. 151 et suiv., et p. 137.
(3) *Vita Odilon.*
(4) Dr SACKUR, *opus cit*, t. II, p. 7.

soirée une émeute éclata entre les Allemands et les citoyens de Pavie. Le roi fut assiégé dans son propre palais par une multitude furieuse jusqu'à ce que les troupes allemandes campées devant la ville vinssent le délivrer. Là, il se fit un terrible carnage : les Italiens furent repoussés, mais le palais et une grande partie de la ville furent réduits en cendres. Henri se rendit au monastère clunisien de Saint-Pierre au ciel d'or, où il trouva auprès d'Odilon, son saint ami, un asile inviolable. Les habitants de Pavie, vaincus et tremblants de crainte et d'angoisse se rendirent auprès du roi pour lui demander leur grâce et leur pardon. On devine le chagrin compatissant qu'éprouva le saint abbé en voyant la ville des empereurs à demi ruinée par les flammes. Il invoqua la clémence de son royal ami en faveur de ce peuple révolté, et les habitants de Pavie ne durent leur salut qu'à l'influence et à l'intercession de notre saint qui supplia le roi de leur pardonner (1).

C'est vers ce même temps et peut-être dans cette même circonstance que l'abbé de Cluny fit à la cour d'Henri l'un de ses miracles les plus éclatants. Laissons ici parler son biographe : « Durant mon séjour en
« Pannonie avec le seigneur Hugues, dit-il, il m'arriva
« un jour de m'entretenir des vertus de notre Père
« avec le vénérable évêque Richard, autrefois son
« disciple, et je le suppliais de me faire connaître ce
« qu'il savait de lui. Longtemps, en effet, il avait vécu
« dans son intimité; longtemps il avait été le confident

(1) JOTSALD, I, 7 et II, 6 ; *Jahrbücher Heinrich II*, t. I, p. 307 et suiv. — A la page 309, Annot. 2 ; Cf. t. III, p. 222, Annot. I ; GIESEBRECHT, *Gesch. der deutschen Kaiserzeit*, t. II, p. 41 et suiv. ; NALGOD, *Vita S. Maioli*, t. II, 21, in Bolland., *Acta Sanctorum Maii*, t. II, p. 663, et MABILLON, *Acta*, V, p. 800, note a ; Cf. en outre MABILLON, *Acta*, III, I, p. 437 et suiv., et III, II, p. 550.

« de ses secrets, le compagnon de ses voyages et de
« ses travaux. Parmi plusieurs miracles, il me cita celui
« d'un verre brisé, et rendu à son état primitif par les
« prières d'Odilon. Comme j'étais encore dans l'incer-
« titude, je me mis à le questionner sur la vérité de ce
« prodige. « Vous rappelez-vous, me dit-il alors, ô mon
« frère, la querelle d'Albéric, évêque de Côme, avec
« Odilon, neveu d'Odilon l'ancien, au sujet de l'abbaye
« de Brême? Pendant cette querelle, reprit-il, je
« voyageai un jour avec cet évêque, et au milieu de
« notre conversation, je lui fis des reproches de ce
« qu'il avait osé s'attribuer injustement cette abbaye,
« tandis qu'il savait que l'empereur Conrad l'avait
« remise au gouvernement d'Odilon, puis je lui opposai
« la sainteté de cet homme, les nombreux miracles
« qu'on rapportait de lui, et en particulier celui d'un
« verre cassé rétabli dans son premier état. Quant à
« ce prodige, me répondit Albéric, je crois le connaître
« mieux que vous, et comme vous paraissez en douter,
« écoutez plus clairement la vérité. Un jour, votre
« vénérable abbé était venu à la cour de mon sei-
« gneur, l'empereur Henri. Or, tandis qu'il s'y trou-
« vait, on mit sur la table de l'empereur un vase de
« cristal très précieux avec des parfums. Henri m'ayant
« appelé ainsi que Landulphe, qui devint plus tard
« évêque de Turin, nous commanda de porter ce
« vase à la table du seigneur Odilon et de le lui
« présenter. Nous fîmes ce que l'empereur nous avait
« ordonné, et nous déposâmes de sa part le vase
« en présence de l'Abbé, en lui faisant, comme il
« convenait, une humble inclination. Odilon le reçut
« avec humilité, et nous pria de revenir à un instant
« déterminé pour le reprendre, puis il nous congédia.
« Mais, hélas! jusqu'où ne va pas la curiosité de

« l'homme, même dans les couvents ? Tous les Frères
« veulent examiner cet objet nouveau et extraordinaire,
« le toucher de leurs mains, se le passer des uns aux
« autres. On s'empresse, on fait cercle, on se montre
« le superbe vase, lorsque tout à coup celui-ci glisse,
« tombe à terre et se brise. Quelle consternation parmi
« les Frères ! A cette nouvelle, l'homme de Dieu est
« profondément attristé : « Mes Frères, dit-il, vous
« avez mal agi, car, par votre négligence, vous avez
« peut-être ravi la faveur de l'empereur aux jeunes
« clercs à la garde desquels avait été confié le vase
« brisé par vous. Allons donc à l'église et implorons
« la miséricorde du Seigneur, afin qu'il n'arrive aucun
« mal à ceux qui sont innocents. A cet ordre, tous
« courent à l'église, prient, récitent des psaumes et
« conjurent le Seigneur pour notre cause. La prière
« terminée, l'homme de Dieu se fait présenter le vase
« brisé, l'examine, le palpe de ses mains, le tourne et
« le retourne, et voilà qu'enfin, ô merveille ! il n'y
« reconnaît plus la moindre trace de rupture. Odilon
« gronde alors doucement ses religieux : Qu'aviez-
« vous donc vu, mes frères, leur dit-il ? Assurément vos
« yeux étaient dans l'illusion. Vous prétendiez fausse-
« ment que le verre était brisé, et voilà qu'on n'y
« trouve aucun mal. » Stupéfaits de ce prodige, les
« Frères n'osaient répondre. A l'instant marqué,
« reprend Albéric, je revins avec mon compagnon
« pour reprendre le vase et nous le redemandâmes à
« un serviteur. Celui-ci le remit entre mes mains en
« me tirant à part et en m'invitant à le rendre à l'em-
« pereur comme un présent de grand prix. Pour moi,
« je m'en retournai joyeux avec mon compagnon : je
« racontai secrètement à l'empereur ce que je savais
« et la connaissance du miracle le remplit d'allégresse

« et d'admiration. Il avait une grande affection pour
« le saint et suivait humblement ses conseils ; et sa
« vénération pour lui ne fit que s'accroître à partir de
« ce jour » (1).

Au moment ou Odilon accomplissait son cinquième
voyage en Italie, le Saint-Siège était occupé par le
pape Jean XVIII, qu'une inscription placée sur son
tombeau nous représente comme étant « d'un visage
serein, d'un caractère doux et affable ; envoyé de Dieu
pour être la gloire de l'Eglise ; bienfaisant envers les
pauvres ; docteur des sages et du peuple » (2).
Jean XVIII, comme tous les papes de ces temps, et
bien qu'il ne fît que passer sur le siège apostolique,
prit sous son autorité et sa protection les biens des
monastères et des églises (3). Le pieux pontife ne pouvait donc manquer, lui aussi, d'être pénétré d'estime
et d'affection pour Odilon, et il s'empressa de lui en
donner un touchant témoignage en défendant courageusement le saint abbé contre d'injustes attaques.
On assistait à cette époque à une glorieuse renaissance
de la perfection monastique et cléricale en Occident,
et il n'était pas toujours facile de maintenir la bonne
harmonie entre les évêchés et les monastères. Plus
d'un évêque trouvait exorbitants les privilèges accordés aux ordres religieux, et ne voyait leur influence
qu'avec une extrême jalousie. La vie de notre saint
nous en offre un triste exemple. A cette époque, le
siège épiscopal de Laon était occupé par Adalbéron,

---

(1) JOTSALD, cap. II, n° 12.

(2) « Quem decus Ecclesiæ contulit Omnipotens, Pauperibus panis,
nudorum vestis opima. Doctor et egregius qui fuit in populo. »
(AUDISIO, *Histoire civile et religieuse des papes*, de saint Léon III à
Boniface VIII, p. 161.

(3) AUDISIO, ouvr. cité, p. 162.

désigné plus souvent sous le dimunitif d'Ascelin. Elève de Gerbert dans l'école épiscopale de Reins, où peut-être il avait eu le roi Robert pour condisciple, puis chancelier de Lothaire (1) qui le nomma évêque, Adalbéron reçut la consécration le dimanche des Rameaux, 1er avril, et fut intronisé dans la cathédrale de Laon (2) le jour de Pâques (3). Lothaire ne se doutait guère qu'il venait d'introduire au cœur de ses domaines l'ennemi dont la perfidie devait, quatorze ans plus tard, exterminer sa famille. Ascelin commença peut-être ses trahisons envers son bienfaiteur dès le début de son épiscopat. Quoi qu'il en soit, l'évêque de Laon s'était mêlé à tous les événements dont le Nord de la France avait été le théâtre dans la dernière partie du xe siècle. Ce prélat ambitieux et déloyal avait fait de sa ville épiscopale un foyer d'intrigues où tous les mécontents trouvaient asile et protection. De graves accusations, sur lesquelles l'histoire a laissé tomber le voile du doute, avaient plané sur cet ancien élève de Gerbert (4), et quelques chroniqueurs lui imputaient même la mort du dernier carlovingien. Mais il est certain qu'il avait autrefois trahi Arnulf, archevêque de Reims,

---

(1) V. *Lettres de Gerbert*, édit. Havet, p. 56, 118, 122.

(2) Il avait été sans doute consacré hors de Laon, à l'abbaye de Saint-Vincent, « second siège de l'évêché ». C'était en effet la coutume que l'évêque fût consacré dans l'abbaye la plus importante de son évêché, un dimanche et autant que possible à l'une des grandes fêtes de l'année. Il ne faisait son entrée dans sa ville épiscopale que quelques jours après.

(3) *Contin. Flodoard*, ann. 977 ; Cf. Lot, *les Derniers Carolingiens*, p. 87, Paris, Bouillon, 1891.

(4) Dans le dessein de laver Ascelin d'une accusation infamante, l'archevêque de Reims, Adalbéron, prit l'initiative de réunir un synode dans le diocèse de Reims, à Saint-Macre (département de la Marne, arrondissement de Reims, canton de Fismes), pour soumettre la conduite d'Ascelin à l'enquête de ses confrères. Nous n'avons plus les actes de ce synode. (Cf. Richer, III, 66 ; IV, 16.)

d'une manière si odieuse qu'il nous faudrait, pour dépeindre toute l'horreur qu'il inspire, nous servir des termes bibliques en usage au xe siècle et le comparer à tous les traîtres de l'Ancien et du Nouveau Testament, depuis Achitofel jusqu'à Judas. Il avait juré fidélité à Arnulf sur les saintes reliques ; il avait vidé en signe d'alliance éternelle la coupe que lui tendait son métropolitain. « Je serai avec vous, avait-il dit ; qu'autrement je périsse avec Judas », et le lendemain il livrait à Hugues Capet son archevêque (1) et Charles de Lorraine. Une telle conduite dénote chez cet homme une constance et une profondeur de dissimulation qui étonnent, même à cette époque de mensonges et de de trahisons. Aussi quel coup pour lui le jour où Arnulf fut rétabli sur le siège de Reims ! Il accusa hautement le roi d'ingratitude : n'était-ce pas pour lui qu'il avait consommé ses trahisons ? Souverain dans la ville de Laon, il prit les armes et en 999 Robert fut obligé de l'assiéger, aidé de son ancien beau-fils Beaudoin, comte de Flandre (2). L'archevêque de Tours, Archambaud, et Arnulf lui-même s'interposèrent. Ils citèrent Adalbéron devant un synode réuni à Compiègne, lui promettant d'ailleurs la vie sauve et la liberté. On échangea des otages, et Adalbéron prit l'engagement de livrer les tours de Laon. Mais il jeta les otages en prison et peu s'en fallut qu'il ne fît éprouver le même sort à son métropolitain, en renouvelant contre lui la série de ses lâchetés. C'en était trop. Robert écrivit au pape pour lui faire connaître les méfaits de l'indigne prélat, et Sylvestre II adressa cette lettre à l'évêque de Laon : « Je ne te donne ni le salut ni la bénédiction aposto-

---

(1) RICHER, IV, 56-57 ; PFISTER, ouvr. cité, p. 58.
(2) *Annales Elnonenses minores ;* PERTZ, *Monumenta Germaniæ,* Scr., t. V, 19.

liques, puisque, sous l'habit du prêtre, tu as cessé, par ta conduite, d'être même un homme ; car si la fidélité rend le mortel semblable à Dieu, la perfidie le ravale au rang des brutes. Tu le sais, et néanmoins tu as dépouillé ta condition d'homme pour accomplir des forfaits inouïs (1). » Puis le pape rappelle ses crimes et le somme de comparaître à Rome dans la semaine sainte (probablement l'an mille). Aucune excuse ne devait être admise, car les routes à travers la Lorraine et l'Italie étaient sûres. Si l'évêque était malade, il devait le faire constater par des prélats dignes de foi (2). Comment cette affaire s'acheva-t-elle ? Nous ne pouvons le dire, faute de documents. Adalbéron occupa le siège de Laon jusqu'en 1030, mais une sinistre renommée resta attachée à son nom et le peuple l'appela ordinairement le vieux traître (3). Tel est l'homme qui s'attaquait à Odilon, la plus haute personnalité de son siècle par sa sainteté, son savoir et son grand caractère.

Adalbéron, « l'être le plus profondément scélérat de son époque », avait fini par se faire pardonner le passé, on ne sait d'ailleurs trop comment, car l'histoire a négligé de nous transmettre ce détail. Toujours est-il qu'il se lia d'amitié avec le roi Robert le Pieux, auquel il dédia un poème satirique sous le titre de *Carmen ad Robertum regem Francorum* (4). La satire est la plus complète manifestation de la pensée libre, et elle était à l'ordre du jour au moyen âge. L'esprit critique de ce

---

(1) Epist., LIV, 2ᵉ class.; LABBE, ouvr. cité, t. X, col. 777.
(2) GERBERT, édit. Olleris, p. 151; Cf. PFISTER, ouvr. cité, p. 59; BUCHÈRE, *Essai sur la vie du roi Robert et sa politique*, position des thèses à l'Ecole des chartes, 1880.
(3) *Histoire littéraire*, t. VII, 291-292.
(4) BOUQUET, *Recueil des historiens des Gaules*, t. X, p. 65 et suiv.; MIGNE, *Patrol. lat.*, t. CXLI, col. 771 et suiv.

temps n'a pas trouvé de voie plus sûre, plus rapide et plus populaire que la parodie. A côté du drame sérieux de l'histoire, s'organisa la farce moqueuse avec ses contraste heurtés, ses voix discordantes et ses costumes aux mille couleurs. Jamais peut-être, dans aucun temps ni dans aucun pays, la satire n'a été plus universelle et plus variée. Elle se montre partout et ne s'emprisonne nulle part, elle court, elle étincelle dans tous les écrits, dans tous les événements, vive rapide, insaisissable. Elle revêt toutes les formes, parle toutes les langues : vielle, plume, pinceau, ciseau, sont autant d'instruments à son usage. Elle lance sur la place publique, par la bouche des ménestrels, les premières hardiesses de la liberté moderne ; elle s'accroche grimaçante et capricieuse au portail des cathédrales, et jusque sur la pierre des tombeaux ; elle s'attaque violemment au clergé et à l'ordre monastique, et inaugure ce terrible pouvoir de l'esprit qui a tué tant de choses en France, et qui leur a survécu (1). Singulière puissance, qui côtoie partout l'histoire sérieuse et s'y mêle plus souvent, qui, à côté d'une grave institution, jette ses traits piquants, ses allusions malignes, ses aigres censures et parfois aussi ses éloquents anathèmes, ses généreuses protestations.

La satire joue un rôle incessant dans la série des évolutions sociales ; c'est l'opposition constitutionnelle du moyen âge. Passant tour à tour à l'attaque de toutes les idées régnantes, arme frêle et terrible, elle change de maître, non de but, et frappe un présent qu'elle hait au profit d'un avenir que souvent elle ignore. Il y a la satire féodale, la satire populaire et la satire dirigée

---

(1) Cf. LENIENT, *la Satire en France au moyen âge*, p. 6, Paris, Hachette, 1877.

contre l'Eglise. Laissant de côté les deux premières qui ne rentrent pas dans le cadre de notre sujet, revenons à la satire ecclésiastique où Adalbéron exerce une magistrature censoriale et dont il est le plus illustre représentant. Dans le poème satirique que l'évêque de Laon adresse au roi Robert contre les moines, il expose au prince sous le voile de l'allégorie une situation qui, selon lui, était nuisible en France et dans les contrées voisines, et il profite de cette occasion pour porter un coup violent contre l'Ordre monastique. La pièce ne renferme pas moins de quatre cent trente hexamètres assez barbares, dans lesquels on retrouve pourtant le souvenir des anciennes traditions métriques, mais tous assaisonnés du sel de la plus amère ironie. A travers l'obscurité presque impénétrable du style, on y distingue quelques traits heureux. L'évêque s'indigne de voir élevés aux dignités ecclésiastiques des soldats illettrés. Ne voyait-on pas aussi les trouvères tourner en ridicule le vilain qui se glissait dans les rangs de la noblesse ? Les deux sociétés régnantes s'enveloppent d'un cordon sanitaire; elles repoussent les intrusions qui violent leur principe, l'une la roture, l'autre l'ignorance (1). Adalbéron est surtout plein de verve quand il se moque des moines qui sont à ses yeux les « Crotoniates modernes » ; ils se servent « de leurs antiques parchemins comme les athlètes de Crotone se servaient du ceste pour vaincre dans les luttes du pugilat. Ils ordonnent, et tout cède à leur empire. Un paysan grossier, difforme, repoussant, sera par eux élevé sur la chaire des pontifes et ceindra la mitre enrichie de pierres précieuses. Les comtes, les grands, les gardiens des lois seront forcés de revêtir la cuculle. Qu'ils

---

(1) DEMOGEOT, *Revue des Deux-Mondes*, 1846, livraison de juin.

prient, qu'ils se taisent, qu'ils marchent l'œil baissé, c'est leur devoir (1). Quant aux évêques, il leur suffit de rester à leur charrue et de chanter s'ils le veulent les lamentations de notre premier père, quand il fut chassé du paradis terrestre. Trop heureux qu'on leur laisse le temps de mourir sans prendre auparavant leur place ! Une accusation se produit contre eux, un moine enquêteur aussitôt vient informer. La Gaule produit par milliers ces inquisiteurs, que la règle des Pères nourrit et engraisse. Etes-vous moine? lui dit-on. — Non, je ne suis pas un moine, répond-il, je suis un soldat qui sert son roi. Le roi, mon maître, se nomme Odilon de Cluny. Inclinez-vous en silence, et gardez-vous de résister » (2).

Ce portrait d'un moine que le souci des affaires extérieures transforme en un soldat brutal n'est qu'un prélude pour l'évêque de Laon. Son imagination, fertile en fantaisies bouffonnes, montre la milice monastique transformée tout entière en une milice guerrière et bataillant contre les Sarrasins, c'est-à-dire contre les seigneurs qui se disputaient le royaume comme une proie, pillaient les églises et s'emparaient des biens monastiques (3). Le prélat ne peut pas supporter que les évêques, les comtes et les personnages les plus élevés en dignité quittent le monde pour revêtir l'habit bénédictin à Cluny ou dans les autres monastères clunisiens et y vivre dans l'obscurité de la vie religieuse (4). L'évêque ambitieux, impudent, à la langue effilée et à

---

(1) *Carmen ad Robertum*, v. 33-43.
(2) *Carmen ad Robertum*, v. 85, 110-115.
(3) Guizot, *Mémoires sur l'histoire de France*, t. XIV, p. 427.
(4) « Juris custodes cogunt portare cucullas :
 « Orent, inclinent, taceant vultusque reponant,
 « Nudi Pontifices aratrum sine fine sequantur,
 « Carmina cum stimulo primi cantando Parentis. »
(V. 39-43.)

la plume mordante, cherche surtout à effrayer le roi Robert, à exploiter son caractère faible, à lui faire retirer la confiance qu'il accordait au saint abbé de Cluny et à ses moines et à discréditer leur influence. C'est principalement dans les vers 110 à 165 qu'il déclame contre Odilon et ses religieux, mais les seules plaintes qu'il ait à formuler contre eux, sont leurs fréquents voyages ; son but est de les rendre ridicules en leur reprochant de voyager dans un appareil tout belliqueux. C'était justement le contraire qui existait. La nécessité de passer d'un monastère à un autre, de France en Suisse, en Italie, en Alsace et ailleurs, afin d'exercer une surveillance utile sur tous les monastères confiés à sa direction ou dans le but d'y introduire la réforme de Cluny, obligeait Odilon à des déplacements continuels. A cette époque, tout voyage un peu long se faisait nécessairement à cheval. Le saint abbé n'avait qu'une modeste monture qui, du reste, n'était pas réservée à lui seul. Il éprouvait de vives répugnances à quitter sa chère solitude de Cluny pour se produire au dehors, et, quand il paraissait au milieu du monde, on s'étonnait de trouver tant d'amabilité dans un homme aussi austère. Odilon avait conservé sous le froc cette urbanité exquise et ce cachet de noblesse surnaturelle et de grandeur simple qu'il devait à son éducation première. A travers le moine on reconnaissait aisément le grand seigneur, mais transfiguré par l'humilité monastique ; cet air de grandeur, tempéré d'ailleurs par la bonté, n'était plus chez lui que la dignité modeste de la vertu. Autant ses vertus lui attiraient le respect et la vénération, autant l'aménité de ses manières, le charme de sa conversation, la douceur de son caractère lui gagnaient la sympathie de tous. On ne pouvait le voir sans l'aimer. Les seigneurs les plus distingués qui avaient le bonheur de l'approcher tenaient à grand honneur de l'avoir pour ami. Rien, d'ailleurs, n'était édifiant comme sa manière de voyager; partout il trouvait sur sa route l'occasion de faire du bien; s'il rencontrait des pauvres, il les assistait par d'abondantes aumônes; s'il apercevait quelques voyageurs fatigués, quelques vieillards infirmes ou boiteux, il les plaçait sur son cheval et marchait à pied à leur côté.

Dans le pamphlet doublé de mensonge et de mauvaise foi qu'Adalbéron dirigea contre notre saint, il n'est pas difficile de voir percer le dépit mal déguisé de l'évêque de Laon pour l'abbé de Cluny et les religieux de ses monastères. Adalbéron n'était plus jeune, quand il écrivait de telles impertinences : « Ses cheveux, dit-il, avaient la blancheur du cygne. » (1) Combien il eût été mieux inspiré d'employer ses derniers jours à la pénitence, plutôt que d'insulter, avec une rage sénile, la personnalité sainte d'Odilon! Son pamphlet, toutefois, révèle un côté de la bassesse humaine qu'il importe de mettre à nu. L'évêque de Laon n'était pas seul, parmi le clergé séculier, à jalouser les moines. Ce sentiment n'est pas non plus particulier au XIe siècle; il s'est produit à toutes les époques et toujours aussi injustement. Les ordres religieux sont l'avant-garde de l'armée du Seigneur: obligés à un plus grand renoncement, ils obtiennent par ce fait même une plus grande influence. Qui donc aurait le droit de leur en faire un crime et de se plaindre comme d'une usurpation du crédit qu'ils conquièrent à force de vertu et de généreux dévouement? (2)

---

(1) « Jam caput hocce meum candens imitatur colorem. » (*Patrol. lat.*, t. CXLI, col. 771.)

(2) Darras, *Hist. gén. de l'Egl.*, t. XX, p. 433; Cf. Mgr Bourret : *Des principales raisons d'être des ordres religieux dans l'Eglise et la société, et des injustes attaques auxquelles ils sont en butte dans ce moment*. Rodez, Carrère, 1880, in-8.

Adalbéron ne s'en tint pas là. De la calomnie et de la critique mordante, le pamphlétaire passa, selon toute probabilité, à une hostilité positive contre Cluny, car il alla jusqu'à excommunier les moines de la célèbre abbaye (1). Odilon, qui jusqu'ici avait opposé la douceur, le silence et le pardon aux criminelles attaques de l'évêque de Laon, crut devoir défendre sa réputation odieusement attaquée et les intérêts de son monastère alarmé, en en référant à son royal ami Henri II et au pape Jean XIX. Sur l'intervention de l'empereur allemand, le pape, qui aimait Cluny et qui avait pour notre saint la plus grande estime, se fit un devoir de prendre sa défense. L'an 1005, le pontife, se rendant aux prières d'Odilon, lui adressa une bulle (2) en vertu de laquelle il déclare le monastère de Cluny avec toutes ses possessions, indépendant et exempt de la juridiction des évêques, et il défend en même temps à tout évêque, quel qu'il soit, d'excommunier les clunisiens. Le pape ajoute textuellement ces paroles où se révèle tout son cœur : « Cluny doit
« être le sein de la miséricorde, l'asile de la piété
« et du salut pour tous ceux qui se retirent dans ce
« lieu dans le but de pourvoir au salut de leur âme.
« Là, il doit y avoir place pour le juste, sans que
« le pécheur qui veut faire pénitence en soit exclu.
« Cluny doit offrir aux innocents une charité toute
« paternelle, sans refuser aux méchants l'espérance
« du salut et le pardon. Si quelqu'un chargé d'une
« excommunication vient à Cluny pour s'y procurer
« une sépulture chrétienne, ou pour y sauver son
« âme, ou enfin pour y trouver quelque avantage, il

---

(1) C'est la conclusion qui ressort de la bulle du pape Jean XVIII.
(2) V. Migne, *Patrol. lat.*, t. CXLI, col. 1135 ; Cf. Mabillon, *Acta*, VI, 1, p. 579. — Cette bulle n'existe pas dans Jaffé.

« ne devra jamais être exclu du pardon et de la
« miséricorde, mais on devra le traiter avec une bien-
« veillance qui tende directement au salut de son âme,
« car, non seulement le juste doit trouver dans la
« maison de la religion une affection toute fraternelle,
« mais encore il faut que celui qui y viendra pour expier
« ses fautes par la pénitence soit assuré d'y ren-
« contrer le remède du pardon et puisse y sauver son
« âme. »

Le pape terminait sa lettre en confirmant encore une fois la libre élection de notre saint abbé (1). Le serviteur de Dieu était désormais noblement vengé de l'indigne pamphlet de l'évêque de Laon dont la bulle passe le nom sous silence.

Cependant Odilon, laissant l'empereur à Pavie, reprit au plus tôt la route de la Bourgogne où sa présence était nécessaire. De graves complications politiques menaçaient la paix de cette contrée : la guerre entre Othe-Guillaume et le roi Robert était imminente, et elle éclata en effet dans les premiers jours de l'année suivante (1005). Othe-Guillaume était fils de Gerberge, qui descendait d'un ancien comte du pays (2), et d'Adalbert, qui avait été proclamé roi par les Italiens, en même temps que son père Bérenger. Othon le Grand détruisit cette royauté éphémère en 965, emmena Bérenger et ses filles captifs en Allemagne. Mais

(1) Cette bulle, Albéric, religieux du monastère de Trois-Fontaines, dans le département de la Marne, l'a eue sous les yeux, car il écrit dans sa chronique, en 1005 : « Item ad petitionem imperatoris Henrici summus pontifex Johannes XIX privilegium mirabile dedit sancto abbati Cluniacensi Odiloni. » (*Monumenta Germaniæ SS.*, t. XXIII, p. 779.) — Le chroniqueur écrit : « Johannes XIX » au lieu de XVIII. — Le P. Ringholz fait remarquer que le mot *imperator* ne s'emploie pas dans l'année 1005.

(2) Pfister, ouvr. cité, appendice II, *les Origines d'Othe-Guillaume*, p. 391.

Adalbert continua la résistance (1). Pendant qu'il luttait pour l'indépendance de son pays, un jeune enfant, né de son mariage avec Gerberge, fut pris par les Allemands et enfermé dans un monastère dont on laissa ignorer le nom. Mais un moine dévoué l'enleva secrètement et le ramena à sa mère en Bourgogne (2). Cet enfant était Othe-Guillaume. Sauvé miraculeusement, Othe trouva dans la patrie de sa mère un brillant héritage. Gerberge ne lui donnait pas seulement des droits au comté de Mâcon ; elle lui livrait encore de nombreux biens dans le nord du royaume de Bourgogne, dans ces pays qui depuis ont pris le nom de Franche-Comté. Othe s'y rendit indépendant, força les seigneurs de la région à reconnaître son autorité et s'intitula « comte de la plus grande partie de la Bourgogne (3) », « le plus grand des comtes de Bourgogne (4) ». Il prit pour femme Ermentrude, sœur de l'évêque de Langres, Brunon. De ce mariage naquirent trois filles, auxquelles il fit épouser des princes puissants (5) ; il étendit ainsi son influence et ses relations. Sa mère, Gerberge, fit à son tour un second

---

(1) Lorsque la terre lui fit défaut, il se retira sur la mer, et, après trois ans d'aventures (Dummler et Köpke, *Otto der Grosse*, p. 459), il vint se retirer à Autun, dans le pays de sa femme (Benzo, III, 15, *Monumenta Germaniæ historica*, Script. XI, 628), où il mourut le 30 avril, entre les années 971 et 974. (Breslau, *Jahrbücher des deutschen Reichs unter Konrad II*, t. II, 39, n° 4.)

(2) Raoul Glaber, III, 2 ; Stumpf, *Reichskanzler*, n° 1621, diplôme de l'empereur Henri II ; Chevalier, *Histoire de Poligny*, p. 89.
Cf. Pfister, ouvr. cité, p. 252.

(3) V. Raoul Glaber, cap. xvii ; Migne, *Patrol. lat.*, t. CXLII, col. 712.

(4) *Chronique de Saint-Bénigne*, p. 123, dans les *Analecta Divionensia*.

(5) L'une se maria avec un seigneur du nom de Landry, l'autre avec Guillaume le Grand, duc d'Aquitaine, la troisième avec Guillaume II de Provence, frère de la reine Constance. (Raoul Glaber, III, 2.)

mariage ; elle épousa Henri, duc de Bourgogne, vers 974. Cette alliance fit concevoir à Othe-Guillaume les plus ambitieux desseins. Henri s'attacha à son beaufils, ne tarda pas à lui conférer honneurs sur honneurs ; il lui concéda d'abord la terre de Veuvey-sur-Ouche, dans les environs de Dijon ; il le nomma avoué de la grande abbaye de Saint-Bénigne (1) ; il lui donna parmi les comtés qu'il possédait directement, celui de Nevers (2). Ajoutons que le comte de Sens était beau-frère d'Othe-Guillaume (3), que l'abbé de Saint-Bénigne, Guillaume, dont l'influence morale était considérable, était son proche parent, originaire comme lui d'Italie (4), et l'on se rendra compte de la puissance que possédait dans le duché de Bourgogne le fils de Gerberge. Ce n'est pas tout. Le duc Henri, qui n'avait point d'enfant légitime, l'adopta pour son fils (5) et le désigna pour son successeur (6) au duché et aux deux comtés d'Auxerre et d'Autun qu'il possédait encore dans l'intérieur du duché.

Certes, dit un historien, si Othe-Guillaume avait combiné ses alliances dans l'intention de capter un jour ce riche héritage, il faut lui décerner le titre de profond politique et avouer que cet homme, dans les veines duquel coulait du sang italien et du sang franc-comtois, joignait à un courage éprouvé toutes les finesses d'un diplomate (7). Henri le Grand mourut

(1) *Chronique de Saint-Bénigne*, passim.
(2) Dunod, *Histoire du comté de Bourgogne*, t. II, 127.
(3) *Recueil des historiens de France*, t. X, 227 ; Cf. Wagner, *Das Geschlecht der Grafen von Burgund*, 10, n° 1.
(4) Raoul Glaber, *Vita Guillelmi*, cap. xvii ; Migne, *Patrol. lat.*, t. CXLII, col. 712.
(5) *Recueil des historiens de France*, t. X, 287 C.
(6) *Chronique de Saint-Bénigne*, édit. Bougaud et Garnier.
(7) Pfister, ouvr. cité, p. 255.

le 15 octobre 1002 (1), à Pouilly-sur-Saône, et sa tombe était à peine scellée sous les voûtes de la vieille basilique de Saint-Germain d'Auxerre qu'aussitôt Othe-Guillaume mit main basse sur la succession, sur le duché et les deux comtés. Le roi Robert se prépara à la lui disputer. Il intervint d'abord en qualité de roi. Ce n'était pas encore une règle en France qu'un duc fût nommé sans le consentement royal et qu'on trouvât, dans un héritage ou dans un testament, un duché comme on y trouve quelques lambeaux de terre. Puis Robert était le parent le plus rapproché de Henri, son oncle. A supposer que le duché pût se transmettre, quel était l'héritier légitime, sinon lui-même? Robert était donc bien résolu à réunir à son domaine et le duché et les deux comtés d'Autun et d'Auxerre. Aussi la lutte était-elle inévitable. Dans cette lutte qui allait éclater, tous les avantages étaient du côté d'Othe-Guillaume. D'abord, il avait pour lui Brunon de Roucy, évêque et comte de Langres, à qui la supériorité de son esprit, la magnificence de ses œuvres, la noblesse de sa race donnaient un grand prestige. Ensuite, tous les seigneurs de la Bourgogne étaient dévoués à Othe; presque tous étaient liés à lui par des alliances de famille, prêts à marcher sous sa bannière et à le défendre; seul, Hugue, comte de Chalon et évêque d'Auxerre, défendait les droits du roi et refusait de reconnaître son rival (2).

La saison était trop avancée pour qu'en 1002 Robert pût songer à descendre en Bourgogne. Mais au prin-

---

(1) Raoul GLABER, II, 8; *Monumenta Germaniæ historica*, Script., I, 206; *Historiens de France*, X, 267 B.

(2) Raoul GLABER, II, 8; *Recueil des historiens de France*, t. X. p. 20 D; Cf. PETIT, *Histoire des ducs de Bourgogne de la race capétienne*, t. I, p. 71 et suiv.

temps suivant, il rassembla une armée très nombreuse (1), et comprenant qu'il ne pouvait briser toutes les résistances avec ses seules forces, il appela à son aide Richard II, duc de Normandie ; trente mille hommes (2) qui ne demandaient qu'à suivre ces aventureuses expéditions, pleines de promesses, de pillages et de conquêtes, vinrent se joindre à l'armée royale. Mais partout la résistance était préparée, et quand le roi Robert, après avoir suivi le cours de l'Yonne et traversé le territoire du comté de Sens, se présenta devant Auxerre, la place était déjà investie par le comte de Nevers, Landry, gendre d'Othe-Guillaume, qui opposa aux forces ennemies une vive résistance (3). Robert vit alors que, pour prendre Auxerre, il lui fallait se rendre maître d'une hauteur qui dominait la ville et sur laquelle était située l'abbaye de Saint-Germain. En vain l'abbé Heldric vint-il supplier le roi d'avoir égard à la sainteté du lieu et de respecter les reliques du grand martyr ; en vain les religieux joignirent leurs prières à celles d'Heldric, Robert signifia aux moines sa ferme volonté et les invita à chercher un refuge autre part ; ils se retirèrent à Moutiers-Saint-Jean, laissant seulement huit d'entre eux à l'abbaye, chargés de veiller sur le corps de saint Germain. Quelle fut alors la conduite de notre saint dans cette difficile et douloureuse circonstance ? La situation était délicate pour l'abbé de Cluny. Robert et Henri, l'un et l'autre bienfaiteurs de son abbaye, lui avaient donné trop de témoignages de leur bienveillance pour leur retirer sa sympathie ; d'autre part, il ne pouvait rester indifférent au sort de Robert en qui il saluait l'autorité royale.

---

(1) R. Glaber, *l. c.* ; *Historiens de France*, X, 296 D.
(2) L. Glaber, *l. c.*
(3) *Recueil des historiens de France*, X, 580, n. A.

Mais l'abbaye de Saint-Germain était menacée : fallait-il la laisser exposée au danger d'une ruine complète ? La charité qui débordait du cœur d'Odilon l'emporta sur toute autre considération, et il vola au secours de ses chers moines de Saint-Germain et d'Heldric, leur vénérable abbé, et l'un de ses fils les plus aimés. Il tenta de ramener la paix entre Robert et Othe-Guillaume, remontrant au roi et au comte de Chalon tout ce qu'il y avait de sacrilège à attaquer un sanctuaire consacré par tant de saints personnages et tant d'illustres souvenirs (1). Mais Robert, irrité de ses insuccès, ne voulut rien entendre. Le saint abbé n'avait plus qu'une ressource, c'était de recourir à Dieu, à celui qui n'abandonne jamais les opprimés qui mettent en lui leur confiance. Il se mit donc en prière avec les huit religieux restés dans l'abbaye, conjurant ensemble avec larmes le Seigneur de daigner les préserver des dangers d'un siège redoutable. Après dix jours de tentatives inutiles, dit Raoul Glaber, le roi, « à l'aube du jour, revêtit son casque et sa cuirasse et, accompagné de Hugues, évêque d'Auxerre, se présenta devant l'armée, la harangua pour l'encourager au combat. Elle était prête à livrer un nouvel assaut lorsque l'abbé Odilon accourut. Il adressa au roi ainsi qu'à ses leudes les plus vifs reproches d'oser venir ainsi attaquer, les armes à la main, le pontife bien-aimé de Dieu, le grand saint Germain, qui se faisait gloire, comme l'apprend l'histoire de sa vie, d'éteindre le feu de la guerre avec l'aide du Seigneur et de résister au cruel orgueil des rois. Les princes, sans tenir compte de ces paroles, continuèrent de poursuivre leur but, et ayant développé leur armée en forme de couronne autour du

---

(1) Raoul GLABER, lib. II, cap. 8.

château de Saint-Germain, commencèrent l'assaut à l'envi les uns des autres. Le ciel s'obscurcit tout d'un coup; un nuage empêcha les assiégeants de voir devant eux, tandis qu'une vive lumière secondait les efforts des assiégés. Robert ne put prendre la hauteur, et la ville d'Auxerre lui échappa (1). Pour se venger, il ravagea la Bourgogne d'une manière terrible, livrant tout au feu et à la flamme; il arriva ainsi jusqu'à la Saône, dans les parties supérieures du pays. Partout, sur son passage, les villes se fermèrent; mais les campagnes furent livrées au pillage. Les églises et les abbayes ne furent pas épargnées. L'hiver survint sur ces entrefaites et Robert, enrichi par les rapines, revint dans la Francia (2).

La défaite du roi fut généralement regardée comme un châtiment envoyé de Dieu pour le punir d'avoir méprisé l'avertissement du saint abbé de Cluny (3).

Robert ne renonça pourtant pas à la conquête; il ne voulait pas et il ne pouvait pas laisser entre les mains d'Othe-Guillaume le duché de Bourgogne, les comtés d'Auxerre et d'Autun. Il revint donc ravager les vallées de l'Yonne et de la Saône, renouvelant peut-être à chaque printemps ses expéditions. Son autorité reconnue dans les comtés d'Autun (4) et de Sens (5), Robert reprit avec plus de vigueur que jamais la conquête de la Bourgogne, et en l'année 1015, il voulut frapper enfin un coup décisif. Il vint mettre le siège

---

(1) Ce récit est fondé sur trois passages : 1° Raoul GLABER, II, 8; 2° *Historia episcoporum Autissiodorensium* (*Recueil des historiens de France*, X, 171, D; 3° *Gesta abbatum Sancti Germani* (ibid., 189 D, E); Cf. BOLLAND., *Acta Sanctorum*, juillet, t. VII, 300, Palmé.

(2) R. GLABER, *l. cit.*

(3) R. GLABER, II.

(4) PFISTER, ouvr. cité, p. 260.

(5) *Id.*, p. 261.

devant Dijon, ravageant, suivant sa coutume, toute la campagne environnante. Guillaume de Saint-Bénigne, redoutant sa colère, donna aussitôt l'ordre à ses moines de se disperser dans d'autres abbayes ; il en envoya quelques-uns dans l'intérieur de la forteresse de Dijon avec les livres, les ornements précieux et le trésor du monastère. Un petit nombre demeura à Saint-Bénigne pour la garde du lieu et le service divin. Quant au vénérable Guillaume, il s'enfuit à Cluny. Il pria alors Odilon de prendre son monastère sous sa protection et de fléchir la colère du roi s'il manifestait l'intention de causer quelque dommage à Saint-Bénigne. L'abbé de Cluny, cédant aux instances de son saint ami, s'empressa d'aller le remplacer à Dijon et vint se joindre aux moines de Saint-Bénigne, espérant par sa présence détourner le roi de ses violences contre la ville et le monastère. Le succès le plus heureux vint récompenser cette seconde intervention du saint abbé. Robert, touché par ses prières et saisi de douleur à la pensée de la dispersion des moines, de la fuite de leur abbé, se retira bientôt en France, respectant le monastère que Guillaume venait de faire sortir de ses ruines (1).

La guerre que Robert avait entreprise pour conquérir le duché de Bourgogne n'avait pas été sans amener un grave désaccord entre le roi et l'abbé de Cluny.

---

(1) *Chronique de Saint-Bénigne*, édit. Bougaud, p. 173 et 174, et Garnier : « Quem ad hoc accersierat ut si forte rex mali aliquid contra hunc locum moliretur illius precibus exoratus dimitteret. Rex vero, ut erat mente benignus, cum cognovit propter se monachos dispersos, valde doluit. Paucis itaque transactis diebus, Franciam repedavit nullo negotio transacto. » *Recueil des historiens de France*, t. X, 382 et 174 ; *Gallia Christiana*, t. IV, inst. col. 141 ; d'Achery, *Spicil.*, II ; Cf. Pfister, ouvr. cité ; p. 262 ; Cf. Hirsch, *Jahrbücher des Deutschen Reichs unter Heinrich II*, t. I, p. 386 et suiv.

Nous avons vu avec quelle énergie Robert attaqua, dans cette lutte, tous les monastères qui lui résistaient, et comment il assiégea entre autres Saint-Germain d'Auxerre où Odilon lui avait fait de très sérieuses représentations Mais après la guerre la bonne entente fut rétablie. Ce fut même sur les conseils de l'illustre abbé que Robert s'empara de Sens en 1015 (1). Au milieu de ces guerres intestines, Odilon sut aussi conserver l'amitié d'Othe-Guillaume : c'est ainsi qu'en 1012, celui-ci avait fait restituer à Cluny les terres d'Ambérieux et de Jully qui avaient été usurpées du temps de saint Mayeul. A son tour, le roi Robert se montra très reconnaissant à notre saint abbé de l'avoir arrêté dans sa violence précipitée, et comme Cluny était situé dans la Bourgogne neustrienne, par conséquent sur la terre française (2), entre Odilon et le souverain s'établirent des relations fréquentes et de plus en plus intimes. Peu de temps après la guerre de Bourgogne, Robert confirma au monastère de Cluny la possession de la petite abbaye de Saint-Côme, près de Chalon, et d'un certain nombre de villages (3). Quelques années (1027) après, il reçut les plaintes du pape Jean XIX contre les envahissements de l'évêque de Mâcon, qui réclamait la puissance spirituelle sur Cluny (4), et nous avons tout lieu de croire que ces plaintes furent entendues, car en cette même année nous voyons l'abbé de Cluny assister à Reims au sacre d'Henry associé au trône de son père (5). Mais ce qui prouve mieux encore la haute estime et l'affection par-

---

(1) D. Bouquet, *Recueil des historiens de France*, t. X, p. 223 D.
(2) Gfrœrer, *Pabst Gregorius VII*, t. VI, p. 443.
(3) Catalogue des diplômes, n° 59.
(4) Migne, *Patrol. lat.*, t. CXLII, col. 1145.
(5) Charte de Robert, *Recueil des historiens de France*, X, 614 C.

ticulière que Robert avait pour notre saint, c'est l'appui qu'il prêta à Odilon auprès du souverain pontife, comme nous allons le voir, contre les oppresseurs de Cluny et les spoliateurs de ses biens sacrilègement usurpés (1).

(1) *Recueil des historiens de France*, X, 432.

CHAPITRE XVII

NOUVELLE CRISE DU MONASTÈRE
6ᵉ VOYAGE EN ITALIE

(1007-1014)

D'APRÈS la bulle solennelle par laquelle le pape Grégoire V avait confirmé les possessions et les immunités de Cluny et les peines si graves dont l'acte pontifical frappait les oppresseurs du monastère (1), on aurait pu croire que la cupidité des envahisseurs devait être à jamais éteinte, et l'orage qui avait menacé Cluny entièrement dissipé. Il n'en fut rien. L'excommunication et la menace des plus terribles châtiments restèrent sans effet sur l'âme endurcie de ces hommes emportés par l'avarice et par d'aveugles passions. Ils méprisèrent et tournèrent en dérision les foudres de l'Eglise et ses anathèmes. Déjà, vers l'an mil, de puissants et audacieux adversaires de Cluny, inspirés par les sentiments les plus hostiles, avaient construit sur le territoire du monastère, malgré la

(1) Voir plus haut, chap. VII.

défense expresse de Robert, roi de France, et de son oncle, le comte Henri de Bourgogne (1), et cette interdiction avait eu les suites les plus heureuses. Or, voici qu'après la mort du comte Henri de Bourgogne (1002), qui possédait une partie du comté de Mâcon par son mariage avec Berthe, veuve de Létalde, Guillaume, comte de cette ville, eut quelques démêlés avec les moines de Cluny ; il construisit contre eux des forteresses, allant jusqu'à élever un château fort en face de l'abbaye, afin d'avoir le plaisir de faire tout à son aise des courses sur les terres appartenant au monastère, comme aussi pour se défendre contre le comte Hugues de Chalon, évêque d'Auxerre ; mais il fut frappé par la vengeance divine. Il tomba malade si soudainement qu'il lui fut désormais impossible de pouvoir faire un seul pas, ce qui fut regardé, d'après les chroniqueurs, comme une juste punition du ciel. Au moyen âge, alors que les lois répressives étaient encore si incertaines, si mal observées, et qu'il était si difficile aux faibles d'obtenir justice contre les plus forts, la foi des peuples accréditait des récits tenant du prodige et des faits de nature

---

(1) Mabillon, *Acta*, VI, p. 561, n° 21. — Complètement imprimé dans Bouquet, *Recueil des historiens des Gaules*, t. X, p. 611, où la date du privilège est inscrite vers l'an 1026. Mabillon le place vers l'an 1000 (*Acta, ibid.*).
Cette charte donne aussi les limites du territoire de Cluny : « A civitate Cabilonensi et Matiscensi et monte Algoio et castro Chedrelensi et monte Sancti Vincentii. » Ce que Pignot traduit ainsi : « Ces confins s'étendaient, du nord au midi, sur le territoire des cités de Chalon et de Mâcon qui était borné par la Saône ; de l'ouest à l'est, depuis Mongely, dans la paroisse de Saint-Symphorien-des-Bois, jusqu'au château de Chedde ou de Pressy-sous-Dondin, dans les montagnes du Charolais, et à celui du mont Saint-Vincent, qui servait de limite entre les comtés de Chalon et d'Autun. » Mais il ajoute en note : « Nous ne donnons pas notre traduction comme parfaitement exacte ; les désignations de *monte Algoio* et *castro Chedelensi* présentent une grande obscurité. » (*Hist. de l'ordre de Cluny*, t. I, p. 388.)

à intimider des malfaiteurs les plus déterminés. Le comte-évêque Hugues de Chalon, qui avait fait de vains efforts auprès de Guillaume pour l'engager à renoncer à son projet, et qui n'avait pas mieux réussi en le frappant des foudres de l'excommunication, s'empara par un coup de main de la forteresse et la rasa entièrement (1).

Après cet événement, Cluny jouit encore pendant quelques années d'un repos relatif. Mais la faction des envahisseurs des biens du monastère continua à s'agiter. Vers l'an 1016, les usurpations devinrent fréquentes. Cluny fut assailli et inquiété sur tous les points à la fois par des déprédations et des hostilités presque journalières ; c'était une conséquence de sa haute situation et de son isolement du centre de la France. N'y avait-il pas là de quoi décourager le meilleur vouloir ? Mais Odilon avait conscience de sa charge, et rien n'est fort comme un homme qui a conscience de ses droits et dont l'âme est fortement trempée dans la foi et la justice de sa cause. Aussi bien la vigilante énergie du saint et vaillant abbé était toujours prête à défendre son monastère contre une injuste agression. Il était intervenu tantôt avec douceur, tantôt avec des paroles sévères sans réussir à imposer un frein aux empiètements des envahisseurs de son monastère. Si humble qu'il fût pour sa personne, si inflexible devait-il se montrer pour les droits de sa charge. Fort d'ailleurs de ses droits si solennellement confirmés par les souverains pontifes, il n'hésita pas à envoyer à Rome une ambassade pour exposer des plaintes qui n'étaient que trop justifiées. Robert, roi de France, était présent à Rome à l'arrivée

---

(1) Adémar Caban, *Monum. Germaniæ SS.*, IV, p. 138 et suiv. ; *Recueil des historiens des Gaules*, t. X, p. 154.

des ambassadeurs clunisiens. Un double motif l'avait appelé dans la ville éternelle. D'abord, dans un synode réuni à Orléans et auquel le roi assistait, un grand scandale avait eu lieu. Une bulle pontificale venait d'accorder au célèbre monastère de Fleury un privilège en vertu duquel il était défendu aux prélats de pénétrer dans l'intérieur des monastères sans y avoir été appelés. Lorsque les moines présentèrent la bulle pontificale, quelques partisans trop zélés de l'épiscopat voulurent la leur arracher des mains et la jeter au feu (1). Jean XVIII somma aussitôt et le roi et les prélats coupables de venir à Rome justifier leur conduite (2). Mais le séjour de Robert à Rome ne fut pas inutile à Odilon. Le roi qui était lié avec notre saint abbé d'une étroite amitié, se fit un devoir d'appuyer auprès du pape les réclamations des ambassadeurs clunisiens. Le souverain pontife, d'ailleurs, ne pouvait manquer de se rendre aux prières de l'illustre Abbé et d'accueillir favorablement des plaintes si légitimes. Une bulle de Benoît VIII partit de Rome, très vraisemblablement vers le 1er avril de l'année 1016 (3). Elle était adressée à dix-neuf archevêques et évêques de Bourgogne, d'Aquitaine et de Provence, dans les

---

(1) Cf. *Vita Gauzlini*, I, 13 et suiv.; *Recueil des historiens de France*, X, 432, 448; JAFFÉ, *Regesta*, 3959 et 3960.

(2) JAFFÉ, *Regesta*, 3958; Cf. *Gallia Christiana*, VIII, instr., p. 409.

(3) JAFFÉ. 3064; Cf. *Annal.*, IV, p. 247. — Cette bulle est datée du 1er avril, mais sans indication de l'année (MABILLON, *Annal., ibid.*); le *Recueil des historiens des Gaules*, X, 432, et JAFFÉ, ouvr. cité, la placent dans l'année 1016; Baronius, à l'année 1018 (*Annal. eccl.*, X et XI); Pagi adopte la période qui va de 1018 jusqu'à 1021 comme l'époque de sa composition.

Cf. JAFFÉ, *Regesta*, nouvelle édition, 4013 (3064). Duchesne et dom Bouquet donnent à cette pièce la date des Kal. de septembre à tort; il faut lire Kal. apriles, Cf. BRUEL, *Cartulaire de Cluny*, III, n° 2703.

évêchés desquels Cluny possédait divers monastères, prieurés, celles et autres biens, les priant d'excommunier les seigneurs qui ont envahi les terres de Cluny, à moins que ceux-ci ne restituent avant la Saint-Michel les biens occupés par eux. Ce sont les archevêques Burchard de Lyon, Burchard de Vienne, Walter de Besançon, et les évêques Walter d'Autun, Etienne de Clermont, Fredelo du Puy, Gaufred de Chalon, Lambert de Langres, Gauslin de Mâcon, Wigo de Valence, Hermann de Viviers, Pontius d'Arles, Aribald d'Uzès, Odulrich de Saint-Paul-de-Trois-Châteaux, Gérald de Gap, Pierre de Vaison, Eldebert d'Avignon, Etienne de Carpentras et Almérad de Riez.

Dans l'introduction de cet acte pontifical si important qui résume et confirme solennellement tous les privilèges anciens et nouveaux accordés par le Saint-Siège aux Clunisiens, Benoît VIII affirme que le monastère de Cluny, en ce qui concerne l'exemption dont il jouit depuis sa fondation et stipulée avec le Siège apostolique, l'empereur romain, les rois de France et de Bourgogne, ne sera soumis à personne, et que en dehors de Dieu, de saint Pierre et du pape, il ne doit rien à qui que ce soit; que cette exemption a été confirmée et ratifiée par tous les papes ses prédécesseurs, depuis la fondation de Cluny jusqu'à lui, et par tous les princes intéressés; que cette exemption concerne non seulement le monastère lui-même, mais encore les biens qu'il possède en Bourgogne, en Aquitaine et en Provence : monastères, celles, terres cultivées ou en friches, et cela afin de faciliter aux moines le service de Dieu et l'exercice de la charité chrétienne. C'est ce qu'ils ont pratiqué fidèlement jusqu'à ce jour avec la grâce de Dieu, la protection du Siège apostolique et les habitants voisins du monastère.

Or voici qu'en présence de Robert, roi de France, et des grands de sa cour (1), des plaintes très graves nous ont été adressées par l'entremise d'une ambassade clunisienne envoyée par l'abbé Odilon. Des hommes cupides, méchants, insensés, ont envahi les possessions du monastère de Cluny, et lui ont enlevé toute sa fortune ainsi que le bien des pauvres, à tel point que les moines sans cesse inquiétés et tourmentés ne peuvent plus ni s'acquitter du service de Dieu ni pourvoir aux besoins des pauvres, ni exercer convenablement l'hospitalité. Mais, attendu que dans ce même monastère, on offre la prière perpétuelle, on célèbre la sainte messe et l'on reçoit des aumônes pour la subsistance de l'Eglise et pour le salut et le repos des fidèles vivants et morts, le dommage qui lui est causé tourne au préjudice commun de tous en général. Alors même que c'est un devoir pour tous les fidèles d'avoir compassion des moines qui subissent l'oppression et des vexations continuelles, il n'en est pas moins vrai que c'est aussi le premier devoir de celui à qui, après Dieu et saint Pierre, incombe le soin du monastère, de lui prêter son assistance et de lui offrir la consolation de son ministère apostolique.

Benoît VIII démontre, en effet, que le Saint-Siège doit se faire garant de Cluny, et il n'hésite pas à faire connaître les noms des principaux coupables. Il nomme tout d'abord un certain Ildinus, homme profondément méchant qui, non content de s'emparer des biens du monastère et de tout ce qui lui appartient, ne cesse, dans son hypocrite perversité, de promettre satisfaction, allant, même en présence de la justice,

(1) Par exemple du comte Angelrannus. (*Recueil des historiens des Gaules*, X, 194; Cf. X, p. 166; Mabillon, *Annal*, IV, p. 247, sur le voyage de Robert à Rome.)

jusqu'à tromper les moines et à se moquer de tout. Puis viennent successivement Wichard de Beaujeu (1) qui s'était emparé de l'église de Trade près Monsol avec tout ce qui lui appartenait ; Bernard de Riottier, Hugues de Montpont ainsi que sa femme Arilina, qui avait injustement acquis la seigneurie de Laizé donnée auparavant à Cluny par le comte Léotald de Mâcon et après lui, par un pieux chevalier connu sous le nom de Milo ; Falcon, neveu du clerc Iterius ainsi que son frère et ses compagnons qui s'étaient attribué la seigneurie d'Oudelles et ses dépendances, dans le diocèse d'Autun ; Werulf de Brancion, un voisin de Cluny, et son frère Walter, prieur de Saint-Vincent de Mâcon, qui s'étaient déclarés les ennemis du monastère pour une terre que Léobald, évêque de Mâcon, leur oncle, lui avait restituée à titre de fief, et d'une autre propriété également restituée par lui avant sa mort ; Durand et Aimin de Chandieu, Girard de Centarban, dans le Dauphiné, que la possession de Villefontaine avait rendu odieux à Cluny ; enfin Robert de Ile qui s'était emparé sans scrupule de la donation qu'un certain Bernard avait faite au monastère. Benoît VIII, mentionne encore d'autres seigneurs féodaux, sans

---

(1) C'est un parent de ce même Wichard qui signa la charte de Léotald, comte de Mâcon, en date du 4 janvier 958, et dans laquelle Léotald, sur l'ordre de son neveu Humbert, fit une donation à Cluny. (BERNARD et BRUEL, *Recueil des chartes de Cluny*, t. II, n° 1044.) — En février 967, un Wichard de Beaujeu (nous ne savons si c'est le même que celui dont nous venons de parler) fit à Cluny donation d'une église en l'honneur de la très sainte Vierge : « Divinâ tactus miseratione simulque reminiscens peccatorum meorum enormitatem... » (*Id., loc. cit.*, n° 1223.) — Les seigneurs de Beaujeu, surtout Humbert, étaient déjà très hostiles sous l'abbé Mayeul. (*Id., loc. cit.*, n° 889 ; MABILLON, *Acta*, V, p. 772.) Cependant ils cherchaient alors à redresser leurs torts. (BERN. et BRUEL, t. II, n°s 1218 et 1376.) — Sur cette famille, voir ce qu'en dit Bernard dans la *Revue de la noblesse*, t. III.

cependant les nommer personnellement, qui se sont montrés les ennemis du monastère pour s'être emparés de la seigneurie de Sarrians, ou qui portaient audacieusement leurs prétentions sur les revenus des seigneuries de Valensolle, de Tulette, Piolenc et autres lieux.

Après l'énoncé de cette série d'iniquités, le pape observe qu'il aurait encore à citer d'autres innombrables oppresseurs de la célèbre abbaye si l'énumération n'en était pas trop longue. Le souverain pontife exhorte maintenant ces iniques envahisseurs des possessions de Cluny à rentrer sérieusement en eux-mêmes, à cesser leur injuste oppression et à restituer au plus tôt ces biens usurpés. Il les invite à s'acquitter de cette obligation dans le temps qui doit s'écouler depuis la publication de la bulle (1er avril) jusqu'à la fête de saint Michel (29 septembre), s'ils veulent obtenir leur pardon de Dieu, de saint Pierre, et du Pontife lui-même. Mais s'ils refusent la satisfaction exigée, et s'ils persistent dans leur désobéissance, qu'ils sachent qu'ils encourront la peine de l'excommunication et toutes les malédictions contenues dans l'ancien et le nouveau Testament.

C'est la menace par laquelle se terminent presque toujours les bulles pontificales de cette époque. C'est que la menace formulée avec autorité et au nom du ciel était alors plus en harmonie avec l'âpreté du langage reçu et la rudesse des mœurs publiques. L'anathème était, par le fait, une arme puissante et redoutée, car si la simple menace des vengeances du ciel ou des foudres de l'Eglise n'arrêtait pas immédiatement dans la voie de l'injustice ou du crime des âmes emportées par la cupidité ou par toute autre mauvaise passion, elle suffisait presque toujours pour les ramener plus tard au repentir, à la pénitence et à la réparation. Les temps modernes ont surpassé assurément ces âges antiques par les progrès de la civilisation, par les découvertes de la science et le perfectionnement des arts ; mais combien ils leur sont inférieurs sous le rapport de la foi religieuse et de la conscience des peuples !

Quant aux évêques auxquels a été adressé ce grave document pontifical, Benoît VIII leur ordonne, en vertu de son autorité apostolique, d'obéir à sa parole comme leur devoir leur en fait une obligation, d'excommunier, eux aussi, tous les envahisseurs des biens du monastère, et de prescrire la même chose à leurs prêtres et à leurs clercs. Si, contrairement à son attente, quelqu'un se trouvait parmi eux qui lui refusât obéissance, le pape le menace du jugement de Dieu. Le souverain pontife termine en s'adressant à tous les comtes et aux puissants de la Bourgogne, de l'Aquitaine et de la Provence, particulièrement à Othe-Guillaume et à son fils Rainald de Bourgogne, au comte Hugues de Chalon, au comte Othon de Mâcon, aux comtesses Blanche et Adélaïde, veuve du duc Guillaume Ier de Provence, à la comtesse Gerberga, fille d'Othe-Guillaume et épouse du duc Guillaume II de Provence, au vicomte Wigo et à son frère Guillaume, enfin à Odulrich et à Ansold. Il leur demande de défendre et de protéger Cluny, et il leur promet en récompense sa bénédiction apostolique et le pardon de leurs péchés. Si, au contraire, ils ne remplissent pas ce devoir, non seulement ils seront privés de ce double bienfait, mais ils devront sans nul doute rendre compte au dernier jour de la puissance qu'ils ont reçue de Dieu pour la défense des fidèles (1).

Cette bulle si importante eut-elle pour résultat

---

(1) JAFFÉ, 3064 et nouvelle édit. n° 4013 ; MABILLON, ouvr. cité ; Cf. D. BOUQUET, X, 432 ; BERN. et BRUEL, ouvr. cité; Cf. PIGNOT, ouvr. cité, t. I, p. 389 et suiv.

d'arrêter les oppresseurs de Cluny? Aucun document n'est venu nous éclairer à ce sujet. Mais ce qu'il y a de certain, c'est que les attentats contre la propriété clunisienne furent beaucoup moins fréquents et ne s'exercèrent plus désormais que dans l'ombre et isolément. Le pape Benoît VIII ne s'en tint pas à la bulle de l'an 1016. Une autre bulle pontificale, qui suivit de près la première, témoigne une fois de plus de l'affectueuse sollicitude du pape pour Cluny et aussi de ses sentiments à l'égard de la propriété monastique. Elle est adressée à Etienne, évêque de Clermont (1), et le souverain pontife rappelle très énergiquement à ce prélat la protection qu'il doit à Cluny : voici dans quels termes il lui écrit :

« Vous n'êtes pas sans savoir, dit-il, que le mona-
« stère de Cluny a été depuis sa fondation soumis à
« la sainte Eglise romaine pour être protégé par elle
« contre l'insatiable rapacité des séculiers. C'est
« pourquoi nous sommes obligé d'élever le bouclier
« de notre défense, tant ce monastère souffre de fré-
« quentes oppressions de la part des méchants. Nous
« voulons que votre religion sur ce point nous soit
« favorable pour rompre l'entêtement de ceux qui
« veulent voler les biens donnés au monastère, et nous
« vous prions de lancer non pas une petite pierre, mais
« les foudres vigoureuses de l'excommunication contre

---

(1) Etienne III. Il était fils de Guillaume IV, comte d'Auvergne, et d'Umberge. D'après les conjectures que la *Gallia Christiana* tire d'un passage de la *Chronique de Massay* (Labb., *Biblioth. nova*, t. II, p. 732), cet évêque aurait été tué en 1013 en allant visiter sa tante Legarde. Saint Odilon ayant eu la pensée d'ordonner le meurtrier d'Etienne, à cause de son repentir et de ses qualités, le Pape s'y opposa, par la raison qu'un religieux coupable d'homicide ne devait jamais être promu aux ordres (*Acta Conc. II Lemovicensis*). Cf. Chaix de Lavarène, *Monumenta Pontificia Arverniæ decurrentibus IX°, X°, XI°, XII° Sæculis*, p. 21 et 22. Voir plus haut, chapitre xv.

« ceux qui, au mépris de la crainte du Seigneur, ne
« craignent pas par une criminelle audace de scanda-
« liser et d'affliger les serviteurs de Dieu en usurpant
« leurs biens. Mais il en est qui, dès à présent, doivent
« être frappés du glaive de l'excommunication : ce
« sont les fils d'Etienne, Sétard et Girbert, qui se sont
« emparés d'Alod donné à Cluny par Amblard, arche-
« vêque de Lyon (1). Jusqu'à ce qu'ils aient restitué
« Alod, qu'ils soient par nous et aussi par vous-même
« frappés de l'excommunication » (2). Les abus du
pouvoir laïque contre la propriété ecclésiastique ne
sont donc pas une nouveauté de cette fin de siècle, et
si l'Église a protesté autrefois contre les spoliations,
les usurpations, les ingérences abusives commises en
plein moyen-âge, par des princes et des seigneurs,
oublieux de leurs devoirs, cette protestation de l'Église
contre les entreprises injustes du pouvoir civil, depuis
Benoît VIII et ses prédécesseurs jusqu'à notre immortel pape Léon XIII, n'a jamais été interrompue.

On pourrait peut-être s'étonner de nos jours de voir
l'excommunication devenir autrefois une arme si fréquente entre les mains des souverains pontifes. Mais
qui ne sait que dans toute société, le souverain et les
magistrats qui exercent en son nom la justice, peuvent
infliger des peines aux sujets coupables, les priver des
biens qu'elle procure à ses enfants dociles, et même les
exclure de son sein pour de graves délits. Ces notions
de simple bon sens suffiraient pour établir le pouvoir
qu'a l'Eglise de frapper d'une peine aussi grave. Cette

---

(1) Amblard, archevêque de Lyon, fit don à Cluny de plusieurs biens qu'il possédait en Auvergne, entre autres d'Espirat. Cf. CHAIX DE LAVARÈNE, *Monumenta Pontificia Arverniæ*, note 1, p. 22.

(2) JAFFÉ, *Regesta*, n° 3083; Cf. MIGNE, *Patrol. lat.*, t. CXXXIX, col. 1629; CHAIX DE LAVARÈNE, ouvr. cité, p. 21.

discipline, qui remonte à l'origine même du christianisme, fut par le concours des deux puissances longtemps en vigueur dans tous les Etats catholiques de l'Europe au moyen âge. Depuis le septième siècle jusqu'au douzième, l'usage de la pénitence publique était peu à peu tombé en désuétude, et les désordres se multipliaient de jour en jour, par suite de l'état d'anarchie où se trouvait la société ; les deux puissances devaient donc tout naturellement chercher à suppléer à la pénitence publique par quelque autre châtiment qui pût imposer à des hommes barbares et indisciplinés. Comme la religion était presque la seule autorité qu'ils respectaient, on ne trouva pas de moyen plus efficace pour les comprimer, que l'usage des censures ecclésiastiques et particulièrement de l'excommunication. Les souverains eux-mêmes, selon la remarque d'un ancien auteur, ne voyaient pas de meilleur moyen pour contenir dans le devoir leurs vassaux rebelles ; et l'étroite union qui régnait entre les deux puissances, les engagea naturellement à attacher à cette peine spirituelle des effets temporels semblables à ceux qui étaient depuis longtemps attachés à la pénitence publique (1). Le concours des souverains, dans l'établissement de cette discipline est formellement reconnu par plusieurs écrivains modernes, d'ailleurs très opposés aux maximes et à la pratique du moyen âge sur ce point (2).

Après les démêlés dont nous avons parlé plus haut, d'autres différends survinrent entre quelques seigneurs et la grande abbaye bourguignonne, mais ils furent vidés pour la plupart par-devant le juge de paix du

---

(1) Gosselin, *Pouvoir du Pape au moyen âge*, p. 412.
(2) Cf. Gosselin, ouvr. cité, p. 415.

pays ou réglés d'un commun accord. C'est ainsi qu'en octobre 1019, Humbert, prieur de Cluny, accompagné de quatre ou cinq religieux de son monastère, parut sur l'ordre du saint abbé Odilon, dans un jour d'audience, à Mâcon, par-devant le comte Otto et l'évêque Gauslin pour se plaindre d'un certain Raculf, et d'une femme dont on ignore le nom, lesquels s'étaient emparés de quelques biens du monastère (1). Avant l'année 1026, le roi Robert et Hugues de France, son fils, ratifièrent l'un et l'autre les dons qu'avait reçus la célèbre abbaye à différentes époques (2). A son tour, le comte Otto de Mâcon, à la prière de Robert, prieur du monastère, se rendit à Cluny, et là, au milieu du chapitre, confirma la propriété des immeubles appartenant à l'abbaye et situés dans le comté de Mâcon. Signèrent cette ratification le comte Otto, Gaufred, son fils, et Wido, fils du comte Gaufred (3) (11 août 1031).

Il se trouvait aussi dans le domaine de Givry une petite terre qui fut l'objet d'un litige d'ailleurs très vite apaisé par arrangement à l'amiable. Les deux parties, l'abbé Odilon, d'une part, et d'autre part Elisabeth, abbesse de Baume-les-Dames, se rencontrèrent en l'année 1034, en vue de l'immeuble qui était l'objet du litige, et le conflit fut heureusement terminé en présence de trois abbés, du prieur Robert, et de Girard I, prieur et doyen de l'église épiscopale de Langres (4).

(1) MABILLON, *Acta*, VI, 1, p. 564.
(2) MABILLON, *Acta*, VI, 1, p. 565.
(3) *Id.*, p. 566.
(4) *Id.*, p. 589; *Gallia Christian.*, IV, col. 644. — Mentionnons encore un désaccord survenu à propos de la donation d'une terre faite par un certain Anselme sur le territoire d'Autun, donation qui fut attaquée par Adélaïde, la sœur du donateur. (MABILLON, *Acta*, VI, p. 569, n° 68.)

Odilon avait au prix de rudes et incessants labeurs, conservé les possessions de son abbaye, et il put se flatter, ce que son saint prédécesseur l'abbé Mayeul n'avait jamais pu obtenir, d'avoir remporté sur les nombreux envahisseurs et oppresseurs de son monastère, un succès éclatant et décisif.

Cette victoire qui fait tant d'honneur à notre saint abbé, et que nous venons de raconter par anticipation afin de grouper des faits d'un même genre, fut remportée longtemps après la seconde entrevue d'Odilon avec l'empereur Henri II. Il nous faut donc revenir de quelques années en arrière pour reprendre le fil des événements et raconter cette seconde entrevue qui devait être bientôt suivie du sixième voyage de l'abbé de Cluny en Italie.

Trois ans après l'émeute de Pavie dans laquelle Odilon avait employé avec succès sa charitable intervention en faveur des Italiens (1), l'abbé de Cluny se rencontra une seconde fois avec Henri II. C'était au commencement de la semaine sainte, le 2 avril de l'an 1007. Il vint à Neufchâtel sur le Danube où le roi tenait une cour brillante. On y remarquait la présence de Brunon, frère d'Henri, des évêques Werner de Strasbourg, l'un des plus grands évêques de l'Alsace et le véritable fondateur de la puissance des Habsbourg (2), Lambert de Constance, Olderich de Coire, Olderich de Trente Ariald de Chiusi, et d'un grand nombre d'abbés d'Italie et de princes séculiers (3). Le

---

(1) Voir plus haut, chap. XVI.

(2) Il construisit à ses frais le château dont Werner, son neveu, adopta le nom. — Cf. GRANDIDIER, *Histoire de Strasbourg*, l. IX (*Œuvres inéd.*, t. I, p. 421).

(3) STEINDORFF, *Jahrbücher des Deutschen Reichs unter Heinrich II*, t. II, p. 5, n° 2, et suiv., et p. 381 et suiv. ; STUMPF, n° 1441 ; MABIL-

motif qui avait amené Odilon au plaid de Neufchâtel, c'était d'appeler l'attention du roi sur les graves événements qui se passaient en Italie et l'exhorter à mettre son épée au service de l'Eglise si cruellement opprimée (1). On se rappelle qu'à la mort d'Othon III enlevé à la fleur de l'âge, les Romains crurent le moment favorable pour s'affranchir à tout jamais du joug allemand. Pendant que la Lombardie proclamait roi Hardouin d'Ivrée, Rome posait le cercle d'or du patrice sur le front de Jean, fils de ce même sénateur Crescentius mis à mort comme rebelle (2). C'était l'année même où Henri II montait sur le trône d'Allemagne et où Odilon était occupé à visiter et à réformer ses monastères d'Aquitaine. Le patrice laissa le pape Sylvestre II regretter encore durant un an, au fond du Latran désert, la ruine des magnifiques projets qu'il avait combinés avec le jeune Othon pour le relèvement de la chrétienté ; mais après la mort du pontife, il tyrannisa Rome pendant dix ans, créant les papes Jean XVII, Jean XVIII, Sergius IV, pour les asservir, pillant saint Pierre, confisquant les biens de l'Eglise, rendant souverainement la justice, avec l'assistance des sénateurs, ses dociles créatures, et ne se souciant ni de Dieu, ni de l'empereur, qui tous deux étaient loin. Il mourut enfin, l'année 1012, laissant le champ libre à la faction tusculane. La famille des comtes de

---

LON, *Annal.*, IV, 188 ; Ernst SACKUR, ouvr. cité, t. II, p. 8 ; *Placitum V*, 2 april. 1006, dans UGHELLI, *Italia Sacra*, t. III, 622 ; BRESSLAU, *Conrad II*, t. II, p. 447.

(1) Sackur fait remarquer que la charte pour le monastère du Ciel d'Or, qui mentionne l'intervention d'Odilon, est fort douteuse ; mais, d'autre part, nous lisons dans Robolini : « Interventu et petitione domini Odelonis venerabilis abbatis », S. 1561 (*Notizie appartenenti alla storia della sua patria*, t. II, p. 296). Cf. SACKUR, ouvr. cité, p. 9.

(2) Voir plus haut, chapit. XI.

Tusculum descendait de Marozia et de Theodora : on devine le reste. Pendant plus de trente ans les comtes de Tusculum réussirent à exploiter la papauté comme un fief de leur famille. Quatre papes en étaient sortis : Sergius III, Jean XI, Jean XII, et Benoît VII, le seul qui, grâce à l'appui d'Othon II, avait fait quelque honneur au Saint-Siège. Elle était représentée alors par le comte Grégoire et ses trois fils. Retirés sur le rocher de Tusculum, ils surveillaient d'un œil jaloux cette cité romaine où cinquante ans auparavant, le premier Albéric leur aïeul avait dominé en roi. Quand ils virent la place libre, les trois frères descendirent avec une armée, pénétrèrent dans la ville, chassèrent un certain Grégoire que le parti Crescentien venait de proclamer, et enfin, pour assurer leur triomphe, firent élire et sacrer sous le nom de Benoît VIII leur propre frère Jean, cardinal évêque de Porto. Ce triomphe parut être celui de la bonne cause : l'empereur Henri II le ratifia et il ne tardera pas à venir recevoir du nouveau pape l'onction impériale.

Benoît VIII n'adhérait à aucun parti politique, mais la présence d'un antipape, la sainteté du roi Henri II, sa prépondérance en Italie, les incursions désastreuses des Sarrasins, tout cela le contraignit à tirer parti de l'intervention allemande. Benoît implora donc le secours de l'empereur d'Allemagne, et cette mesure répondait trop bien aux dispositions d'Odilon pour que le saint abbé de Cluny restât étranger à l'expédition de son royal ami. Henri franchit une seconde fois les Alpes, battit, dans les plaines de la Lombardie, Hardouin d'Ivrée, le dernier roi national que l'Italie ait connu avant nos jours, et il vint à Pavie. Mais, cette fois encore, le bienheureux Odilon se trouvait avec lui, comme Jotsald et saint Pierre Damien en font expressément la remarque, et il célébra avec le roi la fête de Noël dans la capitale de la Lombardie (1). « Or, raconte saint Pierre Damien, tandis qu'Odilon « se trouvait un jour avec le roi Henri dans la ville « impériale, il arriva qu'un voleur lui déroba une nappe « d'autel magnifiquement travaillée. Le voleur, en « sûreté après le départ du saint et d'Henri, mit publi- « quement la nappe en vente. Mais le ciel ne permit « pas que cet objet sacré fût acheté. Trois fois il « l'exposa en vente avec d'autres marchandises, trois « fois il ne put s'entendre sur le prix avec les acheteurs, « si bien que le voleur ne put réussir à se défaire du « fruit de son larcin. Cependant la vengeance divine « s'appesantit sur l'auteur du vol ; ses mains qui « avaient consommé ce vol sacrilège, ses pieds qui « lui avaient servi à fuir, se desséchèrent soudain, et « il sentit dans ses divers membres d'intolérables « douleurs. Bientôt, à bout de souffrances, il se fit « porter à l'église de Saint-Mayeul, y suspendit l'objet « volé, et la multitude entière, touchée de compassion, « se mit à implorer pour lui l'assistance du bienheu- « reux Mayeul. Dieu se laissa enfin toucher ; le voleur « fut guéri, rendit la nappe précieuse, et s'en retourna « sain et sauf (2). » Un fait analogue se produisit à propos d'un cheval qui fut soustrait au saint abbé :

(1) « Eo tempore quo Heinrichus rex ad arcem Romani imperii festinabat, ut de regno ad imperium promoveretur, comitabatur cum eo beatissimus Odilo et gloriosissimæ Virginis adorandum partum utrique celebraverunt apud Papiam, ditissimum Italiæ oppidum. » (Jotsald, Vit. Odil., II, 4.) « Præterea cum vir Dei cum Heinrico rege, qui postmodum factus est imperator, in Ticinensi simul urbe consisteret et dominicæ natalitatis gloriam celebraret, contigit, » etc. (Petr. Dam., Vit. Odil., Bibl. Clun., col. 319.)

(2) Migne, Patrol. lat., t. CXLII ; S. P. Dam., Vita Odil., VI, n° 13 Jotsald, II, 15.

« Un autre voleur, raconte Jotsald, essaya aussi de
« causer du dommage à notre Père. Il se trouvait égale-
« ment dans la ville de Pavie, quand, pendant la nuit, le
« malfaiteur entra dans l'étable, s'empara du cheval
« qu'il avait reconnu le meilleur, et que le bienheureux
« avait coutume de monter. Mais parce que dans cette
« ville on connaissait non seulement l'homme de Dieu,
« mais encore ce qui lui appartenait, il n'osa point y
« rester, mais il s'enfuit à Lodi pour vendre le cheval.
« Mais Dieu prend toujours soin de ceux qui sont à lui,
« et il disposa tellement les cœurs de tous ceux qui
« virent l'animal, que personne ne voulut l'acheter.
« C'est pourquoi le voleur, touché de repentir, revint
« à la hâte au lieu où il s'était rendu coupable, et rendit
« le cheval dérobé aux serviteurs plongés dans l'afflic-
« tion. A cette nouvelle, l'homme de Dieu rendit
« grâces à l'auteur de toutes choses, et défendit à ceux
« qui l'environnaient d'inquiéter le coupable. Car il ne
« désirait point la vengeance, mais dans sa grande
« bonté il s'appliquait toujours à rendre le bien pour le
« mal. Fidèle à l'avertissement de l'apôtre saint Paul,
« ce vase d'élection, il ne voulut jamais rendre le mal
« pour le mal ; son désir était de faire du bien à tous
« sans exception (1) ».

Sur ces entrefaites, Hugues de Farfa qui, deux années durant avait en vain attendu en Italie le souverain allemand, avait renoncé au trône abbatial en faveur de Wido, et celui-ci, pour plaire aux clunisiens, avait accepté cette dignité (2), mais, lorsque Hugues vint rejoindre Odilon à Pavie, (3) ils furent bien obligés

---

(1) Jotsald, II, 5; S. P. Damian, Vita S. Odil. VI, 13.
(2) Mabillon, Ann. Bened., IV, 191.
(3) Diminutio Farf., dans Monum. Germ. SS., t. XI, p. 542 : « In hoc stetimus usque dum imperator venit et coronatus est. Cui obviam

de s'occuper de la question de l'abbaye de Farfa. Le roi ne voulut rien entendre et il renvoya l'affaire au synode de Ravenne, où furent convoqués le saint abbé de Cluny et Hugues de Farfa (1). Il ne faut pas s'étonner si les abbés siégèrent comme les évêques et derrière eux dans les assemblées conciliaires du moyen âge. Ce n'était pas de leur part une usurpation des privilèges épiscopaux, c'était l'exercice d'un droit reconnu, à raison de l'importance de leur juridiction qui dépassait souvent de beaucoup les limites de leurs cloîtres, et s'étendait non seulement sur les moines, mais encore sur les serfs, les familiers et les colons des monastères; et comme leurs domaines étaient fort étendus, leur autorité devint dès lors considérable (2). Aussi, presque dès le berceau de la vie monastique, les abbés s'acquirent une telle considération dans l'Eglise, qu'ils furent appelés à jouer un grand rôle dans les affaires ecclésiastiques (3). En France, la suspension pendant

---

fui Papiam ; cumque venissemus Ravennæ, imperator cum omnibus cogere me cœpit, et maxime præ cunctis dominus Odilo abbas, ut reciperem abbatiam. »

(1) Dr Ernst Sackur, ouvr. cit., p. 9 ; Madillonii, *Itinerarium Burgundium*, anni 1682, t. II, p. 23.

(2) Dom Chamard, *Revue des questions historiques, les Abbés au moyen âge*, 1er juill. 1885, p. 73.

(3) Saint Grégoire le Grand releva avec éclat la dignité abbatiale, et il confia à certains abbés les missions les plus délicates, mais, jusqu'au milieu du viie siècle, ils ne figurent dans les assemblées conciliaires que comme simples délégués des évêques, et non pas en leurs noms personnels *. Mais le huitième concile de Tolède, tenu vers 653, inaugure une jurisprudence nouvelle, qui résulte évidemment de la nécessité de faire participer aux délibérations conciliaires des prélats dont les intérêts et les talents ne pouvaient plus être mis à l'écart. Dix abbés apposent leurs signatures après les cinquante-deux évêques et avant l'archiprêtre de Tolède. Cette coutume passa peu à peu de l'Espagne en France, en Italie et dans toute la chrétienté, grâce à l'autorité dont jouissaient alors les conciles de Tolède **.

* Mansi, *Concil.*, t. IX, col. 121.
** Dom Chamard, ouvr. cit , p. 76.

quatre-vingts ans de toute réunion d'évêques, ne permit pas aux abbés de participer aux intérêts généraux de l'Eglise. Mais aussitôt que Charlemagne eut rétabli l'ordre dans le corps social, nous voyons immédiatement le monachisme et ses chefs jouer un rôle prépondérant dans cette œuvre de régénération. C'est ainsi que les questions les plus importantes au point de vue théologique et disciplinaire sous Charlemagne, Louis le Débonnaire et ses enfants, furent discutées et décrétées par l'initiative ou l'intervention des plus célèbres abbés de cette époque. De cruelles révolutions vinrent trop souvent amoindrir leur influence salutaire ; mais aussitôt que l'ordre monastique se relevait de ses ruines, ou recouvrait sa liberté, les abbés reprenaient leur rang dans l'Eglise et la société, par là même dans les conciles. Lorsqu'ils étaient exempts, ce qui était le droit commun, ils se trouvaient bien réellement les ordinaires de leurs domaines monastiques sous la dépendance immédiate du Saint-Siège, et ils avaient voix au concile présidé par le Pape au même titre que les évêques (1).

Le Synode de Ravenne convoqué par Henri de concert avec le pape Benoît VIII, se réunit dans l'église de la Résurrection, et se composait d'un grand nombre d'évêques (2). Avec Odilon et Hugues de Farfa, s'y rencontrèrent aussi le roi Henri II et le pape

---

(1) *Revue des questions historiques*, 1er juill. 1885 ; dom CHAMARD, *les Abbés au moyen âge*, passim ; Cf. dom L'HUILLIER, *Vie de S. Hugues*, p. 59. De là cet engagement que l'Eglise requiert encore aujourd'hui de l'abbé qui reçoit d'elle la bénédiction par autorité apostolique : l'élu jure auparavant de « conserver, défendre, augmenter et promouvoir les droits, honneurs et privilèges de la sainte Eglise romaine, du Pape régnant et de ses successeurs », dans les mêmes termes que l'évêque avant sa consécration. (*Id., ibid. ; Pontificale Romanum, De bened. Abb. auctoritate apostol.*)

(2) LABBE, *Conc.*, t. IX, col. 814 ; Cf. BENEDICT. VIII, *Epist.*, XII, *Patrol. latine*, t. CXXXIX, col. 1596.

Benoît VIII (1). On pressa Hugues de reprendre son abbaye, et notre saint abbé, en particulier, tenait plus que personne à maintenir l'abbé de Farfa à la tête de son monastère (2). On s'occupa aussi du parti crescentien et Odilon put apprendre les terribles ravages qu'il avait exercés à Rome et dans toute l'Italie. Le charitable et saint abbé eut sans doute une très grande part aux mesures prises par Henri pour venir en aide au pays si fréquemment troublé et pour procurer une plus grande sécurité aux églises et aux monastères cruellement tourmentés par une noblesse qui n'était plus retenue par aucun frein. Et en effet de Ravenne où il se trouvait, le souverain, d'accord avec le pape, l'abbé de Cluny et tout le synode, décida, en particulier, que chaque abbé et évêque dresserait et remettrait une liste des biens de l'Eglise qui auraient été enlevés en indiquant de quelle manière ils avaient été aliénés et en quelles mains, ils se trouvaient (3). Hugues de Farfa, sur le désir du roi, qui non content de confirmer la possession de son monastère, l'enrichit encore par quelques donations (4), dressa une liste des biens volés et pendant longtemps le roi Henri, et le pape Benoît VIII durent s'occuper d'en procurer la restitution.

Il n'avait pas suffi à Henri II de pacifier l'Italie et d'y rétablir l'influence germanique, il lui fallait

---

(1) Dr Sackur, ouvr. cité, t. II, p. 9.

(2) Id., ibid.

(3) Hist. Farf., Monum. Germ. SS., t. XI, 542 : « Prædictus autem imperator, ex quo Ravennam venit, præcepit cunctis abbatibus et episcopis, ut scriberent res perditas suarum ecclesiarum, qualiter et quando perdiderint vel et quibus detinerentur. »

Cf. Héfélé, Histoire des conciles, t. VI, p. 248, traduction Delarc, Paris, Leclerc, 1871.

(4) Dr Sackur, ouvr. cité, t. II, p. 10.

apprendre au monde que l'épée du nouveau Charlemagne ferait partout respecter le droit, la justice et la vérité, et c'est la gloire de notre saint d'avoir préparé et facilité ce triomphe.

Après la célébration du synode de Ravenne, Henri II, accompagné d'Odilon (1), partit pour Rome où il devait recevoir la couronne impériale. « Gloire et grâces immortelles soient rendues à Dieu le Père et à Jésus-Christ, son Fils et Notre-Seigneur, s'écrie ici dans un élan d'enthousiasme le chroniqueur Thiethmar. Il était donc enfin venu le jour tant désiré où notre saint roi allait monter les degrés du trône impérial et recevoir le diadème des mains du successeur de saint Pierre... Béni soit le Dieu tout-puissant qui protège le roi, son serviteur !... Il part pour Rome avec sa noble épouse la reine Cunégonde. Le souverain Pontife les attend en grande joie ; les fidèles romains leur préparent un accueil triomphal. Un César chrétien va de nouveau régner sur le monde, l'onction impériale coulera sur le front du plus auguste des monarques (2) ».

Le 14 février 1014, Henri, roi de Germanie, faisait son entrée solennelle à Rome, suivi de l'abbé de Cluny et d'un magnifique cortège. Il monta avec Cunégonde, son épouse bien-aimée, les degrés de la basilique de Saint-Pierre, où le seigneur pape l'attendait. Avant de l'y introduire, Benoît lui demanda « s'il voulait être le protecteur fidèle et le défenseur de l'Eglise romaine, et lui garder, à lui et à ses successeurs, la fidélité en toutes choses. Le roi répondit qu'il le voulait, et, en

---

(1) Sackur (*id., ibid.*, p. 9) prétend qu'Odilon ne suivit pas à Rome Henri II et Benoît VIII, mais il est contredit par le texte même de Jotsald (*Odil.*, II, cap. ix et xi), par Ringholz (ouvr. cité, p. 10) et par Giesebrecht (*Kaiserzeit*, II, 124).

(2) THIETHMAR, *Chronic.*, lib. VII, cap. ult., col. 1362.

même temps, il fut introduit dans la basilique. Il reçut alors l'onction sainte des mains du pontife ; la couronne royale qu'il avait portée jusque-là fut suspendue par son ordre au-dessus de l'autel du prince des apôtres ; le pape le couronna ensuite, ainsi que la pieuse Cunégonde, avec le diadème des empereurs » (1). « Les lois ecclésiastiques, dit Raoul Glaber, avaient fort sagement réglé qu'aucun prince ou roi ne pût prendre le titre d'empereur ni en exercer l'autorité, sinon celui que le pape aurait choisi pour son mérite, et à qui il aurait remis les insignes du pouvoir impérial. On avait vu, en effet, de tous les points du monde, surgir des tyrans qui sans autres formalités s'étaient improvisés empereurs, déshonorant par leur cruauté un titre créé par la piété des papes pour la défense de la sainte Eglise. Or, jusque-là l'insigne du pouvoir impérial avait affecté à chaque couronnement des formes diverses. Le vénérable pape Benoît voulut donner à cet auguste emblème une forme définitive qui symbolisât le caractère du pouvoir impérial. Il fit exécuter un globe d'or surmonté d'une croix et coupé à angles droits par deux cercles de pierres précieuses qui le divisent en quatre parties égales. C'était le globe du monde, avec ses quatre grandes divisions ; l'empereur chrétien, en le voyant dominé par l'image de la croix vivifiante, devait à chaque instant se rappeler que son règne était le règne de Jésus-Christ sur la terre. Les cercles ornés de pierres précieuses figuraient les vertus qui doivent resplendir dans un empereur chrétien. Tel fut l'insigne impérial que le seigneur pape offrit au prince germain dans la basilique de Saint-Pierre, en présence de la foule immense qui assistait au couronnement. Henri

---

(1) Thiethmar, *id.*, lib. VII, *loc. cit.*

reçut avec joie ce précieux symbole, et, l'ayant attentivement considéré : « Très bon Père, dit-il à Benoît VIII, vous avez voulu par cet emblème m'apprendre comment je dois user de la dignité nouvelle qui m'est conférée et gouverner notre commune monarchie. » Puis, élevant dans sa main le globe d'or : « Cependant, ajouta-t-il, cette croix surmontant le globe du monde ne conviendrait véritablement qu'à ceux qui ont foulé aux pieds les pompes de la terre, pour mieux porter la croix du Sauveur » (1). En ce moment, Odilon qui était debout à côté de l'empereur fut de la part d'Henri l'objet d'une faveur tout à fait singulière et bien inattendue. Ce globe impérial fut offert à notre saint abbé pour son monastère de Cluny (2). Le pieux empereur, par un tel présent, ne trahissait-il pas le secret de son âme ? N'était-il pas en ce moment absorbé par une de ses préoccupations les plus chères, qui était de renoncer au monde et de s'ensevelir dans les joies austères du cloître pour vivre et mourir comme un moine ignoré ?

C'est vraisemblablement à cette époque qu'Odilon fit à son tour présent à l'empereur Henri II d'une explication des épîtres de l'apôtre saint Paul recueillie des œuvres de saint Augustin. Le manuscrit, qui se trouve actuellement à la bibliothèque de la ville de Bamberg (3), et dont nous empruntons la description au R. P. Rin-

---

(1) Raoul GLABER, *les cinq livres de ses histoires*, édition Prou, p. 21 et 22 ; MIGNE, *Patrol. lat.*, t. CXLII, col. 626 ; GIESEBRECHT, *Geschichte der deutschen Kaiserzeit*, t. II, p. 123 ; *Jahrbücher Heinrich II*, t. II, p. 424. Ces deux d'après Raoul Glaber.

(2) ADEMAR, III, 37, dans *Monum. Germ. SS.*, t. IV, p. 133. D'après ADEMAR, *Chron. de S. Mayeul*, dans *Recueil des historiens des Gaules*, t. X, 232. Sur ces présents, Cf. ADALBERT, *Vita Heinrici*, cap. XXVIII, dans *Monum. Germ. SS.*, t. IV, p. 809, et *Vita Meinwerci*, ibid., t. XI, p. 118.

(3) JÆCK, *Beschreibung der Handschriften in der Bibl. zu Bamberg* Nürnberg, 1831, p. 119, n° 941.

gholz (1), mesure trente-cinq centimètres de hauteur et vingt-huit de largeur. Il comprend deux cent soixante-dix-huit feuillets, et chaque page est divisée en deux colonnes de quarante-trois lignes chacune. Le parchemin est mince, l'écriture est la minuscule en usage au onzième siècle; l'encre est de couleur jaune et brune. La première page du volume ne renferme que les paroles suivantes écrites au bas et en partie illisibles :

« PROBO. TA : M ; N MEUM [OD. CUM ?]
« POSSIM SCRIBERE CHARISTO »

Sur la seconde page est inscrite la dédicace d'Odilon à l'empereur. Voici cette dédicace (2) telle que la photographie l'a reproduite :

« HOC OPUS EGREGIUM CŒLESTI NECTARE PLENUM
« QUOD VUALEAT CLAUSUM PAULI RESERARE UOLUMEN,
« PRESPITER INDIGNUS MONACHORUM LEGE LIGATUS
« ODILO CŒNOBII CLUNIENSIS IURŒ CLUENTI
« OBTULIT AUGUSTO, SIMULEXAPTANS SIBI LONGUM
« VIVERE POST REGNUM CŒLESTI IN SEDE PARATUM. »

A gauche et au-dessous de cette dédicace on lit « *Odilo* » avec ces mots : « *auf dem i* ». On serait presque tenté, dit Ringholz, de regarder cette signature comme l'autographe de saint Odilon. Mais sans avoir égard aux mots « *auf dem i* », la signature est

(1) Cf. *Der heilige Abt Odilo von Cluny in seinem Leben und Wirken*, anmerkungen XLVI-XLVIII. Le R. P. Ringholz donne la description de ce manuscrit d'après le Dr von Schafhaütl, professeur à Munich, et aussi d'après les esquisses photographiques que lui a envoyées M. F.-X. Freninger, secrétaire de ce dernier.
(2) Elle a été plusieurs fois imprimée. — Voir ZIEGELBAUER, *Hist. litt. O. S. B.*, t. I, p. 502 ; JÆCK, *loc. cit.;* HIRSCH, *Jahrbücher des Deutschen Reichs unter Heinrich II*, Band II, p. 110. — « Que saint Odilon, dit Hirsch, n'en soit pas le rédacteur, cela est évident. » (*Id.*, p. 110, note 4.)

suspecte, de semblables signatures sur les manuscrits de cette époque étant très peu en usage. A défaut d'autre preuve on ne peut regarder cette signature comme l'autographe de notre saint.

Sur le deuxième feuillet sont écrits ces mots : « *Sententia Cassiodori ex libro de tractatoribus divinarum Scripturarum.* » Immédiatement après suit le chapitre huitième tout entier de Cassiodore, *de institutione divinarum Litterarum* (1). A côté de ces mots : « *Post hec uero tria paria que diximus commentorum, petrus abbas tripolitane prouincie* », etc., on lit à la marge du livre : « *Nota hic facundissimi Cassiodori narrat sententia cuius subsequens liber ex operibus beati augustini sit collectus industria.* »

Les feuillets 2-4 contiennent en neuf colonnes distribuées en lettres capitales sous forme de monogramme et écrites en noir et rouge, une introduction entourée d'arabesques. En voici le texe, d'après la copie de Freninger (2) : « *In nomine Domini et Salvatoris nostri*
« *Jesu Christi. In hoc volumine continetur expositio*
« *epistolarum beati Pauli apostoli collecta et in ordi-*
« *nem digesta ex libris sancti Augustini episcopi*
« *doctoris eximii et fidelissimi, sicut singulis suis locis*
« *conscripti sunt, in qua expositione licet nonnulla ex*
« *Verbis apostoli omissa videantur, tamen Domino*
« *auxiliante et per doctorem mirabilem mirabiliter*
« *agente, quæcumque difficiliora, profundiora vel*
« *excellentiora ibi inveniuntur, tamen diligenter pene*
« *omnia et præclara tractata sunt, ut divina gratia*
« *aspirante pio ac prudenti et studioso lectori sufficere*
« *possint ad instructionem doctrinæ, ad exercitationem*

---

(1) *Cassiodori Opera omnia*, edit. Garetius, Venise, 1729, t. II, p. 514 et suiv.

(2) Voir plus haut, note 4.

« *ingenii et ad ea quæ intermissa sunt facilius investi-*
« *ganda atque in quantum Dominus adiuverit pene-*
« *tranda cui profecto nec prolixitas nec multiplicitas*
« *expositionis debet esse onerosa, quæ ob hoc præcipue*
« *procurata est, ut sensus studentium magis magisque*
« *exerceatur legendo et intelligendo vivacius atque*
« *uberius instruatur. In nomine Domini nostri Jesu*
« *Christi incipit expositio epistolæ ad Romanos.* »

Au cinquième feuillet commence le Commentaire. C'est le même qui déjà a été imprimé dans le tome VII des œuvres du vénérable Bède (1), naturellement avec quelques variantes. Dans le manuscrit, on reconnaît l'écriture de plusieurs mains. C'est d'abord une écriture très élégante jusqu'au feuillet 202 inclusivement. (Commentaire de la lettre aux Ephésiens); les six dernières lignes sont écrites sur une bande collée.

Depuis le feuillet 203 (Commentaire de la lettre aux Philippiens), jusqu'à la fin du manuscrit, on distingue l'écriture d'une main plus robuste. A la fin du Commentaire de la lettre aux Hébreux, une troisième main a écrit les lignes suivantes :

« *Audistis, fratres, cum Epistola ad e —*
« *bræos legeretur. Obedite præpositis uestris.* »

Le manuscrit, conservé encore en bon état, est renfermé dans un étui en bois en forme de livre, avec une reliure serrée et un fermoir en cuivre. Sur la face antérieure du couvercle est peint le portrait de l'empereur, avec cette inscription : CAPITVLVM BAMBERG. Derrière le couvercle, on lit : ICHS GPHVKDD, 1611. Tout à côté se trouve un blason où figure un bélier. L'histoire de notre manuscrit se

---

(1) Cologne, 1612.

résume en deux mots : D'après le contenu de la dédicace, Odilon l'envoya à l'empereur Henri II. Puis il vint en la possession de l'église cathédrale de Bamberg, et il passa ensuite dans la bibliothèque publique de cette même ville (1), où il existe encore.

Après l'auteur et l'histoire du précieux manuscrit, il nous faut en mentionner les compilateurs ou plutôt ceux qui sont regardés comme tels. On a nommé tour à tour Pierre, abbé de la province de Tripolitaine, le diacre Florus et le vénérable Bède (2).

(1) Cf. Jaeck, ouvrage cité, p. lii.

(2) Cf. Migne, Patrol. lat., t. CXIX, col. 279, et t. XC; Mabillon, in Prolegom. ad ven. Bedæ Opera. Peut-être la note marginale du manuscrit insérée plus haut pourrait-elle contribuer à éclaircir cette question. Montfaucon (Bibl. Bibliothecarum, Paris, 1739, t. I, p. 120, 123, 130, 133, 140; II, 1361) cite d'autres manuscrits de la bibliothèque Vaticane et de l'antique monastère du mont Saint-Michel qui renferment le même commentaire. Le manuscrit du Mont-Saint-Michel est particulièrement important, car c'est lui qui a attribué à l'abbé Pierre la paternité de cette compilation.

Dans la bibliothèque du couvent de Saint-Gall, le même commentaire existe aussi dans les manuscrits nos 279, 280 et 281. Mais ici c'est Florus qui est désigné comme en étant l'auteur. Voir G. Scherrer, Verzeichniss der Handschriften der Stiftsbibliothek von Sanct Gallen, p. 106; Cf. Dr Friedrich Leitschuh, Catalog der Handschriften der Kœniglichen Bibliothek zu Bamberg, Bamberg, 1895, in-8, 1re livraison, 155 numéros. Le manuscrit qui nous occupe est inscrit sous le n° 126 du catalogue, et le Dr Leitschuh l'a ainsi intitulé : In Epistolas sancti Pauli Apostoli : Commentarius Odilonis, abbatis Cluniacensis, ex libris sanctis Augustini collectus. D'après l'auteur du catalogue, on s'appuie, pour attribuer la paternité de cette compilation à saint Odilon, sur ces vers inscrits en tête du volume : « Hoc opus egregium... Odilo cœnobii... » Mais il est douteux que saint Odilon puisse être regardé comme le rédacteur de ce commentaire. Le manuscrit de Bamberg qui contient le commentaire sur les épîtres de saint Paul, avait été tiré des écrits de saint Augustin par Florus de Lyon, et il avait été publié sous le nom du vénérable Bède. Les détails donnés par M. Leitschuh ne permettent guère d'en douter. Suivant lui, le manuscrit de Bamberg s'ouvre par un extrait de Cassiodore : Sententia Cassiodori, ex libro detractatoribus divinarum Scripturarum). Après quoi vient un titre monumental, en caractères onciaux, occupant cinq pages : In nomine Domini et Sal-

Pendant son séjour à Rome, saint Odilon habitait le monastère de Sainte-Marie de l'Aventin (1) qui appartenait à Cluny. C'était le propre palais d'Albéric, sénateur de Rome, qui, ayant appelé dans la ville éternelle vers l'an 936 saint Odon, l'un des prédécesseurs de notre saint abbé, lui en avait donné gracieusement la possession (2). Odilon se trouvait ainsi dans le voisinage le plus rapproché de l'empereur (3), dont le magnifique palais s'élevait à côté de l'humble mona-

vatoris nostri Jesu Christi. In hoc volumine continetur expositio epistolarum beati Pauli Apostoli collecta et in ordine digesta ex libris sancti Augustini episcopi. Titre et commencement de l'épître aux Romains : *In nomine Domini nostri Jesu Christi. Incipit expositio ad Romanos. Paulus, servus Jesu Christi vocatus Apostolus. Paulus Apostolus qui cum Saulus prius vocaretur.* Or voici le début du commentaire de Florus dans le manuscrit du xiie siècle, qui vient du prieuré de Saint-Martin-des-Champs, et qui se trouve aujourd'hui à la Bibliothèque nationale, n° 17452 du fonds latin : *Incipit prefatio venerabilis Bede presbiteri in expositione beati Augustini super epistolis Pauli apostoli. In hoc volumine continetur expositio epistolarum beati Pauli Apostoli, collecta et in ordine digesta ex libris sancti Augustini episcopi... Incipit expositio sancti Augustini episcopi epistole beati Pauli apostoli ad Romanos. Paulus servus Christi Jehsu vocatus Apostolus... Paulus apostolus qui cum Saulus prius vocaretur..* Il semble qu'il y ait identité entre le texte du manuscrit de Bamberg et celui de Saint-Martin-des-Champs ; selon toute vraisemblance, le premier est, comme le second, une copie du commentaire de Florus, copie que saint Odilon fit faire pour la bibliothèque de l'abbaye de Cluny, et c'est à lui que j'appliquerais l'article 173 du catalogue des livres de Cluny dressé vers le milieu du xiie siècle : *Volumen in quo continentur excerptiones de diversis libris et sententiis beati Augustini in epistolas Pauli juxta earumdem epistolarum ordinem decerptæ.* (Bibl. nation., manuscrits. *Fonds de Cluny*, p. 347. — Voir *Journal des savants*, année 1895, p. 389.)

(1) « Habebat autem (scilicet Odilo) hospitium in monasterio sacræ puerperæ virginis, quod est situm in Aventino monte, qui præ cæteris illius urbis montibus ædes decoras habens, et suæ positionis culmen in altum tollens, æstivos fervores aurarum algore tolerabiles reddit et habilem in se habitationem facit. « (Jotsald, II, cap. ix.)

(2) *Hugo, destructio Farf.*, 7, dans *Monum. Germ. SS.*, t. VII, p. 536 ; Cf. Reumont, *Gesch. der Stadt Rom.*, t. II, p. 253.

(3) Jotsald, II, cap. ix.

stère. Du sommet de l'Aventin, l'œil plonge sur l'intérieur de Rome et embrasse un immense horizon (1). Au nord, la basilique de Saint-Paul avec sa tour imposante qui se dessine en blanc sur un monticule richement coloré ; un peu à gauche de Saint-Paul, la porte de ce nom offrant un aspect remarquable rendu encore plus pittoresque par le voisinage de la pyramide de Cestius. A droite, le mont Testaccio contrastant avec la plaine monotone qui borde le Tibre dans la direction d'Ostie. Sur l'avant-plan, un peu plus à gauche, le regard rencontre un massif de constructions particulièrement intéressantes : c'est l'antique monastère de Saint-Sabba avec sa vieille basilique aujourd'hui occupé par le collège germanique, et dont l'ensemble forme avec Sainte-Balbine une silhouette grandiose se dessinant en grandes lignes sur l'horizon empourpré des monts Sabins. En suivant la même direction, on arrive bientôt à une vue pittoresque de Saint-Jean de Latran, et de Sainte-Croix de Jérusalem. Et enfin voici la colline du Palatin, vaste assemblage de ruines couronnées de cyprès, l'église de Saint-Bonaventure, célèbre par la tombe du bienheureux Léonard de Port-Maurice, et, par derrière, les coupoles et la tour élancée de Sainte-Marie-Majeure ; à quelques pas de là, le mur dénudé du Colysée, le très gracieux campanile roman de Sainte-Françoise-Romaine, et, à l'horizon les monts Albains avec le pic du Gennaro. Plus à gauche, le Forum, puis le Capitole et à l'avant-plan Sainte-Sabine avec sa basilique primitive dans toute la gloire de sa simplicité ; enfin, entre Saint-Alexis et la villa des chevaliers de Malte, par delà les parterres et les allées

---

(1) *Gesta epp. cameracens.*, I, chap. CXIV, dans *Monum. Germ. SS.*, t. VII, p. 451 ; Cf. STUMPF, n°s 1242 et 1243.

d'un jardin seigneurial, une riche profusion de coupoles : Sainte-Agnès de la place Navone, Saint-André *della Valle* et, au-dessus de toutes, la coupole de Saint-Pierre qui les domine avec une majesté de reine.

Le monastère de Sainte-Marie du mont Aventin était comme le pied-à-terre des abbés de Cluny dans la Ville éternelle : « L'Aventin, dit à ce sujet Mabillon, possédait de fort beaux édifices ; sa situation élevée l'exposait à des brises rafraîchissantes (1) qui en rendaient le séjour agréable et salubre aux étrangers pendant les ardeurs de l'été. »

Le couvent se dressait à l'endroit le plus élevé et le plus abrupt du mont, au-dessus de l'étroit rivage où le Tibre murmure en fuyant de Rome et en heurtant de ses flots les débris du pont qu'Horatius Coclès défendit contre Porsenna. Sur le mont Aventin, une église avait été bâtie sous le pontificat de Célestin Ier au commencement du ve siècle, par un prêtre d'Illyrie appelé Pierre. Deux rangs de colonnes antiques la partageaient en trois nefs, terminées chacune par un autel. C'était la basilique primitive dans toute la gloire de sa simplicité. C'était, croyons-nous, l'église du monastère. Sur la même colline, nous l'avons déjà dit, s'élevait le palais impérial. L'empereur Henri, pendant son séjour à Rome, y recevait souvent la visite du saint abbé de Cluny, qui venait lui apporter l'ardeur de sa charité, l'appui de ses conseils et la douceur de son amitié.

A la tête du monastère de Sainte-Marie de l'Aventin, se trouvait alors un homme d'une science et d'une vertu éminente : c'était Laurent, oncle du moine Hildebrand, plus tard archevêque d'Amalfi, avec lequel

---

(1) Jotsald, II, cap. ix ; Cf. Mabillon, *Annal. ordinis S. Bened.*, t. IV, p. 239.

Odilon se lia d'une étroite amitié. Un prodige éclatant marque le séjour du saint abbé de Cluny auprès de ce vénérable religieux. Odilon avait une complexion délicate, et sa santé déjà si chancelante se ressentait encore de ses austérités excessives. Etant donc au mont Aventin, il fut pris de faiblesses d'estomac et ne pouvant supporter le vin du pays, il demanda un peu de vin meilleur. On lui en apporta de quoi lui suffire ainsi qu'à Laurent son ami. Alors, d'un air aimable, s'adressant aux autres convives : « Mes frères, leur dit-il, je suis bien peu hospitalier de ne pas vous offrir du vin que je bois. » Et il exigea que chacun en reçût de sa main. O merveille ! alors qu'il n'y avait du vin que bien juste pour deux personnes, chacun des douze convives en eut en abondance, et le vin ne manqua qu'au dernier. Le saint abbé ne put se dérober à l'évidence du miracle ; mais il l'attribua comme de juste à la charité dont on avait usé à son égard (1).

L'abbé de Cluny ne resta guère plus d'un mois à Rome après le couronnement de l'empereur. Au commencement du printemps, peut-être dans la première quinzaine de mars, il reprit avec Henri II le chemin de la Lombardie. Ils se dirigèrent l'un et l'autre par la Toscane sur Plaisance et Pavie, où ils passèrent ensemble, dans les sentiments de la plus ardente piété, les jours de la semaine sainte et des solennités pascales (25 avril). Il fallut enfin se séparer, mais la séparation comme nous allons le voir, devait être de courte durée. Odilon, disant adieu ou plutôt au revoir à son saint ami, prit la route de Turin et se rendit à Cluny par le Grand-Saint-Bernard (2). Mais voici qu'une nouvelle

(1) JOTSALD, cap. II, n° 10 ; S. Pet. DAMIAN. *Vita S. Odil.*, cap. VIII, n° 19.
(2) JOTSALD, II, cap. IX, X et XI; Cf. R. P. RINGHOLZ, *Anmerkungen*, ouvrage cité, p. 80.

série de traits miraculeux semble tracer l'itinéraire du saint abbé. A Turin, un personnage qui avait pour lui la plus grande vénération, souffrait de fièvres aiguës ; il se procura de l'eau qui avait servi à laver les mains de l'homme de Dieu ; il en but avec foi, et il se trouva guéri instantanément (1). Au passage du mont Joux, Odilon rencontra de pauvres gens qui, épuisés de fatigue et de chaleur, lui demandèrent à se rafraîchir. Touché de compassion, ce tendre père ordonna qu'on leur distribuât tout le vin que renfermaient les outres, et l'ordre fut exécuté à la lettre. Peu après, sa propre escorte s'arrêta pour prendre sa réfection ; à ce moment, les outres furent trouvées pleines d'excellent vin (2).

Pendant ce temps-là, Henri II continuait son voyage à travers la Bourgogne qu'il cherchait à rattacher à l'empire comme un de ses fiefs naturels, et il vint avec toute sa cour jusqu'au monastère de Cluny (3), où l'avait précédé Odilon de quelques jours. Lorsque le cortège impérial eut franchi les premières limites du domaine de Cluny, les religieux ayant à leur tête leur vénérable abbé, allèrent en procession à sa rencontre au delà de la porte principale qui donne accès au monastère. C'était un beau spectacle que ces deux ou trois

---

(1) JOTSALD, cap. II, n° 10.
(2) JOTSALD, cap. II, n° 11.
(3) La visite de l'empereur Henri à Cluny est affirmée par les biographes d'Henri et l'évêque Meinwerck.
Cf. *Vita Meinwerci*, dans *Monum. Germ. SS.*, t. XI, p. 118 et suiv. ; MABILLON, *Acta*, VI, 1, p. 341 et suiv. — Qu'Henri, au 13 juin, eût été déjà à Bamberg, comme le rapportent les *Annales d'Hildesheim*, ce n'est pas certain, puisqu'en ces sortes de déclarations ces annales sont inexactes. (Voir *Jahrbuch. Heinrich II*, t. II, p. 206, note 2 ; Cf. p. 432, et GIESEBRECHT, *loc. cit.*, p. 592.) — Contre le voyage d'Henri, on ne peut donc pas alléguer les *Annales d'Hildesheim*, comme le fait Giesebrecht (*loc. cit.*, p. 593). Voir plus loin le chapitre XXI, *les Clunisiens en Lorraine et en Allemagne*.

cents moines s'avançant en longue file, revêtus de chapes, précédés de la croix et mêlant au son des cloches les pieuses modulations des psaumes et des hymnes sacrés. L'appareil si imposant et si nouveau pour eux de la cour impériale ne leur fit pas perdre un seul instant le recueillement intérieur qui se reflétait jusque sur leurs visages amaigris. Devant ce spectacle de ferveur et d'angélique modestie, Henri II fut attendri jusqu'aux larmes. Il mit pied à terre, s'agenouilla sur le superbe tapis qui recouvrait le sol, et ayant baisé pieusement la croix que lui présentait l'abbé Odilon, il fut reconduit processionnellement, précédé de la croix, sous un dais richement orné, jusque dans l'église du monastère, au chant des hymnes et des cantiques sacrés. A l'entrée du temple tout respendissant de lumière, la procession s'arrête; le seigneur abbé asperge d'eau bénite l'empereur et les seigneurs qui forment sa cour, puis le cortège s'avance majestueusement jusqu'à l'autel majeur où le prince, à genoux, prie quelques instants avant d'aller s'asseoir au trône magnifique qui lui a été préparé. Le saint abbé, debout au côté de l'épître et la tête découverte, chante alors d'un ton pénétrant ces versets tirés du saint roi prophète : « O Dieu, donnez au roi votre jugement, et au fils du roi votre justice (Ps. LVI). Sauvez, mon Dieu, notre empereur Henri qui espère en vous. Envoyez-lui, Seigneur, votre secours du ciel, et protégez-le de Sion. Que l'ennemi ne puisse rien sur lui. Et que le fils de l'iniquité ne lui puisse nuire. Que la paix soit dans tes forteresses, et l'abondance dans tes tours. Seigneur, exaucez ma prière. Et que ma voix s'élève jusqu'à vous. Le Seigneur soit avec vous. Et avec votre esprit. *Prions.* O Dieu, qui tenez dans votre main le cœur des rois, prêtez à nos humbles prières les oreilles de votre miséricorde, et donnez à notre empereur vôtre serviteur de gouverner en s'inspirant de votre sagesse, afin que, puisant ses conseils à votre source divine, il vous soit agréable et surpasse tous les royaumes. Accordez, Seigneur, à votre serviteur, notre empereur Henri, la faveur de votre secours céleste, afin qu'il vous cherche de tout son cœur, et qu'il mérite d'obtenir les faveurs qu'il sollicite convenablement. Par le Christ, notre Seigneur (1). Amen. Cette pompe sera la dernière qu'abritera l'humble sanctuaire construit ou du moins embelli par notre saint.

Le cortège se reforma pour reconduire processionnellement Henri au monastère. Là, le saint abbé put s'abandonner au charme d'une conversation tout intime avec son auguste ami. Nul doute qu'il l'entretînt du projet qu'il nourrissait depuis longtemps de se rendre au mont Cassin pour visiter les lieux sanctifiés par la présence de son bienheureux père, de son grand désir de propager la réforme en Italie, en Allemagne et ailleurs, car cinq ans plus tard, vers l'année 1019, probablement au commencement de l'automne, nous retrouvons l'abbé de Cluny à Ratisbonne auprès d'Henri, lui demandant sa protection en faveur de l'abbaye de Saint-Benoît de Léno (2) près de Brescia. Mais ce qu'il y a de certain, c'est que c'est à Cluny, dans une entrevue à laquelle assistait saint Meinwerk, évêque de Paderborn, venu en Bourgogne avec l'empereur, que fut arrêtée l'importante fondation clunisienne d'Abdinghof, dont nous aurons bientôt à parler.

---

(1) *Ordo Cluniac.*, cap. xxxiii ; *Pontificale Romanum, Ordo ad recipiendum processionaliter Imperatorem.*

(2) Mone, *Zeitschrift für Geschichte des Oberheins*, t. V, p. 490 ; Stumpf, n° 1735 ; *Jahrbuch. Heinrich II*, t. III, p. 115, annot. 4, cité par Ringholz, ouvr. cité, *Anmerkung.*, p. xxxvii.

L'empereur, arrivé à Cluny dans les premiers jours de janvier, l'an 1015, n'y resta que très peu de temps, car le 15 du même mois il se trouvait à Mühlhausen (Saxe) et à Bonn le 25 février. Le pieux Henri ne put quitter Cluny et son illustre abbé sans témoigner sa joie et sans laisser un souvenir de cette inoubliable visite. Le spectacle de la fervente abbaye dépassa encore la haute idée que le pieux empereur en avait pu concevoir. L'ordre parfait qui régnait dans le monastère, la beauté des offices, la rigueur de l'observance tempérée par une sage discrétion, tout cela le transporta d'enthousiasme. Il donna au monastère sa couronne et son sceptre, il présenta ces magnifiques offrandes à Odilon, de sa propre main, le jour de la fête de saint Pierre, patron de la célèbre abbaye. Il voulut être associé à la communauté, devenant ainsi désormais frère par le cœur des clunisiens et participant à leurs prières, aumônes et autres bonnes œuvres. Puis, se recommandant en toute humilité aux prières des religieux, il prit congé de son saint ami, et reprit la route de l'Allemagne.

CHAPITRE XVIII

ODILON ET LE CLERGÉ SÉCULER

S<small>I</small> Odilon était l'ami et le confident des rois, des empereurs et des plus illustres personnages laïques de son temps, le clergé séculier devait, lui aussi, subir l'ascendant de son prestige et de sa sainteté, et assister à une sérieuse rénovation ecclésiastique due à la sollicitude et au zèle ardent de notre saint abbé pour le salut des âmes. Malgré sa répugnance à s'immiscer dans les questions d'administration et de gouvernement ecclésiastique, Odilon fut amené plus d'une fois par les circonstances et sa haute situation à traiter avec les évêques, soit qu'ils se missent eux-mêmes sous sa direction, soit qu'ils eussent à faire observer les prescriptions ecclésiastiques, soit enfin qu'il fallût s'occuper des élections épiscopales.

Entre tous les évêques qui témoignèrent au saint abbé la plus entière confiance, qui lui donnèrent des marques d'estime et l'honorèrent d'une particulière affection, nous devons citer saint Fulbert, évêque de Chartres(1).

(1) D'après les uns, Fulbert serait originaire de Chartres, et c'est plus particulièrement l'opinion des historiens de ce pays. L'on voit,

Le pays natal de Fulbert a jusqu'ici donné lieu à de nombreuses opinions ; mais s'il en faut croire les détails qu'il donne dans sa lettre à Einard, il serait originaire de Rome ou de l'Italie (1). Il naquit vers 960 (2) de parents pauvres et obscurs, ainsi qu'il le

en effet, à Chartres, trois de ses neveux : Fulbert, Bernard et Rodulfe. Le nom de Fulbert se trouve répété plusieurs fois dans les cartulaires et semble être assez commun dans le pays. Mais ces raisons ne sont pas très solides ; d'une part, ce nom se rencontre aussi en Normandie, dans le Nord de la France et en Allemagne ; d'autre part, les neveux de Fulbert purent fort bien le rejoindre après son épiscopat. Selon d'autres, Fulbert serait né non au pays chartrain, mais dans l'Aquitaine : « Ses liaisons, écrit dom Rivet, avec le duc Guillaume V en font un grand préjugé, préjugé qui prend la force de preuve lorsqu'on voit Fulbert se représenter comme sujet de ce prince, qu'il qualifie son maître, *herus meus*. » Mais M. Pfister remarque que ce titre est donné à Guillaume d'Aquitaine par un autre que Fulbert, par Foulques Nerra, comte d'Anjou. (Pfister, *de Fulberti Carnotensis episcopi vita et operibus*, p. 20.) — Enfin MM. Pfister et Auvray le placent dans le canton de Roucy, en Picardie. Hildegaire, disent-ils, était compatriote de Fulbert ; or, il sortait de ce pays, car il appelle Ebale, comte de Roucy, son seigneur... C'est vrai, mais ce n'est là qu'un terme de politesse, et rien n'oblige à le prendre au sens étroit. Ils allèguent les relations de Fulbert avec le même Ebale, devenu archevêque de Reims, et avec Adalbéron, évêque de Laon. Ils oublient que Fulbert put très bien les connaître à l'école de Gerbert. (Pfister, *opus cit.*, p. 21 ; Cf. abbé Clerval, *les Ecoles de Chartres au moyen âge*, p. 33 et suiv.)

(1) M. Clerval adopte l'opinion de Mabillon et des auteurs de l'*Histoire littéraire* (Mabill , *Annales O. S. B.*, IV, 79, et *Hist. litt.*, XI, xxv, revenant sur son opinion du tome VII, 262), d'après laquelle Fulbert était originaire de Rome ou de l'Italie, et, comme eux, il s'appuie sur la lettre à Einard, intitulée : *Domino suo Einardo, sibi semper venerando, Fulbertus exiguus*. (*Patrol. lat.*, t. CXLI, col. 192.) Dans cette lettre, *Fulbertus exiguus* parle d'un manuscrit qu'il avait apporté de son pays natal et qu'il ne retrouvait pas. Ce manuscrit, il l'avait emprunté à la bibliothèque de Rome : *dum ego codicem... a Romano scrinio prolatum perlegam*. Mais ce Fulbert, qui était Romain, doit-il s'identifier avec le nôtre ? M. Pfister ne le veut pas (*opus cit.*, p. 20). Mais M. Clerval démontre, par un argument certain, que la lettre à Einard est vraiment de lui, et que, par suite, sa patrie était Rome ou l'Italie. (Clerval, *opus cit.*, p. 34, 42.)

(2) Voir Clerval, *opus cit.*, p. 35.

raconte lui-même (1) dans la lettre dont nous venons de parler. Fulbert reçut son éducation de l'Eglise qu'il aima comme sa mère (2). Il apprit, dit-il, les premiers élements des sciences, en remplissant les fonctions sacrées, près d'un évêque d'Italie, dont il était clerc, et qui lui conféra les premiers degrés de la hiérarchie. Il nous rapporte l'un de ses entretiens avec ce prélat, à l'occasion d'un prêtre récemment ordonné, qui eut le malheur de perdre des fragments d'hostie consacrée. Cette hostie lui avait été remise, selon un ancien usage, par le prélat consécrateur, et pendant quarante jours, il devait en détacher une parcelle et la communier. L'évêque, irrité de sa négligence, l'en punit sévèrement, et, de plus, infligea une pénitence à tous ses confrères. Fulbert était du nombre. Longtemps après il se rappelait encore cet entretien et il priait son correspondant de s'en contenter jusqu'au jour où il aurait relu le manuscrit qu'il avait apporté de la bibliothèque de Rome (3). Ce dernier trait nous apprend que Fulbert sortit de l'école épiscopale pour se rendre à Rome, et qu'il fut attaché à la bibliothèque romaine. A quel titre? Fut-ce comme gardien, archiviste, notaire, simple secrétaire; nous ne le savons. Ce qui est certain, c'est qu'il connut le pape Jean IX avec lequel il fut plus tard en correspondance (4), et c'est aussi là sans doute qu'il entra pour la première fois en relations avec son maître

(1) « Sed recolens quod non opibus neque sanguine fretus
« Conscendi cathedram pauper de sorde levatus. «
(2) « Te de pauperibus natum suscepit alendum
« Christus...
« Nam puero faciles providit adesse magistros. »
(Patrol. lat., t. CXLI, col. 346, 347.)
(3) « A Romano scrinio prolatum. » Lettre à Einard, Patrol. lat., t. CXLI, col. 192.
(4) Patrol. lat., t. CXLI, col. 241.

Gerbert. On se rappelle que le grand écolâtre vint une première fois à Rome avec l'évêque Hatto de Vich et le comte Borel, vers 968, et que là Géranne, archidiacre de Reims, l'ayant rencontré, vers 970, l'emmena dans sa patrie (1). Fulbert, qui avait sans doute entendu Gerbert lui-même enseignant dans les écoles romaines, ou qui connaissait au moins sa renommée, franchit les Alpes. Il dut arriver à Reims presque en même temps que le roi Robert, dont il fut le condisciple et l'ami (2). Fulbert ne resta pas longtemps après lui ; il revint à Chartres (3), où la protection du roi Robert et son propre savoir lui ménagèrent sans doute un excellent accueil du clergé chartrain. Dès son arrivée, il dut être nommé maître et chancelier. En 1004, il était diacre et chanoine. Professeur et chancelier, son savoir et sa piété le conduisirent jeune encore à l'épiscopat (4), et son élévation à cette haute dignité fut si évidemment providentielle qu'elle rassura toutes les perplexités de sa conscience. Sur la fin d'octobre ou au commencement de novembre 1006, il reçut la consécration épiscopale des mains de Léothéric, archevêque de Sens (5). Déjà sa renommée rayonnait au loin. Parmi les princes de cette époque avec lesquels Fulbert entretenait un commerce de lettres et d'amitié, il faut nommer le duc Guillaume V d'Aquitaine qu'il qualifie son maître :

(1) Voir plus haut, chapitre

(2) La chronique de Maillezais dit que Fulbert fut élève de Gerbert. Celle de Fontenelle le dit aussi condisciple à Reims, sous Gerbert, du roi Robert. Cf. CLERVAL, *opus cit.*, p. 38.

(3) C'était l'époque où plusieurs étudiants de Reims se rendaient à Chartres. Rien de plus naturel de penser qu'ils l'attirèrent à leur suite. (PFISTER, 24.)

(4) « Et juvenem perduxit ad hoc ut episcopus essem. » (*Patrol. lat.*, t. CXLI, col. 347.)

(5) *Patrol. lat.*, t. CXLI, col. 206 ; PFISTER, *opus cit.*, p. 46.

« *herus meus* » (1). Guillaume, qui réunissait, aux titres de comte de Poitiers et de duc d'Aquitaine, celui d'abbé de Saint-Hilaire, se plaisait à enrôler, parmi les dignitaires de sa noble église, les prélats les plus illustres de son temps. C'est ainsi que le comte Guillaume avait nommé Fulbert trésorier de Saint-Hilaire de Poitiers : heureuse fortune pour l'église de Chartres, naguère réduite en cendres (2), mais elle put se relever promptement, grâce à la générosité du prélat. Fulbert, en effet, s'empressa de bâtir les cryptes de la cathédrale, ces merveilleux monuments du génie chrétien, avec les revenus de sa trésorerie de Saint-Hilaire de Poitiers, fidèlement enfouis dans ces fondations colossales; en retour, l'église de Poitiers s'enrichissait de livres précieux sortis de la bibliothèque épiscopale de Chartres, et recevait de Fulbert ses meilleurs écolâtres. Serviteur illustre et hymnographe de Marie (3), lumière de son siècle, précepteur des évêques, s'il ne fut pas bénédictin lui-même (4), il aima les moines; il fut le meilleur

(1) *Hist. littér.*, VII, 262.
(2) La cathédrale de Chartres fut incendiée dans la nuit de la Nativité. Fulbert la rebâtit depuis les fondements avec une splendeur inouïe, et il fut aidé dans cette œuvre par les largesses des rois de France et de Danemark, des ducs d'Aquitaine et de Normandie, des comtes de Champagne et de Blois, des chanoines et des clercs. L'incendie de 1030 en consuma les parties supérieures ; celui de 1196 ne laissa subsister que cette admirable crypte qui fait l'admiration des archéologues et des fidèles. (CLERVAL, *opus cit.*, p. 95.)
(3) Si Fulbert n'institua pas, comme on l'a dit, la fête de la Nativité, il lui donna dans tout l'Occident un éclat et une vogue nouvelle, par les trois répons et par la légende qu'il composa pour ce jour. (*Id., ibid.*)
(4) Si Fulbert avait suivi la règle monastique, il l'aurait révélé soit dans ses lettres, soit dans ses vers sur lui-même (*Patrol. lat.*, t. CXLI, col. 190). Il appelle Odilon son père, son archange, *archangelum nostrum*, et se dit son serviteur, *servulus;* il écrit à Abbon comme s'il était son disciple, *ut alumnus;* ce sont des expressions uniquement dictées par l'humilité et le respect (*id.*, col. 190 et col. 831). Dans sa réponse, Odilon le traite non comme un serviteur, mais

ami et le plus grand protecteur de l'ordre monastique ; il fut surtout le grand admirateur de l'ordre de Cluny, d'où son coup d'œil prophétique avait vu partir le salut de l'Eglise et du monde. Laissant donc de côté l'administrateur, l'homme politique, le savant, l'écolâtre, en un mot le grand maître des écoles chartraines, signalons seulement ses relations avec Cluny et son saint abbé. A peine élevé à la dignité épiscopale, il voulut se mettre entièrement sous la direction de saint Odilon. Entre l'un et l'autre, il s'échangea une correspondance suivie dont il ne nous reste plus malheureusement que quelques fragments (1). Fulbert était plus épris de la solitude que de la grandeur. Une éducation brillante, en le rendant digne des honneurs, ne lui en avait inspiré ni le goût ni l'ambition. Par un sentiment de rare et sincère humilité, il se regardait comme indigne d'être placé sur le siège éminent dont il fit l'édification et la gloire, et il ne considérait qu'avec effroi la responsabilité de la charge épiscopale : « Mon Créateur, disait-il,
« mon unique confiance, mon salut et ma vie, donnez-
« moi force et courage ; je crains d'être entré témérai-
« rement dans l'épiscopat et de devenir pour les autres
« une pierre d'achoppement, et pourtant, quand je
« songe que sans appui de naissance ou de richesses
« comme le pauvre élevé de son fumier », je suis
« monté sur cette chaire, il m'est impossible de ne pas

---

comme un admirable docteur auquel il ne manque pour être parfait, dit-il, que la profession religieuse. — En invoquant la *charité fraternelle* d'Abbon en faveur du monastère de Saint-Père, Fulbert lui donne la liste des religieux. Son nom n'y figure pas. Il intervient dans leurs affaires seulement en qualité de chanoine délégué par le chapitre. (CLERVAL, *opus cit.*, p. 36.)

(1) Voir *Patrol. lat.*, t. CXLI, col. 346 ; Lettres à l'abbé Odilon, col. 252 et 253 ; Cf. *Bibliotheca Cluniacensis*, col. 349, 350, 351, 352.

« voir là l'œuvre de votre Providence » (1). Dans cette douloureuse angoisse, Fulbert confia ses craintes à l'illustre et saint Abbé de Cluny, lui demandant ses conseils sur la conduite qu'il devait tenir comme évêque. Odilon avait l'âme trop élevée et trop délicate pour se permettre de formuler un jugement que son humilité lui faisait écarter. Voici la réponse que lui fit le saint abbé :

A mon vénérable et saint seigneur Fulbert, mon très cher frère, mon frère dans le sacerdoce, Frère Odilon, salut.

« Mon très cher frère, à quoi bon la demande que
« m'apporte l'un de vos fidèles clercs ? A l'entendre,
« votre paternité désire que, malgré mon indignité, je
« me fasse le juge de votre vie, et vous me mandez de
« vous marquer par écrit ce que je pense de votre
« conduite, qui, autant qu'on peut le dire, est irrépro-
« chable. Mais des yeux qu'obscurcissent d'épaisses
« ténèbres ne peuvent fixer d'un regard pénétrant la
« splendeur du firmament ni les globes qui scintillent
« dans les cieux. Splendeur du firmament, étoile du
« matin, ainsi vous nommerai-je, pour employer l'ex-
« pression du prophète Daniel : « Ceux qui auront été
« savants brilleront comme la splendeur du firmament,
« et ceux qui en auront instruit plusieurs dans la jus-
« tice luiront comme des étoiles dans des éternités sans
« fin ». Eh quoi ! un homme de votre qualité, d'une
« éminence au-dessus de la portée de mon esprit,
« vous voulez le soumettre à notre appréciation, à notre
« jugement ! Mais certes, enveloppés que nous sommes
« dans les ténèbres de l'ignorance, nous ne pouvons
« nous connaître nous-mêmes ; comment pourrions-

(1) *Fulbertus de seipso, Patrol. lat.*, t. CXLI, col. 346.

« nous nous constituer l'arbitre de la vie des justes ?
« Aussi bien, aux yeux de tous votre mérite est tel
« qu'il est plus facile de l'admirer que de l'exprimer.
« La faiblesse de notre esprit succomberait sous le
« poids de votre question, si le souvenir des paroles
« divines ne nous venait à la pensée. Pour donner
« l'exemple à ses fidèles, l'auteur de la vie et du salut,
« vous le savez mieux que personne, vous dont la vie
« est tout évangélique, étant venu à Philippe de
« Césarée, fit cette question à ses disciples : « Qu'est-
« ce que les hommes disent que je suis, moi le fils de
« l'homme ? » Et un instant après : « Vous-mêmes qui
« dites-vous que je suis ? » Si donc il interroge, Lui que
« nul ne connaît et qui connaît tout, ce n'est point
« ignorance, c'est pour apprendre par son exemple
« aux prélats de son Eglise à demander ce que l'on pense
« d'eux-mêmes. Voilà pourquoi quiconque occupe
« une charge dans l'Eglise doit s'enquérir auprès
« de ceux qui lui sont soumis de ce que l'on dit et de
« ce que l'on pense de lui. S'il entend dire quelque
« chose de bien, qu'il en rende grâces à Dieu, source
« de tout bien, afin de faire par sa grâce de nouveaux
« progrès et de s'élever de vertus en vertus. Si, au
« contraire, il apprend quelque chose de défavorable,
« qu'il se repente et travaille à se corriger. Mais si
« l'autorité du Fils de Dieu vous engage à vous exa-
« miner vous-même à l'exemple des docteurs, pour
« nous, nous ne pouvons que louer l'éclat de votre
« sagesse, la pureté de votre foi, la droiture de votre
« prudence ; c'est la vérité qui m'oblige à parler
« ainsi » (1).

C'est ainsi qu'Odilon aimait à calmer les scrupules

---

(1) *Bibl. Clun.*, col. 350.

du pieux et modeste prélat. Sur ses instances, Fulbert continua d'exercer un ministère que visiblement Dieu comblait de ses bénédictions.

Déjà même, avant son élévation à l'épiscopat, Fulbert avait consulté son saint ami dans des affaires personnelles et particulièrement difficiles. Un aimable mandataire avait été détaché de l'église de Chartres, chargé de demander à l'abbé de Cluny une décision sur la conduite qu'il avait à tenir. Quelle fut la réponse de saint Odilon ? Elle n'est point parvenue jusqu'à nous. Nous savons cependant qu'elle fut telle que Fulbert la désirait, car il répondit à Odilon par une lettre semée d'images fleuries, pleine de grâce et de délicatesse, dans laquelle son cœur déborde de joie et de reconnaissance affectueuse, et où il se recommande encore une fois aux prières du saint abbé. « Comme je
« ne puis répondre, dit le prélat, aux bienfaits d'autrui
« par une libéralité effective, je le fais du moins par
« l'expression de ma vive reconnaissance. Votre lettre
« m'a donné une fête plus magnifique que je n'en pourrais attendre si j'étais dans la litière de Salomon au
« milieu des prophètes jouant de la harpe et des vierges
« brûlant de l'encens en mon honneur. Vous m'avez
« servi une manne angélique, nourriture mystique des
« colombes et des tourterelles. Vous m'avez versé le
« nectar de la charité que j'ai bu avec délice et à l'instant,
« sinon en prophète comme David, du moins comme
« Israël parlant à son fils, dont il avait savouré le mets,
« j'ai laissé avec joie s'échapper de mon cœur filial la
« bonne parole pour vous louer vous, mon Père, et pour
« vous bénir, moi votre fils. Puis vous m'avez donné
« une preuve de votre sollicitude paternelle par l'examen minutieux et approfondi de mon état de santé,
« vous réjouissant au moindre indice favorable que

« vous donnait la chaleur vitale, vous affligeant au
« premier symptôme fâcheux, et redoutant par-dessus
« tout de me voir en danger. Enfin, n'y tenant plus,
« votre charité a voulu soigner elle-même notre mal,
« et, avec un art tout divin et une merveilleuse habi-
« leté, vous avez tout d'abord versé sur lui une liqueur
« aussi douce que le vin de Samos, afin de purifier cet
« amas d'humeur, puis vous y avez ensuite répandu
« de l'huile afin de faire disparaître toute trace d'en-
« flure et de calmer la douleur. Maintenant que je
« suis guéri, grâce à vos soins empressés, j'estime
« qu'il est de mon devoir de mettre toutes mes forces
« au service et au gré de votre volonté. Mais en
« retour, ô mon père, il est juste que votre petit servi-
« teur, qui ne vit que pour vous, qui a en vous une
« entière et respectueuse confiance, ait part à vos
« saintes prières, car je suis un homme bien misé-
« rable. Incapable de me conduire moi-même, j'ai
« été néanmoins, par je ne sais quel motif ou par
« quel hasard, placé dans une position qui m'oblige
« à veiller sur la conduite du peuple. C'est là, avouez-
« le, ce qui me donne le droit de recourir à vos con-
« seils et à votre assistance, car c'est à vos instantes
« prières, que je dois de ne point abandonner ma
« charge (1). Adieu. »

Le pieux évêque de Chartres vint souvent visiter son ami dans son monastère de Cluny. Maintes fois cependant, il fut forcé d'omettre sa visite accoutumée, retenu qu'il était par une suite ininterrompue de difficultés, et il exprimait à Odilon le chagrin qu'il éprouvait de ne pouvoir se rendre auprès de lui : « Je vou-
« lais, ô mon Père, accourir auprès de vous, ainsi que

---

(1) *Bibl. Clun.*, col. 351.

« je vous l'ai mandé par mon diacre R., mais mes ser-
« viteurs, frappés d'un certain bruit étrange, ne con-
« sentent ni à me laisser partir en ce moment, ni à
« m'accompagner dans mon voyage, jusqu'à ce qu'ils
« aient jugé que ce voyage puisse s'effectuer avec plus
« de sécurité (1) ». Il lui raconta entre autres choses
les outrages qu'il avait à endurer de la part de Geoffroy,
vicomte de Châteaudun (2). Ce seigneur superbe et
violent dévastait les biens de son Eglise, incendiait ses
maisons de campagne, lui tendait des pièges. Geoffroy
bâtit contre les chanoines de Notre-Dame de Chartres
le château de Gallardon, Robert rase la forteresse (3).
Mais ici encore le seigneur relève les murs abattus et
édifie même un second fort non loin du premier.
Obstiné et menaçant, il se riait des ordres du roi et
des excommunications de l'évêque de Chartres. Fulbert, désespéré, écrit au roi qui est alors, loin de ces
contrées, occupé à conquérir la Lorraine : « Nous
venons nous plaindre auprès de votre miséricorde et
nous vous demandons aide et protection. Accablé de
douleur, nous avons ordonné qu'on ne sonnât plus nos
cloches, et au lieu de célébrer le divin mystère à haute
voix avec des chants d'allégresse, nous le célébrons
presque à voix basse. Aussi à genoux, en pleurant, nous
supplions votre piété ; venez en aide à l'Eglise, la
sainte mère de Dieu à laquelle vous nous avez préposé,

---

(1) *Bibl. Clun.*, col. 351 ; *Patrol. lat.*, t. CXLI, col. 253.

(2) *Bibl. Clun.*, col. 351.

(3) Lettre de Fulbert à Robert. « Gausfridus castellum de Galar-
done a vobis olim dirutum restituit. » (*Recueil des historiens de
France*, X, 457 D.) — Fulbert s'était déjà adressé précédemment au
jeune roi Hugue, et, désolé de ne recevoir de lui aucun secours, il
écrivit coup sur coup à Robert deux lettres, en se plaignant amèrement de l'inertie de son fils. (*Patrol. lat.*, tome CXLI, col. 218
et 215.)

car de vous seul, après Dieu, peut nous venir une consolation et un soulagement... » (1). Mais si l'évêque persécuté s'adresse au roi pour lui demander justice, c'est à Cluny, dans le cœur d'Odilon, de cet ami si sûr et si compatissant qu'il ira épancher ses peines pour recevoir un peu de consolation. Et quel fraternel et cordial accueil lui fait le saint abbé : « Avec toute la
« reconnaissance dont mon cœur est capable, écrit le
« prélat, je vous remercie, vénérable Père, de ce vous
« voulez bien vous faire comme une fête de me recevoir,
« tandis que je crains d'être indiscret et de vous acca-
« bler de mon importunité, et de ce que, renversant les
« rôles, vous dont je ne suis que le serviteur et à qui je
« dois tout, vous qui êtes mon maître, vous faites des
« préparatifs pour m'accueillir avec déférence. La voilà
« bien vivante et dans tout son éclat, cette forte et belle
« charité qui, d'après saint Paul, est patiente, douce
« et bienfaisante, dont la flamme ne s'éteint jamais.
« Ici je me consume du désir de jouir de votre pré-
« sence, mais pour le moment de graves difficultés
« me retiennent. Geoffroy, ce malfaiteur que j'avais
« excommunié à cause de ses nombreux forfaits dans
« un accès de désespoir ou de démence, je ne sais, a
« rassemblé une troupe de soldats qui ne savaient pas
« où on les conduisait, et il a incendié nos fermes à l'im-
« proviste et dressé contre nous toutes les embûches
« possibles. Il est donc nécessaire que je saisisse le
« le comte Odon de tous ces griefs. S'il n'en tient aucun
« compte, il me restera à demander le patronage du
« roi et celui de Richard. Et si ceux-ci négligent aussi
« de me secourir, je ne vois pas quel est le meilleur
« parti qu'il me reste à prendre, sinon de me désister

(1) *Recueil des historiens de France*, X, 457-458.

« de cette affaire et de me renfermer dans le silence
« pour mieux servir le Christ. Adieu (1). »

Quelle fut la réponse d'Odilon à cette lettre si pleine de tristesse ? Nous ne le savons. Toujours est-il qu'après avoir soulagé son cœur dans le cœur de son saint ami, Fulbert ne fut pas délivré de ses maux, car, vers l'an 1027, des querelles survinrent dans son évêché, qui l'obligèrent à ajourner encore une fois son voyage à Cluny. « Grand a été mon désir, dit-il, et il l'est encore,
« d'aller vous visiter. Mais des difficultés survenues
« dans notre charge épiscopale, m'ont empêché de réa-
« liser ce projet de voyage. J'ai voulu vous en prévenir
« par cette petite lettre, dans la crainte que votre
« auguste paternité ne soit inquiète dans l'attente de
« ma petitesse. Mais j'irai dès qu'il me sera possible,
« auprès de vous en qui habite véritablement l'Esprit-
« Saint, pour demander conseil à l'oracle de Dieu
« même. Adieu toujours dans le Seigneur, oui, encore
« une fois je vous dis adieu (2). » Odilon se plaisait à consoler par des lettres pleines de piété et de cœur son ami affligé ; il l'assistait de ses conseils si sûrs et si éprouvés, et Fulbert ne cessait pas de lui en témoigner sa vive reconnaissance. Que d'enseignements, que de charmes dans la correspondance du pieux évêque de Chartres et du saint abbé de Cluny ! Celui-là s'affligeant de rester trop longtemps séparé de son ami, de jouir trop rarement de sa présence ; celui-ci lui adressant de sages et délicats avis concernant le soin des choses ecclésiastiques et sur tous les détails d'une importante administration épiscopale. Nous ne pouvons, malheureusement donner qu'un aperçu de ces relations toutes

---

(1) *Bibl. Clun.*, col. 351.
(2) *Patrol. lat.*, col. 252.

fraternelles qui se continuèrent jusqu'à la mort de Fulbert, et qui nous rappellent les liens intimes qui existaient autrefois entre l'Eglise de Poitiers et l'Eglise d'Autun : délicieux commerce dont nous avons suivi avec émotion les pieux vestiges !

On comprend quelle puissance de séduction devait donner à Odilon tant d'élévation d'âme unie à tant de bonté. Cette puissance s'exerçait bien au delà des limites des pays chartrains. Ainsi que le prouve la bienfaisante influence du saint abbé de Cluny sur Liétry, archevêque de Sens. Celui-ci avait été, comme le pieux évêque de Chartres, un des élèves privilégiés de Gerbert à l'école de Reims, où il connut aussi Adalbéron (1), futur évêque de Laon, et Gérard, plus tard évêque de Cambrai. Son savoir et ses talents remarquables, disent les uns, l'avaient porté par une élection régulière sur le siège archiépiscopal de Sens. Il est plus vrai de dire que Liétry fut une créature de Robert, et c'est à ce titre qu'il fut élevé en l'an 1000 à cet archevêché, qui faisait alors partie de la Francia et était dans la dépendance du roi comme tous les diocèses de la province de Sens. Mais bientôt des résistances se produisirent contre lui de la part du clergé avec une telle ardeur qu'il lui fut impossible de prendre possession de son siège (2). Liétry, voyant que beaucoup de clercs ne voulaient pas le reconnaître, repoussé du reste de sa ville épiscopale par le comte Frotmond, se rendit à Rome auprès du pape Sylvestre II, son ancien maître à l'école de Reims. Le pontife dut alors intervenir et faire entendre sa voix souveraine. Dans une bulle remarquable il rappela le

---

(1) *Œuvres de Gerbert*, édit. Olleris, XLVI-XLVII.
(2) *Chronicon sancti Petri Vivi Senonensis* (*Recueil des historiens de France*, X, 222 D); Cf. PFISTER, *opus cit.*, p. 188.

clergé de Sens au juste sentiment de ses devoirs, en même temps qu'il prenait la défense de son ancien élève. Le pape Sylvestre II commanda aussitôt aux évêques comprovinciaux d'ordonner celui qui avait été régulièrement élu (1). Nous n'avons plus le document qu'il publia à cette occasion, mais les chroniqueurs en mentionnent l'existence. La bulle du pontife fit tomber toutes les oppositions : l'élection de Liétry ne fut plus contestée, et le nouvel archevêque put enfin prendre en mains le gouvernement de l'Eglise de Sens. L'opposition du chapitre n'était que trop fondée. Liétry, en effet, ne tarda pas à tomber dans de graves erreurs. « Abusant de son pouvoir, dit Helgaud, il se servait quelquefois de la communion pour rechercher les coupables et faisait intervenir le sacrement de l'Eucharistie comme un moyen de police inquisitoriale. A ces paroles liturgiques que le prêtre prononce en donnant la communion : « Que le corps de Jésus-Christ « soit pour vous le salut de l'âme », il osa leur substituer celles-ci : « Si vous êtes digne, recevez le corps du « Seigneur », comme si jamais un mortel pouvait être digne d'une telle grâce (2). Liétry allait encore plus loin : il méprisait souvent les prescriptions ecclésiastiques, et non content de s'en tenir au gouvernement de son Eglise, il ne craignait pas d'exercer des fonctions de son ordre dans d'autres diocèses sans y être appelé. Aussi bien Fulbert, qui avait reçu la consécration épiscopale de ses mains et qui, à ce titre, lui avait donné de touchants témoignages de sa filiale affection, ne regardant que l'intérêt de la religion et de l'Eglise, lui avait adressé une lettre où il lui donnait en toute

---

(1) *Id., ibid.;* Pfister, *opus cit.*, p. 199. — Nous verrons plus loin que Gauzlin se fit appuyer de la même manière par Benoît VIII.

(2) Helgaud, *Recueil des historiens de France*, X, col. 912.

liberté des conseils inspirés par son cœur. « Père, lui disait-il, je reconnais vous devoir beaucoup d'amour et de fidélité ; aussi mon âme est tellement suspendue à la vôtre que tout ce qui peut justement vous contrister ou vous réjouir, si j'en suis informé, m'affecte de la même manière » (1). Ayant eu encore à se plaindre des actes de son métropolitain, il lui écrivit vers l'an 1017 une nouvelle lettre dans laquelle il le blâme sévèrement et avec une liberté tout apostolique : « Lorsque, sans me consulter, dit-il, et au mépris de l'honneur de l'Eglise de Chartres, vous consacrez des évêques et que de plus, à différentes reprises, vous avez méprisé ces prescriptions canoniques, ce n'est pas seulement moi-même que vous offensez, mais principalement tous ceux qui aiment la justice... Au reste, je vous prie encore, en terminant, de ne pas publier ma lettre, sous peine de me causer par là quelques ennuis. Mais de même que le procédé dont vous usez, vous ne devez pas le désirer pour les autres, de même je crois qu'il est convenable de ne jamais cesser ou de vous dire verbalement la vérité ou de vous l'exprimer par écrit » (2). Plus tard il lui écrivit encore : « Si vous vouliez, comme il convient, tenir compte dans votre conduite de mes conseils, notre ordre n'en serait que plus honoré et votre position aurait à y gagner ; mais je garde le silence sur ce qui s'est passé. Aussi bien j'ai l'espoir que vous suivrez la direction des hommes prudents et

---

(1) Ep. xi (ann. 1008), apud MIGNE, *Patrol. lat.*, tome CXLI, fol. 206.

(2) *Ibid.*, Ep. xxviii, col. 114 ; *Recueil des historiens des Gaules*, X, 454 et suiv. — Nous pourrions citer la conduite, toute semblable, d'Ives de Chartres envers l'archevêque de Sens, Richer (Cf. *Patrol. lat.*, t. CLXII, col. 18, 47, 61). Ces hommes de Dieu avaient présente à l'esprit la maxime des saints docteurs : « Melius est ut scandalum oriatur, quam veritas deseratur. »

saints. Je parle de notre Père Odilon et de ses amis. J'espère que par leurs conseils non seulement votre âme échappera au péril qui la menace, mais que vous recouvrerez encore la gloire et l'honneur de la vie présente » (1).

Comment résister à une si pressante exhortation et à de si affectueux avertissements ? L'archevêque de Sens se mit sous la direction du saint abbé ; il écouta avec docilité ses paternels conseils, et nous savons que l'intervention d'Odilon eut d'heureuses suites pour Liétry, car il se conforma courageusement aux prescriptions du Pape, et son administration épiscopale fut désormais à l'abri de tout reproche. Liétry n'eut pas de peine à s'apercevoir que la direction d'un saint est le plus grand des bienfaits.

Ce n'est pas la seule fois que le saint abbé de Cluny dut s'interposer en faveur des membres de l'épiscopat. Cinq ans auparavant, Odilon avait été appelé par la cour de France à intervenir dans l'affaire de l'élection de l'archevêque de Bourges.

Un moine vivait alors dans le monastère de Fleury où il avait pris l'habit religieux et ses excellentes qualités lui avaient conquis l'estime et l'affection des frères. Sa naissance, environnée de mystère, était seule, aux yeux du plus grand nombre des religieux, un obstacle à son élévation. Ce moine était Gauzlin (2), dont André de Fleury, son historien, a dit avec une réticence discrète qu'il était issu de la plus haute famille de toute la Gaule, mais tous les autres auteurs, après Adhémar de Chabanais (3), ont écrit qu'il était fils naturel du roi

---

(1) *Recueil des historiens des Gaules*, X, 455.
(2) Il avait été élevé dans les écoles du monastère (*Recueil des historiens des Gaules*, X, 148).
(3) *Id., ibid.*

Hugues Capet et frère du roi Robert (1). A la mort d'Abbon, Gauzlin fut nommé par son frère abbé du monastère de Fleury (1004) (2). Les religieux opposèrent une certaine résistance, inspirée par le respect pour les antiques traditions et surtout par la nécessité d'obéir aux exigences des lois canoniques, mais l'autorité royale prévalut sur les privilèges, et ils durent accepter le candidat proposé à leur élection (3). D'ailleurs, le pape Jean XVIII avait reconnu le nouvel abbé, et l'avait énergiquement défendu contre les empiétements de Fulcon, évêque d'Orléans, qui refusait de reconnaître le privilège qu'avaient les moines de Fleury de vivre en dehors de sa juridiction épiscopale (4). Gauzlin s'était montré dévoué sans réserve aux intérêts de l'abbaye, avec la seule ambition d'être utile et agréable à ses religieux; il occupait depuis quelques années le trône abbatial de Fleury, lorsqu'en 1013, le roi Robert l'éleva à la dignité d'archevêque de Bourges, en lui laissant toujours la charge d'abbé, qu'il continua de remplir avec le plus grand zèle. Il le fit consacrer, contrairement aux règles canoniques, par l'archevêque de Sens, Liétry, et par l'archevêque de Troyes, Frotmond (5). Mais ni le comte ni les habitants de Bourges consentirent à recevoir dans leurs murs le nouvel élu (6) On peut se demander ici en vertu de quel droit

---

(1) MABILLON, *Acta SS. Ord. S. Bened.*, sæcul. VI, 1. p. 32.
(2) *Vita Gauzlini, Mémoires de la Société archéologique de l'Orléanais*, t. II, p. 277 et suiv.
(3) *Recueil des historiens des Gaules*, X, 148 et suiv.
(4) *Vie de Gauzlin*, récemment publiée par Ewald dans *Neues Archiv. der Gesellschaft für ältere deutsche Geschichtskunde*, t. III, p. 351 et suiv., 1878 ; JAFFÉ, n° 3027.
(5) Le fait résulte d'une lettre de Fulbert de Chartres, *Recueil des historiens de France*, X, 454-455. Pfister croit que par la lettre G est désigné Gauzlin (*opus cit*, p. 190).
(6) Adémar DE CHABANNES, dans *Recueil des hist. des Gaules*, III, 39.

le comte vient s'opposer à l'entrée solennelle du nouveau titulaire dans sa ville épiscopale, et si ce n'était pas là un acte purement arbitraire, qui ne pouvait être justifié par aucune raison juridique.

D'après la jurisprudence canonique relative aux élections épiscopales de l'Eglise de France à cette époque, l'élection était tout entière entre les mains du roi, auquel appartenait exclusivement le pouvoir électoral. L'intervention du seigneur se borne ici à une confirmation donnée après le sacre. En fait le comte ne convoque, ne préside nullement le corps électoral; il n'autorise pas davantage le sacre de l'élu (ce sont les éléments du droit d'élection), il se borne à lui permettre l'entrée de la cité et le libre exercice de ses fonctions sacerdotales. L'histoire de cette époque renferme plusieurs exemples qui nous montrent le roi nommant un évêque, le comte donnant ou refusant son assentiment (1). En 908, voici ce qui se passe à Girone. L'évêque Guigue, nommé par Charles le Simple, avait été sacré, sur son ordre, par l'archevêque de Narbonne et ses suffragants; mais avant que l'évêque n'entrât dans la cité, le comte de Barcelone réunit une assemblée de clercs et de laïques, hors des portes de la ville, à l'église Saint-Félix. L'archevêque de Narbonne y présenta le nouvel évêque, déclarant qu'il avait dû le consacrer sur l'ordre formel du roi. Le comte Wifred et ses seigneurs approuvèrent l'élection et se reconnurent prêts à obéir à la volonté du roi et de l'Eglise. En 1026, à la mort de Macaire de Meaux, le roi nomme Bernaire; mais Eudes II s'oppose à son entrée, et Fulbert est obligé d'intervenir près de lui pour obte-

---

(1) IMBART DE LA TOUR, *les Elections épiscopales dans l'Eglise de France du IXe au XIe siècle*, p. 267-269.

nir son assentiment. Ces faits et d'autres analogues indiquent clairement le rôle du comte. Au choix du roi s'ajoute la confirmation du comte. Il n'est donc pas douteux que Gauzlin ait dû avoir cette reconnaissance solennelle pour exercer ses fonctions dans le comté et la ville de Bourges. Si le comte Gauzfred, maître de la ville épiscopale en ferme les portes à l'évêque consacré et refuse de le reconnaître, c'est que Gauzlin avait été élu par le roi Robert, il n'avait pas eu pour lui l'élection du clergé, ni les suffrages du peuple. « L'élection, disait Fulbert de Chartres, est l'agrément d'un seul par tous, exprimant librement leur volonté; comment peut-on appeler élection le choix du prince imposant à tous son candidat et ne laissant ni au clergé ni au peuple ni aux évêques le droit de préférer un autre? » (1) Aussi, dans toutes les affaires dans lesquelles intervient le saint prélat, il se montre zélé partisan des droits du clergé et du peuple contre le roi, même contre les évêques. C'est ainsi qu'il ne craint pas de reprocher à son métropolitain (Liétry, archevêque de Sens) sa complaisance aux ordres de Robert, la docilité avec laquelle il viole les canons qui règlent le sacre des évêques pour être agréable au Palais. Au sujet de l'affaire de Gauzlin (1013) que Liétry avait sacré avec l'évêque de Troyes, il lui écrit : « En consacrant les évêques sans mon assentiment, vous portez atteinte aux droits de l'Église de Chartres ; vous violez dans cette affaire les règles canoniques, et par là ce n'est pas seulement moi-même, mais tous ceux qui aiment la justice que vous blessez. Ce que vous avez fait pour Thierry, vous l'avez fait encore pour Gauzlin, que vous avez donné comme pasteur à

---

(1) *Recueil des historiens des Gaules*, X, p. 453.

un troupeau qu'il ne connaît pas et qui ne veut pas le recevoir. Rejeté, obligé de rester hors de son évêché, il ne peut entrer publiquement par la porte comme un pasteur légitime, et s'efforce de s'imposer par les violences du roi comme un tyran. » (1) C'est ainsi que Fulbert de Chartres se fait le défenseur convaincu de la liberté des élections. Gauzlin eut recours à Robert qui vint assiéger Bourges, mais, ce semble, inutilement (2). Il dut alors se rendre à Rome auprès du pape Benoît VIII, qui l'accueillit avec honneur, lui donna le *pallium*, menaça d'anathématiser dans l'église de Saint-Pierre le comte de Bourges s'il ne revenait pas à de meilleurs sentiments (3). Là encore Rome se prononce en faveur de l'évêque qui lui paraissait légitimement élu. Néanmoins pendant cinq années, Gauzlin ne put se faire admettre dans sa ville épiscopale. Il fallut qu'Odilon, sur le désir du roi Robert, intercédat pour lui. La haute autorité du saint abbé, la confiance universelle qu'on avait en lui, la vénération dont il jouissait auprès du comte de Bourges, et par-dessus tout l'affection qu'il lui inspirait, finirent par briser toute résistance. L'opposition fut bientôt éteinte. Grâce aux prières et aux instances de l'homme de Dieu, et peut-être aussi, effrayé par les menaces de l'excommunication qui allait être lancée contre lui, le comte Gauzfred se montra repentant de sa conduite à l'égard de l'abbé Gauzlin et ne s'opposa plus à son installation. Le dimanche 1er décembre 1017 (4), la ville de Bourges accueillit son archevêque avec une grande joie, quand il vint prendre dans sa

---

(1) *Id.*, p. 454, 455 ; Imbart de la Tour, *opus citat.*, p. 371.
(2) *Recueil des historiens des Gaules*, X, 454-455.
(3) *Vita Gauzlini*, Ewald, *Neues Archiv.*, III, 359 ; Jaffé, *Regesta*, 3995, 2e édition.
(4) *Vita Gauzlini, opus citat.*, cap. 18 et suiv.

cathédrale possession de son siège. Gauzlin termina sa noble et sainte carrière à Chatillon-sur-Loire (1), au mois de mars de l'an 1030. Fulbert l'avait précédé de deux années dans la tombe (10 avril 1028). La mort du pieux prélat fut vivement ressentie par Odilon, qui avait perdu en lui un ami sincère et dévoué. Raoul Glaber le proclame un prélat incomparable, un homme très sage (2), Adhémar de Chabannes le dit tout orné par la sagesse (3), et Jotsald résume tous ces témoignages en disant qu'avec le grand Fulbert s'éteignit presque l'amour de la philosophie en France, et la gloire et l'honneur des évêques (4).

Après la mort de Fulbert, il fallut procéder à l'élection de son successeur, et ici encore Odilon fut appelé à faire connaître son sentiment et peut-être à donner son suffrage. Nous savons que plusieurs éléments concouraient à l'élection épiscopale : le peuple et le clergé du diocèse vacant et la puissance laïque qui confirmait ou ratifiait l'élu consacré par le métropolitain. Election, investiture, consécration, tels étaient les trois actes nécessaires pour qu'un prélat pût administrer son diocèse au spirituel comme au temporel. Mais peu à peu, de même que le peuple n'était plus représenté que par quelques seigneurs, le clergé ne fut plus représenté que par le collège des chanoines. Très souvent les chanoines choisissaient seuls leurs évêques, et souvent aussi le choix du chapitre se por-

(1) Petit monastère dépendant de l'abbaye de Fleury.
(2) « Præsulum incomparabilis », « vir sapientissimus ». (*Recueil des historiens de France*, X, 47.) Cf. Raoul GLABER, *Historiar*. lib. IV, cap. IV, p. 99.
(3) « Sapientia comptum. » (*Id.*, p. 149.)
(4) « In sanctitate laudabilis, in scientia mirabilis, in cujus morte studium philosophiæ in Francia periisset, et gloria sacerdotum pene cecidisset. » (MABILLON, *Annal. SS.*, sæc. VI, p. 686.)

tait sur le doyen. Le personnage ainsi élu était évêque désigné, mais il ne lui était pas encore permis de se considérer comme possédant le siège épiscopal. Il fallait d'abord que son élection fût ratifiée par le pouvoir temporel et qu'il fût par lui investi de sa charge. C'est exactement ainsi que les choses se passent à Chartres à la mort du grand Fulbert. Les chanoines de la ville choisissent pour lui succéder Albert, leur doyen respecté et aimé; le métropolitain Liétry leur est favorable. L'élection est soumise à Robert, mais celui-ci refuse de la confirmer (1). Qu'il nous soit permis de faire remarquer ici la part capitale jouée par le chapitre, le clergé de la cathédrale dans le choix de l'évêque. Déjà considérable au ixe siècle, ce rôle a encore grandi, et cette transformation s'explique par les progrès et la constitution définitive de ces corps religieux.

A l'origine, les chapitres n'étaient que la communauté des clercs de l'église épiscopale. Cette communauté, unie étroitement à l'évêque, ne forma pas d'abord une corporation autonome. Ce fut seulement au ixe siècle que les chanoines réussirent à acquérir leur indépendance par la séparation qui se fit entre les biens du clergé épiscopal et la mense de l'évêque. Devenus ainsi peu à peu riches, indépendants de l'évêque, ayant souvent leur cloître entouré de tours et protégé par l'immunité, les chanoines deviennent un corps puissant qui absorbe peu à peu tous les pouvoirs de l'ancien clergé. Dans tous les textes du xe et du xie siècle, ils figurent au premier rang dans l'élection.

(1) Le roi approuvait l'élection ou refusait, selon son bon plaisir. Nous savons que vers 1003 l'élection de Rodolphe à Chartres fut approuvée par le roi (GUÉRARD, *Cartulaire de Saint-Père de Chartres*, I, 404), et qu'en 1006 il en fut de même pour celle de Fulbert (*Recueil des historiens de France*, X, 453 ; Cf. PFISTER, *de Fulberti Carnotensis episcopi vita et operibus*).

Il semble même que dans un grand nombre d'évêchés eux seuls aient le droit de choisir, tant le rôle des autres électeurs s'efface de jour en jour (1). Telle est en particulier la liberté électorale dans l'Eglise de Chartres, où, comme nous venons de le voir, le choix épiscopal est fait par les chanoines. Ce choix est annulé par le roi, qui commande de choisir pour ce siège un certain Thierry. Liétry change aussitôt d'avis et consacre le favori du roi (2). En vain les chanoines protestent. En vain ils écrivent à l'archevêque de Tours, aux évêques de Beauvais et d'Orléans : « Nous venons nous plaindre auprès de vous de notre archevêque et de notre roi, qui, malgré nous, veulent nous donner comme évêque un idiot indigne de cet honneur. Nous vous demandons votre secours ; nous vous prions de veiller devant l'Eglise en bons pasteurs pour que ne pénètre pas dans le bercail un homme 'qui n'a pas demandé à y entrer par la porte, mais qui veut y entrer par escalade comme un voleur et un larron. Vous êtes trois à garder la porte ; un quatrième s'ajoutera à vous, le comte Eude. Jamais il ne recevra dans sa cité un homme qui n'aura pas reçu votre approbation... Vous hésitez en songeant à l'obéissance due au roi et à la fidélité jurée. Mais vous serez d'autant plus fidèles que vous indiquerez davantage ce qu'il faut corriger dans le royaume et que vous pousserez davantage le prince à faire les réformes nécessaires » (3). En vain ils écrivent au comte Odon de Chartres pour lui conseiller de ne pas entrer en communion avec lui (4). Enfin les

---

(1) IMBART DE LA TOUR, ouvr. cité, p. 322 et suiv.
(2) Lettre des chanoines de Chartres à Liétry, *Recueil des historiens de France*, X, 508 ; Cf. IMBART DE LA TOUR, ouvr. cité, p. 268.
(3) *Id., ibid.*, 509-510.
(4) *Recueil des historiens des Gaules*, X, 510.

chanoines de Chartres, se souvenant des liens d'amitié qui avaient existé entre l'abbé de Cluny et le grand évêque dont ils pleuraient la mort, écrivent à Odilon pour le supplier d'abandonner la cause de Thierry et de ne pas favoriser l'intrus (1). Voici cette lettre si honorable pour notre saint : « Au très saint Père Odilon, que les chanoines de Sainte-Marie de Chartres chérissent par-dessus tous les abbés, que la grâce de toutes les vertus brille sur votre front, nous vous en supplions, au nom de la sainte Trinité, n'accordez pas votre faveur à l'encontre du droit et de la justice au pseudo-évêque Théodoric. Gardez-vous de persuader le comte Odon d'entrer en accord avec lui contre l'autorité des saints canons. Dieu vous a placé au milieu du monde comme un miroir d'une clarté parfaite. Prenez garde de vous laisser ternir par quelque point noir qui offusquerait la vue d'autres, mais soyez toujours brillant d'une lumière pure, dont les reflets puissent illuminer les regards d'autrui. Adieu, bienheureux Père. Répondez-nous et dites-nous ce qui vous paraît le plus sage touchant cette affaire » (2). Quelle fut la conduite de notre saint abbé dans cette affaire d'une si grave importance ? C'est ce que nous ignorons, l'absence de documents ne nous permettant pas de nous prononcer en connaissance de cause. Les plaintes des chanoines dont Odilon dut se faire l'écho furent-elles impuissantes à fléchir la volonté du roi, ou l'esprit judicieux de notre saint, sa vive pénétration ont-ils subi une éclipse passagère ? Ceux qui aiment l'Eglise savent qu'il n'y a guère de torture d'âme plus vive que de traverser des temps où leurs frères se partagent

---

(1) *Bibl. Clun.*, col. 352.
(2) *Bibl. Clun.*, col. 352.

entre des camps qui s'estiment réciproquement et qui veulent également le bien de l'Eglise, sans qu'on sache par instants de quel côté incliner son esprit et ses affections. Toujours est-il que l'élection faite par Robert fut maintenue ; le comte Eude II laissa faire, et l'évêque Thierry garda le siège de Chartres.

CHAPITRE XIX

ORGANISATION DE CLUNY — VIE INTÉRIEURE

I

ORGANISATION DE CLUNY

Ce qui distingue le monastère bénédictin, nous l'avons vu plus haut, c'est cet élément de stabilité inconnu avant saint Benoît. Le monastère bénédictin devient le centre de la vie du moine ; cette demeure est pour lui le toit de la famille, car le moine, quoi qu'en dise son nom, ne vit pas seul. Il fait partie d'une famille nombreuse et stable, dont tous les membres, unis entre eux par les liens de l'affection fraternelle, confondent leurs volontés et leurs cœurs dans un commun amour pour le Père qui les a engendrés à la vie parfaite, et veillera sur eux jusqu'au dernier soupir avec la plus paternelle sollicitude.

Pénétrons dans l'intérieur de ce monastère de Cluny où notre saint abbé fait fleurir la règle bénédictine, et à la vue de l'ordre extérieur et matériel, au plan de cet édifice et à ses grandes lignes, nous reconnaîtrons la sagesse profonde de saint Benoît et, par suite, d'Odilon, son émule et son enfant.

Le monastère est constitué comme un tout qui doit se suffire, sorte de petite cité avec ses murs de défense, ses habitations diverses, ses magasins d'approvisionnement. Car il lui faut subvenir par ses propres ressources à une foule de services, auxquels de nos jours le commerce et l'industrie se chargent de pourvoir. Ainsi l'a établi saint Benoît. « Le monastère, dit-il, s'il est possible, doit être établi de manière que l'on y trouve toutes les choses indispensables, en sorte que les moines n'aient aucune nécessité de courir au dehors, ce qui n'est aucunement avantageux à leurs âmes (1). » Ainsi la célébration du culte et l'observation de la règle exigent une église principale avec une ou plusieurs églises secondaires, des sacristies, plusieurs cloîtres, une salle capitulaire. Pour le logement, le vêtement, la nourriture des moines, il faut des dortoirs, des réfectoires, des cuisines, des celliers, de l'eau, un moulin, une boulangerie, des magasins de farine, des greniers à fruits et à céréales. Pour recevoir les étrangers et les pauvres, il y aura deux maisons, l'une affectée aux hôtes de distinction, l'autre aux pèlerins, plus une aumônerie pour la distribution des secours; pour le soulagement des malades, une infirmerie; pour l'instruction des enfants, des écoles; pour les travaux intellectuels, une bibliothèque et des *scriptoria* (salle à copier les manuscrits). Telle était en général l'enceinte du monastère de Cluny.

(1) « Eadem certe Regula... solum illustrare ac disponere « cænobium » instituit, quoniam hoc quidem « suum perficit quasi orbem atque organismum, omnia prorsus in se complectens, quæ ad vitæ monasticæ integritatem plenitudinemque pertinent, tam secundum substantiam illius, quam secundum formam. » (Cf. *S. Regul.*, cap. LXVI et cap. LVII)

Nous laissons l'archéologue méditer sur cet ensemble, qui rappelait si bien la villa romaine, avec les vestibules, les péristyles, le xyste de verdure, et jusqu'au cloître où l'on retrouve sans peine l'atrium romain (1). Plus encore qu'une cité, le monastère est une société complète hiérarchiquement constituée, sous la conduite d'un Abbé qui en est le chef suprême. Il en est aussi le père. En effet, dit saint Benoît, il est réputé tenir dans le monastère la place du Christ, comme il en porte le titre, d'après ces paroles de l'Apôtre : « Vous avez reçu l'esprit de l'adoption des enfants par lequel nous crions : *Abba*, c'est-à-dire Père (2). » Odilon est donc le père de son peuple. Mais le père ne peut remplir seul toutes les fonctions qu'exige la vaste administration du monastère. La règle y a pourvu : « Si la communauté est nombreuse, dit-elle, qu'il y choisisse quelques frères de bonne renommée et de sainte vie, avec lesquels il peut en toute sûreté partager son fardeau (3). » Or, parmi les dignitaires du monastère, celui qui occupe la première place et vient immédiatement au-dessous de l'Abbé, c'est le grand prieur. Il est à tous égards le lieutenant de l'Abbé, qu'il supplée en cas d'absence ; il en est en même temps le premier auxiliaire et le premier conseiller. « Il exécutera donc avec révérence tout ce qui lui aura été enjoint par son Abbé, et ne fera rien qui soit contraire à sa volonté ou à ses règlements ; car plus il est élevé au-dessus des autres, plus il doit soigneusement observer les préceptes de

---

(1) Voir la description du monastère de Jumièges dans la *Vie de S. Filibert*, n° 7, sæc. II Bened.; celle de Manlieu, dans la *Vie de S. Bonet*, n° 17, sæc. III Bened., p. 1 ; Cf. D. PITRA, *Hist. de S. Léger*, introd., LXXVI.

(2) *De Regul.*, cap. II ; cap. LXIII.

(3) *Id., ibid.*; cap. XXI ; Cf. D. Maurus WOLTER, *Præcipua Ordinis monastici Elementa*, p. 715 et suiv.

l'Abbé (1). » Au-dessous de l'Abbé, au-dessous du grand prieur, tout s'ordonne par la vigilance du prieur claustral, spécialement chargé de la discipline monastique, et par l'activité du chambrier, de qui relèvent le cellerier, l'hospitalier, l'infirmier (2). Le cellerier, de son côté, est le lieutenant général du temporel du monastère, chargé de veiller également aux deux choses qui suffisent aux moines, le vêtement et les aliments. Mais afin qu' « il puisse remplir son office avec un esprit plus tranquille » (3), des aides lui sont donnés qui luttent avec lui d'attention et de sollicitude : c'est le procureur, l'économe, le dépositaire, le vestiarius, le cuisinier, le jardinier et peut-être d'autres encore (4). Nous aurons énuméré à peu près tous les officiers ordinaires du monastère si nous ajoutons encore l'infirmier (5), qui prend soin des malades, l'hôtelier (6), qui recueille avec une sollicitude et un soin particuliers les pauvres et les voyageurs étrangers reçus à la porte par l'ostiarius (7), « sage vieillard choisi discrètement, habile à recevoir et à rendre la parole, à qui sa maturité ne permet pas de vaguer à l'aventure ». Tels sont les offices principaux de la hiérarchie monastique. La famille se compose au moins de douze moines, comme le Maître avait douze apôtres ; et ainsi qu'il envoya soixante-douze disciples porter la bonne nouvelle, le saint législateur donne à ceux qui militent sous sa règle soixante-douze paroles,

---

(1) *Id., ibid.,* cap. LXV.
(2) Cf. D. L'HUILLIER, *Vie de saint Hugues*, p. 155.
(3) *De Regula*, cap. XXXVI, cap. XXXI ; Cf. *de Regul.*, cap. XXI, XXXII ; XXXV ; LIII et LXVI.
(4) D. Maurus WOLTER, ouvr. cité, p. 716.
(5) *De Regula*, cap. XXXVI.
(6) *De Regul.*, cap. LIII.
(7) *De Regul.*, cap. LXVI.

enseignements merveilleux de toute sainteté, instruments de toute bonne œuvre (1).

Odilon, entouré de ses bien-aimés frères, qui étaient en même temps ses fils, marchait d'un cœur dilaté dans la voie des observances monastiques. Il en rencontrait le symbole et l'esprit dans tout ce qui l'environnait, et jusque dans la distribution des lieux, des offices et des cellules. Le cloître entouré d'un portique, ce cloître que le saint abbé avait fait construire et duquel il disait : « Je l'ai trouvé de bois, je le laisserai de marbre (2). » Au milieu de la cour, selon les traditions anciennes, un puits, symbole de cette eau vive de l'Ecriture qui « rejaillit dans la vie éternelle ». Autour de ce lieu sacré, qui enseigne le mépris de soi et le mépris du monde, sont reliés l'église avec ses nombreux autels et les reliques des saints ; le chapitre où le père de famille instruit et corrige les frères ; les cellules des novices, qui partagent leur temps entre l'école où se nourrit leur intelligence et l'oratoire où s'alimente leur cœur ; le réfectoire si spacieux et si beau par son austère simplicité, le dortoir où trois lampes projettent leurs rayons pendant la nuit ; ailleurs le cellier, image des trésors de la grâce et de ses communications intimes ; l'hôtellerie et les salles des étrangers, dont le bruit ne peut arriver jusqu'à l'enceinte réservée des moines ; des corridors hauts et larges dont la propreté est le seul luxe et où pendent de vieux cadres, la table des monastères de l'ordre, mille souvenirs simples du ciel et de la terre ; tel est l'aspect de ce monastère que dirige si fermement et si suavement Odilon. « O maison aimable et sainte ! On a bâti sur la terre

---

(1) La règle a soixante-douze chapitres, avec un prologue et un épilogue.
(2) JOTSALD.

d'augustes palais ; on a fait à Dieu des demeures presque divines; mais l'art et le cœur de l'homme ne sont jamais allés plus loin que dans la création du monastère (1). »

II

VIE INTÉRIEURE

A l'époque où nous sommes arrivé, Cluny commençait à resplendir d'un grand éclat. Il était devenu un centre d'attraction pour les vocations monastiques. Déjà au moment de la première élection du saint abbé, le monastère comptait cent soixante-dix moines (2), mais nous savons que pendant la longue durée de son gouvernement, Odilon eut la joie de pouvoir accueillir un grand nombre de novices. Qui sait si parmi eux ne se trouvaient pas quelques-uns de ces seigneurs féodaux qui, dégoûtés des désordres et des crimes de leur temps, venaient demander à la solitude un peu de repos pour leur âme. Dans ces temps malheureux, la foi exerçait encore un grand empire sur les âmes, et le monastère de Cluny, en particulier, asile providentiel ouvert à toutes les

---

(1) LACORDAIRE.

(2) Jotsald ne donne pas expressément le nombre des moines sous Odilon ; il ne parle que de l'étendue d'une très noble congrégation : « vastitas nobilissimæ congregationis », et d'une vaste famille : « ampla familia ». (*Præfatio.*)

Sous le successeur d'Odilon, l'abbé Hugues, vivaient à Cluny plus de 200 moines (*Consuetud. Udalr.*, I, 12, apud MIGNE, *Patrol. lat.*, t. CXLIX, col. 600). Vers l'année 1155, ils étaient au nombre de 460 (*Bibl. Clun.*, col. 1651), et jusqu'à la grande mortalité de 1356, ils furent habituellement 260 (*Bibl. Clun.*, col. 1706 ; Cf. *Bibl. Clun.*, notes, col. 14).

douleurs et à toutes les misères, servait aussi de refuge à tous les repentirs. L'opinion commençait à s'émouvoir de ce concours incessant vers la vie religieuse. Des gens aux vues trop humaines n'avaient pas considéré sans quelque crainte cet ardent enthousiasme, et Odilon lui-même n'avait pas tardé à s'en apercevoir. Souvent il avait eu occasion de remarquer que beaucoup de personnes regardaient cette multitude de moines comme une lourde charge pour le monastère. Se rappelant le conseil donné par son bienheureux Père : « qu'il n'allègue pas l'insuffisance des ressources du monastère, se souvenant qu'il est écrit : « Cherchez « premièrement le royaume de Dieu et sa justice, et le « reste vous sera ajouté. » Et ailleurs : « Rien ne « manque jamais à ceux qui le craignent » (1), il s'empressa de leur imposer silence par ces paroles où se révèlent si bien la foi et la confiance du saint abbé : « Cessez de vous affliger mes frères, de l'ac« croissement du troupeau. Celui qui par sa volonté « et son élection a rassemblé ici ses enfants, se charge « aussi de les nourrir par sa providence et sa toute« puissante miséricorde » (2). Voilà pourquoi Odilon ne peut comprendre les ménagements conseillés par la prudence humaine. Aussi des contrées les plus lointaines on venait à Cluny pour y embrasser la vie religieuse élevée par le zèle et la sainteté de son Abbé à une haute perfection. Le nombre des religieux s'accroissait de jour en jour. Tous ces moines étaient arrivés au cloître par les chemins les plus opposés, de tous les rangs de la société et à tous les âges : des pauvres, des laïcs notables, des moines, des évêques

---

(1) *De Regul.*, cap. II.
(2) JOTSALD, I, 11.

même abandonnèrent leurs charges et leurs dignités pour se ranger sous la direction de notre saint abbé (1). Enfants, jeunes gens, vieillards à cheveux blancs, il leur ouvrit à tous les portes du cloître, sans distinction de nationalité : Français, Allemands (2), Espagnols (3), Belges (4) peuplaient le monastère de Cluny. Il nous serait doux de savoir qui étaient ces moines, d'où ils venaient, comment ils avaient été amenés à la vie religieuse. C'est à peine si quelques noms percent çà et là l'obscurité qui les enveloppe. Il suffit ici de citer saint Alfère, le célèbre fondateur de l'abbaye de Cava; Richard et le comte Frédéric de Verdun, qui seraient entrés à Cluny si Odilon, qui avait en quelque sorte le don de seconde vue, n'eût été assuré que Dieu les appelait ailleurs; enfin un moine de la catholique Espagne, Paterne, envoyé par Sanche le Grand, roi de Navarre, avec lesquels nous ferons bientôt plus ample connaissance.

Par quel secret Cluny, sous la direction du saint abbé Odilon, se trouvait-il transformé en une cité de choix où tant d'âmes de situations si différentes, troublées ou innocentes, étaient venues chercher la paix? Prélats et grands seigneurs, jeunes hommes et vieillards y rivalisaient d'abnégation, de pénitence et d'humble ferveur. L'aspect du site, sans doute, se prêtait admirablement à l'oubli du monde. Des bois profonds, où n'habitaient que des animaux sauvages; des champs que n'avait jamais cultivés la main de

---

(1) Cf. Poésie d'Adalbéron, V, 30, dans *Recueil des historiens de France*, t. X, p. 65-73.

(2) Par exemple Reginbald. (Voir plus loin).

(3) Cf. Raoul Glaber, *Hist.*, III, 3, et IV, 7 ; peut-être aussi Bouquet, X, 29 et 52.

(4) Par exemple Grégoire de Ninove, de Dender, au sud-est de Gand, dans la Flandre orientale. (Jotsald, I, 16)

l'homme ; nul autre bruit que la voix de la nature louant le créateur, ou que le son aimé de la cloche appelant les prêtres à la prière commune ; de tous côtés la montagne, pour inviter l'âme à s'élever aux biens invisibles ; que pouvaient souhaiter de mieux des cœurs qui voulaient être à Dieu sans partage ? Mais comment tant d'éléments divers ont-ils pu être fondus dans une si parfaite harmonie ? (1)

La haute autorité d'Odilon, sa douce et éminente piété, l'attraction exercée par lui sur tous ceux qui l'approchaient, sa bonté et son amabilité qui lui gagnaient tous les cœurs avaient accompli cette merveille. La douceur pleine d'amour et la prudente modération qui est le caractère distinctif et touchant de la règle de saint Benoît étaient traditionnelles à Cluny. La communauté bénédictine est une famille. L'Abbé, nous l'avons dit, est un père ; son nom même l'indique. Son premier devoir est de veiller avec une sollicitude pleine de tendresse sur l'âme et sur le corps de ses enfants. La règle veut qu'en imposant les travaux, il use de discernement et de modération, qu'il tempère tellement toutes choses que les forts désirent faire davantage, et que les faibles ne se découragent pas (2). Elle veut aussi que son cœur soit plein de compassion pour leurs misères spirituelles et corporelles (3), qu'il sache pardonner souvent et beaucoup (4). Les malades, les âmes faibles, les âmes éprouvées par des peines ou par des tentations, ceux qui sont tombés dans quelque faute, ceux qui se sont enfuis du mona-

---

(1) Jotsald, I, 11 : « Ex multis partibus disparibusque moribus in unum corpus collegit. »
(2) *De Regula*, cap. LXIV.
(3) *Id.*, cap. II.
(4) *Id.*, cap. XXVII.

stère, dès qu'ils sont touchés de repentir, ont des droits particuliers à la bonté, à la condescendance, à la longanimité de leur père. C'est d'après ce principe que notre saint aimait à traiter ses inférieurs. Il les gouvernait avec l'amour d'une mère et le dévouement d'un père tendrement aimé, ou plutôt il était à la fois un père et une mère pour tous. A ses yeux, chacun de ses moines était une âme à conduire à la perfection, s'il le pouvait, mais dans tous les cas à sauver par tous les moyens possibles et au prix de tous les sacrifices. Se voyait-il dans l'obligation de réprimander et de punir, il mettait à la lettre en pratique cette recommandation de l'Esprit saint : « Si quelqu'un a été surpris en quelque faute, vous qui êtes des hommes spirituels, reprenez-les avec un esprit de douceur... (1) » Que de fois il se disait à lui-même : « Si je dois être damné, j'aime mieux l'être par un excès de charité que par un excès de dureté ! (2) » et comme on sent bien à travers cette admirable parole l'âme et le cœur d'un saint ! Aussi bien les frères témoignaient à leur vénéré père la plus entière confiance, et ils recevaient toujours ses avis paternels avec une parfaite docilité. Mais, si Odilon ne craignait pas de les reprendre de leurs fautes, le devoir dont il lui était le plus doux de s'acquitter à cet égard, c'était de les soutenir au milieu de leurs épreuves et de les consoler dans leurs peines. Toutefois, la douceur de caractère du saint abbé, qu'on le sache bien, n'allait pas jusqu'à la tolérance du mal, et était loin de dégénérer en une coupable faiblesse. Abbon, abbé de Fleury-sur-Loire, rapporte quelque part, d'après des lettres écrites aux religieux du monastère de Micy (diocèse d'Orléans) un fait qui prouve, au

---

(1) *Gal.*, VI, 1.
(2) Jotsald, lib. I, cap. viii ; *Bibl. Clun*, col. 318.

contraire, l'énergie de caractère et la fermeté de notre saint. Peu de temps après son avènement à la chaire abbatiale, l'abbé Odilon, mécontent d'un moine dominé par l'envie et la jalousie, vice si fréquent à tous les âges et dans toutes les conditions, le fit punir sévèrement, et comme le châtiment avait été employé sans succès, et quoi qu'il en coûtât à son cœur, il n'hésita pas à chasser du monastère le moine incorrigible (1). Partout où la charité fraternelle était blessée, partout où l'homme de Dieu voyait l'union qui doit exister entre les religieux troublée par des rapports indiscrets ou des amitiés particulières, Odilon se montrait pour le coupable d'une inflexible sévérité (2). La règle de saint Benoît interdit, condamne et réprouve ces amitiés souvent pleines d'illusions et de dangers, qui troublent l'harmonie de la vie commune (3). Pendant toute la durée de son long gouvernement, le saint abbé n'eut à exercer qu'une fois seulement une telle sévérité afin de maintenir son monastère dans les liens de la plus étroite charité. Mieux encore, tandis que dans un certain nombre de monastères les moines se distinguaient par leur esprit d'insubordination, et que sous l'influence néfaste de cet esprit de révolte, l'abbé Abbon était assassiné à la Réole en Gascogne (le 13 novembre de l'an 1004) (4), jamais personne n'eut connaissance que

---

(1) *Recueil des historiens de France*, t. X, 440.

(2) « Hâc solâ in re austerus » (MABILLON, *Acta*, VI, 1, p. 583). — Odilon se plaignait souvent de la jalousie et de l'envie de plusieurs moines : « Heu ! proh dolor quoniam nævum invidentiæ licet in ceteris grassetur hominibus, tamen in sinibus aliquorum monachaliter vivere professis cubile sibi locavit. » (R. GLABER, *Histor.*, V, 1 ; *Recueil des historiens de France*, X, 57 ; et *Bibl. Clun.*, col. 329, reproduit le passage de Glaber.)

(3) *De Regul.*, cap. II et cap. LXIX.

(4) Voir plus haut, chap. XV ; Cf. PARDIAC, *Hist. de saint Abbon*, p. 534, Paris, Lecoffre, 1872.

des troubles quelconques fussent venus détruire la paix, cette paix qui surpasse tout sentiment, qu'on goûtait à Cluny. Elle embaumait le monastère de ses plus doux parfums. C'est de Cluny que l'éclat de la régularité monastique devait rayonner dans le monde entier; c'était donc à Cluny qu'il importait surtout de rétablir cette vie dans toute sa pureté. On eût dit qu'Odilon n'avait reçu l'esprit de son bienheureux père que pour faire passer la ferveur religieuse dans le cœur et l'âme de ses enfants : ce silence si scrupuleusement observé qu'on ne se parlait que par signes; cette retenue et cette gravité dans le maintien, cette fidélité aux prescriptions aussi sages que larges de la règle bénédictine, cet attrait pour le lieu saint et ce goût prononcé pour l'oraison et la sainte observance, cet amour de la vie intérieure, ce mépris des vanités du monde, cette humilité vraie, cette parfaite obéissance, cette charité délicate qui a horreur de toute critique, cette mortification qui ne se plaint jamais de rien et se refuse même les choses permises; en un mot, cette volonté ardente à la poursuite de la perfection sous la conduite d'un chef si fièlement aimé, n'étaient-ce point là les traits auxquels on devait reconnaître le parfait religieux?

Tels étaient les fruits de la sage et paternelle direction du saint Abbé. Mais ce sont surtout les anciennes coutumes de Cluny qui, réglées et précisées jusque dans les moindres détails de la vie monastique, devinrent pour les moines de Cluny la règle et la source de leur ferveur religieuse. C'est à elles que l'abbaye de Cluny dut la gloire si rare de conserver intacte jusqu'à sa suppression la triple virginité de la foi, de la pureté des mœurs et de la discipline monastique.

Parmi les coutumes introduites par notre saint Abbé

à Cluny et dans les monastères qui lui étaient soumis, nous avons déjà nommé la fête des Trépassés (1). Odilon ne s'en tint pas là ; il précisa encore le rite sous lequel on devait, chaque année (2), célébrer les fêtes, et en particulier la fête de la Dédicace (3). En outre, inspiré par le sentiment d'une charité toute fraternelle et par la pensée de maintenir l'édification mutuelle entre les frères, il décréta que si un moine avait commis une faute secrète, il devrait l'expier en secret, sans être obligé de l'avouer publiquement au chapitre (4). Enfin il décida que l'on cesserait de marcher nu-pieds dans les processions, qui avaient lieu ordinairement le mercredi et le vendredi de chaque semaine dans la saison d'hiver, depuis la Toussaint jusqu'au commencement du Carême (5).

Les coutumes de Cluny réglaient principalement ce qui concerne le service divin. Sans doute le travail occupe une grande place dans la vie bénédictine. Saint Benoît en fait une rigoureuse obligation à ses moines, sans toutefois circonscrire le champ de leur activité. Dans sa règle, il parle des travaux manuels, des arts et des sciences, mais dans sa vie écrite par saint Grégoire le Grand, on voit qu'il s'employait aussi lui-même et qu'il employait ses frères au salut des âmes. Le zèle apostolique, l'éducation, les travaux scientifiques et littéraires, la culture des arts, rien n'est donc exclu du

---

(1) Voir plus haut, chap. XIII ; HERGOTT, *Discipl. de Farfa*, p. 84 ; *Ordo Clun.*, par BERNARD, apud HERGOTT, p. 353 ; *Consuet. antiq.*, par UDALRICH, dans D'ACHERY, *Spicil.* t I, p. 664.

(2) *Discipl. Farf.*, apud HERGOTT, p. 84.

(3) *Discipl. Farf.*, apud HERGOTT, p. 39 ; Cf. p. 83.

(4) MARTÈNE et DURAND, *Thesaurus novus Anecdot.*, t. V, Paris, 1717, p. 1585. (*Dialogus inter Cluniacens. Monachum et Cisterciensem de diversis utriusque Ordinis.*

(5) BERNARD, *Ordo Clun.*, dans HERGOTT, ouvr. cité, p. 353.

monastère : le moine est prêt à tout dans les limites de l'obéissance. L'Abbé, dans le choix du travail qu'il lui impose, n'a égard qu'au bien qu'il peut faire et au salut de son âme, et si à certaines époques l'institut monastique s'est porté de préférence vers telle ou telle œuvre, il faut en rechercher la cause dans les besoins de la sainte Eglise, qui lui demande, d'après les circonstances, des apôtres ou des savants, des hommes d'action ou des hommes de prière. Mais, dans le vaste champ ouvert devant lui, il est une œuvre que le moine ne doit jamais négliger (1) : c'est l'œuvre que saint Benoît nomme si énergiquement l'*œuvre de Dieu*, ou l'office divin, et à laquelle il prescrit qu'on ne préfère jamais rien : « Operi Dei nihil præponatur (2). » « Q'on ne préfère donc rien à l'œuvre de Dieu, dit le saint fondateur. A l'heure de l'office divin, dès qu'on entendra le signal, on quittera incontinent tout ce qu'on aura dans les mains et on se rendra en toute hâte, avec gravité néanmoins, afin de ne pas donner aliment à la dissipation (3). » — « En se levant pour l'œuvre de Dieu, ils s'exciteront doucement les uns les uns les autres, afin qu'il ne reste pas d'excuse aux dormeurs (4). » La louange divine sera dans la journée du moine comme un radieux soleil qui versera la joie dans son âme et répandra la lumière et la fécondité sur tout ce qu'il entreprend. Ses autres travaux même ne seront fécondés par la bénédiction d'en haut qu'en raison du zèle qu'il aura mis d'abord à payer à Dieu le tribut qu'il lui a voué.

La piété avec laquelle Odilon et ses moines s'acquit-

---

(1) Cf. D. Maurus Wolter, *Præcipua Ordinis monastici Elementa*, passim.
(2) *Id.*, p. 109 ; *de Regul.*, cap. XLIII.
(3) *Id.*, ibid.
(4) *Id.*, cap. XXII.

taient au chœur du devoir de la prière canoniale (1), la dignité qu'ils apportaient à la célébration solennelle du saint sacrifice, tel était le foyer de la vie spirituelle à Cluny. La haute idée qu'avait Odilon de l'excellence de l'œuvre de Dieu lui faisait aimer l'Eglise qui est la maison de Dieu et la porte du ciel, et rien n'était plus capable de lui inspirer le recueillement que la pensée des saintes fonctions qu'il allait remplir. Aussi, quand venait le moment de l'office divin, il y portait toute l'attention de son âme, veillant aux cérémonies, présidant au chant, semblable à l'ange qui se tenait devant l'autel, ayant un encensoir d'or et auquel fut donnée une grande quantité de parfums, afin qu'il présentât les prières de tous les saints sur l'autel d'or qui est devant le trône de Dieu (2). « Oh ! s'écrie Jotsald, avec quelle allégresse il s'avançait parmi ses religieux ! Avec quel bonheur il se tenait au milieu d'eux, regardant à droite et à gauche cette couronne qui l'environnait, et se souvenant de cette parole de David : « Vos fils sont comme de jeunes plants d'oliviers autour de « votre table » (3). (Ps. 117, 3.) Le saint Abbé rivalisait de zèle avec ses moines pour donner à l'office divin le plus grand éclat. Odilon aimait le chant sacré et aussi le son des cloches, qui mêlaient leurs grandes voix à toutes les harmonies de la religion et de l'âme, parce qu'ils étaient pour lui comme des échos de la céleste patrie. Sa tendre piété lui faisait

---

(1) Saint Benoît n'avait pour ainsi dire rien de plus cher au cœur que l'*Opus Dei*, l' « Œuvre de Dieu », comme il l'appelle, ou la prière du chœur, qu'il a réglée très minutieusement et à laquelle il n'a pas consacré moins de la cinquième partie des chapitres de sa règle. (*De Regul.*, cap. VIII-XXI ; XLII ; XLIII ; XLV ; XLVII ; Cf. *Revue périodique de Linz*, 7e année, 3e livr., p. 20 et 21.)

(2) Apoc., VIII, 3.

(3) Jotsald, lib. I, cap. XI.

trouver les plus douces jouissances dans la célébration des fêtes chrétiennes et dans les solennelles manifestations du culte divin. On se figure l'effet grandiose qu'elles devaient produire dans cette église embellie par lui et richement ornée, dont le style massif rappelait la mystérieuse obscurité des catacombes, quand le Pontife, vêtu de lin, de soie et d'or, et comme transfiguré dans la lumière et l'encens, servi par un essaim d'acolytes, de diacres et de prêtres, accomplissait les saints mystères, au milieu du silence religieux de toute l'assemblée et au chant des paroles sacrées. Le culte revêtait à Cluny une pompe particulière, principalement aux grandes fêtes, qui étaient fréquentes; mais si Odilon et ses moines apportaient à l'œuvre de Dieu une application spéciale et une dignité parfaite, ils se montraient également remplis de zèle pour cette partie de l'office divin que l'on appelle le saint bréviaire; ils avaient à cœur d'en maintenir intactes les diverses parties telles que les avait disposées saint Benoît, leur bienheureux père. C'est ainsi que le *Te Deum*, qu'une tradition poétique place, contre toute vraisemblance, sur les lèvres d'Ambroise et d'Augustin, improvisé par eux dans un commun élan d'actions de grâces (1), fut maintenu pendant l'Avent

---

(1) Cette opinion est unanimement rejetée aujourd'hui. Elle est réprouvée par Mabillon (*Analect. Vet*, t. I, p. 484, édit. Paris, 1723), dom Cellier (*Auteurs ecclésiastiques*, t. VII, art. 7, p. 567), Pagi (*Crit. in Baron.*, 388, n° 11), Usserius (*de Symb.*, p. 2). Les éditeurs bénédictins de Saint-Ambroise le nient également. D'après l'abbé Martigny (*Dictionnaire des antiquités chrétiennes*), le *Te Deum* serait généralement attribué à saint Anicet, évêque de Trêves en 527; mais Mgr Cousseau, ancien évêque d'Angoulême, a prouvé, dans une savante dissertation, que presque toutes les paroles du *Te Deum* sont tirées textuellement des œuvres de saint Hilaire, et que c'est avec beaucoup de vraisemblance qu'on doit regarder ce saint docteur comme l'auteur du *Te Deum*. La dissertation du docte Mgr Cousseau,

et les quarante jours de Carême, et vigoureusement défendu contre des adversaires qui réclamaient sa suppression (1). Le saint sacrifice de la messe célébré de bonne heure, depuis le matin jusqu'à midi, prouve jusqu'à l'évidence que les moines de Cluny comprenaient leur profession religieuse selon le vrai sens de la règle bénédictine (2). Toutefois, il est rare que parmi les membres d'une communauté quelconque la diversité des nationalités n'engendre pas quelques rivalités et parfois de pénibles divergences. Odilon eut le regret de le constater au monastère de Cluny, où la présence d'un certain nombre de moines espagnols produisit dans l'ordre du culte divin un léger désaccord. A cette époque, la liturgie gothique ou mozarabe, ainsi appelée du nom des chrétiens vivant sous la domination des Arabes, était alors universelle en Espagne. Si l'Eglise permit de la suivre en cette contrée, ce fut pour affermir la conversion des Goths due à saint Léandre et pour les rallier plus sûrement au symbole catholique. Le quatrième concile de Tolède, en 634, l'avait rendue obligatoire dans toute la péninsule. Les moines espagnols du monastère de Cluny, s'abstenant de célébrer la fête de l'Annonciation le 25 mars, selon la coutume universelle, voulurent se conformer à l'usage de leur pays, et ils ne la célébrèrent que le 18 décembre, non cependant sans y avoir été expressément autorisés par le saint Abbé. Cette conduite déplut aux frères de Cluny, et, à ce sujet, Raoul Glaber raconte le merveilleux épisode suivant : Comme les moines de nationalité espagnole

---

publiée en 1837, se trouve dans le tome II des *Mémoires de la Société des antiquaires de l'Ouest.*

(1) Raoul GLABER, *Histor.*, III, 3 ; *Recueil des hist. de France*, X, 29.

(2) *Id., ibid.;* BOUQUET, *id., ibid.*, p. 59.

venaient de célébrer la fête en question selon le rite de leur Eglise, deux vieillards, l'un et l'autre moines clunisiens, eurent une vision. Ils crurent apercevoir un des moines espagnols, muni de pinces, descendre l'Enfant Jésus du haut de l'autel et le jeter dans un foyer plein de charbons ardents, tandis que l'on entendait l'Enfant-Dieu s'écrier : « O mon Père, ô mon Père, ce que tu as donné, ceux-ci le reprennent (1). » On conserva donc heureusement à Cluny l'ancien usage. Cependant le Saint-Siège, comprenant les dangers de cette liturgie particulière, à la forme pourtant si riche et si belle, mais dont l'autorité avait été invoquée par l'hérésie du VIIIe siècle pour s'implanter en Espagne, résolut de l'abolir dès que les circonstances pourraient le permettre. Cette mesure disciplinaire fut en partie l'œuvre de saint Hugues de Semur, successeur immédiat de notre saint Abbé ; c'est lui qui fut l'instrument choisi par la Providence pour abolir les rites mozarabiques, si chers à l'Espagne, et rendre les églises de cette catholique contrée à la liturgie de Rome (2).

Le synode de Limoges de l'an 1031, où il fut question de l'abbé Odilon, rendit un très beau témoignage aux moines de Cluny à propos du culte divin célébré par eux avec une incomparable dignité. L'évêque Jordan s'en fit l'écho au sein du concile : « Les moines, dit-il,

---

(1) Raoul GLABER, *Hist.*, III ; *Recueil des historiens de France*, X, 29.

(2) « Alphonsi Regis Hispaniarum ad Hugonem Abbatem Cluniacensem epistola », dans D'ACHERY, *Spicilegium*, t. III, Paris, 1723, p. 407 et suiv. A la fin de cette lettre, le roi dit : « De Romano autem officio quod tua jussione accepimus, sciatis nostram terram admodum desolatam esse, unda vestram deprecor Paternitatem, quatenus faciatis ut Domnus Papa nobis suum mittat cardinalem, videlicet Domnum Geraldum, ut ea quæ sunt emendanda emendet, et ea quæ sunt corrigenda corriget. Vale. » Cette lettre est de l'année 1070.

Cf. Dom L'HUILLIER, *Vie de S. Hugues*, p. 229-245.

pourvoient avec beaucoup de zèle et une très grande propreté à tout ce qui concerne le service de l'autel, » puis il ajoute : « Les moines ne sauraient être astreints à nos lois, car mieux que nous ils s'efforcent d'entrer par la porte étroite; ils s'appliquent à briser leur volonté propre, et dès leur jeunesse ils portent avec joie le joug du Seigneur. De plus, ils s'empressent d'obéir ponctuellement aux ordres de leur évêque. Ainsi animés de si excellentes dispositions, il n'est nullement nécessaire de les obliger à se soumettre aux lois édictées par les conciles comme s'ils s'étaient rendus coupables de blâme et de mépris. Si je convoque les abbés au synode, ce n'est pas pour leur infliger le moindre reproche, c'est au contraire pour les prier de m'éclairer de leurs conseils, et, en tant qu'hommes spirituels, partager ma récompense en m'aidant à porter le fardeau que m'impose la direction du clergé, accablé que je suis de toutes parts par toutes sortes de sollicitudes. » Enfin il ajoutait : « En ce qui concerne le culte divin et le respect dû à la présence réelle de Notre-Seigneur Jésus-Christ dans l'Eucharistie, j'ai vu de mes propres yeux les soins de propreté qu'y apportent chaque jour les moines de Limoges, et de quelle vénération ils sont pénétrés pour les autels, les livres liturgiques, les vêtements sacrés, les calices, les linges d'autel, en un mot, pour tout ce qui touche au culte sacré (1). Cet éloge nous pouvons l'appliquer à Cluny sous le gouvernement de l'abbé Odilon (2).

La ferveur religieuse qui embaumait le monastère

(1) LABBE, *Sacro Sancta Concilia*, t. IX, col. 897 et suiv. ; MABILLON, *Annal.*, IX, p. 369 et suiv.
(2) Rien n'egale le respect profond et l'exquise délicatesse avec lesquels sont confectionnés les pains d'autels, par exemple, comme on peut le voir dans UDALRIC : *Antiquiores Consuetudines*, dans MIGNE, *Patrol. lat.*, t. CXLIX, col. 756, cap. XIII, *de hostiis quomodo fiant*.

de Cluny nous est attestée par les plus graves témoignages : les papes, les empereurs et d'autres princes lui ont décerné les plus justes éloges. On peut s'en convaincre une fois de plus par les nombreux et riches présents que l'on offrait au monastère non pas seulement à cause de la sympathie mêlée de vénération dont notre saint était l'objet, mais principalement et très souvent dans l'unique but d'avoir part aux prières des moines ; car, outre la famille monastique proprement dite, Cluny s'en était formé une autre composée d'amis et de bienfaiteurs, et jusque dans les contrées les plus éloignées, la ferveur des moines clunisiens était l'objet de l'admiration universelle.

C'est sous l'influence de cette délicieuse impression que Fromond de Tagernsée écrit à son ami Reginald, moine de Cluny, le félicitant de son bonheur, lui qui a renoncé entièrement au monde, et qui a su trouver derrière les murs de ce cloître tant aimé le lieu de son repos. Fromond termine sa lettre en se recommandant aux prières des anciens moines de Cluny. Odilon avait élevé son monastère à un tel degré de ferveur que cent ans après la mort du saint Abbé on ne tarissait pas en éloges sur la vie parfaite qu'on menait à Cluny. C'était vraiment le séjour de la prière, de l'obéissance et de la paix, alors que tant d'autres monastères étaient devenus des centres d'agitation et de révolte.

La réputation de Cluny était telle que des monastères éloignés sollicitaient la faveur d'avoir un religieux de cette célèbre maison pour abbé. C'est ainsi que, dès l'année 997, on vit le moine Théobald sortir de Cluny pour aller s'asseoir sur le siège abbatial de Saint-Paul-en-Cormery (1). L'abbaye était située sur

---

(1) MABILLON, *Annal.*, t. IV, p. 111, 692 et suiv.

les bords riants de l'Indre ; elle avait été illustrée par Alcuin, qui aimait à y prolonger son séjour, et qui dépeint ainsi ce « cher monastère », devenu pour lui une solitude charmante : « Des arbres touffus le couvrent de leur ombre, bosquets délicieux toujours couronnés de fleurs. Les prairies qui l'entourent continueront de s'émailler de fleurs et de produire des herbes utiles à la santé, que viendra cueillir la main expérimentée du médecin. Une rivière aux bords verts et fleuris l'environne de ses ondes limpides, où le pêcheur ne jette jamais ses filets en vain. Les vergers et les jardins, les lis et les roses remplissent le cloître des plus doux parfums. Des oiseaux de toute espèce y font retentir leurs chants mélodieux dès l'aube matinale et célèbrent à l'envi les louanges de Dieu créateur. » Ce fut encore de Cluny, centre de la piété et de la science, qu'Amédée et Icter furent envoyés comme abbés, l'un à Flavigny vers l'an 1010, et l'autre à Savigny, dans l'archidiocèse de Lyon, vers l'an 1018 ou 1020 (1). Odilon ne crut pas non plus pouvoir se défendre qu'on lui demandât conseil pour fixer le choix d'un grand nombre d'autres abbés. Qu'il nous suffise de citer ici le moine clunisien Durand, qui fut élu abbé de Souvigny (1007) (2) ; Pierre, prieur de Saint-Mayeul de Pavie, que nous avons déjà plusieurs fois rencontré dans cette histoire, et les

---

(1) Id., Acta SS. ord. S. Bened., t. VI, 1, p. 577 ; Cartulaire de Savigny, t. I, n° 632 ; Annal., IV, p. 271 et 314 ; Gall. Christ., t. IV, col. 79, 262 et suiv.

(2) Cartulaire de Savigny, t. I, n° 581 ; Annal., t. IV, p. 196. — Raoul Glaber (Histor., III, 5, apud Recueil des historiens de France, t. X, p. 32) dit aussi que sous Odilon un grand nombre de clunisiens furent demandés pour abbés dans d'autres monastères : « Ex quo videlicet cœnobio per diversas provincias Fratres sæpius petiti, atque Monachorum patres ordinati, plurimùm Domino acquisivere lucrum. »

prieurs Ponce (1001 ou 1007), Varnaire (1027), Roclène ou Acelin (1040-1049), placés par notre saint à la tête du monastère de Romainmotier. Cluny donna également à l'Eglise d'illustres et pieux évêques. Si les moines, par scrupule de conscience, fuyaient les dignités ecclésiastiques et se dérobaient à la redoutable responsabilité du sacerdoce, l'Eglise continuait de venir de préférence choisir ses pasteurs parmi eux. Leurs écoles, où se donnait une éducation meilleure que celle de la société profane, étaient les vrais séminaires de l'époque; elles versaient dans le clergé, avec le contingent de leurs milices sacrées, l'esprit et la discipline du cloître. La soif du cloître et le dédain des honneurs, même ecclésiastiques, furent à cette époque, peut-être plus que dans aucune autre, le privilège des saints; mais les princes ne s'en obstinaient que davantage à chercher les évêques dans les monastères et à leur imposer des honneurs qui n'étaient pas brigués. C'est ainsi que le moine clunisien Richard, qui avait grandi à l'ombre du cloître de Cluny et vécu dans l'intimité du saint Abbé, fut promu à un évêché dont le nom nous est inconnu ; qu'en l'an 1069, un autre moine d'Odilon, nommé Aldrad, monta sur le siège épiscopal de Chartres. Peut-être faut-il mettre aussi au nombre des clunisiens Aymo, qui illustra le siège de Bourges. Tous ces frères du cloître élevés par Odilon étaient dignes de lui. D'autres évêques, épris de l'amour d'une plus haute perfection et tourmentés de cette soif ardente de solitude qu'éprouvent les grandes âmes dans les siècles troublés, descendaient de leurs sièges pour aller humblement s'ensevelir dans l'obscurité du monastère de Cluny : tels Letbald de Brancion, évêque de Mâcon, Walter et vraisemblablement Gauslin, tous deux évêques de Mâcon, et enfin Sanche, évêque de Pampelune. C'est au point que, longtemps après la mort d'Odilon, en 1045, Pierre, prieur du monastère de Saint-Jean, au diocèse de Sens, s'empressa d'écrire à l'évêque Haton, qui avait renoncé à son évêché de Troyes pour embrasser la vie religieuse à Cluny, une fort belle lettre de félicitations. Il lui disait entre autres choses ces paroles flatteuses : « C'est un fait connu depuis longtemps que la vie religieuse des clunisiens est agréable à Notre-Seigneur. C'est la vie que menaient les saints pères Mayeul, Odilon et Hugues, et ils sont comptés au nombre des élus qui règnent avec Dieu dans la gloire du ciel. Quiconque cherche le Seigneur peut facilement faire son salut à Cluny. Nous n'en avons pas d'autre preuve que l'éclatante sainteté de ces grands abbés (1). »

(1) *Gall. Christ.*, t. XII, *Instrum.*, col. 266 et suiv.

CHAPITRE XX

LES MOINES CLUNISIENS EN ITALIE ET EN ESPAGNE

Les vocations, sous le gouvernement de l'abbé Odilon, s'étaient multipliées au point que l'enceinte du monastère devint trop étroite pour contenir tous ceux qui étaient venus se placer sous sa direction. Aussi Odilon, grâce à cette affluence des novices, eut-il la satisfaction d'étendre partout ses projets de réforme, de fonder de nouveaux monastères et de faire rayonner tout autour de lui la ferveur de la vie religieuse et les bienfaits de l'influence clunisienne. Ce n'est pas seulement en France, en Bourgogne et sur les territoires voisins que le grand abbé dont nous esquissons la vie se fit le réparateur de la vie monastique ; il déploya encore son activité réformatrice et exerça une influence décisive et incontestable sur l'ordre bénédictin partout ailleurs : en Italie, en Espagne, en Lorraine et jusqu'en Allemagne où il établit de nouveaux centres de lumière et de vie.

I. ITALIE. — Sur cette noble terre d'Italie, jadis si agitée, aujourd'hui bouleversée par la tourmente révolutionnaire, plusieurs monastères célèbres étendaient leur juridiction et leur influence sociale et religieuse. Parmi les monastères italiens qui, à l'époque de notre saint Abbé, se rattachaient à la congrégation de Cluny comme des rameaux à l'arbre vigoureux qui les nourrit, nous avons déjà nommé ceux de Classe près de Ravenne, de Saint-Jean-l'Evangéliste à Parme, de Saint-Pierre au Ciel d'or, de Saint-Sauveur à Pavie, et de Farfa dans le diocèse de Sabine. Mais il en est un dans les provinces méridionales de cette contrée auquel se rattachent des souvenirs tout français, disons mieux, tout clunisiens, et qui se recommande particulièrement à notre attention, c'est le grand monastère de la Trinité de Cava.

L'abbaye de la Trinité de Cava est, après celle du mont Cassin, la plus célèbre du royaume de Naples, et peut-être de toute l'Italie. Elle occupe une gorge étroite et profonde que forment à leur point d'intersection, à cinq milles environ de Salerne, un prolongement de la chaîne des Apennins, et le rameau particulier désigné sous le nom de montagnes de Cava. Ces roches abruptes sont entourées de collines couvertes d'une végétation riche et variée. Les coteaux exposés au midi sont couverts d'orangers, de grenadiers et d'oliviers; les sommets les plus élevés sont couronnés de robustes châtaigniers au feuillage touffu, qui relèvent et complètent le paysage. A mesure qu'on approche de l'abbaye, on est surpris de l'aspect sévère du site et de la vue qu'il offre dans son ensemble. « C'est un entassement confus de murs, de bâtiments qui semblent faire corps avec les flancs rocheux de la montagne, et dont les détails n'apparaissent bien distincts que devant la plate-forme où s'élève la façade de l'église et du monastère. A la vue de cette austère demeure et du site grandiose qui lui sert d'encadrement, on dirait que la nature s'est plu à réunir en un même lieu tout ce qui peut convenir à une retraite monastique, tout ce qui est capable d'élever l'âme, de la porter à la contemplation et de lui inspirer un pieux enthousiasme. L'effet est tel que vous ne pouvez y échapper, et que l'esprit et les sens subissent à la fois une puissante et indicible attraction. Le Sélano bondit sous vos yeux et remplit de ses mille voix la solitude qui vous entoure. L'oiseau, accompagnant cet éternel murmure du torrent, chante gaîment sous la feuillée voisine, et la cloche du monastère, qui semble appeler le voyageur, mêle un son religieux à ces diverses harmonies de la nature. On arrive enfin à la porte hospitalière de l'abbaye, et le bon accueil qu'on y trouve achève de dissiper une impression de mélancolie toute passagère (1). »

Quelle fut l'origine de cette illustre abbaye, ou plutôt quel en fut le véritable fondateur ? L'abbaye de Cava doit sa naissance à saint Alfère, de l'illustre famille des Pappa Carbone, dont l'origine se confond avec celle des princes lombards (2). Il naquit à Salerne en 931, selon l'opinion la plus probable. Il se fit remarquer de bonne heure par la variété de ses connaissances, surtout par la science du droit, qu'il acquit dans cette ville où plus tard devait fleurir l'une des plus célèbres écoles du moyen âge. Son esprit et ses bonnes mœurs le firent admettre, tout jeune encore, dans l'intimité des princes Jean II et Guaimar III, qui se plurent à l'honorer de leur estime et lui confièrent souvent la négociation des

---

(1) Dantier, *les Monastères bénédictins de l'Italie*, t. II, p. 261.
(2) Rodulphi, *Hist.*, ms., n° 61, p. 5; Cf. Pratilli, *Hist. Princ. Lang.*, V, p. 15, note *a*; Ughelli, *Italia Sacra*, VII, 367; Paul Guillaume, *Essai histor. sur l'abbaye de Cava*, p. 15; *Cava dei Tirreni*, abbaye des R. P. bénédictins, 1877.

affaires les plus importantes. C'est ainsi que Guaimar III l'envoya un jour en France comme apocrysiaire ou ambassadeur (1), avec mission de se rendre ensuite à la cour d'Allemagne auprès de l'empereur Othon III (983-1002). Quel était le but secret de la mission qu'Alfère avait reçue du prince de Salerne? L'historien Hugues, abbé de Venouse, auquel nous empruntons ce détail, n'a pas cru devoir nous le faire connaître (2). Selon toute vraisemblance, le jeune seigneur bénéventin allait, au nom de Guaimar, réclamer le secours de l'empereur contre les Sarrasins, car on sait que vers ce temps Othon III repassa encore une fois les Alpes, chassa les infidèles de l'Italie et revint mourir à Vérone, empoisonné, dit-on, par la veuve de Crescentius. Alfère partit donc pour la France. Mais il avait à peine fait la moitié de la route, qu'il tomba dangereusement malade et fut contraint de s'arrêter dans les Alpes Cottiennes, au monastère de Saint-Michel de Cluse (3). Après avoir vu la mort de si près, Alfère, éclairé par cette lumière intérieure qui se révèle à l'heure d'un grand péril, fit à Dieu la promesse d'embrasser la vie monastique s'il parvenait à recouvrer la santé. Odilon accomplissait alors son premier voyage en Italie. A son retour, la

(1) Probablement auprès du roi de Bourgogne Rodolphe III, dit le Pieux (993-1032) ou du roi de France Hugues Capet (987-996).

(2) Venusin, *Vit. SS. Patr. Cavens.*, Ms. membr., n° 24, fol. 2; Mabillon, *Acta SS.*, t. VIII, 640; Cf. Rodulphi, *loc. cit.*; de Blasi, *Chron.*, an. 990; Paul Guillaume, *loc. cit.*

(3) Ce monastère est situé au pied du mont *Pyrchirien*, près de ces fameuses gorges ou *Clusæ*, que Didier, le dernier roi des Lombards, tenta vainement de fermer à Charlemagne quand celui-ci envahit l'Italie, en 773. Selon l'opinion la plus commune et la plus probable, il avait été fondé en 966 par Hugues Marin, puissant seigneur d'Auvergne, au retour d'un pèlerinage à Rome. Cf. Mabillon, *Acta SS.*, tome IX, 696; Ughelli, *Ital. Sacr.*, tome IV, 1435; voir aussi chapitre x.

Providence permit qu'il s'arrêtât au monastère de Cluse pour s'y reposer pendant quelques jours avant de reprendre sa route pour la Bourgogne. Alfère, profondément touché de l'amabilité du saint abbé et de l'air de sainteté peint sur ses traits, ouvrit son cœur à la confiance et révéla à notre saint le vœu qu'il avait fait. Emporté par la première ferveur, il désira recevoir l'habit religieux des mains d'Odilon, mais, avec sa longue expérience du cœur humain, le saint abbé refusa d'accéder sur-le-champ aux vœux du jeune seigneur, et, pour éprouver une vocation encore si récente, il crut devoir emmener Alfère à Cluny, où il lui donna l'habit en 995 (1). Le jeune novice fit de rapides progrès dans la vie spirituelle et la perfection monastique; il fut pour les frères un modèle de régularité et de ferveur; son savoir et sa tendre piété le rendirent très cher à son vénérable abbé (2). C'est là, certes, un beau titre de gloire pour Alfère, surtout si l'on songe à la rigoureuse discipline qui présidait à Cluny, aux longues heures que l'on y employait à la psalmodie, au silence presque continuel qui s'y observait, à la frugalité de la table, enfin à l'obéissance rigoureuse que la règle de saint Benoît et les constitutions particulières de Cluny exi-

---

(1) De Blasi, ouvr. cité, a fixé à l'année 990 l'ambassade d'Alfère, et à l'année suivante son voyage à Cluny, afin de pouvoir expliquer la présence du saint religieux à Salerne en 992, comme le veut le *Chronicon Cavense* de Pratilli, p 423. Mais tout cela est inexact; car saint Odilon, bien qu'honoré du titre d'abbé de Cluny dès 993, ne fut vraiment abbé de Cluny qu'après la mort de saint Mayeul (11 mai 994), ainsi que l'a démontré Mabillon (*Acta SS.*, t. VIII, p. 558). D'ailleurs Othon III ne vint en Italie qu'au printemps de 996, et il y resta jusqu'à sa mort (1002). Le voyage d'Alfère en France peut donc, ce me semble, être placé entre ces deux époques, c'est-à-dire en 995. Cf. Paul Guillaume, ouvr. cité, p. 16, note 2, et le même auteur, *Vita di Sant' Alferio*, Napoli, marzo 1875, p. 14, note 5.

(2) Venus., ouvr. cité, fol. 3 ; Mabillon, *opus cit*, p. 641.

geaient de chaque religieux (1). Les progrès extraordinaires dans la perfection monastique du noble Salernitain reçurent bientôt leur récompense. Peu de temps après sa profession religieuse, Alfère, à Cluny même, fut élevé à la dignité sacerdotale (2).

Cependant plusieurs années s'étaient écoulées, et Guaimar III, resté, par la mort de Jean II, son père (999), seul prince de Salerne, entendant chaque jour faire des éloges de son ancien ambassadeur, voulut l'avoir auprès de lui. Il demanda à saint Odilon le retour d'Alfère, sans doute pour se mettre sous sa direction, lui ouvrir son âme et en faire son père spirituel (3). Ses sollicitations devinrent si pressantes, que l'abbé de Cluny, malgré la peine qu'il éprouvait de se séparer de son cher disciple, consentit enfin à le laisser partir. A peine Alfère fut-il arrivé auprès du prince, son cousin, qu'il se vit, plus encore que par le passé, comblé de prévenances et d'égards. Guaimar III lui soumit alors, pour les gouverner selon les règles qu'il avait si bien apprises et pratiquées à Cluny, presque tous les monastères de Salerne et des environs, au nombre desquels nous croyons qu'il faut ranger Saint-Maxime, fondé jadis par le prince Gidulfe I*er*, et le monastère de Saint-Benoît. Cette noble mission n'était pas au-dessus de ses forces; mais, soit que le nouvel abbé rencontrât trop d'obstacles pour ses projets de réforme, soit surtout qu'il se sentît un attrait particulier pour le désert, à l'exemple de saint Benoît et de tous les patriarches de la vie cénobitique, Alfère prit le parti de résigner ses

---

(1) Cf. *Consuet. Mon. Cluniac.* recueillies par Udalric dans D. Marquart Hergott, *Vetus Discipl. Monast.*, 1726.

(3) Hugues de Venouse, *opus cit.*; Paul. Guill., *opus cit.*, p. 17, note 2.

(3) Voir le Diplôme de Guaimar, an. 1025 (*Arch. Magn.*, A. 19).

fonctions et de suivre son attrait. Nul ne l'ignore, le rôle de réformateur est difficile ; c'est une lourde responsabilité ; on y réussit rarement, tel est du moins le résultat de l'expérience. Alfère parvint à se soustraire à cette tâche, qu'il estimait sans doute trop lourde pour sa faiblesse ; l'avenir lui réservait un rôle plus glorieux.

Sur les pentes les plus abruptes des montagnes de la Cava, à un endroit de la gorge étroite où se plonge le Sélano, une caverne était creusée, et un religieux du Mont-Cassin, du nom de Liutius, de retour du périlleux pèlerinage de Jérusalem, depuis environ l'an 988, s'y était créé une retraite solitaire (1). Alfère n'ignorait pas les avantages de ce lieu écarté, dont les abords sauvages étaient propres à éloigner les hommes. Cédant à son attrait pour la vie solitaire, il s'enfuit un jour de Salerne, et il vint se fixer dans la grotte profonde (2) que Liutius, rentré au Mont-Cassin (3), avait laissée libre et qu'il avait comme sanc-

(1) Leo Ostiensis, *Chron. Cas.*, lib. II, cap. xii, apud Pertz, *Monum. Germ. SS.*, t. VII, p. 636 ; Pratilli, *Chronicon Cavense*, p. 422 ; de Blasi, *Chron.* ad an. 987 ; Cf. Paul Guill.., *opus cit.*, p. 12, note 2, et p. 13, notes 1 et 2.

(2) La date de l'arrivée d'Alfère dans la grotte déserte de *Metellianum* (1011) nous est fournie par la *Chronique de S. Vincent du Vulturne* et la fin du liv. IV (apud Muratori, *SS. I.*, part. II, p. 494). Après avoir dit que l'abbé Maraldus (1008-1011) mourut en 1011, le chroniqueur ajoute : « Hoc tempore monasterium Sanctæ Trinitatis apud Salernum a tribus eremitis inhabitari cœpit. » — Mabillon confirme cette opinion (*Annal.*, IV, p. 293) ; Muratori est du même avis (*SS. R. I*, VI, 201). Le *Chron. Cavense* de Pratilli et, après lui, *De Meo*, Carraturo, de Blasi et autres se trompent en fixant à l'an 1006 la venue de saint Alfère à Cava. Cf. Paul Guill., p. 18, note 1.

(3) Il ne s'arrêta pas longtemps au Mont-Cassin, car en 1011 nous le retrouvons occupé à fonder près de la sainte montagne, dans le vallon de l'*Albaneta*, le fameux monastère de Sainte-Marie de l'Albaneta, qui, à diverses époques, a reçu dans ses murs saint Thomas d'Aquin et saint Ignace de Loyola. Saint Thomas étudia à l'Albaneta,

tifiée par sa présence (109). C'est ainsi, dit Hugues de Venouse, qu'Alfère fut le premier à faire de la Cava métellienne une demeure stable de religieux (1). Là, selon les paroles de son biographe, seul en présence de Dieu, il ne s'occupait que de plaire à Dieu seul ; mais plus il cherchait à se faire oublier du monde, plus la renommée exaltait ses vertus et le faisait connaître. Comme il arrivait souvent en pareille circonstance, de nombreux disciples, la plupart d'un rang distingué, ne tardèrent pas à se réunir autour du solitaire. Parmi les plus remarquables fut Léon de Lucques, son successeur (2). Par suite de ce concours, les habitants de la grotte *Arsicia* se trouvèrent bientôt trop à l'étroit. Pour abriter les religieux dont l'affluence augmentait tous les jours, Alfère se décida à bâtir, dans un endroit plus convenable, un vaste monastère. Il choisit, à cet effet, le mont voisin de Saint-Elie, situé au delà du Selano, du sommet duquel la vue s'étend sur toute la vallée métellienne, et sur une grande partie des délicieuses contrées qui bordent le golfe de Salerne. Mais, suivant une constante tradi-

comme novice bénédictin, la grammaire et la philosophie (1231-1239). Voir *Car. Mar. de Vera*, *M. Cas. : S. Thom. d'Aq. e la Bad. di M. Cas.*, opusc. in 8 de 15 pages, 1858. — Quant à saint Ignace, il habita l'Albaneta pendant une retraite de près de deux mois qu'il y fit en 1538, en compagnie de Pierre Ortiz, ambassadeur de Charles-Quint auprès du Saint-Siège. Il y aurait composé sa *Règle* et même ses fameux *Exercices spirituels*, en s'inspirant d'ouvrages que l'on conserve encore dans les archives du Mont-Cassin. Voir Cajetan, *de Relig. S. Ignat. Instit.*, Venise, 1641, p. 25 ; Gravina, *Vox turturis*. part. II, c. xxxii ; Bartoli, *della Vita et dell'Istit. di S. Ignaz.*, l. IV, c. xxi ; Gattula, *Hist. Cass.*, II, 667, etc. ; Cf. Paul Guill.., *opus cit.*, p. 13, note 4.

L'antique monastère de l'*Albaneta* est aujourd'hui converti en écurie. (Tosti, *Bibl. Cass.*, 1874, I, prolog., p. viij.)

(1) Venus., ouvr. cit., fol. 3, et Mabillon, ouvr. cit., p. 641 ; Victor III, *Dialog.*, lib. III, p. 155, Rome, 1651.

(2) Mabillon, *Annal.*, IV, p. 641.

tion et au témoignage de l'historien Rodulphe (1), les murs qu'on élevaient la veille se trouvaient détruits le lendemain. L'homme de Dieu pensa dès lors que le ciel n'approuvait point l'emplacement qu'il avait fixé. D'autre part, comme en face du mont Saint-Elie, dans le fond de la grotte qu'il avait résolu de quitter, il vit à plusieurs reprises, durant les ténèbres de la nuit, une lumière resplendissante, partagée en trois rayons différents, il prit cette apparition pour une manifestation de la volonté divine, et se détermina à construire son monastère autour des cellules déjà existantes (2). Alfère s'occupa avant tout de remplacer le modeste oratoire de la grotte par une église convenable. Les travaux commencèrent dès 1012 (3), aux frais particuliers d'Alfère lui-même (4), et se continuèrent sans interruption pendant plusieurs années. La consécration solennelle de l'église abbatiale eut lieu vers 1019 (5). Le monastère fut mis sous la protection de la sainte Trinité qui avait bien voulu, elle-même, en déterminer par un prodige le pittoresque emplacement, et dès lors on ne le désigna plus que sous le nom de *Monastère de la Sainte-Trinité de la Cava* (6).

---

(1) *Vita de S. P. Cav.*, ms., 65, fol. 7. *Hist.*, ms., 61, p. 6 ; Cf. Paul Guill., p. 19.

(2) Mabillon, *Acta SS.*, t. VIII, 639. — C'est d'ailleurs ce que rappelle un distique qui, au commencement du xviiie siècle, existait au-dessous d'un tableau ancien de la chapelle des Saints-Pères, représentant saint Alfère au moment où la sainte Trinité lui apparaît, dans la grotte Arsicia, sous forme de lumière partagée en trois rayons. Le voici d'après Polverino, *Desc. ist della Cava*, II, 75 :

« Alferius trino hic Trinum sub lumine Numen
« Vidit et hæc Trino condidit antra Deo. »

(3) *Chronique* de Pratilli, p. 430.

(4) C'est ce qu'atteste le diplôme, déjà cité, des deux Guaimar, an. 1025.

(5) *Chron. Cav.*, apud Prät., p. 432.

(6) Voir le diplôme de Guaimar de mars 1025 (ci-dessous, note 8).

Cet événement, si important pour l'histoire de l'abbaye, décida Guaimar III et son fils Guaimar IV à céder à Alfère et à ses moines, par un diplôme daté de mars 1025 (1), le territoire sur lequel était située la Cava. Cette concession fut le point de départ d'un très grand nombre de donations qui se succédèrent depuis l'an 1027 jusqu'à 1049 et 1050, et attestées par des chartes conservées jusqu'à nos jours dans les archives du célèbre monastère (2).

C'est à cette époque, dans le courant de l'année 1047, qu'il convient de placer la venue et le séjour à la Cava d'un des personnages les plus considérables de ce temps. On l'appelait alors Dauférius. Né, vers 1027, à Bénévent, de parents illustres, et descendant des princes de ce pays (3), Dauférius montra, dès ses premières années, un ardent désir d'embrasser la vie religieuse. Il avait à peine vingt ans lorsqu'il perdit son père. Ce fut pour lui l'occasion d'exécuter son dessein et de recevoir l'habit monastique des mains d'un pieux ermite nommé *Jaquintus* ou *Hyacinthe*. A cette nouvelle, sa mère le fit enlever à main armée, mais après un an de captivité, l'indomptable jeune homme sortit de Bénévent pendant la nuit, et il partit à cheval pour Salerne auprès de

---

(1) Ce diplôme, publié en partie par Mabillon (*Annal.*, an. 1025, t. IV, p. 293), et entier par Muratori (*SS.*, VI, 201) et par Adinolfi (*St. di Cava*, 283), également dans le IVe ou V^e vol. du *Cod. Cav. Dipl.*, est accompagné d'un sceau en cire et de son contre-scel réunis ensemble, particularité que Mabillon (*Iter Ital.*, 118) n'avait jamais observée ailleurs.

(2) V. *Index Chronol. Arch. Cav.*, ad ann. 1044, etc.; DE BLASI, *Chron.*, mss., ann. 1044, 1049 et 1050; RODULPHI, *Hist. Mon. Cav.*, mss., 61.

(3) Leo OSTIENS., *Chron. Casin.*, III, cap. I, p. 316, Paris, 1668. — Suivant les conjectures du docte Camille Pellegrino, p. 8, etc., il était petit-fils de Landulphe V (1014-1033); Cf. Léon D'OSTIE, *opus cit.*, III, cap. IV, apud PERTZ, *Monum. Germ. SS.*, VII, 700.

son cousin Guaimar IV. Il lui exposa son dessein de se retirer dans la grotte Arsicia auprès d'Alfère. Le prince, touché des sentiments de ferveur de Dauférius, se plut à favoriser ses nobles aspirations, et il le conduisit lui-même à Cava, le recommandant tout spécialement au saint vieillard (1047) (1). Mais tant de précautions étaient bien inutiles. Alfère, avec sa sûreté de coup d'œil, comprit bien vite le trésor qu'il possédait, et ce que serait un jour le jeune prince de Bénévent. Sans plus tarder, dit l'historien Rodulphe, il l'admit au nombre de ses novices (2). Dauférius, sous la conduite d'un tel maître, fit en peu de temps de grands progrès dans la perfection religieuse. Aussi le vénérable abbé l'affectionnait-il tendrement. De son côté, le disciple conçut pour son maître un amour non moins ardent (3). Mais notre jeune novice dut céder à la douleur de sa mère et reprendre le chemin de Bénévent (4), après avoir obtenu la faveur de vivre en religieux dans l'abbaye de Sainte-Sophie. Il y fut accueilli par Grégoire qui en était abbé, et parce qu'il était l'objet des désirs de tous, il reçut alors le nom de *Désiré* ou Didier (1048) (5). Nous ne suivrons pas le novice de Cava dans ses nombreuses pérégrinations aux îles de Diomède (dans l'Adriatique), sur le mont Maiella, et puis encore à Bénévent et à Salerne, à Florence et au Mont-Cassin (6). Nous ne dirons rien de son gouverne-

---

(1) Leo Ostiens., *opus cit.*, *ibid.*; Mabillon, *Acta SS.*, VIII, 642.
(2) Rodulf., *Hist*, ms., 62, lib. I, cap. xxii; Cf. Paul Guill.., *opus cit.*, p. 23, note 2.
(3) Mabill., *Acta SS.*, VI, 467.
(4) Paul Guillaume, *opus cit.*, p. 24.
(5) *Id.*, *ibid.*, note 3; Cf. Ughelli, *Ital. Sacr.*, X, 490-491.
(6) Cf. Léon d'Ostie, ouvr. cité, III, *passim*; Gattula, *Hist. Abbat. Casin.*, I, 163, Venetiis, 1733.

ment au Mont-Cassin (1059-1086), justement considéré par le révérendissime père abbé Tosti (1) comme l'âge d'or de cette illustre abbaye. Qu'il nous suffise de savoir qu'il occupa glorieusement pendant un an (1086-1087) la chaire de Saint-Pierre sous le nom de Victor III. Cependant Alfère ne cessait de s'appliquer à faire fleurir la discipline parmi les nombreux moines qui peuplaient son abbaye. Il faisait observer à Cava la règle de Saint-Benoît, suivant les constitutions de Cluny, et il ne pouvait se rappeler ces observances qu'il avait lui-même si admirablement pratiquées à Cluny, sous la direction du saint abbé Odilon, sans se sentir plus généreux et plus fervent. L'abbaye de Cava, sans relever directement de Cluny, ne cessera de conserver avec la grande abbaye bourguignonne les relations les plus intimes. Dès son origine, elle sera absolument indépendante, et formera, dans l'ordre de Saint-Benoît, une congrégation à part, le *congrégation de la Sainte-Trinité de Cava* (2). Moins de cinquante ans après elle deviendra le chef-lieu d'une des plus florissantes congrégations bénédictines. Au XIIe et au XIIIe siècle, l'abbé de la Sainte-Trinité ne gouvernera pas moins de trois cent quarante églises (3), plus de quatre-vingt-dix prieurés et au moins vingt-neuf abbayes (4). Aussi sera-t-il honoré du titre de *grand abbé de Cava*, « Magnus abbas Cavensis », et l'église de la Sainte-Trinité sera regar-

---

(1) *Stor. della Badia di Monte-Cassino*, t. I, p. 310 et suiv.
(2) Rodul., *Hist. Sac. Mon. Cav.*, mss., 61, fol. 141; Dantier, *les Monastères bénédictins d'Italie*, t. II, p. 297; Hélyot, *Hist. des ordres monastiques et religieux*; Migne, *Diction. des ordres religieux*, art. Cave.
(3) Muratori (*SS.*, VI, p. 203) en porte le nombre à 400.
(4) Cf. Paul Guillaume, ouvr. cité, appendice, la liste des monastères, églises, etc., dépendant de Cava, p. LXXX.

dée comme *l'église mère de l'ordre*. « Mater vel Matrix Ecclesia ordinis Cavensis » (1).

Quant à l'abbé Alfère, il était alors parvenu à une extrême vieillesse, et il mourut à l'âge extraordinaire de 120 ans (2). C'était au mois d'avril, et l'on solennisait les fêtes de la semaine sainte. « Dans la matinée du jeudi saint, dit son historien, le vénérable Alfère célébra encore la grand'messe, lava les pieds aux frères, fit de nombreuses largesses aux pauvres, adressa une touchante exhortation à ses religieux, en les assurant qu'il serait toujours en esprit au milieu d'eux. Puis il se donna pour successeur l'humble et pieux Léon de Lucques (3). Le nouvel abbé et ses religieux, à la prière d'Alfère, qui voulut encore jeûner ce jour-là, allèrent au réfectoire prendre un peu de nourriture. Quant au saint vieillard, il se retira dans sa cellule, et c'est là qu'à l'insu de tous, il mourut en oraison » (4).

II. Espagne. — Les travaux considérables auxquels

---

(1) Ughelli, *Ital. Sac.*, VII, p. 370; *Cod. dipl. Cav.*, t. I, Synop., p. xiii.

(2) *Ann. Cav.*, ap. Pertz, *Monum. Germ. Hist.*, III, p. 189; Muratori, *SS. Rer. It.*, VII, 209; Bolland, t. III, april., 102; Baron., *Ann. Eccl.*, 1050, n° 15; Ughelli, *Ital. Sac.*, VII, 372; Bucelini, *Menol. Bened.*, p. 268, etc.; Mabill., *Acta SS.*, VIII, 643; Cf. Paul Guillaume, ouvr. cité, p. 26, notes 4 et 5.

(3) En agissant ainsi, non seulement saint Alfère suivait l'exemple de Cluny (voir Pagi, apud Baronius, *Ann. Eccles.*, an 993, n° 8), mais il usait encore du privilège que lui avaient accordé, en 1025, les deux Guaimar. Voyez plus haut leur diplôme, p.

(4) Mabill., *Acta SS.*, VIII, 643. — Son corps fut enseveli par ses disciples près de l'église, dans la crypte même qui lui avait servi de demeure pendant tant d'années. Il y repose encore aujourd'hui, dans un riche tombeau en marbre, placé entre ceux de ses deux successeurs immédiats. Cf. Paul Guillaume, ouvr. cité, p. 27, notes 3 et 4, et p. 18; *Vita S. Alferii Abbatis Cavensis primi in Acta*, VI, 1, p. 368 et suiv.; *Codex diplom. Cavensis*, t. I, p. viii et suiv.; t. V, p. 93 et suiv.; *Chron. Cavense*, dans Muratori, *SS.*, VII, col. 921.

Cf. Mabillon, *Annal.*, IV, p. 316 et suiv.; p. 523. — Le duc Guillaume d'Aquitaine était aussi en relation amicale avec le monastère de Saint-Michel de Cluse. (Adhémar, *Monum. Germ. SS.*, t. IV, p. 135.)

saint Odilon dut s'employer pour la diffusion de sa congrégation le mirent en rapport avec les souverains d'Espagne. A l'époque où Alfère, qui avait embaumé Cluny du parfum de ses vertus, fondait le monastère de la Cava, c'est-à-dire vers 999, un moine ou ermite de San Juan de la Peña, nommé Paterne, était envoyé à Cluny avec quelques autres religieux pour s'y former à la vie monastique sous la direction de notre saint abbé. Un grand nombre de monastères de la catholique Espagne étaient tombés en ruine ou en décadence, d'abord parce que laïcs et séculiers trop souvent s'étaient rendus maîtres des abbayes et de leurs possessions pour en retirer profit; et, en second lieu, les monastères pour la plupart avaient été dévastés et ruinés par les Maures, leurs irréductibles ennemis. C'est alors que Sanche le Grand, roi de Navarre, après son heureuse expédition contre les infidèles, résolut de rendre ces maisons de la prière et de la paix à leur destination primitive. Pour l'accomplissement d'un si noble dessein, il se fit un devoir de prendre conseil d'hommes vertueux et éclairés. Le résultat de cette délibération fut que personne n'était plus propre à s'acquitter avec succès de cette mission si apostolique que les moines du monastère de Cluny qui, avec l'aide de Dieu et les exemples si entraînants du vénérable abbé Odilon, observaient parfaitement la règle édictée par saint Benoît. Sur le conseils des évêques et des grands de son royaume, le roi Sanche envoya au commencement du XIe siècle un de ces pieux moines qui avaient l'amour de la règle et se berçaient de l'espoir de la faire briller en Espagne d'une nouvelle splendeur. Ce moine était Paterne, religieux de San Juan de la Peña (vers 999) (1), auquel

(1) Diplôme du roi de Navarre, Sanche le Grand, 21 avril 1025. — Voir le texte dans *Patrol. lat.*, t. CXV, p. 888, note 8.

le roi adjoignit quelques compagnons volontaires. Paterne descendit de la montagne de l'Aragon, suivi du petit nombre de religieux avec lesquels il vivait en communauté, franchit les Pyrénées, traversa le Midi de la France et se rendit à Cluny, auprès d'Odilon (1), pour y retremper sa ferveur et son courage et apprendre à l'école du saint Abbé les principes et la pratique de la vraie vie monastique.

Le moine espagnol ne devait pas rester bien longtemps à Cluny. Avant le mois d'octobre de l'an 1005 ou 1015, le roi Sanche envoya à l'abbé de Cluny une ambassade particulière chargée de présents pour rappeler dans leur pays Paterne et ses compagnons. Ceux-ci, pénétrés de reconnaissance pour le saint abbé qui les avait formés à la vie parfaite, firent de touchants adieux à Odilon et à ses moines dont ils avaient apprécié les hautes vertus, et ils revinrent en Espagne où ils donnèrent à leurs frères l'exemple d'une parfaite régularité. Le roi d'Aragon assigna aux nouveaux venus différents monastères, avec prière instante d'y opérer la réforme de Cluny. C'est ainsi que Paterne implanta la règle de Saint-Benoît et les observances de Cluny au monastère de San Juan de la Peña, dont il devint abbé au plus tard en 1022 (2). Cette royale abbaye d'Aragon fut ainsi la première où fut introduite la réforme clunisienne. C'est là que l'illustre Paterne forma la première colonie chrétienne en Espagne, et telle fut la supériorité de son observance, dit Florez, que l'attention se porta bientôt sur elle pour en tirer les plans

---

(1) Sur le séjour des moines espagnols à Cluny, Raoul Glaber (III, 1) dit : « Convenerunt illuc ab Hispaniis quamplures honestæ conversationis jamdudum more viventes propriæ regionis Monachi. » Cf. chap. 1 ci-dessus.

(2) Cortès de Leyre, apud Gonzalez, Conc. Hispaniæ, t. III, p. 77; Cf. Florez, España Sagrada, t. XXVII, p. 298.

nécessaires à la propagation de ce genre de vie, partout où il paraissait convenable (1).

Un autre de ses moines formés à Cluny, dont on ne peut connaître le nom avec certitude, monta sur le siège abbatial de Sante-Marie d'Hirache (2) en Navarre. C'est précisément en cette même année que Paterne signa, comme abbé de San Juan de la Peña, la charte de donation du roi au profit de l'évêque Sanche le Majeur. Ce Sanche, évêque de Pampelune, avait été précédemment chargé d'introduire la réforme à Saint-Sauveur de Leyre, et il fut précepteur du roi ; mais avait-il vécu personnellement à Cluny ? C'est une question qu'il nous a été impossible d'éclaircir (3). Quoi qu'il en soit, les clunisiens implantés en Espagne remplirent leur mission avec tant de zèle que déjà en l'année 1023, il fut décidé, au concile de Pampelune, que les évêques d'Irun ne seraient nommés à l'avenir que par le mona-

---

(1) Florez, *España Sagrada*, l. XXVII, p. 298. Cf. Dom Briz Martinez, *Historia de la fundacion y antiguedades de San Juan de la Peña y de les Rayes des sobrarde Aragon y Navarra*. Zaragoza, 1820; in-fol. Sur le même monastère de San Juan de la Peña : P. Ramon de Huesca, capuchino, *Teatro historico de las Iglesias del Reyno de Aragon*, t. VIII, chap. XX, p. 333-417, in-8. Pamplona, 1802.

(2) Peut-être est-ce saint Vérémond ? Yepes (*Cronica general de la Orden de San Benito*, t. III, p. 282 et suiv.) donne la liste des abbés de Hirache. Les premiers sont Tendano, Munio, san Veremundo (1042-1082), Arnuldo. Cette liste ne donne sur la réforme aucun renseignement. Yepes en parle p. 372 et suiv., où il dit trouver la preuve des observances clunisiennes à Hirache dans des cérémoniaux manuscrits. Il rattache la réforme à Sanche le Grand et au temps où Oña, Jantuan, Leyre se réforment; mais il ne saurait ni fixer l'époque précise de cette réforme, ni dire comment elle s'introduisit. Il croit cependant que les observances clunisiennes y fleurissaient sous san Osmundo. Comparer avec ce que dit Mabillon. Flores, qui consacre son tome XXXII à préparer l'histoire du diocèse de Pampelune, n'a pas raconté cet événement. Hirache avait aussi de nombreux monastères sous sa dépendance. (Yepes, *Cent.*, IV, an. 815, c. II, t. III, 372.)

(3) Diplôme de 1025 cité plus haut.

stère de Leyre, sans négliger cependant de prendre en considération le droit de suffrage qu'on ne pouvait refuser aux évêques. Un autre synode espagnol, célébré sous le roi Ramirez, à San Juan de la Rocca *(apud Sanctum Joannem Rupensem)*, en Aragon, prescrit également de ne choisir que des moines du monastère de Saint-Jean pour occuper les sièges épiscopaux (1) aragonais, ainsi que l'avait ordonné l'ancien roi Sanchez (Sanche III Major) en présence des évêques de son royaume (2).

Dans la suite, les monastères d'Espagne ne cessèrent pas de suivre la règle et les coutumes de Cluny. C'est ainsi qu'en l'an 1025, le roi Sanche fit reconstruire à nouveau le monastère de Saint-Victorian, qui avait été entièrement détruit, le dota et le peupla de clunisiens. Mais ce prince si dévoué à l'Eglise et si cher à saint Odilon n'eut pas la consolation de voir cette restauration entièrement terminée. L'église ne fut achevée qu'en l'an 1043, avec l'aide de Ramire Ier, roi d'Aragon,

---

(1) Relativement au synode de San Juan de la Rocca, voici ce que dit Gams (*Kirchengeschichte von Spanien*, t. II, p. 420) : « La forme et le contenu des prétendus actes du synode, datés du 25 juin 1062, en rendent la vérité suspecte. Mais, dans l'année 1024, Ramire n'était pas encore maître de l'Aragon. Les évêques nommés ici, Pontius de Oviedo et Julianus de Caslien, vivaient avant l'époque du roi Ramire. Il semble qu'il y a ici une copie maladroite de la résolution du concile de Pampelune de l'année 1023, puisque les évêques de Pampelune ne devaient être choisis que dans le monastère de Leyre. »

(2) Héfélé, *Histoire des conciles*, traduction Delarc, t. VI, 408 et 409, Paris, Leclerc, 1871.

Après Masden, et tout en trouvant étrange la manière de cet auteur, qui nie tous les documents de cette époque, Vicente de la Fuente considère les conciles de Pampelune (1023) et de San Juan de la Peña comme apocryphes. Ce seraient, d'après lui, des pièces fabriquées après coup par les moines de Leyre et de la Peña (ouvr. cité, p. 353-357). Mgr Héfélé, qui a écrit l'*Histoire des conciles* d'après les documents originaux, lui donne un démenti formel. Cf. Gams, *Hist. de l'Egl. d'Espagne*, texte allemand, Munich, voir p. 42, note 2.

et, le 22 mai de la même année, elle put être solennellement consacrée en présence de tous les prélats et des grands du royaume. Vers le commencement de l'an 1030, Sanche le Grand fit réformer par les clunistes le monastère de Saint-Pierre de Cardena (1), près de Burgos, qui passe pour être le plus ancien de l'Espagne. Le Cid Campeador fut, dans la suite, son principal bienfaiteur, et il y reçut la sépulture. Quelques années plus tard, vers 1042, on adjoignit à l'antique monastère de Cardeña celui de Sainte-Marie de Resmund. On voit que le roi Sanche travailla sans relâche à la prospérité de l'Eglise dans ses Etats. Dès qu'il fut en possession de la Castille, sa première préoccupation fut de restaurer l'église de Palencia, ville célèbre par son université où saint Dominique se formera plus tard, pendant dix années, à l'étude des lettres, et de travailler activement à la fondation du monastère de Suso et au développement de celui de San Millan (2). A Saint-Sauveur d'Oña, dans la province de Burgos, existait un monastère double où la sévérité de la discipline s'était singulièrement relâchée. Paterne se trouvait alors à San Juan de la Pena, dans cette abbaye royale d'Aragon où l'illustre moine avait formé la première colonie clunisienne en Espagne (3). Sur la demande des évê-

---

(1) D. Vicente DE LA FUENTE, ouvr. cité.

(2) Dom Francisco DE BERGANZA, bénédictin, *Antiguedades de España proquegnados en las noticias de sus reyes... y en la canonica del real monasterio de S. Pedro de Cardeña*, 2 vol. in-fol., Madrid, 1719.

(3) Les privilèges relatifs à l'introduction des clunistes publiés par Yepez (*Cronica general de la Orden de San Benito*, t. V, *escritura* 45, p. 467) et ceux publiés par le P. Briz Martinez (*Historia de San Juan de la Peña*, liv. II, c. XXIX, p. 398), ainsi que tous les documents relatifs à la réforme par les clunistes des monastères de Leyne, d'Oña, de San Juan de la Peña, sont considérés comme faux par Masdeu (*Historia critica de España*, t. XIII, p. 352 ; t. XV, illust. 21).

ques et des seigneurs du royaume, qui étaient témoins de la ferveur des moines de la Peña, le pieux roi résolut d'étendre le bienfait de la réforme à tous les monastères de son royaume. S'il faut en croire l'historien Florez, l'illustre Paterne, accompagné de quelques moines de San Juan de la Peña, parmi lesquels se trouvait Garcia qu'il avait jadis emmené avec lui au noviciat de Cluny (1), serait venu lui-même, en 1030, à Saint-Sauveur d'Oña pour y opérer la réforme (2). Oña fut fondé en 1011 par Sanche, comte de Castille, en faveur de sa fille, sainte Trigidia, qui en fut la première abbesse. Ce monastère était alors le Panthéon des comtes de Castille. Sa proximité relative de Burgos, qui, à cette époque, prenait un grand développement au détriment de Léon, donnait à l'abbaye une réelle importance. Cela explique comment Sanche le Grand voulut y introduire la réforme clunisienne. C'était assurer aux moines une influence considérable (3). Les religieuses en furent chassées et réparties dans divers

---

Le P. Ramon de Huesca, capucin, réfute ces arguments dans l'ouvrage intitulé : *Teatro historico de las Iglesias del Reyno de Aragon*, t. VIII, cap. xx, § 3, p. 352-380, où il fait l'histoire de l'introduction de la réforme cluniste à San Juan de la Peña et en Espagne. Masdeu est encore combattu par Andrès Casaus y Torres (*Carta de un Aragone aficionando a las antiguedades de su reino*, Saragoza, 1800, et *Respuesta del Aragones aficionado a las antiguedades de su reino al entretenimiento 1 del tomo XX de la Historia critica de España*, Madrid, 1806). De la Fuente dit que les raisons de Masdeu ne sont pas acceptables généralement, et que, selon sa coutume, il procède avec plus de passion que de jugement. Il avoue néanmoins que les arguments des Pères Huesca et Casaus ne le convainquent pas tout à fait. La seule raison qu'il donne pour ne pas affirmer l'authenticité est la différence entre le latin de ces privilèges et celui de Sanche le Grand. Ici encore, il ne donne d'autre preuve qu'une affirmation (*Historia ecclesiastica de España*, t. III, p. 363); Cf. FLOREZ, ouvr. cité.

(1) Bollandistes, t. Ier de juin, *de Sancto Ennecone*, p. 110, note
(2) FLOREZ, *España Sagrada*, t. XXVII, p. 298, n° 61.
(3) FLOREZ, ouvr. cité, t. XXVII, p. 258.

monastères du royaume, et Garcia en fut installé le premier abbé, tandis que Paterne reprenait le chemin de San Juan de la Peña. « Le roi, les évêques et les seigneurs, ajoute Florez, auquel nous empruntons ces détails, se félicitaient de la gloire procurée à Dieu dans un monastère où l'on manquait autrefois de tout respect pour son nom. Cela se passait en 1033 » (1). Garcia fit fleurir à Saint-Sauveur d'Oña la règle et les observances de Cluny, et il put obtenir pour son monastère le grand et précieux privilège de l'exemption.

Oña eut dans la suite sous sa dépendance d'autres monastères que nous nous abstenons d'énumérer ici et avec lesquels il forma une congrégation particulière. Mais Garcia ne gouverna pas longtemps l'abbaye de Saint-Sauveur d'Oña. Il mourut au bout de quelques années, ou, s'il en faut croire d'autres historiens, il aurait été élevé à la dignité épiscopale. Le roi Sanche lui avait désigné pour successeur Inigo (Eneco, Henneco) qui, jusqu'ici, avait mené une vie très austère au sein des déserts montagneux de l'Aragon. Il ne put se refuser d'acquiescer à la demande personnelle du roi, et il accepta humblement la dignité qui lui était proposée. C'était avant le mois de février de l'an 1035. Inigo alla donc s'asseoir sur le siège abbatial d'Oña que le pieux Sanche venait de doter de plusieurs libertés nécessaires et de riches présents. Le nouvel abbé remplit très dignement sa charge ; sa bienfaisance pour les pauvres et les malades, trait caractéristique des clunisiens, était extrême, et elle était sanctionnée par les miracles les plus éclatants. Le saint abbé dut endurer de grands chagrins, mais les plus cuisants lui vinrent de son attachement à la maison royale. Lors-

---

(1) Florez, ouvr. cité, p. 297-299.

qu'en 1054 une guerre fratricide menaçait d'éclater entre Garcia III, roi de Navarre, et son frère Ferdinand Ier, roi de Léon et de Castille, il chercha, de concert avec saint Dominique, abbé du monastère de Silos, à s'interposer comme médiateur entre ces deux malheureux frères, mais tout effort fut inutile. Déjà Odilon s'était servi de son influence pour négocier la paix entre les fils de Sanche le Grand. Sa médiation n'avait été qu'une éclaircie entre deux orages. Les deux frères en vinrent aux mains. Le combat eut lieu entre Atapuerca et Ages, dans le voisinage de Burgos. Le roi Garcia fut mortellement blessé, et il mourut entre les bras d'Inigo, après avoir reçu des mains du saint abbé les derniers sacrements, le 1er septembre 1054.

L'abbé d'Oña ne devait pas survivre bien longtemps au roi de Navarre. Au cours d'un voyage qu'il avait entrepris dans l'intérêt des monastères de sa congrégation, il tomba malade. Il se fit transporter dans son abbaye, et là, au milieu de ses moines éplorés, il rendit son âme à Dieu vers le 1er juin de l'an 1057. Un siècle après, Pierre Perez, évêque de Burgos, recueillit ses ossements et les transporta dans l'église, où un autel fut érigé en son honneur.

Les rois d'Espagne et les monastères clunisiens de cette religieuse contrée entretiennent un commerce fréquent avec Cluny. Nous ne connaissons de cette correspondance suivie que deux lettres (1) écrites par Odilon. La première, sur laquelle nous aurons à revenir, est adressée à Garcia III, roi de Navarre (1035-1054). Le saint abbé y exprime sa joie de la prospérité de

---

(1) Les deux lettres d'Odilon sont imprimées dans D'ACHERY (*Spicileg.*, t. III, p. 381, et MIGNE, *Patrol. lat.*, t. CXLII, col. 941 et suiv.

Garcia ; il était l'ami de feu son bien-aimé père, le roi Sanche le Grand, et il prie pour le royal fils afin que Dieu bénisse ses armes dans les combats contre les infidèles. La seconde lettre est adressée à Paterne et elle a été écrite vers février de l'an 1035, comme la précédente. Par malheur, elle ne nous est pas parvenue intacte, et nous n'en connaissons qu'un très court fragment. Nous y voyons qu'Odilon et ses moines, pénétrés de reconnaissance, prient pour l'Espagne et les fils de feu le roi Sanche, afin qu'entre eux la paix soit de nouveau rétablie. Ils prient en particulier pour Ramire Ier d'Aragon ; ce qu'ils font chaque jour en ajoutant trois psaumes à Matines avec des répons tirés du 121e psaume aux autres heures du jour. Il résulte encore de cette lettre que Sanche II, évêque de Pampelune, s'était retiré dans le cloître de Cluny où il avait pris l'habit monastique, comme l'ont confirmé d'autres historiens ; enfin, qu'Odilon avait envoyé en Espagne des moines que Paterne avait fait conduire jusqu'au monastère de San Juan de la Peña. Sans doute que ces moines étaient destinés à occuper les divers prieurés clunisiens d'Espagne. Toutefois, Peña, Oña et Leyre, bien que reformés par Odilon, n'appartiendront pas à la congrégation de Cluny. Il en sera de même en France avec Saint-Bénigne de Dijon sous le gouvernement de l'abbé Guillaume, en Lorraine avec Saint-Vannes, et en Italie avec la Cava. Mais à côté des grandes abbayes de San Juan de la Peña, de Saint-Sauveur d'Oña et de Leyre, surgirent des monastères plus modestes qui furent incorporés dans la vaste congrégation de Cluny (1). Tel fut en 1047 le monastère de Saint-Zoïle-

---

(1) En Espagne comme en France et ailleurs, il y eut une grande différence entre les monastères qui adoptaient les observances de Cluny et ceux qui entraient dans l'Ordre ou la Congrégation. Ces

de Carrion, dans le diocèse de Palencia. Ce ne fut d'abord qu'un simple prieuré à la tête duquel Odilon plaça comme prieur le moine Arnulf, qu'il avait envoyé directement de Cluny (1). Il était habité par vingt-quatre religieux et avait sous sa dépendance un grand nombre de monastères et de celles, parmi lesquels il nous suffira de citer Saint-Romain de Rupibur et Saint-Martin de Fromesta. Après la mort de notre saint abbé, le roi Garcia fonda en 1052 le prieuré de Sainte-Marie de Najera. C'est dans ce monastère que huit ans auparavant Ferdinand Ier, roi de Castille, avec son frère Garcia IV, qui gouvernait le petit royaume de Navarre, et son autre frère Ramire Ier, celui d'Aragon, eurent entre eux une conférence fraternelle pour appliquer dans leurs états les décisions salutaires du concile de Reims et étendre leur influence sur les pays chrétiens limitrophes. Le concile, en effet, avait eu un effet des plus heureux en Espagne : celui de réveiller le zèle religieux des rois chrétiens de ce pays. Aussi bien, dès l'année suivante, Ferdinand réunit les évêques de son royaume dans un grand concile national à *Coyanza*, aujourd'hui *Valenzia de don Juan*, dans la la province d'Oviédo. On y rédigea treize décrets, qui, à côté de certaines prescriptions d'intérêt local ou civil,

---

derniers étaient placés sous l'entière dépendance de l'abbé de Cluny. Ils furent assez nombreux en Espagne. Cf. Ulysse ROBERT, *Etat des monastères espagnols de l'ordre de Cluny aux XIII-XIVe siècles, d'après les actes des visites et des chapitres généraux*. Voir l'énumération des prieurés de la province d'Espagne dans *Bibl. Cluniac.*, col. 1744.

(1) Yepes dit n'avoir trouvé dans les archives de saint Zoïle de Carrion aucun document sur le prieur Arnulf, sinon sa signature apposée au bas de la charte du comte Gomez Diaz donnant à Carrion le monastère de San Facundo de Alconada (ouvr. cité, t. VI, p. 88). Il publie la charte, *escritura XIV*, p. 459, mais il lit Arnuldus au lieu de Arnulfus.

reproduisent les principales dispositions du concile de Reims, en particulier le rappel des évêques et des clercs à la vie canonique, des abbés et des moines à la règle de Saint-Benoît. Les rois de Castille et de Léon, de Navarre et d'Aragon, se réunirent de nouveau en 1052 au monastère de Sainte-Marie de Najera, pour en célébrer la solennelle dédicace, et nous apprenons que le fondateur, à cette occasion, obtint du pape saint Léon IX de riches reliques. Le roi Garcia dota le prieuré, et il en partagea la possession avec les clunistes, qui l'habitaient ordinairement au nombre de trente. C'est dans l'imposant monastère de Najera que les rois de Navarre avaient leurs tombeaux.

Après la mort d'Odilon, la congrégation clunisienne s'accrut considérablement en Espagne. Toutefois, hâtons-nous d'ajouter que « les puissantes abbayes réformées par les clunistes gardaient leur autonomie. Elles mêlaient aux coutumes de Cluny certains usages locaux, et se formaient ainsi des coutumes particulières adoptées par tous les prieurés placés sous leur dépendance et par des monastères qui subissaient leur influence. En Espagne comme en France, les grandes abbayes de cette époque étaient des centres autour desquels rayonnait parfois un nombre considérable de maisons religieuses moins importantes. C'étaient de petits ordres ou même des congrégations dans le sens qu'on attache à ce mot de nos jours. Tels étaient San Millan, Oña et surtout Sahagun. Cette abbaye avait cinquant-deux prieurés ou filiations qui observaient ses constitutions et ses cérémonies, sans compter d'autres abbayes indépendantes qui les suivaient avec la même exactitude (1). Yepes trouva à Arlanza un manuscrit en

---

(1) *Boletin de la real academia de hist. de Madrid*, t. XX, p. 325-32.

écriture du xive siècle des constitutions et cérémonies de Sahagun dont il donne le résumé, et où se trouve précisément ce mélange d'usages locaux et clunistes (1). Yepes affirme que l'agrégation des monastères espagnols à l'Ordre de Cluny leur fut très préjudiciable. D'après lui, les Français, étrangers aux choses d'Espagne, leur donnaient une fausse direction. Comment remédier de si loin au relâchement et aux souffrances des monastères ? Cela aurait entraîné pour l'Ordre de fâcheuses conséquences. Il va jusqu'à accuser les abbés de Cluny d'avoir cherché à extorquer de l'argent aux moines espagnols en leur faisant subir une dure oppression (2). Yepes est injuste, vis-à-vis d'eux en rendant les clunistes responsables de beaucoup de choses dont ils ne sont pas coupables, et nous sommes ici en mesure de les justifier et de venger leur honneur. Il nous suffit de renvoyer le lecteur aux textes des chapitres généraux et des visites publiées par Ulysse Robert pour faire justice de ces accusations (3). » Un historien espagnol contemporain, D. Vicente de la Fuente, va plus loin encore, poussé par ce chauvinisme étroit qu'on rencontre chez un certain nombre d'auteurs espagnols et qui leur fait voir de mauvais œil tout ce qui est action de l'étranger dans leur pays. Tout en critiquant Masdeu, qui

---

(1) YEPES, *Centuria III*, an. 736, cap. III, t. III, p. 195-199.

(2) YEPES, *Centur. V*, an. 883, t. IV, 101, et an. 910; *Cent. VI*, t. IV, p. 323-332.

(3) Ulysse ROBERT, ouvr. cité; Cf. P. Fidel FITA, *la Provincia cluniacense de Espana : Boletin de la real acad. de Historia*, t. XX, p. 431. — D. Vicente de la Fuente remarque avec raison qu'on ne peut conclure, de la venue des clunistes dans la péninsule, au relâchement des monastères espagnols. Cluny était plus fervent, avait une observance plus austère, une vie plus intense. Ses moines portèrent à leurs frères d'Espagne une perfection plus grande. Il ne faut donc pas prendre au pied de la lettre les termes dont se servent les contemporains (*Historia ecclesiastica de Espana*, t. III, p. 302, Madrid, 1873).

taxe de faux tous les documents relatifs à la réforme par les clunistes des monastères de Leyre, d'Oña, de S. Juan de la Peña, D. Vicente de la Fuente se fait l'écho de ses préventions. Les clunistes auraient, d'après lui, rendu un fort mauvais service aux monastères espagnols en y introduisant l'exemption. Il va même soupçonner leur vertu et leur désintéressement, les traiter d'ambitieux, presque de faussaires (1); mais il est obligé de reconnaître cependant que leur influence fut heureuse pour l'indépendance de l'Eglise (2). Qu'il nous suffise, pour toute réponse, de mettre sous les yeux l'épanouissement de la sainteté dans les monastères renouvelés par l'influence clunisienne. Ces monastères, semés dans les différents royaumes chrétiens d'Espagne, entretenaient partout la foi, l'esprit de sacrifice, l'instruction. Leur action fut très grande et décisive pour les progrès de la civilisation et de l'Eglise. Substitution de la liturgie romaine au rite mozarabe, développement des lettres, des sciences et des arts, etc. Ils allèrent même jusqu'à remplacer par l'écriture latine ou française l'ancienne écriture visigothique, la seule usitée jusqu'alors dans la péninsule (3). Or, ainsi que nous l'avons dit plus haut, c'est aux seigneurs chrétiens d'Espagne et principalement à Sanche III le Grand (4), roi de Navarre, que revient pour une très grande part ce mouvement civilisateur et cet accroissement de prospérité. Les fils du roi Sanche accordèrent, eux aussi, à la congrégation de Cluny leur entière

(1) Ouvr. cité, t. III, 304-308, 332, 360.
(2) Id., ibid., p. 360. Voir ci-dessus la note 3.
(3) Le père jésuite Fidel Fita réfute la Fuente (voir plus haut la *Provincia Cluniacense de Espana*, etc., p. 508, note 3).
(4) D. Vicente de la Fuente a publié sur Sanche le Grand un article intitulé : *Don Sanche el major y su familia* (*Revue hispano-américaine*, 1881, p. 196-207 ; 373-392).

bienveillance. Nous savons que Ferdinand, roi de Castille et de Léon depuis 1037, permit aux clunisiens de réformer le monastère de Saint-Facund, le premier de Sahagun (1), et qu'il envoyait chaque année mille pièces d'or à l'abbaye de Cluny. Alphonse VII suivit régulièrement son exemple, et il se montra encore plus généreux, car il doubla la somme léguée annuellement par le pieux roi son père. Cluny, à son tour, se montra très reconnaissant de cette genérosité royale, car après la mort du roi Ferdinand, survenue le 27 décembre 1064, la célèbre abbaye bourguignonne fit distribuer chaque année, au jour anniversaire de son trépas, de riches aumônes pour le salut de son âme.

Il nous serait doux de clore ici cette étude sur l'introduction de la vie clunisienne en Espagne (2) par une connaissance plus détaillée et plus complète de Paterne, ce fervent disciple de saint Odilon, qui s'est fait le promoteur infatigable et l'apôtre zélé de la réforme dans les états chrétiens de cette contrée. Il nous faut, malheureusement, nous borner, faute de documents, à quelques indications arides et timides sur cet illustre enfant de l'Espagne. Après avoir vu Paterne à Saint-Sauveur d'Oña, avec Garcia qui en fut le premier abbé, nous l'avons suivi à Saint-Jean de

---

(1) Cf. Dom Romualdo Ascalona, bénédictin, *Historia del real monasterio de Sahagun, sacada de la que sexo' escrita el Padre Joseph Perez*, in-fol., Madrid, 1782 ; *Indice de les Documentis del monasterio de Sahagun*, publicades per el archivo historico nacional, in-8, Madrid, 1874.

(2) Cf. Mabillon, *Acta*, VI, 1, p. 577 et suiv. ; *Acta*, VI, 11, p. 106 et suiv. ; *Annal.*, VI, p. 226, 295 et suiv. ; 387 et suiv., 490, 537, 671 ; Jotsald, I, 7 ; Ferreras, *Histoire univers. de l'Espagne*. Elle a été publiée en allemand par Baumgarten, Halle, 1755 ; Gams, O. S. B., *Kirchengeschichte von Spanien*, t. II, 11, p. 418 et suiv. ; *Bibl. Clun.*, col. 1746 ; Cf. Grörer, *Gregor. VII*, t. VI, p. 429 et suiv. — Sur les travaux de Ferdinand et d'Alphonse pour Cluny, voir d'Achery, *Spicileg.*, VI, p. 417 ; Cf. Udalric, *Consuetud. Clun.*, VI, 24.

la Peña, mais il paraît qu'il cessa de porter le titre d'abbé de la Peña, d'après l'historien de ce monastère, le P. Jean Briz Martinez (1). Sur la demande expresse de Ramire, roi d'Aragon, il fut élu évêque de Saragosse. Nous le retrouvons, en 1060 ou 1062, au concile de Jacca (2), présidé par Austinde, archevêque d'Auch en Aquitaine. Si l'historien espagnol Zurita prétend que les fonctions de président ont été exercées par Paterne, c'est qu'il a oublié que Saragosse n'est devenue une métropole qu'au XIVe siècle, et, en outre, il n'a pas connu le fragment authentique des actes du synode de Jacca, publié par le cardinal d'Aguirre (3). Ce fragment, approuvé de nouveau plus tard par un synode espagnol tenu en 1303, rapporte que Ramire, roi d'Aragon, avait convoqué à Jacca les évêques et les grands de son empire, et que lui-même s'y était rendu avec ses fils, pour y fonder un nouvel évêché. Au reste, Paterne apposa sa signature aux actes du concile, mais le dernier de tous les évêques, ce qui suppose qu'il n'était monté que depuis peu de temps sur le trône épiscopal de Saragosse (4). Zurita, et après lui d'Aguirre, racontent que, dans ce synode, on décréta l'introduction de la liturgie romaine et l'abo-

---

(1) *Historia y antigüedades del monasterio de S. Juan de la Peña*, Saragosse, 1620, in-fol.

(2) Mgr Héfélé, *Histoire des conciles*, traduction Delarc, t. VI, p. 408, Paris, Le Clerc, 1871.

(3) Cf. Antonio Gonzalès, *Collacion de Concilias de la Iglesia Española*, 5 vol. in-4°. Cette édition, publiée à Madrid de 1849 à 1855, suit d'Aguirre presque en tout et fait autorité. Les Allemands en ont adopté les conclusions et n'y ont rien ajouté. Gams en donne le relevé en tête de ses *Episcopi Hispaniæ*. Or dans cet ouvrage : 1° le concile de Pampelune tenu en 1023 est donné pour authentique (ouvr. cité, t. III, p. 79-81) ; 2° il en est de même de celui de Saint-Jean de la Peña, tenu en 1062 (ouvr. cité, t. III, p. 115-118) ; 3° *idem* de celui de Jacca, tenu en 1063 (ouvr. cité, t. III, p. 118-121).

(4) Florez, *Espana sagrada*, t. XXX, p. 218-227.

lition de la liturgie gothique. Faut-il en rendre honneur à Paterne, et quelle part peut-on lui attribuer dans un événement si important qui devait faire rentrer l'Eglise d'Espagne dans la forme de prière commune à toute la chrétienté occidentale ? Les documents originaux, il est vrai, s'abstiennent de mentionner ce fait, mais peut-on s'étonner du mouvement inauguré par le concile de Saragosse, lorsque deux conciles précédents avaient décidé, l'un, celui de Pampelune, que désormais le siège épiscopal de cette ville ne serait plus occupé que par des prélats choisis dans un monastère réformé sur le modèle de Cluny ; l'autre, celui de San Juan de la Rocca, que l'évêque de ce siège serait toujours choisi parmi les moines de Saint-Jean de la Peña ? Placés sur des sièges épiscopaux, les moines clunisiens, pour qui l'office divin était le centre et comme le soleil de la vie monastique, devaient nécessairement préparer cette évolution liturgique, et s'en faire les promoteurs dans les diocèses qui leur étaient confiés, dès que le Saint-Siège en témoignerait le désir. Quelle fut l'époque de la mort de Paterne ? L'histoire a gardé sur l'année et le jour de la mort du pieux évêque de Saragosse un silence que nous devons respecter. Ce que nous pouvons affirmer, c'est que le saint prélat s'éteignit, au plus tard, en 1077 (1), et que sa mort comme celle des saints, fut précieuse aux yeux de Dieu.

(1) *Id., ibid.*, p. 227. — Le P. Odilo Ringholz, dans son ouvrage : *Die Abt Odilo von Cluny*, etc., p. 58, donne à Paterne le titre de saint, mais c'est à tort, car il n'a jamais été honoré d'un culte public ni à San Juan de la Peña, ni à Saragosse. Il n'a laissé non plus aucun écrit. Son disciple, saint Inigo (Enneco), 1er juin, lui décerne les plus grands éloges.

CHAPITRE XXI

LES CLUNISIENS EN LORRAINE ET EN ALLEMAGNE

Sur le tronc de la congrégation de Cluny s'étaient greffés plusieurs rameaux qui allaient abriter sous leurs ombrages une multitude innombrable de moines. Déjà nous avons nommé la grande abbaye de la Cava et, en Espagne, d'importants monastères, qui reconnaissaient dans Paterne leur plus saint et plus illustre père. Nous avons à nommer ici une troisième branche qui se recommande spécialement à notre attention : c'est la congrégation de Saint-Vannes en Lorraine.

La congrégation de Saint-Vannes, à Verdun, se forma sous l'influence directe de saint Odilon, et c'est à ce titre qu'il importe d'en exposer l'origine. Richard en est le patron et le principal fondateur. Il était né de parents illustres dans le voisinage de Montfaucon, département de la Meuse. Il fut élevé à l'ombre de la splendide cathédrale de Reims, et il en devint archidiacre lorsqu'il fut promu au sacerdoce. Mais dans cette haute situation il se sentait mal à l'aise, tant était vif son attrait pour l'état religieux. Déjà remarquable par l'élévation de son esprit et l'étendue de ses connaissances, il l'était plus encore par une piété aussi large qu'intime, et il ne trouvait de repos et de bonheur que dans le doux espoir d'être bientôt tout à Dieu. A cette époque, c'est-à-dire au commencement du xie siècle, le comte Frédéric de Verdun, de la maison des comtes des Ardennes, qui s'était, lui aussi, senti touché de Dieu, vint en pèlerinage à Reims, auprès de saint Remi, le glorieux apôtre des Francs. En ce temps-là, dit Anselme, le monde entier semblait avoir envoyé des pèlerins au tombeau du saint : la vaste enceinte du temple suffisait à peine à les recevoir. Des foules de tout sexe accouraient de près et de loin. L'âpre France déversait à Reims, pour l'honneur de son glorieux apôtre, les habitants des villas, des bourgs et des cités ; mais la Gaule aussi, de presque toutes ses régions, y députait des milliers de personnes. Par-dessus tous, on voyait s'empresser des troupes généreuses composées d'évêques, d'abbés, de moines et de clercs. Le vilain ne savait plus céder le pas au noble, ni le pauvre au riche : tous se pressaient en rangs compacts pour satisfaire leur dévotion. Frédéric de Verdun voulut, lui aussi, partager cet enthousiasme populaire. Pendant son séjour à Reims, il apprit à connaître Richard, et il se lia avec lui d'une étroite amitié. Il ne tarda pas à lui ouvrir son cœur, à lui faire connaître complètement ses penchants et ses inclinations. Richard reconnut aussitôt dans le comte Frédéric un autre lui-même que Dieu lui envoyait. Dès lors, ils sentirent qu'entre leurs âmes le divin Maître venait de former des liens que rien ne pourrait relâcher, que la mort même ne pourrait rompre.

Les deux amis résolurent d'entrer ensemble au monastère de Saint-Vannes de Verdun, situé sur une colline hors des murs de la ville. Ce monastère était passé, depuis sa fondation, par des phases bien différentes. Ruiné par les Hongrois au xe siècle, il avait été relevé par son abbé Bérenger, avec le précieux concours de saint Gauzelin, évêque de Toul, qui, non content de rebâtir sa ville épiscopale, avait travaillé activement à faire refleurir dans son diocèse les études et la vie monastique. Après bien des vicissitudes, Saint-Vannes était tombé dans une entière décadence, lorsqu'un religieux d'origine irlandaise, le bienheureux Fingen, résolut d'y rétablir l'étroite observance de la règle bénédictine. On n'y comptait alors que sept moines qui accomplissaient tant bien que mal l'œuvre de Dieu. Les bâtiments étaient étroits, en mauvais état, les possessions singulièrement amoindries, et, s'il faut en croire certains chroniqueurs, la vie des moines était loin d'être conforme à la sainte règle, bien que Hugues de Flavigny se plaise à leur rendre ce témoignage qu'ils vivaient en bons religieux. Quoi qu'il en soit, Richard et Frédéric ne purent se résigner à rester dans un monastère qui leur offrait si peu de ressources spirituelles, et ils prirent le parti de se diriger sur Cluny, où Odilon leur ouvrit ses bras et leur fit le plus aimable accueil. Les monastères, à cette époque, attiraient à eux les plus nobles intelligences, les hommes d'élite en tout genre. La faveur des rois venait y solliciter l'ambition des moines, en leur offrant des emplois, des missions diplomatiques, des honneurs, des dignités. Il était à craindre que, dans ce commerce avec le monde, les religieux ne perdissent l'esprit de leur vocation. Odilon se préoccupait sans cesse de ce péril : « Attirez le monde par la bonne odeur de Jésus-Christ, disait-il à ses moines, mais ne vous laissez point vous-mêmes séduire par le monde. » Le saint et zélé réformateur donnait le premier l'exemple. Il n'usait de son crédit, qui était immense, que pour le salut des âmes. Pour tout autre, nos deux nobles aspirants à la vie religieuse eussent été une agréable recrue. Mais Odilon, dont le zèle était réglé par la prudence et par une sage discrétion, n'était pas de ces esprits étroits et égoïstes qui présentent leur personne au frontispice de toutes leurs œuvres et qui n'aiment qu'eux-mêmes et le bien qu'ils croient faire. Comme tous les véritables hommes de Dieu, il comprenait et mettait en pratique cette maxime évangélique : « Que le nom de Dieu soit sanctifié, que son règne arrive, que sa volonté soit faite sur la terre comme au ciel. » Aussi bien, sans égard pour son monastère qui n'aurait eu que deux moines de plus, et jugeant par une sorte de seconde vue qu'ils pourraient faire plus de bien dans un autre endroit, le saint abbé ne voulut point consentir à les recevoir au noviciat de Cluny où leur bon exemple ne trouverait rien à réformer. Il les engagea, au contraire, à retourner à Saint-Vannes pour réformer ce monastère et le diriger dans les voies tracées par la règle bénédictine. Cette conduite digne d'un saint n'a pas manqué d'exciter l'admiration des chroniqueurs, et ils n'ont pu s'empêcher de s'en autoriser pour attribuer à l'homme de Dieu le don de prophétie. Richard et Frédéric s'en retournèrent donc à Saint-Vannes, où ils se formèrent aux plus saintes habitudes de la vie cénobitique. Ils prononcèrent leurs vœux le 11 juillet 1004, et, le 8 octobre de la même année, mourait le bienheureux abbé Fingen. Richard fut choisi pour lui succéder et, le 28 octobre, il reçut des mains de l'évêque Heimo la bénédiction abbatiale. Avec l'appui du pape, de notre saint abbé, de l'empereur Henri II et des comtes des Ardennes, Richard entreprit la réforme de son monastère d'après les principes et les coutumes de Cluny. Un grand nombre de jeunes gens des conditions même les plus élevées, sollicitèrent leur admission. Grâce à la réforme dont Richard se fit le promoteur (1), une nouvelle vie se répandit sur l'ordre de Saint-Benoît, en Lorraine, en Belgique et en France. Saint-Vannes s'éleva promptement à une telle prospérité qu'il put, à son tour, réformer d'autres monastères. C'est en France que Richard parcourut une partie de sa carrière. Il réforma Saint-Vaast d'Arras où il amena avec lui le jeune Poppon, dont nous aurons bientôt à parler, et laissa vers 1020 l'abbaye, redevenue prospère, entre les mains de Leduin (2). De 1013 à 1018, il gouverna Saint-Amand, près de Tournai, que le comte Baudouin Belle-Barbe lui avait confié (3), ainsi que les monastères de Saint-Bertin, Saint-Pierre de Genève, Saint-Jean de Florenne, dans l'évêché de Liège, Saint-Pierre et Saint-Paul de Haumont, près de Maubeuge, Saint-Pierre de Châlons, Saint-Maurice de Voslogi dans la forêt des Ardennes. Si nous en croyons son biographe, Richard aurait gouverné à la fin jusqu'à vingt et une abbayes. Il construisit de très nombreux monastères, et il maintint d'une main ferme l'ordre et la discipline monastiques.

A cette époque, la piété ne se contentait pas des sanctuaires locaux ; elle se portait, par un attrait qui est de tous les temps, vers les lieux saints où la puissance divine s'est manifestée plus visiblement. Déjà nous avons vu, dès les premières années du XIe siècle, un grand nombre de chrétiens se rendre en Terre Sainte, pro-

---

(1) Voir, sur cet illustre abbé, HIRSCH et BRESSLAU, *Jahrbücher des Deutschen Reichs unter Heinrich II*, t. III, p. 235 et suiv. ; BRESSLAU, *Conrad II*, t. II, p. 405 et suiv.

(2) Hugues DE FLAVIGNY, t. II, 10.

(3) *Annales Elnonenses majores*, 1013, 1018, dans *Monumenta Germaniæ historica*, Script., t. V, 12.

tégés par Etienne, chef des Magyars, qui, les invitant à passer par ses États, leur fournissait les vivres nécessaires. Le mouvement avait gagné de proche en proche ; des fidèles, venus de tous les points de l'horizon, s'étaient donné rendez-vous sur le Calvaire. Mais les persécutions d'Hakem, monté en 996, à l'âge de onze ans, sur le trône des Fatimites, et bientôt si célèbre par son caractère et par sa férocité, ralentirent le mouvement. Une autre cause avait encore amené le même effet. Les Normands, en disputant aux Grecs les villes de l'Italie méridionale, firent de ceux-ci des ennemis de tous les chrétiens de l'Occident. « La route de Jérusalem, dit Adémar, fut fermée pendant trois années. Car, en haine des Normands, tous les pèlerins qui tombaient entre les mains des Grecs étaient chargés de liens et envoyés à Constantinople, où on les jetait en prison. Mais bientôt des jours meilleurs se levèrent pour les chrétiens de l'Orient.

Vers 1017, Hakem publia qu'il était l'incarnation de la divinité, et fonda au sein de l'islamisme une secte à laquelle les Druses demeurent encore fidèles. En même temps, il devint plus tolérant pour les autres cultes ; il rendit aux chrétiens et aux juifs les piliers, les pierres, le bois qui avaient composé leurs temples, et lorsqu'en 1021 il disparut, l'église du Saint-Sépulcre se relevait de ses ruines (1). A partir de ce moment, les pèlerinages devinrent très nombreux. Pendant les années malheureuses qui affligèrent les peuples pendant le premier quart du XIe siècle, mais surtout après la grande famine de 1030, dit le moine contemporain Raoul Glaber, on vit affluer de tous les points du monde vers le sépulcre du Sauveur, à Jérusalem, une

(1) PFISTER, *Etudes sur le règne de Robert le Pieux*, p. 347.

multitude dont le chiffre dépassait tout ce qu'on pouvait attendre. Ce furent d'abord les gens du peuple, puis ceux de la classe moyenne, ensuite les plus puissants, princes, comtes et prélats; enfin, chose qui ne s'était jamais vue, beaucoup de dames nobles même, mêlées avec les femmes pauvres, affrontèrent les chances d'un tel voyage. Personne n'eût jamais pu croire qu'une telle multitude se rendrait à Jérusalem (1). Sans doute beaucoup y allaient par vanité (2); mais le plus grand nombre était mu par le désir de voir le théâtre de la passion du Christ, de souffrir de ses souffrances; leur vœu le plus cher était accompli lorsque Dieu les rappelait à lui là même où Jésus était mort (3).

Le saint abbé Richard de Verdun sentit, lui aussi, ce désir naître dans son cœur, et il partagea l'enthousiasme commun. Il confia Saint-Vannes, et vraisemblablement aussi les autres monastères qui relevaient de la grande abbaye lorraine, à la charité et aux soins religieux d'Odilon, et, le 1er octobre 1026, il partit pour la Terre Sainte avec sept cents pèlerins de Normandie (4), auxquels la générosité de son ami, le duc Richard de Normandie, avait fourni l'argent nécessaire (5). Non loin de Verdun, des seigneurs et des clercs en grand nombre, se rendant aussi en Palestine, l'avaient rejoint. Parmi eux nous pouvons citer Guil-

---

(1) Raoul GLABER, IV, 6.

(2) « Vanitas, ob quam multi proficiscuntur. » (*Id., ibid.*)

(3) Voir l'histoire de Létald, dans Raoul GLABER, *id., ibid.* — Le même fait est rapporté par Hugues de Flavigny, *Monumenta Germaniæ historica*, Script., t. VIII, 393.

(4) Hugues DE FLAVIGNY, *loc. cit.*

(5) Raoul GLABER, I, 5. — Richard III fournit de l'argent aux pèlerins de 1026, conduits par l'abbé de Saint-Vaune. Voir Hugues DE FLAVIGNY, *loc. cit.*

laume Taillefer, comte d'Angoulême; Eudes, prince de Déols; Richard, abbé de Saint-Cybar, et peut-être Azenaire, plus tard moine et abbé de Massay (1). La troupe traversa la Bavière et la Hongrie, où le roi Etienne la reçut avec honneur. Elle arriva ainsi à Constantinople, où ils virent l'empereur. Ils passèrent enfin le détroit; puis, dans la première semaine de mars, après un voyage de cinq mois, ils atteignirent Jérusalem. Au retour, ils visitèrent Antioche. Lorsqu'ils rentrèrent en France, ils furent partout reçus comme des triomphateurs. A Limoges, les moines en habit de fête allèrent au-devant du comte Guillaume. A Angoulême, l'enthousiasme fut encore plus grand. Tous les habitants se portèrent à un mille de la cité, pour attendre l'arrivée de leur chef, et on rentra en procession dans la ville au milieu des chants d'allégresse. Le vénérable abbé, à son retour, fut accueilli avec les mêmes démonstrations de joie par ses moines venus à sa rencontre. Une longue procession l'accompagna jusqu'au monastère au chant des hymnes sacrées. Mais Richard, bien que tout à la joie de son retour, pleurait encore le comte Frédéric de Verdun, son saint ami, qui s'était éteint pieusement dans la paix du Seigneur, le 6 janvier de l'année 1022 (2). Le monastère de Saint-Vanne

---

(1) La présence des trois premiers à cette expédition nous est signalée par Adhémar, III, 65 ; Cf. Migne, *Patrol. lat.*, t. CXLII, col.

(2) *Vita Richardi Abb.*, dans *Monum. Germ. SS.*, XI, p. 280 et suiv.; Mabillon, *Acta*, VI, 1, p. 453 et suiv.; *Gesta Episcoporum Virel.*, dans *Monum. Germ. SS.*, IV, 38 et suiv.; Hugues de Flavign., *Chron. Virel.*, dans *Acta*, VI, 1, 473 ; *Annales S. Vitoni*, dans *Monum. Germ. SS.*, X, 526; *Jahrbücher des Deutschen Reichs unter Heinrich II*, t. III, p. 235 et suiv.; Cf. W. Schultze, *Forschungen zur Geschichte der Klosterreform im 10 Jahrhundert*, t. I, p. 57 et 78; Wattenbach, *Deutschlands Geschichtsquellen*, 4e édit., t. II, p. 104 ; Cf. *Vita Theodorici Abb. Andaginensis* (Saint-Hubert en Ardennes),

avait alors une grande réputation de ferveur ; il la devait en partie au comte et moine Frédéric : « Ses belles actions, dit Hugues de Flavigny, portèrent une foule de ses proches non seulement à offrir de grandes possessions à l'abbaye de Saint-Vanne, comme le prouvent les chartes, mais encore à y consacrer leurs personnes au service de Dieu sous l'habit monastique. » Le pape voulut récompenser l'abbé de Saint-Vannes en le nommant au siège épiscopal de Verdun, mais il refusa cet honneur, préférant rester dans l'humilité et la pauvreté de sa vie religieuse. Il mourut plein de jours et de mérites, le 14 juin 1046.

L'abbé Richard, digne émule d'Odilon de Cluny, ne laissa pas déchoir ce renom de ferveur qui, depuis quarante ans, faisait de Saint-Vannes l'un des centres les plus puissants de la vie monastique en France et en Lorraine. Il ne se borna pas à y faire fleurir la piété et la discipline monastique ; il ralluma le saint amour de la règle dans plus de vingt monastères de langue française ; régénérateur providentiel, il ramena dans ces contrées la civilisation par les soins qu'il prit de l'éducation des jeunes enfants et par l'élan qu'il donna à l'agriculture. Des champs fertiles, des vignes, des villages entièrement reconstruits, furent le résultat de ses travaux apostoliques et civilisateurs. Or, les succès de ce saint religieux, on peut dire qu'il faut les attribuer, après Dieu, aux inspirations qu'il puisa auprès du saint abbé Odilon, dont le monastère était alors un véritable foyer de lumière, de science, de zèle et de sainteté.

Richard de Verdun avait exercé son zèle principale-

---

dans *Mon. Germ. SS.*, t. XII, p. 41 ; *Annal.*, t. IV, p. 153, 154, 170, 329 ; Petrus DAMIANI sur l'architecture de Richard, *Acta*, VI, 1, p. 455 ; sur l'abbé Fingen, voir *Acta*, VI, 1, p. 23 et suiv.

ment en France et en Allemagne ; son disciple le plus capable et le plus aimé, l'abbé Poppon de Stavelot (1), homme d'une vertu et d'une sainteté éminentes, poursuivit la réforme des monastères allemands. « Né vers l'an 978 d'une des plus nobles familles de Flandre, Poppon s'était distingué dans la carrière des armes à la cour du duc Baudouin le Barbu, qui le prit en affection singulière et voulut lui faire épouser la fille du comte Frumold, son premier ministre. Mais Dieu réservait au jeune guerrier une plus haute alliance. Un soir qu'il chevauchait à la tête de ses hommes d'armes, il se vit tout à coup environné d'une auréole de lumière ; la lance qu'il tenait à la main lui parut transformée en une croix resplendissante. « Dieu m'appelle à son service, dit-il à ses compagnons. Je renonce à tout pour le suivre. » Et, sur-le-champ, il déposa son armure avec les autres insignes de son rang pour embrasser la croix de la pauvreté. Il commença sa voie de renoncement par un pèlerinage à Jérusalem, et en rapporta de précieuses reliques dont il enrichit l'église de Notre-Dame de Deynse. Reprenant encore une fois le bâton de pèlerin, il alla se prosterner au tombeau des Saints-Apôtres à Rome, et au retour il prit l'habit monastique à Saint-Thierry, près de Reims. Plus tard, le bienheureux Richard, devenu abbé de Saint-Waast, voulut l'avoir à ses côtés en qualité de procureur du monastère, ou plutôt de premier ministre des pauvres, car c'était ainsi que Poppo considérait sa nouvelle charge. L'hospitalité chrétienne et l'amour des membres souf-

---

(1) Voir, sur ce grand abbé, HIRSCH et BRESSLAU, *Jahrbücher des Deutschen Reichs unter Heinrich II*, t. III, p. 235 et suiv. ; BRESSLAU, *Conrad II*, t. II, p. 405 et suiv. ; P. LADEWIG, *Poppo von Stablo und die Klosterreform unter den ersten Saliern*, dissertation de Berlin, 1883, p. 53 et suiv. ; *Vita Popponis* (Monumenta Germaniæ historica, Script. XI, 295).

frants de Jésus-Christ étaient ses deux vertus préférées. Dieu les récompensait par des miracles éclatants. Un jour d'hiver que le charitable économe venait d'achever sa distribution et qu'il ne lui restait plus rien à donner, un lépreux à demi nu se présenta grelottant sous les ulcères qui dévoraient sa chair vive. Poppo l'introduisit dans sa cellule, lui apporta des aliments et l'enveloppa dans la couverture de laine de son propre lit. En ce moment, la lèpre disparut, le pauvre avait recouvré sa santé et sa vigueur premières (1). » La réputation de l'homme de Dieu était grande dans le pays de Liège et dans toute la Gaule. L'empereur Henri II, touché de son éminente sainteté, lui donna, avec le consentement de l'abbé Richard, qui l'avait rappelé à Verdun, l'abbaye de Stavelot, dans la province de Liège, fondée en 651 par Sigebert d'Australie. Il mourut le 25 janvier 1048, après avoir réformé jusqu'à quatorze monastères où son zèle avait fait refleurir la ferveur et rallumé le saint amour de la règle. Il n'entre pas dans notre plan de dire par quels moyens l'abbé Poppo de Stavelot opéra la réforme monastique dans les diocèses de Cologne, de Trèves, de Metz, de Mayence, de Constance (Saint-Gall). Il nous suffit, pour ne pas nous éloigner de notre but, d'examiner ici quelle influence directe Odilon sut exercer sur les monastères allemands (2).

Déjà nous avons vu les relations qu'eut le saint abbé de Cluny avec la célèbre abbaye alsacienne de Murbach, située au sud-ouest de Colmar. Notre piété filiale n'aurait voulu perdre aucune trace de ses pas,

---

(1) BOLLAND, Act. S. Popponis, 25 januar.; Cf. DARRAS, Histoire générale de l'Egl., t. XX, p. 473; ROHRBACHER, Hist. univ. de l'Egl. cath., t. VII, édit. gr. in-8, p. 307, édit. Gaume, 1872.

(2) P. LADEWIG, Poppo von Stablo, p. 53 et suiv.

aucune parole de sa bouche, pendant son séjour dans le monastère de Saint-Léger (1). La perte des documents ne nous a pas permis de satisfaire cette légitime curiosité. Nous sommes mieux renseigné sur la fondation du monastère d'Abdinghof de Paderborn.

On se souvient que l'empereur d'Allemagne Henri II, au retour de son voyage de Rome où il avait reçu la couronne impériale, se rendit à Cluny pour visiter Odilon et conférer avec l'illustre et saint abbé. La cour du nouvel empereur, comme jadis celle de Charlemagne, ressemblait à un concile permanent. Henri aimait par-dessus tout la société des évêques les plus saints et des moines les plus savants. Outre l'abbé de Reichnaw, dont il s'était fait accompagner en Italie, il y avait conduit le saint évêque de Paderborn, Meinwerc, qu'il avait amené avec lui au monastère de Cluny. Meinwerc, proche parent d'Othon III, avait été chapelain de cet empereur. Elevé à l'école palatine de Germanie par les disciples de Gerbert, il y avait puisé l'amour des lettres humaines. Il lisait Horace, Virgile, Salluste, Stace ; mais ces génies de l'antiquité païenne, dont le commerce lui était familier, ne faisaient que redoubler son ardeur pour les divines Ecritures, seule lumière véritable des intelligences et des cœurs. Or, disent les actes, en l'an 1009, pendant que le roi Henri était à Goslar, les députés de l'église de Paderborn vinrent lui annoncer la mort de Réthar, évêque de cette ville, et recommander son âme aux prières de tous les fidèles de Germanie. Le pieux monarque prit

---

(1) Le voyage d'Odilon à Murbach eut lieu vraisemblablement vers l'année 995. Voir chapitre x, p. 206 de cet ouvrage. MABILLON, *Acta*, V, p. 786 et suiv. ; Cf. ouvr. cité, p. 760 et suiv. ; *Annales*, IV, p. 86 ; Cf. W. SCHULZE, *Forschungen zur Geschichte der Klosterreform im 10 Jahrundert*, I, p. 23 et suiv.

part à leur deuil : il fit célébrer des messes pour l'évêque défunt et multiplia les aumônes pour le repos de son âme. Appelant ensuite les prélats et les princes de sa cour, il les consulta sur le choix d'un successeur. Tous lui désignèrent Meinwerc, dont les vertus et la science étaient rehaussées par une illustre origine et une fortune princière. Cette dernière circonstance n'était point à dédaigner, car la ville de Paderborn venait d'être presque entièrement détruite par un vaste incendie. La cathédrale, les monastères et tous les édifices publics avaient été consumés par les flammes. Le roi fit donc appeler Meinwerc : en présence des seigneurs, il lui tendit son gant, et avec un doux sourire : « Prenez, lui dit-il, ce gage que je vous offre. — Que représente-t-il ? demanda Meinwerc. — L'évêché de l'église de Paderborn, répondit le roi. — Mais, dit Meinwerc, il n'y a plus à Paderborn ni église, ni maison épiscopale. — C'est précisément pour que vous puissiez les rebâtir, dit le roi, que je vous offre ce gage. — En ce cas, répondit Meinwerc, j'accepterai un honneur qu'en toute autre circonstance j'aurais nettement refusé. » Ainsi, ajoute le chroniqueur, il ne consentit à devenir évêque que pour être plus utile à l'Eglise. Son premier soin, comme il l'avait promis, fut de rebâtir la cathédrale et le monastère de Paderborn. Il rétablit l'ancienne école monastique dans sa première splendeur, et consacra toute sa fortune à réparer les ruines des édifices particuliers et publics. Meinwerc, qui était riche et qui aimait les moines, ne s'en tint pas là. Lorsque Henri vint rendre visite à Odilon et à son illustre abbaye, le saint évêque de Paderborn était à ses côtés. Non moins édifié que l'empereur de l'observance de Cluny, le pieux prélat demanda instamment à Odilon une colonie de treize religieux, afin de fonder un monastère près de sa ville épiscopale. Les frères prirent avec eux la mesure exigée par la règle pour la nourriture et la boisson, un exemplaire de la sainte règle, un antiphonaire et un hymnaire. Cette députation fut pour Meinwerc, encore attristé de la ruine récente de ses monastères, une douce consolation. Il les accueillit comme des envoyés du ciel, mais il eut à lutter contre l'effervescence de quelques-uns, occasionnée par l'arrivée des moines clunisiens. Dès que le calme se fut rétabli, le saint évêque s'empressa de bâtir à Paderborn, dans la partie occidentale de la ville, une chapelle dédiée à saint Benoît, qu'il enrichit de ses dons et qu'il consacra vers le 14 février de l'an 1016 (1). Le pieux et charitable

(1) *Vita Meinwerci*, depuis le chap. xxviii, dans *Monum. Germ. SS.*, t. XI, p. 118 et suiv.; Mabillon, *Acta*, VI, 1, p. 341 et suiv.
Pour ce qui regarde la fondation d'Abdinghof, il faut remarquer ce qui suit : Adalbert écrit, dans la *Vie de l'empereur Henri*, ch. xxviii (*Monum. Germ. SS.*, IV, 809), qu'Henri II. après son couronnement impérial à Rome, le 14 février 1014, visita Cluny à son retour, qu'il y fit des présents, et que le jour de la fête de la Chaire de saint Pierre, il se fit admettre dans la société des frères. S'agit-il de la fête de saint Pierre qui se célèbre à Rome le 18 janvier ou de celle qui se célèbre à Antioche le 22 février? Adalbert ne le dit pas, mais on peut également n'avoir en vue que la dernière. L'auteur de la *Vie de Meinwerc*, chap. xxviii (*Monum. Germ. SS.*, t. X, 1, p. 118), transcrivit ensuite cette relation, avec la remarque que Meinwerc avait été à Cluny et que c'est à la prière de l'empereur qu'il avait obtenu d'Odilon et des frères les treize moines pour la fondation d'Abdinghof. Mais cette visite de l'empereur n'a pu avoir lieu en l'année 1014, comme le montrent Mabillon (*Annal.*, IV, 242; *Monum. Germ. SS.*, IV, p. 809, note 26), et surtout Giesebrecht (*Geschichte der Deutschen Kaiserzeit*, t. II, p. 593 et suiv.). — Damberg (*loc. cit.*, VI, p. 257) pense, d'après Mabillon (*Annal., loc. cit.*), qu'Henri pourrait bien avoir été à Cluny le 18 janvier 1015; Gfrohrer (*K. Geschich.*, VI, 183) place la visite dans l'année 1022, mais sans preuve. (Cf. Giesebrecht, *loc. cit.*) Mabillon (*Acta*, VI, 1, p. 342) la place dans l'année 1024, mais également sans preuve. — Les *Sources* de Cluny ne font aucune mention de cette visite. Mais parce que l'on ne trouve dans les chartes aucune mention expresse de l'introduction des clunisiens dans Abdinghof, vouloir nier sans preuve l'existence de ce monastère

prélat, avec le concours de ses fidèles et des riches de la ville, donna l'hospitalité aux moines et à Sigehard que, sur l'invitation de Meinwerc, ils avaient élu pour abbé. On se mit à construire le monastère et à agrandir l'église ; à la fin de l'année 1022 ou au commencement de l'année suivante, les travaux étaient achevés et le saint évêque se disposait à en faire la consécration, lorsque la voûte s'écroula subitement. Il fallut donc renvoyer à plus tard cette cérémonie si imposante. Les travaux furent repris de nouveau et, à la fête de Noël 1022, l'évêque put célébrer la messe à Abdinghof, en présence de l'empereur Henri II. Le 2 janvier, il consacrait en l'honneur de saint Etienne la crypte dont la pierre d'autel, apportée de Detmold, avait été consacrée par le pape saint Léon. En l'année 1031, les constructions de l'église et du monastère étaient définitivement achevées. Le patriarche Poppo d'Aquilée (1), né en Bavière et parent de Meinwerc, envoya pour la nouvelle église du monastère le corps de saint Félix. Pour se convaincre de l'authenticité de cette relique, l'évêque de Paderborn soumit le corps du saint à l'épreuve du feu. Il fit allumer un vaste bûcher en plein air, au milieu du cloître, et y jeta le corps de saint Félix. Quand le bûcher eut été consumé, le corps fut retrouvé intact. Cette solennelle épreuve fut renouvelée trois fois, toujours avec le même résultat miraculeux.

serait déraisonnable. Nous tenons donc fermement pour l'établissement des clunisiens à Abdinghof, et cela avec d'autant plus de raison que l'annaliste saxon (*Monum. Germ. SS.*, VI, p. 678 et suiv.) dit expressément : « ... in quo et monachi eum ordinem Cluniacensem instituit. » Wattenbach (*Geschichtsquellen*, t. II, p. 31 et suiv., 384) et Bresslau (*Jahrb. D. D. Reichs unter Conrad II*, t. II, p. 166 et suiv.) sont également du même avis.

(1) Le patriarche d'Aquilée est appelé Wolfgang dans la *Vie de Meinwerc* (chap. 1, 99 et 209), mais son nom est Poppo (v. *Jahrbücher D. D. R. unter Heinrich II*, t. III, p. 142).

Meinwerc prit alors respectueusement les précieuses reliques et, aux acclamations d'une foule immense, les exposa à la vénération dans l'église d'Abdinghof. On voit que les épreuves dites « jugements de Dieu », si souvent condamnées par les papes, était encore pratiquées sans scrupule au xɪᵉ siècle. Le corps de saint Félix, soumis à l'épreuve du feu, étant sorti intact, fut apporté en procession solennelle dans le monastère, le 3 octobre 1031 (1).

Le 2 novembre de la même année, fête des Trépassés, Meinwerc consacra l'église et le monastère en l'honneur de la sainte Vierge Marie, des saints apôtres Pierre et Paul et de tous les saints, et il fit don à ce monastère de très riches présents. Hunfrid, archevêque de Magdebourg, les évêques Godehard d'Hildesheim, Sigibert de Minden, Sigfrid de Münster et beaucoup d'autres prélats se trouvaient présents. L'empereur d'Allemagne enrichit aussi le monastère de présents et lui accorda des libertés très étendues. Mêmes privilèges furent accordés par Henri II, le 10 juillet 1017, puis, en sa présence, par Conrad II à Paderborn le 14 janvier 1023, et Henri III à Paderborn, le

---

(1) Voir la note 1 de la page 526 ; Cf. DARRAS, ouvr. cité, t. XX, p. 463. — Voir les ordonnances impériales dans Stumpf, nᵒˢ 1687, 1802, 2046, 2294, sur l'épreuve des reliques par le feu ; Cf. *Acta*, VI, 1, præf., nᵒ 45. — Même conduite est rapportée dans Gauzlin, archev. de Bourges (voir *Vita Gauzlini*, I, cap. xx, dans *Neues Archiv.*, etc., t. III, p. 359. On en trouve encore trois autres exemples. L'un rapporté par la chronique de Léon d'Ostie à propos d'un fragment du linge dont le Sauveur s'était servi au jour de la Cène pour essuyer les pieds des apôtres (*Chron. Cassin.*, lib. II, cap. xxxɪɪ, dans *Patrol. lat.*, t. CLXXIII, col. 622). L'autre concerne saint Poppo, évêque de Sleswig (BOLLAND., *Act. Sanct.*, 15 juin, p. 534). Le troisième concerne l'épreuve à laquelle se soumit la sainte impératrice Cunégonde pour attester son innocence (*Henric. Vita*, dans *Patrol. lat.*, t. CXL, col. 197); Cf. DARRAS, ouvr. cité, t. XX, p. 462 et suiv.

16 janvier 1032 et à Aix-la-Chapelle, le 26 mai 1046. L'abbé Sigehard d'Abdinghof fut témoin de la cérémonie de cette consécration, et il eut pour successeur dans le gouvernement du monastère d'Abdinghof Wolfgang, qui mourut l'an 1052 ou 1053. Quelle fut l'influence directe de saint Odilon sur les monastères allemands à une époque plus reculée ? Aucun renseignement n'a pu nous éclairer sur ce point historique si important.

Ainsi la semence jetée en terre par Bernon au début du xe siècle avait germé ; le grain de senevé était devenu un grand arbre sous lequel s'abritaient les oiseaux du ciel. Par le zèle, l'infatigable activité et l'influence de notre saint abbé, la congrégation de Cluny s'était développée dans tous les pays.

CHAPITRE XXII

ODILON ABBÉ DE LÉRINS. — 7ᵉ VOYAGE EN ITALIE. MORT DE BENOIT VIII ET D'HENRI II

(1022-1024)

La vie religieuse renaissait comme par enchantement sous la ferme impulsion du grand abbé de Cluny. Odilon, que sa sainteté, ses voyages et sa pieuse audace pour le développement des institutions monastiques avaient fait connaître partout, avait partout aussi réformé ou établi des monastères, en Italie, en Espagne, en Lorraine et en Allemagne. A l'époque où nous sommes arrivé, nous le retrouvons à Lérins poursuivant avec son zèle accoutumé la réforme entreprise par son saint prédécesseur.

« Sur les côtes orientales de la Provence, à l'extrémité du promontoire de la Croisette, qui sépare le golfe Jouan de celui de la Napoule, se détachent, dans une position parallèle, deux îles boisées de forme ovale, pareilles à deux corbeilles de verdure flottant sur la surface des eaux; ce sont les îles de

Lérins (1). » C'est là, dans une de ces îles, que vers l'an 350, un jeune patricien de famille consulaire, nommé Honorat, était venu contenter son désir de vie silencieuse et pénitente. Epris de l'amour de la solitude à l'âge où d'ordinaire d'autres soucis préoccupent le cœur de la jeunesse, il s'était embarqué à Marseille avec son frère Venantius, sous la conduite d'un pieux solitaire nommé Caprais, pour aller visiter les déserts de la Thébaïde. Surpris par la fièvre au milieu des campagnes de l'ancienne Grèce, Venantius y rendit le dernier soupir entre les bras de son frère. Honorat reprit avec saint Caprais la route de l'Occident, plus résolu que jamais à éviter les périls du monde. Le lieu de sa retraite n'avait rien de séduisant. Au milieu de ruines informes et sous les maigres rameaux d'une végétation brûlée par le soleil pullulaient d'innombrables reptiles. Soudain les serpents disparurent et cet îlot stérile, entièrement purifié et arrosé d'une eau limpide, fut un séjour enchanteur. On sentait alors de merveilleuses harmonies entre les aspirations de l'âme vers l'infini et les bruits confus de la mer venant briser ses vagues contre les rochers du rivage. Qui ne connaît ces paroles si souvent répétées de saint Ambroise : « C'est dans ces îles, jetées par Dieu comme un collier de perles sur la mer, que se réfugient ceux qui veulent se dérober au charme des plaisirs déréglés ; c'est là qu'ils fuient le monde... La mer les cache, comme derrière un voile, et offre à leur pénitence des retraites profondes. Là, tout excite à d'austères pensées, rien n'y trouble la paix. Le bruit mystérieux des flots s'y mêle au chant des hymnes, et, pendant que les

---

(1) R. P. LAURENT, *l'Ile et l'abbaye de Lérins*, p. 1, Notre-Dame de Lérins, 1895.

vagues viennent se briser sur la plage de ces îles heureuses, de leur sein on entend monter vers le ciel les paisibles accents du chœur des élus (1). » Honorat ne demeurera pas longtemps isolé; il groupera bientôt autour de lui les hommes les plus éminents de son siècle qui viendront se former aux vertus ecclésiastiques et à la science sacrée. Peu de temps après l'arrivée de saint Honorat dans l'île qui devait un jour porter son nom, « de grandes calamités étaient venues fondre sur l'Occident : l'invasion des barbares se déversait à grands flots sur les contrées où la civilisation romaine avait répandu ses bienfaits. Tout périssait, était englouti. Un seul refuge resta aux lettres et aux sciences : ce fut cet humble îlot de la Méditerranée, où l'avarice des envahisseurs n'espéra point rencontrer de trésors. Là, sous les ombrages de quelques pins courbés par la violence des vents, et à l'abri d'un étroit bras de mer se conserva pour les âges suivants le flambeau que la barbarie menaçait d'éteindre à jamais (2) » Lérins fut une école de littérature et de philosophie religieuse. De cette île arrosée d'eaux bienfaisantes, parée de verdure, émaillée de fleurs, couverte de frais ombrages, sortirent saint Eucher, que Bossuet appelle le grand Eucher, issu d'une très noble famille, plus tard appelé à monter sur le siége métropolitain de Lyon; saint Vincent, « ce grand et modeste Vincent, comme dit Montalembert, qui fut le premier controversiste de son temps et auquel la postérité a gardé le nom de l'île qui fut le berceau de son génie »; Salvien, le « maître des évêques, » dit Gennade, « le Jérémie du ve siècle », qui semble lui aussi avoir égalé les lamen-

---

(1) Ambros., *Hexamer.*, I, III. V. n° 3.
(2) R. P. Laurent, ouvr. cité, p. 23.

tations aux douleurs » ; saint Hilaire, parent de saint Honorat et son successeur sur le siège métropolitain d'Arles ; saint Loup qui arrêta Attila aux portes de Troyes avant que saint Léon ne l'ait arrêté devant Rome. Lérins, on le voit, devenait déjà, dès ses débuts, l'école et le séminaire où les Eglises des Gaules aimaient à venir choisir leurs pasteurs. Durant toute la période mérovingienne, l'île sainte fut en effet une pépinière d'évêques, de docteurs, d'apôtres et de fondateurs de monastères : c'est saint Honorat, évêque d'Arles ; c'est saint Maxime et saint Fauste, abbé de Lérins, puis évêque de Riez ; c'est saint Césaire, moine de Lérins, puis évêque d'Arles ; c'est saint Virgile, évêque de ce même siège ; c'est saint Maxime, saint Magne et saint Agricol, évêques d'Avignon.

Dans le courant du VIIe siècle, Lérins était dans sa plus grande prospérité. En 690, sous le gouvernement de saint Amand, on n'y comptait pas moins de trois mille sept cents religieux. Mais vint le moment des tragiques épreuves. Lorsqu'au VIIIe siècle, après la fameuse victoire de Poitiers remportée par Charles Martel, les Sarrasins d'Espagne infestèrent les côtes de la Provence, l'île de Lérins fut saccagée et inondée de sang : saint Porcaire et ses religieux, rassemblés autour de lui au nombre de plus de cinq cents, furent jugés dignes de recevoir les palmes du martyre. Sous le règne du roi Pépin, l'un des fils de Charles Martel, les religieux de Lérins firent alors restaurer les bâtiments de leur abbaye en ruines, et faire refleurir dans l'île des Saints la régularité des observances monastiques. Comme un arbre vigoureux, sur son vieux tronc repoussaient des rameaux jeunes et verdoyants. Mais voici que, dans la seconde moitié du Xe siècle, le monastère de Saint-Honorat eut une nouvelle crise à traverser et fut encore soumis à une cruelle épreuve. Les Sarrasins d'Espagne, furieux de la défaite essuyée en Provence, portaient souvent leurs pensées, avec un regret amer, vers ces beaux rivages, où tant de fois leurs felouques avaient abordé, pour revenir chargées d'esclaves et de butin. Peu de temps après leur expulsion du territoire provençal, ils firent un retour offensif, envahirent Lérins, et mirent à mort l'abbé et les moines qui avaient repeuplé le monastère. Cet événement tragique attira l'attention des princes du voisinage. Ils réparèrent les édifices et désirèrent voir des hommes de piété et de courage venir veiller et prier sur une terre arrosée par le sang de tant de martyrs. L'union de Lérins au monastère de Mont-Majour continuait toujours; mais il fallait une sève plus puissante pour raviver cet arbre affaibli par tant de blessures. Lérins avait besoin de l'influence des saints pour se relever et pour grandir. Un saint demanda au siège apostolique la direction de ce monastère (1) : c'était saint Mayeul, abbé de Cluny, et originaire lui-même de la Provence. Sa demande fut favorablement accueillie par le pape Benoît VIII, qui autorisa l'union de Lérins à Cluny par un rescrit ainsi conçu : « Benoît, évêque, serviteur des serviteurs de Dieu, à son fils bien-aimé dans le Christ, Mayeul, très cher abbé du monastère de Cluny, et à ses successeurs à perpétuité. La congrégation que vous dirigez, avec la grâce de Dieu, dans les voies d'une discipline si admirable, n'a pas de plus dévouée pro-

---

(1) « Notum sit omnibus quia petiisti a nobis ut monasterio (Cluniacensi) insulam Lerinensem cum Arluco... concederemus... » (Cité par Bouche, *Hist. de Provence*, t. II, p. 44.) On a discuté sur l'époque de cette union de Lérins à Cluny, que quelques auteurs reculent jusqu'en 1015. Benoît VII, qui l'ordonna, a siégé de 975 à 983 ; c'est donc entre ces deux dates que l'union eut lieu. (Cf. Alliez, *Histoire des îles de Lérins; Cartul. de Lérins*.)

tectrice que cette sainte Eglise romaine qui cherche à la dilater et à la défendre contre tous ses ennemis. Tels sont nos propres sentiments de bienveillance et d'affection paternelle à votre égard. Sachent donc tous que conformément à la requête présentée par vous à ce siège apostolique, nous adjoignons à votre monastère l'île de Lérins et l'abbaye d'Arluc avec toutes leurs appartenances et lesquels ainsi que toute l'île sont sous la juridiction et dépendance du Saint-Siège, comme il résulte des décrets du bienheureux pape Grégoire le Grand » (1).

Le saint en demandant lui-même à être supérieur du monastère de Lérins, n'avait écouté que le désir d'y faire fleurir la discipline religieuse dans toute sa perfection. On n'a aucun document sur l'action de saint Mayeul auprès des religieux de Lérins ; on n'est même pas certain, dit Barrali, qu'il soit venu dans l'île, mais tout fait présumer cependant qu'il s'y rendit lors de la visite générale qu'il fit dans les monastères soumis à sa direction. Pouvait-il négliger l'un des plus anciens de la France, qu'il avait demandé à diriger et pour lequel il avait reçu de l'empereur une recommandation particulière ?

Le monastère était gouverné à cette époque par Warnerices, qui en était le prieur. Trois ans après la mort de saint Mayeul, Lérins relevait encore de Cluny, ainsi que le confirme la teneur d'une donation faite en 997 à saint Odilon et conçue en ces termes : « Moi Truanus et mon épouse Amalsende, ainsi que nos enfants, ayant l'esprit et le jugement sains, craignant la fragilité des choses humaines et redoutant la mort

---

(1) *Patrol. lat.*, t. CXXXVII, Epist. XIII, col. 332 ; Cf. *Bibl. Clun.*, col. 333 ; BARRALI.

éternelle, donnons au seigneur Odilon, abbé, et aux moines de Lérins, dont voici les noms : le prieur Aldebrand..., les biens que nous possédons dans le bourg de Fréjus, savoir : deux églises, une en l'honneur de sainte Marie (1), l'autre en l'honneur de saint Honorat et de saint Auban (2), dans le territoire d'Ampus, avec les terres dépendant de ces deux églises (3). Qu'il soit connu de tous que cette donation a lieu avec la permission du comte Guillaume, de sa mère Adélaïde, d'Emone son épouse, et de ses deux enfants, de qui relèvent les biens cédés ». Vers la même époque une donation fut faite à Lérins par un nommé Constantin qui ne prend d'autre titre que celui de chrétien, *Constantinus Christianus* : « Notre-Seigneur Jésus-Christ, disant à ceux qui désirent la vie éternelle : « Faites-vous des amis avec vos richesses, afin d'être reçus dans les tabernacles éternels, et encore : « Préparez-vous des trésors dans le ciel..., donnons au monastère de Lérins que gouverne le seigneur Odilon, abbé de Cluny... » Ces deux chartes prouvent évidemment que Lérins fut soumis à saint Odilon (4).

Combien de temps le monastère de Saint-Honorat fut-il sous la dépendance de Cluny ? Il nous est impossible de le préciser. Mais ce que nous savons, c'est qu'en l'année 1022, Lérins fut replacé provisoirement sous la juridiction de saint Odilon qui, après une interruption de plus de vingt ans, reprit l'œuvre de son prédécesseur. Il s'agissait de réformer l'abbaye de Saint-Honorat longtemps célèbre, mais alors dégé-

---

(1) Chapelle de Notre-Dame du Plan, au nord-ouest d'Ampus (Var), au nord de la Nartaby.
(2) Il ne reste plus trace de cette chapelle.
(3) *Cartul. de Lérins*, Carta LI, *de Sancta Maria Vallis Impurie*.
(4) ALLIEZ, *Histoire du monastère de Lérins*, t. I, p. 56 ; Cf. *Gallia Christiana*, t. III, p. 195.

nérée de sa ferveur première par le dépérissement de la discipline. L'homme de Dieu s'était rendu aux sollicitations des religieux qui voulurent se placer sous sa paternelle direction. Devenu abbé de Lérins, Odilon parvint à y ramener l'antique régularité, et, jusqu'au milieu du xi⁰ siècle, l'Ile des Saints vit refleurir de tels exemples d'austérité et de vertu qu'il pouvait en toute vérité s'approprier les séduisantes paroles de saint Eucher : « Je considère avec respect ma chère
« Lérins, qui reçoit dans ses bras hospitaliers ceux qu'a
« jetés sur son sein la tempête du monde, qui intro-
« duit doucement sous ses ombrages ceux qui brûlent
« des ardeurs du siècle..... Oh! qu'elles sont douces
« à ceux qui ont soif de Dieu, les solitudes infréquen-
« tées! Qu'elles sont aimables à ceux qui cherchent
« le Christ, ces retraites immenses où la nature veille
« silencieuse! Ce silence a des aiguillons qui excitent
« l'âme à s'élever à Dieu et le ravissent en d'ineffables
« transports ; là, on n'entend aucun bruit, sinon les
« accents pleins de suavité de la prière et les saints
« murmures des chants sacrés, murmures plus doux
« que le repos lui-même » (1). Le saint abbé gouverna l'abbaye de Lérins jusqu'en 1028. Dans les dernières années, il fit asseoir sur son siège abbatial le moine Amalrich, sur lequel l'histoire n'a pu nous donner aucun renseignement, et Lérins redevint encore une fois indépendant. Les moines de ce monastère marqué du triple sceau de la sainteté, de la science et du martyre, conservèrent à notre saint abbé le plus reconnaissant souvenir, et, après sa mort, son nom fut religieusement inscrit sur leur nécrologe (2).

(1) *De Laude eremi.*
(2) JAFFÉ, n° 2906; *Histor. Patr. Monum.* Scr. II, 301; *Gall. Christ.*, III, instr., col. 191; *Acta*, VI, 1, p. 573 et suiv.; *Bibl. Clun.*,

Odilon, nous l'avons déjà dit, gouverna l'antique et célèbre abbaye de Lérins de l'an 1022 à l'an 1028. C'est dans cet intervalle qu'il entreprit son septième voyage en Italie. Dans ce voyage, qui avait sa signification, il n'est pas impossible qu'il se soit rencontré avec l'empereur saint Henri ; mais ce qu'il y a de certain, c'est qu'il ne fut pas invité cette fois à l'accompagner. Le saint abbé avait un autre but : il voulut faire, à l'exemple de ses prédécesseurs saint Odon et saint Mayeul, son pèlerinage au mont Cassin, soumis alors à la domination allemande. Il s'y rendit donc, sans y avoir été convoqué, afin de profiter des fruits de la victoire des armées allemandes pour les desseins qu'il avait en vue et pour la grande affaire de la réforme (1). Puis, n'était-il pas bien naturel que le grand abbé allât, lui aussi, sur la cime sacrée du mont Cassin, attester sa filiation bénédictine ? Son cœur, du reste, lui faisait un devoir d'aller prier aux lieux sanctifiés par la vie et la sainte mort de son bienheureux père ; mais, de plus, il voulait affirmer par cette démarche si solennelle son affection pour saint Benoît et sa communauté d'idées avec l'Ordre tout entier.

col. 333 et suiv. ; MABILLON, *Annal.*, IV, p. 553 ; BARRALI, *Chronologia Sanctorum et aliorum virorum illustrium ac Abbatum Sacræ Insulæ Lerinensis*, Lyon, 1613, p. 39 et suiv. — Les erreurs de Barrali sont corrigées dans les citations précédentes. Dans un manuscrit de Lérins, Gabriel de Roux (ann. 1680) dit ce qui suit : « Sanctus Odilo, Cluniaci monachus, anno 1022 Roma rediens, Lirinum advenit et ejusdem cœnobii abbas efficitur. » Le mot « Roma rediens » est faux. Cf. RINGHOLZ, *Ammerk*, p. XXI ; *Gall. Christ.*, III, col. 1195 et suiv. Cf. *Acta SS.*, t. I, Januar. ; Cf. *Cartul. de Lérins*, Carta LI. (Voir chap. XXXI de la *Vie de saint Odilon*.)

Voici ce que dit Barrali : « Anno vero noningentesimo nonagesimo septimo regebat Abbatiam præfatam sanctus Odilo Abbas Cluniacensis et Lerinensis ; et post Sanctum Honoratum. » (*Chronologia*, p. 39 et 151.)

(1) HIRSCH, *Jahrbücher des Deutschen Reichs unter Heinrich II*, t. III, p. 222.

« Sur les confins du Samnium et de la Campanie, au centre d'un large bassin à demi entouré d'abruptes et pittoresques hauteurs, se dresse un mont isolé, escarpé, dont la cime vaste et arrondie domine à la fois le cours du Liris et la plaine ondulée qui s'étend au midi vers les plages de la Méditerranée et les vallées étroites qui s'enfoncent au nord, à l'est et au couchant, dans les plis de l'horizon montagneux : c'est le mont Cassin (1). » Ce fut sur cette cime prédestinée que le patriarche des moines d'Occident fonda, au commencement du VIIe siècle, en 529, le monastère qui devint la métropole de tout l'ordre monastique (2). Aujourd'hui dénudé et dépouillé de sa verdure, le mont Cassin, avec ses roches calcaires et blanchissantes, présente un triste aspect : le saint le trouva revêtu d'antiques forêts, consacrées au culte des démons, et où une foule insensée allait offrir des sacrifices aux dieux. Apollon y avait son idole, élevée sur une colonne de marbre blanc de Paros. Saint Benoît brisa l'idole, mais conserva la colonne avec le chapiteau qui la soutenait, et lui substitua la croix processionnelle en signe de triomphe (3). Devant la colonne et son idole, il trouva l'autel qui fumait peut-être encore des sacrifices païens. L'homme de Dieu, fidèle aux traditions de l'Eglise romaine (4), fit élever deux oratoires là où s'élevait l'autel d'Apollon, l'un consacré à saint Jean-Baptiste le Précurseur, l'autre au grand évêque des Gaules, saint Martin de Tours. C'est là que depuis quatorze siècles se dresse le monastère du mont Cassin avec sa riche et splendide basi-

---

(1) *Moines d'Occident*, t. II, p. 17.
(2) MABILLON, *Annal.*, t. I, p. 55.
(3) Dom Louis TOSTI. *Saint Benoît, son action religieuse et sociale*, traduction du chan. Labis, p. 116 et suiv.
(4) Saint AUGUSTIN, *Epist. 47 ad Publicolam.*

lique. Souvent honorée de la présence de plusieurs personnages dont plusieurs y restèrent sous l'habit monacal, illustrée par nombre de savants et par une légion de saints, l'abbaye était comme le modèle des monastères de l'Occident. Là résidait l'*abbé des abbés;* là, les fondateurs de maisons nouvelles venaient de près et de loin s'instruire de la règle, qui s'y conservait dans la pureté de son berceau. Lorsque Odilon arriva au mont Cassin, l'abbaye était gouvernée, depuis un an, par l'un des religieux les plus éminents de l'ordre bénédictin, Théobald, aussi distingué par sa naissance que par son mérite. Théobald avait fait le voyage de Jérusalem ; depuis il avait donné la preuve de sa capacité en rétablissant la discipline au monastère de San Liberatore, au pied du mont Majella, dont il était le prieur. C'est de là que saint Henri l'avait tiré naguère pour le faire asseoir sur le siège du glorieux patriarche saint Benoît (1). Le 29 juin de l'année 1022, le pape Benoît VIII, accompagné de l'empereur, était venu personnellement confirmer l'élection de Théobald, et lui donner la consécration abbatiale. Saint Odilon avait alors soixante et un ans lorsqu'il entreprit ce lointain voyage. Par vénération pour son bienheureux Père, il

---

(1) L'intervention de l'empereur pouvait se justifier par des circonstances exceptionnelles, mais, en principe, elle était dangereuse et posait un précédent fâcheux. C'est peut-être pour ce motif que les jeunes religieux protestèrent contre l'élection en refusant de s'y associer (Leo OSTIENS, *Chronic. Cassinens.*, dans *Patrol. lat.*, t. CLXXIII, col. 634). Dom Tosti va plus loin encore. Il prétend que les empereurs avaient sur l'abbaye une juridiction supérieure même à celle du pape, et que ce privilège leur avait été accordé en reconnaissance des nombreux bienfaits dont ils avaient comblé le monastère. Cette théorie lui paraît justifiée par deux diplômes conservés dans la bibliothèque du Mont-Cassin, qu'il publia pour la première fois d'après les originaux. Cf. DARRAS, *Histoire générale de l'Eglise*, t. XX, p. 490 ; DANTIER, *les Monastères bénédictins d'Italie*, t. I, p. 238.

voulut, malgré son âge déjà avancé, gravir à pied la montagne pour se rendre à l'antique demeure de saint Benoît, selon la coutume bénédictine. Chez le législateur de l'humilité, l'humilité de notre saint éclata plus que ses miracles. Introduit dans la salle du chapitre, il voulut baiser les pieds de tous les moines présents; et personne ne put l'empêcher de satisfaire la soif d'humiliation qui dévorait sa grande âme. Comme Théobald, qui l'avait reçu avec de grands honneurs, désirait lui faire remplir les fonctions de célébrant dans la messe solennelle au jour de la fête de saint Benoît, Odilon s'y refusa modestement, malgré toutes les instances qui lui furent faites. Les frères étant déjà prêts pour la procession solennelle, Théobald lui offrit respectueusement le bâton pastoral, mais l'homme de Dieu, dans sa profonde humilité, s'y refusa en disant : « Comment un abbé étranger oserait-il porter cette crosse, en présence du vicaire de saint Benoît, de celui qu'on appelle l'abbé des abbés? » Plus tard ces paroles du saint abbé furent souvent invoquées comme témoignage confirmatif du droit de préséance que le pape Zacharie avait accordé aux abbés du Mont-Cassin sur les chefs de toutes les communautés monastiques. Lorsque Odilon quitta la sainte montagne, l'abbé Théobald se fit un devoir de l'accompagner, escorté d'un grand nombre de religieux, jusqu'à la porte du monastère. Les moines cassiniens profitèrent de la présence du saint abbé pour lui demander de leur procurer quelques reliques de saint Maur. Ce nom était devenu célèbre dans les annales bénédictines. Maur, noble romain formé à la science et à la vertu sous la direction de saint Benoît, avait été l'un de ses disciples préférés, et plus tard le coadjuteur du saint patriarche et le zélé propagateur de sa règle. Nous verrons plus loin que Odilon accueillit aimablement leur demande, et comment, de retour en France, il s'occupa d'obtenir en leur faveur de l'abbé de Saint-Maur des Fossés un os du bras de ce grand saint qu'il fit remettre solennellement au Mont-Cassin.

Le chroniqueur rapporte exactement et avec un certain de luxe de détails le pèlerinage que fit Odilon à l'abbaye du Mont Cassin, en l'an 1023, sans mentionner aucune intention de réforme quelconque. Mais les événements qui se passèrent auparavant au mont Cassin ne manquèrent pas d'y appeler une première fois le saint abbé, bien que la chronique n'en parle pas. Et, en effet, l'abbaye du mont Cassin qui, par ses remparts, ses châteaux, ses ressources, devait être le boulevard de Rome, menaçait de devenir la plus terrible des machines de guerre dressées contre le Saint-Siège; son abbé, le Lombard Aténulf, frère du prince de Capoue, était lui-même entré en accommodement avec les Grecs, qui constituaient pour l'Italie et le Saint-Siège un danger considérable. Henri II n'était pas homme à fermer les yeux sur les périls, ni à se croiser les bras en attendant les événements : il partit pour l'Italie. L'abbé Aténulf, aiguillonné par les remords, s'empressa de se mettre en mer pour Constantinople et se noya presque au sortir du port de Tarente. Que pouvait bien devenir la discipline monastique sous le facile gouvernement d'un traître? D'après ces événements, serait-il téméraire de supposer que cette première visite d'Odilon avait « sûrement pour but moins de témoigner aux frères du mont Cassin sa vénération, que d'accomplir dans le monastère une réforme nécessaire (1) » ?

(1) Leo Marsic., *Chron. Casin.*, lib. II, cap. 54, dans les *Monum. Germ. SS.*, t. VII, p. 622 et suiv.; Giesebrecht, *Geschichte der*

Odilon, après avoir heureusement accompli son pèlerinage au mont Cassin, repassa les Alpes et rentra à Cluny dans les derniers mois de 1023, l'âme embaumée de toutes les vertus religieuses dont il avait respiré le parfum sur le tombeau de son glorieux père. Toutefois cette joie toute surnaturelle fut de courte durée. Au commencement de l'année suivante, il apprenait la douloureuse nouvelle de la mort du pape Benoît VIII, survenue le 7 avril 1024 (1). Ce coup fit une terrible blessure au cœur si sensible et si aimant du saint abbé. « Ce pontife apostolique, dit saint Pierre Damien, avait édifié l'Eglise catholique, dont il était le chef, par son zèle et son dévouement. Son affection et son estime particulière pour le bienheureux Odilon, abbé de Cluny, le fils de son cœur, s'étaient affirmées en diverses rencontres. Chaque fois que sous son

---

deutschen Kaiserzeit, 2ᵉ édit., t. II, p. 183. — On suppose ordinairement que saint Odilon se trouvait au Mont-Cassin en même temps que le pape Benoît VIII et l'empereur Henri II, à l'occasion de l'élection de Théobald comme abbé (28 et 29 juin 1022). Mais cette supposition est toute gratuite, car 1º le chroniqueur dit que c'est « per idem tempus », vers la même époque, qu'a eu lieu la visite d'Odilon, et non « eo tempore », en ce moment-là même ; 2º d'après le récit, Odilon fit cette visite seul, et non pas dans la suite du pape et de l'empereur. Aussi le chroniqueur qui relate l'élection ne fait pas mention d'Odilon. 3º Léon Marsic. (ouvr. cité) dit que c'est sept ans après sa visite qu'Odilon envoya le bras de saint Maur. Lorsque les saintes reliques furent arrivées, l'abbé Théobald avait volé au monastère de Saint-Sauveur (1, Liberatore) ; il y passa environ cinq ans, c'est-à-dire jusqu'à sa mort. Puisque Théobald mourut le 3 juin 1035, après s'être enfui précipitamment de Capoue dans l'année 1030, l'arrivée d'Odilon sur le mont Cassin eut lieu dans l'année 1023, vers le 20 mars, car le jour qui suivit son arrivée on célébrait la fête de saint Benoît.

Cf. *Jahrbücher des Deutschen Reichs unter Conrad II*, t. II, p. 298. — Qu'Odilon vint au Mont-Cassin peu après l'élection de Théobald comme abbé, c'est ce que dit aussi Giesebrecht (ouvr. cité).

(1) *Jahrbücher des Deutschen Reichs unter Heinrich II*, t. III, p. 291 et suiv.

pontificat Odilon était venu accomplir son pèlerinage *ad limina*, il avait reçu de Benoît VIII l'accueil le plus paternel, et obtenu pour la Congrégation, avec les faveurs spirituelles les plus précieuses, des subsides considérables. » Jotsald (1) raconte à son tour que Benoît VIII, « esprit sage et de très grand talent, qui sembla être né pour la gloire du Saint-Siège, aima saint Odilon avec un sincère dévouement ; il lui donna avec tout l'empressement possible des témoignages de sa vénération, et pendant son fréquent séjour à Rome, il suffit à ses besoins avec une grande générosité. » Benoît VIII, en effet, dit le P. Brucker, ne fut pas un pontife médiocre. Brisant avec ses traditions domestiques, il rétablit une étroite union entre la papauté et l'empire, et fit servir même l'influence prépondérante de sa famille au triomphe de cette grande idée. L'Italie, voyant le sceptre en des mains fermes, rentra dans l'ordre et se trouva bientôt assez forte, en unissant ses efforts sous le commandement personnel du pape, pour infliger une défaite sanglante aux Sarrasins. Benoît VIII ne savait pas uniquement conduire une armée : il rendit à la papauté un véritable prestige dans le monde par ses décrets apostoliques. « L'histoire de l'Eglise, dit le protestant Gregorovius, peut glorifier Benoît VIII, comme un des premiers réformateurs dans le sens de Léon IX et de Nicolas II ; car il commença déjà à s'élever énergiquement, par des ordonnances synodales, contre le concubinage et la simonie. » On comprend donc la tendre dévotion et le dévouement d'Odilon pour le grand pontife qu'il pleurait. Cette perte immense que venait de faire notre saint abbé eut du moins sa consolation surnaturelle.

(1) JOTSALD, II, 14.

Lorsque Benoît VIII mourut en 1024, après douze ans d'un pontificat glorieux, les Romains forcèrent leur sénateur, simple laïque, à s'asseoir sur le trône que son frère laissait vacant. Il n'est pas prouvé que Jean XIX ait acheté ou extorqué les suffrages : la chrétienté l'accepta comme pape légitime. Or, quelques jours après son élévation au trône pontifical, le pontife défunt apparut à l'évêque de Porto et à deux autres prélats de l'Eglise romaine, dont je n'ai pu, ajoute saint Pierre Damien, retrouver le nom. Il leur dit que, retenu pour quelque temps dans les ténèbres expiatrices du purgatoire, sa délivrance serait accordée par la miséricorde divine aux prières du vénérable Odilon. Il les suppliait donc d'aller trouver sur-le-champ le nouveau pape son frère, afin d'envoyer à Cluny solliciter les prières du saint abbé, pour le repos de son âme. Cette communication surnaturelle fut transmise aussitôt à Jean XIX par les trois personnages qui l'avaient reçue simultanément. Le pape écrivit de sa main une lettre revêtue du sceau apostolique pour informer Odilon de ce fait, et lui demander le secours de ses suffrages en faveur du pontife défunt. Il chargea l'évêque de Porto de faire parvenir le plus promptement possible ce message à destination. L'évêque se rendit en toute hâte à Pavie, au monastère de Saint-Mayeul ; il y trouva un religieux qui partait pour Cluny, et lui remit les lettres apostoliques.

Dès qu'il les eut reçues, le vénérable Odilon fit commencer non seulement à Cluny, mais dans toutes les maisons de son Ordre, une série de prières publiques et privées, psalmodies, messes et distributions d'aumônes, pour le repos de l'âme qui lui était si extraordinairement recommandée. Vers les derniers jours de cette neuvaine, le moine Hildeberg, chargé à

Cluny du service des pauvres, eut une vision qu'il raconta en ces termes : Dans une auréole de gloire, je voyais un personnage à la figure radieuse; il était entouré d'une foule de bienheureux vêtus de robes blanches comme la neige. Ce groupe céleste se dirigea sous mes yeux dans la salle du chapitre, où je voyais notre Père Odilon siéger au milieu des prêtres. Là, le personnage principal se détacha de ceux qui l'escortaient, et vint fléchir le genoux devant l'abbé, en inclinant la tête avec les marques d'un profond respect et d'une vive reconnaissance. Je demandai son nom, et il me fut répondu : C'est Benoît, l'évêque du siège apostolique, qui vient rendre grâces au vénérable abbé d'avoir, par ses prières et les suffrages des frères saints, obtenu sa délivrance des tourments du purgatoire et son admission parmi les bienheureux citoyens de la Jérusalem céleste. — Après cette vision, poursuit « Jotsald, le vieillard s'éveilla ; mais, conservant dans « sa mémoire ce qu'il avait vu et entendu, il en fit le « récit quand le jour fut venu. Le monastère fut dans « l'allégresse et glorifia le Seigneur avec Odilon. Tous « purent voir quelle était la puissance de notre vénérable Père auprès de la sainte Trinité, puisqu'il « retirait du sein de la mort la proie qu'elle avait « ravie (1) ».

Cet événement, comme l'exposé du motif qui donna lieu à l'institution de la fête des Trépassés, passa dans d'autres écrits et dans les chroniques du moyen âge (2).

---

(1) Jotsald, II, 14, dans *Patrol. lat.*, t. CXLII, col.

(2) Saint Pierre Damien l'a inséré dans sa *Vie de saint Odilon* (*Patrol. lat*, t. CXLII, col., 927). Il se trouve aussi dans l'histoire du monastère de Saint-Laurent de Liège, V, 7, dans Martène et Durand, *Veter. Scr. et Monum. Coll.*, t. IV, col. 1062 ; dans Sigebert de Gemblours, *Monum. Germ. SS.*, t. VI, p. 356, et dans la *Chronique de Tours* (voir Martène et Durand, *loc. cit.*, t. V, col. 999).

Cette tradition existe sous une autre forme dans une lettre de saint Pierre Damien au pape Nicolas II. Dans cette lettre, saint Pierre Damien supplie le pape de lui permettre de résigner son évêché d'Ostie. Pour justifier sa demande, il allègue l'exemple de plusieurs princes de l'Eglise qui se sont démis de leurs charges pour s'occuper uniquement du salut de leur âme. Il raconte entre autres choses qu' « un évêque (saint Pierre
« Damien croit qu'il s'agit ici de l'évêque de Capri) vit
« Benoît VIII après sa mort assis corporellement sur
« un coursier noir, et le voyant poursuivre un voyage
« déjà commencé : « Hélas ! dit-il, n'êtes-vous pas le
« pape Benoît que nous savons sûrement mort ? — C'est
« moi-même, reprit le Pontife, moi infortuné. —
« Comment vous trouvez-vous, ô mon Père ? — Je
« suis tourmenté par de cruelles souffrances, mais,
« si je trouve assistance, je ne suis pas privé de l'espoir
« d'en être délivré. Va trouver mon frère Jean qui
« occupe en ce moment la chaire apostolique et
« annonce-lui, sur l'ordre que je t'en donne, que tout
« l'argent renfermé dans cette cassette, je veux qu'il
« le distribue aux pauvres pour mon soulagement;
« qu'il sache que c'est le moyen d'obtenir ma déli-
« vrance, car ainsi l'a voulu la miséricorde divine. Les
« autres sommes qui ont été données aux pauvres pour
« mon soulagement ne m'ont servi de rien, parce
« qu'elles ont été acquises au moyen de rapines et
« d'injustices. A cette nouvelle, l'évêque se rendit
« immédiatement à Rome et rapporta au pape Jean les
« paroles de son frère défunt. Lui-même ne tarda pas
« à déposer le fardeau de la dignité épiscopale ; il prit

Mabillon l'a relevé, lui aussi, dans les *Annales de l'ordre bénédictin* (*Annal.*, t. IV, p. 312 et suiv.). Dans l'exposition, Mabillon suit Jotsald, et dans la détermination du temps, Sigebert (vers l'année 1025).

« l'habit monastique, et, instruit par le malheur
« d'autrui, il pourvut ainsi à son propre salut (1) ».
Quoi qu'il en soit de cet événement, il n'en reste pas
moins établi qu'Odilon, au témoignage de ses contemporains, était là comme le fidèle appui, le coopérateur des Souverains Pontifes, et « presque comme un être surhumain (2) ».

Le pape Benoît VIII était à peine descendu dans la tombe qu'un autre deuil aussi douloureux fit saigner le cœur de saint Odilon. La croix n'est-elle pas plantée sur tous les chemins par où passent les serviteurs de Dieu? Benoît VIII était mort le 7 avril 1024. Le 14 juillet de la même année, saint Henri II s'endormait dans le Seigneur dans la villa impériale de Grunn, à l'âge de cinquante-deux ans. « La mort du saint empereur, dit Wippo, plongea le monde romain dans la consternation. La république chrétienne avait perdu son père ; elle chancela sous le poids de cette douleur. Le corps du bienheureux Henri fut transporté à Bamberg, où on lui donna la sépulture au milieu des sanglots et des larmes d'une population désolée (3) ».

La mort du pieux empereur, nous l'avons dit, fit au cœur si bon et si aimant de notre saint abbé une blessure qui ne fut jamais complètement cicatrisée, tant était profonde et intime l'union qui existait entre Odilon et Henri. On se rappelle comment en parlait Albéric, évêque de Côme, qui avait été autrefois chapelain de l'empereur, en présence de l'évêque Richard (4), l'un des disciples de notre saint. Henri, en effet, avait pour

---

(1) *Opera S. Petr. Damiani*, dans MIGNE, *Patrol. lat.*, t. CXLV, opusc. 19, cap. III, col. 428 ; BARONIUS, *Annal. eccl.*, ad ann. 1024.
(2) GFRÖRER, ouvr. cité, p. 194.
(3) MIGNE, *Patrol. lat.*, t. CXLII, col. 1221.
(4) Voir plus haut, chap.

l'abbé de Cluny une excessive affection ; il suivait volontiers ses conseils, et, appréciant ses grandes qualités d'esprit et de cœur, il le regardait comme de plus en plus digne de toute vénération. Odilon paraissait très souvent à la cour, et il se distinguait de tous les autres dignitaires ecclésiastiques. Au témoignage du chroniqueur Hugues de Flavigny, Henri avait dans les abbés Odilon de Cluny et Guillaume de Dijon ses meilleurs conseillers, et, bien qu'ils ne fussent pas sous sa domination, il n'en était pas moins lié avec eux d'une étroite amitié, et, sur leurs prières, il traitait paisiblement les affaires de l'empire (1). Henri, ajoute le chroniqueur Adhémar, avait fréquemment avec Odilon des entretiens tout confidentiels, et il l'avait reçu dans son palais avec les premiers princes du royaume (2). Le saint abbé payait d'une affection réciproque l'attachement de son royal ami, et le monastère de Cluny en garda toujours le doux souvenir, car, dans le décret qui fut publié pour la fête de la Commémoraison des fidèles trépassés, le chapitre de Cluny inséra cette clause : « Que l'on fasse une mention spéciale de notre bien-aimé empereur Henri, car, ajoute-t-il, c'est une dette de reconnaissance qu'il nous a fait contracter par ses bienfaits, » et dans les coutumes de Cluny, il fut décrété qu'on ferait des aumônes pour le repos de l'âme de l'empereur (3).

« On sait, écrivait un historien alors protestant, que l'Eglise du moyen âge l'a placé au nombre des saints ; et certes, si jamais homme d'Etat ou homme d'Eglise en Allemagne mérita cet honneur, il appartient, après

---

(1) *Monum. Germ. SS.*, t VIII, p. 391.
(2) Adhemar, *Id.*, *loc. cit.*
(3) *Ordo Clun.*, par Bernard, dans Hergott, *Vetus discipl.*, p. 158.

saint Boniface, fondateur de l'Empire, à l'empereur Henri II (1). » Prince d'une clairvoyance et d'une sagesse que peu de souverains ont égalées, Henri II résume en lui l'héroïsme et la sainteté de la race illustre dont la principale gloire est de l'avoir, tout un siècle, préparé dignement pour les hommes et pour Dieu. Dieu, en effet, n'eut jamais de plus fidèle lieutenant sur la terre. Dieu dans son Christ était à ses yeux l'unique roi, l'intérêt du Christ et de l'Eglise la seule inspiration de son gouvernement, le service de l'Homme-Dieu dans ce qu'il a de plus parfait, sa suprême ambition. Aussi Henri avait singulièrement favorisé en Allemagne comme en Italie le mouvement de réforme religieuse auquel Cluny donna le branle. Il comprenait que la vraie noblesse, aussi bien que le salut du monde, se cachait dans ces cloîtres où les âmes d'élite accouraient pour éviter l'universelle ignominie et conjurer tant de ruines. C'était la pensée qui, au lendemain de son couronnement impérial, l'amenait à Cluny, et lui faisait remettre à la garde de l'insigne abbaye le globe d'or, image du monde dont la défense venait de lui être confiée comme soldat du vicaire de Dieu ; c'était l'ambition qui le jetait aux genoux de l'abbé de Saint-Vannes de Verdun, implorant la grâce d'être admis au nombre de ses moines et faisait qu'il ne revenait qu'en gémissant et contraint par l'obéissance au fardeau de l'Empire (2). Le pape Benoît VIII n'avait pas laissé de seconder de toutes ses forces les efforts de l'empereur. C'était l'époque où les deux puissances se compénétrant mutuellement, travaillaient de concert,

---

(1) GFRÖRER, *Hildebrand als Gregor VII*, cité par le R. P. Brucker, ouvr. cité, t. I, p. 62.

(2) D. GUÉRANGER, *Année liturg.*, t. IV, p. 136 du Temps après la Pentecôte.

avec une admirable entente, à guérir les maux de l'Eglise. L'œuvre était à peine commencée que Dieu les rappelait à lui. Cruelle épreuve pour saint Odilon qui perdait en eux ses meilleurs appuis pour la réforme religieuse et sociale à laquelle il avait voué sa vie. Mais Dieu n'abandonnait pas son Eglise, et s'il avait fait asseoir sur le siège pontifical, dans la personne de Jean XIX, un pape capable par sa fermeté de contenir les esprits remuants, nous allons voir Odilon, avec les plus nobles âmes d'alors, applaudir à l'élection de Conrad II, dont l'avènement viendra mettre en relief encore une fois de plus le prestige et l'autorité de notre saint abbé.

CHAPITRE XXIII

ODILON A L'ÉLECTION ET AU COURONNEMENT DE
CONRAD II. — 8ᵉ VOYAGE EN ITALIE

(1024-1025)

Huit semaines après la mort d'Henri II le Saint, à la suite d'échange de courriers, de lettres et de pourparlers, les prélats et les princes allemands se rencontrèrent pour procéder à l'élection d'un nouveau roi. Dans la large vallée traversée majestueusement par le Rhin, entre Worms et Mayence, sur les confins de ces deux diocèses, en terre franque, s'étendait une plaine immense qui offrait toutes les conditions nécessaires pour le campement de tant de princes et de seigneurs. C'est en ce lieu qu'ils se groupèrent par nationalités ; l'on peut dire que toutes les forces vives et le cœur même du royaume y étaient avec eux. Les princes et les prélats saxons avec leurs vassaux, ayant en tête leur duc, Bernard II ; ceux de Bavière et de Souabe avec leurs chefs et les Franconiens de la vallée du Mein campèrent, sous leurs bannières, le long de la rive droite, à Kamba, un emplacement que le fleuve, changeant souvent de rives, a depuis entraîné ; sur l'autre rive, près d'Oppenheim et au penchant d'une hauteur d'où l'on voyait s'étendre la plaine au delà du fleuve jusqu'aux cimes de l'Odenwald, campaient les princes francs ou franconiens de la rive occidentale du Rhin, et les deux ducs de haute et de basse Lorraine, le vieux Théodoric de Bar avec son remuant fils Frédéric, et le vaillant Gozelon Ier, tous deux étendant leur autorité ducale du Rhin à la Meuse et à l'Escaut. Les îles disséminées sur le Rhin servaient de rendez-vous pour les conférences particulières et les pourparlers secrets (1). Ce n'était pas chose facile de mettre d'accord la multitude des ambitions rivales.

Deux compétiteurs, deux cousins germains, l'un et l'autre appelés Conrad, se disputaient le trône d'Allemagne. Conrad l'aîné avait pour lui le parti des évêques, qui voulait diminuer les prérogatives de la cour de Rome et qui, deux années auparavant, avait triomphé au concile de Seligenstadt (1023) (2). Conrad le jeune, au contraire, était appuyé par les partisans du monachisme, par les évêques dévoués à Cluny et surtout par les deux ducs de Lorraine, Gozelon, qui depuis 1023 gouvernait la partie inférieure du duché, et Frédéric qui, au nom de son père Thierry, très avancé en âge, en administrait la partie supérieure (3). La plupart des princes s'étaient mis d'accord sur le nom de Conrad le vieux, mais les ducs de Lor-

---

(1) WIPPO, *Vita Conrad Salic.*, dans MIGNE, *Patrol. lat.*, t. CXLII, col. 1223, 1334.

(2) Cf. BRESSLAU, *Jahrbücher des Deutschen Reichs unter Heinrich II*, t. III, p. 342 et suiv.

(3) Cf. H. BRESSLAU, *Jahrbücher des Deutschen Reichs unter Konrad II*, t. I, 12-13.

raine Gozelon et Frédéric, Pilgrin, archevêque de Cologne, et un grand nombre de seigneurs, s'étaient retirés de Kamba avant l'élection, mécontents de la tournure que prenait l'élection présumée (1). Il semblait qu'une guerre civile fût imminente, parce que les princes de Lorraine, s'opposant à l'élection de Conrad l'aîné, pouvaient être contraints par les armes de reconnaître l'élu de Kamba. Si l'on n'en vint pas à cette extrémité, si les princes intéressés qui avaient formé une coalition lorraine contre Conrad, purent éviter ce terrible conflit, il faut attribuer pour une grande part ce succès inespéré à l'attitude de saint Odilon, que tous reconnaissaient comme le chef le plus illustre et le plus autorisé de la réforme religieuse. Nous n'avons, il est vrai, aucun document authentique qui nous permette d'affirmer positivement l'intervention directe de notre saint abbé dans l'élection de Conrad, mais nous avons plus d'une raison plausible de croire à la présence de l'abbé de Cluny dans cette solennelle circonstance. En effet, c'est en faveur d'Odilon qu'a été publiée la première charte que nous possédions du roi Conrad; elle confirme à l'abbé de Cluny toutes ses possessions sur le territoire allemand, ainsi que les terres dont il avait l'administration et qui, depuis longtemps, appartenaient au monastère de Payerne relevant de la congrégation clunisienne (2). Cette charte partie de Mayence est datée du 9 septembre, par conséquent du jour qui a suivi le couronnement de Conrad. Nous pouvons donc en conclure sans trop de témérité que le puissant et illustre abbé assistait, lui aussi, aux négociations de Kamba, alors

---

(1) Wippo, ouvr. cité.
(2) Stumpf, n° 1852 ; Hidber, n° 1238.

même que les biens que la congrégation de Cluny possédait en Allemagne ne lui donnaient aucun droit à prendre part à l'élection royale. Ce qui n'est pas moins remarquable, c'est que, en dépit des évêques et des seigneurs lorrains qui partageaient ses opinions religieuses, il ne fit pas difficulté de reconnaître le nouvel élu, et il est moralement certain que le saint abbé dut travailler activement à amener une explication entre les évêques de la Lorraine et le roi (1). Telle était dès lors l'autorité d'Odilon que, sans autre mission que la confiance de tous, il contribua puissamment, par ses démarches et ses conseils, à conjurer le péril. Sous l'influence des sages avis du grand abbé de Cluny et grâce à sa modération et à sa ferme prudence, la situation se dénoua providentiellement. C'était le 8 septembre 1024, jour de la naissance de Marie. Les prélats et les princes faisaient cercle à Kamba en plein air ; la foule des chevaliers, des seigneurs et des comtes se pressait à l'entour. L'archevêque de Mayence, Aribon, consulté le premier, élut pour « son seigneur, pour régent et protecteur du pays », le comte Conrad le plus âgé ; trois archevêques, nombre d'évêques suivirent. Le jeune duc Conrad, qui s'était tenu à l'écart avec les Lorrains, sortit alors des rangs et, en donnant sa voix avec le baiser de paix à son cousin, décida la majorité des princes laïcs (2). Une

(1) H. BRESSLAU, *Jahrbücher des deutschen Reichs unter Konrad II*, t. I, p. 33 et suiv.

(2) Nous disons la majorité des princes, car les partisans les plus obstinés de Conrad le Jeune refusèrent de reconnaître le roi. Gozelon chercha à liguer contre Conrad II les princes lorrains. Quelques prélats abandonnèrent bientôt Gozelon et se rallièrent à Conrad, qui faisait des avances à Odilon de Cluny. (Voir *Gesta episcoporum Cameracensium*, t. III, p. 50 ; Cf. PABST, *Forschungen zur Deutschen Geschichte*, t. V, 339 et suiv.) — Sur les rapports de Conrad et d'Odilon, voir BRESSLAU, ouvr. cité, I, 34.

immense acclamation de joie retentit dans l'assemblée. Chaque royaume, chaque province répétait le même cri: Vive le roi Conrad de Franconie! L'impératrice veuve, sainte Cunégonde, confirma l'élection du nouveau roi et lui remit les insignes de l'empire, restes de sa gloire passée (1). Conrad, duc de Franconie, appartenait à cette noble famille des Francs Saliens qui, depuis l'époque mérovingienne, passait pour la première des familles germaniques. Son aïeul paternel, Othon de Carinthie, avait épousé Judith, sœur de l'empereur Othon III ; sa mère était Adélaïde d'Alsace, fille du comte Eberhard IV et sœur des comtes de Metz, Gérard et Adalbert (2). Le jour même de l'élection eut lieu le sacre du nouveau roi. Odilon se rendit à Mayence avec toute l'assemblée des princes et des seigneurs pour la cérémonie du couronnement.

Deux années plus tard, nous retrouvons encore le saint abbé aux côtés du souverain allemand. Le nouveau roi avait hâte d'aller en Italie imposer de force son autorité aux Lombards et ceindre ensuite la couronne impériale. Aussi, lorsqu'en 1027 Conrad vint à Rome pour l'imposante cérémonie du sacre, on y vit paraître Odilon qui, « semblable aux hirondelles annonçant le retour de l'été (3) », avait précédé et annoncé le voyage de l'empereur. Odilon quitta Cluny vers la fin de 1026 ou peut-être dans les premiers mois de l'année suivante, et, pour la huitième fois, il prit la route de l'Italie. Il partit, cette fois, le cœur plein de tristesse, car il avait bien des motifs de s'affliger. La blessure

---

(1) Wippo, ouvr. cité, col. 1226.

(2) Cf. R. P. Brucker, *l'Alsace et l'Eglise au temps du pape saint Léon IX*, t. I, p. 64.

(3) Giesebrecht, *Jahrbücher des Deutschen Reichs unter Konrad II*, t. II, p. 243.

que lui avait causée la double mort de Benoît VIII et d'Henri II, si tendrement aimés l'un et l'autre, n'avait pu encore se refermer complètement. Puis, le concile tenu à Anse quelque temps auparavant avait, au mépris de tous les privilèges accordés par les souverains pontifes, replacé Cluny sous la juridiction de l'évêque de Mâcon ; enfin les sombres nuages amoncelés autour de son abbaye qui peut-être menaçaient de compromettre son existence, tout cela était bien fait pour remplir d'amertume le cœur si bon du saint abbé. Plus que jamais il avait besoin de trouver dans l'amitié de l'empereur et surtout dans la haute autorité du souverain pontife (1), une protection puissante et un secours efficace. Le nouveau pape qui était alors assis sur la chaire de saint Pierre sous le nom de Jean XIX était le second fils de Grégoire, comte de Tusculum et frère de Benoît VIII. Le moine Raoul Glaber (2) a soupçonné l'élection de simonie, mais ce soupçon est dépourvu de preuves. L'exception qui admettait un laïque et un frère a pu avoir ses raisons d'être dans les vertus du sujet, dans la nécessité de l'harmonie entre les deux pouvoirs, et dans le désir d'avoir un pape qui, par la puissance et la noblesse de sa famille, imposât aux patriciens divisés. Quoi qu'il en soit, Jean XIX exerça dignement le souverain pontificat. Le célèbre évêque de Chartres, saint Fulbert, ami d'Odilon, adressa au nouveau pape des félicitations ainsi conçues : « Je rends grâce au Dieu tout-puissant qui vous a élevé au faîte suprême de l'apostolat. Tout l'univers tourne les yeux vers vous et

---

(1) GIESEBRECHT, ouvr. cité, p. 239.

(2) « Erat quippe Johannes iste, cognomento Romanus, frater illius Benedicti cui in episcopatum successerat largitione pecunie, repente ex laicali ordine neoffitus constitutus est presul. » (*Historiar.*, lib. IV, cap. 1, n° 4.)

vous appelle bienheureux. Les saints vous contemplent et se réjouissent de ce que vos vertus reflètent leur image. Les persécuteurs de l'Eglise vous regardent et redoutent votre justice. Ceux qui sont maltraités se tournent vers vous et cherchent en vous un remède et une consolation (1). » En adressant ces éloges au nouveau pontife, Fulbert avait-il le pressentiment du coup qui allait frapper le saint abbé de Cluny et voulait-il ménager à celui-ci les bonnes grâces et l'appui de la haute autorité du chef de l'Eglise ? Toujours est-il que la confiance d'Odilon pour le nouveau pontife était parfaitement justifiée, comme le démontreront les événements dont nous aurons à parler dans le chapitre suivant.

Cependant le moment était venu pour Conrad de descendre en Italie, mais avant de quitter la Germanie, dit Wipon, il avait, à la requête et sur le conseil des princes ses fidèles, désigné pour son successeur, en cas d'éventualité funeste, son fils encore enfant, Henri III, et il l'avait placé sous la tutelle de Brunon, évêque d'Augsbourg, frère de saint Henri (2). « La précaution était sage. En effet, si Conrad avait réussi à pacifier provisoirement la Lorraine, et si le reste de l'Allemagne ne lui donnait aucune inquiétude sérieuse, il n'en était pas de même de l'Italie, « cette éternelle épine dans le pied des césars germaniques. » La mort d'Henri II avait produit un ébranlement profond des rives du Vulturne à celles de la mer du Nord et de la mer Baltique. Si quelques Italiens apprirent avec douleur que le saint roi n'était plus, si l'archevêque de Milan, Aribert, fit de pieuses fondations pour le repos

---

(1) Epist. LXXXIV, dans *Patrol. lat.*, t. CXLI, col. 241.
(2) WIPPO, ouvr. cité, col. 1233.

de son âme, la plus grande partie des seigneurs et le peuple se réjouirent d'un événement qu'ils considéraient comme la fin de leur servitude et le début d'une ère nouvelle. Grands et peuple détestaient le joug allemand, et à chaque vacance du trône cette haine se réveillait plus implacable. Conrad se mit donc en marche vers la péninsule ; il atteignit Odilon vraisemblablement sur les limites de la Bourgogne transjurane, et ensemble ils se dirigèrent sur Pavie. Pendant son séjour dans cette ville, le saint abbé de Cluny eut encore à prodiguer les trésors de sa miséricorde et à exercer sur le roi son heureuse influence. Jusque-là les cités italiennes s'étaient ouvertes sans difficulté devant le césar allemand. Pavie, la seconde ville du royaume lombard, cette fois encore, donna l'exemple de la résistance. Au milieu de la ville, non loin de l'église de Saint-Michel, se dressait la forteresse allemande, symbole de la domination de l'empire. On se rappelle que déjà en 1004, lors de leur première révolte, les habitants avaient, dans un accès de rage populaire contre les Allemands, livré aux flammes le magnifique palais construit dans leurs murs par Théodoric et embelli par Othon III, où l'empereur descendait quand il venait ceindre la couronne de Lombardie. Henri II, après sa victoire, les obligea à le reconstruire sur la même place, à leurs frais. A peine eurent-ils appris sa mort (en 1024), que la population de Pavie, se précipitant de nouveau sur la forteresse, n'en laissa pas subsister pierre sur pierre (1). Après quoi l'on décida solennellement en assemblée du peuple, que jamais plus un roi ne prendrait logis dans l'intérieur de la ville. Puis, après cette rupture ouverte avec l'Alle-

---

(1) Wippo, *Vita Conradi Salici*, chap. vii.

magne, les princes italiens s'unirent et résolurent de constituer un royaume italien indépendant. Des ambassadeurs quittèrent la plaine lombarde et vinrent à la cour de Robert. Ils offrirent la couronne d'Italie au roi de France (1) ou, à son défaut, à son fils aîné Hugues (2), jeune homme âgé d'environ dix-sept ans, doué des plus belles qualités. Mais Robert ne crut pas devoir accepter ; probablement l'entreprise lui paraissait périlleuse et trop incertaine, et il se fiait peu aux Italiens. On offrit aussi la couronne de Lombardie à Guillaume de Poitiers, qui la refusa (3). C'est alors que, la première fièvre passée, on réfléchit que le châtiment pourrait bien ne pas tarder à venir, et l'on songea à le détourner. En vain les bourgeois de Pavie envoyèrent-ils des députés au roi Conrad, à Constance, pour se justifier, au commencement de l'année 1027, Conrad marcha sur Pavie ; il s'empressa d'attaquer vigoureusement la ville pour la punir de sa désobéissance. Mais il avait compté sans la charité compatissante d'Odilon. Le grand abbé travailla avec un invincible courage à apaiser la colère du roi et il demanda grâce pour les coupables. Sa médiation eut un plein succès. La prière suppliante de notre saint toucha le cœur du prince, et, comme sous l'empereur Henri II, la religion de miséricorde porta ses fruits. Grâce à Odilon, l'homme de toutes les miséricordes, Pavie échappait encore une fois au glaive et à l'incendie (4).

De Pavie, l'abbé de Cluny et le césar allemand se

(1) Lettre de Foulque à Robert, dans MIGNE, *Patrol. lat.*, t. CXLI, col. 938.
(2) Raoul GLABER, liv. III, chap. IX.
(3) *Recueil des historiens de France*, X, 483 C ; 484 E ; MIGNE, *Patrol. lat.*, l. c., col. 241.
(4) JOTSALD, II, 7 ; *Jahrb. Konrad II*, t. I, p. 76 et suiv., 81, 136 ; GIESEBRECHT, *loc. cit.*, p. 239 et suiv.

rendirent directement à Rome où ils arrivèrent le mardi de la semaine sainte, 21 mars. Le jour de Pâques, Conrad et son épouse Gisèle reçurent la couronne impériale des mains du pape Jean XIX entouré d'une très brillante cour de princes séculiers et de dignitaires ecclésiastiques ainsi que d'une foule d'abbés. « Au nombre des religieux réguliers, dit le chroniqueur, se trouvait l'abbé Odilon rayonnant comme un météore qui projetait le plus vif éclat (1). » Le surlendemain, le Pape lut la bulle qui accordait sa protection en faveur de Cluny, mais non sans faire une application personnelle à l'empereur et au roi de Bourgogne. Quelques jours après, le 6 avril, il réunit un grand synode dans la basilique constantinienne du Sauveur, c'est-à-dire dans le Latran (2). Les documents originaux disent que le nouvel empereur y assista avec les archevêques et évêques de son escorte, c'est-à-dire Aribo de Mayence, Poppo de Trèves, Bruno d'Augsbourg et d'autres encore, parmi lesquels il faut citer Odilon, le saint abbé de Cluny (3). Nous avons dit assez longuement, ailleurs, les raisons pour lesquelles les abbés étaient admis dans les conciles à participer aux intérêts généraux de l'Eglise.

Odilon, toujours préoccupé de relever les monastères et d'y introduire les coutumes de Cluny, afin de les ramener à la ferveur, voulut profiter de son séjour à Rome, pour demander à l'empereur Conrad de lui céder une maison religieuse d'Italie déchue de sa ferveur première, l'abbaye de Brême Novalèse. Situé au pied du mont Cenis, dans l'ancienne vallée *Segusina*,

---

(1) Giesebrecht, *loc. cit.*, p. 241.
(2) Giesebrecht, t. II, p. 267.
(3) Damberger, *Synchronist Geschichte*, t. VI, p. 47 ; Cf. Héfélé, *Histoire des conciles*, t. VI, p. 264.

qui fut désignée ensuite sous le nom de Novalèse, ce monastère a une origine fort ancienne ; mais l'époque précise de sa fondation a été fort discutée et fixée bien différemment par les érudits. S'il faut en croire Mabillon, l'abbaye de Novalèse remonterait jusqu'à la première moitié du VIIIe siècle, vers l'année 739, et aurait Abbon pour fondateur (1).

Après des alternatives de longue prospérité et de dures épreuves, le monastère de Saint-Pierre de Brême (2), qui avait été en dernier lieu envahi et saccagé par les Sarrasins, fut, en 960, donné aux religieux de Novalèse par un riche seigneur appelé Adalbert.

Comblés de ses bienfaits, les moines qui étaient venus s'établir à Brême reçurent, sous l'abbé Gézon, un témoignage particulier de bienveillance de l'empereur Othon le Grand qui leur accorda un diplôme entièrement favorable aux intérêts du monastère. Ce même abbé Gézon y reçut les vœux du moine anonyme que le désir de faire connaître la célébrité de l'abbaye de Novalèse porta plus tard à en écrire les annales. S'il faut en croire ce chroniqueur anonyme qui écrivait au milieu du XIe siècle, la vieille abbaye de Brême était bien déchue de son ancienne splendeur. Dans sa chronique, le bon moine donne de vifs regrets aux temps qui ne sont plus, et dans lesquels il retrouve et célèbre l'âge d'or du monachisme. Après avoir minutieusement décrit l'ordre parfait avec lequel les moines, divisés en décuries, accomplissaient alors tous leurs exercices, il conclut en disant : « C'est ainsi qu'en cet heureux âge,

---

(1) Mabillon, *de Re diplom.*, p. 511 ; *Annal.*, IV.

(2) « Bremetense monasterium S. Petro dicatum, in diœcesi Ticinensi. » — Brême est un bourg de la province de Pavie situé dans l'arrondissement de Lomelline, près du confluent de la Sésia et du Pô.

la discipline florissait dans le monastère. L'hospitalité y était largement pratiquée ; la charité y brillait d'un pur éclat ; l'aumône y prodiguait ses dons, et la prière y montait sans cesse vers Dieu, pour l'invoquer en faveur des vivants aussi bien que des morts. »

Hélas ! il n'en était plus ainsi au temps d'Odilon. Déjà quelque temps après la visite du saint abbé au Mont-Cassin, on avait tenté à Brême une réforme qui n'y fut introduite que plus tard. Mais le 15 ou le 16 janvier 1027 mourait Gotefred, abbé du monastère. Odilon avait un neveu qui, jusqu'ici, avait vécu à Cluny. C'est à ce neveu, appelé comme lui Odilon, qu'il songeait lorsqu'il demanda à l'empereur Conrad l'abbaye de Brême, et il l'obtint en sa faveur. Le nouvel abbé, encore jeune, n'avait pas la maturité de l'expérience, et les moines les plus anciens eurent à se plaindre de sa trop grande sévérité. Il ne crut rien faire de mieux, pour se ménager les bonnes grâces des vassaux, que de leur abandonner une grande partie des biens du monastère. Et ce qu'il y avait de plus grave, c'est que, plein de confiance en l'influence de son oncle sous la direction duquel se trouvait l'abbaye, il ne se préoccupa nullement, ce semble, de témoigner à Conrad la considération et la reconnaissance qu'il lui devait, de telle sorte qu'il rendit bientôt sa position impossible. Aussi bien l'empereur, vers l'an 1031, se crut obligé de lui retirer son abbaye qu'il donna à Albéric, évêque de Côme, en échange de travaux importants que le prélat fit exécuter à ses frais. Cependant les moines de Brême ne purent s'empêcher de témoigner leur mécontentement ; quelques-uns même, pour n'avoir pas à jurer fidélité à l'évêque, prirent un parti extrême ; ils quittèrent le monastère. Mais Albéric s'unit à Maginfred II, margrave de Turin, et à

Adalric, évêque d'Asti, et, fort de leur appui, il se saisit du jeune Odilon et ne lui rendit la liberté que lorsque le jeune abbé lui eût prêté serment de fidélité. L'évêque Albéric mourut peu de temps après, et un Allemand du nom de Litiker lui succéda sur le siège de Côme. Le nouvel évêque, écartant le neveu de l'abbé de Cluny, mit Adrald II à la tête de l'abbaye. Etait-ce ce même Adrald qui avait été autrefois moine à Cluny, puis prieur de Payerne, éloquent, savant et d'une éminente piété, qui avait assisté au lit de mort d'Odilon et plus tard avait accompagné Pierre Damien envoyé à Cluny par le pape saint Grégoire VII ? Nous ne savons. Il souscrivit l'an 1059 à un important synode à Rome où fut réglée la question capitale de l'élection des Souverains pontifes, puis il alla s'asseoir sur la chaire épiscopale de Chartres où il mourut en 1075. Aldrad était un ami de saint Pierre Damien ; il s'employa très activement à la réforme de la vie claustrale, et il jouit partout d'une haute considération (1).

Odilon ne resta pas longtemps à Rome après le couronnement de Conrad II. Peu de temps après la cérémonie il prit congé de l'empereur et rentra directement en Bourgogne pour assister au sacre d'Henri Ier, roi de France (2). Mais son séjour dans la Ville éternelle

---

(1) Appendix *Chron. Noval.*, dans les *Monum. Germ. SS.*, t. VII, p. 124 et suiv. ; *Jahrbücher des Deutschen Reichs unter Konrad II*, t. I, p. 164 ; t. II, p. 179 et suiv. — Le 17 février 1031, Odilon était abbé de Brême, d'après son propre témoignage, consigné dans *Hist. Patriæ Monum.*, Chart. I, col. 492 et suiv. Avec Odilon, souscrit encore Gausmar, son prieur. — Sur Aldrad, voir *Vita S. Benedicti Abb. Clus.*, dans *Acta*, VI, II, p. 698 ; Petrus DAMIANI, *Vita S. Odilonis*, dans *Bibl. Clun.*, col. 317 ; Opusc. XVIII (*epist. ad Adelaid.*), *Opera omnia*, t. VI, p. 184 ; Opusc. XXXIV, *Opera omnia*, t. III, p. 259 ; MABILLON, *Annal.*, t. IV, p. 578 et 593 ; *Gall. Christ.*, t. VIII, col. 1121 ; DAMBERGER, *Synchronist. Geschichte*, t. VI, p. 576.

(2) *Jahrbücher des Deutschen Reichs unter Konrad II*, p. 138 et suiv. ; 147 et suiv. ; 165 et suiv.

eut les plus heureux fruits. Outre l'affectueuse bienveillance dont il fut l'objet de la part de l'empereur Conrad II, il obtint du pape Jean XIX une bulle confirmant les possessions de son monastère. Aux termes de cette bulle à laquelle notre saint abbé attachait tant de prix, et publiée « par-devant Conrad, élu empereur romain et couronné roi », l'abbaye de Cluny « était formellement soustraite à toute autorité épiscopale, confirmée dans ses anciennes libertés, et défense absolue était signifiée aux évêques de frapper les clunisiens (1) de la peine de l'excommunication. » Odilon avait grand besoin de trouver auprès du chef de l'Eglise qu'il servait avec un dévouement admirable force, consolation et appui dans les grandes épreuves qu'il plut à Dieu de lui envoyer et où nous allons voir ressortir avec éclat un nouveau rayon de son éminente sainteté.

(1) JAFFÉ, n° 3101. — Lors de ce séjour à Rome, le pape Jean XIX fit au monastère de Cluny une donation de terre (*Jahrbücher des Deutschen Reichs unter Conrad II*, t. II, p. 488 et suiv.).

CHAPITRE XXIV

DÉMÊLÉS AVEC LES ÉVÊQUES DE MACON ET D'AUTUN

(1025-1033)

L'INFLUENCE de Cluny commençait à s'étendre sur presque tout l'Occident, mais c'est surtout en France qu'elle avait son action principale. Les grands monastères, pour la plupart, avaient adopté sa juridiction ou du moins sa règle et ses coutumes, et nous avons vu qu'en Italie et ailleurs plusieurs maisons de Dieu s'étaient réformées sur le modèle de la grande abbaye bourguignonne. A mesure que les branches du grand arbre s'étendaient et se multipliaient, le tronc se faisait plus vigoureux, afin de pouvoir supporter la charge et transmettre la sève jusqu'aux derniers rameaux. Cluny continuait donc à rayonner au loin dans le pur éclat de son antique ferveur. Une grande querelle agitait en ce moment l'Eglise : clergé séculier et régulier se disputaient l'influence. L'épiscopat inquiet se prépara à faire à Odilon et à ses moines une guerre acharnée. Déjà nous avons vu ailleurs Adalbéron (1), évêque de Laon, exhaler dans un indigne

---

(1) Voir plus haut, chapitre XVI.

pamphlet sa haine contre le saint abbé et son illustre abbaye. Mais voici qu'une vieille querelle des évêques de Mâcon vient de se réveiller plus vive que jamais. Le monastère de Cluny, depuis sa fondation, avait été placé sous la protection et l'immunité des souverains pontifes, et « c'était justice, puisque son fondateur, Guillaume le Pieux, ne l'avait recommandé à aucun avoué ni patron, à aucun roi ni prince, mais à Dieu et au bienheureux Pierre, ainsi qu'à tous les pontifes romains vicaires du Christ (1). » Aussi tous les papes qui s'étaient succédé sur la chaire de saint Pierre avaient comblé de privilèges l'abbaye bourguignonne, et, parmi ces privilèges, le plus remarquable était l'exemption de Cluny à l'égard de l'évêque diocésain. En quoi consistait l'exemption monastique et quels sont les motifs qui pouvaient la justifier, c'est ce que nous devons exposer en quelques mots pour faire apprécier l'importance et la gravité du débat qui nous occupe.

On peut diviser les exemptions en deux classes. Les unes atteignent principalement des églises ou des territoires déterminés ; elles touchent à la hiérarchie des églises, pénètrent dans son sein, et revêtent par là un caractère local et territorial comme la hiérarchie elle-même. Les autres regardent comme leur objet premier et principal des ordres ou des classes de personnes constituées en dehors de la hiérarchie des églises. Les exemptions de la première classe sont les plus anciennes dans l'histoire de l'Eglise. Leur première application eut lieu en faveur des monastères ; et ici nous ne voulons pas parler des simples privilèges apostoliques,

---

(1) Le pape Urbain II (*Recueil des hist. des Gaules*, t. XIV, p. 100 ; *Bibl. Clun.*, col. 518).

législation tutélaire qui mettait sous la garde du Saint-Siège la sainte liberté des religieux et les protégeait contre les envahissements séculiers et les entreprises possibles des évêques eux-mêmes sur leurs biens ou sur l'intégrité de l'observance. Ces privilèges préparèrent la voie aux exemptions proprement dites qui parurent plus tard. Celles-ci rattachent immédiatement le monastère au Saint-Siège, tellement que le souverain pontife en devient l'unique évêque, et que la juridiction s'y exerce en son nom et par communication de son autorité. Telle était l'exemption accordée à la célèbre abbaye de Cluny.

On conçoit sans peine la haute convenance de ces exemptions pour les grandes institutions monastiques. Déjà l'Eglise d'Afrique (1) avait senti le besoin de rattacher immédiatement au siège métropolitain de Carthage les monastères de cette région qui se recrutaient dans l'Afrique tout entière, et qui, par leur importance, semblaient parfois éclipser l'église épiscopale voisine, en ces contrées surtout où les sièges épiscopaux s'étaient multipliés avec une sorte d'excès. En Orient, une discipline semblable soumettait les grands monastères à l'autorité immédiate des patriarches. Des causes semblables expliquent les exemptions des grands monastères d'Occident. Convenait-il que des abbayes puissantes, dont les fondations et les prieurés s'étendaient au loin et dans un grand nombre de diocèses, que des institutions qui, par ce développement providentiel, prenaient une importance universelle et intéressaient l'Eglise tout entière, relevassent d'un siège voisin et d'une cité médiocre? L'évêque lui-même eût été, dans son propre diocèse, obscurci davantage par

---

(1) Conc. Carth., an. 525.

l'abbé d'un de ces grands monastères, si cet abbé eût été son diocésain. L'abbé de Cluny, par exemple, devait-il rester sous la juridiction de l'évêque de Mâcon ? Et l'illustre abbaye pouvait-elle faire partie de ce diocèse sans y effacer l'église cathédrale elle-même ? (1)

On comprend donc facilement les motifs de l'exemption monastique. L'exemption de la juridiction de l'évêque du diocèse se justifie, en effet, par plusieurs motifs. C'est d'abord le besoin de l'unité que tout ordre religieux tient justement à conserver entre les différentes maisons du même ordre et même entre chacun de ses membres. Unité dans la manière d'entendre les vœux et les règles, et dans la manière de les pratiquer, dans l'observation de la discipline religieuse, et les coutumes établies. Rien, en effet, n'est plus fatal à l'esprit monastique que des changements perpétuels et une instabilité constante dans la direction (2). L'exemption avait donc pour premier but de garantir la pureté de la règle et son tranquille exercice contre toute atteinte extérieure. Voici comment elle est formulée par le concile de Carthage tenu en 525 (3) : « Tous les monastères sans exception seront, comme ils l'ont toujours été, en tout point libres de la condition des clercs, n'ayant à plaire qu'à eux-mêmes et à Dieu. » Une seconde raison qui justifie l'exemption de la juridiction épiscopale, c'est l'autorité immédiate du sou-

---

(1) Voir dom Gréa, *de l'Eglise et de sa divine constitution*, p. 473 ; Paris, Palmé, 1885.

(2) C'est ce qui a donné lieu à l'institution si importante et si utile de la *congrégation des évêques et réguliers*, qui est l'organe du Saint-Siège dans les questions qui concernent les religieux.
Cf. Huguenin, *Expositio methodica juris canonici*, § 2, n° 585 ; Paris, Gaume, 1887.

(3) « Erunt omnia omnino monasteria, sicut semper fuerunt, a conditione clericorum modis omnibus libera, sibi tantum et Deo placentia. »

verain pontife comme vicaire de Jésus-Christ sur les églises particulières, définie par le concile du Vatican (1) ; car il n'est aucune partie de l'autorité épiscopale qui ne lui appartienne essentiellement et qu'il ne puisse toujours exercer. La prédication de la doctrine, l'administration des sacrements, le gouvernement pastoral, la collation de la puissance ecclésiastique, les jugements, toutes ces fonctions, qui forment le champ de la puissance épiscopale, sont aussi, sans aucune restriction possible, l'objet de la puissance du souverain pontife en chaque église. Par là, le souverain pontife est bien réellement et par l'essence même de son autorité l'ordinaire du monde entier, et il peut toujours et à toute heure exercer, soit par lui-même, soit par ses mandataires, la juridiction qui lui appartient à ce titre. Et lorsque, par l'exemption, le souverain pontife soustrait à l'autorité d'un évêque, pour les soumettre exclusivement à la sienne, des églises ou des personnes, il ne fait qu'affirmer par cet acte son pouvoir immédiat sur tous et chacun des fidèles, dont il est le pasteur et le docteur. L'exemption n'est donc pas, comme on l'a dit, une des conquêtes successives du monachisme ; elle fait partie de sa constitution ; elle ne tient pas seulement à des raisons de convenance, elle repose sur la nature même des choses et sur l'essence de l'état religieux qui est un état nécessaire à l'Eglise, et en même temps un état essentiellement libre (2). S'il était possible qu'un jour l'état religieux

(1) « Docemus proinde et declaramus ecclesiam Romanam, disponente Domino, super omnes alias ordinariæ potestatis obtinere principatum, et hanc Romani Pontificis jurisdictionis potestatem, quæ vere episcopalis est, immediatam esse. » (*Concil. Vatic.*, Constitut. *Pastor æternus*, cap. III.)

(2) On pourrait concevoir l'Eglise non pas sans aucun clergé, mais sans clergé *séculier*, car la sécularité n'est pas d'institution divine, et

cessât d'exister de fait, dit Brucker, ce jour-là il manquerait un élément nécessaire à la sainteté de l'Eglise; car cette sainteté suppose constamment pratiquée dans l'Eglise non pas seulement l'observation des préceptes, qui a été expressément commandée par son fondateur, mais encore la profession de la vie parfaite, qui a été instituée par lui sous forme de conseil (1). L'état religieux, ainsi considéré dans ses relations qu'il a avec la sainteté même de l'Eglise, n'est donc pas en elle un simple accessoire, un accident superflu, et comme une parure de luxe dont l'épouse de Jésus-Christ peut se passer. Mais cet état est l'Eglise elle-même dans sa partie la plus excellente. L'attaquer dans la doctrine ou par la violence, c'est attaquer l'Eglise elle-même et l'attaquer au cœur; c'est vouloir lui interdire les voies publiques et ordinaires de la sainteté, qui est la plus excellente de ses notes essentielles (2).

C'est à la lumière de ces principes théologiques qu'il convient d'apprécier la conduite de l'évêque Goslin dans les faits que nous allons rapporter. Déjà les évêques de Mâcon, ses prédécesseurs, avaient vu dans l'exemption du monastère de Cluny une grave atteinte portée à leur autorité. Mais, en l'année 1025, un nouvel orage s'ammoncelle sur l'abbaye clunisienne plus terrible que tous ceux qu'elle avait eu à subir dans le

---

rien n'empêche, en principe, que l'Eglise soit gouvernée par un clergé exclusivement régulier. (Voir BRUCKER, *l'Alsace et l'Eglise au temps du pape S. Léon IX*, t. I, p. 213, note 1; Cf. l'abbé BOUIX, *de Jure regularium*, t. I, 172; t. II, p. 113.

(1) BRUCKER, ouvr. cité.

(2) Ainsi conçu, l'état religieux est tellement de l'essence de l'Eglise qu'il a naturellement commencé avec elle, ou plutôt qu'elle a commencé par lui. « (Ordinem monachorum aut religiosorum) qui primus fuit in Ecclesia, imo a quo cœpit Ecclesia » (S. BERN., *Apol. ad Guill.*, c. x, nº 24.)

passé. Des réclamations s'élevèrent, des mesures furent prises contre les exemptions tant de fois et si solennellement affirmées et confirmées par les souverains pontifes. Cette fois, ce n'étaient plus les possessions ou les droits des monastères, mais ses libertés et son indépendance qui subissaient un redoutable assaut.

Ce coup audacieux devait être d'autant plus sensible au cœur d'Odilon qu'il venait d'un évêque auquel le pape Benoît VIII avait écrit personnellement pour lui recommander, comme à beaucoup d'autres prélats, la protection de Cluny, et que jadis le même évêque avait donné, extérieurement du moins, plus d'un témoignage de ses sentiments de bienveillance envers la grande abbaye bourguignonne et son saint abbé (1). Donc, dans le courant de l'an 1025, trois métropolitains : les archevêques Burchard de Lyon, Burchard de Vienne et Amiro de Tarentaise, puis les évêques Helmuin d'Autun, Gozlin de Mâcon, Gaufried de Chalon, le comte-évêque Hugues d'Auxerre, Guigue de Valence, Humbert de Grenoble, Azibald d'Uzès, Anselme d'Aoste et Urard de Maurienne tinrent un synode dans l'église de Saint-Romain à Anse *(assa Paulini)* (2), près de Lyon. Dans ce synode, en présence des archevêques et évêques que nous venons de nommer, Gozlin, évêque de Mâcon, se plaignit de ce que Burchard, archevêque de Vienne, eût, sans son consentement et au mépris des saints canons, conféré les saints ordres à des moines de Cluny, quoique ce monastère fût situé dans le diocèse de Mâcon. L'archevêque répondit qu'Odilon, abbé de Cluny, qui l'avait invité à conférer ces ordres, était lui-même présent, et qu'il

---

(1) Dans l'année 1023, l'évêque Gozlin fit à Cluny une donation à l'occasion d'un échange de terres. (MABILLON, *Acta*, VI, 1, p. 564, n° 40.)
(2) Cf. chap. VII.

pouvait mieux que personne expliquer ce qui s'était passé. Odilon, en effet, présent au concile avec quelques-uns de ses religieux qui l'y avaient accompagné, s'empressa d'invoquer les libertés et les privilèges accordés à Cluny par le siège apostolique, en vertu desquels les moines ne sont soumis à aucun évêque et ont le droit d'appeler tout évêque qui leur plaira pour faire l'ordination des religieux, et il donna lecture des nombreuses bulles des souverains Pontifes qui établissent l'exemption de l'abbaye clunisienne, spécialement sur le point contesté. Entre autres documents il produisit sans doute l'acte encore tout récent du pape Jean XIX qui, en l'année 1025, avait sanctionné de sa haute autorité tous ces privilèges à la requête de l'empereur saint Henri (1). Les Pères du concile n'eurent garde de contester l'authenticité de ces pièces, mais ils furent d'avis que ces bulles n'avaient pas force de loi, parce qu'elles étaient en opposition avec le concile général de Chalcédoine de 451 qui, soit dans les canons, soit dans d'autres de ses prescriptions, avait réglé d'une autre manière l'exercice de la juridiction épiscopale. Dans son quatrième canon, en particulier, il avait décrété « que nul ne pourrait, en quelque endroit que ce fût, bâtir ou établir un couvent ou une église sans l'assentiment de l'évêque de la ville ; que les moines seraient soumis à l'autorité ordinaire de l'évêque diocésain (2). Les privilèges accordés à Cluny

---

(1) *Bull. Cluniac.*, p. 8.
(2) Héfélé, *Hist. des conciles*, t. III, p. 104. — Ce quatrième canon, quoique porté contre les sarabaïtes et les gyrovagues, brièvement mentionnés par saint Benoît dans le premier chapitre de sa Règle, n'avait aucune valeur pour Cluny. La situation de l'abbaye était exceptée des déterminations de droit commun, et elle avait été réglée, comme nous l'avons déjà vu, par des dispenses particulières des souverains pontifes.

par les souverains pontifes furent donc déclarés de nulle valeur, puisqu'ils étaient formellement opposés aux saints canons. Il n'importait pas, paraît-il, aux Pères du concile d'Anse, de savoir que le pape est justement la source d'où les canons tirent leur autorité, même ceux d'un concile œcuménique auxquels la sanction apostolique donne seule valeur obligatoire. Ils n'avaient pas à considérer, pensaient-ils, si depuis le ve siècle les pontifes romains, en particulier saint Grégoire le Grand, n'avaient pas modifié la discipline (1) à l'endroit des moines et des monastères. L'erreur gallicane est de tous les temps. L'archevêque de Vienne reconnut si bien le droit prétendu de Gozlin qu'il avoua s'être trompé, et il eut la naïveté de se reconnaître coupable envers l'évêque de Mâcon, en se conformant à la sentence du synode. Il promit au prélat, afin de se réconcilier avec lui, de lui envoyer, tant qu'il vivrait, une quantité d'huile suffisante pour composer le saint-chrême (2).

Cette décision du synode d'Anse fut pour Odilon et son monastère un coup bien rude, capable de paralyser le grand œuvre de la réforme inaugurée et poursuivie par le saint abbé avec un zèle infatigable, et peut-être d'amener à bref délai la ruine complète de son illustre abbaye. Le coup, il est vrai, ne s'adressait en apparence qu'à l'archevêque de Vienne, et cependant il invalidait tout à coup et contre tout droit les bulles des papes relatives aux privilèges de Cluny. Quant à l'évêque de Mâcon, sa conduite n'était pas seulement coupable d'injustice, elle renfermait encore un mépris formel de l'autorité du pape, et Gozlin n'était rien

---

(1) Voir dom L'HUILLIER, *Vie de S. Hugues*, p. 133.
(2) HÉFÉLÉ, ouvr. cité, t. VI, p. 259; LABBE, *Sacrosancta Concilia*, t. IX, col. 859; MANSI, t. XIX, p. 423.

moins que schismatique. Que fit alors Odilon ? Il n'eut garde de tenir pour abrogés les actes pontificaux contre lesquels un concile provincial ne pouvait en aucun cas prévaloir. Lui, l'apôtre de la charité, de la condescendance, de la prudence, plein de confiance en la justice de sa cause, il en appela à Rome, au jugement de l'autorité suprême. Deux ans après le concile d'Anse, en 1027, il obtenait du pape Jean XIX, en concile romain, la confirmation solennelle des privilèges contestés. Le pape voulut la notifier dans une lettre adressée à tout l'épiscopat, dans laquelle, sans nommer personne, il blâme les attaques dirigées par certains évêques contre les clunisiens (1). La voix du souverain pontife ne fut pas entendue, car cinq ans après, en 1030, Jean XIX écrivit presque en même temps à Robert, roi de France, à Odilon, à l'évêque Gozlin et à l'archevêque Burchard de Lyon. Voici la lettre qu'il écrivit à Robert le Pieux pour lui rappeler le devoir de faire respecter les décisions du Saint-Siège : « Nous étions donc
« réservés, très religieux roi, à ces temps mauvais où
« la charité s'éteint dans les cœurs et où l'iniquité
« surabonde. L'état ecclésisastique est confondu, l'or-
« dre de la religion sainte foulé aux pieds, la piété et
« la justice outragées, les édits royaux aussi bien que
« les décrets apostoliques audacieusement violés. Et
« ce sont des hommes qui se disent chrétiens qui en
« viennent à de tels excès ! Votre royale sublimité a le
« devoir de veiller plus que jamais pour maintenir dans
« l'étendue de ses Etats la règle de foi catholique, et
« faire triompher la vérité contre ses ennemis, afin que
« partout les bons deviennent meilleurs et que les
« pervers soient ramenés dans la voie du bien. Ce

---

(1) *Bull. Cluniac.*, p. 9 ; Jaffé, *Regesta*, ann. 1027, n° 3101.

« n'est pas seulement à notre autorité pastorale que
« ce devoir est imposé en vertu du serment de notre
« ordination ; il l'est aux rois par celui de leur sacre. »

Après cette énergique exhortation, le pape va plus loin, et il ne peut s'en ouvrir sans une grande douleur. Quelques évêques du royaume de Robert ont porté atteinte à leur dignité en se rendant coupables du crime de simonie ; il ne leur suffit pas de dissiper dans un luxe mondain le gain injustement acquis, au mépris de l'ordre monastique ; mais ils cherchent encore pour leur propre damnation à causer du dommage à ces monastères que leurs fondateurs ont, par testament, confiés à l'autorité de l'Eglise romaine, et dont ils font servir les biens à leur usage personnel. Ces hommes voudraient détruire la tête en travaillant à opérer la division parmi les membres. Par leurs injustices et leurs outrages, ils ne cessent de harceler ceux que le pape regarde comme habitants de sa maison (1), alors qu'eux-mêmes, dans leur profonde misère, ne veulent pas comprendre qu'enfants de la sainte Eglise, leur mère, ils devraient accueillir et vénérer avec une piété toute filiale les prescriptions du Saint-Siège, et les reconnaître sans la moindre hésitation, comme la règle des saints canons. Le pape signale les violences commises contre les plus vertueux personnages, en particulier contre le vénérable Odilon, abbé de Cluny, qu'une sainteté éminente ne mettait point à l'abri de pareilles persécutions. Il se plaint de « l'influence exécrable » de quelques seigneurs qui poussaient à l'épiscopat des sujets indignes, afin de les avoir plus tard pour complices dans leurs entreprises sacrilèges.

---

(1) « Et eos quos ut vernaculos habet. » On pense qu'il s'agit ici des clunisiens.

Puis il reprend en ces termes : « Ils osent se déchaîner
« ouvertement contre l'autorité de l'Eglise romaine,
« laquelle a droit de juger toutes les autres Eglises,
« sans que nul puisse ni appeler de son jugement ni
« le réformer. Quelle folie à un chrétien, disait Léon
« le Grand, d'outrager celui qui représente le bienheu-
« reux Pierre, prince des apôtres, et dont le porte-clefs
« du royaume céleste est le tuteur et le patron ! » Le
pape conclut enfin par ces paroles : « Pour réprimer la
« rage et l'insolence de ces criminels, pour sauvegarder
« contre leurs attentats les églises et les monastères
« placés sous notre protection, et en particulier l'illus-
« tre abbaye de Cluny, nous avons adressé à notre
« bien-aimé fils Odilon pour lui et ses successeurs à
« perpétuité un privilège revêtu de notre autorité apos-
« tolique, dont nous transmettons un exemplaire à
« votre sublimité royale, afin qu'elle lui donne force de
« loi dans ses Etats et le fasse notifier à tous les évêques
« et à tous les seigneurs, en sorte que quiconque, soit
« prince, soit évêque, oserait le transgresser, tombe à
« la fois sous le coup de l'anathème apostolique et sous
« la vindicte des décrets royaux (1). »

En même temps que le pape Jean XIX expédiait
cette bulle au roi de France, il en envoyait aussi,
comme nous venons de le voir, un exemplaire à Odilon
à qui il confirmait de nouveau la possession et les droits
de l'abbaye de Cluny. Une troisième lettre, comme
nous l'avons dit, était adressée à Gozlin, évêque de
Mâcon. Cette lettre était sévère ; elle menaçait Gozlin
de déposition s'il continuait à molester Cluny. Elle
était conçue en ces termes : « La tête de toutes les
« Eglises, dit le Pontife, c'est-à-dire la sainte Eglise

(1) JAFFÉ, *Regesta*, n° 3110.

« romaine que nous gouvernons avec l'aide de Dieu,
« souffre de l'injure que vous lui avez si cruellement
« causée, et c'est par celui qui semble ne lui avoir
« jamais été si intimement uni que cette injure lui a
« été faite. Depuis votre élévation à la dignité épisco-
« pale, vous paraissiez être un fils et un vrai disciple
« de l'Eglise romaine, et c'est à ce titre que vous avez
« été tenu en haute estime par nous et nos prédéces-
« seurs. Mais à présent, séduit par nous ne savons
« quelle étrange audace, vous êtes enflammé d'une
« insatiable ambition, vous vous révoltez contre votre
« mère, et vous vous élevez contre nous qui, par le
« mérite de l'apôtre saint Pierre, sommes votre maître ;
« vous jetez le trouble dans le monastère de Cluny
« qui, par sa piété, répand la lumière parmi presque
« toutes les nations et qui, fort des privilèges aposto-
« liques, a été soustrait à toute autorité et soumis à la
« seule juridiction du prince des apôtres et de ses
« successeurs. Vous attaquez aussi sans respect le père
« et seigneur de ce monastère, vénérable même aux
« yeux des infidèles, le saint abbé Odilon et ses
« frères qui séjournent à Cluny, eux qui désirent le
« repos temporel pour obtenir le repos éternel, puis
« vous attaquez et vous vous efforcez d'anéantir les
« privilèges apostoliques. Nous regardons cette con-
« duite comme un facile moyen d'arriver à la disper-
« sion même de nos membres, ce qui ne saurait exister
« sans perversité de votre part. Vous voilà maintenant
« averti ; prenez garde pour votre âme. Laissez-nous
« votre unique monastère, afin que par notre autorité
« apostolique, vous ne soyez pas séparé de notre
« société, si, contre notre volonté formelle, vous
« persistiez à vous insurger contre Cluny. Toutefois,
« au cas où une raison suffisante vous forcerait à agir

« contre ce même monastère, veuillez en appeler à
« notre jugement qui seul peut juger en dernier ressort.
« En d'autres termes, nous ne voulons pas nous appuyer
« sur le jugement précipité d'autrui, et nous proté-
« gerons ce monastère aussi bien contre vous qu'envers
« tout autre (1). »

Pour amener encore plus sûrement l'évêque Gozlin à renoncer à ses injustes prétentions sur Cluny, Jean XIX adressa aussi une bulle, la quatrième de cette affaire au métropolitain Burchard, archevêque de Lyon, dont voici la teneur : « Pour ce qui est de votre
« suffragant Gozlin, évêque de Mâcon, qui, au mépris
« des privilèges apostoliques, cherche à s'emparer des
« ordinations à Cluny, cela nous cause une peine d'au-
« tant plus vive que son ambition lui a déjà mérité
« l'excommunication de plusieurs de nos prédécesseurs.
« Nous savons que, par amour pour saint Pierre de qui
« relève tout particulièrement le monastère de Cluny,
« vous avez favorisé ses privilèges et vous ne cessez de
« le faire encore. Nous vous en exprimons notre recon-
« naissance et nous vous envoyons notre bénédiction
« apostolique, vous priant de vouloir bien lui continuer
« toujours cette même faveur. Nous vous demandons
« aussi de défendre à l'évêque susdit, comme nous
« l'avons déjà fait par notre bulle, d'ambitionner la
« fonction des ordinations ou d'exercer sans y être
« autorisé toute autre fonction dans notre monastère.
« En s'arrogeant ces injustes prétentions, il pourrait,
« sur les plaintes réitérées des Pères (2), être privé de
« toute autorité épiscopale, ce qui, à cause de sa déso-
« béissance ne serait que juste et équitable (3) »

(1) Jaffé, *Regesta*, n° 3111.
(2) Il s'agit ici de l'abbé Odilon et de ses moines.
(3) Jaffé, *Regesta*, n° 3112.

Quelle fut la réponse de Gozlin à ces énergiques remontrances? L'histoire ne le dit pas, mais ce que nous pouvons affirmer, c'est qu'il trouva dans le cœur paternel du chef de l'Eglise des accents capables de l'émouvoir, puisque vers la fin de sa vie, l'évêque de Mâcon changea entièrement de conduite. Il dut entrer à Cluny pour s'y ensevelir dans l'obscurité et l'oubli du monde et y embrasser la vie monastique (1). Toujours est-il qu'après sa mort survenue vers le 8 juillet de l'an 1030, il reçut dans la grande abbaye clunisienne la sépulture ecclésiastique. Les humbles et charitables moines qui lui avaient de bon cœur pardonné ses anciennes hostilités, inscrivirent sur sa tombe cette épitaphe caractéristique :

GOZLIN
ÉLEVÉ A LA DIGNITÉ D'ÉVÊQUE PAR LA GRACE DE DIEU
S'ENVOLA VERS LE 8 JUILLET DE CETTE VIE MORTELLE (2)

Malgré les solennelles menaces renfermées dans les bulles adressées à la fois au roi de France, à l'abbé de Cluny et à l'évêque de Mâcon, les clunisiens n'étaient pas complètement rassurés. Leur prise de possession de l'abbaye de Vézelay, telle que nous allons le raconter, prouve jusqu'à l'évidence qu'ils ne pouvaient prétendre se soustraire à jamais à la juridiction épiscopale et qu'ils devaient encore s'attendre, de ce côté, à plus d'une hostile opposition. Mais il importe de dire auparavant quelques mots sur l'origine de cette abbaye devenue célèbre dans les annales monastiques.

Vézelay est une petite ville à quinze kilomètres ouest d'Avallon, située sur une montagne d'aspect imposant

---

(1) C'est du moins ce qu'affirme le clunisien Guillaume Buirin.
(2) *Gall. Christ.*, IV, col. 1059.

d'où l'on domine un pays étendu, où tout se trouve réuni : les pieux sentiments d'un pèlerinage, de curieuses observations scientifiques, les études artistiques les plus variées, et le charme des perspectives les plus pittoresques, à travers des contrées fertiles et cultivées. Les maisons s'étagent sur les flancs de la colline, dans un désordre qui n'est pas dépourvu de beauté. Les derniers débris de vieilles fortifications du moyen âge forment comme l'encadrement du tableau. Tout au sommet de la crête de la montagne, l'antique église abbatiale se dresse altière, impérieuse, presque menaçante, toute semblable à un château fort féodal. Durant de longs siècles, Vézelay avec sa vieille abbaye passa pour une place imprenable. La nature avait fait beaucoup pour rendre inutile toute tentative des ennemis ; l'art en avait rendu les abords difficiles, la religion y avait ajouté sa sauvegarde toujours respectée.

L'abbaye de Vézelay avait été fondée en 857, par Gérard de Roussillon, comte de Nivernais, et par Berthe Giralde, sa femme, pour servir d'asile à des filles pieuses de la contrée. Mais les religieuses qui occupaient cette maison ayant été dispersées par le malheur des temps, le pape Jean VII, venant au concile de Troyes, les remplaça par des moines de l'ordre de Saint-Benoît. Cette abbaye avait été longtemps sans renommée, et à l'époque où nous sommes arrivé, c'est-à-dire en l'année 1027, elle était en pleine décadence ; une réforme urgente s'imposait, et cette réforme ne pouvait s'accomplir sans l'annexion à la grande abbaye de Cluny. Mais si l'annexion de certaines abbayes n'offrait pas de difficultés et s'opérait sous des formes pacifiques, il n'en était pas ainsi dans les monastères ayant plus de vitalité et où les religieux, jaloux de leurs prérogatives, se sentaient en force de les défendre. A Vézelay, l'immixtion d'une autorité étrangère n'était pas sans péril. L'abbé Hermann, qui gouvernait alors ce monastère, en avait été ignominieusement chassé avec ses moines, à l'instigation de Landry, comte de Nevers, et il avait été remplacé par un religieux de Cluny (1), sans le consentement de l'évêque d'Autun. Cet évêque se nommait Helmuin, prélat plus jaloux d'affirmer son autorité épiscopale que de se rendre avec docilité aux ordres du Saint-Siège. Deux ans auparavant il avait assisté au concile d'Anse, et il était un de ceux qui avaient condamné l'archevêque de Vienne et annulé les privilèges de Cluny. La prise de possession de Vézelay par un moine de la grande abbaye bourguignonne ne pouvait obtenir l'approbation d'un évêque qui, ne reconnaissant pas l'existence et la légitimité de l'exemption clunisienne, s'abusait au point de voir tous ses droits méconnus. L'affaire de Vézelay ne semble pas avoir affecté au même degré l'abbé Guillaume de Saint-Bénigne, car il écrit presque en même temps à Odilon, pour lui donner avis du mécontentement de l'évêque d'Autun et de l'anathème (2) dont il vient de frapper les envahisseurs, ajoutant qu'il avait pris sur lui d'ordonner à son représentant, au nom de l'abbé de Cluny, de revenir le plus tôt possible pour ne pas rester sous le coup des foudres ecclésiastiques. Voici textuellement la lettre que Guillaume de Saint-Bénigne écrivait à notre saint abbé : « Je vous annonce, dit-il, que le roi Eudes a

---

(1) *Lettre de l'abbé Guillaume de Dijon à Odilon*, dans BOUQUET, *Recueil des historiens de France*, X, 505 ; MABILLON, *Annal.*, IV, p. 333.

(2) Cette excommunication eut lieu probablement après la bulle du 28 mars 1027.

« pris la direction de Vézelay, après en avoir chassé
« ignominieusement l'abbé Hermann (1011-1027) et
« ses moines, à l'instigation du comte Landry de
« Nevers et Auxerre, mais sans le consentement de
« l'évêque d'Autun (Helmuin). Ce dernier en a conçu
« un tel ressentiment contre vous, contre nous et
« notre maison, qu'il menace de nous faire tout le mal
« qu'il pourra, soit par lui-même, soit par les siens,
« c'est-à-dire de vous enlever le monastère de Mesvres
« (dépendance de Cluny) et de mettre en interdit tous
« les autels que nous possédons dans son évêché. En
« outre, il s'efforce d'exciter contre nous l'inimitié des
« évêques et celle des curés et des laïques de tout
« ordre et de tout rang. Il a défendu, sous peine d'ex-
« communication, à tous les frères de votre congré-
« gation d'habiter Vézelay, d'entrer dans l'église et d'y
« célébrer l'office divin. Eux, au contraire, invoquant
« les privilèges apostoliques qui ont consacré l'indépen-
« dance absolue du monastère, n'ont pas tenu compte
« de la sentence, ni de l'interdit lancé par l'évêque.
« Les lettres qu'il leur adressait à ce sujet ont été
« foulées aux pieds comme un objet de mépris. Non
« seulement sa colère en est devenue plus violente,
« mais tous ceux qui ont appris le fait en prennent
« occasion de nous accuser.

« Nos ennemis et ceux qui, jusqu'à ce jour, parais-
« saient nos amis, approuvent l'injustice dont nous
« sommes victimes. Ils nous taxent, même auprès des
« séculiers, de présomption et de cupidité, disant qu'il
« n'est jamais permis, pour aucun motif, d'enlever à
« un abbé sa dignité et ses fonctions sans une procé-
« dure canonique et un jugement de l'évêque diocé-
« sain.

« Entendant ce reproche et d'autres semblables de

« la bouche de nos adversaires comme de celle de nos
« amis, et ne pouvant obtenir que l'évêque dégageât
« nos frères des liens de l'anathème avant qu'ils
« eussent quitté Vézelay et fussent disposés à s'en
« retourner auprès de vous, je n'ai rien trouvé de plus
« sage que de leur ordonner, en votre nom, de revenir
« à Cluny le plus vite possible, afin que nul d'entre
« eux ne soit exposé à mourir de mort subite sous le
« coup d'une excommunication.

« Je ne sais encore si le comte Landry (très illustre
« personnage) voudra permettre cette retraite, ou si
« les moines y consentiront. Aussi, je m'empresse de
« vous avertir pour que vous preniez une résolution et
« que vous donniez vos ordres dans le plus bref
« délai (1). »

Si fort que fût de son endroit l'abbé de Cluny, pouvait-il délicatement profiter de la violence exercée par le roi Eudes sur les moines de Vézelay et accepter de ses mains la vieille abbaye bourguignonne ? On a quelque raison de s'en étonner, et l'on pourra apprécier diversement cette conduite d'Odilon. L'esprit judicieux du grand abbé, son éminente sainteté aurait-elle subi là une éclipse passagère ? Nous n'oserions l'affirmer, en l'absence de renseignements suffisants. Dieu permet quelquefois que même les âmes les plus saintes ne soient pas exemptes de toute faiblesse, afin de les tenir dans une plus grande humilité et de s'attacher ensuite plus intimement des cœurs qu'il a créés pour lui seul. Quoi qu'il en soit, le comte Landry ne s'opposa pas à la retraite des clunisiens (2). Si leur insuccès dans

---

(1) Mabillon, *Annal.*, IV, 453 ; Cf. Aimé Cherest, *Etude sur Vézelay*, 3 vol. Auxerre, 1863.

(2) Le différend n'eut pas d'autre suite, et il fut réglé à l'amiable. Dans l'année 1034, Odilon signa à Cluny une charte de l'évêque

l'affaire de Vézelay a ici pour cause l'injuste opposition de l'évêque d'Autun, les vaincus de l'heure présente triompheront plus tard, et la justice et la vérité reprendront leurs droits (1).

Tranquille désormais du côté de Vézelay, Odilon devait encore rencontrer, dans son propre diocèse, l'objet de plus d'un souci cuisant. Même après les graves avertissements et malgré les menaces d'excommunication du pape Jean XIX, les évêques de Mâcon ne devaient laisser au saint abbé et à son monastère aucun instant de repos. Walter, un membre de la puissante famille dynastique de Beaujeu, occupait alors le siège épiscopal. Sous ce prélat jaloux et turbulent, les tracasseries à l'égard de Cluny recommencèrent de nouveau, et Walter chercha les occasions les plus insignifiantes pour vexer le monastère et son chef vénéré. A une année dont nous ignorons la date précise, vraisemblablement vers l'an 1033, sous l'administration de ce peu sympathique prélat, l'évêque du Puy se rendit à Cluny, et il y consacra un autel dans l'église du monastère. Walter, instruit de cette consécration, en témoigna un vif mécontement. Il députa auprès d'Odilon quelques-uns des prêtres de sa cathédrale, chargés de lui exprimer les plaintes de l'évêque relativement à la fonction épiscopale illicitement exercée, du moins en apparence, et de lui donner avis que, si l'évêque Walter n'obtenait pas satisfaction, il était disposé à se venger par tous les moyens possibles. A ces plaintes amères, Odilon répond qu'il avait commis une faute dans la consécration de l'autel; il ajoute que les messagers épiscopaux ont tout pouvoir d'enlever de

Helmuin. (*Annal.*, IV, 730 (append.); *Gall. Christ.*, IV, col. 78 et suiv.)

(1) Cf. PETIT, *Hist. des ducs de Bourgogne*, t. I, p. 110.

ce même autel les objets prescrits pour la célébration des saints mystères (1), en sorte qu'aucun prêtre n'ait le droit d'y célébrer sans la permission expresse de l'évêque diocésain ; toute facilité même leur est donnée de le démolir entièrement, s'ils le désirent, afin que la consécration cesse d'exister. Enfin le saint abbé charge les prêtres députés auprès de lui de vouloir bien demander à l'évêque de Mâcon quel jour et en quel lieu il pourra conférer avec lui. On se réunit au lieu convenu ; l'évêque formula de nouveau ses griefs contre Odilon, et les deux interlocuteurs entrèrent bientôt en accommodement. L'abbé de Cluny donna au prélat, en témoignage de satisfaction, un cheval estimé dix livres avec un vase d'argent magnifique. Odilon et ses moines invitèrent ensuite l'évêque à venir à Cluny le plus tôt possible pour y conférer les saints ordres à quelques-uns de leurs religieux, et Walter continua plus tard de remplir au sein du grand monastère clunisien ses fonctions épiscopales (2).

Longtemps après cette entrevue, Odilon entreprit un voyage à Mâcon. Après avoir passé la nuit au monastère de Saint-Martin (3), annexé à Cluny, il se rendit dès le matin à pied, avec sa suite, à l'église cathédrale de Saint-Vincent, afin de s'entretenir avec l'évêque et ses chanoines. Introduit dans la salle du chapitre, il s'agenouilla en leur présence, les conjurant de lui pardonner les fautes dont il aurait pu se rendre coupable tant envers le lieu sacré qu'à l'égard de ses

---

(1) Afin de montrer qu'on ne pouvait célébrer la messe sur cet autel tant qu'on n'aurait pas obtenu la permission de l'évêque du diocèse.

(2) Il y a ici une lacune dans le récit que nous empruntons aux *Chartes*.

(3) Ce monastère avait été donné à Cluny par le roi Louis d'Outre-Mer, le 1er juillet 946. (BERNARD et BRUEL, *Chartes de Cluny*, t. I, n° 960 ; *Bibl. Clun.*, col. 277, charte CLI.)

frères. A son aspect, tout le chapitre se leva en présence de cet homme si éminent, et il l'écouta debout. Odilon, entouré de ses moines et dans l'attitude d'un pénitent, s'accusa de n'avoir pas obéi à l'Eglise de Mâcon comme à sa mère, et il promit que, sa vie durant, il aurait pour cette église et son chef spirituel le plus profond respect. Il reçut son pardon avec le sentiment de la plus humble et de la plus parfaite reconnaissance. L'abbé de Cluny s'éloigna de l'église cathédrale de Saint-Vincent la paix dans l'âme et après avoir distribué aux chanoines un grand nombre de présents. Le chroniqueur cite, entre autres dons faits par notre saint, deux superbes tapis et cent sous de monnaie du Mont-Cassin (1).

Comment, ici, justifier l'étrange conduite d'Odilon à qui sa conscience devait imposer le devoir de soutenir vigoureusement les droits de la justice et de la vérité méconnues ? Bien que les faits que nous venons d'exposer nous aient été transmis par une source anonyme (2), nous n'avons aucune raison d'en suspecter la vérité ; tout au plus avons-nous le droit de les justifier par l'excessive humilité du saint abbé que nous pouvons admirer, sans doute, mais que nul ne saurait conseiller, ni peut-être excuser. La vie des saints nous en offre d'ailleurs plus d'un exemple. Un cas semblable se présente en particulier dans la vie de sainte Thérèse. Cette grande sainte avait, d'après un ordre du Seigneur, fondé à Avila le célèbre couvent de Saint-Joseph. La fondation avait été confirmée par le pape et par l'évêque du diocèse, et cependant sainte Thérèse

---

(1) *Gall. Christ.*, IV, col 1060.
(2) « Rem sic narrat Severtius ex archetypo, » dit la *Gall. Christ*, *loc. cit.* — La conduite d'Odilon paraît être ici inexplicable, puisqu'il était dans son plein droit.

fut accusée par ses supérieurs de désobéissance. Que répondit la sainte ? « Je dis ma coulpe comme si « j'eusse été bien coupable, et réellement je devais le « paraître à ceux qui ne connaissaient pas les choses à « fond. Le provincial me fit une grande réprimande, « moins sévère cependant que le délit le méritait « d'après les rapports qu'il avait reçus. Je ne dis rien « pour me justifier, parce que j'avais pris la résolution « de me taire ; quand il eut fini de parler, je lui « demandai de me pardonner, de me punir et de ne « plus être fâché contre moi » (1).

Quoi qu'il en soit, cet acte de profonde humilité du saint abbé Odilon anéantissait d'un seul coup, malgré tous les privilèges et la volonté si souvent et si énergiquement exprimée des souverains pontifes, l'indépendance et la complète liberté de Cluny. D'un autre côté il serait superflu de se demander pourquoi Odilon s'abstint d'invoquer l'appui du Saint-Siège, comme il l'avait fait auparavant dans les rudes assauts qu'avait eus à souffrir son monastère. Le pape Jean XIX était descendu dans la tombe. Quels secours, quelle protection l'abbé de Cluny pouvait-il espérer dans le jeune insensé qui portait le nom de Benoît IX ? A la mort de Jean XIX, la famille des comtes de Tusculum avait pour chef Albéric, frère du pontife défunt. Le consul Albéric s'était habitué à considérer le pontificat suprême comme un bénéfice désormais héréditaire dans la maison de Tusculum. Plein d'une ambition sans bornes et laissant de côté tout scrupule, il employa les armes et l'or pour assurer à sa famille les deux dignités suprêmes ; l'un de ses fils, Grégoire, reçut les titres de

---

(1) *Histoire de sainte Thérèse d'après les Bollandistes*, t. I, p. 293, Paris, Retaux, 1892 ; Cf. *Vie de sainte Thérèse écrite par elle-même*.

consul et de sénateur, avec le gouvernement civil de Rome ; l'autre, un enfant de douze ans, fut revêtu des ornements pontificaux, et sans même avoir reçu le sacerdoce, chargé de gouverner l'Eglise. Saint Pierre Damien, à la nouvelle de cet attentat du comte de Tusculum, ne put s'empêcher de faire éclater son indignation : « Savez-vous, dit-il, comment on intronise un
« pape simoniaque ? La nuit, une soldatesque avinée se
« répand dans les rues de la ville, brandissant ses
« armes et vociférant les plus affreuses menaces contre
« les cardinaux, les évêques et les prêtres qui refusent
« leur concours. Porté par le flot tumultueux de
« l'émeute, le pontife simoniaque prend possession d'un
« siège qu'il profane. On distribue ensuite pour faire
« taire le peuple l'argent à pleines poignées dans
« toutes les régions urbaines, sur les places publiques,
« dans les ruelles, dans les carrefours. C'est ainsi
« qu'on envahit l'arche sacrée du bienheureux Pierre.
« Rome se change en atelier où la simonie établit son
« enclume et ses marteaux. O crime ! ô forfait ! ce
« sont les biens de l'Eglise, les trésors du prince des
« apôtres qui payent les abominables trafics de Simon
« le Mage ; jadis Pierre foudroyait Simon, aujour-
« d'hui Simon se fait payer par le prince des apô-
« tres (1) ». Avec Benoît IX nous touchons aux hontes et aux douleurs suprêmes de la papauté ; nous assistons aussi au débordement universel : Partout la guerre, partout le désordre ; nul respect pour les lois ecclésiastiques ou civiles ; le clergé romain dissolu et décrié pour ses scandales, la simonie et le concubinage devenus quelque chose de journalier, sans avoir à

---

(1) S. Petr. Damian., *Epist.*, IV, dans Migne, *Patrol. lat.*, t. CXLIV, col. 211.

craindre aucune répression. Dans ce naufrage lamentable, une seule chose surnage : c'est la foi des peuples. Benoît restait, malgré tout, le pape légitime. Son autorité fut reconnue et respectée par toute la terre : On écoutait saint Pierre dans son indigne successeur. Baronius admire cette foi robuste des fidèles d'alors qui vénéraient toujours Pierre dans la personne, quelle qu'elle fût, qui occupait le siège (1). Le principal coupable était le clergé romain qui le choisissait. Dieu, du reste, n'a jamais promis l'impeccabilité ni la sainteté aux ministres de l'Eglise ; ses dons passent sans tache du Christ dans les âmes ; l'autorité vient du ciel, tandis que nous restons tous sujets aux misères d'Adam, tous, même les rois et les papes. Telle est l'économie de la foi catholique. Un homme déréglé sous la tiare pontificale ne nous déconcerte point ; ce que nous vénérons, c'est cette providence visible qui ne lâche jamais que pour un instant le frein à la tempête (2).

On comprend donc qu'Odilon, pour revendiquer les privilèges apostoliques en faveur de son monastère, ne pouvait compter sur un pape qui donnait publiquement au monde le spectacle d'une scandaleuse lubricité. La situation du saint abbé, privé de tout appui du côté de Rome, était critique, et une détermination s'imposait. Mais à quoi se résoudre ? Notre saint s'adressa à Dieu, lui demandant par de ferventes prières la lumière qui éclaire et la force qui soutient et encourage ; mais, tout en recourant aux moyens surnaturels il se garda bien de négliger ceux que suggère la sagesse humaine. Avec

---

(1) « Cum non ipsum sedentem, sed eum cujus vice sederet, in primis attenderent. » (Baronius.)

(2) Audisio, *Hist. civile et religieuse des papes, de S. Léon III à Boniface VIII*, Lille, Desclée, 1892.

cette prudence ordinaire qui cherche le bien, avec un cœur droit et humble, il crut sagement qu'il était préférable de faire quelques concessions par esprit d'humilité plutôt que d'exposer sa chère abbaye à une totale destruction. Sans avoir usé d'aucun artifice, sans avoir transigé avec sa conscience, par sa prudence et par le tranquille ascendant de sa vertu, Odilon venait de remporter au profit de son monastère un succès moral inespéré qui devait avoir pour Cluny les plus heureuses conséquences. Walter, dans sa vieilllesse, voulut se dérober au pesant souci des affaires ; sincèrement repentant, et touché au fond du cœur de la grande humilité du saint abbé, il descendit de son siège épiscopal pour se rendre à Cluny où il demanda à se revêtir de l'habit monastique. Il survécut à Odilon, et il mourut vers l'an 1062 ; son tombeau se trouvait dans la grande église construite par saint Hugues, au fond de la chapelle de Saint-Etienne. Le nécrologe de Saint-Bénigne de Dijon fixe au 28 juillet le jour de sa mort (1).

(1) *Gallia Christian.*, IV, col. 1061 ; MABILLON, *Acta*, VI, 1, p. 588.

CHAPITRE XXV

ODILON AU COURONNEMENT D'HENRI Ier
LA GRANDE FAMINE

(1027-1033)

L'ATTENTAT dont s'était rendu coupable l'évêque Walter de Mâcon est le dernier grand attentat qui, à notre connaissance, ait été commis contre l'abbaye clunisienne. Quand Odilon eut retrouvé le calme après lequel il soupirait depuis longtemps, il parut n'avoir plus d'autre occupation que de pourvoir aux intérêts de son monastère qui venaient d'être si gravement compromis. A la faveur de cette paix si chèrement achetée, il se mit en devoir de visiter les maisons de la Congrégation où sa présence était nécessaire. Mais il dut auparavant répondre à l'invitation que lui avait faite Robert, roi de France de venir assister au couronnement de son fils Henri Ier. Rien d'important ne s'accomplissait en France sans que le saint abbé ne fût appelé à y prendre part. La guerre qu'entreprit Robert pour conquérir le duché de Bourgogne avait amené un grave désaccord entre le roi et l'abbé de Cluny. Nous avons vu avec quelle énergie lui avait résisté Odilon lorsqu'il était venu assiéger les monastères, entre autres Saint-Germain d'Auxerre (1). Mais, après la guerre, la bonne entente fut rétablie. Ce fut sur les conseils de l'illustre abbé que Robert s'empara de Sens en 1015 (2), ce qui prouve que notre saint n'avait pas moins au cœur l'amour de la patrie que l'amour de l'Eglise. L'année suivante, en avril 1016, le roi était présent à Rome lorsque le pape Benoît VIII fulmina l'anathème contre les déprédateurs des biens de Cluny (3), et probablement la bulle pontificale fut rédigée à sa prière. Peu de temps après, il confirma au monastère la possession de la petite abbaye de Saint-Côme, près de Chalon, et d'un certain nombre de villages (4). En mars 1027, il reçut les plaintes du pape Jean XIX contre les envahissements de l'évêque de Mâcon, qui réclamait la puissance spirituelle sur Cluny (5), sans que nous puissions dire s'il y fit droit. Il avait choisi ses évêques surtout parmi les moines (6) et singulièrement protégé la réforme de Cluny. Enfin Odilon avait toute la confiance de Robert dont il était devenu l'ami fidèle et le conseiller respecté. Pouvait-il ne pas répondre à l'invitation dont le souverain daignait l'honorer ? L'abbé de Cluny se rendit donc à Reims pour le sacre, fixé le jour de la Pentecôte 1027. La joie de

---

(1) Voir plus haut, chap. xvi.

(2) *Chronicon sancti Petri Vivi Senonensis* (*Recueil des historiens de France*, X, 223 D).

(3) *Recueil des historiens de France*, X, 432.

(4) Catalogue des diplômes, n° 59.

(5) Migne, *Patrologie latine*, t. CXLII, col. 1145.

(6) C'est un moine, Gauzlin, qu'il nomme à l'archevêché de Bourges, moine encore Thierry, qu'il force les habitants d'Orléans à recevoir, moine probablement cet autre Thierry, qu'il impose à Chartres. (Voir plus haut, chap. xviii.)
Cf. *Recueil des historiens de France*, X, 65.

Robert éclata tout entière dans un diplôme par lequel il accorda cette même année quelques biens à l'Eglise de Chalon (1). Cependant l'assemblée se réunit pour la solennité du couronnement. A cette solennité étaient présents : Eude, comte de Champagne, allié à Robert depuis deux années; Guillaume, duc d'Aquitaine, qui était venu à sa suite; (2) Richard III, le jeune duc de Normandie, qui avait succédé à son père, mort le 23 août 1026. On remarquait encore, outre le prélat qui devait accomplir la cérémonie, dix évêques : Adalbéron de Laon ; Roger, de Châlons; Bérold, de Soissons; Foulque, d'Amiens; Warin, de Beauvais; Hardouin, de Noyon; Geoffroy, de Chalon-sur-Saône; enfin trois grands abbés : Odilon, de Cluny; Airard, de Saint-Remi de Reims; Richard, de Saint-Médard de Soissons (3). Le sacre se célébra dans la grande cité archiépiscopale de Reims (4), et il fut présidé par l'archevêque. La tradition avait déjà fixé tout le détail du cérémonial, et il semble évident que les mêmes rites avaient été suivis lors du sacre de Robert et de son fils aîné Hugue, qu'il avait fait couronner à Compiègne,

(1) *Recueil des historiens de France*, X, 612 E.
(2) Mabillon a voulu voir, dans la personne de Guillaume-Othe, Guillaume, comte de Bourgogne, et Petit a partagé l'opinion de Mabillon. (Cf. *Hist. des ducs de Bourgogne de la race capétienne*, t. I, p. 108.) La chose est impossible, Othe étant mort en 1026, le 21 septembre. Pour le jour, voir *Nécrologe de Saint-Bénigne* (MONTFAUCON, *Bibliotheca*, mss., II, 1163), XI Kal. Oct. obiit Otho Wilhelmus. — Pour l'année, voir *Annales Sancti Benigni* (*Monum. Germ. histor.*, Script., V, 21). — L'erreur vient de ce qu'on n'a pas vu qu'il y a eu deux assemblées : 1° une assemblée préparatoire, Pentecôte 1026; 2° l'assemblée du sacre, Pentecôte 1027. — Pour la présence de Richard III, voir *Recueil des historiens de France*, 615 B et E.
(3) *Recueil des historiens de France*, X, 614, 481 C.
(4) Le sacre se célébrait soit dans l'une des villes royales, comme Noyon, Orléans ou Compiègne, soit à Reims. Hugues Capet fut sacré à Noyon (RICHER, IV, 12); Robert fut sacré à Orléans (RICHER, IV, 13); Hugues à Compiègne.

(9 juin 1017), mais qui mourut à la fleur de son âge, n'étant encore que dans sa dix-neuvième année (17 septembre 1025). Au commencement de la messe, avant la lecture de l'épître, l'archevêque se tourne vers celui qui va être roi et lui expose les dogmes de la religion catholique; il lui demande s'il y croit et s'il veut en être le défenseur. Le prince répond affirmativement; puis on lui apporte une déclaration rédigée d'avance et conçue à peu près en ces termes : « Moi, au moment d'être nommé, par la grâce particulière de Dieu, roi de France, en ce jour du sacre, je promets devant Dieu et ses saints de conserver à chacun de vous et à chacune des églises qui vous sont confiées, le privilège canonique, la loi sous laquelle vous vivez, la justice qui vous est due. Avec l'aide de Dieu et autant qu'il me sera possible, je les défendrai; car un roi est obligé dans son royaume de faire droit à chaque évêque. Je promets aussi au peuple qui nous est confié de le faire jouir de ses droits légitimes. » Il signe cette profession et la remet entre les mains de l'archevêque. Puis, du consentement du père, le prélat prononce l'élection. A cette élection souscrivent successivement les légats du pape, si quelques-uns sont présents; les prélats du royaume, dans l'ordre hiérarchique; les deux ducs d'Aquitaine et de Bourgogne, les comtes; enfin les chevaliers et les peuples de toute classe donnent leur consentement, en criant par trois fois : Nous approuvons; nous voulons que cela soit. Après ces cris, la consécration royale a lieu; l'huile de la sainte ampoule coule sur le front du roi (1). C'était là une cérémonie qui devait produire une impression profonde dans l'âme des assistants.

---

(1) *Recueil des historiens de France*, XI, p. 32, 33 ; Cf. PFISTER, ouvr. cité, p. 45.

Mais ce n'était pas seulement une vaine pompe destinée à éblouir. Lors du sacre, le roi revêtait un caractère nouveau. En sortant de la cathédrale, il portait sur lui le sceau divin; il était désormais roi par la grâce de Dieu.

La présence d'Odilon au couronnement d'Henri Ier prouve clairement que notre saint abbé, lui aussi, travailla, de concert avec les évêques et les comtes qui avaient signé la charte d'élection, à l'élévation du jeune roi, et nul doute que par cet acte il ne contribua à écarter de la France un grand malheur (1). On est sûr de retrouver l'abbé de Cluny partout où il faut soutenir les intérêts de la France et de l'Eglise. Nous n'avons pas à rappeler ici les rapports fréquents qu'eut Odilon avec les rois de Bourgogne. Le sol devait être naturellement l'objet principal de ces relations, d'ailleurs extrêmement courtoises, car Cluny avait acquis successivement de riches et nombreuses possessions dans cette contrée. C'est précisément à ces possessions territoriales que s'applique une charte d'Odilon, en vertu de laquelle, sur l'ordre de Rodolphe III, roi de Bourgogne, et des seigneurs de son royaume, le saint abbé échange avec le chevalier Amalric quelques biens-fonds dont il a la propriété en sa qualité d'abbé de Romainmotier (2).

Odilon, tout en servant avec courage les intérêts de la France, ne négligeait pas de promouvoir le règne de Dieu dans le monde, ni les intérêts généraux de sa

---

(1) Il importait beaucoup à Odilon d'être présent auprès d'Henri. Au commencement d'avril de la même année, il se trouvait encore à Rome; il accéléra donc assez son voyage afin de pouvoir arriver à temps.
Cf. DAMBERG, *Synchronististische Geschichte der Kirche und Welt im Mittelalter*, t. VI, p. 66.
(2) HIDBER, n° 1298.

congrégation déjà si florissante. Au sortir du sacre de Reims, l'amitié qui le liait si étroitement à Robert et à son fils Henri avait apporté à son zèle une nouvelle flamme, et sous le couvert de cette double protection, il s'occupa de faire refleurir les monastères qui tombaient en ruines. C'est ainsi qu'il signa le diplôme relatif à la restauration du monastère de Moustier-en-Der. Au sud de Haut-Villers, dans le pays qui forme aujourd'hui le nord du département de la Haute-Marne, s'étendait la vaste forêt du Der, dont les débris ont encore conservé aujourd'hui son vieux nom celtique. C'est ici que vers le milieu du VIIe siècle, saint Berchaire, fils d'un puissant seigneur d'Aquitaine et ancien moine de Luxeuil, avait élevé un monastère et une église qu'il dédia aux apôtres saint Pierre et saint Paul (1). Ce monastère, dont la fondation date du 8 juillet 672, avait été bâti sur l'emplacement d'un château de chasse (2) des rois mérovingiens avec l'autorisation de Childéric II, roi de Neustrie, et la haute protection de saint Léger, évêque d'Autun et ami de saint Berchaire. Mais, après une succession irrégulière de vicieux abbés et les terribles secousses des Normands, il resta languissant et presque anéanti jusqu'à ce qu'on vînt lui infuser une nouvelle vie. Ce

---

(1) Cf. BOUILLEVAUX, *les Moines du Der*, p. 40.

(2) Ce château de chasse était appelé *Puteolus, Putziol*. — On donnait au VIIe siècle le nom de *Puteus, Puteolus* aux lieux marécageux, qui étaient nombreux dans le pays. *Putziol* était le lieu où est situé aujourd'hui le hameau de Billory. Adson, abbé du Der, qui vivait au Xe siècle, dit que Berchaire bâtit une celle « juxta locum qui dicitur Puteolus eâ in parte quæ nunc monasteriolum dicitur ad honorem B. Mauritii », et il ajoute que le monastère du Der était éloigné de *Puteolus* de deux milles pleins, c'est-à-dire de deux lieues gauloises ou d'une de nos lieues communes : « Qui locus monasterium SS. Petri et Pauli duobus integris milliariis a præfacto loco qui dicitur Puteolus disparatur. » Cette distance est précisément celle de Billory à l'abbaye de Der.

fut en partie l'œuvre d'Odilon qui signa la charte de reconstitution de Moustier-en-Der, en sa qualité de premier des Abbés (1). Ce fut aussi à cette même époque, c'est-à-dire le 16 juin 1029, que l'abbé de Cluny se rendit à Orléans pour assister à la dédicace de l'église de Saint-Aignan, et à la translation des reliques du saint évêque dans la ville royale. Ce vieux monastère, situé à l'est de la ville, avait été fondé en 504 sur le tombeau de l'évêque dont il avait pris le nom. Charlemagne aimait ce sanctuaire visité par les princes et les saints, et où Geneviève avait prié avant le roi Gontran. Il l'avait lui-même fait reconstruire et orner; il y était venu s'agenouiller plus d'une fois ; il y avait substitué aux moines relâchés soixante chanoines fervents auxquels il confia le service de l'église et l'enseignement de l'école, qu'un évêque d'Orléans, Théodulphe, rétablit plus tard sur de plus larges bases : il les avait comblés des dons de sa munificence, et, entre autres largesses, il leur avait donné une île de la Loire, que l'on connaît encore sous le nom d'île Charlemagne (2). Ce monastère était devenu un prieuré de Cluny (3), et l'on comprend ici la présence d'Odilon en une circonstance aussi solennelle où sa piété avait trouvé une si douce jouissance. Il y avait accompagné le roi Robert à la dédicace de l'église de Saint-Aignan, à laquelle assistèrent également plusieurs prélats : tels furent les archevêques Gauzlin de Bourges, Léotherich de Sens et Arnulf de Tours ; les évêques Odelrich

(1) *Recueil des historiens de France*, X, 614 ; MABILLON, *Annal.*, IV, 333.
(2) Cf. LEMAIRE, *Histoire du pays d'Orléans et de l'Orléanais* ; HUBERT, *Antiquités historiques de l'église royale de Saint-Aignan*. p. 82.
(3) Cf. JAGER, *Histoire de l'Eglise catholique en France*, t. I, p. 319.

d'Orléans, Théoderich de Chartres, Bernerius de Meaux, Guarin de Beauvais et Rodolphe de Senlis. Tous ces évêques tinrent un synode en présence du roi Robert. « On y remarqua aussi, dit le chroniqueur, le très vénérable seigneur Odilon, abbé de Cluny, ainsi que d'autres pieux personnages avec lesquels Robert avait toujours témoigné le désir de s'entretenir (1). »

De retour à Cluny, Odilon tint lui-même un synode ou chapitre général auxquels assistaient les évêques Gervase du Mans et Arnul de Reims (2). C'était un devoir pour le seigneur abbé de protéger ses monastères contre toute entreprise des seigneurs séculiers et rendre à sa chère abbaye de Cluny la liberté et l'indépendance où l'avaient placée les privilèges si gracieusement accordés par les souverains pontifes. Le cours des idées, la forme générale de la société à cette époque et, par-dessus tout l'extension de Cluny qui déjà rayonnait au loin avec le développement d'une multitude de monastères ou autres dépendances relevant immédiatement de la grande abbaye bourguignonne, tout cela devait amener une évolution nouvelle et rendre nécessaire l'existence de ce chapitre général qui inaugurait une transformation nouvelle de l'Ordre clunisien (3). Puis on était à une époque où s'annon-

---

(1) HELGAUD, *Vita Roberti regis*, dans *Recueil des historiens de France*, X, 111 ; *Historia translationis reliquiarum S. Euspicii Abb.*, dans *Recueil des historiens de France*, X, 370; MABILLON, *Sæc. C. Bened.*, part. I, p. 314; *Annal.*, IV, p. 353.

(2) RINGHOLZ, ouvr. cité.

(3) Il ne s'agit ici probablement que d'un synode composé des chapelains, curés de Cluny, ville et banlieue, et de quelques prieurs des monastères du voisinage, car le chapitre général ne fut institué que beaucoup plus tard. Bien qu'il fût établi de très bonne heure à Marmoutiers, il n'apparaît pas encore sous saint Hugues. (Cf. dom L'HUILLIER, ouvr. cité, p. 507 ; CUCHERAT, *Cluny au XIe siècle*, p. 35 et suiv.

çaient déjà les signes précurseurs de la peste et de la famine qui devaient venir désoler les peuples. Ne fallait-il pas qu'Odilon, lui, l'homme de toutes les miséricordes, se mît, en mesure dès à présent, d'en atténuer les funestes conséquences ? Car, qu'on le sache bien, le saint abbé n'employa pas seulement son influence au service de ses monastères et à l'extension de son importante Congrégation, il est doux de penser qu'il avait aussi, au plus haut degré, l'intelligence des maux et des besoins du peuple.

Qui ne sait que toute maison bénédictine a déjà par elle-même un rôle social à remplir ? Du vœu de stabilité qui oblige les religieux à vivre dans un même lieu et du travail manuel (1) qui leur est imposé est sortie l'activité souverainement bienfaisante des bénédictins qui ont défriché le sol de l'Europe. Dans leurs monastères, asiles de la piété, le temps était partagé entre la prière, le travail des mains et l'étude. L'étude nourrissait la prière, la prière soutenait le travail et le travail faisait trouver de nouvelles douceurs dans l'étude et la prière. Si nous voulions énumérer les diverses contrées où s'est manifestée l'influence bienfaisante des moines sur l'agriculture et leur double sollicitude pour le progrès du travail et le bien-être du peuple, il nous faudrait citer toutes les provinces de l'Europe (2). Grâce à leur industrie et à leur indomptable persévérance, les forêts furent défrichées, les

---

(1) *Regula S. Benedict.*, cap. xlviii.
Cf. Montalembert, *les Moines d'Occident*, t. VI, chap. vi, 274-302 ; Martin, *les Moines et leur influence sociale dans le passé et dans l'avenir*, t. I, 58-73.

(2) Quant à la France, on a calculé que le tiers de son territoire avait été mis par eux en culture, et que les trois huitièmes de ses villes et de ses villages leur doivent leur existence. (Cf. *Histoire de l'Eglise gallicane.*)

landes labourées, les marécages inaccessibles et pestilentiels devenaient des centres de vie et de population. Un vieil historien nous en trace ce tableau : « C'est une « image du paradis où semblent déjà se refléter la « douceur et la pureté des cieux. Au sein des marais « s'élèvent en foule des arbres qui paraissent vouloir « lancer jusqu'aux étoiles leurs tiges droites et unies ; « l'œil enchanté se promène sur un océan de verdoyants herbages ; le pied qui parcourt ces spacieuses « prairies ne rencontre d'obstacle nulle part. Pas la « moindre parcelle de terre inculte. Ici, le sol se « cache sous des arbres fruitiers ; là, il se couvre de « vignes qui tantôt rampent sur le sol, tantôt se dressent sur des paisseaux. La nature et l'art luttent à « qui l'emportera, et l'un supplée à tout ce que l'autre « a oublié de produire. Que dire de la beauté des « édifices ? Qui ne s'étonnerait de voir de vastes constructions s'élever au milieu des marais sur d'inébranlables fondations ? O douce et profonde solitude, « vous avez été donnée aux moines par Dieu, afin que « leur vie mortelle les rapprochât chaque jour davantage du ciel » (1). D'autre part, par ses aumônes, ses prières, la réception des novices, le salut des âmes auxquels il s'emploie avec un zèle admirable, l'éducation de la jeunesse, chaque monastère travaille en même temps pour le bonheur du peuple. Dans une mesure très abondante, Cluny remplissait ce rôle si glorieux pour lui et si utile à l'Eglise et à la société. Autour des monastères clunisiens, pour ne citer que Cluny, Paray-le-Monial et Charlieu, se groupaient des villages et des villes (2) qui participaient largement à

---

(1) Mabillon, *Acta*, V, p. 739, 615 ; Guillelm. Malmesb., *de Gest. pontif.*, p. 169.

(2) Cf. Pignot, ouvr. cité, t. I, p. 402.

leur bien-être, et trouvaient, sous leur douce et paternelle administration, avec l'abondance des secours spirituels et la sécurité de la vie, l'exemption de la plupart des charges oppressives qui, de tout temps, avaient pesé sur l'habitant des campagnes. C'est de la crosse abbatiale surtout que l'on a dit qu'il faisait bon respirer à son ombre. « Tout le monde sait, dit Pierre
« le Vénérable écrivant à saint Bernard, de quelle
« manière les maîtres séculiers traitent leurs serfs et
« leurs serviteurs. Ils ne se contentent pas du service
« usuel qui leur est dû, mais ils revendiquent sans
« miséricorde les biens et les personnes. De là, outre
« les services accoutumés, ils les surchargent d'autres
« services innombrables, de charges insupportables et
« graves, trois ou quatre fois par an, et toutes les fois
« qu'ils le veulent. Aussi voit-on les gens de la cam-
« pagne abandonner le sol et fuir en d'autres lieux.
« Mais, chose plus affreuse ! ne vont-ils pas jusqu'à
« vendre pour de l'argent des hommes que Dieu a ra-
« chetés au prix de son sang ? Les moines, au contraire,
« quand ils ont des possessions, agissent bien d'autre
« sorte. Ils n'exigent des colons que les choses dues et
« légitimes ; ils ne réclament leur service que pour les
« nécessités de leur existence ; ils ne les tourmentent
« d'aucune exaction ; ils ne leur imposent rien d'in-
« supportable ; s'ils les voient nécessiteux, ils les nour-
« rissent de leur propre substance ; ils ne les traitent
« pas en esclaves, en serviteurs, mais en frères... » (1)
L'honneur rendu à la pauvreté a toujours été, en effet, l'une des règles de l'Ordre bénédictin, et l'amour des pauvres l'une de ses principales sollicitudes : « Peu

---

(1) *Biblioth. Clun.*, *Epistolar.*, lib. IV ; cf. Viollet-le-Duc, *Dictionnaire d'architecture*, art. *Architecture monastique*.

nous importe, disait un abbé du XIe siècle (1), que nos églises se dressent vers le ciel, que les chapiteaux de leurs colonnes soient ciselés et dorés, que nos parchemins soient teints de pourpre, que l'or soit fondu dans les caractères de nos manuscrits, et que leurs reliures soient revêtues de pierres précieuses, si nous n'avons que peu ou point de souci des membres du Christ, et si le Christ lui-même est là qui meurt nu devant nos portes. » (2) La distribution des aumônes déjà avait été recommandée au monastère de Cluny par sa charte de fondation comme un saint devoir (3), et en fait elle se fit régulièrement et abondamment (4). Quiconque se présentait à la porte du couvent était sûr d'y trouver un abri, un repos préparé. Combien de nos aïeux, dépouillés de ce qu'ils possédaient, n'ont trouvé d'autre ressource, pour prolonger leur existence, que le morceau de pain donné au nom de Dieu à la porte du monastère ! Nous ne parlons pas de ces petites attentions, de ces consolations qui touchent le cœur et qui ne sauraient être payées à aucun prix (5). A Cluny, dix-sept mille pauvres

---

(1) Thieffroy, abbé d'Epternach, mort en 1106.

(2) *Flores Epitaphii Sanctorum*, ap. Mabillon, *Annal.*, l. LXXI, n° 23.

(3) « Volumus etiam ut nostris successorumque nostrorum temporibus prout opportunitas atque possibilitas ejusdem loci se dederit, quotidie opera misericordiæ pauperibus, indigentibus, advenis, peregrinantibus, summa intentione exhibeantur. » (*Bibl. Clun.*, col. 3 du testament de Bernon.)

(4) *Sancti Petri Mauritii dicti Venerabilis Abbatis Cluniacensis, Epist.*, lib. I, Epist. xxviii, apud *Bibl. Clun.*, col. 671 et 674. — Il suffit de parcourir le *Catalogus Abbatiarum, prioratuum et decanatuum, etc., Monasterio Cluniacensi subditorum*, dans la *Bibl. Clun.*, col. 1705-1752, et les *Consuetud.* (Cf. Udalric, *Const.*, III, 24.)

(5) A Cluny, au carême entrant ou les derniers jours gras, on avait coutume, en dehors des distributions quotidiennes, d'offrir aux pauvres quelques douceurs. Au lieu de légumes, on leur faisait donner, ces jours-là, du lard et d'autres viandes. Udalric raconte, dans son *Recueil des coutumes de Cluny*, qu'une année il s'était trouvé, en

étaient annuellement nourris et entretenus (1). La précieuse collection intitulée : *Bibliothèque de Cluny*, renferme un vrai code de la charité, et, de plus, le registre des aumônes obligatoires et permanentes qui se faisaient dans les diverses maisons de l'ordre. Là, se lisent, à chaque page, des mentions comme celle-ci : « *Aumône*, « c'est-à-dire distribution de secours tous les jours ; « aumône trois fois la semaine ; aumône à tous les passants ; aumône générale le dimanche ; aumône à tous « ceux qui demanderont. » (2) Comme on le voit, l'hospitalité était exercée à Cluny dans une large mesure (3).

cette circonstance, dix-sept mille pauvres à la porte du monastère, et qu'on leur distribua, au nom de Jésus-Christ, deux cent cinquante jambons, sans compter le reste.

(1) S. Udalric, *Consuet. Cluniac.*
(2) *Bibl. Clun.*, p. 1705 et 1752.
(3) Petrus Venerab., *Epist.*, lib. I, 28, apud *Bibl. Clun.*, col. 671 et 674. — Saint Hugues avait réglementé le service de la charité jusque dans les détails les plus minutieux. Qu'on en juge par ce passage des *Anciennes coutumes de Cluny*, par le moine Udalric : « Les hôtes à cheval étaient reçus par le *custode* ou *gardien de l'hôtellerie*, et les voyageurs à pied par l'*aumônier*. A chacun, l'aumônier distribuait une livre de pain et une ration suffisante de vin. En outre, à la mort de chaque frère, on distribuait pendant trente jours du poisson au premier pauvre qui se présentait. On lui donnait, en sus, de la viande comme aux hôtes, et à ceux-ci un denier au moment du départ. Il y avait tous les jours dix-huit prébendes ou portions destinées aux pauvres du lieu, auxquels on distribuait en conséquence une livre de pain ; pour pitance, des fèves quatre jours la semaine, et des légumes les trois autres jours. Aux grandes solennités et vingt-cinq fois par an, la viande remplaçait les fèves. Chaque année, à Pâques, on donnait à chacun d'eux neuf coudées d'étoffe de laine, et, à Noël, une paire de souliers. Six religieux étaient employés à ce service : le majordome, qui faisait la distribution aux pauvres et aux hôtes, le portier de l'aumônerie, deux qui allaient chaque jour au bois dans la forêt avec leurs ânes, et deux autres qui étaient chargés du four. On distribuait des aumônes extraordinaires à certains jours anniversaires... En outre, chaque jour on donnait douze tourtes, chacune de trois livres, aux orphelins et aux veuves, aux boiteux et aux aveugles, aux vieillards et à tous les malades qui se présentaient. C'était encore le devoir de l'aumônier de parcourir, une fois la semaine, le territoire de l'abbaye, s'informant des malades et leur

Des fondations particulières furent instituées pour procurer la subsistance aux pèlerins et aux pauvres (1).

Le travail manuel était aussi l'objet d'une attention particulière (2). Des prières ferventes étaient faites pour les bienfaiteurs, et, dans la crainte que leurs noms ne fussent oubliés, on prit soin de les inscrire très régulièrement (3). Un refuge était offert aux malheureux et aux criminels, et, une fois réconciliés avec Dieu et avec les hommes, ils pouvaient être incorporés au monastère comme membres de la communauté. Odilon, « l'homme le plus miséricordieux de son temps », était extrêmement bon et bienfaisant. La charité pour le prochain était la caractéristique de sa sainteté. Souvent il lui arrivait de vider les coffres du monastère pour secourir les malheureux, au point qu'il ne lui restait plus rien pour le service de ses moines, ce qui lui avait fait donner le glorieux surnom de *prodigue* ; mais le saint abbé comptait sur le secours de Dieu qui ne lui fit jamais défaut. Souvent même Dieu lui envoyait de la manière la plus inattendue le secours dont il avait besoin. Il recevait volontiers des dons et des présents (4), afin de pouvoir soulager plus abondamment les pauvres. C'est ainsi qu'il distribua en grande partie aux indigents le butin que les Genevois et les Pisans enlevèrent en Sardaigne et en Afrique dans la guerre qu'ils firent à Mogehid-ihn-Abd-Albah, le chef des Sarrasins, et que, selon leur promesse (5),

remettant du pain, du vin et tout ce qu'on pouvait avoir de meilleur. » (Udalr., *Antiq. Consuet.*, lib. III, cap. xxiv ; Cf. Cucherat, ouvr. cit.)

(1) Bernard et Bruel., *les Chartes de Cluny*, t. II, n° 1264.
(2) Udalr., *Const. I*, cap. xxx.
(3) *Itinerarium Burgundicum*, II, 23.
(4) Jotsald, I, cap. viii.
(5) Raoul Glaber, *Histor.*, IV, 7 ; *Annales Pisani*, dans *Monum.*

ils se firent un devoir d'envoyer à l'abbaye de Cluny. Que de fois Odilon eut à exercer la charité! Nous passons sous silence les aumônes régulières dont l'énumération nous mènerait trop loin, pour ne mentionner que les secours extraordinaires. Dès les premières années de sa consécration abbatiale, mais surtout en l'année 1030, la Providence fournit à notre saint de quoi rassasier cette soif de charité. Indépendamment des guerres qui étaient une cause de destruction et remettaient trop souvent en question la vie des citoyens, dans une période de soixante dix-ans, c'est-à-dire de 970 à 1040, on eut à souffrir quarante-huit fois de la famine (1). Celle de 1002 dura cinq années, et il n'y eut pas un pays qui ne manquât de pain. On vit des hommes tomber morts d'épuisement le long des chemins ; des enfants, dans le délire de la souffrance, tuer leurs mères pour se nourrir de leur chair, des mères dévorer leurs enfants en bas âge. Le découragement qui s'était emparé des âmes, trouva un nouvel aliment dans les désastres, les guerres, les procès, le désordre des mœurs, les hérésies manichéennes qui renaissaient en France et en Italie. Dans les années 1005 et 1006, par exemple, la famine fut universelle. La misère et la mortalité furent telles qu'on ne pouvait presque plus donner la sépulture aux victimes de la faim (2). Il en fut de même de l'année 1022 et des années suivantes

Germ. SS., XIX, 238; *Chronicon Pisanum,* dans Muratori, *Script.,* VI, col. 107 et suiv. ; *Forschungen zur Deutschen Geschich.,* t. XI, p. 506 et suiv. — D'après Raoul Glaber (*loc. cit.*), un grand nombre de Génois et de Pisans avaient de bonne heure pris l'habit à Cluny et avaient auparavant éveillé la sympathie de leurs concitoyens pour Cluny.

(1) Pignot, ouvr. cité, p. 381.

(2) Sigebert, dans *Monum. Germ. SS.*, VI, p. 354; *Recueil des historiens des Gaules,* X, 218.

signalées, disent les chroniqueurs du temps, par des fléaux de mortalité qui ravagèrent toutes les provinces (1). A la famine, en effet, se joignit la peste ; ce fut une crise effroyable. Volontiers on eût pensé qu'il ne resterait plus que le ciel et la terre et le silence des déserts. Dans un grand nombre de localités, il se tint des assemblées d'évêques, et l'on y conduisit les reliques des saints pour implorer la paix du ciel, et demander la fin de ces calamités (2). C'est sans doute à l'époque de son dernier voyage en Bourgogne que le roi Robert, pour adoucir les calamités que la guerre, l'incendie et la peste avaient déchaînées sur la province, prit à sa charge dans diverses villes comme à Auxerre, Avallon, Dijon, Sens, le soin de nourrir plusieurs centaines de pauvres (3).

Mais l'année 1030 vit fondre sur presque toute l'Europe et d'autres contrées une de ces famines dont le souvenir est l'effroi de l'histoire. Elle dura trois ans (1030-1033), pendant lesquels des pluies persistantes empêchèrent les récoltes de mûrir. Les chroniqueurs du temps nous ont conservé l'émouvant récit des souffrances et aussi des horreurs dont on fut témoin. Il fut donné à Raoul Glaber, en particulier, d'être le témoin de ces horreurs, et il nous en a laissé un tableau qui est une des pages les plus effrayantes du moyen âge. « La famine, dit-il, commença à ravager l'univers, et « le genre humain fut menacé d'une destruction pro-

---

(1) *Recueil des historiens de France*, X, 231 B ; 201 D, 376 A, 193 D, 283 E.

(2) *Bibl. histor. de l'Yonne*, t. II, p. 502 ; *Recueil des historiens de France*, X, index chronol., col. 133, et t. X, p. 375 B, C, en l'an 1022 ; Lebœuf, *Histoire d'Auxerre*, t. I, p. 253 ; Mabillon, *Annal.*, t. IV, p. 267, en l'an 1020 ; Cf. Petit, *Histoire des ducs de Bourgogne de la race capétienne*, t. I, p. 102 et suiv.

(3) Petit, *loc. citat.*

« chaine. La température devint si contraire que l'on
« ne put trouver aucun temps convenable pour ense-
« mencer les terres ou favorable à la moisson, surtout
« à cause des eaux dont les champs étaient inondés.
« On eût dit que les éléments furieux s'étaient déclaré
« la guerre, quand ils ne faisaient en effet qu'obéir
« à la vengeance divine en punissant l'insolence des
« hommes. Toute la terre fut tellement inondée par
« des pluies continuelles que, durant trois ans, on ne
« trouva pas un sillon bon à ensemencer. Au temps de
« la récolte, les herbes parasites et l'ivraie couvraient
« toute la campagne. Le boisseau de grains, dans les
« terres où il avait mieux profité, ne rendait qu'un
« sixième de sa mesure au moment de la moisson, et
« ce sixième en rapportait à peine une poignée. Ce
« fléau vengeur avait d'abord commencé en Orient.
« Après avoir ravagé la Grèce, il passa en Italie, se
« répandit dans les Gaules et n'épargna pas davantage
« les peuples de l'Angleterre. Tous les hommes en
« ressentaient également les atteintes. Les grands,
« les gens de condition moyenne et les pauvres, tous
« avaient la bouche également affamée et la pâleur
« sur le front, car la violence des grands avait enfin
« cédé aussi à la disette commune. Tout homme qui
« avait à vendre quelque aliment pouvait en demander
« le prix le plus excessif : il était toujours sûr de le
« recevoir sans contradiction. Chez presque tous les
« peuples le boisseau de grain se vendait soixante sous ;
« quelquefois même le sixième du boisseau en coûtait
« quinze. Cependant, quand on se fut nourri de bêtes
« et d'oiseaux, cette ressource une fois épuisée, la
« faim ne s'en fit pas sentir moins vivement, et il fallut
« pour l'apaiser se résoudre à dévorer des cadavres
« ou toute autre nourriture aussi horrible ; ou bien

« encore, pour échapper à la mort, on déracinait les
« arbres dans les bois, on arrachait l'herbe des ruis-
« seaux; mais tout était inutile, car il n'est d'autre
« refuge contre la colère de Dieu que Dieu même.
« Enfin la mémoire se refuse à rappeler toutes les
« horreurs de cette déplorable époque. Hélas! devons-
« nous le croire? les fureurs de la faim renouvelèrent
« ces exemples d'atrocité si rares dans l'histoire, et les
« hommes dévorèrent la chair des hommes. Le voya-
« geur, assailli sur la route, succombait sous les coups
« de ses agresseurs; ses membres étaient déchirés,
« grillés au feu et dévorés. D'autres, fuyant leur pays
« pour fuir la famine, recevaient l'hospitalité sur les
« chemins, et leurs hôtes les égorgeaient la nuit pour
« en faire leur nourriture. Quelques autres présen-
« taient à des enfants un œuf ou une pomme, pour
« les attirer à l'écart, et ils les immolaient à leur faim.
« Les cadavres furent déterrés en beaucoup d'endroits
« pour servir à ces lugubres repas. Enfin ce délire, ou
« plutôt cette rage, s'accrut d'une manière si effrayante,
« que les animaux même étaient plus sûrs que
« l'homme d'échapper aux mains des ravisseurs, car il
« semblait que ce fût un usage désormais consacré
« que de se nourrir de chair humaine, et un misérable
« osa même en porter au marché de Tournus, pour la
« vendre cuite, comme celle des animaux. Il fut arrêté
« et ne chercha pas à nier son crime; on le garrota, on
« le jeta dans les flammes. Un autre alla dérober pen-
« dant la nuit cette chair qu'on avait enfouie dans la
« terre, il la mangea et fut brûlé de même.

« On trouve, à trois milles de Mâcon, dans la forêt
« de Châtenay, une église isolée, consacrée à saint
« Jean. Un scélérat s'était construit, non loin de là,
« une cabane où il égorgeait les passants et les voya-

« geurs qui s'arrêtaient chez lui. Le monstre se nour-
« rissait ensuite de leurs cadavres. Un homme vint un
« jour y demander l'hospitalité avec sa femme et se
« reposer quelques instants ; mais, en jetant les yeux
« sur tous les coins de la cabane, il y vit des têtes
« d'hommes, de femmes et d'enfants. Aussitôt, il se
« trouble, il pâlit, il veut sortir, mais son hôte cruel
« s'y oppose et prétend le retenir malgré lui. La crainte
« de la mort double les forces du voyageur, il finit par
« s'échapper avec sa femme et court en toute hâte à la
« ville. Là, il s'empresse de communiquer au comte
« Othon et à tous les autres habitants cette affreuse
« découverte. On envoie à l'instant un grand nombre
« d'hommes pour vérifier le fait ; ils pressent leur
« marche et trouvent à leur arrivée cette bête féroce
« dans son repaire avec quarante-huit têtes d'hommes
« qu'il avait égorgés et dont il avait déjà dévoré la
« chair. On l'emmena à la ville, on l'attacha à une
« poutre dans un cellier, puis on le jeta au feu. Nous
« avons assisté nous-même à son exécution.

« On essaya, dans la même province, un moyen dont
« nous ne croyons pas qu'on se fût jamais avisé ail-
« leurs. Beaucoup de personnes mêlaient une terre
« blanche, semblable à l'argile, avec ce qu'elles avaient
« de farine ou de son, et elles en formaient des pains
« pour satisfaire leur faim cruelle. C'était le seul espoir
« qui leur restât d'échapper à la mort, et le succès ne
« répondit pas à leurs vœux. Tous les visages étaient
« pâles et décharnés, la peau tendue et enflée, la voix
« grêle et imitant le cri plaintif des oiseaux expirants.
« Le grand nombre des morts ne permettait pas de
« songer à leur sépulture, et les loups, attirés depuis
« longtemps par l'odeur des cadavres, venaient enfin
« déchirer leur proie. Comme on ne pouvait donner à

« tous les morts une sépulture particulière, à cause
« de leur grand nombre, des hommes pleins de la
« grâce de Dieu creusèrent dans quelques endroits des
« fosses, communément nommées charniers, où l'on
« jetait cinq cents corps et quelquefois plus, quand ils
« pouvaient en contenir davantage. Ils gisaient là con-
« fondus pêle-mêle, demi-nus, souvent même sans
« aucun vêtement. Les carrefours, les fossés dans les
« champs servaient aussi de cimetières. D'autrefois des
« malheureux entendaient dire que certaines provinces
« étaient traitées moins rigoureusement ; ils abandon-
« naient donc leur pays, mais ils défaillaient en che-
« min et mouraient sur les routes. Ce fléau redoutable
« exerça pendant trois ans ses ravages, en punition des
« péchés des hommes. Les ornements des églises furent
« sacrifiés aux besoins des pauvres. On consacra au
« même usage les trésors qui avaient été depuis long-
« temps destinés à cet emploi, comme nous le trouvons
« écrit dans les décrets des Pères. Mais la juste ven-
« geance du ciel n'était point satisfaite encore, et dans
« beaucoup d'endroits les trésors des églises ne purent
« suffire aux nécessités des pauvres. Souvent même,
« quand ces malheureux, depuis longtemps consumés
« par la faim, trouvaient le moyen de la satisfaire, ils
« enflaient aussitôt et mouraient. D'autres tenaient
« dans leurs mains la nourriture qu'ils voulaient appro-
« cher de leurs lèvres, mais ce dernier effort leur coû-
« tait la vie, et ils périssaient sans avoir pu jouir de ce
« triste plaisir (1). Il n'est pas de paroles capables
« d'exprimer la douleur, la tristesse, les sanglots, les
« larmes des malheureux témoins de ces scènes désas-

(1) Raoul GLABER, *Histor.*, IV, 4; *Recueil des historiens de France*, X, 47 et suiv.; Hugues DE FLAVIGNY, *Chroniq. de Verdun*, apud BOUQUET, *Recueil des historiens de France*, X, 209.

« treuses, surtout parmi les hommes d'Eglise, les
« évêques, les abbés, les moines et les religieux. On
« croyait que l'ordre des saisons et les lois des éléments
« qui jusqu'alors avaient gouverné le monde étaient
« retombés dans un éternel chaos, et l'on craignait la
« fin du genre humain. Mais ce qu'il y a de plus pro-
« digieux, de plus monstrueux au milieu de ces maux,
« c'est qu'on rencontrait rarement des hommes qui se
« résignassent, comme ils le devaient, à subir cette ven-
« geance secrète de la Divinité avec un cœur humble
« et contrit, et qui cherchassent à mériter le secours
« du Seigneur en élevant vers lui leurs mains et leurs
« prières. On vit donc s'accomplir cette parole d'Isaïe :
« Le peuple n'est point retourné vers celui qui le frap-
« pait. » (Is., chap. ix, v, 13) (1).

Telles étaient les longues calamités qui pesaient sur les peuples en ces temps dont il ne faut dissimuler ni les épreuves ni l'ignorance. Il ne nous appartient pas de sonder les jugements de Dieu, mais le témoignage des chroniqueurs semble attester que ces fléaux étaient envoyés aux hommes comme autant d'avertissements douloureux destinés à les rattacher à Celui qui châtie et qui console. Quand les nations sont plongées dans les ténèbres de la barbarie, elles n'ouvrent les yeux, elles ne comprennent que si Dieu se révèle en frappant de grands coups, et l'humanité que Dieu dirige, n'avance, ne s'instruit et ne devient meilleure qu'en marchant dans la voie des larmes.

L'Eglise était navrée de ces calamités auxquelles sa charité s'efforçait de porter remède. Dans cette désolation universelle, ce fut, comme toujours, l'Eglise qui releva les courages et atténua, du moins, les souffrances

(1) Raoul Glaber, *Historiar.*, lib. IV.

qu'elle ne pouvait faire disparaître complètement. Nous n'avons pas besoin de dire, on le devine aisément, combien la vue de cette immense détresse perça le cœur si bon et si sensible de notre saint abbé. Il en ressentit un si violent chagrin et une si profonde tristesse que pendant longtemps il lui fut impossible de prendre le moindre sommeil (1). Pendant ces longues nuits passées dans l'insomnie, il pleurait les malheurs du pays; il demandait à Dieu des secours pour le peuple qui périssait. Il se dévouait à Dieu comme victime expiatoire, afin que le courroux céleste tombât plutôt sur lui que sur tant d'infortunés. Il cherchait enfin dans la prière, cette source intarissable de consolation et d'espoir, des consolations à sa douleur. Imitateur parfait du diacre saint Laurent, il donna tout ce qu'il avait pour soulager cette misère universelle. Les heures de désolation sont les grandes heures de la charité catholique. Odilon avait commencé par épuiser les coffres de son monastère pour subvenir aux besoins des malheureux, mais ces premières aumônes étaient insuffisantes; c'est alors que le saint abbbé se résolut à un de ces sacrifices extraordinaires dont la gloire est devenue inséparable de son nom. Son église possédait des vases d'or et de métaux précieux, don de la reconnaissance des rois, des princes et des peuples. Dans une grande détresse, un évêque des premiers siècles, saint Cyrille de Jérusalem, n'avait pas hésité à vendre les siens pour les pauvres (2). La même inspiration vint

---

(1) « Eram tunc temporis lugens et deflens non modo damnum rei familiaris, sed et insolitæ calamitatis, et inauditæ miseriæ ingens periculum, et quod magis urgebat, totius patriæ et omnium pauperum grande lamentabileque dispendium. Tanti vero discriminis, tantique mœroris anxia cogitatio, per plures jam me noctes insomnem reddiderat. » (*De Vita Mayoli Abbatis*, præfatio, apud *Bibl. Clun.*, col. 279).

(2) V. Fleury, *Hist. eccl.*, t. III, p. 494.

au cœur d'Odilon. Il fit briser et réduire en lingots la plus grande partie du saint trésor de son église afin d'acheter des aliments pour les pauvres affamés. Restait un souvenir auquel notre saint attachait le plus grand prix : la couronne d'or que saint Henri avait portée à son sacre ; elle ne fut pas épargnée, et, par une sublime audace de charité, elle passa avec tout le reste au soulagement des nécessiteux. D'autres abbés, touchés comme lui de compassion pour les malheureux et saintement jaloux d'imiter son dévouement, surtout Guillaume de Saint-Bénigne et Richard de Saint-Vannes, brisèrent et vendirent également les vases de l'autel ; aucun d'eux cependant n'eut un diadème impérial à sacrifier aux pauvres de Jésus-Christ. Aussi bien avons-nous le droit de dire avec Jotsald : « Saint
« Laurent est loué par toutes les voix divines et
« humaines pour avoir distribué aux pauvres les trésors
« de l'Eglise ; peut-être Odilon ne reste-t-il pas au-
« dessous de cet illustre diacre. En tous cas, nous
« disons hardiment que parmi ses contemporains,
« aucun, quelque bienfaisant qu'il fût, ne put égaler
« ce vénérable Père sous le rapport de la charité. » (1)

Il ne lui suffisait pas de donner lui-même, il excitait les autres à donner ; devançant saint Vincent de Paul, il se faisait l'organisateur et le distributeur de l'aumône publique. Quand toutes ses ressources furent épuisées, il prit le bâton de pèlerin, et on le vit parcourir les bourgs, les châteaux et les monastères, exhortant chacun à faire l'aumône selon son pouvoir, attendrissant les riches sur les besoins des pauvres, les excitant à secourir les affamés (2), promettant hardiment à ceux

---

(1) *Acta SS. Januar.*, t. I, *Vita S. Odilonis*, 68.
(2) JOTSALD, l, 9.

qui se laissaient toucher une pleine rémission de leurs péchés. C'est là, dans cette parole, qu'il faut admirer à quelle hauteur de vues ce grand abbé s'élevait pour comprendre la charité, la pratiquer et amener les autres à l'exercer. La France ne suffisait plus à son zèle, il se sentait le cœur assez vaste pour franchir ses frontières, il était assez humble pour demander ailleurs du secours : il s'adressa à l'étranger. Encore tout plein du souvenir de Sanche le Grand, roi de Navarre et de Castille, de l'amitié qu'il lui avait témoignée, pénétré de reconnaissance pour les bontés et les bienfaits de ce prince envers Cluny, Odilon écrivit à Garcias III, son fils et son successeur : « Nous nous réjouissons, dit-il,
« et nous rendons grâces au Dieu tout-puissant en
« apprenant que vous vous élevez aussi haut et aussi
« glorieusement dans son amour qu'en puissance
« terrestre. La même amitié, la même société qui nous
« unissait par des liens indissolubles à votre père,
« nous unit à vous-même, pour votre salut et celui des
« vôtres, afin qu'il vous soit donné de remporter la
« victoire sur vos ennemis. Nous adressons assidûment
« des prières à Dieu, suppliant sa bonté et sa clémence
« de disposer tout ce qui vous concerne de telle sorte
« qu'après vous avoir donné en ce monde gloire et
« félicité, il lui plaise de vous conduire aux joies éter-
« nelles. Ce n'est point sans éprouver quelque honte
« que nous nous sentons forcé d'exposer à la munifi-
« cence de Votre Majesté le besoin dont une disette,
« qui dure depuis plus de deux ans, ne cesse de nous
« affliger. La pauvreté générale de tout le royaume,
« la calamité de la faim, se font cruellement sentir à
« nous et à nos voisins. Afin d'échapper à ces dangers,
« nous avons le plus grand besoin des secours qu'il
« vous plaira de nous accorder. Toute notre commu-

« nauté vous souhaite et prie Dieu de vous accorder la
« paix, la victoire, le salut éternel. Adieu » (1).

Quel fut le succès de cette démarche par cette lettre si humble, si pieuse et si compatissante ? Nul doute que le roi Garcias se fit un devoir et un bonheur d'accueillir favorablement la demande de notre saint et de lui envoyer des secours pour le moment si nécessaires. Mais dans quelle mesure ces secours lui furent-ils envoyés ? Nous n'avons aucun renseignement à cet égard. Toujours est-il que le saint abbé s'employa à venir en aide à tous ceux qu'il lui fut possible d'assister. C'est ainsi que, pendant cette famine, plusieurs milliers de pauvres gens, grâce aux sollicitations et à la miséricorde d'Odilon, furent empêchés de mourir de faim et innombrables furent ceux auxquels il procura lui-même des aliments (2).

Pendant l'effroyable famine dont nous venons de parler, l'Eglise ne s'était pas bornée à prêcher la pénitence pour apaiser la colère de Dieu ; elle ne s'était pas contentée d'exhaler sa tristesse en des plaintes qui projettent sur l'histoire de ces malheurs une lueur sinistre; elle avait relevé les courages, adouci les souffrances ; elle s'était dépouillée pour les affamés ; elle avait recueilli les orphelins et préparé un meilleur avenir en fournissant aux laboureurs de quoi vivre et de quoi ensemencer leurs terres. Grâce à cette sollicitude prévoyante, le mal prit fin en l'année 1033 qui produisit une récolte quintuple, et les peuples témoignèrent leur reconnaissance par un redoublement de ferveur aux pasteurs qui les avaient sauvés. Entre tous les autres, on bénissait le nom d'Odilon de Cluny.

(1) MIGNE, Patrol. lat., t. CXLII, S. Odilon. Epistolæ, Épist. III, col. 942.
(2) JOTSALD, I, 9. « In thesauris Ecclesiæ pauperibus datis. »

CHAPITRE XXVI

VIE DE SAINT MAYEUL

Il n'avait pas suffi à Odilon d'avoir le cœur broyé par les angoisses d'une longue et si épouvantable famine. Dieu, qui voulait se l'attacher plus intimement, envoya à notre saint abbé une nouvelle et cruelle épreuve. Le vénérable Guillaume, abbé de Saint-Bénigne, l'ami des anciens jours, venait de s'éteindre à Fécamp (1), le 1er janvier de l'année 1031. Guillaume était un de ces réformateurs universels, sortis de la grande école de Cluny, auxquels Dieu avait donné grâce pour ressusciter partout la ferveur. Né en 961, dans un château près de Novare, tenu sur les fonds sacrés par l'impératrice sainte Adélaïde, il fut de bonne heure marqué du signe des envoyés de Dieu. D'après une légende charmante, sa mère crut voir un

---

(1) Le comte Richard Ier de Normandie, sur la fin de sa vie (996), entra en négociation avec saint Mayeul afin d'obtenir de lui des moines pour Fécamp. Mayeul ne put y consentir. Plus tard, Richard II, très vraisemblablement encouragé par Odilon, fit la même requête à l'abbé Guillaume de Dijon, qui, après quelque hésitation, entreprit alors la réforme de Fécamp. (Mabillon, *Annal.*, IV, 152 ; Cf. Chevalier, ouvr. cit., p. 105 et suiv.)

jour les anges descendre sur la terre, saisir l'enfant entre leurs bras et le porter tout environné de lumière vers le ciel. « Et moi, dit-elle naïvement, je regardais « toute tremblante de frayeur, et ne trouvai qu'une « seule chose à dire : Sainte Mère du Sauveur, je vous « le recommande, gardez-le ! » Dès l'âge de sept ans, ses parents le vouèrent au service de Dieu dans un couvent de Verceil, qui bientôt ne suffit plus à son ardeur pour la perfection. L'abbé Mayeul l'emmena avec lui à Cluny, où Guillaume devint son disciple préféré et son infatigable auxiliaire dans l'œuvre de réforme. Dijon eut les prémices de son zèle. Nommé abbé de Saint-Bénigne, il ne se contenta pas d'y faire refleurir la piété parmi les moines ; il y construisit, avec le secours de son ami, l'évêque Bruno de Langres, une église dont il traça lui-même le plan, et qui passe pour le chef-d'œuvre de l'architecture en France. A Fécamp, où il fut appelé par le pieux duc Richard II de Normandie, il fonda une abbaye dont les restes disent encore la gloire passée. Il y adjoignit une école gratuite de chant et de lecture, où serfs et libres, riches et pauvres, dit le chroniqueur Raoul Glaber, recevaient l'enseignement uniforme d'une charité dévouée, sans que personne fût exclu : les moins fortunés étaient même nourris aux dépens des moines. « Les rois, ajoute Glaber, le regardaient comme un père, les pontifes comme un docteur, les abbés et les moines comme un archange, tous en général comme un ami de Dieu et un instrument de salut (1). » Son nom était devenu synonyme de régularité : on l'appela Guillaume *supra regula*, parce qu'il voulait la règle dans sa forme la plus parfaite. Il anima de son esprit quarante mona-

---

(1) Raoul GLABER, *Vita S. Gulielmi Div.*, cap. XVI.

stères, qui comptaient plus de douze cents religieux. Après tant de travaux et de si nobles œuvres, Guillaume était sur le point d'aller recevoir au ciel la récompense due à son zèle et à ses mérites. Il avait espéré mourir à Rome : le zèle des âmes le ramena en France, déjà très malade. Glaber nous apprend que sa charité voulut revoir une fois encore tous ses enfants spirituels : il remonta jusqu'à l'abbaye de Gorze, visita ensuite les autres maisons qu'il avait réformées de divers côtés et s'en alla mourir à Fécamp dans la joie du Seigneur (1er janvier 1031) (1).

La mort du vénérable Guillaume fit une cruelle blessure au cœur d'Odilon dont il était un ami si sûr, un soutien et un consolateur, et notre saint abbé savait que dans l'épreuve il pouvait compter sur lui. L'un et l'autre, du reste, travaillaient avec un zèle ardent à l'œuvre de la réforme, et ils comprenaient aussi d'une façon identique le rôle et les besoins de l'Eglise. Après la mort de son ami, Odilon resta très affectionné à Saint-Bénigne, et vint visiter souvent ce monastère (2).

Quelques mois seulement après le trépas du bienheureux Guillaume, Dieu envoya au saint abbé une autre grande épreuve qui ne lui fut guère moins sensible : le roi Robert, après sa dernière et décisive expédition en Bourgogne, pouvait se réjouir de voir la paix apparente assez bien rétablie dans son royaume ; il voulut se disposer par un grand pèlerinage à son prochain départ pour l'éternité. Au commencement du carême, il se rendit à Bourges, et après avoir fait ses dévotions dans l'église de Saint-Etienne, il alla dans le Bourbon-

---

(1) Raoul GLABER, ouvr. cité; Cf. BRUCKER, ouvr. cité, p. 98.
(2) *Studien und Mittheilungen aus dem Bened. Orden*, 1882, p. 363 et suiv. ; Cf. Lettre de l'abbé Halinard, dans D'ACHERY, *Spicileg.*, III, 382 , D. RIVET, *Histoire littéraire de la France*, VII, 450.

nais prier sur le tombeau de saint Mayeul, où Hugues Capet s'était fait transporter peu de temps avant sa mort. De là, Robert, continuant son pieux pèlerinage, poursuivit sa route et arriva à Brioude et au Puy. Il se rapprocha ensuite du Rhône, visita l'abbaye de Saint-Gilles et vint à Saint-Saturnin de Toulouse. Ce fut là le terme de son voyage. A son retour, il suivit une autre route, passa par les abbayes de Saint-Vincent de Castres, de Saint-Antonin, de Sainte-Foy de Conches dans le Rouergue, de Saint-Géraud d'Aurillac en Auvergne. Il célébra le dimanche des Rameaux à Bourges, la fête de Pâques à Orléans et tomba malade à Melun : il y mourut dans les sentiments d'une parfaite résignation, le 10 ou le 20 juillet, à soixante ans (1).

Formé par les leçons de l'illustre Gerbert, Robert était instruit dans les lettres sacrées et profanes et ne passait jamais un jour sans lire le psautier. Poète et musicien, il composa plusieurs hymnes qui furent adoptées par l'Eglise, entre autre la prose du Saint-Esprit, *Veni Sancte Spiritus*. Une de ses dévotions était de venir à la basilique de Saint-Denis, revêtu de ses habits royaux, le front ceint de la couronne, diriger le chœur à matines, à la messe, à vêpres, et chanter avec les moines. Il évitait tout air de fierté ; il fut le bienfaiteur des moines, particulièrement de Cluny dont il propagea la réforme ; il fut aussi le bienfaiteur des pauvres, afin de les avoir pour intercesseurs auprès de Dieu, sachant bien qu'ils étaient déjà citoyens du ciel. « Il conserva intacte l'autorité qu'il avait reçue de Hugues son père ; il sut revendiquer avec énergie tous ses droits et il augmenta le dépôt qu'on lui avait

---

(1) Le récit de ce voyage est emprunté à Helgaud, *Recueil des historiens de France*, X, 114 D C.

confié (1). » Il occupe fort honorablement sa place dans la galerie de nos rois de France.

La mort qui venait de frapper presque coup sur coup le saint abbé de Cluny dans deux de ses plus chers amis, le jeta dans une extrême affliction. Au milieu de si grandes épreuves, Odilon, pour soulager sa douleur, eut la pensée d'écrire la vie du vénérable abbé Mayeul, son saint prédécesseur (2). C'est dans la nuit du 10 au 11 mai de l'année 1031 que notre saint abbé fut inspiré de composer un court abrégé de la vie de son bienheureux père. Il le dédie à Hugues de Semur, grand prieur de Cluny, qui devait lui succéder sur le trône abbatial, et à son frère bien-aimé Almanus (3), prieur claustral du monastère. Dans une introduction à la fois pleine de tristesse et de respect pour la mémoire d'un père saint et vénéré, il indique l'occasion et le but de son livre : « Comme j'habitais, dit-il, aux derniers
« temps de Pâques, l'enceinte de notre monastère du
« bienheureux Romain, la veille de la fête de notre
« père Mayeul, un de nos frères, nommé Jean, orné,
« suivant la signification de son nom, des riches dons
« de la grâce du Seigneur, me demanda dans quel
« livre il devait marquer les leçons pour la lecture de

---

(1) Au pouvoir qu'il avait comme duc de *Francia*, il ajoutait celui de duc de Bourgogne ; il agrandit le domaine des comtés de Sens, d'Autun, de Dijon, de Montreuil, de Dreux, et une partie de ces biens ne furent abandonnés que sous le règne de son fils. (Cf. Pfister, ouvr. cité, p. 385 ; Damberg, *Synchronistische Geschichte des Mittelalters*, VI, 93.

(2) *Bibl. Clun.*, col. 279 ; Migne, *Patrol. lat.*, CXLII, col. 943.

(3) Almanus était vers cette époque (1031) « decanus claustralis », doyen claustral de Cluny. (*Biblioth. Clun.*, not., col. 73 ; *Gallia Christ.*, IV, col. 1112 ; Cf. *Bibl. Clun.*, col. 332.) — Hugues et Almanus étaient hommes de lettres, puisque Odilon se soumet à leur censure. (*Vie de S. Odil.*, par les *Bened.*, n° 10, 2°.) — Odilon fit cet écrit lorsqu'il était à Romans, monastère en Dauphiné, dépendant de Cluny. (*Id., ibid.*)

« la nuit. Il est naturel, lui dis-je, de lire en mémoire
« de notre père Mayeul les discours du bienheureux
« Grégoire, car pendant sa vie il les a lus et écoutés
« avec la plus grande ferveur, et toutes les fois qu'il
« l'a pu, il en a fait l'objet de ses entretiens. L'office
« du soir étant terminé peu de temps après, et le temps
« de la servitude journalière achevé, la règle aussi
« bien que la nécessité nous convièrent au repos. J'étais
« alors accablé et désolé, non seulement de malheurs
« privés, mais de calamités inaccoutumées, des dangers
« d'une misère inouïe et, ce qui augmentait encore ma
« peine, de la situation pleine d'angoisses de ma patrie
« et de mes pauvres. Déjà l'anxieuse étreinte de ces
« pensées et le souvenir toujours présent de ces
« désastres m'avait fait passer plusieurs nuits sans
« sommeil, mais enfin comme la morsure de ces
« réflexions voulait, comme d'habitude, prendre pos-
« session de mes sens, je me mis à prier le bienheureux
« Mayeul de demander à Dieu, pour moi, le secours de
« sa consolation. Peu après, la douce mémoire de ce
« bon père me fit penser et me donna en quelque
« sorte l'assurance que si j'occupais mon esprit à célé-
« brer ses louanges, je trouverais bien certainement le
« secours d'une divine consolation. C'est pourquoi, très
« chers seigneurs et frères, j'ai essayé d'écrire cette
« histoire, non pas certes avec la grandeur qui siérait
« à un tel sujet, mais aussi bien que l'a permis la fai-
« blesse de mon intelligence. Tel qu'il soit, je désire,
« je prie Dieu, ô mes frères, que le sens de votre feu
« spirituel l'examine, qu'il discerne et corrige ce qu'il
« renferme de défectueux. » Tel est l'avant-propos.

Odilon commence ensuite son œuvre par une introduction magistrale où il expose avec autant de piété
que d'éloquence, en traits rapides et saisissants, les

différents âges de l'Eglise, l'âge des apôtres qui fondent la foi évangélique, des martyrs qui la scellent de leur sang, des docteurs qui la défendent et la développent ; puis il arrive aux origines de l'ordre monastique, à l'ordre de Cluny en particulier, auquel il joint une courte notice biographique sur les prédécesseurs de saint Mayeul.

Nous nous reprocherions de ne pas reproduire textuellement ces pages sorties de la plume de notre saint, tant elles sont embaumées de religieuse saveur et du parfum le plus exquis.

« Après que les apôtres et les évangélistes, dit-il,
« eurent donné, sous l'inspiration divine, leurs sacrés
« et salutaires enseignements ; après les illustres et
« glorieux combats des martyrs invincibles et invain-
« cus, la divine Bonté daigna préparer à son Eglise de
« nouvelles consolations, et comme des flambeaux brû-
« lant d'amour, répandant au loin l'éclat de leur parole.
« Je veux dire les prêtres apostoliques, les hommes
« illustres, doués non pas des vanités de la science
« humaine, mais de tout ce qu'elle renferme de salu-
« taire, et remplis de la sagesse divine, qui devaient,
« par leur intelligence des choses spirituelles et par
« leur interprétation perspicace des divines Ecritures,
« porter la clarté dans les ombres de la Loi, mettre
« au grand jour le sens mystique des prophètes dont
« la parole renferme les sublimités les plus hautes et
« les plus profondes, et dissiper avec la gloire, la force
« et la majesté de la manière évangélique, les ténèbres
« épaisses dont le monde était enveloppé.

« En effet, dans leurs travaux consciencieux, ils
« exposent aux fidèles et leur recommandent les actes
« des Apôtres ; leur zèle et leur dévouement font con-
« naître le triomphe des bienheureux martyrs, ainsi

« que ceux de la sainte Eglise. Leur foi, leur sagesse
« et la persistance de leur prédication apaisent ou
« répriment les murmures et les aboiements des impies
« contre la foi catholique, étouffent les plaintes des
« schimatiques, ferment la bouche des diseurs de
« vaines paroles, détruisent la puissance des idoles,
« triomphent de la cruauté des gentils, bafouent les
« folies des philosophes, dissipent comme une fumée
« fétide la fausseté, la perfidie, l'infidélité et la rage
« des hérétiques, et les réduisent à néant.

« Après que la cour céleste eut reçu toute joyeuse
« dans son sein de tels héros, ses citoyens, si l'on peut
« ainsi parler, et les familiers de son Roi, la sagesse
« divine disposant toutes choses avec ordre et mesure,
« voulut, par un quatrième ordre, songer aussi aux
« très petits de l'Eglise, afin que les grâces qui avaient
« été répandues par les forts et les illustres le fussent
« désormais par les humbles, les innocents et les
« simples.

« On vit alors se multiplier, ou pour mieux dire
« renaître l'ordre monastique, dont la source, nous le
« savons, est dans Elie et Jean-Baptiste, et que nous
« voyons avec joie arrivé jusqu'à nos jours (1) par la
« vie et les actions apostoliques, par la force des
« vertus et les pieux exercices de nos pères spirituels.

« C'est à eux, en effet, qu'il fut donné d'arriver à
« l'accomplissement parfait de ce précepte unique et
« spécial de l'Evangile, ce précepte du Seigneur lui-
« même, lorsque, interrogé par un jeune homme sur
« ce qui lui manquait pour mériter la vie éternelle, le
« Sauveur répondit : « Si tu veux être parfait, va,

---

(1) Voir à cette place les remarques des Bollandistes (*Acta SS.*, *Maii*, t. II, p. 687.

« vends tout ce que tu possèdes, donne le prix aux
« pauvres, et tu auras un trésor dans le ciel ; viens
« alors et suis-moi.

« Parmi les hommes qui entendirent le mieux ce
« précepte salutaire et l'ont mis en pratique avec le
« plus de zèle, notre bienheureux père Benoît, qui
« méritait si bien son nom de *béni*, brilla comme un
« astre célèbre entre tous. Il fut si grand par sa vie,
« ses mœurs et ses miracles, que le saint pape Gré-
« goire, homme apostolique en toutes choses, évêque
« du siège des Apôtres, historien de la vie de ce saint
« patriarche, lui rend ce témoignage que, parmi les
« plus illustres primats de l'Eglise, il mérite, par sa
« doctrine, d'obtenir un rang insigne et privilégié.

« Dans la suite, je veux dire après le passage à une
« vie meilleure de notre vénérable Père, le bienheu-
« reux Maur, son disciple, répandit dans la Gaule
« presque tout entière le germe de son institut et de sa
« règle. Grâce à lui et à ceux qu'il avait instruits dans
« la justice, l'ordre s'éleva pendant de longues années
« au comble de la perfection et de la grandeur. Mais
« après qu'ils eurent quitté ce monde, la justice devint
« rare ; le mal reprit vigueur ; la discipline, cette mère
« de toutes les vertus, se relâcha ; et les enseignements
« de nos vénérables pères commencèrent à être
« oubliés. Alors la règle de notre saint institut, que des
« religieux pleins de ferveur, avaient élevée graduel-
« lement à une perfection toujours plus grande, tomba
« peu à peu en désuétude par le relâchement et la
« négligence de ceux qui devaient l'observer.

« Ce funeste abandon des doctrines salutaires conti-
« nua ses effets pernicieux jusqu'au temps où Guil-
« laume Très Chrétien, duc d'Aquitaine, prêtant l'appui
« de son zèle, un abbé de bienheureuse mémoire,

« nommé Bernon, jeta les fondements d'un monastère
« dans le pays de Bourgogne, au territoire de Mâcon,
« dans un bourg du nom de Cluny. Il mit à cette fon-
« dation toutes les forces de son âme et, par son zèle et
« son pieux dévouement, mena à bonne fin cette
« louable entreprise. Un grand nombre d'hommes,
« cherchant le port tranquille du monastère, furent
« arrachés au siècle par l'exemple de ses vertus. » Et
ici le pieux auteur passe successivement en revue, avec
une complaisance marquée, les saints abbés qui ont
précédé Mayeul sur le siège de Cluny (1).

Odilon termine enfin cette longue introduction en
avertissant que tout ce qu'il a dit de « ces hommes
saints et justes » se retrouve entièrement dans saint
Mayeul.

La deuxième partie (2) de l'ouvrage renferme strictement l'histoire du saint abbé dont nous avons déjà
donné une rapide esquisse (3).

Le pieux biographe fait remarquer que Mayeul fut
placé au-dessus de tous les hommes de son temps et
entouré de vénération et d'honneurs, car, dit-il, « les
« enseignements de nos ancêtres sur sa vie, ses mœurs
« et ses miracles, apportés jusqu'à nous par une écla-
« tante renommée, suffisent à consacrer sa gloire. »
Quant à lui, Odilon, son rôle est plus modeste : il
veut seulement résumer plus brièvement ce qui a été
écrit avant lui, imitant l'exemple d'Alcuin qui a, lui
aussi, résumé la vie de saint Martin, écrite par Sulpice
Sévère. « Mais, ajoute-t-il, de même qu'après les

---

(1) Ces abbés sont le bienheureux Bernon, saint Odon et le bienheureux Aymard. (Voir plus haut, chapitre vi, *la Congrégation clunisienne*.)

(2) *Bibl. Clun.*, I, C, col. 282 B, 284 C.

(3) Voir chap. vi, *la Congrégation clunisienne*.

« apôtres, nul ne saurait égaler Martin, de même je
« m'avoue de beaucoup inférieur à Alcuin. Il a dit,
« comme peut le faire un grand historien, de grandes
« choses d'un grand sujet ; quant à moi, chétif, je dirai
« de petites choses d'un grand saint. Il a parlé de son
« saint Martin comme d'un pontife éminent et incom-
« parable ; je dirai, moi, de Mayeul, que ce fut le meil-
« leur des pères, l'abbé le plus saint, l'homme enfin le
« plus éminent et véritablement le plus catholique de
« son temps. »

La troisième partie est une sorte de panégyrique qui complète l'ouvrage tout entier.

Odilon exalte dans Mayeul la noblesse de son origine, les excellentes qualités de l'esprit, la beauté corporelle et presque angélique, la vivacité de sa foi, la fermeté de son espérance et l'ardeur de sa charité. Il relève dans son saint prédécesseur le don des célestes béatitudes, et, après l'avoir montré orné des rois vertus théologales et tout resplendissant des huit béatitudes évangéliques, il le considère revêtu des vertus cardinales : de la prudence, de la tempérance, de la force et de la justice.

Le saint abbé ajoute : « Après ce que nous avons
« déjà rapporté de cette vie et de ces vertus, peut-être
« quelqu'un s'informera-t-il des miracles de notre
« saint père, et des signes visibles et matériels qui
« servent à affermir et stimuler la foi de ceux qui
« doutent des mérites et de la récompense des élus.
« A celui-là, je répondrai par les paroles du bienheu-
« reux Grégoire : « Il n'y a aucun mérite à croire
« lorsque la raison humaine apporte sa preuve ».
« Mais, pour que personne ne doute de la sainteté et
« de la gloire de notre Mayeul, qu'on apprenne de
« ceux qui l'ont vu ou entendu quels ont été sa vie et

« son enseignement ; de quelle manière, plein de
« jours et resplendissant de l'éclat de ses vertus, il a
« quitté cette terre ; et quand on connaîtra par le
« témoignage des fidèles la sainteté de sa vie, la
« pureté de sa doctrine, on ne pourra douter que
« notre vénérable père ne soit parvenu, sous la con-
« duite de Jésus-Christ, à la gloire des saints. »

Odilon vante ensuite dans Mayeul le charme de son commerce, son affabilité, sa discrétion, l'élévation et la sublimité de son enseignement, sa simplicité tout apostolique. Chéri de Dieu et des hommes, il put faire beaucoup de bien et il forma de remarquables disciples. Aussi sa mémoire est en bénédiction. Il érigea de nouveaux monastères, il introduisit la réforme dans d'autres, il opéra de nouvelles conversions, et il soulagea les affligés avec la plus admirable charité.
« Beaucoup de clercs pieux et honorables, beaucoup de
« saints moines et d'illustres abbés vénéraient Mayeul
« comme leur père ; des évêques pleins de vertus et
« de sagesse le traitaient comme leur frère bien-aimé ;
« les empereurs, les impératrices, les rois et les
« princes du monde le nommaient leur seigneur et
« leur maître ; les pontifes du siège apostolique l'ho-
« noraient comme le prince de la religion monastique
« de son temps, et il l'était en vérité. Othon le Grand
« le chérissait de tout son cœur ; son épouse, l'auguste
« impératrice Adélaïde, l'aimait de l'affection la plus
« humble et la plus sincère ; leur fils, l'empereur
« Othon, professait pour lui un tendre attachement ;
« Conrad, noble et pacifique frère de l'empereur, ainsi
« que Mathilde, sa très noble épouse, sentaient croître
« leur amour pour lui chaque fois qu'ils le voyaient.
« Que dirai-je du très noble Henri, duc de Bour-
« gogne ; de l'illustre Lambert, comte de noble origine ;

« de Guillaume, de Richard, ducs très valeureux
« d'Aquitaine et de Normandie ; enfin des princes et
« des marquis italiens ? »

C'est ainsi qu'Odilon achève la vie de saint Mayeul, mais il voulut lui donner un épilogue. C'est cet épilogue qui forme la quatrième partie de son ouvrage.

Dans cette dernière partie (1), Odilon raconte l'invasion des Sarrasins et un présage mémorable se rapportant à des faits arrivés durant la vie du bienheureux Mayeul. Quels sont ces faits ? L'arrivée soudaine des Sarrasins venus des frontières d'Espagne, l'affliction des chrétiens, la destruction des villes et des monastères, dans les deux royaumes d'Italie et de Provence, la captivité de Mayeul lui-même (2), son rachat, sa délivrance ; enfin, par la grâce et le secours du Christ, l'expulsion des pays chrétiens de toute cette nation infidèle.

Comme on peut s'en convaincre par cette analyse, la *Vie de saint Mayeul* est moins une biographie qu'un tableau, moins un récit qu'un portrait. Odilon a d'ailleurs clairement indiqué dans la préface de son livre le but qu'il s'est proposé ; il a voulu faire une œuvre toute d'édification et d'ascétisme. Lorsqu'il écrivit la Vie de sainte Adélaïde, son désir était d'exciter

---

(1) *Bibl. Clun*, ouvr. cité ; *Patrol. lat.*, ouvr. cité, col. 288 B *bis* jusqu'à 290 E de la *Bibl. Clun.*

(2) Saint Mayeul, revenant de Rome, s'était arrêté à Pavie. C'est pendant son retour qu'une troupe de Sarrasins le surprit, le chargea de chaînes et lui fit souffrir les tourments de la faim et de la soif. Mais, grâce aux ressources de son monastère, il put être racheté et sortir sain et sauf des mains des Sarrasins. Cet événement eut lieu près d'Orsières, vers la Drance. (Cf. Dr KELLER, *l'Entrée des Sarrasins en Suisse vers le milieu du Xe siècle*, dans *Mittheilungen der Antiquarischen Gesellschaft in Zürich*, t. XI, 1re livrais., p. 15 ; KÖPKE et DÜMMLER, *Kaiser Otto der Grosse*, p. 485 ; *Bibl. Clun.*, Vita S. Maioli, par ODILON ; *Patrol. lat.*, CXLII, Vita S. Maioli, par ODILON, col. 943-962.

les savants : tel n'est pas ici son but ; car depuis longtemps déjà la Vie de saint Mayeul avait été écrite dans tous ses détails (1). Dans cet opuscule, l'abbé de Cluny veut seulement relever les vertus et le mérite de son saint prédécesseur, et par là favoriser son culte et obtenir sa protection. C'est un petit ouvrage édifiant où, si l'on excepte quelques répétitions et un peu de prolixité, le lecteur est charmé par la beauté littéraire d'un style souvent plein d'élévation, et, en tous cas, remarquable par la sobriété des détails et par l'unité de la composition.

(1) Le moine Syrus, à la sollicitation d'un autre religieux, Warnaire, est le premier qui entreprit d'écrire la *Vie* de l'abbé Mayeul. Mais, lorsque Odilon envoya Syrus à Pavie et Warnaire en Alsace, celui-ci emporta avec lui le manuscrit inachevé de Syrus. Après la mort de Warnaire, ce manuscrit fut remis à Odilon pendant son séjour à Murbach, et le saint abbé le transmit à Syrus après son retour de Pavie, en le priant de le compléter. (Cf. BERNARD et BRUEL, ouvr. cité, n° 1314 ; RINGHOLZ, ouvr. cité, p. 96 et suiv. ; MABILLON, *Acta*, sæc. V, p. 760 et 786, et VI, 1, p. 673 ; *Bibl. Clun.*, col. 286 ; SCHULTZE, *Forschungen zur Deutschen Geschichte*, t. XXIV, p. 153, 157, 159 ; TRAUBE, *Neues Archiv der Gesellschaft für ältere Deutsche Geschichtskunde*, t. XVII, p. 402-407.

Deux autres biographes de saint Mayeul, Aldebald et Nalgod, ont reproduit le récit de Syrus et n'ont aucune valeur au point de vue des sources. Le travail de Syrus est imprimé dans *Acta*, V, 786 et suiv. — On en trouve des fragments dans *Monum Germ. SS.*, t. IV, 650 et suiv. Il est encore inséré avec celui d'Aldebald dans les *Acta SS.*, 11 maii, t. II, 668 ; Cf. dom CELLIER, ouvr. cité, t. I, p. 409 et suiv. ; SCHULTZE, ouvr. cité, p. 158, 162. — Un moine de Souvigny écrivit aussi un court abrégé de la *Vie* de saint Mayeul, tiré de Syrus, d'Aldebald et de Nalgod, mais il n'a non plus aucune valeur au point de vue des sources. (Cf. *Bibl. Clun.*, col. 1783-1787 ; appendice, col. 1787-1814 ; SCHULTZE, ouvr. cité, p. 165 ; *Acta SS.*, maii, t. II, 689.)

CHAPITRE XXVII

LES LETTRES A CLUNY

ODILON s'est révélé comme historien éminent dans la Vie de la sainte impératrice Adélaïde et dans la Vie de saint Mayeul, où l'on remarque, dans un style noble et pathétique, la trace d'une âme profondément affectueuse et tendre. Mais il n'a pas moins de titres à notre attention comme orateur, comme protecteur et propagateur des lettres et des arts, et c'est sous ce triple aspect qu'il nous reste à l'étudier.

I

SERMONS, HYMNES ET POÉSIES, LETTRES

1° *Sermons*. Aux plus éminentes qualités du cœur, à la piété la plus haute, au zèle le plus éclairé ; Odilon unissait les dons les plus brillants de l'esprit. Arrêtons-nous ici pour étudier de plus près et pour mettre en lumière un des côtés importants de sa vie. La charge de notre saint, comme abbé, l'obligeait aux grandes solennités de l'année à tenir à ses frères des discours spirituels. De ces sermons nous n'en connaissons plus que quinze qui se succèdent dans l'ordre suivant : 1° sermon sur la naissance du Sauveur (1) ; 2° sermon sur l'Epiphanie (2) ; 3° sermon sur la fête de la Purification (3) ; 4° sermon sur l'Incarnation (4) ; 5° trois sermons sur la fête de la Résurrection (5) ; 6° sermon sur l'Ascension (6) ; 7° sermon sur la Pentecôte (7) ; 8° sermon sur la naissance de saint Jean-Baptiste (8) ; 9ᵉ sermon sur la veille de la fête des apôtres saint Pierre et saint Paul (9) ; 10° sermon sur la fête de l'Assomption de Marie avec une hymne pour la même fête (10) ; 11° sermon pour la fête de la naissance de Marie (11) ; 12° sermon en l'honneur de la sainte Croix (12).

Notre saint abbé avait aussi, paraît-il, des sermons

(1) *De Nativitate Domini Salvatoris.* (Bibl. Clun., col. 371.)
(2) *De Epiphania.* (Id., col. 374.)
(3) *De Purificatione.* (Id., col. 379.)
(4) *De Incarnatione.* (Id., col. 381.)
(5) *De Resurrectione.* (Id., col. 383, 384, 388.) — Le 171ᵉ discours, dans l'appendice des œuvres de saint Augustin, est attribué à saint Odilon ; il est peu différent du premier sur la Pâque.
(6) *De Ascensione.* (Id., col. 390.)
(7) *In die Pentecostes.* (Id., col. 394.)
(8) *De Admirabili Præcursoris Nativitate.* (Id., col. 397.)
(9) *In Vigilia Apostolor. Petri et Pauli.* Bibl. Clun., col. 398.)
(10) *De Assumptione.* (Id., col. 401.)
(11) *De Nativitate.* (Id., col. 407.) — Ce sermon, publié par D. Martène et D. Durand, avec le fragment du sermon de la sainte Croix, sur un manuscrit de Souvigny, est incomplet ; il y manque le commencement et la fin. Ce n'est qu'un fort long morceau du second livre de saint Ambroise sur les Vierges, tiré du deuxième chapitre ; saint Odilon avait une vénération particulière pour ce saint docteur, et il n'est pas étonnant qu'il se plût à copier ses écrits.
(12) *De Sancta Cruce.* (Id., col. 408.) — Une copie de ce sermon a été faite sur l'original autrefois conservé aux archives de Cluny. M. Marillier, ancien supérieur du petit séminaire de Semur, avait trouvé ce manuscrit collé dans son exemplaire du *Bibliotheca Cluniacensis*, entre les colonnes 408 et 409, ouvrage provenant du prieuré de Marcigny. Ce sermon manuscrit a été imprimé par les soins de M. l'abbé Cucherat. — Les discours de saint Odilon sont précédés

pour diverses fêtes de saint Benoît (1), mais ces sermons sont à jamais perdus pour nous ; les anges qui les ont entendus pourraient seuls nous les redire.

Jotsald atteste qu'Odilon était instruit des saintes Ecritures, habile à s'exprimer, et fermement établi dans la foi catholique. « Son érudition dans les saintes « Ecritures, dit-il, son éloquence, son attachement à « la foi catholique nous sont attestés par des discours « et des lettres nombreuses qui exhalent les suaves « parfums de la sagesse, et où resplendissent les « grâces du langage le plus touchant (2). » Pierre de Blois, Vincent de Beauvais et d'autres encore font écho au vieil historien d'Odilon pour faire l'éloge du saint abbé et affirmer son éloquence comme orateur. Il nous sera facile et doux de confirmer ces témoignages si nous examinons les sermons de notre saint au double point de vue doctrinal et littéraire.

Dans ses propres sermons, il n'est pas difficile de s'en apercevoir, Odilon s'appliquait plus à instruire qu'à briller, ses instructions sont claires et solides. Pénétré de l'auguste dignité du ministère évangélique, Odilon cherchait avant tout dans l'Ecriture (3) et les Pères, dans les règles de l'Evangile et de saint Paul, la sûreté de son enseignement. Au temps de sa jeunesse, nous l'avons vu ailleurs (4), il s'était voué à

---

d'une profession de foi (*Bibl. Clun.*, col. 370) suivie d'une prière sur la croix (*id.*). Il y a des preuves assez fortes que le 56ᵉ parmi ceux de saint Pierre Damien est l'œuvre de saint Odilon. (Cf. dom Ceillier, *Histoire générale des auteurs sacrés et ecclésiastiques*, t. XIII, p. 155, édit. Vivès, 1863.)

(1) Sanderus, *Biblioth. Belgica*, part. I, p. 303.
(2) *Vita Odilon.*, n° 6.
(3) Jotsald, I, 6 ; Cf. *Vita S. Abbonis*, dans Migne, *Patrol. lat.*, t. CXXXIX, col. 404, 425 et suiv.; Pardiac, *Hist. de saint Abbon*, p. 407 et suiv.
(4) Voir chap. i.

d'ardentes études; nourri des paroles de l'Ecriture sainte, ainsi qu'il convenait, son cœur les goûtait avec délice. Rien d'étonnant que ce livre divin fût la source à laquelle il puisait abondamment. On connaît un écrivain par les livres qu'il préfère, comme on connaît un homme par ses amis. Odilon, avait de ces amitiés de l'intelligence avec les anciens, et parmi les auteurs dont il nourrissait son esprit, il réserve le premier rang aux pères de l'Eglise. C'est la coutume de notre orateur de citer les anciens dans les sermons et d'en emprunter fréquemment les paroles. Saint Cyprien, saint Grégoire de Nazianze, saint Jérôme, saint Augustin, saint Ambroise et saint Grégoire le Grand lui sont devenus familiers, il les cite avec une prédilection toute filiale, et en des termes qui montrent le profond respect qu'il avait pour leur doctrine. Le moment n'est pas encore venu où des philosophes chrétiens, tels que le bienheureux Lanfranc, saint Anselme, saint Thomas d'Aquin fourniront à la théologie une méthode nouvelle qui devra la transformer. Aussi le saint abbé, s'inspirant du goût du temps, prendra à tâche de former de ses sermons un tissu de citations tirées de l'Ecriture sainte et des Pères pour établir ce qu'il a dessein de prouver. Sa prédication se termine par une interprétation morale de l'Ecriture appropriée aux besoins spirituels de ses frères. Inspirée par la prière, nourrie par l'étude, la parole d'Odilon était l'écoulement naturel de cette science et de cette sainteté. Ouvrons le volume de ses sermons et faisons entendre quelque faible écho de cette voix qui retentit si souvent au milieu des moines de Cluny, nous verrons que cette parole toujours simple, ne va jamais sans lumière et sans profondeur : « Dieu, dit-il, qui avait fait l'homme
« à son image, n'a pas voulu le laisser périr éternel-

« lement dans la difformité que son péché lui avait
« causée ; mais il a envoyé son fils pour rendre à
« l'homme la beauté de sa première forme. Lorsque
« vous entendez dire que Jésus-Christ vous est né,
« réjouissez-vous ; et augmentez votre joie quand on
« vous dit qu'il vous est donné, mais gardez-vous bien
« de mettre aucune différence, selon la nature divine,
« entre le père et le fils ; entre celui qui vous a donné
« et celui qui vous est donné. Ils sont à cet égard
« d'une même substance : aussi grands, aussi puis-
« sants l'un que l'autre. Il n'y a même entre le père et
« le fils aucune différence de temps, comme il n'y en
« a point d'égalité » (1).

Le saint abbé aime surtout à expliquer et à commenter en présence de ses pieux auditeurs les grands
mystères de notre foi, tant son cœur déborde de tendresse pour la personne adorable de Jésus-Christ, de
reconnaissance pour les bienfaits de sa grâce. On ne
saurait trouver dans les discours de notre saint une page
où ne se lise pas le nom du Sauveur ; il n'est pas une
ligne, du moins, d'où sa pensée soit absente. Sa doctrine
a d'ailleurs toute la précision que pourrait apporter, en
des matières si délicates, le plus exact théologien. Le
sermon suivant sur la Pâque, sur la résurrection des
morts, celui-là même qui pendant longtemps fut
regardé comme l'œuvre de saint Augustin, nous
montre mieux que tout autre comment Odilon sait
parler des dogmes chrétiens depuis la naissance du
Sauveur du monde jusqu'à sa mort et à sa résurrection : « La promesse divine de la résurrection des
« morts, dit-il, est une certitude pour la foi chrétienne.
« Cette promesse, c'est la Vérité même qui l'a faite, et

---

(1) Serm. 1, *de Nativitate*.

« la vérité ne peut mentir ; si elle le pouvait, elle ne
« serait plus elle-même. Il est donc absolument vrai
« que les corps ressusciteront, selon qu'il a été promis,
« parce que la Vérité, qui ne connaît pas le mensonge,
« doit nécessairement remplir tous ses engagements.
« Le Seigneur lui-même a daigné nous montrer par
« son exemple que le futur retour des morts à la vie
« est chose des plus certaines. Jésus-Christ est ressu-
« scité, afin qu'aucun chrétien ne puisse douter qu'il
« en fera de même un jour. Ce qui a eu lieu pour la
« tête aura lieu pareillement pour les autres membres.

« Nous devons savoir, mes très chers frères, qu'il y
a deux morts et deux résurrections. L'Ecriture nous
parle d'une première et d'une seconde mort. « La pre-
« mière a deux phases : l'une quand la faute sépara
« de son Créateur l'âme pêcheresse ; l'autre, quand
« selon la sentence de Dieu, cette âme, pour son
« châtiment, est exclue de son corps. La seconde est
« la punition même du corps et de l'âme pendant
« toute l'éternité ; par elle, l'âme du méchant seul
« subit avec son corps le châtiment éternel. Ces deux
« morts tenaient l'une et l'autre tout homme sous
« leur dépendance ; la désobéissance du premier
« homme nous fait tous naître sujets du péché. Mais le
« Fils de Dieu, immortel et juste, est venu sur la terre,
« afin d'y mourir pour nous ; et comme la chair qu'il
« prit ne pouvait avoir aucune atteinte de péché, il
« supporta la peine de ce péché sans en être coupable.
« Le Fils de Dieu n'accepta donc pour nous que la
« seconde phase de la première mort, c'est-à-dire la
« mort du corps seul, par laquelle il nous délivra de
« la domination du démon et de la peine du châtiment
« éternel. Le premier effet de la miséricorde de Jésus-
« Christ sur ses fidèles est donc de les ressusciter en

« leur âme, par le don de la foi, afin qu'ils aient une
« croyance droite, et par celui de la charité, afin qu'ils
« persévèrent volontiers dans les bonnes œuvres. En
« second lieu, il daignera ressusciter les corps, au jour
« du jugement, afin d'accorder aux justes l'éternelle
« béatitude. »

De ces vérités aussi solides que lumineuses, l'orateur passe aux conclusions morales pour diriger les mœurs, inspirer l'horreur du vice et l'amour de la vertu : « Ainsi, mes très chers frères, ressuscités en
« notre âme par la foi, vivons avec justice, pour
« renaître également un jour en notre corps à l'éter-
« nelle joie. Eloignons-nous des œuvres mauvaises,
« qui font mourir l'âme, même pendant que le corps est
« vivant, afin qu'ils méritent l'un et l'autre d'arriver
« aux biens qui ne finiront pas. Conservons les avan-
« tages de la première résurrection, que Jésus-Christ
« nous a donnés par le moyen de la foi, et quand nous
« ressusciterons avec le corps, nous mériterons de
« régner sans fin avec notre Sauveur. Alors « la mort
« sera absorbée par la victoire »; (I Cor., xv, 54) alors
« les fidèles entreront dans la vie véritable et dans la
« vraie joie; alors ils recevront, pour les mérites de
« leur foi et leurs bonnes œuvres, le royaume des cieux
« de la libéralité de Jésus-Christ, qui vit et règne, Dieu
« tout-puissant comme le Père et le Saint-Esprit,
« dans les siècles des siècles » (1).

Dévot serviteur de Marie, passionnément attaché à son culte, Odilon manquait rarement de la glorifier par des discours pleins de doctrine et empreints de la plus tendre piété. Encore tout enfant, n'avait-il pas été redevable de sa guérison à Marie ? Son cœur lui faisait

---

(1) Serm. 5, *de Resurr.*

un devoir d'en témoigner sa reconnaissance en prêchant ses mystères et en exhalant ses vertus. Le culte de Marie remonte à l'origine même du christianisme ; la piété des premiers fidèles n'a jamais séparé la mère de son fils adorable. La dévotion envers cette auguste Vierge s'est traduite de différentes manières dans la suite des âges ; mais, au moyen âge, on aime à la voir se maintenir au cœur des générations par les influences monastiques, à cette époque surtout où toutes les lumières de la science théologique et les pratiques les plus essentielles de la perfection chrétienne s'étaient réfugiées dans les monastères.

De tous les sermons prêchés par saint Odilon en l'honneur de Marie, le plus important est celui où il exalte sa glorieuse Assomption. Il ne doute pas que la sainte Vierge n'ait été présente à l'Ascension de Jésus-Christ, et qu'elle n'ait reçu avec les apôtres la grâce du Saint-Esprit, quoiqu'elle en fût déjà remplie. La grâce qui prévint le péché, en sanctifiant Marie, au moment même où elle entrait dans la vie, prévint aussi toute dissolution au moment où elle sortit de ce monde. Aussitôt après avoir rendu l'esprit, la bienheureuse mère de Dieu entra dans la céleste béatitude. Par la vertu de Dieu son corps immaculé, mis à l'abri de toute dissolution, fut ressuscité et réuni à son âme. Cette doctrine sur l'assomption du corps de la mère de Dieu, l'antiquité chrétienne est unanime à l'affirmer ; l'Eglise la professe et témoigne de sa foi par la célébration d'une fête comptée parmi les plus anciennes et les plus solennelles. Odilon, dans son discours, est heureux, lui aussi, de suivre cette pieuse tradition et d'affirmer cette doctrine ; il la chante dans l'hymne composée par lui pour cette solennité. Aux accents qui terminent son discours, on sent déborder de son cœur son amour et sa joie, comme un enfant heureux du triomphe de sa mère.

Odilon ne pouvait aimer Marie sans aimer d'un amour de prédilection Jésus crucifié qui nous l'a donnée pour mère. Il avait une dévotion spéciale à la croix, qui lui apparaissait comme le symbole triomphant de notre foi, comme la source unique de nos espérances. On sait que l'impératrice sainte Hélène, mère de Constantin, ayant entrepris le pèlerinage des lieux saints, eut la joie de retrouver miraculeusement la croix du Sauveur. On sait aussi que la vraie croix fut enlevée par les Perses après la prise de Jérusalem et que le 14 septembre 628 Héraclius, empereur d'Orient, après sa victoire sur l'armée persane, reporta solennellement à la ville sainte le bois sacré teint du sang rédempteur. Odilon voulut célébrer solennellement cette double fête consacrée par l'Eglise, par un sermon sur la croix. Dans ce sermon en l'honneur de la croix de Jésus-Christ, il rappelle l'origine de ces deux fêtes communes, l'une sous le nom de l'Invention ; l'autre, sous celui d'Exaltation de la sainte croix. Il relève la vertu de la croix, exalte l'honneur qui lui est dû, et à la fin il cite un discours de saint Chrysostome sur la croix, et rapporte un fragment de celui que Raban Maur a fait sur le même sujet.

Jésus-Christ a tout attiré à lui par les divins enseinements de la croix et par la puissance de l'amour qui a racheté le monde. Aussi saint Paul affirmait « ne savoir que Jésus-Christ et Jésus-Christ crucifié. » Descendu des hauteurs du ciel, il protesta « qu'il ne se glorifie que dans la croix de Jésus-Christ. » Cette image, invincible désormais, traverse tous les temps sous les regards de ceux qui l'adorent. La croix qui a été, dès le premier jour, le signe de la rédemption et du salut, le symbole du sacrifice, fut encore et surtout le symbole de la victoire. Aussi elle orne les étendards militaires, son image brille sur la pourpre et couronne le diadème des césars. Partout et toujours, c'est à son abri que le monde a placé sa vertu et sa gloire.

Tel est, si je ne me trompe, le sens et comme le résumé du sermon de notre saint sur la croix de Jésus-Christ.

Dans la vie de notre saint abbé, l'action occupe plus de place que la parole; il ne faut donc pas chercher dans ses sermons les règles du discours achevé ni la variété, le nombre et l'harmonie du style. Le plan est, sans contredit, ce qu'il y a de plus faible chez lui. Il ignore cet art savant et simple en apparence, qui consiste à faire du discours la proposition développée, et de la proposition le discours en abrégé. Il n'a presque jamais d'exorde qui découvre nettement l'objet qui sera traité; il manque surtout de transition vraie, naturelle; il oublie que la péroraison doit être entraînante et pathétique; des plans artificiels, des divisions qui se subdivisent à l'infini, l'absence d'enchaînement régulier, telle est la méthode des sermons d'Odilon. Mais nous ne devons pas oublier que la parole évangélique est à la fois divine et humaine. Elle ne cesse d'enseigner les dogmes de la doctrine révélée; mais elle varie ses formes selon le goût et le besoin des auditeurs: immuable dans les traditions théologiques et morales, elle modifie sa manière d'après les nécessités du moment: aussi la prédication d'Odilon a-t-elle ce double caractère. Outre la diversité des intelligences et des caractères, il est une diversité des temps dont il faut tenir compte. On ne trouvera donc pas dans notre saint abbé comme dans Pierre le Vénérable une chaleur vraie et des idées pleines de magnificence, mais on y rencontre, avec une tendance très accentuée au mysticisme, des sentiments nobles et élevés, malheureusement gâtés par un esprit subtil qui se perd parfois dans des digressions et des paraphrases recherchées ; il préfère aussi trop souvent le vain choc des antithèses à la simplicité qui remue les cœurs. Odilon avait ce signe de supériorité qui consiste à ne pas être enivré de ses œuvres. Le complet oubli de soi forme le trait saillant de sa physionomie. Avec cette constante préoccupation, comment Odilon, en présence de ses frères qui l'écoutent, songerait-il à gagner l'admiration par l'art et la méthode, par les ornements du langage ? Le saint abbé parlait avec aisance et facilité et savait s'acmoder à tous les sujets qu'il était appelé à traiter (1), mais il ne faut pas chercher les agréments du style là où il n'y a que l'instruction et l'édification. Dieu lui avait donné une éloquence pleine de douceur et d'onction, tout imprégnée du parfum des saintes Ecritures, qui pénétrait les âmes et semblait être faite tout exprès pour le cloître. Aussi sa parole portait de merveilleux fruits de grâce et de salut, car, dans l'orateur, il y avait surtout le saint avec tous les trésors de son amour et de son cœur.

2° *Hymnes et Poésies*. En dehors des vers semés dans la Vie de sainte Adélaïde, nous possédons encore quelques hymnes et quelques poésies composées par notre saint en l'honneur de saint Mayeul (2) et de la sainte impératrice (3), une hymne pour la fête de

---

(1) *Vie de S. Odilon*, par les Bénédictins, n° 3.
(2) *Ejusdem sancti Odilonis, de Beato Maiolo, Hymni quatuor.* (*Bibl. Clun.*, col. 291.)
(3) *Bibl. Clun.*, col. 362.

l'Assomption de Marie (1) et une autre strophe en l'honneur de sa naissance (2). Le saint abbé célébra également par des poésies la mémoire des empereurs Othon II et Henri II (3).

Les hymnes et les poésies de saint Odilon se font remarquer plus par une douce sensibilité et le sentiment de la reconnaissance que par le souffle poétique.

3° *Lettres.* Odilon, si nous en croyons son biographe, écrivit un grand nombre de lettres, remarquables surtout par la grâce et la sagesse qu'elles respirent. La plupart de ces lettres sont malheureusement à jamais perdues ; cinq seulement sont connues de nous. La première est adressée à Fulbert, évêque de Chartres. Le sujet en est assez singulier. Un clerc de l'église de Chartres avait prié saint Odilon de dire ce qu'il pensait de la vie et des qualités de Fulbert, et d'adresser sa lettre à Fulbert même qui n'était encore que prêtre. Le saint abbé rendit témoignage à la sagesse de Fulbert, à son savoir, à la pureté de sa foi et à la probité de ses mœurs. Des quatre autres lettres, il y en a une adressée à l'abbé Paterne, au nom de sa communauté, et de Sanches, évêque de Pampelune, qui s'était retiré à Cluny. C'est un témoignage des vœux et des prières que l'on y faisait assidûment pour la paix du royaume d'Espagne. Dans la troisième lettre, Odilon s'adresse au roi Garcias, dans l'espérance d'en recevoir du secours pour le soulagement de ses religieux et des victimes de la famine. La quatrième était adressée à Etienne, roi de Hongrie ; et enfin dans la cinquième adressée à la noble matrone R., il la remercie des bienfaits qu'il en a reçus et lui assure,

---

(1) *Id.,* col. 406.
(2) *Id.,* col. 408.
(3) Migne, *Patrol. lat.,* CXLII, col. 967.

pour elle et sa famille, une large participation à ses prières.

II

ÉCRIVAINS

Etudier Odilon comme historien, poète et orateur sacré, c'est en quelque sorte retracer le mouvement littéraire qui se développa à Cluny sous ses auspices. De tous les grands abbés qui illustrèrent la célèbre abbaye bourguignonne, notre saint abbé semble avoir été le premier qui ait pris à tâche de susciter des écrivains parmi ses religieux. Bien que les études, comme nous le démontrerons plus loin, y fussent très étendues et les moines aussi instruits que partout ailleurs, il ne faudrait pas cependant chercher à Cluny, sous le gouvernement du saint abbé, une école littéraire proprement dite. Mais Odilon, qui s'était acquis dans les lettres une réputation justement méritée, avait l'âme trop élevée pour ne pas favoriser l'éclosion de talents naissants et faire surgir parmi ses moines plus d'un écrivain remarquable pour son époque. Depuis Flodoard et Richer, personne en France, pendant une période de cinquante années, n'avait tenté de reproduire un tableau des événements contemporains. Quelques chroniques, comme celles d'Adhémar de Chabanne et d'Odoran de Sens, se rapportaient presque exclusivement aux événements monastiques, et se bornaient, pour les faits politiques, à l'Aquitaine et à la province de Sens. Vers le milieu du xie siècle, l'histoire proprement dite renaît sous la plume d'un écrivain formé à l'école de saint Odilon. Cet écrivain, c'est Raoul Glaber, dont nous allons retracer la vie dans une rapide esquisse et apprécier l'œuvre au double point de vue historique et littéraire (1).

Raoul, surnommé *Glaber* (2), c'est-à-dire le *Chauve*, naquit en Bourgogne à la fin du xe siècle. Il avait à peine douze ans (3) quand son oncle, un moine, désireux de l'enlever aux vains plaisirs du monde, qu'il recherchait avec une ardeur non commune, le fit entrer au monastère de Saint-Léger de Champeaux (4). Il conserva dans le cloître les goûts du siècle, qu'il avait quitté malgré lui. L'irrégularité de sa conduite devint pour les religieux un sujet de scandale. Raoul se confesse avec bonne grâce d'avoir résisté par orgueil à tous ses supérieurs, désobéi aux vieux pères, irrité les frères de son âge, tourmenté les novices. Les remontrances des vieillards ne pouvaient vaincre son humeur indisciplinée (5). Il ne fallait rien moins qu'une apparition du mauvais esprit pour le ramener un instant à ses devoirs (6) ; ses retours à la religions duraient peu.

(1) L'*Histoire* de Glaber a été imprimée pour la première fois à Francfort en 1596, édit. Pithou ; 1641, édit. Duchesne ; 1760, dans BOUQUET, X. — Voir MIGNE, *Patrol. lat.*, CXLII ; dom CEILLIER, *Hist. générale des auteurs sacrés et ecclésiastiques*, t. XIII, 143 ; PIGNOT, ouvr. cité, t. I, p. 470 et suiv. ; POTTHAST, *Bibl. historica medii ævi*, p. 521 ; DE LA CURNE SAINTE-PALAGE, *Mémoire concernant la vie et les ouvrages de Glaber*, dans *Mémoires de l'Académie des inscriptions*, t. VIII, p. 549 ; *Histoire littéraire de la France*, t. VII, p. 399 ; WAITZ, dans *Monum. Germ. historica, Scriptores*, t. VII ; WATTENBACH, *Deutschlands Geschicht. Quellen*, t. II, p. 322 ; MONOD, *Etudes sur l'histoire de Hugues Capet*, dans *Revue historique*, t. XXVIII (année 1885), p. 270 ; PROU, *Raoul Glaber, les Cinq livres de ses histoires*, Paris, Picard, 1886.
(2) C'est le surnom qu'il se donne lui-même en tête de son histoire.
(3) *Hist.*, l. V, c. 1, § 3.
(4) Le monastère de Champeaux était dans le diocèse de Langres. C'est aujourd'hui Saint-Léger, département de la Côte-d'Or, arrondissement de Dijon.
(5) *Hist.*, l. V, c. 1, § 5.
(6) *Id., ibid.*

A la fin on l'expulsa. « Grâce à mes connaissances de lettré, dit-il, j'étais toujours assuré d'un asile. » En effet, les quelques notions de littérature qu'il avait lui firent ouvrir les portes d'un autre monastère (1). Il se réfugia à Moutiers, au diocèse d'Auxerre (2). La légèreté de son humeur persista. Sa vie se passa à aller de monastère en monastère. Partout où il passait, on respirait dès qu'il était parti. Il résida à Saint-Germain d'Auxerre (3). Les détails si précis qu'il donne dans son Histoire sur le siège de cette abbaye par le roi Robert en l'an 1002 (4) pourraient faire croire qu'il y assista (5). C'est peut-être alors qu'il connut l'abbé de Cluny, Odilon, venu à Auxerre tout exprès pour calmer la colère du roi. Quoi qu'il en soit, Raoul Glaber était tenu en assez haute estime par les religieux de Saint-Germain pour qu'on lui confiât le soin de restituer les inscriptions des autels et les épitaphes des tombeaux rongées par le temps (6). Ce travail, dont il s'acquitta à la satisfaction de la plupart de ses frères, ne fut pas sans exciter la jalousie de quelques-uns. Entre 1022 et 1028, nous le retrouvons à Bèze (7). De là, il passe à Saint-Bénigne de Dijon (8). Dès lors, sous l'influence du célèbre abbé Guillaume, il s'adonna tout

---

(1) *Hist.*, l. V, c. 1, § 5.
(2) Moutiers, aujourd'hui département de l'Yonne, arrondissement d'Auxerre.
(3) *Hist.*, l. V, c. 1, § 8.
(4) Voir plus haut, chap. xvi.
(5) *Hist.*, l. II, c. viii, § 15.
(6) *Hist.*, l. V, c. 1, § 8. — Il écrivit en hexamètres les inscriptions des vingt-quatre autels de l'église.
(7) Bèze, aujourd'hui département de la Côte-d'Or, canton de Mirebeau. Raoul y vit l'évêque d'Orléans Odolric à son retour de la Terre Sainte. Odolric devint évêque en 1022. D'autre part, en 1028, Raoul était déjà au monastère de Saint-Bénigne de Dijon, puisqu'en cette année il accompagna l'abbé Guillaume en Italie.
(8) *Hist.*, l. V, c. 1, § 4.

entier aux travaux littéraires. Quelques années plus tard (1031), il paya son tribut de reconnaissance à son bienfaiteur en écrivant sa biographie (1). Après la mort du saint abbé, Raoul se réfugia à Cluny (2), où il passa dans l'étude les dernières années de sa vie. C'est là qu'à l'instigation d'Odilon, il termina l'Histoire qu'il avait commencée à Saint-Bénigne, sur les conseils de saint Guillaume (3). Il la dédia « au plus illustre des « hommes célèbres, à Odilon, père du monastère de « Cluny ». Elle fut donc achevée antérieurement à la mort de notre saint (4). Mais il ne suffit pas de connaître la vie de Raoul Glaber, il nous reste à faire l'analyse critique et littéraire de son « Histoire ».

Raoul s'est proposé de raconter les événements survenus dans les quatre parties du monde, au nord, au midi, à l'ouest et à l'est, ou en d'autres termes, dans le monde romain depuis l'an 900 jusqu'à son époque (5). Ce n'est donc rien moins qu'une histoire universelle qu'il a voulu faire. Il s'en faut de beaucoup qu'il y ait entièrement réussi. On trouve, il est vrai, dans son histoire le récit d'événements relatifs aux divers pays de l'Europe, à la France, à l'Allemagne, à l'Italie, à l'Espagne et à l'Angleterre. Il est encore vrai que

---

(1) Raoul fait mention de cette *Vie* dans son *Hist.*, l. IV, c. IV, § 9. Elle a été publiée en 1637 à Paris, édit. Pierre Rouvière, dans les Bollandistes, *Acta SS.*, t. I, *januarii*, p. 57 ; MABILLON, *Acta SS. Ord. S. Bened.*, sæc. VI, 1, p. 320; dans MIGNE, *Patrol. lat.*, t. CXLII, col. 967; dans *Monum. Germ. SS.*, t. IV, p. 655 et suiv., où s'en trouvent des fragments.

(2) *Hist.*, l. V, c. 1, § 13.

(3) Voir le Prologue.

(4) C'est-à-dire avant le 1er janvier 1049 et postérieurement à 1046, car il rapporte à cette dernière année une éclipse de lune qui eut lieu en 1044. (*Hist.*, l. V, c. 1, § 18.) Son ouvrage s'étend jusqu'à l'année 1047. On en trouve la preuve dans *Histoire littéraire*, loc. citat., p. 401.

(5) *Hist.*, l. I, c. 1, § 4.

l'histoire des empereurs forme le centre de son ouvrage. Mais il n'a pas su mettre chaque chose à sa vraie place et lui donner le relief qui convenait. Il mesure l'importance des événements à la connaissance qu'il en a, de telle sorte que son œuvre ne répond pas à l'idée que nous nous faisons d'une histoire universelle. C'est, comme l'a dit un des maîtres de la critique contemporaine, « un mélange confus d'anecdotes prises de toutes mains, de dissertations théologiques, de légendes miraculeuses, de synchronismes incertains ou même faux (1) ».

L'histoire de Raoul est divisée en cinq livres. Le premier livre s'ouvre par une dissertation subtile où l'auteur s'efforce de montrer le caractère divin du nombre *quatre* ; puis il passe rapidement en revue l'histoire du monde de l'an 900 à l'an mil. C'est donc un résumé de l'histoire des derniers Carolingiens et des premiers empereurs d'Allemagne. Il est intéressant de voir combien de récits légendaires avaient déjà cours sur les événements du xe siècle. Le second et le troisième livre sont consacrés aux années qui avoisinent l'an mil, de 987 à 1030 environ. Raoul insiste sur les prodiges qui se multiplièrent aux approches de la millième année de l'Incarnation. Des prodiges aussi nombreux et non moins terribles signalèrent la millième année de la Passion qui correspond à l'an 1033 de l'Incarnation. Ils forment le sujet du quatrième livre. Enfin, au cinquième livre, dont il semble difficile de dégager une idée maîtresse, l'auteur rapporte un certain nombre d'événements survenus entre 1040 et 1044. Tel est le plan général de l'œuvre de Raoul Glaber à travers la confusion des anecdotes et la multiplicité

---

(1) Monod, *Revue historique*, t. XXVIII, p. 270.

des digressions. Ce défaut de précision tient à la nature même des sources d'informations auxquelles l'auteur a puisé. Il ignore complètement les annales rédigées au xe siècle et pendant la première moitié du xie siècle dans les divers monastères de la France (1).

Les Vies des saints sont les seuls documents écrits auxquels il ait eu recours. Comme lui-même l'avoue, il s'appuie le plus souvent, pour les événements anciens, sur la tradition et pour les événements contemporains, sur les rapports oraux et sur son propre témoignage (2). « Il est vrai que les nombreux voyages l'ont mis en relation avec un grand nombre d'hommes de son temps, qu'il a pu beaucoup apprendre de la bouche de saint Guillaume qui avait voyagé dans tout le Nord de la France et en particulier en Normandie pour y réformer les monastères, et qu'enfin dans le monastère de Cluny, le plus important de l'époque et qui jouait un rôle si considérable dans les affaires ecclésiastiques et politiques de l'Europe entière, on était admirablement placé pour être informé de tout ce qui se passait alors dans le monde chrétien (3). » Glaber rapporte donc fidèlement ce qu'il a vu lui-même et entendu, et son témoignage à ce sujet est digne de foi. Quant à ce qu'il a écrit sur Odilon en particulier, il l'a puisé aux meilleures sources, l'ayant appris de son commerce personnel avec notre saint abbé.

L'histoire de Raoul ne fournit qu'un petit nombre de renseignements historiques précis, mais elle contient un certain nombre de faits qu'on chercherait vainement ailleurs, de curieux détails, par exemple, sur la

---

(1) Il n'a lu, ou du moins il ne connaît que deux historiens, Bède le Vénérable et Paul Diacre. (Voir le Prologue.)

(2) *Hist.*, l. I, c. 1, § 4.

(3) Monod, *Revue historique*, t. XXVIII, p. 271.

conquête de la Bourgogne. Cette histoire est la source la plus précieuse que nous possédions pour la connaissance des mœurs et des idées en France à la fin du xe et au commencement du xie siècle (1). Le moine bourguignon nous a laissé un tableau animé de la vie morale et intellectuelle de son époque. L'histoire de Raoul Glaber est bien différente des froides et sèches annales carolingiennes. C'est une œuvre pleine de vie et où se laisse voir la personnalité de l'auteur. Il est seulement regrettable que Raoul ne soit pas assez maître de la langue qu'il emploie, et dans laquelle on remarque l'absence de toute trace d'élégance. Malgré cette incorrection de style, on ne peut manquer de prendre plaisir à la lecture de son histoire. On sent que cet humble moine s'intéresse à ce qu'il écrit. Il a reçu la récompense de son travail, car il est peu d'auteurs du moyen âge dont le nom soit plus connu (2).

Raoul Glaber ne fut pas le seul écrivain contemporain d'Odilon et formé à son école. Après la mort du saint abbé, un autre moine de Cluny se révéla, lui aussi, comme historien remarquable et comme poète aussi touchant qu'élevé : ce moine c'est Jotsald (3). Il ne nous reste que peu de chose de sa vie. Son père s'appelait Bernard, seigneur de Bussière, sa mère Uda, et il avait un frère nommé Jotserannus. Sa mère qui,

---

(1) Monod, *Revue historique*, t. XXVIII, p. 272.

(2) Dès le moyen âge, les historiens ont mis son livre à contribution : Hugues de Flavigny, *passim*, et p. 266 (D'après le Dr Küpke, les sources de la chronique de Flavigny se trouvent dans Pertz, *Neues Archiv der Gesellschaft für ältere Deutsche Geschichtskunde zur Beförderung einer Gesammtausgabe der Quellen Schriften Deutscher Geschichten des Mittelalters*, t. IX, p. 265); Sigebert de Gembloux, dans le *Liber de Scriptoribus ecclesiasticis*, et surtout l'auteur des *Gesta consulum Andegavorum*, lui ont fait des emprunts.

(3) C'est ainsi qu'il se désigne lui-même dans le Prologue du livre Ier. C'est donc à tort que les Bollandistes le nomment Lotsald.

d'après Mabillon, avait donné à Cluny une colonie dans le village de Curtil, selon toute probabilité, avait sa résidence dans le voisinage de Mâcon (1). Jotsald vint à Cluny encore tout jeune enfant ; il y fut formé à la vie religieuse sous la paternelle direction du saint abbé de Cluny envers qui il se reconnaissait redevable de tout son savoir. Il remplit vraisemblablement dans le monastère la fonction de notaire et d'archiviste, car un grand nombre de chartes sont revêtues de sa signature (2). On trouve encore, mentionnés dans un ancien catalogue de la bibliothèque de Cluny, des écrits théologiques de Jotsald contre Bérenger, mais aucune main heureuse n'a pu jusqu'ici les découvrir (3).

Peu de temps après la mort d'Odilon, Jotsald (4) entreprit d'écrire la vie du saint abbé défunt. Aussi bien son but n'est pas de faire une biographie complète, il veut seulement, selon la méthode de saint Jérôme, honorer par une épitaphe la mémoire de son vénéré père, et, dans un sentiment de reconnaissance vivement sentie, répandre pour ainsi dire sur son tombeau des fleurs destinées à embaumer de leur parfum tous ceux qui s'en approchent.

L'ouvrage, si l'on excepte le prologue et la préface, se compose de trois livres. Le premier raconte l'entrée

---

(1) MABILLON, *Acta*, VI, 1, p. 561, n° 19 ; cf. *Hist. littér.*, VII, 484 et suiv.

(2) *Id., loc. cit.*, p. 553, 566, n° 52 ; 567, n° 60.

(3) *Id., ibid.*, 553 et suiv. — Sur Jotsald, voir aussi dom CEILLIER, *opus cit.*, p. 157 ; *Histoire littéraire*, t. VII, *loc. cit.*, p. 487 et suiv. Cf. GIESEBRECHT, *Geschichte der Deutschen Kaiserzeit*, t. II, p. 539.

(4) La *Vie* du saint, par Jotsald, a été trouvée par Mabillon toute mutilée dans un manuscrit du monastère de Saint-Maximin, et un autre de la bibliothèque de Cluny qui renferme bien des détails précieux sur Odilon ; on y lit entre autres choses une élégie sur la mort de ce saint, par Jotsald. (*Acta SS.*, t. I, *Januar.*)

d'Odilon à Cluny ; il dépeint sa personne et ses vertus envisagées au point de vue des quatre vertus cardinales : la prudence, la justice, la force et la tempérance. C'est sous cet aspect qu'il prouve les vertus d'Odilon par un trait spécial tiré de sa vie et de ses œuvres. Le second livre raconte les miracles opérés par le saint abbé pendant sa vie. Ici Jotsald offre, toute proportion gardée, une riche matière historique ayant pour but unique de servir de fondement aux miracles du saint. Le troisième livre, le plus court de tous, rapporte les miracles opérés par Odilon après sa mort. L'ouvrage est dédié à Etienne, évêque du Puy et l'un des neveux d'Odilon, mort en l'an 1053 (1). Il a dû être composé entre les années 1049 et 1053. Il porte son cachet de véracité absolue dans les paroles même de Jotsald, qui fut pendant plusieurs années le disciple du saint (2), et dans la dédicace du livre à un parent du saint abbé : « Au révérendissime pape Etienne, cou-
« ronne de la gloire pontificale, selon l'interprétation
« de son nom, Jotsald, moine de nom seulement, et le
« dernier des serviteurs de Dieu, tout ce qu'il y a de
« plus agréable dans cette vie et dans l'autre. Les
« anciens philosophes ont célébré par leurs écrits et
« leurs ouvrages, la mémoire de ceux qui les ont pré-
« cédés, espérant ainsi rendre immortels ceux qu'ils
« savaient avoir été sujets à la mort. De même l'Eglise,
« qui peut raconter des faits d'autant plus sublimes
« que ses espérances sont plus certaines, écrit l'histoire
« des actions glorieuses des saints, afin que les géné-
« rations futures aient toujours des exemples à imiter,
« et que tout soit rapporté à celui qui donne la vertu

(1) *Gall. Christ.*, t. II, col. 698 et suiv.
(2) « Ego... nutritus magni Odilonis magisterio, informatur que beneficio. » (Prologue du livre Ier.)

« et la prudence, et de qui découle la force et la sagesse.
« C'est pourquoi, nourri à l'école du grand Odilon et
« formé par ses enseignements, j'ai voulu parler de sa
« mort et de ses vertus, et répandre en quelque sorte
« sur son tombeau des fleurs qui puissent nous réjouir
« par la beauté de leurs couleurs et la suavité de leurs
« parfums. Je suis dans ce récit l'inspiration qui me
« presse, j'offre une matière à ceux qui voudront parler
« un langage plus élevé, car je ne veux pas leur ravir
« l'occasion de mieux faire. Et c'est à Votre Sainteté
« que j'ai voulu dédier cet ouvrage, parce que je sais
« que vous êtes le neveu d'Odilon, et que c'est par
« son ministère que vous avez été appelé à la gloire
« du sacerdoce (1). »

Nous avons déjà dans ces paroles une précieuse garantie de la véracité de l'auteur. Mais ce qui doit nous en donner une absolue certitude, c'est que Jotsald a été le plus souvent témoin oculaire et auriculaire (2). Ce qu'il n'a pu voir et entendre par lui-même, il l'a appris des confidents et des compagnons de voyage d'Odilon, et il cite fréquemment ses autorités, parmi lesquelles il compte des évêques, des abbés et des moines (3). Ses autorités sont : l'évêque Richard (4), Albéron (5), proche parent de Léon IX, mais surtout les moines Petrus, Syrus et Boso : « Je n'ai point vu
« de mes propres yeux, dit-il, plusieurs miracles de

---

(1) Prologue.

(2) « Vidimus eum vicos, circumire » (I, 9) ; « videbamus » (I, 10) ; « cognovimus » (I, 9) ; « audivi », dans la Préface.

Au moins deux fois il accompagna Odilon dans ses voyages (I, 10 ; II, 21) ; plus tard, il accompagna l'abbé Hugues en Pannonie (II, 12).

(3) « Nobis postmodum in veritate narravit » (I, 16). — « Sicut in veritate testantur qui præsentes fuerunt » (II, 8).

(4) Jots., II, 12.

(5) Id., I, 17.

« ceux que je dois citer d'abord, mais ils sont parvenus
« à ma connaissance, par la relation de deux religieux,
« dont l'un nommé Pierre, et supérieur du monastère
« de Saint-Mayeul à Pavie, est un homme d'une piété
« éminente, et l'autre, appelé Syrus, est également
« abbé de monastère. Tous deux ils furent des reli-
« gieux d'une grande vertu, vécurent dans une grande
« intimité avec notre père Odilon, dont ils partagèrent
« longtemps les travaux. C'est pourquoi les faits rap-
« portés par eux sont d'autant plus dignes de foi, qu'ils
« racontent ce qu'ils ont vu de leurs yeux, entendu de
« leurs oreilles, et qu'ils ont pris soin d'en faire le
« récit, pour en transmettre le souvenir à la postérité.
« Nous appuyons nous-même notre relation sur leur
« témoignage, pour n'être pas accusé par nos adver-
« saires d'avoir imaginé ce qui suit par flatterie. En
« effet, suivant le langage de Gallus au sujet de saint
« Martin, dans le dialogue de Sulpice, Sévère et de
« Posthumien, nous n'avons pas besoin de recourir
« au mensonge pour faire l'éloge d'Odilon, lui que le
« Christ, comme nous le croyons pieusement, a glorifié
« dans les cieux, et dont il fait connaître la grandeur
« en ce monde par d'éclatants miracles. Loin de moi
« d'user de fictions, et de rapporter autre chose
« d'Odilon que ce que j'ai vu moi-même, ou entendu
« de la bouche de témoins fidèles (1). »

Le récit de Jotsald est coloré, chaud et vivant, et il révèle une profonde et touchante sensibilité. Elle est vraiment sublime la plainte qu'il exhale sous forme d'élégie, dans la préface du premier livre, envers le père et l'abbé qui a quitté la terre. Cette peinture de la vie du grand abbé appartient aux meilleurs écrits

(1) JOTSALD, II, 1.

du XIᵉ siècle. Elle se distingue par un ordre rigoureux, un bon style et la flamme oratoire (1).

Plus tard, le successeur d'Odilon, le saint abbé Hugues, pour des raisons particulières, confiera à saint Pierre Damien, le soin de remanier et d'abréger l'œuvre trop prolixe de Jotsald, et nous savons que ce travail sera pendant tout le moyen âge comme la source à laquelle il faudra recourir pour connaître le saint abbé. Le cardinal d'Ostie se met à l'œuvre, prévenant le lecteur qu'en écrivant la vie de saint Odilon pour obéir aux désirs de saint Hugues, il s'abstiendra de paroles élégantes et superflues, ne voulant rechercher que la brièveté et la simplicité de l'expression. Il adresse cette nouvelle vie (2) aux saintes Eglises de la France occidentale, et il expose son but en ces termes : « Hugues, supérieur du monastère de Cluny,
« chef de la sainte milice du Christ, et son illustre
« maître dans la science du salut, m'a chargé de faire
« brièvement la vie du bienheureux Odilon, son pré-
« décesseur, d'après les manuscrits étendus qui existent
« déjà (3). Il veut que je choisisse les faits les plus
« importants et que je les laisse en quelques mots à la
« postérité. Je me soumets à ses ordres, mais je préviens
« de mon inhabileté dans l'art d'écrire. Tout ce que je
« puis faire, c'est d'imiter l'abeille, de recueillir çà et
« là, et de parler selon la vérité. Il serait d'ailleurs

---

(1) La *Vie de S. Odilon* est imprimée dans la *Bibl. Clun.*, col. 1813 et suiv. ; MABILLON, *Acta*, VI, 1, p. 597 ; MIGNE, *Patrol. lat.*, t. CXLII, col. 897 et suiv. ; POTTHAST, *Biblioth. historica medii ævi*, p. 831.

(2) *Vita sancti Odilonis*, dans MIGNE, *Patrol. lat.*, t. CXLIV, *Sancti Petri Damiani*, tomus primus, p. 925.

(3) Les écrits antérieurs mentionnés par saint Pierre Damien sont très étendus ; ce sont les trois livres de Jotsald. — L'écrit du saint docteur suit très exactement la division de Jotsald. (Cf. *Acta SS.*, t. I, 2 *Januar.*)

« superflu d'allumer un flambeau, quand on veut
« examiner toutes les splendeurs des astres étincelants.
« En racontant les actions merveilleuses de ce grand
« saint, je ressemble à celui qui étalerait aux yeux des
« hommes le spectacle d'un ciel pur et serein émaillé
« de brillantes étoiles ; aussi nul besoin pour moi de
« recourir aux artifices du langage. La vie des saints,
« fidèlement racontée, jette un assez vif éclat pour
« dispenser de mettre en jeu tous les ressorts de
« l'éloquence dans le but d'émouvoir les fidèles.
« Ajoutez à cela que le langage le plus simple est un
« garant de la sincérité de l'écrivain... Ainsi la vérité
« dite avec simplicité n'est pas comparable à un men-
« songe adroitement déguisé sous les fleurs d'un
« brillant langage... Je supplie la souveraine Vérité
« qui révélait tant de choses au prophète en si peu de
« paroles, je la supplie de me donner la brièveté et
« d'éloigner de moi tout mensonge. » Mais revenons
au biographe clunisien.

Une seconde œuvre de Jotsald, c'est l'élégie composée par lui après la mort d'Odilon. Cette élégie, qui renferme cent cinquante hexamètres, est regardée comme un drame complet où Jotsald a laissé parler son cœur et a fait passer toute son âme, admirable et touchant témoignage du grand amour et de la vénération des clunisiens pour Odilon ! (1)

On ne lira donc pas sans émotion ce *Chant de deuil*

---

(1) *Bibl. Clun.*, col. 329 et suiv. ; *Patrol. lat.*, t. CXLII, col. 1043 et suiv.

On a signalé parmi les monuments du théâtre au xie siècle le *Chant funèbre* de saint Odilon, en le rapprochant de celui de sainte Radegonde. Rien dans cette pièce de vers n'a le caractère dramatique. (Cf. Migne, *Nouvelle Encyclop. théol.*, t. XLIII, *Diction. des Mystères*, p. 545.)

du moine Jotsald sur le passage à l'éternité du seigneur Odilon, abbé de Cluny.

« Que la harpe ajoute la douleur aux sentiments qu'expriment ses cordes sonores ;
« Que les instruments de toutes sortes changent leur rôle accoutumé.
« Pleurez, peuples, pleurez, astres dont les cieux empruntent la voix :
« Que se précipite dans les ténèbres le soleil à la trace lumineuse ;
« Que s'éclipse en entier le croissant rayonnant de la lune,
« Et que le monde, ce corps immense, soit dans le deuil tout entier.
« Terres, mers, monts et forêts, je vais faire appel à tout ;
« Quadrupèdes, bipèdes, reptiles, je vais mettre tout en mouvement :
« Que tous pleurent avec moi le père qui vient de m'être enlevé, Odilon ;
« Qu'ils mettent fin à tout bruit de joie, que des pleurs poignants leur déchirent les entrailles,
« Et qu'en des langages divers, ils versent à flots ces chants pleins de larmes :
« Odilon, douce gloire, honneur du siècle à venir,
« Odilon, douce gloire, ami de la paix fraternelle,
« Odilon, douce gloire, brillant du flambeau de tes mérites,
« Toi le repos des cœurs fatigués, le remède des cœurs languissants,
« Toi le bâton des faibles, la force puissante des malheureux :
« Où s'en est allée ta face brillante, où s'est retirée ta parole — d'or
« Qui réglait si bien et adoucissait les mœurs ?
« Où est allée ta main sainte ? Enfin, ton regard de feu,
« En quel lieu est-il couché et en quel réduit repose-t-il ?

Réponse de la Raison à ces plaintes :

« Tous les corps successivement sont enfermés dans le funèbre tombeau :
« L'arrêt en est irrévocable ; telle est la loi des êtres mortels.
« Le père de la nature, celui qui a façonné et créé le monde,
« A décrété qu'ils mourraient et iraient dans les ténèbres du trépas.
« Le déclin du soir est le terme auquel tend tout ce qui se lève à la lumière et naît.
« Savants ou ignorants, un sort égal nous fait quitter ce monde,
« Riches et pauvres ont sort semblable ; la mort les reçoit dans la même ombre,
« Le composé de cendres, cendres redevient, une fois rompus les liens qui l'assemblaient,
« Ce dont on ne peut se débarrasser, il faut s'en accommoder avec patience.

Explication de la douleur et consolation contre la mort :

« Muse (1), redis-moi les motifs capables de me délivrer de ma tristesse,
« De me faire laisser là toutes larmes stériles et prendre des sentiments de joie.

(1) *Énéide*, I, v.

« Odilon ne meurt pas ; mais il méprise l'appareil de la mort ;
« Odilon ne meurt pas, mais il a terminé une belle vie ;
« Odilon ne meurt pas, mais la mort lui a rendu la vraie vie
« Il règne pour l'éternité, dans la joie de voir le Christ,
« Le Christ qu'il a honoré, enseigné, cherché et glorifié,
« Odilon dont la gloire fut la croix et le Christ attaché à la Croix.
« — Vierge Marie, combien il fut dévoué à votre honneur !
« Combien — dans tous ses vœux il vous regarda — comme l'aimable reine de la terre et des cieux.
« Combien il vous choisit entre toutes, vous aima — fermement,
« Et combien, au souvenir du Dieu qui est né de vous,
« Lui arracha de larmes votre sein sacré,
« Ce sein qui allaita un Dieu, à l'étonnement du ciel et aux adorations de la terre !
« Quels tendres sentiments lui inspire la Circoncision du Christ,
« Qui dans ses membres délicats fit pénétrer les blessures du couteau,
« C'est ce qu'attestent ses gémissements, les larmes qui coulaient de ses yeux ;
« Et ce n'est que justice si c'est en ce jour de la Circoncision qu'il est délivré de la prison de la chair,
« Qu'il meurt avec le Christ, enfin qu'il ressuscite avec le Christ.

Le même jour Dom Guillaume a quitté la lumière de cette vie.

« C'est aussi en ces Kalendes de janvier qu'est mort Guillaume — de Dijon
« Lui aussi illustre père de moines.
« Tous deux avaient été moines de Saint-Mayeul (1),
« Florissant en même temps, purs de corps,
« Animés de la même foi, amis de la vraie piété.
« La foi les a unis l'un à l'autre, ils ont eu mort semblable,
« Suivie de la même gloire et de la même couronne.

Ici un lit de parade est préparé au bien-aimé, et on lui offre divers parfums (2) mystiques.

« Odilon le bien-aimé, maintenant éblouissant et vermeil (3),
« S'avance sans crainte en suivant les traces du Christ (4),
« Jonché de fleurs (5) et blanc comme la neige lui est assigné un lit
« Qu'ombrage un cèdre élevé et qu'orne un cyprès odoriférant.
« On y répand des violettes, on le jonche de lis de toutes sortes.
« On peut voir Odilon contempler encore les fleurs de la rose,
« Et, de ses yeux si bons, regarder des plantes variées.
« Les parfums n'y manquent pas non plus, des aromates en grand nombre sont broyés ensemble;

---

(1) Il faut lire *Monachi Sancti Mayoli*.
(2) Littéralement épices, drogues.
(3) Cant.
(4) Apoc.
(5) Cant.

« Le nard et la myrrhe s'y trouvent abondants, et la cannelle répand son parfum.
« A toutes ces essences sont mêlées des parcelles de la Croix (1),
« D'huile d'aloès, de stacté, de baume extrait du grand cyprus.
« Nombreuses sont les essences odoriférantes (2), variés sont les parfums,
« Et une senteur de nectar s'élève jusqu'au ciel même, qu'elle remplit.

Ici l'âme d'Odilon s'unit au céleste époux.

« Odilon jouit de ces délices, il en est rajeuni,
« Et, tout proche de l'Epoux, il brille d'une lumière éclatante.
« Bientôt il donne le baiser nuptial et scelle l'alliance mystique.
« Les cantiques maintenant retentissent, les cloches (3) font entendre le joyeux son pascal.
« Désormais, Odilon heureux, voit son Seigneur et son Dieu.

Le Bien-aimé est comparé à une tour et armé d'une armure mystique.

« Odilon, tant qu'il a vécu, a répandu la bonne odeur des vertus,
« C'était une tour fortifiée, garnie de boucliers célestes,
« Couronnée de sept créneaux
« Auxquels étaient suspendues les armes puissantes des guerriers (4),
« Une tour dont n'a pu triompher la malice d'aucun ennemi.

Recherche du Bien-Aimé.

« Où faites-vous paître vos brebis, cher objet de mes vœux ? (5).

Sa rencontre !

« Comme le soleil à son midi, vous atteignez le haut du ciel (6).

Une litière lui est présentée.

« Et le mystique Salomon vous offre une litière sacrée.
« Le Liban en fournit le bois, que nulle souillure ne peut corrompre.
« L'argent massif en forme les colonnes ;
« L'appui en est d'or, les degrés sont revêtus de pourpre.
« Enfin au milieu, comme une riche tenture, brille le divin amour (7).

---

(1) « Copulantur fistula (frustula) crucis ».
(2) Litt. les ingrédients.
(3) Cf. Timbr.
(4) Cant.
(5) Cant. I, 6.
(6) *Ibid*.
(7) Cant. III, 9. — Dans le texte sacré, *caritas* semble avoir le sens d'*objet précieux*. Cf. traduction Le Hir, Paris, Lethielleux.

Ses chants harmonieux.

« Maintenant, dans un chant dialogué, tu psalmodies le cantique nuptial,
« Et les douceurs du rythme sacré te font parcourir les mystiques enseignements.

Il décrit la douceur de son repos.

« Dès maintenant je repose à l'ombre désirée de Celui
« Que j'ai toujours voulu, adoré, cherché et aimé,
« Et son fruit m'est doux au palais (1),
« Lui dont l'amour accorde à mes membres maintenant ensevelis
« Un sommeil aimé et plein de douceurs infinies.

Aux filles de Jérusalem, pour qu'elle n'éveillent pas le bien-aimé.

« Filles de Jérusalem, amies de la paix, je vous en conjure,
« Laissez-lui le repos et ne troublez pas son sommeil,
« Aussi longtemps que lui-même le voudra et jusqu'à ce que passe l'ombre
« Et qu'arrive le jour (2) auquel nulle nuit ne saurait succéder.

Ici il se réveille et ressuscite (3).

« Odilon contemple le triomphe suprême remporté sur la mort.
« Désormais sa première victoire (4) brille d'un éclat nouveau, et une seconde lui est réservée (5).
« Au moment où entr'ouvrant les cieux, le Juge de l'univers viendra
« Décider du sort de tous les hommes et juger leurs actes :
« Alors apparaîtra à tous dans les airs le signe de la croix
« Que le Seigneur Jésus, qui y fut attaché, a consacré par sa mort.
« Alors sera saisie de crainte l'assemblée des anges, et toutes
« Les puissances retentissantes des cieux se tairont pleines d'effroi ;
« Le soleil avec son éclat fuira ; la lune avec sa pâleur se retirera.
« Alors les corps ressuscités sortiront des tombeaux ouverts.
« Les saints glorieux seront séparés des méchants réservés à un sort différent :
« Les bons ressusciteront pour la lumière et les méchants pour le feu (6)
« Et alors Odilon rajeuni, brillant d'une céleste lumière,
« S'avancera au milieu des saints et ira au-devant du Christ,
« Entouré comme d'une garde par l'armée de ses compagnons de combat,
« Que ses paroles et ses exemples ont réunis au Seigneur.

(1) Cant. II, 3.
(2) Cant.
(3) Jugement dernier.
(4) Entrée de son âme dans l'éternité bienheureuse.
(5) Résurrection.
(6) Matth., xxiv ; Marc., xiii.

Prière pour le bien-aimé.

« Vierge Marie, dans ta bonté, accueille alors ton serviteur,
« Et toi, puissant Jean-Baptiste, regarde ton fidèle dévot :
« Qu'un esprit angélique l'emporte après avoir mis l'ennemi en fuite.
« Bienheureux Pierre, prépare lui au ciel une place de faveur,
« A lui qui te fut toujours dévoué et zélé à ton service.
« Collège apostolique, heureux de la splendeur du Seigneur,
« Témoins de la foi, empourprés du sang du martyre élevés si haut au sommet des cieux,
« Ordre des prêtres, vous guide et lumière des peuples,
« Chœur des Vierges consacrées dans le Christ,
« Que tous, notre cher Odilon vous ait pour intercesseur,
« Afin qu'avec vous dans les cieux il se réjouisse pendant l'éternité.

Epilogue en forme d'adieu.

« Odilon, adieu, vis heureux, toi qui m'es plus cher que le monde entier,
« Odilon, plus transparent que le cristal (1), plus brillant que l'éclat de l'or
« Odilon au noble visage, à la chevelure blanche comme la neige,
« Odilon plus blanc qu'un cygne, plus beau que l'astre rougissant des nuits
« Quand je me rappelle ta bonté, une rosée de larmes m'inonde,
« Moi qu'unissaient avec toi les nœuds d'une amitié de prédilection.
« Que de fois tes yeux se sont remplis de larmes de tendresse,
« Que de doux gémissements n'as-tu pas laissé échapper devant moi !
« Qui chercher qui te ressemble ? Qui trouver qui soit semblable à toi ?
« Alors j'avais encore la paix, le repos, le ferme espoir de ma vie.
« Tu étais pour moi un port tranquille au retour de la mer.
« Tu étais une tour du haut de laquelle je regardais ceux qui voulaient m'effrayer ;
« Un antidote salutaire grâce auquel je chassais tous les poisons !
« Tu étais devenu pour moi un pied, une main, en un mot tout en toutes choses.
« Et pour que ce ne soit pas à mon adresse un sujet de reproches de faire trop de vers,
« Adieu, désormais, Odilon, souviens-toi de Jotsald
« Et sois toujours favorable aux vœux de celui qui fut ton enfant (2). »

Ceux qui prétendent que la vocation religieuse dessèche dans une âme les sources de l'affection et de la tendresse, feront bien de relire cette page où l'humble

---

(1) *Horatii Carmina.*
(2) *Al (i) monium*, élève ?
Bibl. Clun., col. 329; *Patrol. lat.*, t. CXLII, col. 1043 ; cf. Ernst Sackur, *Handschriftliches aus Frankreich*, dans *Neues Archiv.*, t. XV, p. 121.

moine de Cluny, au lendemain d'une mort tant pleurée, écrivait ses touchantes effusions. C'est le privilège de l'amour de Dieu de jeter sur les amitiés d'ici-bas un premier reflet précurseur des affections éternelles. « Il serait singulier, dit le P. Lacordaire, que le christianisme, fondé sur l'amour de Dieu et des hommes, n'aboutît qu'à la sécheresse de l'âme à l'égard de tout ce qui n'est pas Dieu. Le détachement de soi-même, loin de diminuer l'amour, l'entretient et l'augmente. Ce qui ruine l'amour, c'est l'égoïsme, ce n'est pas l'amour de Dieu ; et il n'y eut jamais sur la terre d'ardeurs plus durables, plus pures, plus tendres, que celles auxquelles les saints livraient leur cœur, à la fois dépouillé d'eux-mêmes et rempli de Dieu (1). »

III

ÉCOLES

On connaît la grande réputation d'Odilon comme écrivain et orateur, et nous venons de voir comment il a créé autour de lui un puissant mouvement intellectuel. Mais s'il a été capable de former des écrivains de valeur, il a dû aussi entretenir de brillantes écoles, où étaient cultivées les lettres et les sciences. Il n'appartient pas à notre sujet de traiter de l'histoire des études dans l'école clunisienne sous le gouvernement d'Odilon. On sait qu'à côté des sciences sacrées, c'est-à-dire des écrivains sacrés, des Pères, des théologiens, des canonistes et des liturgistes, les études profanes étaient cultivées avec entrain. Ce n'est pas que plus d'un grave personnage parmi les chefs et les législateurs de

---

(1) *Lettres à des jeunes gens*, Toulouse, 9 novembre 1852.

l'Ordre, ne se soit pris parfois de quelque scrupule à la pensée des dangers que pourraient offrir les fictions des poètes ou leurs peintures des passions du cœur (1). Et des historiens ont pu en tirer cette conclusion que l'ancienne littérature classique était peu en progrès à Cluny. Il nous est bien permis de nous inscrire en faux contre cette affirmation hasardée. Il était de règle, en effet, dans les monastères de l'observance de Cluny, qu'on menât de front l'étude de la littérature chrétienne et la lecture des auteurs païens. On connaît le dialogue d'un cluniste et d'un historien, œuvre piquante d'un disciple de saint Bernard. La discussion suivante s'engage entre les deux moines rivaux, sur ce sujet des lettres humaines :

LE CISTERCIEN

« A vos paroles, à vos citations de poètes, je reconnais un cluniste, car vous prenez, vous et vos confrères, tant de plaisir aux mensonges des poètes, que vous les lisez, que vous les étudiez, vous les enseignez aux heures mêmes que saint Benoît a formellement réservées pour la lecture de la Bible et le travail des mains. »

LE CLUNISTE

« Si nous lisons les livres des païens, c'est afin de nous perfectionner dans leur langue, et par là de

---

(1) Cf. MABILLON, *Acta*, V, p. 154, 791 ; *Bibl. Clun.*, col. 422 et 423. — Comment saint Jérôme fut pour quelque temps détourné de la lecture des classiques, voir *Epist. XVIII ad Eustachium, de Custodiâ Virginitatis*, et ce qu'il pensait lui-même à ce sujet (*Apologia ad Rufinum*) ; Cf. OZANAM, *la Civilisation au Ve siècle*, t. I, p. 301 et suiv. — D'autres moines, aux xie et xiie siècles, suivirent l'exemple de saint Jérôme, par exemple Otto de Saint-Emmeran (Cf. *de Doctrina spirit.*, cap. xi et cap. xiv, dans B. PEZ, *Thesaurus anecdot. novissimus*, t. III, pars. 2, col. 441 et 454 ; *liber proverbiorum, prolog.*, col. 495) et Johannès, religieux du monastère de Saint-Laurent de Liège (Cf. REINER, *de Passione S. Mariæ Virg.*, dans PEZ, *loc. cit.*, t. IV, pars 3, col. 85).

nous mettre en état de mieux comprendre les saintes Ecritures ; car dans notre ordre, vous le savez bien, la lecture des saints livres et l'oraison se succèdent sans interruption. De la lecture on passe à l'oraison ; de l'oraison on retourne à la lecture... » (1).

Telle était la conduite d'Odilon. Lui aussi voyait dans l'explication des auteurs profanes une utile introduction à des études plus nécessaires à la vie religieuse, et ses œuvres littéraires accusent mille réminiscences classiques, tant les auteurs païens lui étaient devenus familiers (2). Jotsald qui avait été élevé dans les écoles de Cluny sous la direction d'Odilon, était nourri de l'antiquité classique, et soit dans la plaintive élégie sur la mort de notre saint abbé, soit dans les vers qu'il place sur ses lèvres ou sous sa plume, il n'est pas difficile de reconnaître le lecteur enthousiaste de Virgile et d'Horace (3).

Laissant donc aux spécialistes le détail du programme des études à Cluny et qui lui était commun avec celui des autres monastères, il nous faut maintenant envisager tout un nouveau côté de la vie de notre saint, et ce ne sera pas le moins charmant. Nous voulons parler du régime intérieur des écoles à Cluny. L'une des joies les plus douces du saint abbé était d'accueillir les enfants (4) que lui amenaient, comme dans

---

(1) MARTÈNE, *Thes. nov. anecdot.*, t. V, col. 1573.
(2) Cf. JOTSALD, Prologue et Préface du Ier livre.
(3) Cf. VIRGILE, *Æneide*, I, 204 ; HORACE, *Od.*, I, 7. — Syrus était aussi un bon juge de Virgile, d'Ovide et de Juvénal. (Cf. *Monum. Germ. SS.*, IV, p. 653, et *Forschungen zur Deutschen Geschichte*, t. XXIV, 1884.) — La *Vie* de saint Odilon, par Jotsald, est composée par endroits en prose rimée, par ex. I, 7.
(4) Saint Benoît n'a pas précisé l'âge auquel les enfants pouvaient être admis dans les monastères, mais on voit par la règle qu'ils y étaient reçus très jeunes. (*Regul.*, cap. LII, cap. LV.)
L'histoire de l'ordre bénédictin offre de nombreux exemples d'en-

tous les monastères de ce temps, le désir d'une éducation lettrée, le bénéfice des écoles gratuites ouvertes à la porte de la maison de Dieu, et parfois l'oblation spontanée faite par les parents eux-mêmes. Les enfants du monastère, en effet, étaient divisés en deux classes : ceux qui étaient consacrés à Dieu et qu'on nommait *oblati*, et ceux qui, sans être attachés au monastère, en fréquentaient les écoles : c'étaient les élèves proprement dits, les *nutriti*. De là deux sortes d'écoles très distinctes, les unes appelées *claustrales* pour les seuls oblats, et les autres dites *externes* ou *canoniques* pour les élèves libres, soit qu'ils demeurassent au monastère, soit qu'ils vinssent recevoir des leçons du dehors. L'enseignement était le même, la discipline était diverse, mais sévère. Les oblats, plus strictement tenus à l'observance et revêtus de l'habit monastique, étaient l'objet de soins plus paternels et plus vigilants.

fants qui entraient dans les monastères dès l'âge de sept ans : tels sont par exemple saint Placide, qui fut offert à Dieu et à saint Benoît à sept ans ; Bertulus fut offert à saint Maur à huit ans ; Gordianus Eugendus Beda, à sept ans ; saint Willibrordus « vix dum ablactatus » (Alcuin, *in Vita*, cap. iii) ; Willibaldus dit de saint Boniface, à cinq ans ; Godefridus Amblavensis, plus tard abbé du monastère de Saint-Quintinus, fut admis « cum quinquennis etiamnum esset puer » ; Pierre Diacre fut admis à cinq ans au Mont-Cassin ; sainte Hildegarde fut admise en religion à huit, et sainte Mechtilde à sept ans. Les vies des saints offrent plusieurs autres exemples d'enfants qui furent présentés dans les monastères dès le bas âge. (Cf. Hœften, *Monasticarum Disquisitionum libri XII*, p. 356.) — On comprend donc que les écoles des monastères fussent devenues une nécessité. L'abbé Odon avait été chargé de l'école de Cluny (Mabillon, *Acta*, V, p. 159) pour son degré d'instruction (*ibid.*, p. 127 et 154 ; cf. Werner, *Alcuin und sein Jahrhundert*, p. 112 et suiv.). Le moine Guillaume, qui fut plus tard abbé de Saint-Bénigne, enseignait à Cluny (Chevalier, ouvr. cité, p. 44). — Le prêtre Amalfred fit, le 10 mai 986, différents dons à Cluny, sous la condition d'ériger sur les terres reçues en dons, d'instruire dans les sciences son neveu Girbert, et de lui donner l'habit monastique. (Bern. et Bruel, *Recueil des Chartes de Cluny*, t. II, n° 1200.)

Les *Coutumes* de Cluny prescrivent d'une manière expresse la manière dont les enfants devront être élevés et instruits dans la vie monacale (1). Bien que ces prescriptions ne tracent aucun plan d'étude, il est néanmoins une chose certaine : c'est que les enfants dans leur école étaient pourvus de livres, et que dans l'enseignement scolaire on faisait usage des anciens classiques (2). Rien de plus touchant que la discipline à laquelle sont soumis ces enfants dès leurs plus tendres années. Le père abbé est de droit leur premier maître ; en sa présence, personne peut reprendre sans sa permission. D'ordinaire il confie leur direction au prieur. Le prieur se décharge à son tour, au moins des détails, sur un religieux qui porte le nom de maître des enfants *(magister puerorum)*. Celui-ci doit être un homme sûr et d'une vertu éprouvée. Le maître des enfants est aidé lui-même par d'autres religieux désignés par le prieur. Les autres moines ne doivent ni pénétrer dans la classe des oblats, ni entrer en communication avec eux. Les oblats ne devront rien recevoir de la main d'un autre que du maître chargé de pourvoir à leurs besoins. Le cellerier *(cellarius)* et le chambrier *(camerarius)* visiteront de temps en temps les classes et demanderont aux oblats de quelles choses ils ont besoin ; ceux-ci devront répondre en présence de tous et à haute voix. En classe, à l'église, les oblats devront être suffisamment séparés les uns des autres pour qu'ils ne puissent se toucher en aucune manière. Une surveillance continuelle les met hors d'état de pouvoir communiquer

---

(1) Udalric, *Consuet.*, III, 8 ; *De pueris et eorum magistris*, et *De custodia juvenum* (id., ibid., 9) ; cf. P. Ragey, *Histoire de saint Anselme*, t. I, p. 103.

(2) Bernard, *Ordo Clun.*, dans Hergott, ouvr. cité, p. 172 ; *Discipl. Farfa*, lib. II, cap. xvi, apud Hergott, p. 96.

clandestinement entre eux ni par paroles, ni par signes.

Ils prennent leur repos dans un dortoir où leurs lits sont séparés par les lits de leurs maîtres. Ces derniers surveillent avec une vigilance particulière leur lever et leur coucher.

Quelque part qu'ils aillent, à n'importe quel moment de la journée, ce doit être avec permission et sous une surveillance qui ne se dément pas un instant.

Au réfectoire, ils sont placés devant des religieux qui les observent, et ils mangent debout par respect, à moins qu'ils ne soient trop faibles ; alors on leur permet de s'asseoir. On est bien loin d'avoir une même mesure pour tous ; on sait la proportionner à la capacité de chacun.

Udalric entre à ce sujet dans les détails les plus minutieux, pensant avec raison qu'il n'y a rien de petit quand il s'agit d'un dépôt aussi précieux que l'enfance, et après avoir rapporté les règles suivies de son temps à Cluny pour l'éducation des oblats, il ajoute : « En voyant avec quelle sollicitude sont entourés jour et nuit ces enfants, j'ai dit en mon cœur qu'aucun fils de roi n'est élevé avec plus de soin dans le palais de son père que ne l'est le plus petit des enfants à Cluny. » (1)

L'école, telle que nous venons de l'esquisser à grands traits, se retrouvait dans tous les monastères de la dépendance de Cluny. Là où les clunisiens prenaient possession d'un monastère, le plus souvent aussi ils

---

(1) « Et ut tandem de ipsis pueris concludam, sæpe numero videns quo studio, die noctuque custodiantur, dixi in corde meo difficile fieri posse ut ullus regis filius majore diligentia nutriatur in palatio quam puer quilibet minimus in Cluniaco. » (*Antiq. Consuet. Clun.*, lib. I, cap. VIII.)

organisaient une école. Jusque sous les plus humbles cloîtres, Cluny se plaisait à réunir la jeunesse studieuse. C'est ainsi, par exemple, que nous voyons des écoles monastiques à Souvigny (1), à St-Denis (2), au monastère de St-Marcel de Chalon-sur-Saône (3), où fut formée la jeunesse de saint Hugues, à Payerne (4), et c'est de Marmoutiers qu'elles recevaient leur direction (5).

Odilon aimait tendrement les enfants (6) à cause de l'innocence de leur âge. Jusque sur son lit de mort il voulut les avoir auprès de lui. Il se rappelait la touchante prédilection de Notre-Seigneur Jésus-Christ pour l'enfance : « Ne méprisez pas les petits enfants, « car leurs anges voient la face de mon Père qui est « dans le ciel » (7) et, à l'exemple de son maître adoré, il répétait ces paroles si encourageantes et si douces : « Laissez les petits enfants, ne les empêchez pas de « venir à moi, car le royaume des cieux est pour ceux « qui leur ressemblent » (8). « O très miséricordieux Jésus, disait un pieux théologien, quel homme désormais, après vous, aura honte de s'humilier jusqu'aux petits enfants, quand vous daignez vous-même, vous qui êtes Dieu, abaisser doucement vos mains vers eux et les enlacer en de chastes embrassements ? Donnez-moi un homme vraiment spirituel qui s'occupe non point de ses intérêts propres, mais de ceux de Jésus-Christ ; un homme tout rempli de charité, d'humilité

---

(1) JOTSALD, I, 14.
(2) JOTSALD, II, 8.
(3) *Bibl. Clun.*, col. 81.
(4) Cf. JOTSALD, II, 15.
(5) *Hist. littéraire*, t. VII, p. 55.
(6) JOTSALD, II, 2.
(7) Marc., x, 14 ; Matth., xviii, 10.
(8) Luc., xviii, 16.

et de piété, au point de ne laisser en soi aucune place à la vanité ni à l'ambition ; un homme qui, menant une vie toute céleste comme un des anges de Dieu, ne se laisse émouvoir ni par les paroles de louanges, ni par celles de blâme, qui reste insensible aux formes corporelles et qui, élevé jusque dans les sublimes retranchements de la raison, consente à n'admirer que les qualités transparentes des âmes ; cet homme-là me comprendra » (1).

Ne retrouvons-nous pas dans ce portrait du parfait éducateur, tracé par la main de Gerson, l'éloge complet de saint Odilon ? Si nous jugeons de l'arbre par ses fruits, l'école de Cluny sous le gouvernement de son saint abbé dut être florissante, et les études y furent en progrès, car, même après la mort d'Odilon, sa réputation s'étendit si loin que le petit-fils de Guillaume le Conquérant, Henri, évêque de Winchester vint abreuver son esprit aux écoles de Cluny. Saint Pierre Damien, du cœur de l'Italie, envoya lui aussi à Cluny son neveu bien-aimé (2) pour lui permettre de s'instruire à fond dans le *trivium* et le *quadrivium* (3), preuve évidente que l'école de Cluny n'était pas ouverte aux seuls oblats. On voyait accourir à Cluny non seulement des jeunes gens capables de fortes et brillantes études, mais encore des maîtres célèbres, tels que Gérard, écolâtre de Ratisbonne, et Alger, écolâtre de Liège, qui se sentiront l'un et l'autre attirés vers ce foyer de lumière. Le moine Pierre de Poitiers aura donc bien raison

---

(1) GERSON, *De pueris ad Christum trahendis*.

(2) Petri DAMIANI, *Epist.*, lib. VI, 3, *Opera omnia*, edit. Cajetan, I, p. 80; *Bibl. Clun.*, col. 479.

(3) Le *trivium* comprenait la grammaire, la rhétorique, la dialectique ; le *quadrivium* ccomprenait l'arithmétique, la musique, la géométrie et l'astronomie.

d'écrire à Pierre le Vénérable, que l'activité littéraire a été l'un des mérites des abbés de Cluny (1).

(1) « Verum quid faciam ego, majestati vestræ talia persuasendo, et quasi rem difficilem vel alienam a personæ vestræ officio, verborum superfluitatibus extollendo : cum scribendi studium speciali prærogativa Cluniacenses Abbates a temporibus antiquis obtineant. » (Petri Pictaviensis monachi Epistola ad domnum Petrum Abbatem Cluniacensem, *Bibl. Clun.*, col. 620 et note col. 6 et 7.) — On sait avec quelle aisance et quelle perfection l'abbé Odon se mouvait dans ce domaine. (Cf. MIGNE, *Patrol. lat.*, t. CXXXIII.)

CHAPITRE XXVIII

LES ARTS A CLUNY

Il est juste de reconnaître que le centre d'activité des clunisiens n'était pas dans leur unique occupation à l'étude. Leur vie studieuse et féconde, pour remplie qu'elle fût, n'était pas le but principal de leur vocation. Tous leurs efforts, au contraire, tendaient, à l'intérieur, à la réforme et au progrès de la vie religieuse, et au dehors, à la réforme des monastères dégénérés. Cependant, ils n'en cultivaient pas moins avec succès les arts aussi bien que les lettres. En entrant dans le cloître, le visiteur était frappé de l'aménagement à la fois simple et heureux de tout ce qui servait à la vie commune. Il rencontrait, parmi les habitants de cette pacifique cité, des hommes qui connaissaient les métiers et les arts, et qui les employaient à l'embellissement de leur retraite. Et ici encore, comme partout, on retrouve les moines clunisiens au poste d'honneur, à l'avant-garde du mouvement chrétien. Saint Benoît avait prévu, dans sa règle, qu'il y aurait des artistes dans les monastères, et il n'avait imposé à l'exercice de leur art, à l'usage de leur liberté, qu'une seule condition : l'humilité (1). Sa prévision fut accomplie et ses prescriptions s'exécutèrent fidèlement. Les monastères bénédictins devaient renfermer non seulement des écoles et des bibliothèques, mais encore des ateliers d'art, où l'architecture, la peinture, la ciselure, la calligraphie, la reliure et l'ornementation, dans les diverses branches, furent étudiés et pratiqués avec autant d'ardeur que de succès, sans jamais porter atteinte à l'austère discipline de l'Institut. L'importance de la bibliothèque de Cluny répondait à la place que le célèbre monastère occupait dans le monde chrétien et à l'influence qu'elle exerçait sur la civilisation de cette époque. Son histoire se confond avec la vie de ses grands abbés. Quelle part revient à saint Odilon dans la formation de la bibliothèque de Cluny ? Aucune indication ne nous est parvenue à ce sujet.

Tout ce que nous savons, c'est que la bibliothèque était confiée au bibliothécaire ou *armarius*, assisté d'un autre religieux. Les attributions de cet officier sont déterminées par les anciennes coutumes. Un long chapitre de la compilation du moine Bernard fait connaître les devoirs multiples et compliqués du bibliothécaire. C'était un dignitaire fort considérable. Il prenait rang immédiatement après les abbés et après le prieur de Cluny. Il dirigeait tous les travaux d'écriture et il avait la disposition et la garde de tous les livres de la maison. Le camérier devait fournir à l'*armarius* le parchemin dont il avait besoin, et celui-ci, aidé d'un moine capable, prenait place au *scriptorium*, transcrivait les manuscrits, œuvre laborieuse et méritoire, et les reliait avec art. C'est ainsi qu'on s'occupa tout d'abord d'écrire les livres destinés au culte

---

(1) *De Regul.*, cap. LVII.

divin, puis les œuvres des Pères de l'Eglise et enfin les auteurs classiques. Qu'il nous soit permis de citer ici un trait qui montre jusqu'à quel point la calligraphie et l'enluminure étaient en progrès à Cluny. Odilon voyageait un jour au milieu des montagnes du Jura lorsque sa monture, chargée de bagages, faisant un faux pas, s'abattit dans un précipice à proximité du monastère de Saint-Claude. Entre autres objets perdus se trouvait un missel écrit en caractères d'or. Malgré les plus actives et les plus intelligentes recherches, il fut impossible de retrouver le précieux livre, car on était en hiver et une couche très épaisse de neige couvrait la terre. Au printemps suivant, un prêtre, nommé Ermendranne, trouva absolument intact le missel que la neige avait respecté. Le voyageur se fit un devoir d'en informer Gauzeranne, abbé de Saint-Claude, qui s'empressa de le remettre à Odilon, lorsque le saint vint à repasser dans cette contrée. La ciselure était aussi en progrès à Cluny sous le gouvernement du saint abbé. Jotsald mentionne quelque part de petites burettes de verre, revêtues d'ornements ciselés. Cluny formait donc déjà même, sous Odilon, comme un vaste foyer où les arts recevaient un développement qui sera prodigieux sous ses successeurs, et auquel ne devaient pas être épargnés les reproches exagérés de saint Bernard.

L'architecture ne sera pas moins redevable à Odilon de ses remarquables progrès. Déjà dès le commencement de son gouvernement, nous avons vu le moine Malguin travailler sous sa direction, à la construction de la belle église de Souvigny. Le saint abbé s'occupa ensuite de son monastère, qui fut entièrement renouvelé. Les ressources que Dieu met entre les mains des saints ont quelque chose d'humainement inexplicable.

Odilon vécut en des temps qui furent traversés par de grands fléaux ; il multiplia les charges de Cluny en y abritant des recrues de plus en plus nombreuses, et néanmoins il trouva de quoi bâtir, renouveler ou tout au moins embellir une quantité d'églises et d'édifices claustraux. A la réserve des murs de l'église, dit Jotsald, Cluny fut entièrement transformé. Avec l'or qu'avait apporté l'évêque Sancho, il fit richement restaurer les côtés de droite et de gauche du maître autel. Après l'année 1034, il dressa au dessus de l'autel majeur, dédié à saint Pierre, un splendide ciborium, orné par les mains de l'artiste Niello, de précieuses mosaïques dont les colonnes étaient lamées d'argent (1). Sur la fin de sa vie, Odilon construisit un nouveau cloître (2) soutenu par des colonnes de marbre qu'il avait fait amener à grands frais des carrières des Alpes, par le Rhône et la Durance. Très souvent il se glorifiait avec une aimable simplicité de ce beau travail ; dans son enjouement et sa bonne grâce habituelle, il disait qu'à l'exemple d'Octave Auguste vis-à-vis de Rome construite en briques, il avait trouvé Cluny de bois et qu'il le laissait de marbre.

On sait que, du commencement du xɪᵉ siècle, date une ère nouvelle pour l'architecture. Après l'épouvantable anarchie qui a désolé la France au xᵉ siècle, le calme revient, les populations reprennent peu à peu possession d'elles-mêmes, et l'enthousiasme religieux se manifeste par la construction d'un nombre considérable d'églises. On connaît le passage pittoresque et souvent cité de la chronique où Raoul Glaber parle de la « blanche robe d'églises » qui, tout à coup, couvrit

(1) Jotsald, i, 13.
(2) Id., ibid.

le sol dès les premières années du xie siècle. Déjà, dès les dernières années du xe, la basilique de l'abbaye de Saint-Bénigne venait d'être reconstruite avec une splendeur inconnue auparavant; on y admirait l'église romane à trois nefs formant une croix latine, l'église souterraine et sombre aux cintres écrasés où les colonnes massives reproduisaient le T mystérieux, tel qu'il apparut à Ezéchiel comme l'image de la Croix encore imparfaite; par-dessus tout, on vantait la rotonde avec ses trois étages superposés, les deux inférieurs de niveau avec les deux églises, le supérieur reposant sur trente-six colonnes de marbre précieux, et recevant une lumière abondante par de larges fenêtres et par une vaste coupole à jour (1).

Odilon ne pouvait rester étranger à ce mouvement, ou plutôt à cette renaissance artistique. Il fit reconstruire à nouveau sur un plan plus vaste et plus splendide, l'église et le monastère de Bevaix, les bâtiments du monastère de Saint-Victor à Genève qui n'étaient plus en rapport avec le nombre des religieux, l'importance de l'Ordre et le progrès de l'art, mais il laissa debout l'église et le monastère de Romainmoutier, les églises et monastères de la Voulte, Riz, de la Ferté, de Saint-Flour, les églises de Souvigny et de Domène remarquables par leur antiquité. Peut-être commença-t-il la construction de l'église du monastère de Payerne; en tout cas, c'est sous la direction et par le zèle infatiguable du saint abbé que furent restaurées et embellies les églises de Charlieu, Ambierle, Sauxillanges, Saint-Mayeul de Pavie, et entièrement achevé le prieuré de Saint-Saturnin (2). Les clunisiens, sous le gouvernement

---

(1) Cf. Pfister, ouv. cité; Chevallier, ouv. cité.
(2) Cf. Ringholz, ouv. cité, chap. iii; Rohn, *Geschichte der bildenden Künste in der Schweiz*, Zurich, 1876, p. 226-239.

de notre saint abbé, comptaient dans leurs rangs des architectes nombreux et habiles. Ils étaient non seulement les architectes, mais encore les maçons de leurs édifices. Après avoir dressé leurs plans, dont la noble et savante ordonnance excite encore notre admiration, ils les exécutaient de leurs propres mains. Ils travaillaient en chantant des psaumes, et ne quittaient leurs outils que pour aller à l'autel ou au chœur. L'architecture était d'ailleurs, en général, un art familier aux moines et, parmi les monastères qui eurent un grand rôle dans cette restauration, Cluny marqua plus que tout autre, parce qu'il exerça une influence capitale de rénovation dans la société religieuse et civile du XIe siècle.

Est-ce à dire qu'on doive admettre, pendant la période romane, une école clunisienne distincte de l'école bourguignonne, qui aurait étendu son influence architecturale sur toute la France ? « Tout ce que l'on peut admettre, dit M. Virey, c'est Cluny centre de l'école bourguignonne. Que l'ordre clunisien se soit distingué par son goût pour les arts, pour les belles constructions, c'est incontestable ; nous n'en voulons pour preuve que les éloquentes récriminations de saint Bernard qui semble viser directement le luxe d'églises telles que Cluny ou Vézelay ; mais il n'a pas existé d'école clunisienne ayant eu des procédés propres. Viollet-le-Duc, hanté de cette idée que l'art roman est purement religieux et monastique, emprisonné dans des formules, ennemi de la nouveauté et du progrès, va jusqu'à dire : « Des centres comme Cluny, lorsqu'ils envoyaient leurs moines cimenteurs pour bâtir un prieuré dans un lieu plus ou moins éloigné de l'abbaye mère, les expédiaient avec des programmes arrêtés, des recettes admises, des poncifs (qu'on nous passe le mot), dont ces architectes clercs ne pouvaient et ne devaient s'écarter. L'architecture, soumise ainsi à un régime théocratique, non seulement n'admettait pas de dispositions nouvelles, mais reproduisait à peu près partout les mêmes formes, sans tenter de progresser » (1). S'il en était ainsi, reprend M. Virey, et c'est là qu'il est facile de mettre l'erreur en évidence, tous les monuments clunisiens devraient se ressembler : or, les différentes écoles provinciales ont soumis à leur influence toutes les églises clunisiennes qui se trouvaient dans le rayon de leur action : Saint-Etienne de Nevers est absolument différent de Cluny et de Beaune ; l'église clunisienne de Mozat, dans le Puy-de-Dôme, a le style auvergnat ; celle de Moissac également ; Saint-Martin des Champs, à Paris, dont le chœur (2), construit vers 1130, n'a rien emprunté à l'abbatiale de Cluny est un monument de l'Ile-de-France. Il n'y a pas d'école de Cluny ; telle était l'opinion de Jules Quicherat, telle est celle que notre maître éminent, M. Robert de Lasteyrie, professe dans son cours d'archéologie à l'école des Chartes ; ainsi pense également un archéologue dont le nom fait autorité, M. Anthyme Saint-Paul (3), qui a parfaitement élucidé la question, et qui

---

(1) Eug. LEFÈVRE-PONTALIS, *Etude sur le chœur de l'église de Saint-Martin des Champs, à Paris*, dans la *Bibliothèque de l'école des chartes*, t. XLVII (1886), Paris, in-8, p. 345-356.

(2) VIOLLET-LE-DUC, *Dictionnaire raisonné de l'architecture française du XIe au XVIe siècle*, t. I, p. 130.

(3) Il y a bruit, depuis longues années, autour d'une prétendue école clunisienne. Ses défenseurs ne manquent pas de talent ; mais il n'est talent qui tienne contre des faits bien avérés. Or, ici les faits renversent un système dû à de trop grandes ressources d'imagination. D'un côté il est impossible, en Bourgogne même, de distinguer par le style les églises clunisiennes de celles qui ne le sont pas ; de l'autre, l'Ordre de Cluny, en s'étendant hors de la Bourgogne, n'a point apporté avec lui l'architecture de ce pays... Il n'y a en Bourgogne que l'école bourguignonne, à laquelle ont payé tribut indistinctement

a résumé son avis en termes excellents que nous nous permettons de reproduire : « Nous nous bornerons ici à constater un fait qui seul suffit à ranger parmi les mythes archéologiques cette école clunisienne. Prenons les dix ou onze églises importantes qui dépendaient le plus étroitement de la grande abbaye bourguignonne, et qui ont été bâties soit en même temps que la basilique de Cluny, soit peu d'années après. Les voici : Paray-le-Monial, Saint-Etienne de Nevers, la Charité-sur-Loire, Vézelay, Souvigny, Saint-Martin des Champs de Paris, Mozat près Riom, Montierneuf de Poitiers, Moissac et Moirax. Eh bien, hormis une seule, toute ces églises diffèrent profondément, soit de l'abbaye mère, soit entre elles, non seulement par les détails, mais encore par la structure et les dispositions d'ensemble... » (1) Mais si l'on doit repousser définiti-

---

tous les Ordres religieux (sauf quelquefois les cisterciens), les évêques et tout le clergé séculier. Cette école, déjà complète au moment où fut commencée l'immense basilique de Saint-Hugues, s'est établie exactement de la même façon que ses sœurs, à la suite d'une direction spéciale des traditions romaines... Si les clunistes ont donné de l'essor et de la puissance à cette école, ils l'ont fait par le luxe et l'importance de leurs constructions... Si l'Ordre de Cluny avait fait l'école bourguignonne et se l'était imposée, il l'aurait évidemment apportée avec lui partout où il s'est répandu. Or, il est arrivé si bien le contraire, que l'on ne trouvera pas, hors de Bourgogne, un seul édifice reproduisant le style roman de cette province. Il faut donc rayer de l'histoire l'école clunisienne. Sans doute les clunistes ont beaucoup fait pour l'art aux XIe et XII° siècles, plus d'abord que les autres corps du clergé ; mais ils n'ont point employé de voies particulières ; ils se sont associés à un mouvement général qu'ils ont puissamment aidé sans prétendre le diriger. Il serait injuste d'oublier que les bénédictins ont aussi, à l'époque romane, construit de grandes, riches et solides basiliques ; qu'ils ont, eux aussi, poussé au progrès, et qu'enfin ce sont eux par Saint-Denis, et non les clunistes par Vézelay, qui ont principalement créé l'architecture ogivale. (Anthyme Saint-Paul, *l'Architecture nationale au salon de 1876*, dans le *Bulletin monumental*, 1877, p. 143.)

(1) Anthyme Saint-Paul, *Viollet-le-Duc, ses travaux d'art et son*

vement l'existence d'une école clunisienne distincte de l'école bourguignonne, il faut au contraire admettre dans cette dernière plusieurs subdivisions. L'opinion depuis longtemps émise que la géologie joue un grand rôle dans la géographie monumentale, et que l'architecture est modifiée là où la nature de la pierre change, est à la fois très naturelle et très judicieuse » (1).

système archéologique, 2e édition, Paris, 1881, in-8, p. 173-174. Cf. Virey : *l'Architecture romane dans l'ancien diocèse de Mâcon*, p. 17 et suiv.

(1) Au point de vue monumental, le Mâconnais et le Brionnais, avec un morceau du Forez vers Charlieu, sont très distincts. Les dispositions générales des édifices restent les mêmes, et les grands caractères de l'école bourguignonne se retrouvent dans l'un comme dans l'autre ; mais la richesse dans la décoration, la perfection de la sculpture et le soin des détails, qui distinguent l'architecture du Brionnais, ne se retrouvent pas au même degré sur les bords de la Saône. (Virey, ouvr. cité, p. 22 ; cf. *Bulletin monumental*, t. XXV, p. 179-185.)

CHAPITRE XXIX

ODILON EST NOMMÉ A L'ARCHEVÊCHÉ DE LYON
CASIMIR Ier, ROI DE POLOGNE, A CLUNY

(1031-1041)

Le nom d'Odilon de Cluny grandissait au sein des populations, environné du prestige de la plus merveilleuse sainteté. Le saint abbé était surtout tenu en grande estime par les pontifes romains. A la suite de l'apparition du pape Benoît VIII et du message d'outre-tombe dont nous avons parlé (1), on comprend que Jean XIX ait redoublé d'égards envers l'abbé de Cluny, par le mérite duquel le pontife défunt avait été introduit au royaume céleste. Depuis surtout les commencements de la grande famine, pendant laquelle Odilon avait épuisé tous les trésors de son cœur et de sa charité, le nouveau pontife n'avait cessé de lui prodiguer les témoignages de la plus affectueuse et de la plus touchante bonté. Il n'attendait qu'une occasion favorable pour prouver à notre saint abbé l'estime qu'il faisait de sa capacité et de sa sainteté. Cette

(1) Voir plus haut, chapitre XXII.

occasion se présenta bientôt, nous voulons parler de la vacance de l'archevêché de Lyon.

Burchard II, fils naturel du roi Conrad et frère de Rodolphe III, roi de Bourgogne, venait de mourir le 10 juin de l'année 1031, après avoir occupé pendant un demi-siècle le siège épiscopal illustré par saint Pothin et par saint Irénée (979-1031). L'archevêché de Lyon, même à cette époque, était très important, et le titulaire de ce siège avait une situation exceptionnelle. Les quatre évêchés suffragants de Lyon, savoir : Autun, Langres, Chalon-sur-Saône et Mâcon, étaient situés sur la limite occidentale de la France, et, au point de vue politique, lui appartenaient, ce qui explique la haute autorité et l'indépendance des archevêques en Bourgogne. Il était donc extrêmement nécessaire de désigner, pour occuper cette éminente dignité un homme plein de tact et d'habileté, et capable d'inspirer toute confiance (1). Le nouveau primat devait se montrer favorable à tous les partis et se concilier les bonnes grâces des uns et des autres, afin de faire du bien à tous. Il lui fallait de la vertu, de la doctrine, un assemblage des qualités les plus remarquables. Où trouver toutes ces qualités réunies ? Le choix du souverain pontife se porta sur Odilon. Aucun choix ne pouvait être mieux justifié. Les monstrueux abus de vénalité, de simonie et d'intrusion dont Rome avait été le théâtre se reproduisaient en France, et à Lyon le désordre était au comble. Depuis la mort de l'archevêque Burchard, ce siège illustre était en grande souffrance. Le neveu de l'archevêque défunt, Burchard, évêque d'Aoste, dans l'archevêché de Tarentaise, avait brusquement quitté les

(1) O. BLÜMCKE, *Burgund unter Rudolf III und der Heimfall der Burgundischen Krone an Kaiser Conrad II*, Inaugural-Dissertation, Greifswald, 1869, p. 17 et 34.

montagnes de la Savoie, et, escorté par une troupe d'hommes armés, avait essayé de s'emparer de la métropole lyonnaise, et de s'asseoir par la force des armes sur l'antique trône archiépiscopal. Cet homme énergique, mais gonflé d'orgueil, violent et vicieux, avait autrefois résisté à l'acquisition de la Bourgogne (1) par les Allemands, mais il avait levé contre l'empereur l'étendard de la révolte, en déclarant la guerre au comte Udalric, l'un des principaux appuis du parti allemand. Vaincu par Udalric, il fut fait prisonnier et livré à Conrad, qui relégua cet ambitieux dans un exil perpétuel (2). La malheureuse Eglise de Lyon était délivrée de l'évêque intrus Burchard, mais ce fut pour retomber sous une tyrannie non moins déplorable. Un certain comte, *comes quidam*, dont le chroniqueur Glaber ne nous fait pas connaître le nom, prétendit introniser sur le siège métropolitain de la cité lyonnaise son fils en bas âge; cette fois le peuple indigné se souleva et fit lui-même justice de ce fantôme d'archevêque. Les fidèles de Lyon supplièrent alors le pape Jean XIX de mettre un terme à ces scandales, en conférant, de sa propre autorité, la prélature vacante au vénérable Odilon, abbé de Cluny, désigné par les vœux unanimes du clergé et du peuple. Aucun choix ne pouvait être plus agréable au pontife. Il s'empressa de le ratifier, et envoya au nouvel élu l'anneau et le pallium, que des messagers fidèles portèrent à Cluny.

On avait compté sans l'humilité d'Odilon. Il ne put jamais se résoudre à céder aux instances du peuple lyonnais et du pontife romain. Il mit à refuser l'arche-

---

(1) Raoul GLABER, *Hist.*, lib. V, 4; Hérimann CONTRACT à l'année 1034, dans *Monum. Germ. SS.*, t. V, p. 121.

(2) Cet événement eut lieu en 1036. (Cf. GLABER, *loc. cit.*; Hérimann CONTRACT, *id., ibid.*, p. 122.

vêché de Lyon encore plus d'énergie et d'obstination qu'il n'en avait apporté autrefois à refuser la charge abbatiale de Cluny. Le pape Jean XIX, blessé de ce refus, ne put contenir son mécontentement. Il écrivit à l'abbé de Cluny une lettre conçue en termes empreints de grande sévérité, et dont voici le texte :

« Jean, serviteur des serviteurs de Dieu, à l'excellent
« abbé Odilon, salut et bénédiction apostolique.

« Saint Grégoire nous enseigne que rien ne vaut
« l'obéissance, et si vous me demandez pourquoi je
« vous dis cela, le voici : Beaucoup de choses parais-
« sent bonnes et ne le sont pas. Pour le moine rien ne
« doit être plus saint que l'obéissance, comme rien ne
« doit être plus désirable pour le simple chrétien.
« L'obéissance, selon la parole du prophète, ne vaut-
« elle pas mieux que le sacrifice ? Et n'est-ce pas le
« divin Maître qui a dit : « Ce que je veux, c'est l'obéis-
« sance et non le sacrifice ? Ne convient-il pas d'ajouter
« de quelle louange le très saint Benoît exalta l'obéis-
« sant ? Vous ne l'ignorez pas, nous avons ressenti
« vivement l'outrage que vous avez fait à l'Eglise de
« Lyon qui vous demandait pour époux, parce que
« cela lui convenait. Par votre refus, vous lui avez
« pour ainsi dire craché au visage. Nous ne parlons
« point du mépris que vous avez fait de tant de prélats
« qui vous pressaient d'accepter l'épiscopat ; mais nous
« ne pouvons ni ne devons laisser impunie votre rési-
« stance à l'Eglise romaine. C'est à l'obéissance qu'il
« appartient maintenant d'effacer les traces produites
« par la résistance. C'est à la satisfaction à réparer la
« faute commise par la transgression. Si vous n'avez
« pas désiré le gouvernement de l'Eglise en question,
« Eglise que vous avez méprisée par votre refus,
« vous en prendrez possession en homme obéissant

« dès que vous aurez éprouvé la sévérité que l'Eglise
« romaine sait employer envers les coupables (c'est-à-
« dire ceux qui lui désobéissent par entêtement). Car,
« de même que nul ne peut avoir l'audace de s'emparer
« témérairement du pouvoir épiscopal, de même aussi
« il n'est personne orné de votre mérite qui puisse
« refuser de l'accepter si l'Eglise le demande. Vous
« serez coupable de la perte d'un grand nombre
« d'âmes que vous auriez pu conduire au salut par
« votre bon exemple et par votre doctrine. Nous
« parlons d'une chose connue et que vous-même, je
« suppose, savez parfaitement. Aussi bien, je n'insiste
« pas davantage, l'évêque Geoffroy (1) vous notifiera
« nos ordres, à vous, à vos frères de Cluny et à tous les
« évêques » (2).

Que se passa-t-il entre le légat Geoffroy et l'abbé de Cluny ? L'histoire ne nous le dit pas. Odilon convainquit sans doute le légat que, s'il persistait à refuser le siège de Lyon, ce n'était point par attachement à son repos, encore moins par un entêtement injustifiable. Il trouva dans l'humble sentiment qu'il avait de lui-même, et sans doute aussi dans l'état précaire d'une santé si chancelante, des raisons si persuasives, que la cour

---

(1) Mabillon (*Annal.*, IV, p. 371) le nomme évêque de Mâcon. — Mais, à cette époque, l'évêque de Mâcon était Walter de Beaujeu. On croit vraisemblablement que Gaufrid est l'évêque de Chalon-sur-Saône nommé dans la bulle de Benoît VIII de l'année 1016, qui assista au synode d'Anse en 1025, et qui, en 1027, assista en même temps qu'Odilon au couronnement d'Henri Ier à Reims. Ce Gaufrid semble avoir été l'ami d'Odilon, comme on peut le conclure d'une charte insérée dans MABILLON, *Acta*, VI, 1, p. 562 et suiv.

(2) Cette pièce est sans date ; elle a été écrite vraisemblablement entre la mort de Burchard II et celle de Jean XIX, par conséquent entre le 12 juin 1031 et janvier 1033. (JAFFÉ, *opus cit.*, n° 3115 ; cf. D'ACHERY, *Spicil.*, t. II, p. 387 ; MABILLON, *Annal.*, IV, 342 ; LABBE, *Conc.*, IX, 838 ; JAGER, *Hist. de l'Egl. cath. en France*, VI, 179.

romaine n'insista plus (1). Odilon touchait à sa soixante-dixième année, et il était déjà atteint de la maladie à laquelle il devait succomber. On comprend qu'à cet âge il ait si obstinément décliné le fardeau de la charge pastorale en des circonstances si particulièrement difficiles. Enfin son esprit pénétrant, éclairé des lumières surnaturelles que Dieu lui donnait, n'entrevoyait-il pas l'avenir sous un jour bien sombre et peu rassurant ? Quoi qu'il en soit, loin de nous la pensée de voir dans la conduite de notre saint rien qui approche de la moindre désobéissance au Saint-Siège apostolique à l'égard duquel Odilon n'a cessé pendant toute sa vie de témoigner la plus profonde vénération et le plus filial amour (2). Le saint Abbé, à force d'énergie et d'habileté, était parvenu à se soustraire à la redoutable dignité de l'épiscopat, et il continua à goûter en paix les charmes de la solitude sans crainte de s'en voir désormais arraché. L'anneau et le pallium demeurèrent à Cluny (3); Odilon déclara qu'il les gardait pour le futur archevêque de Lyon. Ce fut Halinard, bénédictin lui aussi, et ami de notre saint qui, après bien des alternatives, alla s'asseoir sur le siège primatial des Gaules. Hali-

(1) Peut-être aussi la mort du pape suivit-elle de très près la lettre pontificale. D'après les meilleures sources, le pape mourut en janvier 1033. (Cf. JAFFÉ, *Reg. Pontif.*, p. 359.)

(2) Cf. RINGHOLZ, *opus cit.*, Ammerk., p. xxix, note 68 ; GFRÖRER, *opus cit.*, t. VI, p. 261-265.

(3) R. GLABER, *Histor.*, V, 4; MIGNE, *Patrol. lat.*, CXLII, col. 696; Hugues DE FLAVIGNY, dans *Recueil des historiens de France*, XI, p. 144 et 145 ; *Monum. Germ. SS.*, VIII, 304 ; cf. MABILLON, *Annal.*, IV, p. 371 ; *Acta*, VI, 1, p. 582 ; *Gall. Christ.*, IV, col. 82 et suiv. ; *Jahrbücher Heinrich II*, t. I, p. 135, Ammerk., 2 ; WAITZ, dans *Monum. Germ. SS.*, VII, p. 49. note 1. — Le Dr Gérold Mayer de Knonau, historien suisse, a fait connaître une seconde nomination d'Odilon à l'archevêché de Lyon. (*Anzeiger für Schweizerische Geschichte und Alterthumskunde*, 4e année, 1868, n° 1 ; cf. BRESSLAU, *Jahrbücher unter Conrad II*, t. II, p. 55 et suiv.

nard était Français, son père était de Langres, sa mère d'Autun. Après avoir fait ses premières études dans cette dernière ville, dont l'évêque Helmuin l'avait tenu sur les fonts baptismaux, il alla se perfectionner à Langres, sous la direction de l'illustre pontife Bruno. Admis au nombre des chanoines, ses qualités exceptionnelles d'esprit et de cœur lui ouvraient un magnifique avenir dans la voie des dignités ecclésiastiques ; il aima mieux suivre son attrait qui le portait vers la vie religieuse, et il entra au monastère de Saint-Bénigne à Dijon où il devint le disciple, et plus tard le successeur du vénérable Guillaume. Halinard fut sacré à Erstein ou Herberstein, en Alsace, en présence de Henri le Noir, roi de Germanie et de Bourgogne, qui fournit tout ce qui était nécessaire pour l'imposante cérémonie du sacre. Mais il garda le gouvernement du monastère de Saint-Bénigne, et son influence était grande en Bourgogne et dans les pays voisins. L'amitié qui unissait le nouvel archevêque à notre saint Abbé en fit, jusque sur le siège de Lyon, un éminent défenseur et promoteur de la réforme de Cluny (1).

Peu d'années après le refus que fit Odilon de l'archevêché de Lyon, et dans lequel le saint abbé avait donné une nouvelle preuve de touchante humilité, il se passa à Cluny un fait remarquable et presque unique dans l'histoire. Ce fait est venu à notre connaissance non par les annales de la grande abbaye bourguignonne, mais par celles du royaume de Pologne, auxquelles il se réfère : c'est l'arrivée à Cluny d'un jeune prince polonais, Casimir, fils de Mieczyslas II, roi de cette contrée.

Parmi les tributaires de l'empire de Charlemagne

---

(1) *Jahrbücher Heinrich III*, t. I, p. 135 et suiv. ; 302 et suiv. ; *Vita Halinardi*, dans MABILLON, Acta, VI, II, p. 35 et suiv.

se trouvait, vers le nord-est des contrées allemandes, une tribu slave appelée plus tard la Pologne. Cette contrée, peuplée de barbares toujours prêts au pillage, fut convertie par la sollicitude et la piété de ses rois, et par le zèle de ses évêques. Mais lorsque Mieczyslas II, issu de l'antique race des Piasts, monta sur le trône en 1025, la Pologne était déjà remplie de troubles et d'anarchie; l'Eglise souffrait autant que l'Etat était bouleversé. Casimir, ayant perdu son père le 15 mars 1034, fut proclamé roi à l'âge de huit ans. Trop jeune encore pour gouverner le royaume, ce fut sa mère Rixa, princesse allemande et nièce d'Othon III, qui prit en main la direction des affaires. Mais la régente, par sa fierté et sa partialité pour les Allemands, ses compatriotes, avait offensé gravement les sentiments nationaux des Polonais. Dès le début de sa régence, un mécontentement général se manifesta dans tout le pays et dégénéra bientôt en sédition ouverte. La régente, alors, résolut de quitter la Pologne, et se rendit en Allemagne avec son fils, selon les uns, seule, selon d'autres, laissant le jeune prince au milieu des Polonais. Mais Casimir se vit bientôt contraint de s'expatrier et d'aller rejoindre sa mère à l'étranger (1). Des historiens prétendent qu'il se rendit d'abord en Hongrie, auprès de son parent, le roi saint Etienne, et y resta même plusieurs années avant d'aller rejoindre sa mère en Allemagne. D'autres le conduisent d'abord en Italie, auprès de saint Romuald, qui l'aurait revêtu

(1) Quelques auteurs polonais prétendent que la reine Rixa habitait Magdebourg, ville de la Saxe; d'autres indiquent Brunswick; mais il est plus probable qu'elle résidait à Braunweiler, petite ville de l'Allemagne rhénane, près de Duisbourg et non loin de Cologne, où son père Ehrenfried, palatin du Rhin, avait un château, et où, conjointement avec son épouse Mathilde, sœur de l'empereur Othon III, il avait fondé un couvent de bénédictins. (MALINOWSKI, *opus cit.*)

de l'habit monastique ; de là à Paris, où il étudia pendant quelque temps, et enfin à Cluny, où il embrassa définitivement l'humilité de la vie religieuse ; il y fit régulièrement son noviciat, prononça ses vœux entre les mains de saint Odilon ; et même il y reçut l'ordre sacré du diaconat.

Mais tandis que ce jeune prince passait son temps dans les études et les méditations de la vie claustrale, la Pologne était livrée à une terrible anarchie. Presque au lendemain de la mort de Mieczyslas II, père de notre Casimir, des troubles violents éclatèrent dans la Pologne et ne firent plus qu'une ruine de l'Eglise qui y était auparavant si florissante. « Le désordre, dit Rohrbacher, était extrême ; la religion encore nouvelle, se trouvait en grand péril ; les évêques réduits à se cacher, les églises exposées au pillage. Bretislas, duc de Bohême, ennemi des Polonais, profita de l'occasion, entra dans ce pays, prit les meilleures villes, entre autres Gnesen, qui était la capitale. Les richesses de cette église, qui étaient grandes, furent pillées ; on y remarquait un crucifix d'or du poids de cent livres, et trois tables d'or enrichies de pierreries, dont le grand autel était orné. » (1)

Ce pillage de l'église de Gnesen arriva l'an 1038.

Or, en cette même année, les seigneurs qui composaient la diète du royaume ne virent d'autre remède à cette affreuse anarchie que de rappeler sur le trône de Pologne le prince Casimir. Mais il fallait le retirer du cloître. Une députation fut envoyée à Cluny. Les messagers, saluant Casimir comme leur roi, lui firent connaître l'objet de leur ambassade en ces termes :

---

(1) ROHRBACHER, *Histoire universelle de l'Eglise catholique*, t. VII, p. 309, Paris, Gaume, 6e édit.

« Nous venons, dirent-ils, de la part des pontifes, des seigneurs et de tous les nobles de la Pologne, vous prier d'avoir pitié de ce royaume, d'en venir apaiser les divisions et de le délivrer de ses ennemis. » Le prince répondit qu'il n'était plus à lui, puisqu'il n'avait pu même leur parler sans l'ordre de son abbé. Les envoyés exposèrent à saint Odilon le besoin pressant du royaume et les vœux de tout le peuple. Le saint les écouta avec bienveillance ; mais il leur déclara que, le jeune prince étant revêtu du diaconat, il était doublement perdu pour le monde, et qu'une décision qui le relèverait de ses vœux ne pouvait être prononcée que par le Saint-Siège. Sur cette réponse, les députés partirent pour Rome. Benoît IX occupait alors le pontificat ; ils lui représentèrent le triste état de leur pays et le besoin qu'ils avaient du prince Casimir pour la conservation du royaume et de la religion. Le cas était nouveau et la demande extraordinaire ; toutefois, après avoir bien consulté, le pape crut devoir acquiescer à la demande qui lui était faite ; il délia le jeune prince de ses engagements vis-à-vis du cloître et vis-à-vis de l'Eglise (1), et bientôt on vit l'ancien moine de Cluny revenir sur les bords de la Vistule et, aux applaudisse-

---

(1) Le fait est tellement extraordinaire qu'on le mentionne dans les traités de théologie comme le point où s'arrête la puissance des clefs. Cf. ROHRBACHER, ouvr. cit., t. VII, p. 309. — Les historiens qui nous ont conservé ce récit ne désignent point par son nom le pape auquel s'adressèrent les députés pour en obtenir cette double dispense. Le *Regestum* de Benoît IX est également muet sur ce point. (Cf. JAFFÉ, *Reg. roman. pontific.*, t. I, p. 360-361.) — La dispense fut-elle délivrée au nom de Benoît IX par son conseil de régence, ou par l'un ou l'autre de ses compétiteurs au pontificat ? car on sait qu'à certains moments ils siégèrent tous trois d'une manière simultanée dans les trois basiliques de Saint-Jean de Latran, de Sainte-Marie-Majeure et de Saint-Pierre de Rome. Il est impossible, en l'absence de renseignements positifs, de le savoir. (Cf. DARRAS, ouvr. cité, t. XX, p. 622.)

ments d'un peuple ivre de joie, reprendre le sceptre de la Pologne (1).

On pourrait ici s'étonner de ce recours si confiant à un pape tel que Benoît IX, mais il faut se rappeler et admirer avec Baronius lui-même « la foi robuste des fidèles d'alors qui vénéraient toujours Pierre dans la personne, quelle qu'elle fût, qui occupait le Saint-Siège ». Puis, ce pape indigne n'avait-il pas l'appui officiel de l'empereur Conrad, qui faisait toute la force de son autorité ; et, grâce à cet appui, on croyait, dans quelques parties de l'Allemagne et des contrées septentrionales de l'Europe, sinon à l'honorabilité de Benoît IX, qui personnellement était inconnu, du moins à la validité des décisions émanées sous son nom du siège apostolique.

Casimir porta avec lui sur le trône les vertus d'un saint, et il resta toujours attaché de cœur à la vie monastique. Il fit venir auprès de lui douze moines de Cluny, et à leur tête le prieur Aaron auquel il accorda le titre d'abbé de Tynietz, couvent situé à quatre lieues de Cracovie. Il l'éleva en 1046 à la dignité d'archevêque de cette ville, comme le prouve un bref du pape Benoît IX, l'un des plus anciens documents qui existent des premiers temps de la monarchie polonaise (2). Tel est en substance le récit de Longin (Dlugosch).

---

(1) Casimir Ier figure sur la liste des rois polonais comme quatrième prince chrétien qui a occupé légalement le trône (1034-1058). Il était né le 8 des calendes d'août 1016.

Bielski, chroniqueur polonais, a conservé le commencement du chant national qui a été composé à l'occasion du retour de Casimir Ier dans sa patrie. Cette pièce est malheureusement perdue.

Un livre intitulé : *Des Polonais qui se sont rendus célèbres dans les pays étrangers*, et écrit par M. A. Oleszczynski, qui est à la fois artiste éminent et homme de lettres distingué, renferme une très belle gravure qui représente les adieux de Casimir Ier à l'abbé et aux moines de Cluny.

(2) *Annales de l'Académie de Mâcon*, t. VIII, *Casimir Ier, roi de*

Tous les historiens polonais des xve, xvie et xviie siècle, et même quelques-uns du xviiie, s'appuyant sur le récit de Jean Dlugosch ou Longin (1), affirment le séjour du roi Casimir de Pologne à Cluny. Ce récit a paru tellement clair et naturel aux anciens historiens polonais, qu'ils l'ont tous répété presque de la même manière, sauf quelques abréviations, jusqu'à Théodore Waga (2), dont l'histoire de Pologne a été adoptée dans toutes les écoles publiques et privées, pendant un demi-siècle au moins, durant les dernières années de l'ancien royaume de Pologne, et même après le partage.

Toutefois, en y regardant de près, on voit poindre déjà quelques doutes dans Martin Kromer, disant que les événements relatifs à la jeunesse de Casimir Ier ont été racontés de différentes manières par les anciens chroniqueurs polonais. Il cite d'abord Vincent Kadloubeck (3), né environ cent ans après la mort de Casimir Ier. Kadloubeck parlant de la minorité de notre personnage : « Il fut caché, dit-il, dans un couvent qu'il quitta plus tard, étant devenu adulte, pour revenir au

Pologne, moine de Cluny au XIe siècle, étude historique, par M. Malinowski, p. 101.

(1) Un des plus sérieux écrivains de l'histoire de Pologne, qui vivait entre 1415 et 1480.

(2) Cet historien vivait entre 1749-1801.

(3) Vincent, fils de Kadloubeck, évêque de Cracovie, naquit en 1160, sous le règne de Boleslas IV, et mourut en 1230. C'est, après Martin Gallus, qui vivait en 1050 et 1120, le premier chroniqueur polonais. Il a été surnommé le père de la fable. — Quant à Martin Gallus, le premier chroniqueur cité par Naruszewicz, il écrit sa chronique plutôt en poète qu'en historien ; il passe rapidement sur les faits ; il ne s'embarrasse pas des détails, et le séjour de Casimir à Cluny pouvait lui paraître comme un fait secondaire peu important sur lequel il ne fallait pas insister. L'auteur de l'article sur Martin Gallus, dans la *Nouvelle biographie générale* éditée par Didot, soutient même que nous n'avons pas de véritable chronique de cet auteur, mais seulement un abrégé de son ouvrage.

milieu de ses sujets qui le reconnurent volontiers comme leur roi. » Kromer, cependant, sans attacher une grande importance à cette version de l'histoire de Casimir, donne ensuite la relation de Longin, qu'il croit beaucoup plus vraisemblable que celle de Kadloubeck. Mais vers la fin du xviiie siècle, le dernier roi de Pologne, Stanislas-Auguste Poniatowski, grand ami des sciences et des lettres, confia à Mgr Adam Naruszewicz, évêque de Smolensk, la tâche importante, mais difficile d'écrire une nouvelle histoire de Pologne plus complète, mieux étudiée et appuyée sur des documents authentiques. Mais le résultat des recherches de l'évêque de Smolensk n'est pas favorable à l'opinion de Longin. A partir de la fin du xviiie siècle, la nouvelle école des historiens polonais, s'appuyant sur l'opinion de Naruszewicz, et lui attribuant plus de certitude qu'elle n'en avait dans l'esprit du prélat, ont relégué au nombre des fables le séjour de Casimir à Cluny et son diaconat.

Laissant de côté l'examen de la critique de Naruszewicz relativement à la jeunesse de Casimir, qu'il nous suffise de dire ici que la tradition relative au séjour du jeune prince à Cluny en qualité de novice et ensuite de diacre, sous le gouvernement de saint Odilon, tire son origine des hagiologues et des chroniqueurs polonais. La première mention en est faite dans la vie de saint Stanislas Szczepanowski (1) écrite par Vincent de Kielce, vieux manuscrit du xiie siècle rédigé peu de temps après le martyre de ce saint, sous le règne de Boleslas II le Téméraire, fils de notre Casimir (2); et dans la

---

(1) La mort de saint Stanislas a eu lieu le 8 mai 1079.

(2) Alors même qu'on serait obligé d'admettre que le martyrologe dont il s'agit n'aurait été écrit qu'au xiiie siècle, c'est-à-dire presque en même temps que la chronique de Bogoufale rédigée par Godzislas

chronique dite de Bogoufale (1), l'une et l'autre du xiiie siècle. Cette même tradition se trouve confirmée par Jean le Chroniqueur (2) et par l'historien anonyme de la Silésie du xive siècle (3); développée au xve siècle dans l'histoire de Longin, elle a été reproduite généralement et sans conteste par tous les historiens polonais et par tous les chroniqueurs et historiographes

Baszko, il serait encore très important de faire remarquer la coïncidence qui existe entre les deux écrivains contemporains, qui ne se connaissaient pas et qui écrivaient chacun de leur côté. Naruszewicz s'indigne de voir que, dans quelques manuscrits de la chronique de Martin Gallus (entre 1050 et 1120), les détails relatifs au séjour de Casimir à Cluny se trouvent ajoutés témérairement, dit-il, par un copiste qui les a pris dans un ancien manuscrit polonais : *de Passione sancti Stanislai.*

(1) Cette chronique porte le nom de *Bogoufale*, évêque de Posen, qui l'a fait écrire, à ce qu'il paraît, par un prêtre polonais nommé Godzislas Baszko. Cet ouvrage a été rédigé sous le règne de Lechek le Blanc (1194-1227). Voici le texte de cette chronique relatif au sujet qui nous occupe : « Dum autem jam regnum Poloniæ fere ad nihilum fuisset per bella redactum, continuo proceres regni versus Saxoniam ad dominam suam reginam pro suo domino Casimiro iter assumpserunt, a quâ cum didicissent, qualiter ipsum versus Parisios, ratione artium liberalium, destinasset in quâ stans et desiderans, ordinem sancti Benedicti in monasterio Cluniacensi assumpsisset. Ad quem festine properantes invenerunt eum in diaconem ordinatum. »

(2) Il rapporte le fait de la même manière que les deux auteurs précédents, en disant seulement que ce ne fut pas Benoît IX, mais le pape Clément II qui accorda la dispense à Casimir pour sortir du couvent de Cluny et venir régner en Pologne. Naruszewicz profite de cette circonstance pour reprocher une erreur visible de dates, en faisant observer que Clément II n'a monté sur le trône pontifical qu'en 1046, tandis que Casimir est revenu en Pologne en 1040 ou, au plus tard, en 1041. Mais, en considérant cette bulle du pape Clément II non pas comme le véritable *exeat* du monastère de Cluny, mais comme une confirmation de l'acte primitif, qui a pu perdre sa sa valeur par la déposition de Benoît IX, il n'y a point d'anachronisme, les deux faits peuvent se concilier parfaitement, et le témoignage de Jean confirme purement et simplement les deux auteurs cités plus haut.

(3) Il donne à peu près les mêmes détails que les chroniqueurs précédents.

de Cluny. Qu'il nous suffise de citer la chronique de Martin Kromer (1) et celle de Mathieu Miechow (2) (Miechowita) qui s'accordent à peu près complètement avec Longin en ce qui concerne les principaux faits de l'exil de Casimir et de son séjour au monastère de Cluny. Sarniki, un autre historien polonais de ce temps (1535-1593), écrivain remarquable par son intelligence et l'amour de la vérité, dit positivement de Casimir : « Vivebat Cluniaci inter monachos, voto sacerdotali obstrictus. »

Longin était attaché à la cour du roi Casimir Jagellon (1447-1492) en qualité de précepteur de ses fils. Lorsque, dans le courant de l'année 1467, une peste terrible désola Cracovie, Longin quitta cette capitale pour se rendre avec les fils du roi à l'abbaye de Tynietz, voisine de Cracovie. Ce monastère étant le principal des six abbayes clunisiennes en Pologne, les souvenirs du roi Casimir y étaient sans doute plus profondément gravés que partout ailleurs. Longin put même y trouver quelques vieux parchemins à l'aide desquels il rédigea son récit détaillé du séjour de Casimir à Cluny, sans avoir eu le soin d'indiquer les documents précieux sur lesquels s'appuyait sa narration. Longin (DLUGOSCH) affirme que de son temps se trouvaient à Tynietz, quelques livres apportés de Cluny : « *Libri ex Cluniaco allati* ». Sans doute c'étaient des livres liturgiques, mais qui ne sait que même ces sortes d'ouvrages ont une haute importance historique par leur préface, par des lettres dédicatoires, par les signatures des personnes qui les ont possédés ?

---

(1) Il vivait entre 1512 et 1589.
(2) Il vivait entre 1456 et 1523.

Il y avait donc des liens très étroits qui rattachaient les monastères polonais à Cluny, et ces liens intimes de filiation qui, de tout temps, ont uni le monastère de Tynietz à l'Ordre et à la grande abbaye bénédictine, éclairent d'une nouvelle lumière ce que nous avons dit du séjour de Casimir à Cluny. Les relations séculaires du monastère polonais de Tynietz avec l'abbaye mère de Cluny se trouvent consignées dans deux ouvrages publiés par un moine de Tynietz, le R. P. Stanislas Sczygielski, et édités à Cracovie. Le premier de ces ouvrages, *Acquila*, a été publié en 1663, et l'autre, *Tinecia*, a paru cinq ans plus tard, en 1668. Voici ce que dit l'auteur dans son premier volume : « C'est au séjour et à la profession monastique à Cluny du B. Casimir Ier, roi de Pologne († 1058), que Tynietz doit son éclat et l'insigne honneur d'avoir reçu et conservé avec une fidélité incomparable les observances bénédictines de Cluny. Bien plus, c'est au souvenir de la dispense extraordinaire que ce même Casimir reçut par Rome de ses vœux et de ses obligations ecclésiastiques, pour devenir un roi sauveur, que le peuple polonais se mit à jeûner comme les moines, le mercredi, et à porter les cheveux rasés au-dessous des oreilles en guise de tonsure monastique, et enfin qu'aux messes des grandes fêtes, les nobles seigneurs se ceignaient d'une écharpe blanche, en mémoire de l'étole de leur roi, d'abord diacre à Cluny. Et en confirmation de ces origines clunisiennes, Longin rapporte que l'on voyait encore de son temps à Tynietz, des livres de chœur et de discipline monastique provenant de Cluny. » Ce fut aussi à partir du B. Casimir que l'usage s'établit parmi les chevaliers polonais de tirer et de brandir l'épée à la lecture du saint Evangile, pendant la grand'messe, afin d'attester qu'ils étaient prêts à tout pour la défense de la foi, voire même à lutter « *contra Russicam perfidiam* ». Saint Odilon envoya en Pologne le B. Aaron, Français et profès de Cluny, à la tête de la petite colonie de moines qui devait occuper Tynietz. Mort le 9 octobre 1059 archevêque de Cracovie, Aaron fut le dernier des prélats de ce siège à porter ce titre. C'est par le zèle et la piété du B. Aaron et de ses moines que se propagea en Pologne, la fête de la Commémoraison des morts, instituée par notre saint et répandue dans toutes les maisons de l'Ordre. Enfin, si l'on s'en rapporte aux archives, Tinietz était encore immédiatement soumis à Cluny en l'an 1320, et les visites régulières des commissaires de la célèbre abbaye y étaient fréquentes. Il résulte d'ailleurs de la *Tinecia* du R. P. Sczygielski que les abbés de Tynietz, depuis le B. Aaron, qui avait introduit dans son nouveau monastère avec les « Rites et les très saintes constitutions de la congrégation de Cluny » l'étude des arts libéraux et des divines Ecritures jusqu'à Nicolas Mielecki († 1604), le dernier des abbés réguliers de Tynietz, firent de suprêmes efforts pour conserver intactes dans le grand monastère polonais les vénérables observances monastiques de Cluny. Mielecki lui-même ne craignit pas d'aller, au prix des plus grandes fatigues, visiter Cluny, la métropole de l'ordre bénédictin. Et pour témoigner encore mieux de cette remarquable sollicitude, Sczygielski rappelle que la bibliothèque de son monastère contenait alors un très ancien manuscrit sur les observances primitives de Cluny. Aussi le moine historien est-il amené à terminer son recueil par un Appendice sur la « très florissante congrégation de Cluny », dans lequel il exprime sa reconnaissance en ces termes : « Je ne puis ne pas me souvenir avec amour du très illustre monastère de Cluny d'où Tynietz tire son origine » (1).

Nous avons démontré que la tradition relative au séjour de Casimir à Cluny tire son origine des hagiologues et des chroniqueurs polonais ; que la première mention en est faite dans la vie de saint Stanislas Szczeponowski et dans la chronique dite de Bogoufale, l'une et l'autre au plus tard au XIIIe siècle. Cette même tradition se trouve confirmée ensuite par Jean le Chroniqueur et par l'historien anonyme de la Silésie du XIVe siècle ; développée enfin dans l'histoire de Longin au XVe siècle, elle a été reproduite généralement et sans contestation aucune par tous les historiens polonais (2) et par tous les chroniqueurs et historiographes de Cluny (3). Quant à Naruszewicz, nous avons vu que les assertions de l'évêque de Smolensk et

---

(1) D. Lamey, Extrait du *Monologium Cluniacense*, t. I, n° 27, p. 179-182.

(2) Cf. *Monumenta Poloniæ historica*, t. IV, p. 269-381.

(3) Le récit du séjour de Casimir à Cluny se trouvait autrefois sur la marge d'une immense gravure représentant l'ancienne abbaye de Cluny et ornant la bibliothèque de cette ville. Il est reproduit dans l'*histoire* de cette abbaye par Lorrain ; dans *Cluny au XIe siècle*, par M. Cucherat ; dans la *Vie de Pierre le Vénérable*, par M. Duparay ; dans l'*Histoire des évêques de Mâcon*, par le comte de la Rochette ; dans la *Vie de S. Hugues*, par D. L'Huillier ; enfin dans tous les dictionnaires géographiques et historiques, depuis Moréri jusqu'aux publications les plus récentes et les plus estimées, telles que le *Dictionnaire* de Bouillet et la *Nouvelle Biographie générale* éditée par Firmin-Didot.

Le premier document propre à Cluny qui constate cette tradition est un manuscrit de 1418 découvert par M. Chavot. D'après ce manuscrit, les bénédictins polonais, au commencement du XVe siècle, conservaient entre eux une tradition relative à Casimir. Ils la transmettent aux clunistes, qui l'acceptent telle qu'on la leur donne, sans rien changer, ce qui prouve qu'ils n'avaient rien de mieux dans leurs archives.

(Cf. *Annales de l'Académie de Mâcon*, t. IV, 2e partie, 1860, p. 15 et suiv.)

des autres historiens polonais qui s'en sont inspirés pour nier le fait en question ne renferment rien qui soit absolument décisif (1) contre l'ancienne tradition relative au séjour de Casimir à Cluny. Hâtons-nous d'ajouter que des documents enfouis dans les archives des bibliothèques de Pologne, inconnus de Naruszewicz et des savants du xviiie siècle, ont été découverts et étudiés de nos jours, et renferment une confirmation éclatante de notre thèse. Pour ne citer que les principaux, il suffira de mentionner les suivants:

1° Un ancien manuscrit d'un auteur inconnu, *Incerti alicujus Poloni*, qui se trouve dans la précieuse bibliothèque des comtes Ossolinski, à Lemberg, portant le n° 1.183, rapporte le séjour de Casimir à Cluny, avec ce détail que, lorsque les ambassadeurs polonais franchirent la porte du couvent, Casimir qui, au monastère portait le nom de Charles, balayait le corridor du cloître, et, les ayant vus entrer, jeta le balai et s'empressa de se dérober à leurs yeux.

2° Un autre manuscrit, attribué à un certain Sendicwi de Gzachlo, et qui paraît avoir été écrit au milieu du xive siècle, dit relativement au sujet qui nous occupe : Kasimirus monachus de ordine sancti Benedicti in monasterio Cluniacensi in regno Francorum officitur, qui post multas strages in Polonia de anno Domini 1037 ex licentiâ domini Benedicti

---

(1) Naruszewicz n'était pas absolument convaincu de la fausseté des anciennes traditions relatives au séjour de Casimir à Cluny, car s'il en eût été ainsi, pourquoi aurait-il engagé lui-même les écrivains qui viendraient après lui à examiner bien attentivement le fait contesté. Voici ses propres paroles : « Quant à nous, sans révoquer complètement en doute les anciennes traditions, nous suspendons notre opinion définitive en attendant un éclaircissement plus complet de ce fait historique, et si cela arrive, nous changerons volontiers notre opinion personnelle et consacrerons notre plume au rétablissement de la vérité. » (*Histoire de Pologne*, t. II, règne de Casimir.)

Papæ IX eductus è monasterio et regnum Polonia suscepit » (1).

3° Un ancien manuscrit qui appartenait jadis à la bibliothèque de l'Université de Varsovie (2), et dont on a retrouvé dans ces derniers temps l'origine à la grande bibliothèque impériale de St-Pétersbourg où il avait été porté avec les autres livres et objets scientifiques enlevés par les Russes après la prise de Varsovie, le 8 septembre 1831. Ce manuscrit, qui n'est qu'un abrégé d'une chronique inconnue et sans doute très ancienne, a été écrit, selon toute probabilité, sous le règne de Ladislas Jagellon, vers la fin du XIVe siècle (3). Dans la liste des rois de Pologne, notre Casimir est signalé en ces termes : Kasimirus, quartus rex, diaconus, monachus ordinus sancti Benedicti, per dispensationem sancti Stanislai » (4).

Nous savons d'ailleurs que les rois de Bourgogne Rodolphe II, Conrad le Pacifique et Rodolphe III,

---

(1) Il y a ici une erreur de date. Le retour de Casimir en Pologne n'a pu avoir lieu qu'en 1040 ou 1041 au plus tard, et non en 1037, ce qui serait même avant la grande invasion des Bohêmes. Or cette invasion n'a eu lieu qu'en 1038, après la mort de Bodeslas Casimir, oncle de notre personnage. L'auteur de la *Chronique de Cosmos* dit positivement que cette invasion eut lieu pendant un interrègne.

(2) L'illustre Joachim Lelewel en avait une copie qu'il apporta avec lui dans l'émigration.

(3) Le titre de cette compilation est : *Collecta abreviata de regibus Poloniæ ex chronicâ Polonorum*. Ce document est connu sous le nom de manuscrit de Kuropatnicki. Un autre document semblable, qui se trouvait dans la bibliothèque du prince Czartoryski, à Pulawy, est connu sous le nom de *Sandek*, qui en était le copiste.

(4) Il est vrai qu'avant ce roi, dans lequel nous reconnaissons notre Casimir, le manuscrit indique un autre monarque caractérisé par ces mots : « Kasimirus tertius rex Poloniæ », c'est-à-dire le troisième qui a porté la couronne royale. Puis l'auteur ajoute : « Sicut filius Mesconis et pater sequentis. » Celui-ci ne peut-être que Boleslas Casimir, oncle de notre personnage, qui fut aussi moine et qui gouverna comme usurpateur après le départ de Rixa.

ainsi que l'impératrice Adélaïde, bisaïeule de Rixa (1), la mère de notre Casimir, et tous les empereurs de la maison de Saxe, furent les plus grands bienfaiteurs de Cluny. L'archevêque de Lyon, Burchard II, mort en 1032, l'ami intime d'Odilon, était aussi un parent de Casimir. Le jeune prince n'était donc pas complètement étranger au monastère de Cluny enrichi par les libéralités de ses ancêtres maternels. D'ailleurs, à cette époque la cour impériale d'Allemagne se trouvait souvent sur les bords du Rhône ou de la Saône (2). On peut donc admettre que Casimir dut passer à la cour impériale et la suivre en Bourgogne. Quoi qu'il en soit, la tradition de son séjour à Cluny existe dans les chroniques et les histoires de Pologne depuis six cents ans environ, et elle ne peut être fondée que sur les anciens chants nationaux ou sur les témoignages transmis de bouche en bouche depuis le XIe siècle. Or, l'illustre Schlegel, dans son histoire sur la philosophie de l'histoire, conseille aux historiens de respecter toujours la tradition, lorsqu'elle n'a rien de contraire à la raison, et lorsqu'on n'a rien de mieux à mettre à sa place (3).

(1) Mathilde de Saxe, sœur d'Othon II et petite-fille d'Adélaïde, était mariée à Ehrenfried ou Ehrenfroid, palatin d'Aix-la-Chapelle, et elle en eut dix enfants, trois fils et sept filles, dont Richeza ou Rixa, femme de Mieczyslas II et mère de Casimir Ier.

(2) Le royaume de Bourgogne transjurane n'existait plus comme Etat indépendant. Après la mort de Rodolphe III (dit Ignave ou le Fainéant) (1034), l'empereur Conrad II s'empara de ce pays en vertu d'un testament extorqué au dernier roi de la race de Stratlingen. Mais comme la nouvelle autorité était fortement contestée et par la puissante ville de Lyon et par certains barons, et par le jeune Eudes, comte de Champagne, Conrad II et plus tard son fils Henri III furent obligés de venir souvent en personne dans ce pays pour maintenir le prestige de leur puissance.

(3) Cité par MALINOWSKI, *Annales de l'Académie de Mâcon*, t. VIII,

CHAPITRE XXX

LA PAIX ET LA TRÊVE DE DIEU

Dans les labeurs multipliés et obscurs de la vie religieuse, Odilon avait vieilli, mêlé à toutes les misères et à toutes les grandeurs de ce monde, sans que les unes eussent endurci son cœur, sans que les autres l'eussent tenté, sans que tant de fatigues ni tant de travaux accomplis pour les âmes, pour l'Eglise et pour Dieu lui fissent désirer le repos. Il sentait que Dieu lui demandait encore, avant de s'endormir dans la paix de son Sauveur et dans la magnificence de ses œuvres, de consacrer le reste de ses forces à promouvoir une institution éminemment sociale qui, à elle seule, suffirait pour immortaliser le nom du saint abbé : nous voulons parler de la paix et de la trêve de Dieu.

L'ancien droit germanique de se faire justice à soi-

---

passim.; cf. DE SMEDT, de la Critique historique, dans Etudes religieuses, 4ᵉ série, t. III, p. 218.

Cf. Monumenta Poloniæ historica, t. IV, p. 269-381 ; Lyon, 1884 ; P. Laurent BURGENER, Helvetia sancta oder Leben und Wirken der heiligen, Seligen und Frommen Personen des Schweidzerlandes, t. II, p. 136, Einsiedeln, Benzinger, 1860 ; BOLLAND., I Januar.; MABILLON, Acta SS., sæc. VI, p. 553-623 ; Bibl. Clun., p. 346.

même n'avait jamais tout à fait disparu, même au temps de Charlemagne, mais jamais les vengeances privées ne sont plus multipliées qu'au temps de la féodalité. Les seigneurs, étant souverains dans leurs terres, regardent le droit de faire la guerre à leurs voisins comme une marque de leur souveraineté. Et comme autour de chaque suzerain sont groupés un grand nombre d'hommes libres, tous ces hommes doivent épouser sa querelle et marcher à sa suite. De là ces luttes nombreuses qui désolent la France au xe et au xie siècle et qui tiennent à la fois des guerres privées d'autrefois et des guerres entre deux Etats souverains.

La France eut particulièrement à souffrir de ces divisions intestines (1). C'étaient des guerres interminables de provinces contre les provinces, de villes contre les villes, de bourgades contre les bourgades. La guerre se voyait partout, inspirée le plus souvent par la vengeance ou la cupidité. Les famines, les épidémies et les autres calamités si nombreuses alors, ne faisaient qu'apporter un aliment de plus à cette fureur de batailler; car elles étaient régulièrement suivies de brigandages et d'excès de tous genres. De tous ces maux, le plus funeste c'était la guerre privée, c'est-à-dire le brigandage élevé par l'orgueil féodal à la hauteur d'un droit sacré. Chaque jour apportait la nouvelle qu'un donjon avait été pris d'assaut, des moissons ravagées, des meurtres commis, des familles condamnées aux larmes. Avec la guerre privée, plus de vie sociale, plus de bonheur domestique : c'était le fléau de l'Europe occidentale.

Quels remèdes apporter à de semblables maux ?

(1) « Talis quippe consuetudo naturaliter innata est regno Gallorum, ut præter ceteras nationes velint exercere rabiem bellorum. » (Mabillon, *Acta SS. Ord. S. Bened.*, sæcul., IV, 1, p. 361.)

Chacun sentait que la paix était nécessaire, nul ne le sentait mieux que notre saint abbé. Mais comment conjurer un mal qui semblait entré dans les mœurs et autorisé par l'usage universel? La société en détresse se tourna comme une suppliante vers l'Eglise, sa mère et sa nourrice, et implora l'assistance des représentants de Dieu pour la sauver. L'Eglise seule, en effet, qui a reçu de son divin chef la mission de pacifier le monde, pouvait essayer de conjurer le fléau ; elle n'y manqua pas. « On a souvent, dit Kluckhohn, prétendu refuser aux peines prononcées par l'Eglise une influence efficace sur les esprits violents ; mais cette époque nous offre une foule d'exemples qui attestent l'efficacité grandiose de ces moyens de coercition. Il n'était point rare de voir des natures indomptables, qu'aucune honte ne faisait reculer devant les derniers forfaits, effrayées par la malédiction de l'Eglise et, rappelées au souvenir des peines de l'enfer, endosser à la fin le rude vêtement de pénitent, pour retrouver dans un laborieux pèlerinage le repos de leur âme » (1).

L'excommunication : telle fut la première arme que l'Eglise employa. Elle réunit d'abord des conciles qui lancèrent l'anathème contre ceux qui pillaient les biens des pauvres et de l'Eglise, qui maltraitaient les clercs, qui détroussaient les voyageurs. Un concile réuni à Charroux, dans le comté de Poitiers, en 988 ou 989 (2), un autre assemblé à Narbonne en 990 (3), s'élevèrent de la sorte contre la noblesse qui ne respectait ni les prêtres ni les faibles. Nous avons vu ailleurs le concile

---

(1) *Geschichte des Gottesfriedens*, Leipzig, 1857, p. 18.

(2) LABBE et COSSART, *Concilia*, IX, col. 733 ; SÉMICHON, *la Paix et la Trève de Dieu*, p. 7.

(3) CATEL, *Mémoires sur les comtes de Toulouse*, 779.

d'Anse (1), dans le Lyonnais, prendre, à la même époque, des décisions semblables à l'égard de ceux qui détenaient les biens de Cluny, qui construisaient des camps et des forteresses sur le territoire du monastère. Ces premiers essais de résistance à la tyrannie féodale n'eurent sans doute qu'un succès douteux, mais le peuple, rendu plus docile que jamais aux idées religieuses par les fléaux, les maladies et les famines qui sévirent à cette époque sur la France, approuvait les évêques, la religion ressaisissait son empire, le clergé faisait entendre une voix plus respectée, et l'œuvre, commencée et poursuivie avec persévérance, ne s'arrêta plus. L'idée de la paix avait rapidement conquis toutes les sympathies, et c'est elle qui donna naissance à ces associations si célèbres dans l'histoire sous le nom d'Associations pour la paix de Dieu. Ces associations, que d'ordinaire l'on se figure semblables les unes aux autres, variaient à l'infini selon les articles du pacte juré, selon l'espace de temps pendant lequel on y était lié, selon les membres qui entraient dans la ligue (2).

Le mouvement en faveur de la paix de Dieu prit naissance en Aquitaine et il gagna peu à peu la France; mais ce fut seulement après la conquête du duché de Bourgogne que le roi Robert songea à réparer les maux de la lutte et à proclamer la paix de Dieu.

Mais la complète exécution de cette loi de la Paix de Dieu acceptée sous la foi du serment, dura aussi peu que le saint enthousiasme qui l'avait produite. Les mœurs encore violentes ne tardèrent pas à reprendre leur empire. Cependant l'Eglise, toujours attentive à chercher les moyens de faire cesser l'état de guerre

---

(1) Mansi, *Concilia*, XIX, 90. — Voir plus haut, chap. xvi et xxiv.
(2) Cf. Pfister, ouvr. cité, p. 165.

habituel et permanent qui désolait les peuples, y parvint à travers mille obstacles, par la loi canonique désignée sous le nom de Trêve de Dieu. Cette institution, telle qu'elle fut établie dans les conciles particuliers de la France, au XIe siècle (1), détermine, d'une part, les temps où les trêves doivent être gardées et les peines encourues par les violateurs ; d'autre part, elle place sous la sauvegarde publique certaines classes de personnes, pour qu'elles soient en sécurité, même au fort de la guerre.

Les temps de la *Trêve de Dieu* étaient ainsi déterminés : « Nous ordonnons que tous observent inviola« blement les *Trêves*, depuis le mercredi après le « coucher du soleil jusqu'au lundi au lever du soleil, « depuis le commencement de l'Avent jusqu'à l'Octave « de l'Epiphanie, et depuis la Septuagésime jusqu'à « l'Octave de Pâques » (2). L'Eglise, pour arriver à sa fin, l'extinction de l'état permanent de guerre, préparait les voies avec un art admirable, avec une ingénieuse charité. Il s'agissait d'adoucir les mœurs, de faire contracter des habitudes de paix, pour triompher des habitudes invétérées de discorde et de violence. Le Dieu de paix avait déjà son jour de repos chaque semaine. L'Eglise voulut que la *Paix de Dieu* eût aussi chaque semaine des jours qui lui fussent consacrés. Des peines étaient prononcées contre les viola-

---

(1) Elle a passé au XIIe siècle dans le droit universel de l'Eglise presque sans modification. — Les dispositions en ont été promulguées dans le troisième concile général de Latran par le pape Alexandre III, l'an 1177. Elles forment le titre XXXIV du livre Ier des *Décrétales*.

(2) Treugas a quarta feria post occasum solis usque ad secundam feriam in ortu solis, ab adventu Domini usque ad octavas Epiphaniæ, et a Septuagesima usque ad octavam Paschæ, ab omnibus inviolabiliter observari præcipimus. »

teurs de la *Trêve de Dieu*. L'Eglise avait grandement à cœur de la voir observer. Aussi que de précautions ne prit-elle pas pour atteindre cette fin ! En premier lieu, l'évêque du délinquant devait fulminer contre lui une sentence d'excommunication après la troisième monition, s'il y était rebelle. L'Eglise se souvenait qu'elle était mère de celui qui lui désobéissait ; elle l'avertissait par trois fois avant de le frapper. En second lieu, cette excommunication devait être dénoncée aux évêques voisins (1), dont aucun ne devait recevoir le prévaricateur dans sa communion. Enfin l'Eglise ordonne aux évêques de n'avoir égard qu'à Dieu seul et au salut de son peuple qui leur est confié. Il leur est enjoint de mépriser tout sentiment de crainte, de se prêter mutuellement conseil et appui pour maintenir solidement la paix et de ne le négliger par amour ou par haine de qui que ce soit (2).

Quant aux personnes protégées par la Trêve de Dieu, l'Eglise renouvelle, confirme des lois qu'elle a déjà imposées (3). Elle exige une paix et une sécurité permanente, en premier lieu, pour les personnes consacrées à Dieu ou qui accomplissent un pieux devoir en son honneur. Les prêtres sont les ministres et les anges du Dieu de paix, les ambassadeurs de Jésus-Christ ; la personne de tout ambassadeur est inviolable et sacrée. La même loi qui défend aux clercs de porter des armes doit leur servir d'armure défensive. Les reli-

---

(1) « Si quis autem hæc violare præsumpserit Ordinis sui periculo subjaceat. »

(2) « Quod si quis in hoc opere trepidus inventus fuerit, damnum propriæ dignitatis incurrat. »

(3) Voici le texte de la loi canonique : « Innovamus ut presbyteri, monachi, conversi, peregrini, mercatores, rustici, euntes vel redeuntes, et in agricultura existentes, et animalia, quibus arant et semina portant ad agrum, congrua securitate lætentur. »

gieux ont renoncé au monde ; le monde doit les laisser en paix. Ils payent largement leur dette à la société en arrêtant la colère de Dieu par leurs prières, en répandant les lumières de la science, en défrichant les terres incultes et en nourrissant les pauvres.

Les pèlerins ont aussi droit à la protection de la loi. Ce sont des hommes dignes de respect, voués pour un temps à la pénitence, ils se sont momentanément dégagés de toute sollicitude des choses de ce monde. Ils rappellent, à ceux qui les voient passer et qui leur donnent l'hospitalité pour l'amour de Jésus-Christ, que nous sommes tous voyageurs et que nous devons nous proposer, pour terme de notre voyage, Dieu seul. Enfin la loi protège les marchands, les paysans qui vont et viennent et qui se livrent à l'agriculture, et elle étend sa protection jusqu'aux animaux qui servent à la culture des terres, jusqu'aux semences que l'on porte aux champs. Tendre et sage prévoyance, où l'on reconnaît l'épouse de Jésus-Christ, la mère des pauvres !

Il est bien remarquable que la loi de la *Trêve de Dieu* (1) ne fut pas une institution substituée par l'Eglise à celle de la *Paix de Dieu*, comme si l'expérience lui eût fait avouer que cette première entreprise était une utopie impraticable. Ces deux institutions subsistèrent ensemble, comme le prouve le titre même de la loi canonique : *De pace et treuga Dei*, de la Paix et de la Trêve de Dieu. La *Paix de Dieu*, c'est un arbre que l'Eglise planta dans une saison favorable, et qui prit, sous d'heureuses influences célestes, un

---

(1) On trouve sur cette matière comme sur la *paix de Dieu*, dans l'ouvrage de M. Sémichon : *la Paix et la Trêve de Dieu*, un riche trésor de documents historiques choisis avec discernement, abstraction faite des dates et des traductions.

accroissement rapide et prodigieux. Vint ensuite une saison rigoureuse où cet arbre souffrit et parut prêt à dessécher ; mais l'Eglise ne le laissa point périr ; elle trouva le moyen d'en varier habilement la culture. Elle le tailla pour en renouveler la sève, et se résigna à lui demander temporairement une moindre récolte. Depuis elle n'en a jamais négligé la culture. La Trêve de Dieu ne sera donc pour ainsi dire qu'une branche de la paix de Dieu. Ce sera le même esprit qui la vivifiera, elle s'établira et se conservera par les mêmes moyens. Elle parlera toujours au nom de Dieu, mais elle imposera de moindres devoirs. Elle imitera l'esprit positif et pratique du médecin, qui ménage le remède au malade. Mais, encore une fois, en créant la trêve, on ne renonçait pas à établir la paix. De nouveaux et grands efforts furent faits pour entraîner les peuples et paralyser la résistance des seigneurs. Jusqu'alors le monde avait assisté à cet étonnant spectacle d'un pouvoir spirituel sans armes entrant en lutte avec la seule force organisée de ce temps : la féodalité. A la féodalité, à l'association aristocratique, l'Eglise imagina d'opposer le peuple, l'association populaire (1), appelée dans la suite à de si grandes destinées. Au moyen de la prédication, le clergé suscita, comme prélude de l'agitation guerrière, une agitation pacifique qui se traduisit par un nombre prodigieux de conciles : La multitude y accourut avec transport : les seigneurs, les bourgeois, les petits, tout prêts à obéir à toutes les prescriptions des pasteurs des églises, comme si une voix du ciel se faisait entendre sur la terre (2). L'enthousiasme avec lequel on accueillit la Trêve de Dieu fût tel que les évêques

---

(1) Cf. Ives de Chartres, *Epist.* 135, citée par Ducange, *Gloss. Trêve de Dieu*, n° 90.
(2) Baronius, *Ann. eccl.*, XI, 113 et *passim.*

levaient vers le ciel leur houlette pastorale, et les hommes du peuple, portant des palmes en signe de joie, s'écriaient : La Paix ! La Paix ! prenant ainsi Dieu à témoin de ce pacte perpétuel qui devait être renouvelé tous les cinq ans (1). Qu'on en juge par le récit suivant où se trouve l'un des plus beaux et des plus touchants événements de cette époque :

« Au pied des trois collines qu'embrasse la ville de Lausanne et près des rives du lac s'élève un monticule arrondi et revêtu de la plus belle et antique végétation : ce lieu charmant, connu sous le nom de *Montrion*, fut choisi par l'évêque Hugues comme point de rassemblement du synode convoqué par ses soins. Revêtu, ainsi que les autres prélats, de ses habits sacerdotaux, Hugues occupa le haut de la colline, entouré des principaux seigneurs dont les armures étincelaient aux rayons du soleil. Un peuple immense couvrait la plaine, tous agitaient des rameaux verts en criant : « Pax ! Pax ! Domine ! La paix, la paix, Seigneur ! Seigneur ! L'évêque répondit aux acclamations de cette multitude en levant au soleil sa crosse pastorale, en témoignage du pacte conclu à la face du Dieu vivant et il prononça la formule sacramentelle en ces termes : « Ecoutez,
« chrétiens, le pacte de la paix ! Vous jurez de ne point
« attaquer l'Eglise, ni le clerc, ni le moine inoffensif,
« de ne point enlever ce qui lui appartient légitimement,
« de ne point saisir le villageois, ni la villageoise, ni le
« serf, ni le marchand ambulant ; vous ne les rançon-
« nerez ni ne les maltraiterez. Vous promettez de ne
« point incendier les chaumières et les châteaux, à
« moins que vous n'y trouviez votre ennemi à cheval

---

(1) Héfélé, *Hist. des Conc.*, VI, 278, trad. Delarc ; Raoul Glaber, ouvr. cit., IV, 4, 5 ; Kluckhohn, ouvr. cité, 28 et suiv.

« et tout armé ; de ne point brûler ni saccager les
« récoltes et les fruits de la terre ; de ne point enlever
« au laboureur le bœuf ou le cheval de sa charrue et
« vous ne les blesserez point. Vous ne prendrez point
« à gage un voleur connu comme tel, vous ne proté-
« gerez point l'homme violateur de la paix jurée. Vous
« respecterez l'asile sacré accordé aux autels et l'im-
« munité de l'Eglise. Enfin, vous n'attaquerez point
« votre ennemi armé ou désarmé, pendant le temps
« consacré à la Trêve de Dieu ». Les seigneurs et les
chevaliers jurèrent sur les saints évangiles l'observance
de ce pacte et leur serment fut répété avec des transports de joie par la foule. L'assemblée procéda ensuite
à la remise des otages, qui furent confiés aux évêques ;
enfin, avant de se séparer, elle entendit la bulle d'excommunication lancée par les prélats contre ceux qui
enfreindraient le pacte. La Trêve de Dieu fut prolongée
de manière à embrasser environ les trois quarts de
l'année. Ainsi elle durait, chaque semaine, du mercredi
au soleil couchant jusqu'au soleil levant du lundi
suivant et, de plus, chaque année, depuis l'Avent jusqu'au huitième jour après l'Epiphanie, reprenant à la
Septuagésime jusqu'au dimanche de Quasimodo » (1).

Que fit Odilon et quelle fut son attitude dans ces
assemblées imposantes qui proclamaient avec tant
d'éclat et tant d'enthousiasme la paix et la trêve de
Dieu? Notre saint abbé, inspiré par les conseils de la
prudence, ne prit aucune part à ces négociations (2).
La raison de sa conduite fut sans doute celle-là même
qui détourna Gérard, évêque de Cambrai, de s'unir aux
évêques du Sud et du Nord de la France. On sait (3),

---

(1) F. DE GINGINS, *Trêve-Dieu dans la Transjurane*.
(2) GFRÖRER, ouvr. cit., ch. VI, p. 261.
(3) Page 703.

qu'en l'année 1023, les évêques de la Bourgogne prirent en commun la résolution de s'engager par serment au pacte de la paix. Forts de cette décision, les évêques Warin de Beauvais et Bérold de Soissons soumirent le pacte aux évêques de la province de Reims qui s'empressèrent d'y souscrire. Seul Gérard de Cambrai, dont la ville épiscopale et le comté dépendaient de l'empire, s'y refusa, sous prétexte que les évêques n'avaient aucun droit de prendre une telle initiative : « Vous prenez là, disait-il, un parti pernicieux et inexécutable ; il est aussi impossible que peu convenable de voir des évêques revendiquer le droit qui n'appartient qu'au roi. C'est vouloir tout confondre dans l'ordre de la société chrétienne, qui a séparé les deux pouvoirs, la royauté et le sacerdoce. » Gérard ajoutait : « A l'évêque il appartient de prier, au roi seul de combattre. La tâche des rois est d'apaiser les séditions par leur courage, de calmer les guerres, de répandre la paix ; celle des évêques est d'avertir les rois de se battre en hommes pour le salut de leur patrie et de prier pour qu'ils remportent la victoire. » Il paraissait surtout périlleux à l'évêque de Cambrai de lier tous les chrétiens par un serment dont un trop grand nombre ne tenaient aucun compte (1). Aussi bien, dès l'année 1034, Gérard avait fait campagne pour s'opposer à la paix qu'on s'efforçait d'établir. Dans l'extraordinaire surexcitation des esprits, il rappela au calme et à la prudence, et il fit observer qu'avec cette sorte de paix illimitée, on ne pourrait ni contraindre les voleurs à restituer les choses volées, ni punir les meurtriers ; qu'il était dur d'imposer à tous sans exception un jeûne

---

(1) *Gesta episcoporum Camerac.*, lib. III, cap. xxvii, dans *Monum. Germ. SS.*, VII, 474.

rigoureux, que le serment sur ce point devenait trop facile et trop facilement rompu. Malgré, cela l'évêque de Cambrai avait donné des preuves de son amour sincère de la paix ; mais, comme ses collègues lui reprochaient de n'être pas un ami de la paix ; comme l'abbé de Saint-Vaast, Leduin, et celui de Saint-Bertin, Roderich, le suppliaient d'entrer dans la ligue, il écouta leurs prières, mais en quelque sorte malgré lui (1).

La suite prouva, cette fois encore, que la réserve de Gérard n'était que trop justifiée, et qu'elle partait d'un esprit droit et d'une saine appréciation de l'état du temps actuel (2).

Tels furent aussi les motifs qui tinrent le saint abbé de Cluny éloigné de toute participation à une paix (3) dont le rêve devait être accompagné de tant d'illusions. En effet, le retour de l'abondance amena le relâchement de la ferveur première et rendit vain sur beaucoup de points le pacte juré. L'archevêque Aymond de Bourges qui, en 1031, avait pris l'initiative des conciles pour la paix, tenta un effort héroïque pour sauvegarder la foi promise ; il réunit en 1038 les évêques de sa province et forma avec eux une convention, par laquelle ils s'obligèrent eux et leurs diocésains, depuis l'âge de quinze ans, à combattre par les armes toute violation de la paix dans leur diocèse ; les prêtres eux-mêmes marcheraient, l'étendard à la main, au premier rang du peuple; on ne ferait point de quartier aux coupables. Pour qu'on en vînt à de pareilles mesures, le mal devait être bien grand. Le moyen réussit d'abord et répandit une salutaire frayeur parmi les brigands. Mais une journée suffit aux barons, avec leurs hommes

(1) *Id., ibid.*
(2) *Id.*, cap. LII, LIII, LIV, p. 485 et suiv.
(3) GFRORER, ouvr. cit., p. 262.

d'armes exercés, pour anéantir l'armée épiscopale et coucher sept cents clercs sur le champ de bataille (1).

Il faudra donc trouver un autre remède; il faudra fixer les jours où l'on pourra combattre et les jours où l'on devra observer la paix. Ce sera alors le rôle glorieux de notre saint abbé d'entrevoir ce temps propice et d'établir une paix qui, fondée sur des résolutions pratiques, deviendra absolument possible (2). « Il arriva alors, dit Raoul Glaber, que les peuples d'Aquitaine, puis à peu près ceux de toute la Gaule, adoptèrent une mesure qui leur était inspirée par la grâce divine et dont les conditions étaient que personne, depuis le soir du mercredi jusqu'au point du jour du lundi de chaque semaine, n'eût la témérité d'enlever par violence quoi que ce soit et à qui que ce soit, ni de satisfaire quelque vengeance particulière, ni même d'exiger caution ! Que quiconque oserait enfreindre ce décret public paierait le tarif de la composition pour sa vie, ou serait exclu de la société des chrétiens et banni de sa patrie. Tout le monde convint aussi, dit-on, de donner à cette loi le nom de *Trêve du Seigneur*. » Glaber rapporte l'institution de la Trêve en l'année 1041, mais il s'abstient de citer les noms des évêques et des abbés qui prirent part à cette charitable institution (3). Hugues de Flavigny nous apprend, lui aussi, que la Trêve de Dieu fut établie et confirmée en cette même année, et il désigne notre saint abbé comme en étant le principal auteur (4) : « Deux hommes, dit-il, qu'une sainte amitié et une charité toute fraternelle rappro-

---

(1) De Certain, *Archives des Missions scientifiques*, V, 2, tiré d'un ms. du Vatican, publié en 1856 ; Cf. Kluckhohn, 28 et suiv. ; Héfélé, ouvr. cité, VI, 279.
(2) Dr August Kluckhohn, ouvr. cité, p. 37.
(3) Glaber, ouvr. cité, 5, 1.
(4) *Monum. Germ. SS.*, VIII, 403.

chaient étroitement, Odilon de Cluny et Richard, abbé de Saint-Vanne de Verdun, se partagèrent le soin de la propager. Le seigneur évêque des Eduens (Helmuin), parvenu à une extrême vieillesse, racontait comment saint Odilon et d'autres, ayant fait recevoir par les Austrasiens la paix que des révélations divines avaient pressé d'instituer et que l'on appelait Trêve de Dieu, et comment le désir de tous étant que cette trêve fût observée en tout lieux, on s'en remit unanimement au zèle de notre père Grâce-de-Dieu (surnom donné à l'abbé Richard), pour la faire accepter en Neustrie (1)... L'abbé Richard de Verdun eut beau s'en faire l'éloquent interprète, ce ne fut que plus tard que ses efforts furent couronnés de succès. Jusqu'à l'année 1047 un grand nombre de comtés ou de duchés du Sud et du Nord de la France, en particulier les princes de Normandie, de Languedoc et de la frontière d'Espagne, donnèrent leur adhésion à la Trêve de Dieu (2). « Le vénérable Odilon » s'en fit l'infatigable promoteur. Avec lui, trois évêques : Raimbaud, d'Arles, Benoît d'Avignon, Nitard de Nice, parlant au nom de tout le clergé des Gaules, réuni dans un grand synode (3), probablement dans la partie sud-est de l'Aquitaine, invitèrent le clergé d'Italie à recevoir la Trêve de Dieu. C'est à notre saint abbé que revient la gloire d'avoir rédigé la lettre synodale que les évêques et le clergé de France écrivirent aux évêques d'Italie. Nous transcrivons ici tout entier ce précieux document :

« Au nom de Dieu, le Père tout-puissant, et du Fils

---

(1) *Chronicon Virdunense*, dans Labbe, *Bibl. nova*, t. I, p. 187, cité par Pignot, I, 395. Cf. Hugues de Flavigny, apud Ducange au mot *Treva*, et Sémichon, append. 367.

(2) Gfrörer, ouvr. cité, p. 349 ; cf. *Jahrbücher Heinrich III*, t. I, p. 137 et suiv.

(3) Kluckhohn, ouvr. cité, p. 45.

« et du Saint-Esprit, Raimbaud, archevêque d'Arles,
« Benoît d'Avignon, Nitard, évêque de Nice, le véné-
« rable abbé dom Odilon, avec tous les évêques et les
« abbés, et tout le clergé habitant dans toute la Gaule,

« A tous les archevêques, évêques, prêtres et clercs
« demeurant dans toute l'Italie,

« La grâce et la paix de Dieu, le Père tout-puissant,
« qui est et qui était et qui viendra, soit avec vous.

« Nous vous prions, nous vous supplions, vous tous
« qui craignez le Seigneur, qui avez été rachetés par son
« sang, de veiller au salut des âmes et du corps, de
« suivre l'exemple de Dieu, conservant la paix au milieu
« de vous, afin de mériter la tranquillité et la paix éter-
« nelles. Recevez donc et gardez cette paix et cette
« trêve de Dieu, que nous avons reçues du ciel sous
« l'inspiration de la miséricorde divine, et que nous
« gardons fermement; elle a été ainsi établie et ordon-
« née : du mercredi soir, entre tous les chrétiens, amis
« et ennemis, voisins ou éloignés, la paix doit régner
« jusqu'au lundi au lever du soleil, et, pendant ces quatre
« jours et ces quatre nuits, il doit exister une sécurité
« complète, et chacun peut se livrer à ses affaires, à
« l'abri de toute crainte de ses ennemis, sous la protec-
« tion de cette paix et de cette trêve; que ceux qui
« observent cette paix et cette trêve soient absous par
« Dieu, le Père tout-puissant, et Jésus-Christ son Fils,
« et le Saint-Esprit, par la sainte Vierge et le chœur
« des vierges, saint Michel et le chœur des anges,
« saint Pierre, prince des apôtres, avec tous les Saints
« et tous les Fidèles, aujourd'hui et toujours, et pen-
« dant tous les siècles des siècles. Que ceux qui ont
« promis la trêve et l'ont volontairement violée soient
« excommuniés par Dieu le Père tout-puissant, par
« Jésus-Christ et le Saint-Esprit et tous les Saints de

« Dieu ; qu'ils soient maudits pour toujours, damnés
« comme Dathan et Abiron, comme Judas qui trahit le
« Seigneur, plongés au plus profond des enfers, ainsi
« que Pharaon au milieu de la mer, s'ils ne se sont pas
« amendés, selon qu'il est décidé. Si quelqu'un, durant
« les jours de la trêve de Dieu, commet un homicide, il
« sera proscrit, chassé de sa patrie, et devra, en allant
« à Jérusalem, subir là un exil lointain. S'il viole en
« quelque autre point la dite trêve de Dieu et la paix,
« il sera examiné d'après les prescriptions des lois
« séculières et puni dans la mesure de sa faute ; puis
« il sera jugé selon les saints canons et sa pénitence
« devra être doublée, car nous avons jugé dans ce
« pays que la violation de cette promesse doit entraîner
« une double condamnation du pouvoir de ce monde
« et du pouvoir de l'Eglise. Nous pensons que ces
« décisions nous ont été inspirées par le secours divin,
« car rien de bien ne se passait ici, quand *Dieu a révélé*
« *à son peuple* cet heureux remède. Nous avons promis
« à Dieu, et nous lui avons consacré quatre jours,
« comme il est dit plus haut : le cinquième jour de la
« semaine, à cause de l'Ascension ; le sixième à cause
« de la Passion ; le samedi à cause de la Sépulture ;
« le dimanche, pour célébrer la Résurrection ; et l'on
« doit aussi s'abstenir ce jour de tout *travail des champs*,
« et ne pas attaquer son ennemi. Selon l'autorité
« conférée par Dieu et transmise par ses Apôtres, nous
« bénissons et absolvons tous ceux qui aiment cette
« paix et cette trêve de Dieu, comme il vient d'être dit.
« Ceux qui s'y opposent, nous les excommunions, les
« maudissons, les anathématisons, et nous les rejetons
« du sein de l'Eglise. Ceux qui auront puni les viola-
« teurs de cette loi et trêve de Dieu ne seront nulle-
« ment considérés comme en faute, mais seront bénis

« comme des amis de la cause de Dieu. Si un objet
« ravi, pendant les jours où la guerre est permise, est
« transporté pendant les jours de trêve, il ne faut pas
« qu'on profite de cette circonstance pour causer quel-
« que violence. De plus, nous vous prions, frères, que,
« quel que soit le jour où cette paix et cette trêve
« auront été établies, vous fêtiez ce jour *au nom de la
« Sainte Trinité;* (1) que vous rejetiez les voleurs quels
« qu'ils soient de votre pays ; qu'ils soient voués à
« l'abomination, à la malédiction et à l'excommunica-
« tion de la part des saints nommés ci-dessus ; que
« vous offriez à Dieu les dîmes et les prémices de vos
« travaux ; que vous donniez de vos biens aux églises
« pour le salut des vivants et des morts, afin que Dieu
« vous délivre de tous maux dans cette vie, et après la
« vie vous conduise au royaume des cieux, près du
« Seigneur, qui vit et règne dans tous les siècles avec
« Dieu le Père et le Saint Esprit (2). »

On ne saurait lire sans émotion cette lettre écrite par le grand et saint abbé de Cluny. Comme elle respire un sentiment vrai et profond d'amour de Dieu et des hommes ! De toutes les préoccupations de notre saint abbé, l'une des premières et des plus vives, tout à la fois patriotique et chrétienne, fut d'étendre partout et d'assurer aux petits et aux faibles la sécurité, vainement promise jusque-là, par la paix de Dieu. Pour

---

(1) Cette lettre pourrait peut-être permettre de fixer la date de l'établissement de la fête de la Sainte Trinité. Cette fête se rattacherait ainsi à l'établissement de la paix.

(2) Martène et Durand, *Thesaurus novus*, I, col. 161 et suiv.; *Recueil des historiens de France*, XI, p. 516 et suiv.; Mansi, *Collect. Concil.*, XIX, 593 et suiv.; Migne, *Patrol. lat.*, CLI ; Fehr, *der Gottesfriede und die Katol. Kirche des Mittelalters*, Augsbourg, 1861, p. 19. — Landulf, dans son *Histoire de Milan* (II, 30), fait allusion à la lettre synodale de 1041 et à l'origine surnaturelle de la *trêve de Dieu*. Cf. *Historiens de France*, t. XI, p. 516.

faire comprendre l'importance de ce bienfait, il nous faudrait un pinceau capable de retracer, avec des couleurs vraies, le tableau des désordres sociaux de ces siècles de fer, il faudrait peindre cette société à peine délivrée des invasions barbares, où la force tenait trop souvent lieu de droit, où les rois étaient encore impuissants et où le menu peuple, foulé et rançonné de cent manières, ne pouvait attendre ni appui ni protection d'un pouvoir central qui n'existait point. Ces désordres, Odilon en avait été, dès son enfance, le témoin attristé ; il avait vu la stérilité des efforts tentés par les conciles pour mettre un terme aux guerres privées. Et cependant, il sentait que la paix est pour les peuples le premier des biens et la condition nécessaire de l'observation normale de la religion et des lois de la morale. Aussi, dès qu'il jugea le moment favorable, il prit en main la direction du mouvement; il multiplia les appels à la paix et à la concorde ; il invita les évêques et le clergé de France et d'Italie à recevoir et garder la « paix et la trêve de Dieu venues du ciel et sous l'inspiration de la miséricorde divine » ; il plaida si chaleureusement la cause de l'humanité qu'en beaucoup de contrées il fit tomber les résistances. Subjuguée par sa puissance morale, la féodalité commença à courber la tête devant les menaces des pénalités ecclésiastiques, elle mit un frein à ses belliqueuses fureurs. Grâce à l'énergie du saint abbé, le laboureur, le voyageur et l'artisan, l'orphelin et la veuve apprirent à connaître et à goûter les douceurs de la paix.

Ce n'est donc pas la France moderne qui a commencé cette mission civilisatrice dont les bienfaits s'étendent à travers le monde entier. Cette civilisation chrétienne dont nous sommes justement fiers remonte jusqu'à la France et au clergé du xie siècle, spécialement à Odilon de Cluny, à qui en revient la plus large et la plus glorieuse part.

La Trêve-Dieu fut, pour la France en particulier, un très grand bienfait et ce ne fut pas, pour notre saint abbé, un des côtés les moins nobles de son rôle de maintenir les grands et les petits, les puissants seigneurs et les foules aveugles dans le chemin du droit et de la justice (1). Le zèle que saint Odilon mit à introduire et propager la paix de Dieu ne l'honore pas moins que l'établissement de la Commémoraison des morts. L'institution de la Trêve-Dieu à laquelle le grand abbé coopéra dans une si large mesure, est assurément l'une des plus éloquentes confirmations de ces paroles tombées des lèvres d'un illustre orateur de notre siècle : « La tyrannie peut arriver des deux points de l'horizon, des grands et du peuple : l'Eglise passe au milieu et réprime les excès des deux côtés. »

(1) GIESEBRECHT, *Geschichte der Deutschen Kaiserzeit*, t. II. p. 369.

CHAPITRE XXXI

ACCROISSEMENT DE CLUNY

Nous sommes arrivé à cette époque de la vie de notre saint que l'on peut appeler l'époque de la maturité et de la pleine fécondité. Cette époque ne s'ouvre bien souvent, pour les serviteurs de Dieu, qu'à l'entrée de la vieillesse, au déclin même de la vie. Quelquefois, cependant, leur fécondité ne se manifeste qu'après leur mort et par la secrète vertu qui s'échappe de leurs dépouilles bénies.

Il n'en fut pas ainsi pour Odilon. De son vivant, il put jouir de la glorieuse fécondité que Dieu accorda à ses travaux et à ses vertus. Dès le début de son gouvernement abbatial, il attacha une importance capitale au développement de la vie monastique, et il obéissait en cela à un motif d'ordre très élevé, car il savait que toute famille monastique s'occupe exclusivement d'accomplir l'œuvre de Dieu.

I. Monastères annexés a Cluny. — Dès la seconde année de son élection, le saint abbé commença à enrichir Cluny d'un nouveau monastère : nous avons nommé le monastère de Mesvres (995) (1). Peut-être aussi faut-il replacer à cette époque l'abbaye de Nantua donnée à notre saint abbé par le comte Gislebert de Bourgogne. L'année suivante, Odilon acquit à son abbaye le prieuré de Saint-Victor de Genève (2) qu'il dut à la prière de la sainte impératrice Adélaïde, et, presque en même temps, avec le consentement du roi Rodolphe, il reconstruisit entièrement le prieuré de Bevaix (3). C'est aussi pendant la régence d'Adélaïde, sous la minorité d'Othon, que lui fut donnée la grande abbaye de Murbach (4), dont nous avons retracé l'origine et le rôle historique et social. Vers cette même époque, Cluny obtenait de la noble dame Blismodis la celle de Taloye, près de Lyon. Mais de tous les monastères soumis à Cluny, Paray ne fut pas l'un des moins remarquables. Paray-le-Monial est aujourd'hui une charmante petite ville entre Charolles et Moulins, dans le diocèse d'Autun. Là avait été fondé, en 973, par Lambert, comte de Chalon, un monastère situé sur les bords verdoyants de la Bourbince, dans une vallée, la vallée d'Or, largement ouverte aux rayons du midi. Il fut consacré sous les vocables du Saint-Sauveur, de la Vierge-Marie, de Saint-Grat et de Saint-Jean-Baptiste, par les évêques Rodolphe de Chalon, Jean de Mâcon et Isard, entourés de vingt moines ou clercs et d'une foule nombreuse, en présence du comte fondateur, de sa femme Adélaïde et de son fils Hugues Ier.

Cependant, malgré son heureuse situation, le couvent de Paray ne prospérait pas, et l'indépendance que son fondateur croyait lui avoir assurée pour toujours allait

(1) Voir plus haut, chap. IX, *la Réforme monastique* (suite).
(2) Voir chap. XII, *Odilon et les monastères de la Suisse*.
(3) *Id., ibid.*
(4) Voir plus haut, chap. X.

bientôt cesser. Le fils de Lambert, Hugues, qui venait d'être élu évêque d'Auxerre, deux mois environ après sa consécration épiscopale (5 mars 999), décida, de concert avec le roi Robert, la cession du prieuré de Paray-le-Monial à l'abbaye de Cluny. Dans une assemblée très solennelle, tenue au mois de mai 999 au monastère de Saint-Marcel de Chalon, et où assistèrent Robert et son oncle Henri, duc de Bourgogne, Othe-Guillaume, comte de Bourgogne et de Mâcon, et son fils Gui, comte de Mâcon ; le comte Maurice, frère du comte de Chalon, et d'autres seigneurs ; Valtère, évêque d'Autun ; les évêques Rodger et Rainald et d'autres dignitaires ecclésiastiques, Hugues donna en toute propriété à Odilon de Cluny le prieuré avec ses églises, ses villages, ses manses ; il l'affranchit en même temps du joug de toute puissance séculière.

Odilon avait-il quelque vague pressentiment des merveilles qui, près de sept cents ans plus tard, devaient s'accomplir au val d'Or ? Nous ne savons. Toujours est-il que le saint abbé vint très souvent visiter son monastère de Paray, et la main de Dieu se plut à relever son serviteur par le don des miracles : « Un « jour, dit Jotsald, qu'il était dans son monastère du « val d'Or, le mercredi de la première semaine de « carême qui ouvre le jeûne quadragésimal, les frères « ayant quitté le réfectoire, il se fit apporter secrète« ment un peu de cendre avec un morceau de pain et « se mit à table. Il mangeait donc ce pain couvert de « cendres qu'il détrempait de ses larmes. Cependant « il commanda au frère qui le servait d'aller à la dérobée « lui chercher de l'eau. Le frère lui obéit et lui en « apporta. Odilon, approchant le vase de ses lèvres, « s'aperçut qu'il ne contenait que du vin. Aussitôt il « s'en plaignit, fit verser le vin, et renvoya le vase

« qu'on remplit d'eau. Le même prodige se renouvelle :
« une seconde fois Dieu avait changé en vin l'eau
« apportée à son serviteur. Convaincu lui-même du
« miracle, le saint abbé, reconnaissant par là la ten-
« dresse et la munificence de Dieu à son égard,
« accepta avec les sentiments de la plus vive recon-
« naissance le vin que Dieu lui imposait avec une
« bonté si paternelle (1). » Un autre jour, le pieux abbé se trouvait à dîner dans ce même monastère d'Orval. Apprenant que les provisions en vin du couvent étaient presques épuisées, pour ne pas imposer un trop lourd sacrifice au bon frère qui lui donnait une si cordiale hospitalité, il régla tout d'abord que chacun des convives étrangers se contenterait d'une seule coupe de vin; les moines seuls en auraient deux (sans doute à cause de la longueur des chants de la nuit et de la fatigue exceptionnelle du jour). Mais la mesure fut dépassée. Le cellerier servit à tous indistinctement du vin en abondance, et le vaisseau ne se vidait point, encore était-il d'une dimension bien restreinte. Quand les convives eurent quitté le réfectoire, le vaisseau qui contenait le vin fut trouvé aussi plein qu'avant le repas. On vit clairement, d'après ce prodige, ajoute saint Pierre Damien, que Dieu, non content d'exaucer la prière de son serviteur, récompensait encore sa foi par des miracles dont il ne se doutait pas lui-même. » (2)

En peu d'années, le monastère de Paray devint florissant sous la sage et habile direction de saint Odilon. Autour de cet asile sacré de la prière et du recueillement se forma peu à peu une agglomération assez considérable, et de bonne heure Paray prit ce

(1) S. Petr. Damian., *Vita S. Odil.*, cap. v, n° 12.
(2) S. Petr. Damian, *Vita S. Odil.*, cap. xiv, n° 33.

cachet de petite ville qui n'a fait que grandir dans la suite, sous le gouvernement paternel de ses abbés. Car là, comme partout ailleurs, il faisait bon vivre sous la crosse (1).

Plusieurs abbayes, celles ou monastères vinrent ensuite successivement augmenter les possessions de Cluny. Il nous suffira de mentionner Saint-Marcel de Chalon (999), Saint-Cyprien de Poitiers et Saint-Jean d'Angély (vers 1010), Thiers en Auvergne (1010), Saint-Côme-et-Saint-Damien près Chalon-sur-Saône, Saint-Jean-Baptiste de Molgon, au diocèse de Poitiers, la celle de Nogent-le-Rotrou, Saint-Marcel-de-Félines dans l'évêché de Valence, la celle de Saint-Laurent-lès-Mâcon, les prieurés de Saint-Maurice en Bourget, de Saint-André de Gap, de Port-sur-Saône, de Vaux Sainte-Marie, près de Poligny, de Domène, l'une des plus anciennes créations religieuses de l'ancien diocèse de Grenoble, Saint-Sauveur de Nevers et Moissac qui devint le centre d'une renaissance monastique dans les contrées pyrénéennes.

II. Restitutions. — A côté des monastères annexés à Cluny sous le gouvernement de l'abbé Odilon, il faut placer les restitutions suivantes : Ambérieux, au diocèse de Belley, et Juilly, dans celui de Chalon, qui devinrent de prieurés assez importants; le village de Saint-Jean-le-Piche sur la Saône, le prieuré de Piolenc en Provence, les deux terres de Diliade et Septfontaines dans l'évêché de Riez, qui avaient appartenu autrefois à l'héritage de Saint-Mayeul, Valensole en Provence, trois églises et le prieuré de Sarrians, dans le Comtat-Venaissin.

(1) Le monastère de Paray avait sous sa dépendance l'église de Toulon-sur-Arroux, dirigée par le moine Andrald; saint Odilon y accomplit aussi l'un de ses plus grands miracles. (JOTSALD, II, n° 23.)

III. Fondations proprement dites. — De toutes les fondations dues à notre saint abbé, les plus remarquables furent celles de Saint-Flour et de la Voulte, parce qu'Odilon les créa sur les domaines paternels et avec le précieux concours des membres de sa noble famille.

Il paraît certain, en effet, d'après les cartulaires locaux, que Bérald de Mercœur, le père de notre saint, était seigneur d'une partie de Saint-Flour.

Deux feudataires y avaient également des droits seigneuriaux : c'était Amblard Comptour de Nouette, dit le *Mal hiverné*, et Amblard de Brezons, fils d'Astorg, dit le *Taureau rouge*. Or, vers l'an 994, tous deux dit-on, en expiation de leurs méfaits, firent cession solennelle à Saint-Pierre de Rome de la terre d'Indiciat où se trouvait la *cella* de Saint-Flour(1); et le pape, dont

(1) D'après les nouveaux Bollandistes (*Acta SS.*, t. LXIII, 4 nov.), il n'existerait sur Florus aucun document certain plus ancien que le xive siècle, c'est-à-dire que l'époque où Bernard Gui inséra la Vie de ce saint dans son *Speculum sanctorale* (t. LXIII, p. 266). Ils ajoutent en note qu'en dehors de cette biographie on n'a sur saint Florus et son culte, pour l'époque antérieure, aucun autre document qu'une charte de 1016, par laquelle l'église de Saint-Flour est donnée à saint Odilon (*ibid.*, p. 267 et note). Encore ne citent-ils cet acte que pour en avoir rencontré la mention de seconde main dans la *Vie de saint Odilon* par Mabillon. Il existe tout au long dans le Cartulaire de Sauxillanges, charte 441. Pendant plus de trois siècles avant que Bernard Gui ne prît la plume, ce nom de saint Florus retentit sans interruption dans les actes authentiques. Du xe siècle à 1131 seulement, huit papes se sont occupés de lui et l'ont nommé dans leurs bulles : Grégoire V (996-999); un pape non précisé (1000-1031), plus probablement Benoît VIII ; Victor II (1055); Etienne X (1058); Grégoire VII (1075) ; Urbain II (1095) ; Pascal II (1109) ; Calixte II (1121). Deux papes, Urbain II et Calixte II, sont venus à Saint-Flour honorer ses reliques. Les abbés de Cluny des xe et xie siècles fournissent le même témoignage que les papes. C'est à leur requête et en leur faveur que ces bulles ont été fulminées. Semblable attestation des évêques d'Auvergne et des souverains du pays. Entre 1010 et 1013, ces derniers, l'un suzerain, l'autre le vassal, donnent à Odilon de Mercœur, abbé de Cluny, l'église dédiée au bienheureux Florus, située au comté

on ne saurait préciser le nom, d'accord avec les donateurs, la remit, en la personne de saint Odilon, à l'Ordre de Cluny (1). Etienne, évêque de Clermont, et Robert, vicomte, assistèrent et apposèrent leur signature à cette donation. Le saint, en prenant possession de la Celle de Saint-Flour, fut sans doute frappé de sa situation magnifique, au bord du plateau de la Planèze, sur une colonnade en basalte qui domine d'une hauteur de cent mètres le cours torrentueux du Lander. Il résolut d'y établir un prieuré. L'exécution de ce projet paraît avoir souffert des difficultés soit à cause des années de disette qui marquèrent le commencement du xie siècle, soit par suite des fréquents voyages d'Odilon dans la ville éternelle. Il est probable qu'il ne les réalisa que vers l'an 1025. Il fit d'ailleurs princièrement les choses. Il bâtit à Saint-Flour un prieuré clunisien dans lequel vingt religieux trouvèrent place dès l'origine. Afin de les mettre à l'abri des attaques, il entoura ces constructions d'une double enceinte. Sur l'oppidum fortifié par ce double rempart, il bâtit une insigne basilique que vint consacrer plus tard le pape Urbain II. Le village d'Indiciat fit place à une ville nouvelle qui se développa dans toute l'étendue du plateau, protégée par le rocher coupé à pic, qui la rendait presque imprenable. On attribue aussi au saint Abbé la construction d'un pont sur le Lander, qui arrose le pied de la montagne; sur une des piles de ce pont, il éleva une cellule

d'Auvergne, dans le pays de Planèze et sur le mont Indiciat. C'est la charte que les Bollandistes ont datée de 1016 sur la foi des *Annales bénédictines*. Furent témoins de cette donation Etienne III, évêque de Clermont, et Robert Ier, vicomte, peu après comte d'Auvergne, gouverneur de cette province. (M. Boudet, *la Légende de saint Florus*, dans les *Annales du Midi*, 1895, p. 257, Toulouse, Privat.)

(1) Voir la charte dans *Annal. Bened.*, t. IV, 697; cf. le comte de Résie, *Histoire de l'Eglise d'Auvergne*, t. II, p. 290.

dans laquelle on enfermait à perpétuité un de ces reclus on recluses qui, au milieu du bruit de la rue et des gens allant à leurs plaisirs ou à leurs affaires, devaient donner l'exemple de la prière et de la pauvreté. Le prieuré devint bientôt considérable. La noblesse d'Auvergne, gagnée par l'influence d'Odilon, concourut à son agrandissement; il trouva des bienfaiteurs dans les sires de Mercœur, de Brezons, de Latour, de Canillac, de Pierre, de Lastic, de Murat, presque tous alliés à la famille de Mercœur. Au xive siècle, le pape Jean XXII, voulant donner un second évêché à l'Auvergne, démembra de celui de Clermont tout le haut pays et fixa le siège du nouveau diocèse à côté du prieuré clunisien qui en fut l'origine. Odilon peut donc être regardé comme le second fondateur de Saint-Flour. Raymond Vehens, prieur de Saint-Flour, en fut aussi le premier évêque.

L'année même où Odilon bâtissait le prieuré clunisien de Saint-Flour, il fondait également, de concert avec sa pieuse famille et sur les terres paternelles, le beau prieuré de la Voûte-Chilhac qu'on a si justement appelé le « Saint-Denis des Mercœur ». Mabillon nous a heureusement conservé l'acte de fondation que nous transcrivons ici d'après le *Cartulaire* de Cluny (1).

« Les fidèles et les hommes véritablement sages,
« dit le saint abbé, regardent comme aussi utile que
« convenable que tous les biens donnés pour le culte
« de Dieu et l'accroissement de la dignité ecclésias-
« tique soient indiqués clairement par leurs donateurs
« dans des actes légaux et publics. Obéissant à ce
« principe, moi, Odilon, moine et prêtre du monastère

---

(1) Voir cette charte dans *Acta SS.*, 1^u Januar., t. I, *Elogium Odil.*; cf. MABILLON, *Acta*, VI, 1, p. 556 et suiv.; *Annal.*, IV. p. 312; *Gall. Christ.*, t. II, col. 258; JOTSALD, II, 20.

« de Cluny, au nom de Dieu, je fais savoir à tous les
« habitants et citoyens de ma patrie, présents et à
« venir, que mes frères, dont la mémoire sera toujours
« si douce et si chère à moi et à tous nos amis, Bérald,
« prévôt de l'église du Puy, et Bertran, et l'honorable
« seigneur Etienne, et Ebon, cet homme d'une si
« cordiale simplicité, avaient résolu, d'un commun
« accord, de bâtir dans une de leurs possessions un
« petit monastère pour y faire célébrer les louanges
« de Dieu, dans la mesure de leur humble pouvoir.
« Mais, hélas! quelques-uns ont eu à essuyer les plus
« grands désastres, d'autres ont été prévenus par la
« mort, et ils n'ont pu mettre à exécution leur projet.
« Or, après leur mort, leurs fils sont venus me trouver,
« avec d'autres parents, et beaucoup de leurs fidèles;
« ils ont recherché ce qu'ils pouvaient faire pour
« l'expiation des fautes de mes frères, c'est-à-dire de
« leurs pères, de leurs parents, de leurs ancêtres, et
« ils nous ont demandé notre avis au sujet de ce qui
« toucherait davantage la miséricorde de Dieu en leur
« faveur. Nous n'avons rien pu trouver de mieux que
« de nous appliquer à réaliser, dans la mesure de nos
« forces, ce qu'ils avaient dû laisser à l'état de projet,
« savoir : de bâtir dans une de leurs possessions une
« maison religieuse, et d'y faire célébrer les louanges
« de Dieu selon notre pouvoir. Cet avis ayant été
« donné et approuvé avec empressement par tous nos
« amis et proches, nous avons commencé à leur élever
« une église sur une petite montagne qui fait partie de
« nos biens de famille, et qu'on appelle la Vuote; elle
« est sur les bords de l'Allier, enveloppée de trois
« côtés par les eaux de ce fleuve. Après avoir construit
« une partie de l'édifice, nous avons résolu, d'après
« l'avis des fidèles du voisinage, d'y faire consacrer un

« oratoire par le vénérable seigneur Etienne, évêque
« de Clermont. Ce qui a été exécuté le xviii des
« calendes d'octobre (14 septembre), en la fête de
« l'Exaltation de la Sainte Croix et de la passion de
« saint Corneille, pape, et de saint Cyprien. Le jour
« de la consécration de l'oratoire, moi, frère Odilon,
« d'accord avec mes neveux, les fils de mes frères et
« de nos sœurs, savoir : Etienne, prévôt de l'église du
« Puy, et son frère Bérald ; Hildegaire, clerc et cha-
« noine de l'église; Bérald, fils de mon frère Ebon ;
« de même Guillaume, fils de feu mon frère Guil-
« laume, et ses enfants, Gérald et Robert, Odilon et
« Hictère ; d'accord aussi avec nos sœurs, savoir : la
« vénérable abbesse dame Blismondis, et Aldegarde,
« très noble dame selon le monde ; nous tous offrons
« au Dieu tout-puissant et vrai, immuable et éternel,
« à la sainte et indivisible Trinité, Père, Fils et Saint-
« Esprit, à la bienheureuse Mère de notre Dieu et
« Seigneur, Marie toujours vierge, aux anges et aux
« archanges, et à tous les habitants de la céleste
« patrie, aux patriarches et aux prophètes, aux amis
« de Dieu, saint Jean-Baptiste et saint Jean l'Evan-
« géliste, aux bienheureux apôtres Pierre et Paul...,
« certains biens que nos ancêtres nous ont transmis
« par héritage, ou qu'ils ont acquis de nobles seigneurs
« par de constants et fidèles services. » Odilon fait
ensuite une longue énumération de ces biens qu'il
serait fastidieux de rappeler, puis il ajoute : « Toutes
« ces terres avec leurs dépendances, nous les offrons,
« comme nous l'avons dit, à Dieu et à ses saints, pour
« le salut et la délivrance de Bérard, Bertran, Ebon
« et Etienne, à l'intention desquels spécialement est
« faite cette fondation, en outre pour nos autres
« frères... pour les nobles seigneurs Bérald, leur père,

« Hictère, leur aïeul, également pour tous nos
« parents... tant vivants que défunts, afin que la misé-
« ricorde, la bonté et la grâce du Seigneur, main-
« tenant et toujours, aient pitié de nous. En outre,
« nous mettons ce lieu et toutes ses dépendances, ainsi
« que toutes les propriétés ou oblations qui lui seraient
« données dans la suite des temps par la générosité
« des fidèles, sous la protection et sauvegarde des
« bienheureux apôtres saint Pierre et saint Paul, sous
« la garantie des Souverains Pontifes, et sous le gou-
« vernement de l'abbé comme des moines de Cluny...
« Nous décidons encore, et nous souhaitons, dans
« toute l'ardeur de nos désirs, que les abbés et les
« moines de Cluny possèdent à jamais cette maison,
« qu'ils y établissent le service de Dieu, et qu'ils y
« fassent fleurir dans toute sa vigueur la règle de
« Saint-Benoît, ainsi qu'elle se pratique dans tous les
« autres monastères... »

Odilon dirigea personnellement la construction du monastère, il mit tous ses soins à l'embellir, et le dota de revenus et d'une riche bibliothèque. Un événement raconté par Jotsald démontra, une fois de plus, la puissance et la sainteté du serviteur de Dieu (1). Un jour que le saint abbé se trouvait à la Voulte, où l'on terminait un mur de l'église encore inachevé, l'échafaudage s'étant écroulé, les ouvriers tombèrent jusque sur le sol sans se faire le moindre mal. La Voulte s'accrut rapidement : il devint bientôt en Auvergne, avec Sauxillanges, Souvigny et Riz, un des quatre grands prieurés de Cluny. Il y avait vingt-cinq moines qui

---

(1) JOTSALD, II, 20. — Ce passage se trouve, dit Mabillon, dans l'exemplaire de Saint-Germain, mais il manque plusieurs feuillets, et nous n'en avons pas la fin. Un passage de Jotsald (I, 13) laisse deviner qu'Odilon guérit les victimes de l'accident.

devaient célébrer chaque jour trois messes chantées (1). Le prieuré de Sainte-Croix de la Voulte devint aussi le lieu de sépulture des barons de Mercœur, et, pendant des siècles, évêques, moines et laïques vinrent se coucher sous les dalles de son église, à l'ombre de la charité d'Odilon.

L'église de la Voulte dut être reconstruite dans la suite des âges mais on lui conserva tout ce qui restait du premier sanctuaire, et ce n'est pas sans émotion que nous avons lu nous-même sur une porte admirablement conservée cette inscription très nette :

HOC TIBI REX REGUM CONDIDIT ODILO TEMPLUM (2)

Enfin peu d'années avant sa mort, en 1045, Odilon acquit à Cluny l'église de Carennac, dans le haut Quercy, sur la rive gauche de la Dordogne. Cette église appartenait au chapitre de Cahors. Un jour, l'évêque convoqua les chanoines dans la salle capitulaire attenant à la cathédrale, et leur parla ainsi : « L'auteur absolu du genre humain favorise ceux qui se repentent sincèrement de leurs péchés et de tous les manquements inséparables de la fragilité humaine. Montrez-vous donc les protecteurs des pauvres. De même que l'eau éteint le feu, de même l'aumône éteint le péché. Pratiquez l'aumône en conséquence afin de vous ménager une place dans les éternels tabernacles. Quant à moi et à mon frère Hugues, son épouse Malfrède et leurs enfants, songeant à la mort et crai-

---

(1) *Bibl. Clun.*, col. 1737.
(2) *Bibl. Clun.*, not. col. 74, et MABILLON, *Acta*, VI, 1, p. 574. — « Quoddam monasterium Volta de quo et anteà, juxta Alexis fluvium, quendam elegerat locum, Monasterio quod dicitur *Volta*, contiguum. Ab Odilone autem conditum, præter locum hunc, testatur et versus super Ecclesiæ porta, quæ claustrum respicit, inscriptus qui talis est. » (*Bibl. Clun.*, not. col. 74.)

gnant les effets du jugement dernier, nous avons résolu pour le salut de nos âmes, des âmes de nos pères et aussi des âmes de tous les chrétiens vivants et morts, de donner à Odilon, abbé de Cluny, l'église et la terre de Carennac. Elle appartient, il est vrai, au chapitre, mais je vous céderai en échange l'église de Saint-Pierre de Gramat, située au centre même de la baronnerie et beaucoup plus riche que l'autre ; elle vous sera certainement plus profitable. »

La proposition fut acceptée. L'évêque de Cahors et Hugues, son frère, peu de temps après, se mirent en route pour la Bourgogne et arrivèrent à Cluny où Odilon leur offrit une hospitalité digne de leur rang. Là, en présence de l'illustre abbé et de ses religieux, ils remplirent toutes les formalités voulues pour légaliser leur offrande de la terre et de l'église de Carennac. A peine en possession de ce lieu, un des plus beaux et des plus pittoresques de la province, Odilon y fit élever un monastère. Quelques années après la nouvelle construction, le saint abbé, accompagné de quelques-uns de ses moines, vint lui-même en prendre possession. On raconte qu'il se fit alors en cet endroit un immense concours de seigneurs et de gens du peuple venus de très loin tout exprès pour voir et entendre le serviteur de Dieu (1).

Plus de six cents ans après, en 1681, l'évêque de Sarlat résignait le prieuré de Carennac à son neveu, l'abbé de Fénelon, plus tard archevêque de Cambrai (2).

(1) Ce récit est tiré du *Liber tripartitus de vitâ, conservatione ac miraculis B. Roberti Abbatis, primique fundatoris Caræ Dei*, auctore seu excriptore Bertrando monacho.

(2) Fénelon raconta sa réception à Mme de Laval, sa cousine, dans une lettre pleine de gaîté qu'on trouve dans ses manuscrits. Le cardinal de Bausset la cite dans sa *Vie de Fénelon*.

CHAPITRE XXXII

9ᵉ ET DERNIER VOYAGE EN ITALIE. — ODILON ET LE
PAPE CLÉMENT II. — HILDEBRAND A CLUNY

(1047)

Depuis son avènement au trône abbatial de Cluny, Odilon, qui aimait passionnément l'Eglise et son chef vénéré, à mesure que les papes se succédaient sur la chaire de saint Pierre, avait regardé comme un devoir de piété filiale d'aller saluer le nouveau Pontife et de lui témoigner son amour et sa vénération. Il est remarquable que le saint Abbé, pendant le trop long gouvernement de l'indigne pape Benoît IX, s'abstint de venir à Rome et ne voulut avoir avec lui aucune relation personnelle. Sous le pontificat de son successeur, Grégoire VI, on vit de nouveau se renouer les rapports d'intimité qui avaient toujours existé entre Rome et Cluny. Les plus nobles âmes d'alors, saint Odilon, saint Pierre Damien, Hildebrand, applaudissaient au zèle du pieux et vertueux Grégoire VI. Malgré la droiture de ses intentions, son activité demeura stérile ; avec les querelles des partis, avec les progrès incessants du brigandage, la campagne romaine devint la proie d'une hideuse anarchie. Pas un pèlerin qui se hasardât sans escorte à pénétrer dans la ville, et les bandits volaient jusqu'aux offrandes que des mains pieuses déposaient sur les tombeaux des apôtres et des martyrs. Le nouveau pape, pieux et énergique, se mit en devoir de purger Rome de ses souillures, de comprimer les mutineries du peuple comme les ambitieuses licences des grands. En même temps qu'il usait de ses armes spirituelles en frappant d'excommunication les usurpateurs des biens de l'Eglise, il les chassait par la force des armes de leurs domaines usurpés. Tant de fermeté devait le rendre incommode à cette Rome habituée aux désordres, aux pillages et au sang ; les Romains murmurèrent et se plaignirent, et l'empereur Henri III passa les Alpes pour rétablir l'entente et la paix (1). Des indécisions se faisaient jour sur la légitimité comme pape de Grégoire VI ; il avait, en arrivant au souverain pontificat, assuré une pension à Benoît IX, n'était-ce pas une pratique simoniaque ? (2) Grégoire VI fut digne jusqu'au bout. Pour faire cesser la tempête, il se jeta à

(1) Cf. BRESSLAU : *Jahrbücher des deutschen Reichs unter Konrad II* (Leipz., 1879).

(2) Benoît IX voulut se retirer pour s'abandonner plus librement à ses plaisirs, et, moyennant une somme de 1.500 livres deniers, il céda le pontificat à l'archiprêtre Jean Gratien, qui était le plus estimé pour sa vertu de tout le clergé de Rome. Présentée en ces termes, la conduite de Jean Gratien peut sembler répréhensible et simoniaque. Mais en réalité tous les témoignages s'accordent pour prouver que le pieux archiprêtre ne songeait point à acheter la papauté ; il voulait, au contraire, briser l'esclavage où il voyait réduite l'Eglise romaine ; dans sa pensée, l'argent offert à Benoît en échange de son abdication n'était qu'un dédommagement légitime. Ce n'était pas un marché qu'il concluait à son profit, c'était un simple compromis qu'il négociait bénévolement au nom du clergé romain, par zèle pour le bien général. Et c'est en récompense du service rendu à l'Eglise que Gratien fut élu souverain pontife, librement et canoniquement. (Cf. ROHRBACHER, *Histoire univers. de l'Egl. cath.*, t. XIII, p. 484 ; P. BRUCKER, ouvr. cité, t. I, p. 170.)

la mer, il se dépouilla lui-même au concile de Sutri(1) de ses ornements pontificaux, il abdiqua, et une nouvelle élection rendit la paix aux consciences. Le 23 décembre 1046, Henri III entrait solennellement à Rome et se faisait décerner au Capitole la dignité de patrice, avec les emblêmes traditionnels, le diadème d'or et le manteau vert. C'était un pas important vers la toute-puissance. Or, dit Damberg, il se trouvait parmi les évêques venus avec Henri une personnalité d'un caractère si marquant que celle de Grégoire et peut-être toute autre, rentrait devant elle dans une ombre profonde. C'était Suitger, noble Saxon, longtemps chancelier de Conrad II, depuis six ans évêque de la basilique libre impériale de Bamberg. Henri le prit par la main et le présenta à l'assemblée comme son élu. La foule applaudit avec transport, et Suitger fut placé sur le trône pontifical(2). Le lendemain, jour de Noël, Clément II fut intronisé et il couronna en grande pompe l'empereur et l'impératrice Agnès.

Avec Clément II, Odilon saluait la première aurore de la délivrance : le ciel était sans doute bien noir encore, toute une nuit de vices, de désordres, de dangers, pesait sur l'Eglise, mais néanmoins un premier rayon commençait à percer cette nuit. Dès son avènement, Clément II avait entrepris la lutte contre le clergé simoniaque, et l'Abbé de Cluny se signala par son zèle zèle pour extirper la simonie et pour réformer la vie incontinente du clergé. C'était le rêve de notre saint abbé de ramener le clergé à l'austérité sacerdotale et

---

(1) Cf. Héfélé, *Hist. des Conciles*, t. VI, p. 289. — M. l'abbé Duchesne tient que Grégoire fut déposé, mais qu' « il n'est pas impossible », vu le caractère du pontife, « qu'on lui ait fait sanctionner ce procédé par une abdication formelle. » (Edit. du *Liber Pontificalis*, 5e fasc., p. 271.)

(2) Damberg, *Synchron. Gesch.*, t. VI, 324.

de travailler de toutes ses forces à relever l'autorité morale et sociale du Saint-Siège. Il ne pouvait donc qu'applaudir des deux mains à l'élévation de Clément qui commença par rassembler un concile (1) pour flétrir la simonie; essai bien timide encore de répression, mais qui, en découvrant par sa timidité même la profondeur du mal et la difficulté du remède, indiquait au moins le chemin qu'il fallait prendre et la grande lutte qui allait s'engager.

Cependant depuis l'année 1030, c'est-à-dire depuis la grande famine, Odilon voyait décliner ses forces. Il sentait toujours de plus en plus s'accumuler le poids des ans. Selon toute apparence, la vue de l'immense détresse de cette année, les combats incessants qu'il avait dû engager pour l'indépendance de son monastère, ses voyages multipliés, les grandes fatigues de sa charge, tout cela avait fortement ébranlé sa santé déjà si chancelante, et il en était résulté pour le saint abbé de cruelles et continuelles souffrances. Vers l'an 1047, environ deux ans avant son bienheureux trépas, il y eut recrudescence de ces infirmités et de ces souffrances. Odilon crut que sa dernière heure allait sonner; et comme il avait toujours ardemment souhaité de rendre le dernier soupir à Rome, aux pieds des saints apôtres Pierre et Paul, par un prodige d'énergie, il entreprit, malade et mourant, le pèlerinage de la ville éternelle. C'était au printemps ou au commencement de l'été de cette même année 1047. Odilon descendit une dernière fois les rampes escarpées des Alpes qui pour la neuvième fois s'aplanissaient sous ses pas. Il revit la riche et vaste plaine qui lui semblait plus belle à mesure qu'il avançait dans son voyage.

(1) HÉFÉLÉ, *ouvr. cité*, t. VI, p. 290.

L'Auvergne avait nourri son enfance; Cluny, la Bourgogne et la Flandre avaient emporté les plus belles années de sa maturité, mais Rome était le centre où l'avait sans cesse ramené l'ardeur de sa foi. Nous avons dit la grande dévotion des abbés de Cluny pour le tombeau des Saints Apôtres; Odilon les surpassa tous sur ce point. Autrefois déjà il était allé à Rome; il veut y retourner une dernière fois pour y mourir. Mourir au centre de la catholicité, reposer auprès des glorieux témoins de Jésus-Christ, c'était le rêve héroïque de sa grande âme. Mais, comme le remarque saint Pierre Damien, les voies de l'homme ne sont pas en sa puissance; l'événement trompa l'espoir du vénérable abbé. Il demeura quatre mois à Rome, au couvent du mont Aventin (1) où il avait été reçu avec une immense joie par tous ses frères, retenu au lit ou du moins à la chambre par la rigueur de la maladie que les fatigues du voyage avaient encore aggravée. Le bruit de son arrivée s'était répandu dans toute la ville; bientôt l'homme de Dieu y était devenu l'objet d'une grande vénération et avait conquis dans tous les cœurs les plus profondes sympathies. Durant ce temps, il reçut fréquemment la visite du pape Clément II, qui le vénérait et le chérissait comme un père et comme un frère. Les moines et les clercs de la ville de Rome se succédaient sans relâche auprès de sa pauvre couche; car chacun le tenait pour un saint, et le rayonnement de sa sainteté paraissait d'autant plus que l'enveloppe du corps s'usait davantage. Le plus assidu auprès du vénérable abbé était assurément l'archevêque d'Amalfi,

(1) Albéric, patrice des Romains, avait donné à saint Odon sa maison sur l'Aventin pour que l'abbé en fît un monastère. (*Historiæ Farfensis Hugonis Opuscula*, c. vii, dans *Monum. Germaniæ historica Scriptorum*, t. IX, p. 536.)

Laurent, dont l'âme était soudée à la sienne comme l'âme de Jonathas à celle de David (1). On aurait cru vraiment que l'abbé de Cluny n'était venu à Rome que pour y recueillir d'avance quelque chose de l'honneur qu'on rend aux saints que l'Eglise a déjà placés sur ses autels. On voyait encore aux côtés de notre saint abbé un élève du très savant archevêque, qui, lui aussi, était lié avec Odilon d'une sainte et tendre amitié : c'était Hildebrand (2), qui deviendra plus tard le grand pape saint Grégoire VII. Fils d'un charpentier toscan, Bonizo, Hildebrand fut confié dès son enfance à son oncle, que son mérite et sa vertu avaient fait élever à la dignité abbatiale au monastère de Notre-Dame du mont Aventin. C'est là que le jeune Hildebrand, accueilli sous les deux ailes de la religion et de la famille associées ensemble, fit cette première éducation du cœur et de l'intelligence qui donne le pli à toute la vie.

Sous la pieuse et intelligente direction de son oncle, le jeune homme fit de rapides progrès dans la science et la vertu. Les lettres d'Hildebrand devenu le pape Grégoire VII nous dévoilent tout l'intérieur de ce cloître du mont Aventin, si rempli de douceurs profondes et si embaumé des plus beaux parfums de la vie religieuse. C'est là, dans ce même cloître vénérable, qu'un siècle ou deux plus tard, saint Dominique de Guzman et saint François d'Assise, et, de ces deux patriarches, leurs deux fils, Thomas d'Aquin, le poète de l'Eucharistie, Bonaventure, le chantre séraphique de la Vierge, viendront se donner le baiser mystique (3).

(1) JOTSALD, I, 14.
(2) Sur la date de la naissance, sur la patrie, la famille, le nom de Hildebrand, voir Delarc, *saint Grégoire VII et la réforme de l'Eglise au XIe siècle*, t. I, appendix A, p. 393.
(3) C'est là aussi que le R. P. Lacordaire, novice, a écrit la *Vie de*

Le jeune Hildebrand y avait fait profession de la vie monastique sous la règle bénédictine (1). C'est là que l'abbé de Cluny l'avait connu tout enfant. Il avait remarqué ce jeune moine si réfléchi, si vif et si pieux; et ces deux âmes s'inclinaient l'une vers l'autre dans l'amour unissant de Dieu. Le saint devinait le saint. Certains prodiges avaient attiré l'attention d'Odilon sur l'aimable adolescent. Voyant un jour des étincelles jaillir de ses vêtements, et une autre fois une flamme brillante environner sa tête, le saint avait répété la parole évangélique : « Cet enfant sera grand devant le Seigneur. » Toutefois, les leçons de l'oncle ne suffisant plus à l'esprit supérieur de son neveu, il fallut trouver au jeune Hildebrand un maître digne de sa prédestination. Près de la porte Latine, joignant au lieu que l'apôtre de la théologie et de l'amour a sanctifié par son martyre, on se montrait, à Rome, un archiprêtré modeste par le renom, éminent par le savoir dans les choses de Dieu. Deux hommes y brillaient entre les autres : Gratien, l'archiprêtre, profondément versé dans les traditions, les rites et les mœurs de l'Eglise, et le professeur Laurent, archevêque d'Amalfi, retenu à Rome et attiré près de Saint-Jean par Gratien (2),

---

saint Dominique et jeté les fondements du rétablissement en France de l'ordre des Frères prêcheurs.

(1) P. Bernried, dans Watterich, *Pontificum romanorum vitæ*, t. I, p. 477 ; cf. Bolland., 316.

(2) *Vita sancti Odilonis*, P. Damian.; Migne, *Patrol. lat.*, CXLIV, col. 993 ; Mansi, *Concil.*, t. XIX, col. 610 et suiv. — Paul Bernried (*Vita*, cap. 1) dit expressément qu'après sa première éducation par son oncle, au mont Aventin, Hildebrand, « devenu adolescent, voulant dompter les tentations de la chair par la fatigue des voyages et par l'étude, partit pour la France », et qu'il ne revint à Rome qu'au bout de quelques années, et des auteurs en ont conclu qu'Hildebrand avait séjourné à Cluny pendant cette première absence. (Cf. Mabillon, *Acta SS., Ord. Bened.*, t. IX, p. 407 ; Davin, *S. Grég. VII*, p. 39 ; Montalembert, ouvr. cité, t. VI, p. 372.) Mais Bernried ne dit pas

« digne hôte d'une telle demeure ». Hildebrand fut livré à ces deux maîtres. L'archiprêtre de Saint-Jean-Porte-Latine prit le jeune homme en affection : il l'attacha au clergé de sa paroisse cardinalice, et le conserva comme secrétaire, lorsqu'après l'abdication de Benoît IX, il fut promu au souverain pontificat.

Cependant, après quatre mois écoulés, Odilon, contre son espérance, se trouva, sinon complètement guéri, du moins hors de danger. La volonté de Dieu bien manifeste était qu'il retournât en France. Notre saint s'y soumit de bon cœur. Plein de confiance en l'intercession des saints apôtres, fortifié par la bénédiction du vicaire de Jésus-Christ, il repassa les Alpes, reprit la route de Cluny et rentra auprès de ses enfants qui l'accueillirent avec d'indicibles transports de joie, car ils ne comptaient plus le revoir (1).

Dieu avait suscité Odilon pour préparer l'éclatant apogée de Cluny. Cette grande vie touchait à son déclin. Dieu ne la laissa pas s'éteindre sans avoir amené à son serviteur les hommes providentiels qui devaient continuer l'œuvre commencée, et donner à Cluny un lustre impérissable.

C'était en l'an 1039. Un jeune seigneur d'une quinzaine d'années, d'une des plus illustres familles de Bourgogne, venait frapper à la porte de Cluny et demander à Odilon l'habit monastique : il se nommait Hugues de Semur. Son père, Dalmace, possesseur du château et de la seigneurie de Semur en Brionnais par la ligne paternelle, était issu des puissants ducs d'Aquitaine, comtes de Poitou, et du côté maternel il descendait des comtes de Chalon-sur-Saône, et de la

---

explicitement qu'il soit allé à Cluny à cette époque, et la question n'a jamais été résolue. (Cf. DELARC, ouvr. cité, t. I, p. 8, note 4.)

(1) JOTSALD, I, 14.

maison de Vermandois (1). Le jeune seigneur de Semur avait eu à surmonter bien des difficultés pour répondre à l'appel de Dieu ; son père, qui ne rêvait pour lui que la gloire des armes, s'était violemment opposé à une vocation qui, dès le berceau, l'attirait au sanctuaire. Secondé par sa pieuse mère, Aremberge de Vergy, qui avait eu révélation de ses grandes destinées, Hugues triompha de la résistance paternelle, et, victorieux du monde et de lui-même, il se rendit à Chalon-sur-Saône auprès de son oncle maternel, Hugues, évêque et comte de Châlon, et de là au prieuré de Saint-Marcel, pour y suivre les leçons de l'école monastique. Quelque temps après, Hugues de Semur venait se jeter aux pieds de notre saint abbé. Au moment où il franchissait le seuil de Cluny, un des saints moines de l'abbaye, éclairé d'une lumière prophétique, s'écria : « Oh! quel trésor Cluny vient de recevoir! » C'était, en effet, un rare trésor que ce jeune homme, prématurément aguerri dans les combats du Seigneur. Odilon l'eut bien vite apprécié. Reconnaissant dans Hugues de Semur le signe de l'élection divine, il n'hésita pas à l'élever, de préférence à tant de vétérans de l'Ordre, malgré son extrême jeunesse, à la dignité de grand prieur, et cette promotion n'excita aucun murmure, tant le choix du saint se justifiait par lui-même.

Il y a lieu d'admirer ici la réserve du saint abbé. Il eût pu, suivant la coutume suivie par ses prédécesseurs, notamment par saint Mayeul vis-à-vis de lui-même, conférer à Hugues la dignité abbatiale. Il ne le fit pas, soit par défiance de lui-même, soit pour rentrer dans les termes de la règle bénédictine, soit pour conserver

---

(1) Cf. Dom L'Huillier, *Vie de saint Hugues*, p. 2.

à ses religieux une liberté plus entière. Mais, quel qu'ait été le motif qui ait surtout déterminé Odilon, il n'en met pas moins en relief sa prudente réserve et son admirable modestie.

Dieu réservait à Cluny une gloire plus grande encore, la gloire de préparer à l'Eglise deux des plus grands papes qui aient illustré la chaire de saint Pierre : saint Grégoire VII et saint Urbain II.

Nous avons mentionné, parmi les plus intimes amis de saint Odilon, un jeune moine du monastère de Sainte-Marie sur l'Aventin : c'était Hildebrand. Jean Gratien, l'ancien archiprêtre de Saint-Jean-Porte-Latine, devenu pape sous le nom de Grégoire VI, avait eu occasion d'apprécier ses belles qualités, et, l'ayant arraché malgré lui à la paix du cloître, l'avait attaché à sa personne à titre de clerc ou de chapelain. Lorsque Henri III emmena au delà des Alpes le pontife déposé, Hildebrand ne fut pas ingrat. Il voulut témoigner son affection et sa reconnaissance au vieillard et partagea son exil (1). Se retira-t-il à Cluny avec le vénérable proscrit ? Question fort débattue et restée toujours obscure. Selon Bonizo, Grégoire serait mort presque dès son arrivée sur les bords du Rhin (2). Nul ne connaît sa tombe. Après

---

(1) Cf. Jaffé, *Mon. Greg.*, p. 603 ; *Regist.*, VII, 14 ; Delarc, ouv. cité, t. I, p. 37. — Nous n'avons que des renseignements incomplets sur la vie de Hildebrand, depuis ce départ de l'Italie avec l'ancien pape Grégoire VI, au mois de mai 1047, jusqu'à son retour à Rome avec Léon IX, en février 1049. — Voir Bonitho, dans Jaffé, *Monum. Greg.*, p. 630 ; cf. Gfrörer, *Pabst Gregorius VII*, t. I.

(2) Une phrase de la correspondance de Grégoire VII a fait supposer que, par ces bords du Rhin dont parle Bonitho, il faut surtout entendre Cologne. (*Registri*, I, 79 : *Monumenta Gregoriana*, 1865, p. 99.) — Le chroniqueur ne donne pas la date de la mort de Grégoire VI, mais tout porte à croire qu'il mourut dans les premiers mois de 1048, car il vivait encore lorsque, à la Noël de 1047, se fit l'élection de Donat II ; mais il n'est plus question de lui à partir de cette époque. (Cf. Delarc, ouvr. cité, t. I, p. 42.) — Il n'est donc pas

l'avoir enseveli, Hildebrand vint à Cluny auprès d'Odilon qu'il chérissait tendrement. Il y reçut *société* et y vécut avec bonheur de la vie clunisienne (1), se préparant par la discipline monastique aux éclatantes destinées et aux grandes épreuves que la Providence lui réservait. Cœur aux affections vives, il se lia avec le prieur Hugues d'une amitié qui ne se démentit jamais. En ce moment, Cluny était devenu comme la capitale du monde chrétien. Odilon, ce grand réformateur de l'Ordre de Saint-Benoît, voyait les principaux monastères de l'Italie et des Gaules, toutes les lumières et toutes les forces morales de l'Europe, soumises à son humble crosse. Cette crosse, elle n'avait été portée jusque-là que par des saints, et il n'y avait pas de sceptres de rois ou d'empereurs qu'elle n'eût vus inclinés devant elle. A cette époque, saint Odilon était recherché des Sanche, des Ramire, des Garcias d'Espagne et des

vrai, comme l'affirment Darras (*Hist. gén. de l'Egl.*, t. XXI, p. 17) et d'autres auteurs, qu'après son abdication volontaire au concile de Sutri, Grégoire VI alla s'enfermer au monastère de Cluny.

(1) Une tradition, insérée dans la légende du Bréviaire romain, rapporte qu'Hildebrand a été prieur de Cluny; cette tradition est erronée; elle vient peut-être de cette supposition qu'Hildebrand aurait vécu assez longtemps à Cluny ; mais, d'une part, on n'a aucune certitude qu'Hildebrand soit venu à Cluny après sa première éducation au mont Aventin (voir plus haut, p. 737); d'autre part, il ne passa guère à Cluny que trois ou quatre mois en 1048. Otto de Freising et Dandolo se trompent également lorsqu'ils prétendent qu'Hildebrand a été prieur de Cluny. Il n'aurait pu l'être que sous saint Odilon, qui fut abbé de Cluny de 995 à 1049, car à cette dernière date Hildebrand rentra à Rome avec le pape Léon IX pour consacrer le reste de sa vie au service de la papauté. Mais Mabillon a donné la liste complète des prieurs de Cluny pendant que saint Odilon était abbé du monastère, et le nom d'Hildebrand ne s'y trouve pas. Mabillon pense que l'erreur des historiens provient de ce qu'un autre Hildebrand a été prieur de Cluny du vivant de saint Odon. (MABILLON, *Annal.*, lib. LVIII, § 113; cf. DELARC, ouvr. cité, t. I, p. xxxvi, 45 ; dom L'HUILLIER, *Vie de S. Hugues*, p. 41, et la note du chap. III, p. 44-49.)

Etienne de Hongrie, comme des Capet de France et des césars saxons ou franconiens de Germanie. Il donnait la tonsure à Casimir, fils du roi de Pologne, que l'obéissance allait faire monter sur un trône des degrés duquel l'humilité l'avait fait descendre. Son successeur, saint Hugues, allait tenir sur les fonts du baptême le fils de l'empereur Henri III, le trop célèbre Henri IV. Le pape offrait à Odilon la primatie et la principauté de Lyon qu'il refusait (1), et, dans une chaude et noble lettre, l'Abbé l'emportait sur le souverain Pontife. Odilon était connu dans le monde sous le nom de la Vierge de cent ans. Il instituait la Trêve de Dieu pour les vivants et l'anniversaire de la Commémoraison des morts : et l'Etat et l'Eglise s'empressaient à l'envi de réaliser dans le monde les pensées de sa grande âme : rétablir la ferveur monastique, amener le monde entier aux pieds de la papauté et restaurer sur la terre le règne du Christ. Tel était Cluny quand Hildebrand y vint. Toutes les affaires européennes y passaient entre les mains d'un aréopage de saints ; c'était tout ensemble un cloître et une cour ; et tout s'y administrait dans la justice et la paix; on pouvait dire que c'était comme une image du ciel dans une oasis de la terre.

Vers la même époque se présentait à Cluny un ancien élève de saint Bruno à Reims, chanoine comme lui de cette antique et illustre église, dont il est comme la fleur par son âge, par sa noblesse et par sa vertu : c'est Odon de Châtillon (2). C'était le futur Urbain II

---

(1) Voir plus haut, chap. xxix.

(2) Ainsi nommé du lieu de sa naissance. Son vrai nom est Eudes ou Odon de Lagery : « Urbanus, non e gente Castillonea, quod multi hactenus tradiderunt, sed ex oppido ejusdem nominis prodiit, patre milite, domino de Lageriaco (Hug. S.-Vict. d'Albéric. *Chronicon*. Pertz, *SS. RR. Germanic.*, T. XXIII, p. 801 ; Cf. H. Jadart, dans

qui allait se rencontrer avec le futur Grégoire VII sous les arceaux du cloître clunisien, dont les charmes austères avaient captivé de bonne heure son cœur innocent, et contracter avec lui une de ces amitiés qui sont l'honneur et la force de l'Eglise.

Quel spectacle offre Cluny à ce moment de son histoire! A sa tête saint Odilon, doublement vénérable par son âge et sa vertu consommée; auprès de lui saint Hugues, occupé sans relâche aux œuvres de charité et de prière et se formant à lui succéder; à la tête du noviciat, un homme que sa régularité, sa modestie et sa science font admirer de tous, Pierre, qui sera plus tard abbé de la Cava et évêque de Policastro, en Italie, honoré de la confiance et entouré des respects d'Urbain II (1); dans les rangs des moines, Grégoire VII et le bienheureux Urbain II, vivant au milieu des grandes traditions de la pénitence et de la prière et se préparant, par la pratique de l'obéissance religieuse, à servir avec une ardeur merveilleuse les grands intérêts et le progrès de la sainte Église. L'avenir de l'Église, l'espoir de la chrétienté, mûrissait lentement sous les yeux et par les soins d'Odilon. Cluny était donc la plus belle école de sainteté, de science et d'honneur qui existât alors dans l'univers. L'Europe allait chercher dans ce cloître des évêques pour les grandes églises et des prieurs pour les grands monastères; c'est là

Travaux de l'Académie de Reims, L. LXIV, note sur les œuvres de Gui de Bazoches, par le comte RIANT, Paris, 1877, in-8.

(1) Citons encore Estienne, qui reçut l'habit monastique des mains de saint Odilon, et qui fut créé cardinal en 1050 par le pape saint Léon IX. Il fut surnommé le Défenseur de l'Eglise romaine, « parce qu'il avoit toujours maintenu ses droicts au péril de son honneur et de sa vie, et qu'il avoit tasché d'en accroître la grandeur par ses sainctes actions » (François DUCHESNE, *Histoire des cardinaux français de naissance*, p. 29, Paris, 1660. Cf. S. Petr. DAMIAN., *Opera omnia*, T. I, col. 419; *Epist.* xxix, *ad Stephanum monachum*).

que se recrutait le collège des cardinaux et que se formaient les papes ; là que s'élaborait la réforme de l'ordre ecclésiastique, là enfin qu'on apprenait à gouverner le monde. Mais qu'est-ce que l'art de gouverner le monde, sinon celui de se gouverner soi-même en s'oubliant pour Dieu et pour le prochain ? Odilon avait pratiqué cet art avec une application, un zèle, une persévérance qui, après en avoir fait un saint, l'avaient rendu merveilleusement propre à la sanctification des autres.

CHAPITRE XXXIII

DERNIÈRES ANNÉES, MALADIE ET MORT D'ODILON

(1047-1049)

Après son retour de Rome, Odilon séjourna environ une année entière à Cluny, mais croire que le saint abbé va profiter de ce temps que la bonté de Dieu lui laisse encore pour se reposer et ménager ses forces épuisées serait bien mal connaître les saints. Durant cette dernière année de sa vie, nous dit Jotsald (1), il affligea son corps exténué par le jeûne, la prière et les veilles, autant que ses infirmités le lui permettaient. Il multipliait, soit en particulier, soit en public, ses exhortations les plus touchantes à ses frères soit du monastère, soit du dehors ; à tous, il annonçait sa fin prochaine. Chacun recevait ses avis comme on écoute les paroles, toujours plus sacrées, d'un père qui va mourir. Il soupirait après la dissolution de son corps afin d'aller se réunir à son Dieu. Il disait avec le saint Roi-Prophète : « Hélas ! mon exil s'est prolongé. J'ai demeuré avec les habitants

(1) Lib. I, cap. xiv.

de Cédar ; mon âme a été longtemps exilée » (Is., 119, 5), ou avec saint Paul : « Ma vie, c'est Jésus-Christ et la mort m'est un gain » (Philipp., 1, 21). Il déplorait profondément la dépravation des hommes, dont il avait le spectacle sous ses yeux. Il se sentait comme étranger sur la terre. Ses contemporains, et parmi eux quelques-uns de beaucoup plus jeunes que lui, l'avaient précédé dans la tombe ; seul il était forcé de rester en arrière. Déjà Guillaume, abbé de Saint-Bénigne, était mort le 1er janvier 1031 ; Richard, abbé de Saint-Vannes, le 14 juin 1046 ; le pape Clément II avait été enlevé à l'Église, dont il était la joie et l'espérance, après un pontificat de deux années, le 9 octobre 1047. L'année 1048 avait vu s'éteindre d'autres personnages également de ses amis, le pape Grégoire VI ; Poppo, abbé de Stavelot, le 25 janvier ; Wazo, évêque de Liège, le 8 juillet ; Olbert, abbé de Gembloux, le 14 juillet ; Ysarn, abbé de Saint-Victor, de Marseille, le 24 septembre. On ne doit donc pas s'étonner si le cœur du saint abbé souffrait de se voir dans l'isolement, privé qu'il était d'amis si précieux et si sûrs. Mais il se demandait si cette même année ne serait pas pour lui aussi l'année de sa délivrance ?

N'écoutant que son zèle, il déclara à la communauté clunisienne qu'il avait résolu de visiter ses différents monastères ; il voulait tout régler avant son départ de cette terre ; il voulait revoir une dernière fois tous ses enfants, les exciter par ses avis paternels à une plus grande perfection, et attendre lui-même, en s'y préparant avec soin, le jour où le Seigneur l'appellerait à lui. Sur la fin de l'année, vers la mi-octobre 1048, il quitta Cluny, ce Cluny qu'il avait réédifié magnifiquement, qu'il avait, pendant près de soixante ans, rempli de la suave odeur de ses vertus et de ses œuvres miraculeuses. Le saint abbé ne devait plus y rentrer.

Il prit la route du prieuré de Souvigny où quelqu'un semblait l'attendre : c'était son père, saint Mayeul. Dieu lui avait-il laissé entrevoir que là devait être le lieu de son repos suprême ?

Quoi qu'il en soit, en même temps qu'Odilon s'acheminait vers le Bourbonnais, Hugues de Semur quittait momentanément Cluny pour aller, de la part de notre saint abbé, apaiser le ressentiment d'Henri III, roi de Germanie, contre le prieur clunisien de Payerne, dont les procédés l'avaient choqué. Il s'agissait des droits régaliens, dont Henri avait reçu l'héritage de ses prédécesseurs. Pour faire rentrer ce florissant prieuré en grâce auprès de l'empereur, l'abbé de Cluny avait envoyé son grand prieur lui-même, et Hugues s'était mis en route pour aller trouver Henri III à Worms. Sa mission eut un plein succès. Henri faisait remise au vénérable abbé de Cluny et à ses successeurs des droits qu'il tenait par actes impériaux et royaux sur tout le royaume de Bourgogne et sur une partie des possessions italiennes de Cluny. L'empereur rendit ses bonnes grâces aux moines, et Hugues revint chargé des présents du monarque pour le vénérable Odilon. Hélas ! il n'avait pas eu la joie ni la consolation de le revoir : le saint abbé venait de rendre son âme à Dieu.

Saint Odilon arriva donc à Souvigny vers la mi-octobre 1048, le corps défaillant, mais l'âme encore maîtresse d'elle-même. A l'approche de la fête de Noël, il voulut faire des prédications au peuple et lui annoncer les joies de cette solennité : ses forces le trahirent ; un certain jour, on fut obligé de l'emporter dans sa cellule, et tout espoir de le sauver se trouva

perdu. Le vénérable Père reçut des mains de ses religieux l'Extrême-Onction et le saint Viatique. Il donna ensuite à tous le baiser de paix, et prit dans ses mains tremblantes un crucifix qu'il couvrit de baisers et interpella par les invocations les plus touchantes :
« O Seigneur Jésus, s'écrie ici le biographe, quels
« furent alors ses soupirs et ses gémissements! Avec
« quelle ferveur il confessa ses péchés, glorifia votre
« majesté, invoqua votre saint nom et médita les
« mystères de votre passion et de votre rédemption !
« Ses yeux, attentifs et pleins de larmes, contemplaient
« avec compassion votre image comme s'il vous eût vu
« de nouveau mourir sur la croix. Il était en quelque
« sorte suspendu à vos plaies avec Marie votre mère,
« et le glaive d'une vive componction transperçait son
« âme. » A ce moment, il eut comme la vision de l'antique ennemi du genre humain, du diable qui cherchait à lui livrer un dernier assaut. La croix à la main, il l'apostropha d'une voix formidable : « Serpent
« maudit, par la vertu de la croix de mon Sauveur,
« éloigne-toi ! Je ne te crains pas. La croix est pour
« toi la mort ; pour moi, elle est la vie ! C'est en la
« baisant que je veux rendre mon dernier soupir. »
Cependant la crise passa et le saint revint un peu à lui-même.

La veille de Noël, il se fit porter au milieu des frères, dans la salle du Chapitre. « Après qu'on eut
« chanté l'annonce du grand jour de la Nativité, il
« voulut se mettre à genoux et resta quelque temps
« en adoration. Puis, se relevant, ajoute le biographe,
« avec un accent de douceur incomparable et une
« sérénité toute céleste il nous entretint des joies de
« Noël et s'efforça de calmer la douleur que nous
« éprouvions de sa mort prochaine. Sa faiblesse et son

« épuisement ne lui permirent pas d'assister aux
« offices de la nuit sainte dans la grande église du
« monastère ; il resta avec quelques-uns de ses reli-
« gieux dans un oratoire dédié à la sainte Vierge,
« récita à haute voix toute la psalmodie, célébra tous
« les offices du jour, oubliant ainsi ses infirmités cor-
« porelles. Il soupirait vers le Seigneur, l'appelant de
« tous ses vœux, et désirant le contempler non plus à
« travers un miroir et des voiles, mais face à face et à
« découvert. Il craignait surtout de ne pas être trouvé
« suffisamment préparé au moment de l'appel du
« Seigneur. Le lendemain et tous les jours de l'octave,
« il se fit porter à l'église pour assister aux messes et
« à chacune des heures canoniales. Chaque matin il
« communiait avec une ferveur toujours croissante.
« Enfin il nous prédit que Dieu le rappellerait de ce
« monde en la fête de la Circoncision. « C'est à pareil
« jour, dit-il, que mourut Guillaume, abbé de Dijon,
« l'ami de ma jeunesse, le modèle précieux de ma
« vie. » Il avait demandé cette grâce par dévotion
« pour le sang du Sauveur, dont les prémices furent
« versées dans la Circoncision. »

Durant la journée, Odilon, autant que le permettait sa faiblesse, s'intéressait aux occupations de sa charge. Il ne prenait presque plus de nourriture ni boisson ; son seul aliment était l'Eucharistie. Avec une lucidité d'esprit admirable, il donnait ses instructions sur chaque chose, et réglait, le sourire sur les lèvres, les détails même de sa sépulture. La fin de décembre s'écoula ainsi, et on vit luire la fête si anxieusement attendue de la Circoncision de Notre-Seigneur.

Au point du jour, le vénérable malade fut repris de vives douleurs ; il demanda à recevoir le mystère du corps et du sang de Jésus-Christ, et récita devant la croix qu'il tenait entre ses mains le Symbole des apôtres. Tous les frères s'approchèrent de lui tour à tour : il les bénissait et leur recommandait la fidélité à leur vocation sainte. On le consulta sur le choix d'un successeur : « J'en laisse le soin, répondit-il, à la Providence de Dieu et aux suffrages des frères. » A l'heure des vêpres, il se fit porter sur son lit à l'église, devant le maître autel. Chose incroyable ! Il entonna lui-même les psaumes et suivit toute la psalmodie d'une voix mourante. Un tel spectacle émut tellement les religieux qu'il se produisit quelques incorrections dans les cérémonies et dans le chant : l'héroïque abbé les signalait sur-le-champ et les faisait réparer. L'office terminé, il donna le signal ordinaire pour sortir du chœur. Tous défilèrent devant lui, et il resta quelque temps encore en oraison. Après quoi il se fit reporter dans sa cellule, et demanda ce que faisait la communauté. La nuit approchait ; c'était un samedi, et, d'après les coutumes, on devait procéder en ce moment à la cérémonie hebdomadaire du *mandatum* ou lavement des pieds. Le vénérable Abbé craignait qu'à cause de lui la cérémonie ne fût retardée.

Il était dans cette préoccupation d'esprit, lorsqu'une syncope se déclara. Les frères le soutinrent pendant qu'en toute hâte on étendit par terre un cilice qu'on recouvrit de cendres. Le corps du saint y fut déposé. Après un temps qui parut bien long, il reprit connaissance. « Où suis-je ? » demanda-t-il. — Père, lui répondit-on, vous êtes sur la cendre et le cilice ! — « *Deo gratias !* » s'écria-t-il. Puis il demanda si tous les écoliers du monastère et toute la communauté étaient présents. On lui répondit que tous étaient là ; il dirigea alors un regard suprême sur la croix et prononça une dernière prière qui expira sur ses lèvres. Sans secousse, sans agonie, ses yeux se fermèrent doucement et il s'endormit dans la paix (1). Il était âgé de quatre-vingt-sept ans, et il avait gouverné pendant cinquante-cinq ans l'abbaye de Cluny.

Ceux des frères qu'il avait lui-même désignés lavèrent le corps, l'entourèrent d'aromates, le revêtirent de sa pauvre robe de moine, le placèrent sur le *gestatorium* dont il se servait dans sa vieillesse et le portèrent ainsi à l'église, devant le maître autel. Il y resta exposé durant trois jours, au milieu d'une foule immense accourue de toutes parts pour contempler ses traits une dernière fois. Le concours fut tel, pour les funérailles, qu'on eût dit que la population de toutes les provinces voisines s'y étaient donné rendez-vous. Les larmes coulaient de tous les yeux, et pourtant une joie surnaturelle se faisait jour au travers des lamentations et des sanglots. Dans celui qu'on pleurait on vénérait un père, un protecteur, un saint. Le corps, porté par les religieux, fut déposé dans un sépulcre creusé dans le roc vif, préparé

---

(1) Ms. latin 711 de la Bibl. nat., fol. 90 (sæc. XI), Biblioth. de la reine de Suède, manuscrit 493 (sæc. XII).
Cf. Jotsald, cap. 1, n° 14.
On lit dans le *Martyrologe romain*, 1er janvier :
On trouve à peu près la même chose dans Constantin Ghinius, Hugues Ménard et d'autres encore. Mais Maruli, Arnold Wion, Philippe Ferrari, Belin (édit. de Paris) et un grand nombre d'écrivains prétendent qu'il mourut le 31 décembre. Saint Pierre Damien est favorable à leur opinion, car il dit que sa mort arriva dans la dernière nuit de l'année 1048, à moins que, selon l'ancien usage gaulois, on ne fasse commencer l'année à la fête de Pâques. L'ordre de Cluny l'honore le 2 janvier. Maruli, Galesini, Usuard (édit. de Paris 1536, et de Cologne 1490), ainsi que Molanus le placent au 2 janvier. Ce dernier dit, 2 janvier : « A Souvigny, saint Odilon, abbé, dont la fête, quoique placée au 1er janvier, se célèbre ici le 2 seulement. » Ainsi parlent encore le *Martyrologe* d'Allemagne et d'autres. Certains l'appellent Odon, d'autres Odilus. (Cf. chap. 1er, p. 25, note 2 ; *Acta SS.*, t. I, januar.)

à l'intérieur de l'église, auprès du tombeau de saint Mayeul (1).

« Et maintenant, ajoute Jotsald, Seigneur Jésus, nous vous recommandons l'âme de celui dont le corps nous a été ravi par le tombeau. Nous vous rendons grâces de nous avoir donné un tel père, et toutefois nous pleurons parce que nous l'avons perdu. Nous n'avons pas le courage de supporter son absence; une pensée d'espérance nous console : il est avec vous, Seigneur. Comment n'y serait-il pas, lui qui, durant toute sa vie, se tint uni à vous? Jamais quelqu'un vous a-t-il plus aimé ? Qui plus que lui s'est dépensé pour votre gloire ? S'il n'a pas versé son sang pour votre cause, l'occasion lui a manqué, non le courage. Que de travaux entrepris, que de fatigues supportées! Que de tribulations endurées pour votre nom sacré! Seigneur Jésus, la vertu et la grâce qui brillèrent en lui furent à la fois vôtres et siennes : vôtres par un don de votre miséricorde, siennes par sa correspondance et sa fidélité. Votre grâce a précédé; ses œuvres ont suivi. Refuge des âmes saintes, Seigneur Jésus-Christ, Fils de Dieu, soyez pour lui l'éternelle récompense, le consolateur suprême, ô vous qui vivez à toujours. Amen. »

---

(1) On voyait encore ce tombeau au XVIIe siècle, bien que, depuis de longues années, ses restes précieux en aient été retirés pour être exposés sur les autels à la vénération publique. (MABILLON, *Elogium.*)

CHAPITRE XXXIV

PORTRAIT DE SAINT ODILON

Arrivé au terme de cette vie extraordinaire, une des plus saintement fécondes qui aient jamais existé, il nous reste à contempler une dernière fois, et dans l'ensemble de ses traits vénérés, la grande figure de saint Odilon. Jotsald, plus autorisé que personne pour transmettre à la postérité l'image authentique de son père bien-aimé, nous a laissé du saint abbé ce vivant portrait.

Au physique, Odilon était de taille moyenne. En son adolescence, il avait été d'une beauté remarquable (1). Son corps était très amaigri. Plus tard, la pâleur altéra la fraîcheur de ses traits dans lesquels se peignait la sérénité d'une belle âme, sans leur enlever cette finesse qui laisse deviner, avec une noble origine, une exquise pureté de vie; les lignes régulières de sa physionomie ressortaient mieux encore sous l'empreinte profonde des austérités et parmi ces rayonnements que l'amour de Dieu projetait jusque sur son visage exténué. Son

---

(1) Jotsald, I, 2, 5.

visage était plein d'autorité et de grâce, de douceur et de gaieté pour les hommes doux et humbles, mais il devenait terrible pour les orgueilleux et les méchants, à ce point qu'à peine pouvait-on soutenir son regard. En le voyant, on était saisi d'un respect qui allait jusqu'au tremblement, et cependant on sentait en lui une infinie mansuétude. Ses yeux avaient un éclat particulier; on eût dit qu'ils pénétraient jusqu'au fond des cœurs, et néanmoins ils étaient presque toujours humides des larmes que la componction lui faisait répandre(1). L'extérieur du saint abbé reflétait admirablement l'harmonie qui régnait entre les facultés de son âme. Dans toute son attitude, dans sa démarche, dans ses moindres gestes, on lisait la tranquillité d'une âme qui possède son Dieu et qui se possède elle-même. Paraissait-il quelque part, sa rencontre était comme un rayon de bonheur qui portait la joie dans les âmes. Sa conversation était pleine de grâce et de suavité; ses paroles, d'un admirable à-propos. Sa voix, d'une beauté remarquable et d'un timbre viril, avait des modulations d'une suave sonorité qui charmaient les auditeurs. Un historien les compare aux vibrations de la cloche qui se fait entendre au loin sans cesser d'être harmonieuse. Il parlait avec aisance et facilité, et il savait s'accommoder à tous les sujets qu'il était appelé à traiter. Et cet extérieur si bien ordonné n'avait rien de dissimulé, rien d'affecté; tout y était simple et naturel. Nul ne pouvait voir Odilon sans être frappé par ses manières où, à l'extrême simplicité, s'unissait la distinction du grand seigneur. Seules, les natures supérieures savent combiner des choses si différentes pour produire un mélange parfait.

(1) JOTSALD, I, 5.

Nous n'avons pas la prétention de donner une idée complète de la beauté morale d'Odilon. Cette beauté ressort suffisamment de la vie tout entière de notre saint abbé et du rayonnement de sainteté qui enveloppe toute sa personne. Qu'il nous soit permis cependant de dégager les principaux traits qui la caractérisent : la bonté de l'homme, le zèle du prêtre et du réformateur, l'humilité, la pureté et la mortification du moine, la piété du saint et ses dévotions préférées.

L'impression dominante causée par la personne du saint abbé était celle d'une exquise et extraordinaire bonté, c'est-à-dire ce qu'il y a de plus haut dans le cœur et qui se rapproche le plus de Dieu : « Dieu, dit Bossuet, lorsqu'il forma le cœur et les entrailles de l'homme, y mit premièrement la bonté, comme le propre caractère de la nature divine. » Cela est absolument vrai de notre saint abbé. Dans toute âme, il y a un rayon de bonté, sans quoi elle ne ressemblerait pas à Dieu. En saint Odilon, la bonté était sans réserves et sans limites ; elle dominait tous les autres sentiments ; elle faisait le fond de son cœur avec un trait spécial d'amitié, d'affabilité, de bienfaisance, qu'on a vu apparaître rarement à un tel degré. « Il rendait, dit son
« biographe, de justes honneurs à tous les âges, à
« toutes les personnes, à toutes les conditions, et telle
« était son affabilité que tous le chérissaient comme
« un ange. Jamais, suivant le précepte de l'apôtre, il
« ne résista en rien aux puissances chrétiennes, mais il
« sut se rendre si aimable et si prévenant que tous
« l'aimaient et le vénéraient comme un autre Joseph.
« C'est ainsi qu'il possédait l'affection de Robert, roi
« de France, d'Adélaïde, mère des Othons d'Henri,
« empereur des Romains ; de Conrad et d'Henri III,
« nobles et invincibles césars. Leur amitié pour lui

« était si ardente, ils le comblèrent de tant de pré-
« sents, qu'il ne faisait avec eux qu'un cœur et qu'une
« âme » (1). Odilon pouvait se montrer à la cour et fréquenter les grands. Il était au-dessus de leurs faveurs et de leurs séductions. « Que dire encore d'Étienne, roi
« de Hongrie, ou de Sanche, roi d'Espagne, qui, sans
« sans l'avoir vu, lui envoyèrent des ambassadeurs et
« des lettres à cause de la renommée de sa sainteté, en
« se recommandant humblement à ses prières ? Il y
« eut même dans les contrées les plus reculées de
« l'Occident, un autre Sanche, évêque de Pampelune,
« tellement attaché à notre saint qu'il vint le visiter, et
« voulut être fait religieux de sa main. Odilon, de
« douce mémoire, eut pour lui tant d'affection qu'en
« mourant il en fit mention, et qu'après sa mort il
« envoya pour le visiter deux religieux avec les restes
« de ses vêtements pour lui annoncer son trépas et le
« prier de lui conserver la même amitié. N'oublions
« pas les papes et les pontifes Silvestre, Benoît, Jean
« et Clément, de pieuse mémoire, dont il mérita telle-
« ment la faveur qu'ils le regardaient comme un frère.
« Quel homme dans le monde n'eût pas désiré posséder
« Odilon comme un ami, comme un père, comme un
« intercesseur auprès de Dieu ? L'Italie était dans
« l'allégresse quand Odilon était présent, et parti-
« culièrement sa chère Pavie qu'il délivra par ses
« prières du pillage et de l'incendie au temps d'Henri
« et de Conrad. Rome aussi, la maîtresse du monde,
« se réjouissait des visites de cet homme illustre, car
« l'amour des saints apôtres l'y attirait fréquemment.
« Les grands, les clercs et les moines applaudissaient
« à son arrivée, comme à celle d'un frère bien-aimé (2) ».

(1-2) JOTSALD, I, 7.

Odilon n'était pas moins aimable dans le commerce du monde. Mieux que personne il savait ces règles de prévenance et de politesse nuancée qui sont le charme de la vie, la distinction des hommes supérieurs, une des puissances de notre saint abbé, parce qu'elles étaient une des formes de sa charité et de la bonté de son cœur. Aussi, pendant ses voyages voyait-on de simples moines et jusqu'à de grands prélats se presser si nombreux autour de lui que Fulbert, son intime ami, soit dans ses entretiens, soit dans sa correspondance, aimait à l'appeler « l'archange des moines » (1). Il n'y a pas jusqu'à l'évêque de Laon, le trop célèbre Adalbéron, son ennemi irréductible, qui daigna l'honorer du titre de « Roi » (2).

C'est surtout au sein de sa famille religieuse qu'il faisait éclater la bonté de son cœur. S'il avait la fermeté d'un maître et d'un père, il avait en même temps toutes les délicatesses d'une mère. Chacun de ses religieux avait sa part des tendresses dont son cœur débordait ; les moines coupables eux-mêmes étaient sûrs de trouver en lui des trésors d'indulgence. Il n'y avait place dans cette âme, tout imprégnée de mansuétude, que pour l'affection, la bienveillance, la compassion. On se rappelle la belle parole que souvent il se répétait à lui-même : « Si je dois être condamné, « j'aime mieux l'être pour miséricorde que pour « dureté » (3). C'est à une pensée d'infinie miséricorde

---

(1) JOTSALD, I, 11. — Fulbert écrit, dans une lettre à son ami O... (il s'agit ici d'un autre personnage qu'Odilon), qu'il est très reconnaissant et plein de vénération pour Odilon, qu'il nomme « monachorum archangelus ». (MIGNE, Patrol. lat., t. CXLI, col. 251 ; Bibl. Clun., col. 339.)

(2) ADALBERO, Carmen, V, 115, apud Recueil des historiens de France, X, 67.

(3) « Si damnandus sum, malo damnari de misericordia quam de duritia. » (JOTSALD, I, 11 ; id., ibid., n° 8.)

qu'il faut rapporter l'institution de la *Commémoration des morts*, introduite par lui à Cluny et ensuite adoptée par l'Eglise universelle (1). « Il s'appliquait surtout à
« maintenir entre ses religieux une parfaite et invio-
« lable charité ; et il détestait tellement le fléau de la
« jalousie qu'on l'entendait souvent se plaindre, au
« rapport de Raoul Glaber (lib. V), de ce qu'un crime
« si affreux put exister dans des âmes qui s'étaient
« vouées à la vie monastique. Quand le saint trouvait
« quelques moines qui cherchaient à battre en brèche
« la charité et l'union fraternelles par leurs flatteries,
« par leurs insinuations, par leurs murmures, il avait
« tant d'horreur pour leur conduite qu'il parlait
« aussitôt de les exclure du monastère. Conciliant en
« d'autres occasions, il était inflexible sur ce point (2). »

On comprend quelle puissance de séduction devait donner à Odilon tant d'élévation d'âme unie à tant de bonté. Cette puissance de séduction s'exerçait bien au delà de son monastère et de son pays. Le saint abbé, depuis son entrée à Cluny et pendant tout le cours de sa longue carrière, avait formé d'illustres et saintes amitiés. L'affection qu'il portait dans le commerce des cœurs, celle dont il était l'objet, nous révèle un des côtés les plus aimables de son âme et composent un des traits les plus attachants de sa sainteté. Oh ! qu'il y aurait donc un livre charmant et doux à faire sur l'amitié dans le cloître ! (3) Si l'on écrivait ce livre, Cluny en pourrait, sans aucun doute, fournir les plus belles pages. « Odilon, dit son biographe, ne s'abandonnait qu'avec prudence et discrétion à l'affection

---

(1) Voir plus haut, chap. xiv.
(2) *Historiarum*, lib. V, cap. i, n. 8, p. 120, édit. Prou.
(3) Cf. Montalembert, *les Moines d'Occident*, t. I, introd., p. lxxxv.

d'un petit nombre d'amis. Sans se départir jamais de cette gravité, de cette douce modestie, de ce maintien toujours assuré qui conviennent au prêtre et au religieux, l'homme de Dieu ne craignait pas de faire grâce aux propos innocents que relevaient l'enjouement, l'esprit et le bon goût. Ainsi jusque dans sa vieillesse il s'égayait encore sur son activité à élever des constructions pour Cluny (1). Il aimait à en plaisanter avec ses amis, surtout avec le bon Ysarn, abbé de Saint-Victor de Marseille. Odilon recevait fréquemment sa visite à Cluny. Un jour, dans le cours de l'une de ces visites, notre saint abbé voulut témoigner à son ami la tendre affection qu'il avait pour lui. Il ne crut pas pouvoir lui faire de plus beau présent que de lui offrir le meilleur de ses vêtements. Ysarn l'accepta avec une affectueuse reconnaissance. Mais à son retour à Marseille, Ysarn s'empressa de déposer la tunique qu'Odilon l'avait obligé d'accepter et résolut de la garder comme une précieuse relique de son saint ami (2).

La bonté d'Odilon, si expansive avec ses frères du cloître, avec ce groupe d'amis qui formait une élite, allait encore plus loin surnaturalisée par la foi. Cette foi vive, simple, invincible, que nous avons si souvent remarquée dans notre saint, elle prenait le caractère de la charité qui est éminente, universelle. Odilon s'intéressa à toutes les plaies et à toutes les douleurs, non pas seulement pour y compatir, mais pour les soulager. Toujours sa main était ouverte aux pauvres :

(1) JOTSALD, I, 13 : « Ut iocundi erat habitus. »
(2) *Vita Ysarni*, dans MABILLON, *Acta*, VI, 1, p. 538 : « Cilicio asperrimo ad carnem semper induebatur (scilicet Ysarnus) usum femoralium omnino non habebat, nisi cum apud Cluniacum semel cum femoralibus et staminio sanctus Odilo violenta caritate vestivit; qua Massiliam rediens illico deposuit. »

« Sa munificence à leur égard était si grande que
« parfois il les comblait de ses bienfaits avec profusion.
« Il trouvait plus de bonheur à faire l'aumône que
« d'autres à acquérir des richesses. Que dirai-je ? Il
« était le bâton de l'aveugle, la nourriture de ceux qui
« avaient faim, l'espérance des malheureux, la con-
« solation des affligés » (1). Son noble cœur était
enflammé de toutes les ardeurs de la charité. On se
souvient de cette grande famine de 1030, pendant
laquelle Odilon donna tout ce qu'il avait, même des
vases sacrés, des ornements d'église et une couronne
d'or que l'empereur Henri II lui avait envoyée. Quand
toutes ses ressources furent épuisées, il se fit lui-même
mendiant, allant frapper de porte en porte, parcourant
les villes et les campagnes, et sollicitant partout des
secours pour les affamés. « Un jour que le saint abbé, se
« trouvant à Paris, allait à Saint-Denys et suivait la
« voie publique, il trouva deux enfants morts de faim
« et de froid et exposés à tous les regards. Touché de
« ce triste spectacle, l'homme de Dieu descendit de
« cheval, s'arrêta et demanda, moyennant un salaire,
« ceux qui étaient chargés de donner la sépulture aux
« morts. S'étant alors dépouillé de son manteau de
« laine, il couvrit leur nudité de ses propres mains,
« leur rendit les derniers devoirs et continua sa
« route » (2). Mais voici un autre trait encore plus touchant de la charité de notre saint : « Un clerc d'une
« très grande noblesse, attaché à l'église Sainte-
« Marie du Puy, était atteint de la lèpre. Ce mal l'avait
« contraint de se retirer près de la Loire, dans une
« solitude voisine du petit monastère de la Voulte.

---

(1) JOTSALD, I, 8.
(2) *Id., ibid.*, 9.

« Le saint abbé, étant venu en ce lieu, fut touché de
« compassion pour cet infortuné, et commanda à ses
« religieux de lui donner les secours nécessaires. Le
« lépreux demanda lui-même un entretien particulier
« avec l'homme de Dieu, et le fit prier de se rendre
« auprès de lui. Notre saint ne se refusa point à cette
« démarche, car il se souvenait de l'humilité dont le
« Sauveur nous a donné l'exemple en voulant aller près
« du serviteur du centurion sans en avoir été prié.
« Dès que le saint abbé fut arrivé auprès du pauvre
« lépreux, il se jeta entre ses bras, le couvrit de baisers,
« lui donnant non seulement des soins pour son corps,
« mais aussi des consolations pour son âme et de
« l'affection pour son cœur, et, à notre grande admi-
« ration, dit Jotsald, il conversa longtemps avec lui.
« Dans cet acte héroïque, Odilon n'avait-il pas révélé
« l'esprit de la loi d'amour et montré en même temps
« un des plus admirables côtés de sa belle âme ? » (1)

Saint Odilon, sans cesse occupé du soin de sa perfection, grandissait tous les jours en sainteté et s'efforçait de monter toujours plus haut. Dieu le récompensa
en lui accordant le don des miracles. Odilon, déjà
illustre par ses vertus, allait donc en rehausser l'éclat
par la gloire du thaumaturge, et ce flambeau que
contemplait avec ravissement la Trinité sainte devait
jeter encore une plus vive lumière au milieu des
hommes. Comme notre saint était du nombre de ceux
dont il est dit : « Vous êtes la lumière du monde »
(Matth. 5), Dieu voulut que son premier miracle fût
de rendre la vue à un aveugle. Étant un jour dans une
de ses fermes, nommée Bersoniac (2), il vit un enfant

(1) JOTSALD, I, n. 10.
(2) Bezornay, hameau de la paroisse de Saint-Vincent-des-Prés
près Cluny.

d'une grande beauté, qui était aveugle de naissance. Il apprit qu'il était fils d'un de ses fermiers et que jamais il n'avait contemplé la lumière du soleil. Touché de compassion, il se mit à prier dans le secret de son cœur, comme un homme, dit saint Pierre Damien, qui n'est pas encore habitué à opérer de telles merveilles ; puis, appelant l'enfant, il fit sur son front le signe de la croix, et aussitôt ses yeux s'ouvrirent. Ainsi, ce pauvre petit aveugle reçut de notre saint le don incomparable de la vue, que lui avait refusé la nature » (1).

L'humilité d'Odilon était à la hauteur de sa charité. « Il vénérait les vieillards comme des pères, les jeunes
« hommes comme des frères, les femmes âgées comme
« des mères, les vierges comme des sœurs ; et se met-
« tant lui-même au-dessous de tous, il s'empressait de
« les servir et de leur adresser de salutaires paroles.
« Son humilité était si parfaite qu'il était impossible
« de découvrir en lui aucune trace d'orgueil. Les
« louanges du monde n'étaient point l'objet de ses
« désirs, et il ne cherchait point à obtenir de la gloire
« parmi les hommes. Si parfois les religieux ou les
« évêques le recevaient avec distinction, il méprisait les
« honneurs. Cependant, comme il ne pouvait les décli-
« ner sans causer le scandale de plusieurs, il s'y sou-
« mettait extérieurement, sans s'écarter dans son âme
« des sentiments de l'humilité la plus profonde. Dans
« ses ouvrages ou dans ses lettres, il se nommait par-
« fois « le rebut de tous les pauvres de Cluny. » Ce même sentiment lui fit refuser deux fois, comme nous l'avons vu, l'archevêché de Lyon, bien que le pape lui eût déjà envoyé l'anneau pastoral et le sacré *pal-*

---

(1) S. Petr. Damian, *Vita Odilonis*, cap. iv, n. 11.

lium (1). Dans la visite qu'Isarn, abbé de Saint-Victor de Marseille, lui fit à Cluny, il ne cessait de lui répéter qu'il était un hypocrite, parce qu'il vivait extérieurement comme un homme ordinaire, alors qu'en secret il pratiquait sur lui-même les austérités les plus rigoureuses (2). Mais il est temps de pénétrer plus avant dans les secrètes profondeurs de cette âme ; il est temps de lever le voile et d'arriver à ce qui fut en elle le principe de sa sainteté, le ressort caché des plus héroïques vertus : l'épreuve de la souffrance morale et la mortification volontaire. Dieu réserva à Odilon des épreuves pénibles, sur lesquelles Jotsald projette une lumière discrète. La croix pesa lourdement sur les épaules du vaillant athlète. Il paraît, en effet, qu'il eut à supporter des ennemis au dehors et jusque dans le sein de sa famille religieuse. « O combien de persécutions cette âme sainte eut à soutenir de la part des étrangers et de ceux qui l'environnaient ! Il paraît difficile, ajoute le biographe, de dire avec quelle force Odilon repoussa les pièges de ses ennemis, et avec quelle patience il les supporta. Comme un autre David, c'était à ceux qui le haïssaient qu'il réservait ses plus grands bienfaits et la meilleure part de sa bienveillance » (3). Outre ces tribulations intimes, Odilon avait à endurer des maladies fréquentes, de douloureuses infirmités, parfois d'atroces souffrances, sans qu'elles pussent lui arracher jamais une parole de plainte, disant que ses péchés lui avaient bien mérité d'autres supplices. Il portait sur les membres des

---

(1) Voir plus haut, chap. XXIX.
(2) « Solebat autem eum beatus Odilo dum simul recumberent, amicâ quodam contentione vocare hypocritam, eò quod speciem humanæ communisque conversationis prætenderet, et se ultra omnes fere homines fame et ærumnis variis cruciaret. » (MABILLON, *Acta*, VI, 1, p. 538.)
(3) JOTSALD, I, n. 12.

chaînes de fer et des instruments de pénitence tels que la chair de l'homme peut à peine les endurer ; un rude cilice était son vêtement habituel, et au pied de son crucifix, sous les coups répétés de la discipline, il mêlait son sang à celui de Jésus-Christ. Qu'on ne demande donc pas quelle place la pureté, l'humilité, l'esprit de pauvreté ont tenue dans la vie de ce moine si humble, si détaché de tout, si opposé à l'égoïsme sensuel de la vie selon la nature et selon le monde. Jusque dans les jeux de son premier âge, on pouvait admirer l'innocence, l'humilité et la pureté d'Odilon. Cette virginité, cette pureté absolue, il la garda d'une manière si inviolable qu'il mérita de devenir le sanctuaire de l'Esprit saint (1). Il honora constamment cette vertu d'un culte particulier, à ce point que, dans son extrême vieillesse, il était appelé « la Vierge centenaire » : *Virgo centenarius*.

La prière, une prière assidue, était le grand moyen employé par le saint abbé pour conserver à son âme cette pureté toute virginale. Malgré la multitude presque infinie des affaires dont il avait à s'occuper, il n'omettait jamais les exercices de piété qui sont l'élément essentiel de toute vie chrétienne et sacerdotale. « Sans cesse, dit Jotsald, il avait entre les mains le livre de la contemplation divine, sans cesse il conversait sur les saintes Ecritures. C'est ainsi qu'autrefois saint Jérôme instruisant Eustochie, s'endormait et reposait son visage sur les pages des livres saints ; puis. à son réveil, continuait sa lecture avec délices. Odilon n'eut pas d'occupation plus douce pendant cette vie. A la lecture succédait une oraison contiuuelle. Quand, reposant sur son lit, notre saint venait à s'endormir en

---

(1) Jotsald, I, n. 11.

chantant des psaumes, ses chants continuaient pendant son sommeil. C'était encore une sorte d'oraison, et le moine pouvait redire avec l'Epouse du Cantique des cantiques : « Je dors, mais mon cœur veille » (1). (Cant., II.) Pas un seul jour, malgré les embarras des voyages et le soin assidu des monastères, on n'avait pu l'empêcher d'offrir le saint sacrifice de la messe. L'autel ! c'est là surtout qu'il fallait voir ce prêtre pénétré de la grandeur de son sacerdoce et du sacrifice qui en est l'acte le plus élevé. C'était toujours avec une grande abondance de larmes qu'il célébrait les saints mystères, « et il usait des veilles, des jeûnes, des macérations du corps et de l'âme comme d'autant de moyens pour monter plus pur au saint autel. » Quand il fut à son lit de mort et et qu'il voulut savoir le nombre de messes qu'il avait dites pendant sa vie religieuse, il n'eût qu'à compter les jours qui s'étaient écoulés depuis le beau matin de son ordination sacerdotale. « Quelle ne fut pas la ferveur de ce saint homme ! s'écrie à ce propos saint Pierre Damien, quel ne fut pas son amour pour l'auguste mystère de nos autels ! » (2)

Odilon n'avait pas moins de zèle, toutes proportions gardées, pour l'office divin, qui d'ailleurs n'est qu'une extension et un complément du saint sacrifice. Il le chantait avec une si tendre piété qu'il communiquait sa ferveur à tous ses frères. Il avait une telle dévotion pour le mystère de l'Incarnation que lorsqu'on arrivait à ce verset du *Te Deum : Tu, ad liberandum suscepturus hominem, non horruisti Virginis uterum :* « O vous qui, devant prendre la nature humaine pour la délivrer, n'avez point eu horreur du sein d'une

---

(1) Jotsald, I, n. 6.
(2) *Vita Odil.*, cap. II, n. 2.

Vierge, » comme saisi lui-même d'une religieuse horreur à la vue d'un pareil abaissement, il se prosternait jusqu'à terre, et montrait par là, dit saint Pierre Damien, de quels feux célestes son âme était embrasée (1).

Pénétré pour la personne de Jésus-Christ d'un immense amour, comment Odilon n'aurait-il pas aimé Marie? Les faveurs qu'il en avait reçues n'étaient-elles pas bien propres à lui inspirer pour cette Mère du ciel un filial attachement? Aussi longtemps qu'il vécut, le saint abbé n'oublia jamais celle qui avait veillé sur son berceau et sur son enfance. Il aimait la sainte Vierge d'un amour particulièrement tendre, et sa confiance envers cette bonne mère pouvait rivaliser avec celle de ses plus grands serviteurs (2). Nous avons vu plus haut (3) avec quelle piété et quel éloquent enthousiasme il prêchait ses mystères. Jotsald, dans son chant de deuil, se plaît à signaler la tendre affection d'Odilon pour Marie :

Vierge Marie, combien il fut dévoué à votre honneur!
Combien dans tous ses vœux il vous regarda comme l'aimable reine de la terre et des cieux.
Combien il vous choisit entre toutes, vous aima fermement,
Et combien, au souvenir du Dieu qui est né de vous,
Lui arracha de larmes votre sein sacré,
Ce sein qui allaita un Dieu, à l'étonnement du ciel et aux adorations de la terre!

(1) *Vita Odil.*, cap. III, n. 10.
(2) S. Petr. Damian, *Vita S. Odil.*, cap. III, n. 10.
(3) Voir chap. XXVII, Jotsald, *Planctus;* cf. *Bibl. Clun.*, col. 330.

CHAPITRE XXXV

GLOIRE POSTHUME

L'histoire des saints n'est pas seulement le récit de leurs travaux, de leurs souffrances, de leur mort dans la paix du Seigneur ; les hommages rendus à leur mémoire, la confiance des peuples en leur intercession, les pieux pèlerinages, les ornements dont on décore leurs tombeaux, les églises élevées sous leur invocation, tous ces hommages en sont une partie essentielle ; c'est la gloire posthume de ces élus de Dieu qui, après avoir été la lumière et les bienfaiteurs des peuples durant leur vie mortelle, sont encore, dans la suite des siècles, leur appui près du trône des miséricordes. Ainsi en est-il d'Odilon.

Toute sa vie si austère n'avait été qu'une suite de prodiges que la mort ne vint pas interrompre. A peine le saint abbé, en effet, avait-il rendu le dernier soupir, qu'il plut à Dieu de proclamer sa sainteté par des apparitions merveilleuses. Le corps du saint était encore exposé dans l'église, quand un frère nommé Grégoire, de la ville de Ninove (1), homme d'une sim-

(1) Ninove, actuellement 6740 habitants, ville de Belgique (Flandre orientale) qui se trouve entre Bruxelles et Oudenarde, dans l'arron-

plicité et d'une innocence angéliques, épuisé de fatigues, chercha un peu de repos dans la cellule même, sans doute une sorte d'infirmerie, où le saint abbé avait rendu le dernier soupir. Il était à peine légèrement assoupi qu'il vit Odilon debout devant lui. « Comment vous trouvez-vous, seigneur et père ? lui dit-il d'une voix tremblante. — Bien, mon frère, et même très bien, répondit le saint. Mon Sauveur et Maître Jésus a bien voulu m'assister et me consoler de sa présence à mon trépas. A ce moment j'ai vu ici (et il montrait un coin de la cellule) l'ennemi du genre humain sous un aspect terrifiant; mais il n'a pu me faire aucun mal, Jésus étant avec moi. » A ces mots il disparut. Le frère se leva de son lit, il raconta ce qu'il avait vu et entendu aux frères présents, et, plus tard, au moine Jotsald, le biographe de notre saint (1).

Durant le carême qui suivit, une autre apparition d'Odilon eut lieu dans les circonstances les plus touchantes. L'un de ses amis les plus intimes, Laurent, archevêque d'Amalfi, le suivit de près dans la tombe (2).

dissement d'Alost, chef-lieu de canton sur la Deudre et la ligne Grammont-Termonde.

(1) JOTSALD, I, 16; MABILLON, *Acta*, VI, 1, p. 592 ; cf. *Acta SS.*, *januar.*, t. I, p. 76. — Citant ce trait, le vieil hagiographe d'Auvergne Jacques Branche ajoute cette réflexion « que le pécheur qui lira l'agonie de ce saint bienheureux considère, s'il a de l'esprit, que si le diable a la hardiesse de faire la guerre aux saincts, à l'heure de leur départ de ce monde, quoy qu'ils aient employé toute leur vie à se bien disposer à la mort, que ne doit-il craindre à cette heure-là, puisqu'il n'a pas autrement employé tous les jours de sa vie que pour provoquer le courroux de Dieu contre soy, et pour noircir sa conscience de toutes sortes de crimes » ? (*La Vie des saincts et sainctes d'Auvergne*, t. I, p. 120.)

(2) Il mourut à Rome le 7 mars 1049. Laurent était bénédictin; il devint le successeur de l'archevêque Léon d'Amalfi. Obligé de s'enfuir devant le prince Guaimar IV de Salerne, il se rendit à Rome auprès de Grégoire VI, et on prétend qu'il fut le maître d'Hildebrand. (MABILLON, *Annal.*, IV, 365 et suiv. ; GFRÖRER, ouvr. cité, VI, 533,

A ses funérailles assistait un clerc allemand, proche parent du pape Léon IX, nommé Adalbéron, qui avait été intimement lié à notre saint pendant sa vie. On venait de procéder aux obsèques de l'archevêque défunt, quand Adalbéron fut pris, dans l'église même, d'un assoupissement invincible. Tout à coup il vit le saint abbé Odilon lui apparaître : « Seigneur, lui dit-il, tout saisi de frayeur et d'une voix affectueuse : Quand êtes-vous venu ici, et pour quel motif ? — Je suis venu, lui répondit gracieusement Odilon, assister aux funérailles de l'archevêque Laurent, mon ami très cher ; et avant de me retirer, j'ai tenu à vous voir » (1). Et il disparut.

Est-il possible de mieux démontrer que les amitiés saintes, loin de s'évanouir avec cette vie mortelle, se consomment en Dieu ?

A cette époque, la beauté de l'Eglise, et en diverses parties du monde, la religion chrétienne elle-même, avait fait naufrage. Qu'allait devenir la grande œuvre de la réforme ? Odilon est le messager envoyé du ciel pour annoncer l'homme que Dieu a choisi pour rendre à l'Eglise son antique honneur : c'est l'évêque de Toul, saint Bruno, le modèle et la gloire du clergé. Lorsque Bruno était encore évêque de Toul, au moment de se livrer au repos de la nuit, dit Wiber, son biographe, il avait coutume de se recommander plus instamment aux reliques des saints ; libre alors des soucis profanes, il récréait son esprit dans la contemplation céleste et, tout en méditant, se laissait aller au sommeil que récla-

---

568 et suiv ; DAMBERG, ouvr. cité, t. VI, 142 et 386.) — Le cardinal Benno, dans sa *Vie d'Hildebrand*, désigne l'archevêque Laurent comme un conseiller intime du pape Benoît IX. (*Jahrbücher des Deutschen Reichs unter Heinrich III*, t. I, p. 260, annot. 4.)

(1) JOTSALD, I, 17.

mait le corps. Une nuit qu'il s'était endormi dans cette pieuse occupation, il vit en songe une vieille femme, espèce de masque affreux, qui le poursuivait de ses importunités pour obtenir de lui un entretien familier, dans une intention qui semblait honnête. Son visage difforme, ses vêtements en lambeaux, ses cheveux hérissés et en désordre, lui laissaient à peine quelque chose d'humain. Frappé d'horreur à ce spectacle hideux, Bruno cherchait à y échapper par tous les moyens : mais la femme ne s'en obstinait que plus à sa poursuite. Las enfin de ses instances, il lui traça sur le front le signe de la croix. Aussitôt elle tombe sur le sol comme une morte, mais se relève dans une merveilleuse beauté. Réveillé par le saisissement, Bruno se rendit aux offices de la nuit; après quoi il se rendormit, encore sous le coup de la surprise. Le vénérable abbé Odilon lui apparut alors, et comme Bruno lui demandait l'explication de ce qu'il avait vu, il lui répondit plein de joie : « Bienheureux es-tu, car tu as sauvé son âme de la mort. » La vérité de ce fait a pour garants sûrs deux hommes vénérables : le seigneur Walter, doyen du chapitre de Toul, et Warneher, qui fut son intime confident. Ils affirment avoir entendu Bruno raconter avec larmes cette vision et s'émerveiller de ce qu'elle devait signifier. Le saint abbé de Cluny avait été l'ange choisi par la Providence divine pour annoncer par cette révélation surnaturelle au futur pape saint Léon IX le présage de sa sublime mission : réparer les ruines de l'Eglise et préparer la réforme (1).

Les obsèques de saint Odilon étaient à peine

---

(1) WIBERT, *Vita Leonis*, II, 1, cité par P. BRUCKER, ouvr. cité, I, 183.

terminées que Dieu glorifiait son serviteur par des miracles qui vinrent corroborer ses révélations surnaturelles et ses merveilleuses apparitions. La lettre adressée par les religieux de Souvigny à un abbé d'un monastère clunisien (1), pour lui annoncer la bienheureuse mort du saint abbé nous apprend que les guérisons surnaturelles opérées par le saint se succédèrent presque sans interruption (2). On vit accourir à son tombeau des foules très considérables venues non seulement du voisinage de Souvigny, mais des Pyrénées, des Cévennes, des Flandres, et jusque de Tours, où reposait le corps de saint Martin, arrivaient des infirmes pour implorer sa protection (3). Les miracles opérés par la puissance de saint Odilon sont si bien attestés et offrent de telles garanties qu'on nous saura gré d'en énumérer ici quelques-uns seulement.

A Longoume, pays situé à quatre lieues de Souvigny, se trouvait une veuve dont la fille unique avait perdu, avec la raison, l'usage de la parole et de l'ouïe. Elle était folle, sourde et muette. Trois fois la pauvre mère fut avertie en songe par un personnage d'une grande beauté d'aller à Souvigny avec sa fille, d'y chercher le sépulcre d'un vieillard récemment enseveli, car

---

(1) BOLLAND., *Acta SS.*, t. I. januar; cf. MABILLON, *S. Odil. Elogium*.
(2) MABILLON, *S. Odil. Elogium*, cap. XIII, dans *Patrol. lat.*, t. CXLII, col. 890.
(3) PIGNOT, ouvr. cité, I, 448. — Dans l'espace de temps qui s'écoula depuis sa mort jusqu'au jour où les moines de Souvigny en adressèrent la relation à Albert, abbé de Marmoutier, on compte huit miracles, ce qui porte à vingt-cinq les miracles qui furent opérés jusqu'à l'époque où Jotsald écrivit son livre, c'est-à-dire avant l'année 1053. La plupart de ces miracles sont des guérisons. C'est ainsi que, par l'intercession de saint Odilon, furent guéris deux sourds-muets ; trois muets, dont l'un était paralytique ; trois aveugles, dont l'un avait perdu, à la suite d'une grave maladie, et ses facultés intellectuelles et ses forces corporelles ; quatre perclus ; deux hydropiques, et la délivrance d'un prisonnier.

elle devait, durant le trajet, obtenir une précieuse faveur. Avertie, comme nous l'avons dit, pendant trois nuits consécutives, elle crut à la vision et partit avec sa fille. Pendant le voyage, avant même d'arriver au terme, elle vit l'accomplissement de la promesse qui lui avait été faite. Près d'une forêt assez rapprochée de Souvigny, la fille, depuis longtemps sourde et muette, prononça ces paroles : « J'entends, ô ma mère, le son des cloches. » C'étaient les cloches du monastère, car elles sonnaient en ce moment : « Je vois des bœufs, ajouta-t-elle, et j'entends le bruit des sonnettes suspendues à leur cou. » La veuve, consolée, reconnut la vérité de la vision, conduisit sa fille au tombeau de notre saint, y fit une offrande proportionnelle à ses ressources, rendit grâces à Dieu et s'en retourna avec son enfant miraculeusement guérie (1). Vers le même temps se trouvait au pays de Bourges un muet qui, suivant son propre témoignage, avait perdu depuis sept ans l'usage de la parole. Plein de confiance dans la miséricorde de Dieu, il vint au tombeau d'Odilon, se trouva guéri et publia lui-même le prodige opéré en sa faveur, et, le cœur plein de joie, regagna son pays (2).

Un vieillard complètement aveugle se fit conduire par un enfant au tombeau du saint abbé. Mais, avant même d'avoir franchi le seuil de la crypte où reposait le corps de l'homme de Dieu, ses yeux s'ouvrirent à la lumière ; à l'instant il devança son guide, se prosterna devant le tombeau, rendit grâces à Dieu, et s'en retourna dans l'allégresse. Ce miracle eut lieu le dimanche des Rameaux, vraisemblablement l'an 1049 (3).

---

(1) JOTSALD, III, 1 ; MABILLON, *Acta*, VI, 1, p. 592.
(2) JOTSALD, III, 3 ; *Acta*, VI, *loc. cit.*
(3) JOTSALD, III, 6 ; *Acta*, *loc. cit.*

Il est un autre malade qui n'obtint pas si promptement sa guérison. C'était un vieillard de Tours, également aveugle. Il fut exhorté dans une vision à faire le pèlerinage de Souvigny, et il se rendit au tombeau du bienheureux Père, conduit par la main de sa fille. A son arrivée, il demanda de l'eau qui avait servi à laver le corps de notre saint, et s'en fit verser sur les yeux en priant avec ferveur que la vue lui fût rendue. Comme la nuit approchait, il quitta l'église pour demander l'hospitalité et de la nourriture, car il était pauvre. Rebuté partout, il dut passer la nuit entière sans nourriture et sans abri. Mais, revenu le lendemain au tombeau du saint, il recouvra aussitôt la vue, et, élevant la voix, il rendit grâces à Dieu. Les fidèles remplissaient l'église; à l'autel, des clercs et des prêtres célébraient le saint sacrifice. Tous, accourant à ce spectacle, reconnurent la vérité du prodige, glorifièrent Dieu avec ce pauvre, le remercièrent d'un miracle si éclatant (1).

Dans le comté de Flandre, dans la ville du très vénérable Père Otmar (2), habitait Gérald, jeune clerc affligé d'une hydropisie telle qu'il ne pouvait prendre ni nourriture ni boisson sans en ressentir une excessive douleur. Son corps était enflé au point que la peau tendue outre mesure paraissait prête à se rompre; il ne pouvait ni se tenir debout ni s'asseoir sans le plus grand danger, et c'est à peine s'il pouvait se mouvoir. Son état était tel qu'il préférait la mort à une vie si malheureuse. Par une inspiration divine, il se fit conduire à Souvigny au prix de grandes souffrances, se prosterna sur le tombeau d'Odilon, implorant avec

---

(1) Jotsald, III, 8 ; Mabillon, *Acta*, VI, 593.
(2) C'était sans doute Saint-Omer, dans le département du Pas-de-Calais.

larmes l'intercession du saint abbé. Immédiatement il vomit un flot de sang, puis se relevant, il annonça de la voix et du geste qu'il était rendu à la santé et à la vie. Il montrait, en écartant son vêtement, les plis de la peau auparavant tendue par l'enflure. Inutile d'ajouter avec quelle allégresse il reprit le chemin de la Flandre (1).

Les guérisons miraculeuses se multipliaient de plus en plus. Le jour de la fête des saints apôtres Pierre et Paul, une femme et deux jeunes filles percluses furent toutes les trois guéries en même temps. Un peuple considérable s'était porté en foule à l'église. Les religieux et les prêtres séculiers entonnaient des cantiques d'allégresse ; les foules, elles aussi, poussèrent des cris d'action de grâce. Tous étaient dans l'admiration, célébrant les louanges de Jésus-Christ, toujours admirable dans ses saints, et publiant le crédit dont Odilon jouissait auprès de lui (2).

Terminons enfin cette énumération déjà trop longue par la délivrance miraculeuse qui suit : Un malheureux, surpris par un personnage plein de méchanceté, fut jeté dans les fers, et mis, pour être gardé plus sûrement, dans un coffre chargé de pierres, et fermé avec de fortes serrures. Cet infortuné captif devait languir pendant longtemps dans cette étroite prison. Plein de confiance en Dieu, il implora l'intercession du vénérable Père Odilon pour obtenir sa délivrance. Un jour qu'il priait avec ferveur, il entendit un personnage s'approcher du coffre et lui crier de sortir. Bientôt, par une vertu divine, le monceau de pierres fut dispersé çà et là, les serrures s'ouvrirent, les chaînes

---

(1) JOTSALD, III, 11.
(2) JOTSALD, III, 13, 14, 15.

tombèrent d'elles-mêmes, et le pauvre prisonnier fut rendu à la liberté. Il se précipita, dit Jotsald, au tombeau de notre glorieux Père, et publia partout le grand miracle qui venait de s'accomplir en sa faveur (1).

Le plus glorieux témoignage rendu à l'éminente sainteté d'Odilon était assurément, avec les miracles qui jaillissaient de son tombeau, la douleur que sa mort avait causée dans les rangs du clergé et du peuple, et, on peut le dire, dans l'Eglise universelle. Aussi la crypte de Souvigny, qui était devenue le centre du culte rendu au saint abbé, ne devait pas garder longtemps le pieux trésor recélé dans la roche vive, taillée en forme de sépulcre. L'autorité ecclésiastique devait être bientôt amenée à confirmer la sainteté du vénérable Odilon et la vénération qui s'attachait à son nom (2). Quatorze ans seulement après la mort du saint abbé, c'est-à-dire en l'année 1063, Pierre Damien, devenu cardinal de la sainte Eglise romaine et légat du pape Alexandre II, après le règlement de l'affaire de Saint-Martial de Limoges (3), se rendit dans le courant de l'automne à Souvigny. Il devait y consacrer l'église récemment construite par saint Odilon. Beaucoup d'évêques s'y trouvaient réunis avec une foule considérable de fidèles. Après la consécration de la basilique, le légat procéda à l'élévation solennelle du corps du saint abbé. C'était alors une des formes usitées de la canonisation, ou du moins une reconnaissance officielle du culte qu'un saint recevait déjà de la piété publique. On ouvrit le tombeau et l'on exhuma les restes du saint abbé, selon les usages litur-

(1) JOTSALD, III, 16.
(2) Jotsald le nomme déjà *saint* et *bienheureux*. (Voir *Vita S. Odil.*, *passim*, et *Planctus*.
(3) Cf. dom L'HUILLIER, *opus cit.*, p. 146.

giques. Les nerfs et la chair du saint corps étaient si adhérents ensemble qu'on dut se servir d'une lame tranchante pour en détacher quelques parcelles.

La conservation miraculeuse du précieux corps n'avait pas encore absolument convaincu le légat de la sainteté d'Odilon : Pierre Damien résolut, avant de faire cette première *élévation*, d'attendre qu'un nouveau miracle se produisît, afin que la sainteté de l'abbé de Cluny resplendît avec plus d'éclat. Comme les évêques et les prêtres présents célébraient au milieu d'un grand concours de peuple, avant la consécration de l'église, la vigile d'usage, une femme entièrement percluse, connue de toute la contrée, fut tout à coup miraculeusement guérie. Le légat, enfin convaincu de l'éminente sainteté d'Odilon, n'hésita plus à procéder à la consécration de l'église qui, désormais, devait abriter les dépouilles sacrées, et à la translation solennelle des reliques du saint abbé, qu'il exposa à la vénération des fidèles, à côté de celles de saint Mayeul. Grande fut la joie de l'abbé Hugues en voyant les reliques de son père bien-aimé désormais exposées aux hommages des fidèles. Aussi voulut-il que Pierre Damien se fît à nouveau l'historien du grand abbé qui avait gouverné Cluny durant cinquante-cinq ans. De sa bouche, le cardinal d'Ostie put connaître parfaitement la sainteté pleine de charmes de saint Odilon. L'abbé Adrald, le compagnon et le guide de leur commun voyage à travers les Alpes, avait lui-même rapporté certains faits des derniers moments du vénérable père, qu'il avait assisté au lit de la mort. Pierre Damien accueillit donc la requête de l'abbé de Cluny, et se fit, en gémissant un peu, le biographe du nouveau saint. « La vie de ce « bienheureux abbé, dit-il, nous a paru comme une « tablette d'or sur laquelle les miracles forment une

« garniture de diamants. Vie admirable qui se pro-
« longe au delà du tombeau avec une puissance surna-
« turelle dont chaque jour renouvelle les prodiges ! »
C'est encore à cette occasion que Pierre Damien composa, à la prière de l'abbé Hugues, outre son livre sur
saint Odilon, l'hymne : *Commenda gregem Domino
custos fidelis Odilo*, et qui malheureusement n'est pas
parvenue jusqu'à nous tout entière (1).

Le culte de saint Odilon ne resta pas, du reste, attaché uniquement à l'église qui abritait ses ossements
sacrés. Son nom a glorieusement traversé les âges. A
partir de la première translation de ses reliques, on vit
la dévotion envers notre saint prendre un nouvel essor.
Dès l'année suivante, c'est-à-dire en 1064, Cluny consacrait une chapelle en son honneur (2). L'exemple

---

(1) *Bibl. Clun.*, col. 328 ; *Iter Gallicanum S.* « De Gallica profectione Domni Petri Damiani et ejus ultramontano itinere », dans Migne, *Patrol. lat.*, t. CXLV, col. 876, *de Consecratione Ecclesiæ et sancti Odilonis corpore commutato;* cf. Mabillon, *Acta*, VI, 1, p. 594, *Itinerarium Burgundicum*, dans les Ouvrages posthumes. etc., t. II, p. 30. — Les particularités de cette *élévation* sont contenues dans un manuscrit du xii⁰ siècle conservé à la Bibliothèque nationale et dési-gné sous le n⁰ 1496 du fonds latin des nouvelles acquisitions. Voir L. Delisle, *Inventaire des manuscrits de la Bibliothèque nationale*, fonds de Cluny, Paris, H. Champion, 1883, p. 219, n⁰ 128; *Vie et Opuscules de divers abbés de Cluny*, fol. 1. — Note sur un miracle arrivé au moment de l'élévation du corps de saint Odilon : « Post viginti annos humationis beatissimi Odilonis cum in illo loco multa fierent prodigia... » Fol. I, V⁰. Table du contenu du vol., écrite au xii⁰ siècle; cf. Ringholz, *opus cit.*, ammerk., p. lviii, n⁰ 76. — « Post viginti annos » est un nombre approximatif, puisque par le fait quinze années ne s'étaient pas encore écoulées entièrement depuis les obsèques d'Odilon ; il y a une lacune à compléter à la fin avec « commenda », en sorte que les deux premiers vers de la première strophe sont ceux-ci :

« *Commenda gregem Domino
Custos fidelis Odilo.* »

Malheureusement l'hymne n'a pas été conservée entièrement. (Cf. *Bibl. Clun.*, col. 328; Migne, *Patrol. lat.*, t. CXLII, col. 1041 et suiv.)

(2) Mabillon, *Annal.*, IV, p. 661.

de la grande métropole monastique donnait le branle aux églises particulières. La même année, Achard, évêque de Chalon-sur-Saône, consacrait au milieu d'une épaisse forêt, sous le vocable de Saint-Odilon, une église autour de laquelle on vit se grouper peu à peu un gracieux village (1), la Charmée, qui fut surnommé dans la suite « un petit Cluny », et jusqu'à nos jours, l'église de ce lieu est restée sous le vocable du saint abbé de Cluny (2).

C'est probablement à cette date qu'il faut rapporter l'institution de la messe et de l'office en l'honneur de notre saint (3) pour toutes les maisons de l'Ordre de Cluny. Dans l'office propre à cette fête, l'oraison de la Messe rappelait en ces termes le souvenir du saint Abbé : « Dieu qui aviez confié au bienheureux Odilon la garde de ce troupeau, accordez à votre famille d'imiter les exemples de celui qui les a instruits par sa doctrine. » L'oblation de l'hostie, qu'Odilon ne pouvait tenir entre ses mains sans se sentir profondément ému, était placée sous son intercession : « Que la prière du bienheureux Odilon recommande ce sacrifice qui vous est offert, afin qu'il nous mette à l'abri des adversités et qu'il nous enflamme sans mesure de votre amour. » Mais dans l'hymne composée à la gloire du grand Abbé et joyeusement entonnée par le chœur des moines éclatait encore avec plus de liberté et de chaleur l'élan de leur admiration : « O homme illustre à tous égards ! qui as ravi aux démons leur proie et leur as arraché des larmes de rage, honneur de l'Eglise, arrache-nous aux

---

(1) MABILLON, *Acta*, VI, 1, p. 594.
(2) *Ordo divini Officii*, ann. 1898, p. 103.
(3) *Bibl. Clun.*, col. 328 et suiv.; cf. L. DELISLE, *Inventaire des manuscrits de la Bibliothèque nationale*. Fonds de Cluny, p. 30, n° 15, fol. 230 : « In natale sancti Odilonis Abbatis. Beatus igitur Odilo Arverniæ oriundus ex equestri quidem ordine genus duxit... » .

tempêtes du siècle. C'est en se tenant en garde contre leurs courants qu'on parvient à réprimer les forces de la nature. L'eau dans laquelle tu t'es lavé les mains rend aux membres affaiblis leur ancienne vigueur ; la coupe où tu leur présentes à boire rend la parole aux muets ; que tes saintes prières fassent descendre la lumière dans nos esprits ; toi qui rends la vue aux aveugles, dissipe aussi nos ténèbres. » (1)

C'est aussi vers ce même temps que Souvigny entendit retentir pour la première fois le panégyrique (2) de saint Odilon. A partir de cette époque on fixa la célébration de la fête du saint Abbé le 2 janvier (3), et, à Cluny, on distribuait annuellement ce jour-là de grandes aumônes aux pauvres (4). A l'exemple de Cluny, les martyrologes des différentes églises et des monastères ont donné place à Odilon dans la liste des saints, et ces mêmes églises ou monastères s'empressèrent d'invoquer publiquement son intercession (5).

Vers la fin du xie siècle, un neveu de notre saint, qui s'apelait lui-même Odilon, et qui était prieur de Clermont et de Brioude, introduisit le culte de son oncle dans l'église de Clermont, le 2 janvier, et il fit une fondation dans le but de perpétuer ce culte (6).

(1) *Bibl. Clun.*, col. 328.
(2) MABILLON, *Acta*, VI, 1, p. 554.
(3) UDALRIC, *Consuet.*, lib. I, p. 47 ; *Acta*, VI, p. 594.
(4) UDALRIC, *opus cit.*, lib. III, cap. xxiv ; BERNARD, *Ordo Clun.*, dans HERGOTT, *opus cit.*, p. 158.
(5) UDALRIC, *Consuet.*, I, 5 ; MABILLON, *Acta*, VI, p. 594 ; cf. L. DELISLE, *loc. cit.*, p. 216, n° 126 ; *Martyrologe, Règle et Obituaire à l'usage du prieuré de Villers*. — Il s'agit sans doute d'un prieuré de l'ordre de Cluny situé dans le diocèse de Besançon, et que les anciens pouillés appellent « prioratus de Villario-Monachorum » ; fol. 8 : « Kal. januarii... Ipsa die, pago Claromontensi, cœnobio Silviniaco, transitus sancti Oudilonis abbatis et confessoris. »
(6) *Bibl. Clun.*, not. col. 69 ; MABILLON, *Acta*, loc. cit.

Toutefois Dieu n'avait pas cessé de glorifier son serviteur, et saint Pierre Damien nous apprend que de son temps de nouveaux miracles se multipliaient sur le tombeau du saint Abbé (1). Son pouvoir grandissait aux yeux des populations de toute la hauteur où la toute-puissance de Dieu l'avait élevé. Aussi bien à Cluny, dans l'incomparable basilique construite par saint Hugues, on voyait un autel (2) érigé en l'honneur de saint Odilon, et l'on admire encore de nos jours, dans l'antique cité monacale, une porte à laquelle a été donné le nom du saint Abbé; c'est la porte de Saint-Odile (3) ou de la Montagne, située au couchant, à l'extrémité de la rue du même nom : lourde porte romane protégée par une tour massive décrivant en relief sur le rempart un quart de cercle, et qui a gardé son austère aspect féodal.

Cependant Rome, la mère des Eglises, suivait d'un œil attentif le progrès du culte décerné à saint Odilon, de ce culte tout clunisien, auquel elle avait elle-même donné la première impulsion. Les papes Clément VI (bulle du 14 mars 1267) (4) et Honorius IV (bulle du 7 mai 1286) (5), tout en affirmant les miracles qui s'opéraient chaque jour par l'intercession de saint Odilon et les pèlerinages des fidèles qui, de tous les pays, se rendaient à Souvigny pour y vénérer les reliques du saint Abbé, consacraient la dévotion que tous les siècles devaient lui témoigner.

Le culte de saint Odilon date du jour où il quitta la

---

(1) *Vita Odilon.*, cap. XXXII : « Apud cujus venerabilem tumulum nihilominus adhuc rutilant nova signa virtutum. »

(2) MABILLON, *Annal.*, IV, p. 87 ; cf. *Acta, loc. cit.*

(3) Voir A. PENJON, Cluny, *Notice sur la ville et l'abbaye*, 2ᵉ édit., Cluny, 1874, p. 10, où se trouve la représentation de cette porte.

(4) POTTHAST, *Regest. Pontific.*, nº 19961.

(5) *Id., loc. cit.*, nº 22435.

vie. Mais l'élévation que fit saint Pierre Damien du corps sacré tint lieu, selon l'usage du temps, d'un procès régulier de canonisation, et à partir de ce moment les reliques du saint purent être exposées à la vénération des fidèles. Nous trouvons cette première translation mentionnée dans le « Livre des Anniversaires » du monastère de Souvigny(1). Le corps du saint Abbé resta jusqu'à l'an 1345 sur l'autel où saint Pierre Damien, près de trois cents ans auparavant, l'avait solennellement déposé.

Le 12 avril de cette même année, le bienheureux Roger le Fort, archevêque de Bourges, au nom et avec les pouvoirs du pape Clément VI, en présence de plusieurs évêques, d'un très grand nombre d'abbés et autres personnages ecclésiastiques, entre autres les doyens du chapitre des Augustiniens, des Pauloniens, des généraux de l'Ordre des Frères-Prêcheurs, reprit solennellement l'examen des saintes reliques. Conformément aux prescriptions de l'Eglise, il les sortit de la châsse où elles avaient été jusqu'ici renfermées, « examina avec un soin scrupuleux la tête et les autres membres, les prit pieusement dans ses mains, et, les ayant tenus l'un après l'autre, il replaça avec le plus grand respect les précieux ossements dans un riche reliquaire préparé à cet effet ». Le diplôme de cette cérémonie est consigné dans les antiquités de Souvigny par D. Marcaille, ainsi que dans les Bollandistes (2). La bibliothèque de Cluny possédait le diplôme que

---

(1) Le *Liber anniversariorum* mentionne ainsi cette première translation : « VIII kalendas februarii, officium fiat plenum sicut de abbatibus Cluniacensibus, pro Petro Damiano, qui corpus beati patris nostri Odilonis relevavit, et in loco in quo nunc requiescit mira devotione collocavit. » (MABILLON, *S. Odil. Elogium*, dans *Patrol. lat.*, t. CXLII, col. 893.)

(2) *Antiquités de Souvigny*, p. 233-236; *Acta SS.*, ut supra, p. 77.

dressa, en cette circonstance, le bienheureux Roger le Fort. On y lit ce qui suit : « Roger, par la permission divine, archevêque de Bourges, à tous les fidèles, salut éternel en Jésus-Christ; Clément, par la miséricorde divine, pape, sixième de nom. Nous, en présence des doyens des Chapitres des Augustiniens, des généraux de l'Ordre des Frères-Prêcheurs, de plusieurs abbés, prélats et autres personnages ecclésiastiques pour ce mandés et réunis dans l'église du prieuré de Souvigny, dépendant de l'Ordre de Cluny, au diocèse de Clermont, avons levé, avec la solennité et le rite prescrits par la sainte Eglise romaine, le corps glorieux du vénérable Odilon, confesseur, du tombeau où il était demeuré jusque-là. Nous avons vu nous-même ses ossements, nous les avons tenus et touchés de nos propres mains, et, les ayant mis dans une châsse, nous les avons placés dans la même église.

« Après avoir pesé les mérites de ce saint confesseur, dont la grandeur nous a déterminé à exhumer sa dépouille mortelle, désirant de tout notre cœur favoriser l'accroissement du culte et des honneurs qui lui sont dus, dans le but d'encourager les fidèles à lui rendre les hommages et la vénération convenables, et pour cela à visiter fréquemment et avec dévotion l'église susdite, par la miséricorde divine et l'autorité des bienheureux apôtres Pierre et Paul, et de saint Etienne, premier martyr, Nous accordons quarante jours d'indulgence à perpétuité à tous ceux qui, étant contrits, visiteront chaque jour cette église aux différentes fêtes du saint confesseur, et pendant leurs octaves.

« En outre, nous voulons et déclarons, par une faveur spéciale, que tout prédicateur qui annoncera la parole de Dieu dans l'église susdite puisse accorder, de notre part et de notre autorité, à tous ceux qui l'entendront, qui se seront confessés et seront contrits, vingt jours d'indulgence toutes les fois qu'il prêchera. En témoignage de quoi nous avons écrit et signé les présentes. Donné à Tolon, du diocèse de Clermont, pendant la visite de notre province, le 21 juin de l'année 1345. Signé : Guillaume Vincent (1). »

Quelque temps après, probablement la même année, le pape Clément VI délivrait une bulle où il accorde un an et quarante jours d'indulgence à quiconque, étant vraiment pénitent, visitera l'église de Souvigny (2) aux fêtes des saints Léger et Principin, martyrs, des bienheureux Mayeul et Odilon, confesseurs, et de la translation de saint Odilon.

A cette seconde élévation ou translation solennelle du saint Abbé, outre les personnages présents et déjà cités, assistait aussi Etienne de Roger, chanoine de l'église de Chartres, et, en même temps, official de l'archevêque de Bourges. En souvenir de l'amitié intime qui liait Fulbert, évêque de Chartres, et son chapitre au saint abbé de Cluny, il pria ardemment Aymon, prieur de Souvigny, de vouloir bien lui remettre une relique de saint Odilon pour le trésor de la cathédrale de Chartres. Le prieur, accueillant favorablement sa demande, lui remit une côte du saint, avec la lettre

---

(1) MABILLON, *Elog. S. Odil.*, dans *Patrol. lat.*, t. CXLII, col. 894. BOLLAND., *Acta SS.*, januar., p. 77 ; *Bibl. Clun.*, col. 365 et suiv. — Cette charte porte la date du 21 juillet. Elle avait d'abord été placée au 21 juin. La date de la translation résulte de la charte qui la suit ayant pour auteur le prieur Aymo, et d'un missel de l'abbaye de Cluny qui a été attribué à l'abbaye de Montmajour, diocèse d'Arles. Le fol. 1 de ce missel renferme un calendrier dans lequel nous remarquons les lignes suivantes : « XIII kal. Magi, excepcio reliquiarum beati Odilonis abbatis Cluniacensis. » (DELISLE, *Inventaire des manuscrits de la Bibliothèque nationale*, fonds de Cluny, p. 11, n° 11.)

(2) *Bibl. Clun.*, col. 311 et suiv ; cf. *Acta, loc. cit.*, p. 595 ; D. MARCAILLE, *Antiquités de Souvigny*, p. 283.

testimoniale que nous transcrivons ici et qui est conçue en ces termes : « Aux vénérables Pères et seigneurs, nos seigneurs et amis très chers, le doyen et autres chanoines de Chartres, Nous, frère Aymon de Saint-Géran, humble prieur du prieuré de Souvigny, et toute la congrégation de ce lieu : Salut dans Celui qui est le vrai salut. Notre révérend Père et seigneur en Jésus-Christ, le seigneur R... (1), par la permission divine archevêque de Bourges, avec plusieurs évêques, abbés, un nombreux clergé et la plus grande partie du peuple de la contrée, qui sont venus à ce prieuré, la veille des ides d'avril (12 avril) de l'an du Seigneur mil trois cent quarante-cinq, a relevé le corps de notre pieux et très glorieux Père le bienheureux Odilon, à la gloire de toute la cour céleste, avec toute la dévotion et révérence possibles; et cette translation étant opérée, le vénérable et discret personnage le seigneur Etienne de Roger, membre de votre chapitre et official de Bourges, nous a supplié avec de grandes instances de vous envoyer quelques reliques de ce saint. C'est pourquoi, accédant à cette demande avec la grâce du Très-Haut, nous avons destiné à votre très saint chapitre une des côtes du bienheureux Odilon, que vous avez reçue avec beaucoup de respect et de solennité, vous proposant d'instituer, tant dans votre église cathédrale que dans tout le diocèse, la fête de cette translation, pour être perpétuellement célébrée à l'honneur de ce saint, pourvu cependant que nous vous fassions parvenir des lettres-patentes constatant que cette côte a été tirée du corps de saint Odilon, ainsi que vous nous l'avez demandé. Nous rendons grâces, très chers seigneurs, à votre dévotion, autant qu'il est en notre puissance et devoir,

(1) Lisez Roger le Fort.

de la pieuse et solennelle réception que vous avez faite de ces reliques ; et, en conséquence, nous attestons par les présentes que la côte qui vous a été remise par Etienne de Roger, membre de votre chapitre, a été extraite du corps de saint Odilon, et confiée pour vous à cet éminent personnage en présence de plusieurs témoins. Aussi nous vous prions instamment de faire célébrer tous les ans la fête de la translation dans votre église et dans tout le diocèse de Chartres.

« En foi de quoi nous avons fait sceller de notre sceau les présentes lettres. Donné dans notre prieuré de Souvigny, le vingt-deuxième jour du mois de juillet, l'an du Seigneur mil trois cent quarante-sept » (1).

Le chapitre de Chartres célébra-t-il solennellement dans l'église cathédrale et dans tout le diocèse, comme il se l'était proposé, l'anniversaire de la translation de

---

(1) BOLLAND., *Acta SS.*, 1ª januar. ; MABILLON, *Acta*, VI, 1, p. 595 et suiv. — Nous voyons par cette lettre la date de l'élévation entreprise par Roger, archevêque de Bourges : « Secundo Idus mensis Aprilis, anno Domini millesimo trecentesimo quadragesimo quinto. »

La relique de saint Odilon a existé, en effet, au Trésor. (MÉLY, *Trésor de Chartres*, p. 64 et 66, Paris, Plon, 1881.) — Mais dans l'inventaire de 1682, elle est déjà donnée comme tirée de son reliquaire particulier, et confondue avec d'autres reliques. On fait allusion à la présence de cette *Costa* de saint Odilon dans le Bréviaire de Chartres de 1788, où la légende du 2º nocturne rapporte qu'elle fut obtenue par Roger, chanoine de Chartres, frère de Roger, archevêque de Bourges. Il ne reste plus rien de cette relique depuis la Révolution. Depuis le Bréviaire du xivᵉ siècle jusqu'à nos jours, la fête de saint Odilon est célébrée à Chartres au 12 avril, juste au lendemain de la mort de saint Fulbert. La légende du Bréviaire se termine ainsi : « Thesaurus Carnotensis Ecclesiæ B. Odilonis Costa olim ditabatur. Cum enim pretiosæ ejus exuviæ e Rugerio archiepiscopo Bituricensi, in monasterium Silviniacum translatæ sunt, alter Rogerius archipræsulis frater, Carnutensis Canonicus illam reliquiarum partem acceperat, et Ecclesiæ supradictæ dono dederat. »

Cette formule est à peu près semblable à celle des anciens bréviaires chartrains. (Note de M. le chanoine CLERVAL, *professeur à l'Institut catholique de Paris*).

la sainte relique? Il ne semble pas que ce projet ait été réalisé pendant les deux premières années qui suivirent, car vers le 22 juillet 1347, Aymon vint encore prier le chapitre de tenir sa promesse. Il est vraisemblable que c'est à la suite de cette ostention qu'à Wavre, succursale de Cormaux, dans le district et le canton de Neuchâtel, une église, avant l'année 1373, fut consacrée à saint Odilon (1).

Quoi qu'il en soit, aux yeux du peuple, le culte de notre saint se confondait avec celui de saint Mayeul. On venait à Souvigny prier les deux saints abbés dont la sépulture commune était au milieu du chœur. On obtenait des miracles signalés par leur commune intercession. Dom Marcaille nous raconte comme il suit un prodige permanent, ou du moins fréquemment renouvelé, qui attestait leur puissant crédit auprès de Dieu :

« Le sépulcre de sainct Mayeul et de saint Odile, où après leur mort furent ensépultrés, est en la grande nef, devant l'autel à présent de saint Mayeul, dans le fond et le creux de la terre, qui est d'une pierre entière. Néanmoins quelquefois, et assez rarement, survient opinément abondance d'eau, toutefois ne passe pas la bouche dudict tombeau; cette eau est belle, nette, claire, comme si sortait d'une roche, laquelle eau tirée et sortie hors, ne se gaste ou corrompt jamais, l'expérience l'a toujours montré jusqu'à présent, demeurant toujours et belle, sans corruption ou mauvaise odeur, quelques longues années qu'elle soit gardée. Cette

---

(1) Troisième testament du comte Louis de Neuenberg, 10 mai 1373, dans MATILE, *Monuments de l'histoire de Neuchâtel*, t. II, p. 965. — Dans le premier testament du comte susdit, 14 avril 1354, il est démontré que cette même église a été dédiée à saint Théodule. (*Id., loc. cit.*, p. 697.)

eau a de la vertu beaucoup, car les fébricitans et malades qui en boivent tant soit peu bien souvent sont allégés et guéris. Mesme le bestail, quand est affligé de peste ou d'autre maladie, et qu'on lui faict boire de cette eau, est délivré parfois de son mal, et voict on souvent plusieurs pèlerins étrangers arriver en ce lieu, demandant de cette eau, l'emportant en leur pays, aux fins susdictes, par grande dévotion. On prend garde soigneusement quand la dicte eau parraist et vient au dict tombeau, pour la faire puiser soudainement, autrement se perd en peu de temps et le tombeau demeure sec » (1).

Ainsi la sépulture des deux abbés était commune, et leur vertu miraculeuse indivise. Pour tout le reste, ils se partageaient fraternellement l'église de Souvigny et les honneurs des fidèles. Deux autels s'élevaient à droite et à gauche de l'entrée de la clôture du chœur réservée aux moines; celui de droite était consacré à saint Mayeul, celui de gauche à saint Odilon. Des deux tours qui forment le majestueux portail de la basilique réédifiée dans le style gothique au xve siècle, celle du nord porte le nom de saint Odilon, celle du sud celui de saint Mayeul.

Les guerres qui désolèrent la France au xve siècle portèrent une rude atteinte au prieuré. Ses bâtiments tombaient en ruines, ses propriétés étaient dilapidées, ses religieux ne pouvaient payer le cens de saint Pierre. Dom Chollet, ancien moine du Mont-Saint-Michel, conseiller et ambassadeur du roi Charles VII, pourvu en 1424 du prieuré, dépensa dans sa restauration des sommes considérables. Il fit peindre autour de

---

(1) *Antiquités de Souvigny*, p. 322-323; cf. SAINT ODILON, *abbé de Cluny*; D. BERNARD, dans *Bulletin de N.-D. de la Sainte Espérance*, ann. 1893 et mars 1894.

l'abside une série de figures qui représentaient la Vierge, les douze apôtres, l'archange saint Michel, et plaça au milieu celles de saint Mayeul et d'Odilon (1). Il acheta deux reliquaires d'argent, au prix de cinq cents écus d'or, c'est-à-dire d'une valeur de trente mille francs chacun, et y déposa les chefs vénérés des deux saints abbés. On plaça ces reliquaires dans le trésor de la sacristie, tandis que les châsses qui renfermaient le reste des reliques continuèrent d'être exposées aux deux côtés du grand autel. Les prieurs commendataires, reçus processionnellement par les moines, au moment de leur entrée en possession, juraient sur les chefs des deux abbés « de conserver, sans aucunement enfreindre, les droits, privilèges, franchises, prérogatives et libertés du prieuré de céans. » C'est ce que fit, en l'année 1434, le duc Charles de Bourbon et d'Auvergne (2). Ces chefs vénérés, on les exposait aux jours de fête, et on les portait solennellement en procession dans les calamités publiques. La campagne était-elle menacée d'un orage et les fruits de la terre compromis par la mauvaise saison, ou un fléau quelconque venait-il s'abattre sur la contrée, le peuple venait demander aux deux saints protecteurs du pays leur puissante intercession. Les moines, après s'être concertés avec les magistrats, sortaient en procession, portant sur leurs épaules les précieuses châsses, s'arrêtaient sous les halles de la ville et priaient avec le peuple, qui couvrait la place publique. Dans les grandes sécheresses, on allait quelquefois jusqu'à l'abbaye de Saint-Menoux, on y célébrait la messe ; ou rentrait au chant des psaumes et des hymnes sacrés. Les procès-verbaux de

---

(1) PIGNOT, *opus cit.*, t. I, p. 449.
(2) *Bibl. Clun.*, col. 312.

ces cérémonies, réclamées par les consuls de Souvigny pour la cessation d'un fléau ou d'une sécheresse, existent encore dans les registres publics (1).

En cette magnifique église de Souvigny, les reliques des bienheureux abbés étaient entourées des lis de la maison de France; dans les belles chapelles latérales, nommées, l'une, la chapelle vieille, et l'autre, la chapelle neuve, reposaient plusieurs seigneurs et nobles dames de la maison de Bourbon.

Nous avons vu plus haut que le culte de saint Odilon ne resta pas concentré dans le modeste prieuré du Bourbonnais. L'Ordre de Cluny tout entier, avec ses deux mille prieurés disséminés dans toute la chrétienté, s'empressa d'ajouter dans ses dyptiques, le nom de notre saint à ceux de ses prédécesseurs, les saints abbés Odon et Mayeul. Si l'abbaye mère ne revendiqua pas les reliques du serviteur de Dieu, c'est qu'elle craignit de se heurter à la résistance de toute une population obstinément décidée à garder son trésor. Elle dut se contenter de posséder le corps précieux de saint Hugues. Mais, dans cette basilique merveilleuse qui rivalisait de grandeur avec Saint-Pierre de Rome, elle consacra un autel collectif aux quatre saints abbés; pas plus que l'histoire, la liturgie sacrée ne séparait les noms d'Odon, de Mayeul, d'Odilon et de Hugues le Grand (2).

Grâce à Cluny, le culte d'Odilon s'implanta un peu de tous côtés. Le 25 septembre 1768, l'autel de la chapelle du nouvel ossuaire de Boswyl (canton d'Argau) était consacré par l'abbé Placide de Muri en l'honneur de saint Odilon (3). Mais les monastères

---

(1) OGERDIAS, *Vie de S. Mayeul*, p. 153, 254 et suiv., 370 et suiv.
(2) MABILLON, *Annal.*, IV, 87 ; cf. *Acta*, VI, *loc. cit.*
(3) MURUS et ANTEMURALI, *Geistliche Befreiungen*, Muri, 1720, p. 79.

fondés par le saint abbé accueillirent son culte avec une prédilection plus marquée. Et, ici surtout, nous pouvons mentionner son souvenir à la Voûte-Chilac (1). Ce prieuré gardait avec grand honneur une chasuble et une aube ayant appartenu à notre saint abbé. On venait même en pèlerinage les vénérer et chercher à leur contact la guérison de différentes maladies, particulièrement de la jaunisse. « Ceux qui sont atteints de la jaunisse, dit messire Jacques Branche, y trouvent le remède de leur mal, ainsi qu'il m'en a arrivé à moy-même, et dans le jour que j'y allay faire ma dévotion. « Ita me Deus adjuvet » (2).

La nouvelle congrégation bénédictine de France a recueilli les grandes traditions liturgiques de la célèbre congrégation clunisienne. Elle a consacré aux saints abbés de Cluny des offices, avec hymnes et antiennes propres, qui sont pleins d'une religieuse beauté (3). Nous voyons aussi avec bonheur que plusieurs congrégations monastiques ont adopté en tout ou en partie ces offices, en particulier celui de saint Odilon. Un décret de la Sacrée Congrégation des Rites les a récemment consacrés officiellement, et concédés à tous les monastères qui désirent les célébrer. Parmi ces

---

(1) Nous avons remarqué avec bonheur le portrait de saint Odilon peint à la clef de voûte d'une très ancienne chapelle de l'église paroissiale, et à la sacristie un magnifique buste du même saint, datant du XVIIe siècle, mais malheureusement privé de ses reliques.

(2) *Vie des saincts et des sainctes d'Auvergne*, p. 121.

(3) Les bénédictins de Solesmes célèbrent la fête de saint Odilon le 19 janvier; la congrégation suisse et sa succursale d'Amérique, le 6 février. La congrégation de Beuron fait mention du saint le 19 janvier. (Cf. *Officia propria Congregationis Gallicæ*, O. S. B.)

Déjà le bénédictin Jean-Baptiste Vincent, de la congrégation de Cluny († 1738 ou 1739), avait composé une messe avec sa prose pour la fête du saint abbé. (FELLER, *Dictionnaire historique*, 5e édit., t. XIII, p. 339.)

offices, saint Odilon jouit d'une sorte de préférence. N'est-il pas l'instituteur de la Commémoration des fidèles trépassés (1), et en faut-il davantage pour légitimer la faveur qui s'attache à son nom si justement glorifié? L'évêché de Lausanne et Genève qui est redevable à saint Odilon de tant de bienfaits dans le passé, par un touchant sentiment de reconnaissance, ne se contente pas d'honorer sa mémoire et de célébrer sa fête le 6 février, mais l'un de ses principaux doyennés composé des paroisses de Surpierre, Murist, Vuissens, Fétigny, Navilly et Aumont, est décoré du titre de *Doyenné de saint Odilon* (2).

Les ossements sacrés de notre saint sont restés jusqu'à la Révolution française au milieu du peuple fidèle de Souvigny, entourés du culte et de l'amour des générations successives, à l'ombre des autels où se célèbre encore chaque jour le sacrifice sans tache. Au XVe siècle, on voyait près de la porte méridionale de la splendide église de Souvigny, un petit oratoire richement décoré, dédié à saint Mayeul et à saint Odilon, avec leurs portraits peints sur un panneau.

(1) Voici comment l'iconographie représente le bienheureux Abbé: les âmes du Purgatoire lui apparaissent pendant la messe pour le remercier d'avoir établi la *Commémoraison des Morts;* — ailleurs le Saint fixe les yeux sur un crâne évidé comme en songeant à l'oubli dont les morts sont si vite l'objet; — quelquefois aussi, il offre le Saint Sacrifice devant un catafalque ou bien promène sur le purgatoire des regards de tristesse et de compassion.
Cf. Mgr X. Barbier de Montault: *Traité d'Iconographie chrétienne*, t. II, p. 392.

(2) Voir les *Directoires* concernant les monastères et les évêchés. — Dans les *Litanies de tous les saints* de l'ancien Bréviaire de Coire se trouvent saint Odilon et saint Mayeul. (Cf. Ringholz, *opus cit.*)

Depuis l'introduction du rite romain dans l'archidiocèse de Lyon, la fête de saint Odilon n'est pas célébrée. Il n'y a plus que les prêtres qui se servent encore du bréviaire de Lyon de 1844 qui ont au 4 janvier la 3e leçon et la commémoraison de saint Odilon. (*Ordo divini Officii recitandi*, Lyon, 1881, p. 167.)

C'était l'époque des grands pèlerinages au tombeau du saint abbé. Les pèlerins pendant les trois siècles suivants accoururent à Souvigny avec une telle affluence, que les dalles de pierre qui se trouvaient devant les précieuses reliques, étaient usées par les genoux et les baisers des fidèles. Un grand nombre de personnes pieuses, appartenant surtout à la noblesse, aimaient à choisir leur sépulture dans l'église de Souvigny, afin de reposer jusque dans la mort dans le voisinage du saint abbé (1). Mais les reliques de saint Odilon ne purent échapper à la tourmente révolutionnaire. A une heure d'égarement et de folie, elles furent arrachées de leurs somptueux reliquaires et brûlées pêle-mêle avec les ornements sacrés sur la place publique (2). La magnifique basilique de Souvigny fut dévastée : les trois flèches gothiques furent renversées ; la crainte seule d'être encombré par les matériaux de l'édifice empêcha le vandalisme révolutionnaire de lui faire subir une destruction complète.

Les reliques de saint Odilon ont pu disparaître, mais le pays qui a reçu son dernier soupir n'a pas trahi sa foi ; les fils du peuple qu'il a tant aimé, tant consolé, tant soulagé, n'ont pas méconnu et renié sa puissante protection. Il reste encore une vivante tradition de son existence, un sentiment de tendre reconnaissance pour ses bienfaits (3). Dans la campagne de Souvigny, on

(1) OGERDIAS, *opus cit.*, p. 313, 334.
(2) *Id., opus cit.*, 339. — Après bien des recherches infructueuses, M. l'abbé Ogerdias, curé de Souvigny, eut la satisfaction de retrouver quelques reliques de saint Odilon. Mgr de Dreux-Brézé, évêque de Moulins, les a jugées dignes d'être authentiquées et présentées à la vénération des fidèles.
(3) « Il nous est arrivé, dit M. Ogerdias, de rencontrer de bonnes femmes de campagne, très âgées, qui ont l'habitude de réciter chaque jour cinq *Pater* et cinq *Ave* pour le bon saint Mayeul, et autant pour le bon saint Odilon. (*Vie de saint Mayeul*, chap. xiv, p. 347.)

montre une croix ombragée par un arbre aux fortes ramures, qui, d'après la tradition, aurait été le bâton d'Odilon, fixé en terre par notre saint lui-même. Ailleurs, c'est une pierre sur laquelle le saint abbé avait coutume de venir s'asseoir, et qui est restée un objet de vénération. Le laboureur bourbonnais prononce avec respect et amour le nom du doux Odilon et le donne au baptême à son premier-né ; la pauvre femme s'agenouille et prie avec ferveur devant le reliquaire d'où ont disparu les ossements sacrés ; l'enfant écoute, le soir, dans la tranquille solitude du foyer domestique, le long et charmant récit de ses miracles (1), et pour tous, saint Odilon de Cluny est le bien-aimé de Dieu et des hommes et sa mémoire est en bénédiction : « *Dilectus Deo et hominibus, cujus memoria in benedictione est.* » (2)

(1) Cf. Ach. ALLIER, *Ancien Bourbonnais*, t. I et t. II, *passim*.
(2) Eccli., cap. XLV, v. 1.

TABLE DES MATIÈRES

INTRODUCTION

Opportunité et but de l'ouvrage. — Etat de l'Eglise et du monde chrétien au xi⁰ siècle. — Indication des sources   I

CHAPITRE PREMIER
NAISSANCE, ÉDUCATION ET VOCATION

I. — La « butte de Mercœur » et son château féodal. — La famille de saint Odilon. — Aperçu historique sur la maison de Mercœur   19

II. — Naissance et premières années d'Odilon. — Ecole de Saint-Julien de Brioude. — Education qu'y reçoit Odilon. — Son entrevue avec Guillaume et avec saint Mayeul. — Il entre à Cluny   30

CHAPITRE II
LES ORIGINES DE CLUNY

Etymologie et description de Cluny. — Fondation du monastère. — Cluny, centre monastique de la France et de l'Europe. — Sort de l'église et du monastère. — Tristesse et regrets.   51

CHAPITRE III
NOVICIAT ET PROFESSION

Epreuves préliminaires. — Odilon au noviciat. — Sa profession religieuse. — Idée et beauté de la fonction liturgique   61

CHAPITRE IV
ODILON, ABBÉ DE CLUNY
994

I. Odilon coadjuteur. — Odilon modèle du moine. — Il est nommé coadjuteur de l'abbé Mayeul. — Son obéissance. — Mort de Bérald. — Gerberge au monastère de Saint-Jean d'Autun. — L'abbé Mayeul fait élire Odilon pour son successeur.   71

II. Odilon, abbé de Cluny. — Convocation du chapitre. — Election solennelle d'Odilon comme abbé de Cluny. — Mort de saint Mayeul. — Odilon se démet de sa charge. — Il est élu une seconde fois. — Il reçoit le sacerdoce et la bénédiction abbatiale. — Joie universelle.   83

CHAPITRE V
LA RÈGLE BÉNÉDICTINE ET LES COUTUMES DE CLUNY

I. La règle bénédictine. — Commencement de la vie religieuse. — Saint Benoît écrit sa règle. — Caractère et esprit de cette règle. — Elle admet des restrictions et des modifications.   101

II. Les coutumes de Cluny. — Leur origine. — Saint Benoît d'Aniane et sa réforme. — Le monastère de Saint-Martin d'Autun. — Bernon et les monastères de Beaune et de Gigny. — Saint Odon embrasse la vie monastique. — Les *Coutumes* introduites à Cluny. — Part que prend Odilon à leur rédaction définitive. — Visite de l'abbesse Adalberga 106

CHAPITRE VI

LA CONGRÉGATION CLUNISIENNE

La congrégation de Cluny, point de départ d'une nouvelle phase dans l'histoire de l'ordre bénédictin. — L'association bénédictine avant saint Odilon. — Cluny devient la métropole du monde monastique. — Caractère distinctif des abbés de Cluny. — Odilon prépare l'apogée de Cluny. . 123

CHAPITRE VII

CRISE DU MONASTÈRE
994

Le monastère de Cluny placé sous la protection du Saint-Siège. — Privilèges et donations multipliés. — Convoitises des seigneurs laïques et ecclésiastiques contre les possessions de Cluny. — Bulles des papes Jean X et Jean XIII. — Violentes attaques contre les biens du monastère. — Synode d'Anse. 142

CHAPITRE VIII

COMMENCEMENTS DE RÉFORME
994-995

I — La réforme à Saint-Denis. — Historique du monastère. — Première réforme sous l'abbé Aygulphe. — Deuxième réforme sous l'abbé Hilduin. — Période des abbés commendataires. — Troisième réforme : saint Odilon, abbé de Saint-Denis. — Visites fréquentes.
II. — Etymologie et origine de Souvigny. — Fondation du monastère. — Odilon accompagne Hugues Capet à Souvigny. — Agrandissement de l'église. 158

CHAPITRE IX

RÉFORME DES MONASTÈRES (*suite*).
995

1. Mesvres. — Origine du prieuré. — Walter le remet à Odilon. — Union de Cluny avec l'Église d'Autun. — Le prieuré de Mesvre depuis son annexion. 176
2. Charlieu. — La vallée de Charlieu. — Origine du monastère. — Il est réuni à Cluny. — Bulle du pape Jean XI. — Décret du concile d'Anse. — Odilon fait reconstruire les bâtiments claustraux. — Le monastère de Charlieu depuis le xi° siècle 183
3. Nantua. — Etymologie. — Origine et historique du monastère. — Le comte Gislebert de Bourgogne en fait don à saint Odilon. — Reconstruction du monastère et de l'église. — Visites fréquentes à Nantua. — Influence de l'abbaye. 195

CHAPITRE X

ODILON EN ALSACE — Ier VOYAGE EN ITALIE
995-996

L'abbaye de Murbach : son origine et son développement. — Odilon, abbé de Murbach. — Frulandus. — Premier voyage en Italie. — L'abbaye de Cluse en Piémont. 204

CHAPITRE XI

2ᵉ VOYAGE EN ITALIE — ODILON ET LE PAPE GRÉGOIRE V
3ᵉ VOYAGE EN ITALIE
998-999

Visite *ad limina*. — Bulles de Grégoire V en faveur de Cluny. — Odilon et la réforme de Farfa. — Retour en Bourgogne. — Troisième voyage en Italie 227

CHAPITRE XII

LES MONASTÈRES DE LA SUISSE
998

Romainmoutier. — Payerne. — Bevaix. — Saint-Victor de Genève . 249

CHAPITRE XIII

ÉTABLISSEMENT DE LA COMMÉMORAISON DE TOUS LES FIDÈLES TRÉPASSÉS
998

La prière pour les morts dans l'Eglise. — Dans l'ordre de Saint-Benoît. — Comment la fête du 2 novembre a été préparée. — Décret de saint Odilon. — Date probable de l'institution. — Comment elle s'est étendue à toute l'Eglise. 276

CHAPITRE XIV

ODILON ET SAINTE ADÉLAÏDE
999

Rencontre d'Odilon et d'Adélaïde à Payerne. — Odilon accompagne la sainte impératrice dans son voyage à travers la petite Bourgogne. — Dernier adieu. — Odilon écrit la *Vie* de sainte Adélaïde 313

CHAPITRE XV

ODILON ET LE PAPE SYLVESTRE II — 4ᵉ VOYAGE EN ITALIE
999-1004

L'an mil. — Gerbert ou le pape Sylvestre II. — Quatrième voyage en Italie. — Odilon et saint Romuald. — Message d'Odilon au Pape. — Odilon et Etienne, roi de Hongrie. — Mort de l'empereur Othon III et du Pape. — Odilon et Abbon, abbé de Fleury 341

CHAPITRE XVI

ODILON ET HENRI II, EMPEREUR D'ALLEMAGNE
5ᵉ VOYAGE EN ITALIE
1004-1007

Entrevue d'Odilon et d'Henri II à Saint-Hippolyte. — Cinquième voyage en Italie. — Révolte à Pavie. — Intervention d'Odilon. — Adalbéron et son pamphlet. — Bulle du pape Jean XIX. — Odilon et le roi Robert . . 369

CHAPITRE XVII

NOUVELLE CRISE DU MONASTÈRE — 6ᵉ VOYAGE EN ITALIE

Démêlés de Cluny avec l'évêque de Mâcon. — Nouvelles agressions contre le monastère. — Plaintes d'Odilon. — Bulles de Benoît VIII. — Nouvelle entrevue entre Odilon et Henri II à Neufchâtel. — Asservissement de la papauté. — Sixième voyage en Italie. — Odilon assiste au couronnement de l'Empereur. — Sainte-Marie de l'Aventin. — Visite de l'empereur Henri II à Cluny 399

CHAPITRE XVIII

ODILON ET LE CLERGÉ SÉCULIER

Saint Fulbert, évêque de Chartres. — Sa correspondance avec Odilon. — Liétry, archevêque de Sens suit la direction du saint abbé. — Affaire de l'élection de Gauzlin, archevêque de Bourges. — Intervention d'Odilon. — Mort de Fulbert. — Lettre du chapitre de Chartres à Odilon. 435

CHAPITRE XIX

ORGANISATION DE CLUNY — VIE INTÉRIEURE

Caractère distinctif du monastère bénédictin. — Sa constitution intime. — Affluence des novices à Cluny. — Rapports de saint Odilon avec ses religieux. — Ferveur dans l'observance de la règle et des coutumes. — L'œuvre de Dieu. — Beaux témoignages sur la ferveur de la vie religieuse à Cluny. 461

CHAPITRE XX

LES CLUNISIENS EN ITALIE ET EN ESPAGNE

I. **Italie.** — La Trinité de Cava. — Alfère entre au noviciat de Cluny. — Réforme des monastères à Salerne. — Sa retraite. — Construction du monastère de la Sainte-Trinité de Cava. — La Cava forme une congrégation indépendante 484

II. **Espagne.** — Paterne au noviciat de Cluny. — Saint Juan de la Pena. Décision du concile de Pampelune. — Le roi Sanche et les monastères clunisiens en Espagne. — Saint-Sauveur d'Ona forme une congrégation particulière. — Odilon négociateur de la paix entre Garcias III et Ferdinand Iᵉʳ. — Sa correspondance avec les rois d'Espagne 496

CHAPITRE XXI

LES CLUNISIENS EN LORRAINE ET EN ALLEMAGNE

Richard de Saint-Vanne et Frédéric de Verdun. — Réforme de Saint-Vanne. — Richard confie son monastère à Odilon. — Saint-Vanne centre de la vie monastique en France et en Lorraine. — L'abbé Poppon de Stavelot. — Fondation d'Abdinghof 513

CHAPITRE XXII

ODILON, ABBÉ DE LÉRINS — 7ᵉ VOYAGE EN ITALIE
MORT DE BENOIT VIII ET D'HENRI II
1022-1024

Description de Lérins. — Epreuves du monastère. — Union de Lérins à Cluny. — Odilon abbé de Lérins. — Septième voyage en Italie. — Odilon au Mont-Cassin. — Mort de Benoît VIII. — Odilon le délivre du purgatoire. — Mort d'Henri II. 530

CHAPITRE XXIII

ODILON ET CONRAD II — 8ᵉ VOYAGE EN ITALIE
1024-1025

Intervention d'Odilon à l'élection de Conrad. — Huitième voyage en Italie. — Nouvelle émeute à Pavie. — Médiation du saint abbé. — Il assiste au couronnement de Conrad. — Synode de Latran. — Bulle du pape. 532

CHAPITRE XXIV

DÉMÊLÉS AVEC LES ÉVÊQUES DE MACON

En quoi consiste l'exemption monastique. — Motifs qui la justifient. — Odilon et le synode d'Anse. — Le pape Jean XIX confirme les privilèges de Cluny. — Les moines de Cluny à Vézelay. — Lettre de l'abbé Guillaume de Saint-Bénigne à Odilon. — Vexations de Walter, évêque de Mâcon. — Odilon sacrifie l'indépendance de Cluny. 566

CHAPITRE XXV

ODILON AU COURONNEMENT D'HENRI Ier — LA GRANDE FAMINE
1027-1033

Odilon et Robert, roi de France. — Couronnement d'Henri Ier — Dédicace de l'église de Saint-Aignan. — Rôle social des bénédictins. — La charité à Cluny. — La grande famine de 1030. — Charité d'Odilon. 592

CHAPITRE XXVI

VIE DE SAINT MAYEUL

Mort de Guillaume de Saint-Bénigne. — Mort du roi Robert. — Douleur d'Odilon. — Il écrit la vie de saint Mayeul. — Analyse de l'ouvrage. — Appréciation littéraire. — Ses sources. 617

CHAPITRE XXVII

LES LETTRES A CLUNY

I. Sermons, hymnes et poésies, lettres. — 1° Sermons : appréciation doctrinale et littéraire. — 2° Hymnes. — Lettres d'Odilon. . . . 631

II. Ecrivains. — 1° Raoul Glaber : son histoire. — 2° Jotsald : sa *Vie de saint Odilon* : analyse, appréciation littéraire. — 3° Saint Pierre Damien : sa *Vie de saint Odilon*. — Chant de douleur de Jotsald. 643

III. Ecoles. — La littérature classique cultivée à Cluny. — Régime intérieur des écoles à Cluny. — Amour de saint Odilon pour les enfants . 661

CHAPITRE XXVIII

LES ARTS A CLUNY

Transcription des manuscrits. — Progrès des arts à Cluny sous Odilon. — Transformation de Cluny. — Progrès de l'architecture. — Existe-t-il une école clunisienne distincte de l'école bourguignonne ? 670

CHAPITRE XXIX

ODILON NOMMÉ A L'ARCHEVÊCHÉ DE LYON
CASIMIR Ier, ROI DE POLOGNE, A CLUNY
1031-1041

Odilon refuse l'archevêché de Lyon. — Lettre du pape Jean XIX. — Odilon a-t-il désobéi au pape ?— Casimir Ier moine à Cluny. — Situation politique de la Pologne. — Casimir délié de ses vœux et rappelé sur le trône de Pologne 679

CHAPITRE XXX

LA PAIX ET LA TRÊVE DE DIEU

Les guerres privées. — Nombreux conciles. — La loi canonique de la *Trêve de Dieu*. — Peines portées contre les violateurs. — La Trêve de Dieu est-elle la même chose que la Paix de Dieu ? — Odilon ne prend aucune part à la Paix de Dieu. — Institution de la Trêve de Dieu. — Odilon s'en fait le propagateur. 700

CHAPITRE XXXI

ACCROISSEMENT DE CLUNY

I. Monastères annexés à Cluny. — Mesvres. — Nantua. — Saint-Victor de Genève. — Murbach. — Paray-le-Monial. — Saint-Marcel de Chalon. — Saint-Cyprien de Poitiers. — Saint-Jean-d'Angély. — Thiers. — Saint-Maurice en Bourget. — Vaux Sainte-Marie. — Saint-Sauveur de Nevers. 719
II. Restitutions. — Ambérieux. — Jully. — Sarrians. — Valensole. 723
III. Fondations. — Saint-Flour. — La Voûte. — Carennac. . . . 724

CHAPITRE XXXII

9ᵉ VOYAGE EN ITALIE. — ODILON ET LE PAPE CLÉMENT II
HILDEBRAND A CLUNY
1047

Le pape Grégoire VI. — Neuvième voyage en Italie. — Odilon et le pape Clément II. — Hugues de Semur entre au noviciat de Cluny. — Les moines Odon de Châtillon et Hildebrand à Cluny. — Cluny, séminaire d'évêques, de cardinaux et de papes. 732

CHAPITRE XXXIII

DERNIÈRES ANNÉES, MALADIE ET MORT D'ODILON

Visite des monastères. — Odilon à Souvigny. — Il tombe gravement malade. — Admirable esprit de foi et de ferveur. — Mort du saint abbé. 746

CHAPITRE XXXIV

PORTRAIT DE SAINT ODILON

Portrait physique de saint Odilon. — Son portrait moral : la bonté de l'homme, sa charité. — l'humilité, l'austérité, la pureté du moine — la piété du saint. 754

CHAPITRE XXXV

GLOIRE POSTHUME

Les apparitions. — Les miracles. — *Élévation* du corps de saint Odilon. — Le culte rendu à saint Odilon. — Deuxième *élévation* du corps, par Roger, archevêque de Bourges. — Don d'une côte du saint au chapitre de Chartres. — Miracles communs aux deux saints abbés Mayeul et Odilon. — Les deux chefs des saints abbés. — Extension du culte de saint Odilon. — Pèlerinages incessants à son tombeau. 768

Lyon. — Imprimerie Emmanuel VITTE, rue de la Quarantaine, 18.

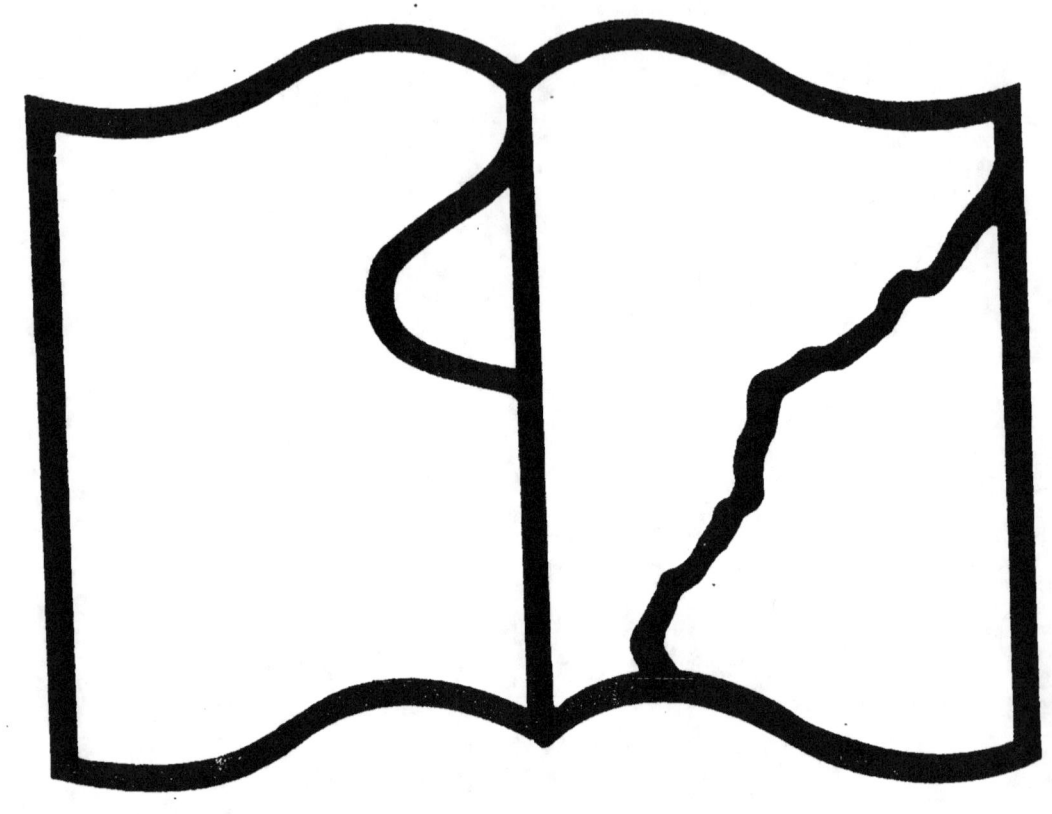

Texte détérioré — reliure défectueuse

NF Z 43-120-11

www.ingramcontent.com/pod-product-compliance
Lightning Source LLC
Chambersburg PA
CBHW070716020526
44115CB00031B/1123